suhrkamp taschenbuch
wissenschaft 1517

Dieser Band versammelt Kants Schriften zur Ästhetik und Naturphilosophie. Das auf den ersten Blick überraschende Nebeneinander entspricht Kants eigener Überzeugung von der innigen Nähe der beiden Disziplinen, wie sie sich insbesondere in der *Kritik der Urteilskraft* ausdrückt, die ja eine Theorie des Geschmacks mit einer Philosophie der organischen Natur vereint. Kants Texte sind ausführlich kommentiert. Der Stellenkommentar bietet eine gewissenhafte Situierung aller Texte in ihrem geistes- und philosophiehistorischen, aber auch in Kants werkhistorischem Kontext. Text und Kommentar stellen eine Studienausgabe dieser zentralen Texte Kants dar.

Manfred Frank ist Professor für Philosophie an der Universität Tübingen. Im Suhrkamp Verlag ist u. a. von ihm erschienen: *Einführung in die frühromantische Ästhetik* (es 1563); *Der kommende Gott. Vorlesungen über die neue Mythologie. 1. Teil* (es 1142); *Gott im Exil. Vorlesungen über die neue Mythologie. 2. Teil* (es 1506); *»Unendliche Annäherung«. Die Anfänge der philosophischen Frühromantik* (stw 1328); *Was ist Neostrukturalismus?* (es 1203).

Véronique Zanetti war Postdoc-Assistentin für Philosophie an der Universität Fribourg/Schweiz. Sie hat u. a. veröffentlicht: *La nature a-t-elle une fin? Le problème de la téléologie chez Kant,* Bruxelles 1999.

Immanuel Kant
Schriften zur Ästhetik und Naturphilosophie

Text und Kommentar

Herausgegeben von Manfred Frank
und Véronique Zanetti

Band 3

Suhrkamp

Die Deutsche Bibliothek – CIP-Einheitsaufnahme
Ein Titeldatensatz für diese Publikation
ist bei Der Deutschen Bibliothek erhältlich.

suhrkamp taschenbuch wissenschaft 1517
Erste Auflage 2001
© Deutscher Klassiker Verlag, Frankfurt am Main 1996
Alle Rechte vorbehalten, insbesondere das der Übersetzung,
des öffentlichen Vortrags
sowie der Übertragung durch Rundfunk und Fernsehen, auch einzelner Teile.
Kein Teil des Werkes darf in irgendeiner Form (durch Fotografie, Mikrofilm
oder andere Verfahren) ohne schriftliche Genehmigung des Verlages
reproduziert oder unter Verwendung elektronischer Systeme verarbeitet,
vervielfältigt oder verbreitet werden.
Satz: pagina GmbH, Tübingen
Druck: Nomos Verlagsgesellschaft, Baden-Baden
Printed in Germany
Umschlag nach Entwürfen von
Willy Fleckhaus und Rolf Staudt

1 2 3 4 5 6 – 06 05 04 03 02 01

INHALT

Band 1
Reflexionen zur Ästhetik 9
Über ästhetische und logische Vollkommenheit . 139
Das Gefühl der Lust und Unlust 171
Metaphysische Anfangsgründe der Naturwissenschaft 201
Idee zu einer allgemeinen Geschichte in weltbürgerlicher Absicht 321
Bestimmung des Begriffs einer Menschenrace . . 339
Mutmaßlicher Anfang der Menschengeschichte . 359
Vorarbeit zu »Über den Gebrauch teleologischer Prinzipien in der Philosophie« 377
Über den Gebrauch teleologischer Prinzipien in der Philosophie 381

Band 2
Erste Einleitung in die »Kritik der Urteilskraft« . 415
Kritik der Urteilskraft 479
Über das Organ der Seele 881

Band 3
Kommentar 889
Zeittafel 1356
Bibliographie 1361
Gesamtinhaltsverzeichnis 1373

KOMMENTAR

ALLGEMEINE EINLEITUNG

Dieser Band vereinigt Kants Schriften zur Ästhetik und Naturphilosophie. Mit zwei Ausnahmen (den *Reflexionen zur Ästhetik* und dem *Auszug aus der Logik Philippi*) stammen sie alle aus der ›kritischen‹ Zeit, also der Epoche nach 1781 (dem Erscheinungsjahr der *Kritik der reinen Vernunft*). Erst im Alter von etwa 54 Jahren – also etwa im Herbst 1778 – hatte sich Kant (der am 22. April 1724 geboren ist) des Grundgedankens bemächtigt, auf dem die drei Kritiken zur theoretischen, zur praktischen Vernunft sowie zum Geschmack bzw. zur Naturteleologie beruhen. Es ist der, daß die Objektivität unserer weltbezogenen Vorstellungen nur aus Leistungen der Subjektivität verständlich gemacht werden kann, insofern in die Arbeit der Objektkonstitution Elemente a priori einfließen. Die Entfaltung und Ausdifferenzierung dieses Gedankens gibt der Epoche Einheit, die man (in Anlehnung an die Titel von Kants drei Hauptwerken) die kritische oder transzendentalphilosophische nennt.

Im Mittelpunkt dieser Ausgabe steht Kants drittes Hauptwerk: die *Kritik der Urteilskraft* (1790). In ihr wird – auf eine gar nicht selbstverständliche Weise – ein Bogen gespannt zwischen Ästhetik (oder kritischer Prüfung der Geltung unserer Geschmacksurteile) und Naturphilosophie. Kant war der Meinung, daß die selbstregulative Natur organischer Wesen (Pflanzen und Tiere) an ein Erklärungsprinzip appelliere, das auch die Natur des Geschmacksurteils einsichtig mache. Dieses Prinzip nannte er ›reflektierende Urteilskraft‹. Früher (und noch 1786, während der Niederschrift der *Metaphysischen Anfangsgründe der Naturwissenschaft*) hatte er geglaubt, dieses Prinzips bei der Erklärung der anorganischen Natur entbehren zu können, während er sich in den fast gleichzeitig publizierten kleineren Abhandlungen zur Theorie der Rassen und zur Geschichtsphilosophie durchgängig ›teleologischer Prinzipien‹ bedient (und ihren »Gebrauch« in einer kleinen Schrift dieses Titels von 1788 ausdrücklich verteidigt). Das unvollendete Alterswerk, an dem Kant in einem verzweifelten Wettlauf mit der als »Tantalische⟨n⟩ Schmerz« erlittenen Altersschwäche in den Jahren 1796-1803 arbeitete (Brief an Christian Garve vom 21. 9. 1798), sollte das Bindeglied liefern und so den *Übergang von den metaphysischen Anfangsgründen der Naturwissenschaft zur Physik* (so der projektierte Titel der Schrift [vgl. l. c.]) ermöglichen. Unter ›Physik‹ versteht Kant hier nicht mehr die apriorische Naturwissenschaft, die er in der Schrift von 1786 ganz aus Formen der Sinnlichkeit und des Verstandes zu konstruieren sich zugetraut hatte (obwohl ihm die Erfahrungsabhängigkeit der tragenden Grundkraft der Materie, der ›bewegenden Kräfte‹, schon damals Kopfzerbrechen bereitet hatte), sondern die Wissenschaft von der empirischen Natur insgesamt und in der Zufälligkeit der sie realiter formierenden (auch der biologischen) Gesetze. (Kants Alterswerk ist unvollendet geblieben. Die zwölf Konvolute dieses gigantischen Torsos füllen in den Bänden XXI und XXII der Akademie-Ausgabe allein zwei Bände und 615 Seiten reinen Textes, ohne alles Nachlaßmaterial vollständig zu enthalten. Der oft chaotische Charakter und die chronologische Verwirrung in der Abfolge der Aufzeichnungen, der extreme Kommentierungsaufwand, den ihre Herausgabe bedeuten würde – all das verbot den Gedanken einer Auswahl für die vorliegende Ausgabe. Wir hoffen, daß der Insel Verlag in naher Zukunft eine der glänzend kommentierten Auswahlen des Werks auf deutsch herausbringen wird, die in spanischer, französischer und neuerdings auch englischer Sprache bereits existieren: Immanuel Kant, *Transición de los principios metafísicos de ciencia natural a la física (opus postumum)*, edición de Félix Duque, Madrid 1983, ²1991; Immanuel Kant, *Opus postumum. Passage des principes métaphysiques de la science de la nature à la physique.* Übersetzt und hg. von François Marty, Paris 1986; Immanuel Kant, *Opus postumum*, hg. von Eckart Förster and Michael Rosen, Cambridge University Press 1993.)

Wenn Kant also selbst die Klammer eines einigen Prinzips um die beiden Bereiche der Ästhetik und Naturphilosophie spannt, so rechtfertigt sich ohne weiteres das Kriterium unserer Auswahl. Die Texte dieses Bandes sind mit zwei Ausnahmen chronologisch angeordnet. Diese Ausnahmen sind thematisch begründet: Der *Auszug aus der Anthropologie* gehört so eng in den Sachzusammenhang der Ästhetik (und des Geschmacks), daß er bei den ästhetischen Texten der ersten Dreiergruppe verbleiben mußte. Das gleiche gilt für die kleineren Abhandlungen zur Rassentheorie und Geschichtsphilosophie, die untereinander durch sachliche Einheit und wechselseitige Verweise so eng verzahnt sind, daß sie – trotz der auseinanderstrebenden Erscheinungsdaten (von 1784 bis 1788) – in eine (einheitlich eingeleitete) Gruppe zusammengefaßt sind. Die *Reflexionen zur Ästhetik* und der *Auszug aus der Logik Philippi* bilden sogar eine Ausnahme zum Prinzip der Präsentation von Texten aus Kants kritischer Periode; denn beide fallen (oder fallen teilweise) vor das entscheidende Jahr 1769, das Kant den Durchbruch zum Grundgedanken der kritischen Epoche eröffnet. Diese Ausnahme ist dennoch gut begründet. Denn in Sachen Ästhetik hat sich Kant der entscheidenden kritischen Einsicht schon etwa im Jahre 1769 bemächtigt (einem Jahr, das, wie er sagt, ihm »großes Licht gab« [Refl. Nr. 5037]). Der Vergleich mit dem ästhetischen Teil der *Kritik der Urteilskraft* belegt das schlagend – er ist in den entsprechenden Kommentaren dokumentiert.

Alle Texte dieses Bandes übernehmen den Wortlaut der einzigen kritischen (freilich immer noch in der Edition der Vorlesungsnachschriften unvollendeten) Ausgabe, die Kants Werke erlebt haben, der sogenannten Akademie-Ausgabe (hinfort zit.: AA): *Kant's gesammelte Schriften.* Hg. von der Königlich Preußischen Akademie der Wissenschaften, Berlin (Reimer), (später:) von der Deutschen Akademie der Wissenschaften zu Berlin, Berlin und Leipzig (später: Berlin) (de Gruyter), bisher 29 Bde., Berlin 1900 bzw. 1911 ff. Einige Bände haben bei Neuauflagen eine andere Seitenzählung bekommen (nämlich die Briefbände). Doch ist in den Neuauflagen stets die alte Zählung am Rand mit aufgeführt; davon abgesehen, daß die Briefe stets durch Datum, Absender und Adressat identifiziert werden können. Wir haben grundsätzlich die neueste Auflage benutzt. Da die Akademie-Ausgabe die maßgebliche und wissenschaftlich allein anerkannte Edition darstellt, war es notwendig, im vorliegenden Band auch die Seitenzahlen derselben am Rand mitzunotieren. (Um welchen Band es sich jeweils handelt, geht aus den Nachweisen zu Beginn jedes Kommentarteils hervor.) So können Zitate aus der internationalen Forschungsliteratur leicht verifiziert werden; und unser Kommentar selbst konnte sich auf die Paginierung der AA beziehen (davon ist nur der Stellenkommentar ausgenommen, der sich, um der leichteren Benutzbarkeit willen, natürlich auf die Seitenzählung des vorliegenden Bandes stützt). Nur im Fall der *Kritik der Urteilskraft* wird die Originalpaginierung der (maßgeblichen) Zweitauflage von 1794 mitnotiert, die übrigens auch in der Akademie-Ausgabe am Rand steht – einfach, weil dies dritte Hauptwerk Kants offiziell so zitiert wird.

Die Akademie-Ausgabe reproduziert normalerweise den Erstdruck von Kants Schriften, wenn Kant nicht selbst noch Veränderungen vorgenommen oder solche, die andere für ihn vorgeschlagen haben, gebilligt hat (vgl. AA I, S. 508). Die semantisch wesentlichen Textvarianten der verschiedenen Drucke (und selbst Autorität besitzende Konjekturen früherer Editoren) sind, wie üblich, am unteren Seitenrand dokumentiert: Sie sind oft ganz unerläßlich zum Verständnis (und gehören darum zum Text selbst, nicht in den Kommentar), da Kant häufig offenkundige semantische oder syntaktische Fehlleistungen unverbessert von Auflage zu Auflage übernommen hat. Einfachheitshalber sind die verschiedenen Auflagen von Kants Schriften nicht (wie sonst üblich) mit den Buchstaben A, B, C usw. sigliert, sondern durch A (wenn nur eine Auflage existiert oder die Nachdrucke sie textidentisch reproduzieren) bzw. durch A^1, A^2, A^3 usw., wenn mehrere im Text abweichende Auflagen erschienen sind. (›A‹ im textkritischen Apparat bedeutet dann, daß der Wortlaut, auch wenn verderbt, in allen Auflagen, die zu Kants Lebzeiten erschienen sind und das oben genannte Kriterium der Billigung durch den Autor erfüllen, derselbe geblieben ist.) Die Sigle H steht (wie im Falle der Reflexionen) für die Handschrift (nötigenfalls wieder gestuft in H¹, H² usw.). Weitere Details zur Zitierweise sind in den entsprechenden Einleitungsteilen der Einzelkommentare erläutert.

Zur Textrevision wurden (vor allem bei den *Metaphysischen Anfangsgründen der Naturwissenschaft* und der *Kritik der Urteilskraft*) außer den bei jeder einzelnen Schrift genannten Drucken herangezogen (in zeitlicher Reihenfolge und wie folgt abgekürzt):

Rosenkranz: Kants *Sämmtliche Werke*, hg. von Karl Rosenkranz und Friedrich Wilhelm Schubert, 12 Bde., Leipzig 1838-42 (*Kritik der Urteilskraft* im 4. Bd.);

Hartenstein: 1. Ausgabe: Kant's *Werke*, hg. von Gustav Hartenstein, 10 Bde., Leipzig 1838 f. (die *Kritik der Urteilskraft* im Bd. 7); 2. Ausgabe desselben Herausgebers: Kants *Sämmtliche Werke*, in chronologischer Reihenfolge, Leipzig (Voss) 1867 f. (die *Kritik der Urteilskraft* im 5. Bd.);

Erdmann: Benno Erdmann, *Kritik der Urteilskraft*, Anhang: J⟨akob⟩ S⟨igismund⟩ Beck's Auszug aus Kant's ursprünglichem Entwurf der Einleitung in die Kritik der Urteilskraft. 1789, 1794, Berlin 1880, ²1884 (Textrevision S. 420 ff.);

Kirchmann: Julius Hermann von Kirchmann (Herausgeber der Alten Folge der ›Philosophischen Bibliothek oder Sammlung der Hauptwerke der Philosophie alter und neuer Zeit‹, Heidelberg, Leipzig und Berlin 1868-86). Die von ihm herausgegebene *Kritik der Urteilskraft* erschien im 9. Bd. der Reihe (Leipzig 1869);

Kehrbach: Karl Kehrbach (Hg.), *Kritik der Urteilskraft*, Leipzig (Reclam) 1878;

Höfler: Immanuel Kant, *Metaphysische Anfangsgründe der Naturwissenschaft*. Neu hg. mit einem Nachwort *Studien zur*

gegenwärtigen Philosophie der Mechanik, hg. von Alois Höfler, Leipzig 1900 (Höfler ist auch Herausgeber desselben Textes in der AA IV, vgl. seinen Kommentar S. 635-653);
Windelband: Wilhelm Windelband (ist Herausgeber von Bd. V der AA, Berlin 1908, Neudruck 1913, die die *Kritik der Urteilskraft* enthält, vgl. AA V, S. 530 ff. [= Lesarten]);
Vorländer: Kants *Sämtliche Werke*, hg. von Karl Vorländer u. a., 10 Bde., Leipzig (Felix Meiner: Philosophische Bibliothek, Neue Folge, 37-52, 113, 126) 1911-26.

Unsere Kommentare waren vor eine Aufgabe gestellt, die aufgrund des philosophischen Charakters der Texte von der erheblich abweicht, durch die Dichtungen zu erläutern sind und die auch kein Vorbild hat in den dürftigen und lückenhaften Erläuterungen früherer Kant-Ausgaben. Einem Aufriß der Textgrundlage und einer Entstehungsgeschichte (mit möglichst vielen Belegen aus Kants Briefwechsel) folgt regelmäßig eine essayartige Lesehilfe (»Deutung« oder »Deutungsaspekte« überschrieben), die so neutral wie möglich und so umfassend wie nötig über den Stand der fortgeschrittensten Interpretation berichtet, den das jeweilige Einzelwerk Kants bis heute erfahren hat. Der Deutung folgt ein Stellenkommentar, der sich strikt auf Übersetzungen fremdsprachlicher Titel oder Zitate sowie auf Sachaufklärungen beschränkt und keine Interpretationshilfen bietet. – Kants Texte sind einerseits Meilensteine und Höhepunkte der europäischen Philosophie, andererseits von einer Komplexität, die kein Werk eines Vorgängers erreicht hat. So versteht sich von selbst, daß der Deutungsteil der Kommentare ausführlich ausfallen mußte. Binnenverweise innerhalb der Kommentare versetzen den Leser/die Leserin in Kontexte, in denen der eine oder andere Gedanke seinen eigentlichen Ort und mithin die eindringendste Kommentierung erfahren hat. Dennoch wollten wir nach Kräften vermeiden, daß der Leser/die Leserin, wie es störend in so vielen Kommentaren der Fall ist, ständig blätternd von Seite zu Seite springen muß, ohne einen kontinuierlich durchkommentierten Text lesen zu können. Darum sind absichtlich – sowohl im Stellenkommentar wie in der Deutung – Erläuterungen wiederholt (nicht in denselben Worten und, wenn gekürzt, so stets unter Verweis auf die Stelle, an der sich Eindringenderes findet).

Die Texte der vorliegenden Ausgabe sind gegenüber der Darbietung der ursprünglichen Drucke, aber auch derjenigen der Akademie-Ausgabe vorsichtig normalisiert. ›Vorsichtig‹ meint, daß Getrennt- und Zusammenschreibung, Groß- und Kleinschreibung (so anarchisch ihr Gebrauch auch bei Kant ist) strikt beibehalten wurden und daß in Fällen, wo eine vormoderne Schreibweise (wie ›Ballet‹, ›Cabinet‹ oder ›Race‹) mit Ausspracheunterschieden einhergehen konnte, die Lautung streng respektiert wurde (deren Erhalt auch sonst das Kriterium der Normalisierung bildet). Freilich ist Kants Interpunktion so chaotisch (und so außerordentlich selten semantisch signifikant), daß die (von Kant gebilligten) Zusätze seiner ersten Korrektoren sowie die Eingriffe der AA übernommen wurden. (Selbstverständlich fehlt kein von Kant selbst gesetztes Zeichen, nur wurden die neu eingefügten um der Lesbarkeit willen übernommen; das ist besonders bei den Reflexionen und den im Kommentar zitierten Briefen der Fall). Die Akademie-Ausgabe macht einen feinen graphischen Unterschied zwischen Satzzeichen, die in der Handschrift standen, und solchen, die – äußerst behutsam – eingefügt wurden. Dieser Unterschied bleibt selbst Menschen mit guten Augen fast unkenntlich, so daß wir glaubten, die Leser(innen) werden uns dankbar sein, wenn wir sie einladen, die Lupen bei der Entzifferungsarbeit getrost wegzulegen. Grenzfälle der Transkription (aus der Handschrift) sind im Kommentar einzeln und von Fall zu Fall erläutert (etwa bei der Wiedergabe der handschriftlich überlieferten sogenannten Reflexionen). Wir wollen diese allgemeine Einleitung davon freihalten.

Im Kommentar haben wir uns aus Gründen der Leserfreundlichkeit bemüht, die Titel von Kants Hauptschriften möglichst im vollen Wortlaut zu zitieren, haben aber bei den häufigst zitierten Werken manchmal auf folgende (in der Forschung üblichen) Abkürzungen zurückgegriffen:

Mutmaßlicher Anfang: *Mutmaßlicher Anfang der Menschengeschichte* (AA VIII, S. 107-123);

GMS: *Grundlegung zur Metaphysik der Sitten* (AA IV, S. 385-463);

Idee: *Idee zu einer allgemeinen Geschichte in weltbürgerlicher Absicht* (AA VIII, S. 15-31);

KpV: *Kritik der praktischen Vernunft* (zit. wie üblich mit den Seitenzahlen des Erstdrucks von 1788; vgl. AA V, S. 1-163; die Originalpaginierung ist am Seitenrand mit aufgeführt);

KrV: *Kritik der reinen Vernunft* (zitiert wie üblich nach der Erstauflage von 1781 [sigliert durch A] und der Zweitauflage [sigliert durch B]; die A-Paginierung ist auch am Rand des Textes in AA IV, S. 1-252, die B-Paginierung am Rand von AA III, S. 1-552 mit angegeben);

KU: *Kritik der Urteilskraft* (zitiert wie üblich nach der Zweitauflage von 1794; die Originalpaginierung findet sich am Seitenrand des Abdrucks in AA V, S. 165-485);

Logik: *Logik. Ein Handbuch zu Vorlesungen*, hg. von G⟨ottlob⟩ B⟨enjamin⟩ Jäsche (AA IX, S. 1-150);

MAN: *Metaphysische Anfangsgründe der Naturwissenschaft* (AA IV, S. 465-565);

Opus postumum: Kants fragmentarisches »Nachlaßwerk« aus den Jahren 1796-1803 (AA XXI und XXII); es sollte den Titel tragen *Vom Übergang der metaphysischen Anfangsgründe der Naturwissenschaft zur Physik*;

Prolegomena: *Prolegomena zu einer jeden künftigen Metaphysik, die als Wissenschaft wird auftreten können* (AA IV, S. 253-383);

Refl.: Reflexion(en): Kants handschriftliche Notizen als Grundlage zu verschiedenen Vorlesungszyklen: AA XIV-XIX;

Religion: *Die Religion innerhalb der Grenzen der bloßen Vernunft* (AA VI, S. 1-202).

Den Schluß des Kommentars bilden eine Zeittafel (Kants Lebensdaten und seine Hauptschriften verzeichnend) sowie eine Bibliographie, die nur die Arbeiten aufführt, die für die Texte des vorliegenden Bandes von Belang sind.

Für die ungemein aufwendige Hilfe bei Textherstellung, Satzeinrichtung, Zitatenüberprüfung, Namensidentifikationen und Korrekturen sind die Herausgeber Frau Jutta Bruns und Frau Dagmar Mirbach gegenüber in bleibender Schuld.

REFLEXIONEN ZUR ÄSTHETIK

Aus:

a) Kants Handexemplar von Georg Friedrich Meiers
Auszug aus der Vernunftlehre (1752)
und
b) Kants Handexemplar von Alexander Gottlieb
Baumgartens *Psychologia Empirica* (1757)

a) Erster und einziger Druck: *Kant's gesammelte Schriften.* Hg. von der Königlich Preußischen Akademie der Wissenschaften, Bd. XVI, 3. Abteilung: Handschriftlicher Nachlaß, Bd. 3: *Logik,* hg. von Erich Adickes, Berlin und Leipzig: Walter de Gruyter & Co., 1914 (Neudruck 1924, letzter photomechanischer Nachdruck 1969), 875 Seiten.

Die sogenannten »ästhetischen Reflexionen« finden sich besonders in den Nrn. 1747-1947, 2015-2027, 2037-2064, 2332 f. und 2364-2388. Aus ihrer Zahl wurde abermals eine Auswahl getroffen.

b) Erster vollständiger Druck: L. c., Bd. XV, 1 = Kant's handschriftlicher Nachlaß, Bd. 2, 1. Hälfte: Anthropologie, hg. von Erich Adickes, Berlin und Leipzig: Walter de Gruyter & Co., 1913 (Neudruck 1923, letzter photomechanischer Nachdruck 1969), 493 Seiten. – Eine Auswahl der Reflexionen zu Baumgartens *Metaphysica* hatte Benno Erdmann unter dem Titel: *Reflexionen Kants zur kritischen Philosophie* (Bd. 1, Heft 1: *Reflexionen zur Anthropologie,* 1882; Bd. 2: *Reflexionen zur Kritik der reinen Vernunft,* 1884) herausgebracht.

Die sogenannten Ästhetischen Reflexionen finden sich über das Kompendium verstreut, vor allem in den Nrn. 618-996.

ENTSTEHUNG UND BESCHAFFENHEIT DES MANUSKRIPTS
(REFLEXIONEN)

Kants handschriftlicher Nachlaß gewährt einen einzigartigen Einblick in die Werkstatt des Philosophen: Alle Tendenzen, auch solche, die in den zu Lebzeiten publizierten Texten aufgegeben oder unterdrückt wurden, präsentieren sich hier dem Leser, freilich in einer oft chaotisch anmutenden Assoziation und ohne den Kontext jederzeit hinreichend deutlich einzugrenzen, innerhalb dessen sie räsonnieren.

Daß diese Aufzeichnungen (in der Forschung unter dem Titel »Reflexionen« zitiert) entziffert, geordnet und numeriert, versuchsweise datiert, textkritisch ediert und teilweise kommentiert vorliegen, ist das noch heute zu rühmende Verdienst von Erich Adickes, der sich dieser Herkules-Arbeit seit Ostern 1896 bis zum Zeitpunkt der Edition fast ausschließlich gewidmet hat. Sachliche Erläuterungen zu geben, hielt er freilich nicht durchgängig für nötig. Während die Reflexionen zur Naturwissenschaft (»Mathematik«, »Physik und Chemie«, »Physische Geographie« usw.) reich kommentiert sind, meint Adickes im Blick auf die Reflexionen zur Anthropologie, Logik, Metaphysik, Moral-, Rechts- und Religionsphilosophie, zu ihnen »lieg⟨e⟩ in den von Kant veröffentlichten Werken und in seinen Briefen genügendes Material zur Erläuterung und zum Verständnis vor. Der Leser, der seinen Kant kennt, besitzt von Bd. XV ab zur Auffassung des handschriftlichen Nachlasses die nöthigen apperzipierenden Vorstellungsmassen« (AA XIV, S. VII). Das ist sicher in dieser Verallgemeinerung nicht zu halten, verzeichnen die Reflexionen doch viele Gedanken in alla-prima-Wendungen, die die Frische der ersten Konzeption spiegeln und eine unübertreffliche Klarheit diesseits des architektonischen Korsetts bewahren, mit dem Kant seine Einfälle nachträglich domestizierte; und verzeichnen die Reflexionen doch gerade auch gedankliche Lösungsversuche, die im publizierten Werk, hie und da zum Schaden der Sache, nicht zum Tragen gekommen sind – woraus sich der Umstand erklärt, daß, wie Vittorio Mathieu spottet, unter den Kantphilologen eine Weile die Einschätzung sich ausbreitete, »gegenüber den Gedanken, die in den veröffentlichten Werken eine (scheinbar) zusammenhängende Systematisierung erfahren haben, seien Gelegenheitsschriften und vor allem die unveröffentlichten Bruchstücke der losen Blätter vorzuziehen. (Einmal hörte ich im Laufe der Diskussion jemand eine Passage aus den Reflexionen als Beleg zitieren, die sich mit identischem Wortlaut auch in der KrV befindet: vermutlich wurde diese letzte Quelle für unzuverlässig gehalten)« (Vittorio Mathieu, *Kants Opus postumum*, hg. von Gerd Held, Frankfurt/Main 1989, S. 12).

Kants handschriftlicher Nachlaß zerfällt in zwei Klassen von Manuskripten: einzelne Blätter sehr unterschiedlichen Formats, die ihr erster (Teil-)Herausgeber, Rudolf Reicke, treffend »Lose Blätter« genannt hat (*Lose Blätter aus Kants Nachlaß*, zuerst in: ›Altpreußische Monatsschrift‹, dann, selbständig in 3 Heften, Königsberg 1889, 1895 und 1898). (Eine sehr hilfreiche Konkordanz der Reickeschen Edition mit dem Abdruck in der Akademieausgabe hat Gerhard Lehmann am Schluß des XXIII. Bandes, S. 534-542, gegeben.) Daneben haben sich im Nachlaß handschriftliche Marginalien in Kants Handexemplaren eigener und fremder Schriften gefunden.

Auf den Losen Blättern pflegte Kant spontan zu notieren, was ihm, vor allem in wissenschaftlichen Dingen, entweder zu Gehör kam, durch Lektüre auffiel (Exzerpte) oder was seine eigenen Gedanken während laufender Arbeiten, die nicht unbedingt auf eine Vorlesung bezogen waren, beschäftigte. Auch Anläufe und erste Aufzeichnungen zu geplanten Publikationen finden sich darunter, oft in mehreren Varianten; ferner Merkzettel (aide-mémoire), Notate privaten Inhalts, zumal aus den letzten Lebensjahren. Die Aufzeichnungen auf den Losen Blättern sind einigermaßen gut datierbar, weil Kant sie häufig auf an ihn geschickte Briefe zu kritzeln pflegte, deren Eingang er gewissenhaft notierte.

Den terminus ad quem liefern dann wiederum Druckwerke, deren Vorarbeiten in den Lose-Blatt-Notizen zu greifen ist. Lose Blätter sind aus rund 50 Jahren erhalten, die große Masse fällt aber deutlich in die letzten 14 Lebensjahre Kants – auch das Nachlaßwerk *Übergang von den Metaphysischen Anfangsgründen der Naturwissenschaft zur Physik* (1796-1803) ist auf Lose Blätter notiert.

Die zweite Manuskript-Klasse betrifft Randbemerkungen zu Handexemplaren von eigenen (*Beobachtungen über das Gefühl des Schönen und Erhabenen* [1764], *Kritik der reinen Vernunft* [1781] und *Kritik der praktischen Vernunft* [1788]) oder (vor allem) von Schriften fremder Autoren, die Kant, wie es die damalige Vorlesungs-Praxis vorsah, in seinen Kollegs als Grundlagentexte zu benutzen gehalten war; bei den letzteren handelt sich's (in chronologischer Ordnung) um Notizen zu Georg Friedrich Meiers (1718-1777), des Wolff-Nachfolgers in Halle, *Auszug aus der Vernunftlehre*, zit.: *L*, (mit Quartblättern durchschossen), Halle 1752; Alexander Gottlieb Baumgartens *Metaphysica*, Editio III (mit Oktavblättern durchschossen), Halae Magdeburgicae 1757; Alexander Gottlieb Baumgartens *Initia philosophiae practicae primae*, Halae Magdeburgicae 1760; Gottfried Achenwalls *Juris naturalis pars posterior complectens jus familiae, jus publicum et jus gentium*, Editio quinta emendatior, Gottingae 1763; Johann August Eberhards *Vorbereitung zur natürlichen Theologie zum Gebrauch akademischer Vorlesungen* (mit Quartblättern durchschossen), Halle 1781; Georg Christoph Lichtenbergs *Vermischte Schriften*, hg. von Ludwig Christian Lichtenberg und Friedrich Kies, Bd. 2 (mit Oktavblättern durchschossen), Göttingen 1801.

Die Hauptmasse der Reflexionen aus Handexemplaren findet sich in den Lehrbüchern von Meier, Baumgarten und Achenwall. Die meisten stammen aus der vorkritischen Zeit (vor 1781). Am ertragreichsten sind die Aufzeichnungen zu Baumgartens *Metaphysica*, die Baumgartens eigenen Text manchmal fast zudecken und oft in keinem erkennbaren Zusammenhang mehr stehen zu dessen Paragraphen, während andererseits weite Passagen ohne Annotationen bleiben. Mehr als die Hälfte aller Reflexionen fällt in die Jahre des sogenannten ›großen Schweigens‹ (von 1769 bis 1779), der Inkubationszeit, aus der die ›Kritik‹ hervorging. Diese Zeit ist uns durch Publikationen kaum erschlossen und fast *nur* aus den Reflexionen bekannt, deren Gewicht hier unmittelbar einleuchtet. Während aus Kants Marginalien zu Baumgartens ›Metaphysik‹ wichtige Auszüge schon von Benno Erdmann unter dem Titel *Reflexionen Kants zur kritischen Philosophie*, Bd. 1, Heft 1: *Reflexionen zur Anthropologie*, 1882, veröffentlicht worden sind, sind Kants Aufzeichnungen zur ›Logik‹ Meiers erstmals durch Adickes zugänglich geworden. (Eine hilfreiche Gegenüberstellung der Erdmannschen Zählung der Reflexionen mit der nach der Akademieausgabe findet auf den S. X-XXIII von AA XVIII.)

Sie dienten Kant, wie die zur Baumgartenschen ›Metaphysik‹ und zum Achenwallschen ›Naturrecht‹, als Kompendien für seine Vorlesungen. Erst Johann Gottlieb Fichte hat den traditionellen Stil der akademischen Vorlesungen (die diesen Titel ursprünglich als wirkliche Lesung zu Recht trugen) dadurch revolutioniert, daß er, statt fremder Kompendien, eigene Texte zugrunde legte und Philosophie als ›Originalgenie‹ vortrug. Kant war dagegen durch ein Reskript des (ihm übrigens verehrungsvoll gewogenen) Ministers Karl Abraham Freiherr von Zedlitz vom 16. 10. 1778 noch besonders gehalten, derartige in ihrer Disziplin anerkannte und für kanonisch geltende Lehrbücher wie das Meiersche und das Baumgartensche tatsächlich zugrunde zu legen. Eine Wendung aus dem v. Zedlitzschen Erlaß gibt eine ziemlich gute Anschauung der damaligen deutschen Vorlesungspraxis: »Das schlechteste Kompendium«, heißt es darin, »ist gewiß besser als keines, und die Professores mögen, wenn sie so viel Weisheit besitzen, ihren Autorem verbessern, so viel sie können, aber das Lesen über ⟨eigene⟩ Dictata muß schlechterdings abgeschafft werden.« Man muß sich die Gliederung der Vorlesung so vorstellen, daß den Diktaten von Paragraphen aus den Kompendien deren Erläuterung durch den Professor folgte, der seine eigene Ansicht, teils kritisch, teils assoziativ an die Lesung/Exegese anschloß. Kants Handexemplare liefern dafür ausgezeichnete Illustrationen, besonders, wenn es durch erhaltene Vorlesungsnachschriften von Studenten möglich ist, den Text des Wortlauts, die Reflexionen und den tatsächlichen Vortrag miteinander zu vergleichen. Der in diesem Band an dritter Stelle abgedruckte Auszug aus der von Wilhelm Albert Ferdinand Philippi besorgten Nachschrift einer Logik-Vorlesung (*Vorlesungen des Herrn Professoris Kant über die Logik. Philippi.* Koenigsberg im Mai 1772) kann als Beispiel dienen. Die späteren Reflexionen lassen sich dagegen dem Text der Kompendien-Vorlage kaum mehr zuordnen. Das hängt nicht nur mit dem ungleich höheren Grad gedanklicher Selbständigkeit zusammen, den Kants Philosophieren inzwischen erreicht hatte, sondern auch mit einer Lockerung des v. Zedlitzschen Reskripts. Der Minister, ein aufrechter Aufklärer und Staatsdiener Friedrichs des Großen, hatte sich von der Überholtheit des Kompendien-Kanons überzeugen lassen und wies nun selbst (u. a.) auf Kants eigene Bücher als Vorlagen für Kollegs hin. Entsprechend gelöster von der Vorlage werden dann Kants Vorträge und zahlreicher die Notizen am Rand und auf den Durchschußblättern seiner Kompendien – eigene Werke hat Kant indes seinen Vorlesungen nie zugrunde gelegt.

So chaotisch Orthographie und Interpunktion der Randbemerkungen in den Kompendien auch sein mögen und so stark Kant durch das Universitätsgesetz an die Vorlagen angebunden war, so frei und lebhaft war doch sein tatsächlicher Vortrag. Ludwig Ernst von Borowski, Kants Schüler und Biograph, ihm aus langen Königsberger Jahren vertraut, rühmt den Stil seiner Vorlesungen als gar nicht trocken oder schulmeisterlich Vorgegebenes paraphrasierend; sie erfolgten im einem »freie⟨n⟩ Diskurs, mit Witz und Laune gewürzt. Oft Zitate und Hinweisungen zu Schriften, die er eben gelesen hatte, bisweilen Anekdoten, die aber zur Sache gehörten« (in: Felix Gross [Hg.], *Immanuel Kant. Sein Leben in*

Darstellungen von Zeitgenossen. Die Biographien von L⟨udwig⟩ E⟨rnst⟩ Borowski, R⟨einhold⟩ B⟨enjamin⟩ Jachmann und E⟨hregott⟩ A⟨ndreas⟩ Ch⟨ristoph⟩ Wasianski, Berlin 1912, Neudruck mit einer neuen Einleitung von Rudolf Malter, Darmstadt 1993, S. 86). Noch emphatischer äußert sich Johann Gottfried Herder, gewiß kein orthodoxer Kantianer, der aber von 1762 bis 1764 in Köngisberg bei ihm studiert hatte:

> Ich habe das Glück genossen, einen Philosophen zu kennen, der mein Lehrer war. Er hatte in seinen blühendsten Jahren die fröhliche Munterkeit eines Jünglings, die, wie ich glaube, ihn auch in sein spätestes Alter begleitet. Seine offene, zum Denken gebaute Stirn war ein Sitz unzerstörbarer Heiterkeit und Freude, die gedankensreichste Rede floß von seinen Lippen, Scherz und Witz standen ihm zu Gebot, und sein lehrender Vortrag war der unterhaltendste Umgang.

(*Briefe zur Beförderung der Humanität*, 1793-1797, 29. Brief)
Die von Erich Adickes geleistete Entzifferungs- und Datierungsarbeit der Reflexionen kann nicht hoch genug geschätzt werden. Einzelne Seiten der Druckvorlage sind mit Anmerkungen aus verschiedensten Zeiten so übersät, daß nicht nur die vorsorglich beim Buchhändler bestellten Durchschußblätter und die Ränder der Textseiten ausgefüllt sind, sondern Kants Feder noch zwischen die Zeilen des Drucktextes und häufig auch zwischen die eigenen sich drängt, um den geringsten Raum auszunutzen. Ihre Verkettung ist oft, aber nicht immer durch Fortsetzungszeichen markiert, die freilich nicht jederzeit auch als Datierungshinweise gelesen werden können. (Diese Fortsetzungszeichen sind im Druck durch Sterne [*, ** usw.] ersetzt.)

Es war offenbar nicht in Kants Sinne, wenn Adickes, zum Segen der Forschung, den *gesamten* handschriftlichen Nachlaß gerettet und sogar veröffentlicht hat. Ein Testamentsentwurf aus dem Jahr 1791 vermacht zunächst dem Magister und Subinspector Johann Friedrich Gensichen (1759-1807) sämtliche Bücher und Manuskripte mit folgender Klausel:

»Zugleich ersuche ich gedachten Herrn Magister alle meine litterärische Papiere worunter ich auch die von mir zu meinen Vorlesungen gebrauchte und häufig und für jeden andern unleserlich beschriebene Handbücher ⟨überschrieben: für meine Vorlesungen⟩ verstehe nachdem er sie nach seinem Belieben durchgesehen hat zu vernichten.« Aber ein späterer Testamentsentwurf von 1798 spricht nicht mehr von Vernichtung des Materials: »Meinem Freund Herren Professor Gensichen vermache ich ⟨...⟩ meinen nicht sehr erheblichen ganzen Büchervorrat samt meinen Manuskripten über sie nach Belieben doch nicht durch *öffentliche* Auktion unter meinem Namen zu verfügen.« Und das ganz kurz danach verfaßte definitive Testament vom 26. 2. 1798, welches das frühere von 1791 aufhebt, läßt auch das Auktionsverbot fallen und redet nur noch undifferenziert von dem »ganzen Büchervorrat« (AA XII, S. 410 [= 2. Aufl., S. 384]), worin eben die Kompendien mit begriffen waren. Aus dieser Einschränkung ist aber nicht ohne weiteres auf Kants Willen zu schließen, die Reflexionen doch in irgendeiner Form an die Nachwelt zu übermitteln; er dachte wohl eher daran, daß einige von ihm bestimmte Hörer wie Gottlob Benjamin Jäsche (1762-1842) oder Friedrich Theodor Rink (1770-1811) die Marginalien für ihre Editionen der Logik- oder der Physische Geographie-Vorlesungen einsähen und sinngemäß benützten, was auch geschah (vgl. AA XII, S. 398 [= 2. Aufl., S. 372]). Gottlob Benjamin Jäsche schreibt in der Vorrede zu seiner Logik-Edition:

Seit dem Jahre 1765 hatte Herr Prof. *Kant* seinen Vorlesungen über die Logik ununterbrochen das *Meier*'sche Lehrbuch (George ⟨sic!⟩ Friedrich Meiers *Auszug aus der Vernunftlehre*, Halle bei Gebauer 1752) als Leitfaden zum Grunde gelegt; aus Gründen, worüber er sich in einem zu Ankündigung seiner Vorlesungen im Jahr 1765 von ihm herausgegebenen Programm erklärte. Das Exemplar des gedachten Compendiums, dessen er sich bei seinen Vorlesungen bediente, ist, wie alle die übrigen Lehrbücher, die er zu gleichem Zwecke brauchte, mit Papier durchschossen; seine allgemeinen Anmerkungen und Erläuterungen so wohl als die speciellern, die sich zunächst auf den Text des Compendiums in den einzelnen §§. beziehen, finden sich theils auf dem durchschossenen Papiere, theils auf dem leeren Rand des Lehrbuches selbst. Und dieses hier und da in zerstreuten Anmerkungen und Erläuterungen schriftlich Aufgezeichnete macht nun zugleich das *Materialien-Magazin* aus, das Kant hier für seine Vorlesungen anlegte, und das er von Zeit zu Zeit teils durch neue Ideen erweiterte, theils in Ansehung verschiedener einzelner Materien immer wieder von Neuem revidirte und verbesserte. Es enthält also wenigstens das Wesentliche von alle dem, was der berühmte Commentator des Meier'schen Lehrbuchs in seinen nach einer freien Manier gehaltenen Vorlesungen seinen Zuhörern über die Logik mitzuteilen pflegte, und das er des Aufzeichnens wert geachtet hatte.

(AA IX, S. 3 f.; vgl. die entsprechende Vorrede zu Rinks Geographie-Edition, l. c., S. 153-155)

Bei der Edition der Vorlesungen über Anthropologie liegen die Dinge etwas anders; Kant hat sich hier im Winter 1796/97 selbst der Mühe unterzogen, seine Erläuterungen zu Baumgartens ›Empirischer Psychologie‹ (den Paragraphen 504-699 von dessen *Metaphysica*) in Abhandlungsform zu bringen. Sie erschienen zu Kants Lebzeiten zuerst unter dem Titel *Anthropologie in pragmatischer Hinsicht* abgefaßt von Immanuel Kant. Königsberg bei Friedrich Nicolovius 1798; die »Zweyte verbessere Auflage« folgte ebd. 1800.

Über die Losen Blätter findet sich keine ausdrückliche Nachlaßverfügung; ihr wertvollster Bestand, das Nachlaßwerk aus den letzten Jahren von Kants Leben, bedürfte einer eigenen Beschreibung und Überlieferungsgeschichte (vgl. vorerst die Einleitung des ersten und bisher einzigen Gesamt-Herausgebers Gerhard Lehmann in: AA XXII, S. 751-789).

ZUR DATIERUNG DER ÄSTHETISCHEN REFLEXIONEN

Wenn die Anordnung der sogenannten Reflexionen unter sachlichen Gesichtspunkten durch den Kontext des betreffenden Kompendiums vorgegeben, mithin prinzipiell unproblematisch war (die Losen Blätter, Vorarbeiten und Nachträge Kants zu eigenen veröffentlichen oder geplanten Schriften sind in vier Bände der AA [XX-XXIII] ausgebürgert), so erwies sich die Binnendatierung der Reflexionen eines und desselben Kompendiums als außerordentlich schwierig. Adickes hat versucht, die Reflexionen – sowohl zur Meierschen ›Logik‹ wie zur Baumgartenschen ›Metaphysik‹ – in chronologisch transparenter, der Aufzeichnungsfolge aber nicht immer schematisch folgender Anordnung zu präsentieren; dafür war eine wenigstens ungefähre Bestimmung der mutmaßlichen Entstehungszeit unerläßlich.

Kriterien dafür boten zunächst Schriftphasen, die an den – teilweise datierten – Losen Blättern schon gewissen Schaffensphasen zugeordnet oder aufgrund anderer datierter Texte (vor allem natürlich der Briefe) zeitlich gesichert waren. Bei den handschriftlichen Zusätzen zu den Kompendien war dies Verfahren oft das einzig taugliche; denn Kant hat die Lehrbücher zu verschiedenen Malen benutzt und beschrieben, so daß räumliche Kontiguität oder linearer Fluß von Notaten kein zuverlässiges Datierungssignal abgaben. Da die Hauptmasse der Reflexionen aus einem relativ kurzen Zeitraum herrührt, wäre die Binnenabgrenzung der oft nur mäßig voneinander abweichenden Schriftphasen eine Sisyphosarbeit geblieben, hätten nicht Stellungsindizien oft genaue Datierungskriterien an die Hand gegeben. Adickes gibt einige Beispiele:

> Reflexion a besteht aus zwei Absätzen, der erste endet auf der Mitte a einer Zeile, auf dem so entstandenen freien Raum steht die Reflexion b: da ist es selbstverständlich, daß b später niedergeschrieben ist als a. Oder b wird durch

a in zwei Teile geteilt, die durch Zeichen mit einander verbunden sind: auch da ist b später als a. Oder zur Niederschrift von g ist an drei Stellen der freie Raum benutzt, den die Reflexionen a und b, c und d, e und f zwischen sich ließen: g ist nach ihnen allen geschrieben. Oder b umrahmt einen Zusatz, der nachträglich zu a gemacht wurde: das Umrahmende wird hier wie in anderen Fällen später sein als das Umrahmte. Oder b steht über a: in b folgen gegen Schluß die Zeilen immer dichter auf einander, die Buchstaben werden immer kleiner, während von Anfang an bis zum Schluß dieselbe Entfernung der Zeilen und dieselbe Größe der Buchstaben zeigt: a ist aller Wahrscheinlichkeit nach früher als b (als Kant die obere Reflexion hinzufügte, wurde ihm der Raum zu knapp). Oder a und b sind durch einen Strich von einander getrennt, der sich den Verhältnissen von a anschließt, ohne mit der Tinte von b geschrieben zu sein: auch da ist das Verhältnis ohne weiteres klar.

So hieß es Seite für Seite vornehmen, genetisch betrachten und, wie der Geologie bei verwickelten Gesteinsverhältnissen, sich die Frage vorlegen: wie konnte diese Lagerung zu stande kommen? Was für den Geologen die Schichten, Verwerfungen, Faltungen etc. sind, das waren für den Herausgeber die Stellungsindizien, und die handschriftlichen Kriterien vertraten die Stelle der Leitfossilien.

(AA XIV, S. XXX f.)

Durch Kombination dieser beiden und die Entlarvung einiger Pseudo-Kriterien (Kreuzung von Schriften in verschiedener Tinte, Kants wechselnde Orthographie, stilistische und sprachstatistische Auswertungen), schließlich durch Vergleiche mit den Vorlesungsnachschriften kam Adickes zur Aushebung von 33 verschiedenen Aufzeichnungsphasen, die er mit griechischen Kleinbuchstaben siglierte, wobei er den ersten und den letzten beiden Buchstaben des griechischen Alphabets (α, β, ψ, ω) noch bis zu 5 römische Hochzahlen (»Exponenten«) anfügen mußte. In der hier vorliegenden Ausgabe sind die Adickesschen Datierungs-Siglen durchgängig in eingeklammerte Zahlen aufgelöst, die die erschlossene Entstehungszeit anzeigen.

DIE ANORDNUNG DER REFLEXIONEN

Sie versucht einen Mittelweg zwischen rein chronologischen und sachlichen Rücksichten. Da die Reflexionen Marginalien zum Wortlaut von Kompendien sind, war die sachliche Gliederung ohnehin durch das Lehrbuch vorgegeben. Entweder konnte also jedem Paragraphen oder Abschnitt desselben die chronologisch angeordnete Suite von Reflexionen, mit Auszeichnung der verschiedenen Aufzeichnungsphasen, folgen; oder man konnte streng chronologisch alle Reflexionen nach ihren Phasen reihen, innerhalb der Phasen aber sachlich ordnen.

Für die Reflexionen zur eigentlichen ›Metaphysik‹ (also Baumgartens Kompendium unter Aussparung der ›Empirischen Psychologie‹) hat Adickes mit guten Gründen den ersten Weg gewählt (weil das Interesse der Wissenschaft sich vor allem auf die Entstehungszeit der Notate richtet, hinter welcher das Gewicht der systematischen Ordnung der Textvorlage deutlich zurückbleibt); für die ›Logik‹ und die ›Anthropologie‹ (aus der unsere Auswahl sich rekrutiert) den zweiten, denn hier schlug die Architektonik der Meierschen bzw. Baumgartenschen Textvorlage in einer Weise auf die Sache durch, daß mit der Herauslösung der Fragmente aus dem Gerüst derselben der verständnisstiftende Kontext zusammenzustürzen drohte. Dem unveränderten Text Meiers bzw. Baumgartens, dessen Paragraphen, den Überschriften gemäß kapitelweise gebündelt, mit Regeleinzug vorangestellt sind, folgt somit jeweils eine chronologisch geordnete Suite von Reflexionen aus Kants Feder (um der rascheren Erkennbarkeit willen in voller Satzspiegelbreite gedruckt). Wenn der Bezug auf den Meierschen oder Baumgartenschen Paragraphen nicht deutlich ist, wird die Seitenzahl seines

Kompendiums angegeben, die im Meierschen und Baumgartenschen Text selbst in eckigen Klammern mitgezählt ist. Gibt es Seitenwechsel in Kants Notaten, ist die neue Seitenzahl in eckig eingeklammerten Kursivzahlen in den Text der Reflexion selbst eingefügt. Apostrophierte Ziffern (z. B. 7') verweisen auf das Durchschußblatt neben der angegebenen Seite in Kants Handexemplar. Ein Beispiel aus *Refl.* Nr. 1806: »⟨...⟩ denn die letztere ⟨sc.: Anschauung⟩ ist, was die Begriffe in concreto darstellt, ⟨L 8':⟩: Ihnen das wiedergibt, was der Verstand durch abstraction ihnen entzogen hat.«

Bei einer solchen Textpräsentation fällt auf, daß, während Kants Aufzeichnungen zur eigentlichen Metaphysik die Phasen seiner kritizistischen Revolution in teilweise stürmisch-unübersichtlichem, von vielen sich kreuzenden und bekämpfenden Tendenzen verwirrtem Gang spiegeln, die Notate zur ›Logik‹ und zur ›Anthropologie‹ nur mäßig sich entwickelt haben (vgl. Adickes in der Einleitung AA XIV, S. XLIX). Bei der Anordnung nach kleineren Sachgruppen-Einheiten, gefolgt von chronologisch gestaffelten Reflexionen, heben sich diese Wandlungen fürs Auge nun rascher und klarer aus, da sie ja nicht so weit außereinander verzeichnet sind, wie es beim streng phasenweisen Abdruck der Fall gewesen wäre. So ist Kants Weiterentwicklung zu den einzelnen Punkten der Meierschen ›Logik‹ bzw. der Baumgartenschen ›Empirischen Psychologie‹ (etwa der gelehrten Erkenntnis, ihrer Klarheit und Deutlichkeit, der Wahrheit und Falschheit, der Gewißheit, den Begriffen, Schluß-Typen, dem Gefühl der Lust und Unlust, den Temperamenten usw.) aus der Textpräsentation fast synoptisch abzulesen.

ZUR TEXTGESTALT
DER ÄSTHETISCHEN REFLEXIONEN

Ästhetische Überlegungen finden sich sowohl a) in den Notizen zu Meiers Kompendium wie – reichlicher und gehaltvoller – b) in denen zu Baumgartens *Metaphysica*, und zwar zu den §§ 504-699 derselben, demjenigen Abschnitt, den Baumgarten als »Psychologia empirica« bezeichnet hatte. Es handelt sich also im strengen Sinne um »Erläuterungen zur *Psychologia empirica* in A. G. Baumgartens *Metaphysica*« (AA XV, S. 3). Im Text dieses Bandes sind sie nacheinander abgedruckt; die zur ›Logik‹ [a)] aus chronologischen Gründen vorab: Die Hauptmasse der anthropologischen Reflexionen [b)] stammt nämlich aus den 70er, 80er, selbst 90er Jahren (die älteste erhaltene Kolleg-Nachschrift, die von Philippi [vgl. den folgenden Text dieser Ausgabe], ist mit Oktober 1772 datiert); häufige Unterstreichungen mit einer auf Ende der 70er Jahre datierbaren Tinte lassen darauf schließen, daß Kant gerade die Ästhetischen Reflexionen »in zusammenhängender Weise einer genaueren Durchsicht unterzogen ⟨hat⟩« (AA XV, 1, S. VI). Dagegen hat Kant Kollegs zur ›Logik‹ [a)] schon in der Mitte der 50er Jahre gelesen; ein gewisser Teil dieser, auch der Ästhetischen Reflexionen, haftet noch sehr eng an der Leibniz/Wolffschen Auffassung. (Einige Proben mögen das im Text belegen.)

Ästhetische Räsonnements sind in a) Meiers Kompendium eher von marginalem Interesse und kaum mehr als dürftig ausgeführt. Sie betreffen vor allem ein nicht eben zentrales Lehrstück der Leibniz-Wolffschen Schule, das nur Baumgarten in einem eigenen Werk wirklich entfaltet hat (Meiers eigenes Kompendium mit dem Titel *Anfangsgründe aller schönen Wissenschaften* [1748-50] popularisiert nur die Gedanken seines Lehrers Baumgarten): die Möglichkeit nämlich, einer noch nicht zur Deutlichkeit gesteigerten Vorstellung so etwas wie sinnliche Vollkommenheit zuzusprechen. Umso interessanter ist es zu sehen, welche Fülle von – mit der Zeit immer mehr vom Meierschen Text sich entfernenden und ihn endlich fast aus dem Auge verlierenden – Räsonnements Kant an die dürftige Vorlage anschließt. Die ersten Randaufzeichnungen folgen noch weitgehend dem Duktus der Meierschen Lehren, während mit den letzten der Stand der ästhetischen Reflexion aus der Zeit der *KU* erreicht ist.

Auch wenn der Bezug auf die Meiersche Vorlage oft nur

lose ist, war es nötig, Kants Referenz durch eine Präsentation der entsprechenden Paragraphen oder Paragraphen-Abschnitte der ›Vernunftlehre‹ sichtbar zu machen. Dabei wurde – anders als in der wenig übersichtlichen Textgestalt der Akademie-Ausgabe – so verfahren: Den Reflexionen zu einem Kapitel oder einer zusammenhängenden Suite von Paragraphen (gemäß dem Inhaltsverzeichnis) der Meierschen ›Logik‹ folgen Kants Reflexionen in chronologischer Ordnung. So schmal im Gesamt des Meierschen Aufrisses auch der Anteil der ästhetischen Partien ist, so schien es doch sinnvoll, die Gliederung des Lehrbuchs und mithin der Kantschen Vorlesung durch den Abdruck des Inhaltsverzeichnisses transparent zu machen. Im Text der Ästhetischen Reflexionen sind die (wenigen) entsprechenden Überschriften des Inhaltsverzeichnisses dann wieder aufgegriffen, so daß die Zuordnung zur Gesamtgliederung des Kollegs leicht möglich ist. Als Ästhetische Reflexionen bezeichnet man üblicherweise die Randbemerkungen zu folgenden Kapiteln aus Abschnitten des »erste⟨n⟩ Hauptteil⟨s⟩: von der gelehrten Erkenntnis«: »Logische und ästhetische Vollkommenheit der Erkenntnis« und »Unvollkommenheiten der Erkenntnis« aus dem »erste⟨n⟩ Abschnitt«, das Kapitel »Pedanterie, Galanterie« aus dem »andere⟨n⟩ Abschnitt: von der Weitläufigkeit der gelehrten Erkenntnis« sowie die Kapitel »Klare, deutliche und dunkle Erkenntnis«, »Lebhaftigkeit der Erkenntnis« und »Analytische und synthetische Deutlichkeit. Grade der Erkenntnis« aus dem »fünfte⟨n⟩ Abschnitt: von der Klarheit der gelehrten Erkenntnis«. Nur die beiden ersten Kapitel des ersten Abschnitts sind für uns von wirklichem Belang; aus ihnen rekrutiert sich die Hauptmasse der Ästhetischen Reflexionen.

Bei den Ästhetischen Reflexionen zur b) ›Empirischen Psychologie‹ von Baumgarten präsentiert sich die editorische Situation anders. Auch hier wird das Inhaltsverzeichnis (nach Kants eigener Ausgabe der *Anthropologie in pragmatischer Hinsicht*) vorab gedruckt, und die entsprechende Sachgruppe von Reflexionen ist mit der Kapitelüberschrift des betreffenden Abschnitts überschrieben. Die Hauptmasse der sogenannten Ästhetischen Reflexionen entstammt den Notizen zum Zweiten Buch (überschrieben »Das Gefühl der Lust und Unlust«) des Ersten Teils (überschrieben »Anthropologische Didaktik«), und innerhalb dieses Zweiten Buchs wieder dem Abschnitt B (»Vom Gefühl für das Schöne ⟨...⟩«). Dem entsprechen in Baumgartens *Metaphysica* die §§ 651-662 (wiederabgedruckt in AA XV, 1, S. 40-45). Die Überschriften der Kapitel, denen vereinzelte andere Reflexionen(gruppen) entnommen sind, sind stets angegeben. Sie werden, abweichend vom Text des Kompendiums und der AA, in deutscher Übersetzung und in Kursivschrift der entsprechenden Sequenz von Reflexionen vorangestellt. Die wichtigsten lateinischen Termini oder selbst Wendungen erscheinen (in Anlehnung an die Praxis von Meiers deutschem Kompendium) in Klammern, da Kants Begrifflichkeit von der Schulsprache noch stark abhängig ist und die lateinische Terminologie zur Präzisierung oft heranzieht (mehrere Reflexionen sind selbst lateinisch geschrieben). Die Ästhetischen Reflexionen in der ›Anthropologie‹ entfernen sich indes, anders als die zu Meiers ›Logik‹, allgemein so stark von Baumgartens Vorlage, daß ihre Zuordnung oft kaum möglich, ja daß der Vergleich mit Baumgartens Wortlaut nur selten überhaupt noch erhellend fürs Verständnis von Kant ist. Darum tragen die in diesem Band versammelten Auszüge neben der erschlossenen Entstehungszeit meist nur den Hinweis auf die Seite oder das Durchschußblatt (z. B. *M* 242, 244'), auf welchen sie in Kants Handexemplar niedergeschrieben waren; die Nachbarschaft von Kompendien-Seite und Kantscher Reflexion impliziert vor allem in den späteren Jahren nicht sicher mehr inhaltliche Bezüge. – Bei Reflexionen, die nicht zu Baumgartens §§ 504-699 gehören (das gilt natürlich erst recht für Notate auf Losen Blättern), ist die Zuordnung oft schwierig. In diesen Fällen ist der entsprechende Paragraph von *M* nur dann (in voller Satzspiegelbreite, auf deutsch) vorab gedruckt, wenn er ein wenigstens möglicher Kandidat für Kants Referenz ist; sonst ist nur die Kapitelüberschrift der ›Anthropologie‹ genannt, zu der die Aufzeichnung gehören könnte, bzw. die Seitenzahl des Kompendiums, auf die sie notiert wurde.

Die Numerierung der Reflexionen (in Kursivschrift) folgt zur leichteren Benützung und um der Zitierbarkeit willen der der Akademie-Ausgabe, welche alle Nachlaßaufzeichnungen durchgehend nach Ziffern zählt. Der laufenden Nummer folgt in Normalschrift die mutmaßliche Entstehungszeit (»Schriftphase«), bei Unsicherheiten mit Fragezeichen, endlich, soweit feststellbar, die Beziehung auf die entsprechende Stelle (den Paragraphen) oder, wenn das nicht klar möglich ist, die Seite des betreffenden Kompendiums (sigliert *L* [= Meiers ›Logik‹] oder *M* [= Baumgartens ›Metaphysik‹]) mit Seitenzahl; trägt die Seitenzahl einen Apostroph – z. B. *L 7'* –, so handelt sich's um das Durchschußblatt neben der Seite 7). Steht die Aufzeichnung auf einem Losen Blatt, so wird die Herkunft durch die Sigle *L Bl.* bezeichnet.

Adickes hat Kants Handschriften in diplomatischer Treue wiederzugeben versucht. Der chaotische Zustand der vielfach ineinander gekritzelten und gestrichenen, in einzelnen Wörtern abgekürzten oder unleserlichen Notaten machte freilich eine Reihe von philologischen Démarchen nötig. Offenbare Flüchtigkeitsfehler wurden verbessert, Abkürzungen ohne weiteres (also ohne Arbeit mit Klammern) aufgelöst. Kants äußerst karge und oft sinnlose Interpunktion hat Adickes in eigener, manchmal nur mit der Lupe (und in einigen Ausdrucken gar nicht) unterscheidbarer Schrifttype ergänzt. Wir hatten erst vor, sie in diesem Band durch Winkelklammern ⟨, : ! ⟩ als Zusätze sichtbar zu machen und haben uns dann entschlossen, die Lesbarkeit der Reflexionen nicht zusätzlich noch durch typographische Schikanen zu erschweren; so ist Adickes' Interpunktion insgesamt übernommen. Oft fehlen bei Kant die Pünktchen über den Umlauten; es ist in den meisten Fällen auszuschließen, daß Kant die entsprechenden Vokale anders ausgesprochen hätte, in einigen aber nicht: Unser Text folgt vorsichtshalber dem Wortlaut der Manuskripte. Die Reflexionen tragen ferner Spuren von Strichen, Punkten und Zeichen, die nicht mit den Verweisungs- oder Fortsetzungszeichen (*, ** usw.) verwechselt werden dürfen: Kant hat offenbar beim Vortrag des Textes mechanisch oder in mnemotechnischer Absicht mit der Feder im Manuskript gespielt oder sich Stellen für den Vortrag oder die Disposition der Reihenfolge des Vorzutragenden angestrichen. Wichtiger als all dies sind Kants Zusätze, die, den Richtlinien der Akademie-Ausgabe folgend, entweder durch ein kursiv gesetztes erhöhtes kleines *g* (bei gleichzeitigen) oder ein ebensolches *s* (bei späteren, aus einer anderen Schriftphase als die Reflexion stammenden Zusätzen) angezeigt und in Klammern eingefügt wurden: also (^{g}) bzw. (^{s}). Unlesbare Worte oder Silben sind im Text durch Punkte ergänzt, unsichere Worte oder Wendungen in den Lesarten mit Fragezeichen versehen oder mit konjizierten Alternativ-Lesarten konfrontiert. Kants Streichungen wurden, abweichend von der Edition durch Adickes, nicht erhalten; die Orthographie wird nach den Richtlinien des Deutschen Klassiker Verlags normalisiert, wie sie in der Einleitung zum Gesamtkommentar dieses Bandes vorgestellt sind.

DER PHILOSOPHIEGESCHICHTLICHE KONTEXT.
DEUTUNGSASPEKTE

Kants Ästhetische Reflexionen gewähren uns wichtige Einblicke in die Denkverhältnisse, unter denen er, wie jeder andere deutsche Philosoph seiner Generation, seine Ausbildung antrat, aber auch – und das allein würde ihren auszugsweisen Abdruck in diesem Band rechtfertigen – die Eigenständigkeit seiner Reflexion, die gerade im Ästhetischen recht früh zu einer radikalen Umwandlung der tradierten Vorstellungen führte.

Da bei der Textauswahl, die diesen Band prägt, neben sachlichen Kriterien, die in der Titelwahl ausgestellt sind (»Ästhetik und Naturphilosophie«), auch ein inneres und werkgeschichtliches Kriterium den Ausschlag gab (die Wende zur kritizistischen Phase seines Philosophierens), so muß die Abweichung davon bei den Ästhetischen Reflexionen eigens begründet werden.

Einmal wenigstens sollte exemplarisch an einem längeren Schaffensraum (von etwa 50 Jahren) gezeigt werden, wie Kant eine philosophiegeschichtliche Konstellation aufnimmt und in kontinuierlichen Wandlungen bis zu dem Punkt führt, der sein reifes Werk, hier: die ästhetischen Partien der *KU*, bezeichnet. Etwas Ähnliches können wir zwar für die theoretische und die praktische, im Fragekontext dieses Bandes aber nicht für die naturphilosophischen und die naturwissenschaftlichen Schriften Kants dokumentieren. Es scheint, als seien die entsprechenden Räsonnements – abgesehen von den Reflexionen zur Physik und Chemie (AA XIV, S. 63-537 = Nr. 20-82) – immer gleich in eigene Druckschriften eingeflossen, deren für uns bedeutendste (die *MAN* und die zweite Hälfte der *KU*) in diesem Band abgedruckt und kommentiert sind. Die Weiterentwicklung des naturphilosophischen, insbesondere des teleologischen Aspekts ging dann in die umfänglichen Aufzeichnungen des sogenannten Nachlaßwerks ein, mit dessen Auszug die hier vorgelegte Textauswahl schließt. Eigentliche Reflexionen zur Teleologie, zum Organismus-Problem usw. finden wir in den Reflexions-Bänden kaum.

Anders steht es um die Ästhetischen Reflexionen. Hier hat Kant die Wende zu seinen definitiven Auffassungen teilweise schon vorm Überschreiten der kritizistischen Schwelle (gegen Ende der 78er Jahre) vollzogen. Während sich die frühesten Aufzeichnungen (deren terminus a quo das Erscheinen von Meiers Kompendium 1752, deren terminus ad quem das Wintersemester 1755/56 ist, in dem Kant zum ersten Mal über Logik las) noch eng an die Gedankenwelt der Leibniz-Wolffschen Schulphilosophie anlehnen und die diskursiven von den intuitiven Vorstellungen nicht prinzipiell, sondern nur nach Graden der Deutlichkeit unterscheiden, stammt doch die große Zahl derselben aus der Umbruchsphase, deren Beginn durch das Jahr 1769 markiert ist (so genau datierbar durch den Aufsatz *Von dem ersten Grunde des Unterschiedes der Gegenden im Raume* [Anfang 1768] als terminus a quo und den Brief an Johann Heinrich Lambert vom 2. 9. 1770 als terminus ad quem). Hier wird die Kontinuität zwischen Sinnlichkeit und Verstand erstmals klar bestritten; jene wird passiv (den gegeben Stoff aufnehmend), dieser aktiv (ihn kognitiv bearbeitend) genannt (vgl. die *Refl.* Nr. 207 ff. [für Leibniz waren *alle* Vorstellungen spontan, auch die verworrenen], besonders Nr. 212, auch Nr. 820).

Angenommen wird jetzt eine irreduzible Dualität der Erkenntnisvermögen, von denen allmählich auch bestritten wird, sie unterschieden sich nach Kriterien der Verworrenheit oder Deutlichkeit (»In jeder der beiden Formen kann Deutlichkeit oder Undeutlichkeit statt finden, nämlich in der Anschauung oder im Begriffe« [*Refl.* Nr. 220]). Aber auch die Subjektivität der Anschauungsformen Raum und Zeit kommt erstmals in den Blick (z. B. in *Refl.* Nr. 702: »Weil Raum und Zeit die allgemeinen conditiones der Moglichkeit der objekten sind nach Regeln der Sinnlichkeit ⟨...⟩«). Der Gemeingültigkeitsanspruch des ›ästhetischen Gefühls‹ ist von der Privatheit des Sinns einerseits, der notwendigen Allgemeingültigkeit des ›logischen Begriffs‹ andererseits abgesetzt (*Refl.* Nr. 1791, 1817, 1829, 1871/72, 1895); nicht jede ›Subjektivität meiner Vorstellungen‹ ist »bloß Empfindung« (*Refl.* Nr. 551): nämlich nicht die ästhetische. Und das Antinomienproblem ist prinzipiell gelöst. »Das Jahr 69 gab mir großes Licht«, schreibt Kant selbst im Rückblick der Jahre 1776-78 (*Refl.* Nr. 5037, AA XVIII, S. 69; die Aufzeichnung findet sich im Kontext der die eigene intellektuelle Entwicklung reflexiv durcharbeitenden Notizen dieses Jahres, meist zur »Vorrede« von Baumgartens *Metaphysica*, hier: S. XXXVI). Neben zahlreichen aufschlußreichen Reflexionen der Umbruchsphase (also etwa der Zeit zwischen 1769 und 1770 und dem endenden Jahrzehnt) finden sich auch einige Notizen aus der Zeit nach dem Druck der *KU*, die einzelne Aspekte des Geschmacksurteils (seine notwendig unterstellte intersubjektive Verallgemeinbarkeit, seine Interesselosigkeit, seine Ungesteuertheit durch den Begriff u. a.) neu beleuchten.

Die Innovation der kantischen Reflexionen zur Ästhetik kann nur von dem gewürdigt werden, der den Stand dieser philosophischen Disziplin zur Zeit der Wolff-Schule einigermaßen vor Augen hat.

Unter Ästhetik versteht die philosophische Tradition die Frage nach dem Wesen des Schönen, ob es sich in Natur oder Kunst ausprägt. Seit ihren Anfängen in der griechischen Antike sieht sich diese Frage einem schwerwiegenden Verdacht ausgesetzt. Das Schöne ist nicht das Wahre, während die Philosophie, als Liebe (φιλία) nach Weisheit (σοφία), nur auf die Annäherung ans Wahre aus sein sollte. Der Begriff der Ästhetik rührt zusätzlich an die Sphäre des Sinnlichen; Ästhetik kommt von αἰσθάνεσθαι: (mit Sinnen) wahrnehmen. Für das Sinnliche gilt aber »de⟨r⟩ alte ⟨...⟩ Grundsatz der Eleatischen Schule: sensualium non datur scientia ⟨vom Sinnlichen gibt's keine Wissenschaft⟩« (*Refl.* Nr. 706). Für Platon bildet es den Bereich des μὴ ὄν, des verglichen mit dem eigentlich Seienden (ὄντως ὄν) nicht Seienden. Denn relativ nicht seiend ist, was dem Wandel unterworfen ist und sich stets neu präsentiert, also ›nicht‹ ist, was es dem Wesen nach sein sollte. So liegt es nahe, die Philosophie – und in ihrer Nachfolge: die exakten Wissenschaften – auf den Weg der Befestigung des Wandelbaren in dauernden Gedanken (Begriffen) zu verpflichten. Für Platon heißen diese unwandelbaren Gedanken ›Ideen‹, die Naturwissenschaften sprechen von ›Gesetzen‹. Gesetze bestimmen zwar (auch) Sinnliches, aber so, daß dessen Veränderlichkeit in eine strenge Identität mit sich selbst aufgelöst ist. Man kann sich einfach veranschaulichen: Obwohl zwei Stücke Zucker einander niemals in jeder Hinsicht gleich sind, gilt doch eben dies für ihren Begriff, d. h. die wissenschaftliche Definition des Zuckers. Sie widersteht der zerstörenden Macht des Werdens und kann so ihren Anwendungsbereich prognostisch beherrschen.

Ist diese theoretische Weichenstellung einmal vorgenommen, wundert es kaum, daß die Ästhetik für ihr Bemühen, dem Sinnlichen – dem *aisthetón* – in seiner flüchtigen Einmaligkeit zu Hilfe zu eilen, von der Philosophie scheel angesehen wurde und lange Zeit keine Chance hatte, im System des abendländischen Szientismus Fuß zu fassen. Das ändert sich radikal erst mit Kants kritizistischem Neueinsatz, der sich in den Reflexionen der 70er Jahre andeutet und 1781, mit der Erstauflage der *KrV*, ans Licht tritt. *Kritik der reinen Vernunft* hieß dieses Werk ja auch wegen seines energischen Einspruchs gegen die Usurpation eines sinnenfeindlichen Rationalismus, der seine Annahmen nicht an den Erfahrungen kontrolliert. In diesem Werk findet sich auch erstmals die semantische Unterscheidung zwischen Ästhetik im Sinne einer Theorie des Sinnlichen und Ästhetik im Sinne einer »Kritik des Geschmacks« (*KrV* A 21, Anm.), der Bewertung des Schönen in Form von Urteilen. Künftig wird in erster Linie an die »Urteilskraft« appelliert, wenn ästhetische Fragen zur Entscheidung anstehen. Kant bemerkt, daß »die Deutschen die einzigen sind, die sich des Worts *Ästhetik* bedienen, um dadurch das zu bezeichnen, was andere Kritik des Geschmacks heißen«. Kant wiederholt diese Beobachtung zu Beginn des VII. Abschnitts der *Ersten Einleitung in die Kritik der Urteilskraft*: »Seit geraumer Zeit ⟨...⟩ ist es Gewohnheit geworden, eine Vorstellungsart ästhetisch, d. i. sinnlich, auch in der Bedeutung zu heißen, daß darunter die Beziehung einer Vorstellung nicht aufs Erkenntnisvermögen, sondern auf Gefühl der Lust und Unlust gemeinet wird.« Diese Beobachtung begriffsgeschichtlicher Art, unauffällig auf den ersten Blick, erscheint bei genauerem Hinsehen doch bedeutsam genug, um darin ein Symptom zu erkennen.

Sollte die Erfindung der Ästhetik nicht etwa länger zurückliegen? Haben wir es wirklich mit einer Sonderentwicklung der deutschen Aufklärung zu tun? Natürlich gibt es frühere Thematisierungen des Schönen und der Kunst, z. B. in Platons *Gastmahl*, im zweiten, dritten und zehnten Buch seines *Staat*, bei Aristoteles, in den zahlreichen antiken und modernen Traktaten, die, vermittelt durch Horazens *Ars poe-*

tica, an Aristoteles anschlossen und zu einer wahren Hochkonjunktur von Poetiken in Renaissance, Barock und Aufklärung geführt haben. Schaut man indes genauer hin, so ist für Platon das Schöne ein pädagogisches Instrument, das den philosophischen Blick gerade wegführt vom Sinnlichen, um seinen eigentlichen Gegenstand ins Übersinnliche zu verlegen. Im *Staat* wird die Dichtkunst gescholten, Lügen und Trugbilder zu verbreiten oder im besten Falle das Abbild eines Phänomens zu liefern, das selbst schon nur Abbild der Idee ist. Dichter sollen im wahren Staat gar keine Stätte finden; den Ästhetikern als Platzhaltern der Künstler hätte Platon schwerlich Freundlicheres gesagt. Auch Aristoteles schätzt die schönen Künste nicht wegen ihrer Liebe zum Sinnlich-Einmaligen, sondern weil sie das übersinnliche Wesen selbst darstellen. Eine künstlerische Präsentation, die das Band der Ähnlichkeit (ὁμοίωσις) zwischen Imitat und Imitant aufhebt, entfernt sich von der Wahrheit, ist mithin philosophisch abzulehnen. Kunst ist eine Form der Allegorie. ›Allegoreîn‹ (ἀλληγορεῖν) heißt: anderes sagen, als man meint. Man sagt Sinnliches, aber man meint das Übersinnliche.

Mehr als zwei Jahrtausende hat die Kunst aufgrund dieser Prämissen für eine Art minderer und nur tastender Erkenntnis gelten müssen: so als »cognitio inferior« (oder »facultas cognoscitiva inferior«) nach der berühmten Definition Alexander Gottlieb Baumgartens (1714-1762). Erst ein radikaler Bruch mit dem zugrundeliegenden Modell der Re-präsentation einer ursprünglichen und idealen Präsenz sowie des zugehörigen Wahrheitsmodells, die eine einfache Zusammenstimmung von Sache und Intellekt unterstellt, hat den ästhetischen Ausdruck aus der philosophischen Bevormundung befreit. Damit das frühere philosophische Paradigma verschwinden konnte, mußte die Auffassung vom Wesen der Repräsentation und das ihr verbundene Wahrheitsmodell völlig neu begründet werden.

Kant war es, der den epistemologischen Grund der sogenannten Metaphysik – also der Annahme einer Hinterwelt von idealen und an sich bestehenden Entitäten, denen unser

Erkenntnisvermögen sich nur anzumessen hätte – völlig umarbeitete. Kant glaubte ja nachgewiesen zu haben, daß unser Gemüt – abgesehen von den sinnlichen Erkenntnisquellen – nicht bloß passiv oder rezeptiv ist, daß vielmehr die Denkfunktion auf einer Aktivität beruht, deren Urheber das selbstbewußte Subjekt ist. Der Intellekt ist folglich weit davon entfernt, sich den Gegebenheiten, die durch die Sinne einströmen, auszuliefern; vielmehr konstituiert oder entwirft er souverän ein Bild der Welt, wobei Kant unter ›Welt‹ das (geregelte) Gesamt nicht der Dinge an sich, sondern ihrer Erscheinungen versteht. »Denn wir kennen ein obiekt nur als ein Etwas überhaupt, dazu die gegebene anschauungen nur Prädikate sind. ⟨...⟩ In der Vorstellung eines obiekts ist das Mannigfaltige Vereinigt. Alle Anschauungen sind nur Vorstellungen; das Obiekt, darauf sie bezogen werden, liegt ⟨also⟩ im Verstande« (*Refl.* Nr. 5643, AA XVIII, S. 283). So entspringt die Welt (nicht ihr Stoff, sondern ihr Sinn) aus der strukturierenden Tätigkeit unserer Subjektivität; sie ist gewissermaßen unsere Schöpfung. Nach dieser Wendung läßt sich eine Wahrheitsdefinition, die dem Denken eine einseitige Unterwerfung unter die Realität abverlangt, nicht mehr aufrechterhalten. Zwar bedient sich Kant gelegentlich selbst noch der tradierten Definition der Wahrheit (ihrer »Nominalerklärung«) als der »Übereinstimmung der Erkenntnis mit ihrem Gegenstande« (z. B. *KrV* A 58 = B 82 f.; A 157 unten = B 196 f.; A 237 = B 296; A 642 = B 670, passim; vgl. auch die Reflexionen Nr. 2107 ff. [AA XV, 1, S. 237 ff.] sowie Nr. 5663 [AA XVIII, S. 322, Z. 28]). Tatsächlich vertritt er aber eine Kohärenz-Theorie der Wahrheit: Danach »⟨besteht Wahrheit⟩ bloß in dem Zusammenhange der Vorstellungen durchgängig nach Gesetzen des Verstandes« (*Refl.* Nr. 5642 [AA XVIII, S. 280]). Kant zeigt ausdrücklich, daß die intuitive Forderung, wonach unsere Begriffe »außer dem noch in etwas anderm ⟨fundiert sein müssen⟩, was nicht in unsern Vorstellungen liegt«, nämlich dem transzendenten Gegenstand, in einen Zirkel führt: »denn wie wollen wir es ⟨das Objekt⟩ damit ⟨mit unseren Vorstellungen⟩ vergleichen⟨?⟩«:

Alle obiekte (ᵍwerden nur durch die Vorstellungen in mir bestimmt; was sie übrigens an sich sein mögen, ist mir unbekannt) sind zugleich in uns; ein obiekt außer uns ist transzendent, d. i. uns gänzlich unbekannt und zum Kriterium der Wahrheit unbrauchbar.

(L. c., S. 281; vgl. *Refl.* Nr. 2143 [AA XV, 1, S. 251]: »Mein Urteil soll mit dem objekt übereinstimmen. Nun kann ich das objekt nur mit der Erkenntnis vergleichen dadurch, daß ich es erkenne.«)

Ähnlich radikal wird die Theorie der Wahrheit als Anmessung des Urteils ans Objekt (oder die Sachlage) in einigen Reflexionen zur *Logik* untergraben, so wenn Kant den Objektbezug auf die Kohärenz der Urteile unter sich fundiert (»Sie ⟨sc.: die Wahrheit⟩ stimmt mit dem objekt, wenn sie mit sich selbst stimmt« [*Refl.* Nr. 2124, AA XV, 1, S. 244]). So verschiebt sich die Korrespondenz von der Objekt-Subjekt-Relation auf die Verstand-Vernunft-Beziehung (»Wahrheit ist übereinstimmung des Verstandes und der Vernunft« [*Refl.* Nr. 2142, AA XV, 1, S. 250]) oder allgemein auf den logischen Zusammenhang zwischen den Vorstellungen in einem oder zwischen den Urteilen untereinander: »Das objektive criterium der Wahrheit ist Übereinstimmung der Vorstellungen in einem Urteil unter einander nach den allgemeinen Gesetzen des Verstandes oder der Vernunft. ⟨...⟩ Das subjektive criterium der Wahrheit ist die Übereinstimmung Eines Urteils mit einem anderen so wohl in demselben subjekt als in Verschiedenen« (*Refl.* Nr. 2128 [AA XV, 1, S. 246]).

Mehr noch: Kant zufolge wird die Adäquatheitsforderung durch ein zweites, stärkeres Argument untergraben. Dieses Argument fußt auf einer genialen Entdeckung, die Konsequenzen von besonders großer Tragweite nach sich zieht. Und zwar liegt die Entdeckung im Nachweis der Beziehung, die zwischen der *Struktur des Objekts* und der *Form des Urteils* besteht. Kants Keimgedanke ist – in starker Vereinfachung –, daß das, was wir *Objekte* nennen, nichts anderes ist als das, worauf wir in *wahren Urteilen* Bezug nehmen. Darin unterscheiden sich Objekte von Gegenständen bloß subjektiver Vorstellungen *(KrV* B 141 f.). Nun ist Denken Urteilen, und ›Urteilen‹ heißt die Funktion, durch welche eine Mannigfaltigkeit verschiedener Vorstellungen in einer einzigen vereinigt wird. Dieselbe Funktion, die eine Vielfalt von Vorstellungen im Urteil in eine einzige zusammenbindet, konstituiert in ihrer Anwendung aufs Mannigfaltige des sinnlich Gegebenen die synthetische Einheit eines Objekts (l. c., A 79 = B 104 f.). Ist das der Fall, so muß man annehmen, daß nichts grammatisches Subjekt eines empirischen Urteils sein kann, als dessen Begriff nicht mindestens zwei voneinander unterschiedene Inhalte oder Aspekte ausgemacht werden können. So erweist sich die Verschiedenheit der im Subjekt-Terminus des Urteils vereinigten Qualitäten als notwendige Bedingung der Möglichkeit, daß ihm eine Vielfalt distinkter Prädikate beigelegt werden kann; andernfalls würde das über ihn gefällte Urteil den in der Stellung des Subjekt-Terminus bezeichneten Inhalt lediglich (tautologisch) wiederholen. Kant war überzeugt, daß die synthetische Verfaßtheit ein *definiens* des Urteilens sei, weil nur ein Urteil, das ein vielfältig charakterisierbares/prädizierbares Subjekt enthält, dem Kriterium der Verifizierbarkeit bzw. – ihr entsprechend – der Negierbarkeit genügt. Ein nicht verifizierbares Urteil könnte sich auf kein Objekt beziehen (und »in den Sinnen ist ⟨nur darum⟩ weder Wahrheit noch Irrtum, weil sie garnicht Urteilen« [*Refl.* Nr. 5642, AA XVIII, S. 281, Z. 30 f.]). Demnach muß auch das Bewußtsein, das von einem Objekt existiert, als ein solches gedacht werden, das von der synthetischen Verknüpfung verschiedener Vorstellungen besteht. Kurz: ›Objekt‹ darf nur ein solcher Vortellungs-Verbund heißen, über den eine Reihe wahrer Urteile (Prädizierungen) gefällt werden kann. Das ist der Zusammenhang zwischen Objektivität von Einzeldingen und Wahrheit von Aussagesätzen (›Urteilen‹), wie ihn Kant entdeckt hat.

Gilt er aber auch in ästhetischen Kontexten? Wendet man die vorangehende Überlegung auf die Erfahrung des Schönen und der Kunst an, so findet sich, daß der Geschmack im

Kantschen Sinne ebenfalls – und offensichtlich – eine Aussagestruktur hat, also in einem Urteil fundiert ist: Ich behaupte im Blick auf eine bestimmte Konfiguration meiner Vorstellungen, deren Existenz mich nicht weiter interessiert, daß sie mir gefällt (oder daß sie mich ästhetisch befriedigt). Die Urteilsstruktur spielt in Kants Ästhetik sogar eine zentrale Rolle; seine dritte Kritik heißt aus guten Gründen *Kritik der Urteilskraft*. Man könnte glauben – und Kants ästhetische Reflexionen zu *L* liefern dafür zahlreiche Bestätigungen –, das ästhetische Urteil unterhalte eine Analogie zum Erkenntnisurteil. Unter ›Erkenntnisurteil‹ – in den Reflexionen oft auch ›logisches Urteil‹ genannt – wird ein Begriff auf eine Anschauungskomplexion bezogen, die (im oben angezeigten Sinne) objektiv bestimmt ist. Im ›ästhetischen (oder Geschmacks-)Urteil‹ dagegen wird die Anschauungsmannigfaltigkeit aufs urteilende Subjekt bezogen – und ist eben darum auch nur von subjektiver Geltung. Im 3. und 4. Absatz des VIII. Abschnitts der ersten Einleitung zur *KU* ist Kant über diesen Punkt am deutlichsten: Im logischen oder bestimmenden Urteil, schreibt er, ist das Prädikat »ein gegebener objektiver Begriff«. Im ästhetischen Urteil dagegen fehlt nicht etwa das Prädikat (wie in Brentanos ›setzenden Urteilen‹), sondern dieses (das Prädikat) drückt »die Beziehung einer Vorstellung unmittelbar auf das Gefühl der Lust und nicht aufs Erkenntnisvermögen« aus. Das kann geschehen in Urteilen, in denen ich mich vom Angenehmen oder Unangenehmen der Empfindung ohne weiteres bestimmen lasse (wie wenn ich Wein koste und ihn als herb beurteile). Es kann auch geschehen (und nur ein solches Urteil heißt im engeren Sinne ästhetisch), daß ich über eine Vorstellungskonstellation zunächst reflektiere und mein Urteil durch diese zwischengeschaltete Reflexion bestimmen lasse. Dann habe ich sehr wohl mit einem Urteil zu tun, aber »dessen Prädikat niemals Erkenntnis (Begriff von einem Objekt) sein kann«. – Das Rätsel, das Kants Nachdenken in Atem hält, ist allerdings die Tatsache, daß wir für unsere Geschmacksurteile, ihrer offenkundigen Subjektivität unerachtet, faktisch keine bloßen ›Privatbedingungen‹ geltend machen: Wir nennen etwas ›schön‹ nur, wenn wir unterstellen, es gelte ebenso auch für alle anderen mit Geschmack begabten Personen – und das auch dann, wenn uns der Begriff nicht zuhanden ist, von dem wir zeigen könnten, daß er diesen Geltungsanspruch stützt.

Wie läßt sich dies merkwürdige Phänomen erklären? Kants Vorgänger, die Philosophen der sogenannten Leibniz-Wolffschen Schulphilosophie, unter ihnen vor allem Alexander Gottlieb Baumgarten (1714-1762), »der Vater einer Schule ⟨...⟩ der schönen Wissenschaften und Künste in Deutschland«, wie Herder rühmte, taten sich relativ leicht bei der Beantwortung dieser Frage. Für Baumgarten (ebenso wie für seinen Schüler Georg Friedrich Meier, der die Grundgedanken von Baumgartens *Aesthetica* [2 Bde., 1750/58] schon 1748-50 in seinem Kompendium *Anfangsgründe aller schönen Wissenschaften* popularisiert hatte) ist die Ästhetik die »Wissenschaft der sinnlichen Erkenntnis«. Als solche ist sie nicht wahrheitsfähig, denn die Sinnlichkeit gehört unter die »unteren Erkenntniskräfte« – im Gegensatz zu Verstand und Vernunft als den »höheren«; wohl aber gilt, daß sinnliche Urteile – diejenigen nämlich, die einem Gegenstand Schönheit zuschreiben – in Analogie zu Erkenntnisurteilen beschrieben werden können: als ein »dem rationalen Denken analoges Erkennen«. Die Analogie besteht in der »Vollkommenheit« sinnlicher Erkenntnis, die zur Wahrheit eine noch näher zu bestimmende Familienähnlichkeit unterhält.

Steht Kant dieser Auffassung nicht nahe? Ist nicht auch ihm das Phänomen des (Kunst-)Schönen eine Art uneigentlicher Erkenntnis, die zu der echten bestenfalls ein Verhältnis der Ähnlichkeit unterhält? Trennt er nicht das ästhetische (Geschmacks-)Urteil wie die Wolffsche Tradition vom eigentlichen Erkenntnisurteil? Schließlich sagt er, wer über Schönes urteile, der erkundige sich nicht nach dem Bezug seiner Vorstellungen aufs *Objekt* (wie das die adäquationistische Wahrheitstheorie erfordert); er gehe also überhaupt nicht auf Wahrheit (auf Erkenntnisbezug), sondern beurteile lediglich den Bezug der Vorstellungen aufs ästhetisch gestimmte *Subjekt*, aufs individuelle *Gefühl* des Urteilenden. Das Geschmacks- ist also kein Erkenntnis- (oder, wie Kant auch sagt, kein logisches) Urteil, es ist subjektiv und mithin bloß ästhetisch. ›Ästhetisch‹ heißt: auf sinnliche Empfindung bezogen, und Empfundenes präsentiert sich (nach Kant) immer als Einzelnes und allein fürs empfindende Individuum (»Nur einzelne Dinge werden empfunden« [*Refl.* Nr. 3138, AA XV, 1, S. 674]). Es fehlt ihm mithin an aller (selbst komparativen) Allgemeinheit, ohne welche Geltungsansprüche nicht auftreten können. Individuelles – wie das (im Wortsinne) Ästhetische – gilt jeweils nur für die Perzeption des gewahrenden Gemüts, also nicht objektiv, nicht für alle Gemüter – wie etwa das Kausalgesetz, dessen Anerkennung a priori für alle denkbaren Subjekte konsensfähig ist. Jeder Vorstellungsbezug kann unter Umständen objektiv sein, auch ein sinnlicher – nie aber der Geschmack, von Kant auch als ›Gefühl der Lust und der Unlust‹ charakterisiert. Ästhetische Vorstellungen sind nicht prinzipiell von Erkenntnisurteilen unterschieden: Ich kann, durch eine Einstellungsänderung, über eine Konfiguration von sinnlichen Vorstellungen auch ein Erkenntnisurteil fällen (wenn ich z. B., statt *Sindbad den Seefahrer*, auf der Leinwand ein Ensemble von Farbstrukturen, Körnung, Leinwand, Firniß, einen Holzrahmen, von dem ich z. B. wahrheitsgemäß aussagen kann, er sei aus Buche, nicht aus Eiche, usw. erblicke). Alsdann beziehe ich die Vorstellungen, die ich von meinem Gegenstand habe, wie Kant sich ausdrückt, aufs Objekt. Ich kann mich aber dieses Objektbezugs auch enthalten und nur das Gefühl auskosten, das die Anschauungskomplexion in meinem Gemüt hervorbringt: Alsdann urteile ich zwar auch, aber ästhetisch, die Vorstellungen (wie Kant sich ausdrückt) aufs Subjekt beziehend.

Hier ist eine Wandlung in der Verwendung des Ausdrucks ›ästhetisch‹ vollzogen, auf die Kant in dem vorhin gegebenen Zitat (aus *KrV* B 35 f.) schon aufmerksam gemacht hat. Er charakterisiert jetzt nicht mehr eine Theorie der Sinnlichkeit (Sinnliches wird empfunden, nicht beurteilt), sondern einer solchen des Geschmacks. Mit der Feststellung dieses Bedeutungswandels spielt Kant an auf das Werk Baumgartens, der den Terminus ›Ästhetik‹ in seiner modernen Wortbedeutung eingeführt hatte; sein Hauptwerk trägt ihn im Titel. Es systematisiert lediglich Gedanken, die Baumgarten schon Jahrzehnte früher, vor allem in seinen 1735 erschienenen *Meditationes Philosophicae de Nonnullis ad Poema Pertinentibus* (Philosophische Überlegungen zu einigen die Poesie betreffenden Punkten) vorgestellt hatte. Nach Baumgarten (der, wie die Schulphilosophie ganz überwiegend und selbst Kant noch in seinen Frühschriften bis zur Dissertation von 1770, in lateinischer Sprache schreibt, weil er der deutschen Sprache mit Recht die terminologische Festigkeit und Präzision noch nicht zutraut) ist die Philosophie eine »scientia qualitatum in rebus sine fide cognoscendarum«, eine Wissenschaft von den inneren Eigenschaften der Dinge, soweit sie sich ohne Rekurs auf den Glauben erkennen lassen. Die Erkenntnistheorie, die bei Baumgarten der Metaphysik vorausgeht, heißt Gnoseologie (Erkenntnistheorie). Sie zergliedert sich – nach Maßgabe der Ansicht, wonach es einerseits sinnliche oder niedere, andererseits rationale oder höhere Erkenntnisvermögen gibt – in zwei Teile: Ästhetik (hier noch verstanden wie im Eingangsteil der *KrV* als Theorie des Sinnlichen) und Logik (als Theorie nicht nur des richtigen Schließens, sondern des Rationalen überhaupt).

Schon Gottfried Wilhelm Leibniz (1646-1716) hatte die Schönheit definiert als ›la perfection intuitionnée sensiblement (ou par les sens)‹, als sinnlich angeschaute Vollkommenheit, wobei er hinzufügte: sinnliche Vorstellungen seien notwendig verworren (weil einige ihrer Merkmale dunkel seien). Die Bedeutung dieser Ausdrücke (›verworren‹, ›dunkel‹) wird gleich zu klären sein. Beschränken wir uns jetzt auf die Analogie zu Aristoteles: Der hatte den schönen Künsten ein Ähnlichkeitsverhältnis zum Wahren zugestanden (aber Analogie ist nicht Identität). Ähnlich Leibniz: Das Schöne ist, wie dann Baumgarten sagen wird, ein »analogon rationis« (*Metaphysica*, § 640), eine noch verworrene Vorstellung dessen, dessen deutliche Repräsentation vom Begriff geleistet werden wird. Leibniz geht aber einen Schritt weiter als Aristoteles: Denn die ästhetischen und die rationalen Vorstellungen gehen aus einem und demselben Erkenntnisstamm hervor, und sie sind verschieden distinkt (oder deutlich) aufgefaßte Vorstellungen eines und desselben. Das begrifflich Vollkommene kann auf niederer Entfaltungsstufe der Vorstellung sinnlich angeschaut werden, und dann haben wir den Fall einer ästhetischen Anschauung. Sie liefert sinnliche Vollkommenheit (»perfectio phenomenon«). So hat das Schöne einerseits Bezug aufs Sinnlich-Gefühlsmäßige, ist aber doch andererseits nicht aus allem Erkenntnisbezug herausgenommen – was wenigstens vorläufig die Allgemeinheit des Geschmacksurteils erklären würde. Man kann das auch negativ ausdrücken: Nimmt man den Bezug auf begriffliche Vollkommenheit weg, verliert das bloß Ästhetische allen Wert. So fügt sich Baumgartens Ästhetik in die platonische Tradition ein, die dem (sinnlich) Schönen eine pädagogische Wegweiser- oder Mittlerfunktion bei der Erhebung der Seele zum Un- und Übersinnlichen zuerkennt. Kant hat in einer Reflexion zu Meiers *L* Baumgartens Verfahren ironisch so charakterisiert:

> Die ästhetik ist ⟨ihm⟩ nur ein Mittel⟨,⟩ die leute von gar zu großer Zartlichkeit an die Strenge der Beweise und Erklärungen an zugewöhnen. So wie man Kindern den rand des Gefäßes mit Honig beschmieret.
>
> (*Refl.* Nr. 1753)

Macht man sich klar, daß diese Aufzeichnung schon sehr früh, nämlich zwischen 1752 und 1756 entstanden ist, so ahnt man, wie früh Kants Reserve gegen die Stellung des Geschmacks in der Begrifflichkeit der Schulphilosophie schon bestand.

Dennoch bleiben, wie zumal die frühesten ästhetischen Reflexionen zeigen, Kants Anfänge ganz dem Leibniz-Wolffschen Theorie-Apparat verpflichtet. Um das sichtbarer zu machen, reichen die dürftigen Paragraphen des Meierschen Kompendiums nicht aus. Darum seien einige Paragraphen zitiert aus Baumgartens schon erwähnten ›Philosophischen Überlegungen über einige die Dichtkunst betreffende Dinge‹ (in der deutschen Übersetzung von Albert Riemann in: ders., *Die Ästhetik Alexander Gottlieb Baumgartens*, Halle 1928):

§ 3. *Vorstellungen*, die wir durch den niederen Teil unseres Erkenntnisvermögens erhalten, sollen *sensitiv* heißen. Sensitiv nennen wir eigentlich das Begehren, soweit es einer verworrenen Vorstellung des Guten entspringt. Da aber verworrene wie dunkle Vorstellungen dem niederen Teil unseres Erkenntnisvermögens entstammen, so können wir diese Bezeichnung auch auf die Vorstellung selbst übertragen, um sie von denen, die dem Verstand in allen möglichen Graden der Deutlichkeit gegeben werden, zu unterscheiden.

⟨...⟩

§ 7. *Eine vollkommene sensitive Rede* ist eine Rede, deren Bestandteile die Erkenntnis sensitiver Vorstellungen vermitteln wollen.

§ 8. Eine sensitive Rede ist um so vollkommener, je mehr Bestandteile in ihr sensitive Vorstellungen erwecken.

§ 9. Eine vollkommene sensitive Rede ist ein *Gedicht*. Die Gesamtheit der Regeln, nach welchen ein Gedicht verfaßt werden muß, damit es *poetisch* sei, heißt die Wissenschaft von der Dichtkunst oder *Poetik*. Die Fähigkeit, ein Gedicht zu verfassen, ist die *Dichtkunst,* und derjenige, der sich dieser Gabe erfreut, ist ein *Dichter.* ⟨...⟩

⟨...⟩

§ 11. *Poetisch* soll alles heißen, was irgendwie zur Vollkommenheit eines Gedichtes beitragen kann.

⟨...⟩

§ 13. Dunkle Vorstellungen enthalten nicht so viele Vorstellungen von Merkmalen, als erforderlich sind, um das Vorgestellte wieder zu erkennen und von anderen Vorstellungen zu unterscheiden. Wohl ist dies aber bei den klaren Vorstellungen der Fall (nach Def.). Es werden aber mehr verschiedene Teile zur Mitteilung sensitiver Vorstellungen beitragen, wenn die Vorstellungen klar sind, als wenn sie dunkel sind. Daher ist ein Gedicht, dessen Vorstellungen klar sind, vollkommener als eines, dessen Vorstellungen dunkel sind. Klare Vorstellungen sind also poetischer als dunkle. ⟨...⟩

§ 14. Begrifflich deutliche, vollständige, adäquate und bis in die tiefsten Tiefen dringende Vorstellungen sind nicht sensitiv und daher auch nicht poetisch. ⟨...⟩

§ 15. Klare Vorstellungen sind nach § 13 poetisch. Nun können sie aber sowohl begrifflich deutlich als auch verworren sein. Da die deutlichen Vorstellungen nach § 14 nicht poetisch sind, so sind es die verworrenen.

Zunächst erfahren wir in diesem Textauszug, das Gefühl des Schönen gehöre zum niederen Erkenntnisvermögen – entsprechend der Wolffschen Klassifikation. Sodann wird unterschieden zwischen Klarheit und Dunkelheit auf der einen, Deutlichkeit und Verworrenheit auf der anderen Seite. Dieses Unterscheidungspaar entspricht nicht mehr unserem Wortgebrauch und bedarf der Erläuterung. In der Tat ist in Baumgartens Text die Verworrenheit der Dunkelheit, nicht aber der Klarheit entgegengesetzt. Eine Vorstellung kann klar und doch verworren sein. Unter ›verworren‹ versteht Baumgarten komplex, wie vor allem der 13. Paragraph es auffällig formuliert: Verworren oder verwickelt ist eine an Merkmalen reiche Vorstellung, die uns viel sagt, die ich darum aber doch nicht imstande sein muß, bis in ihre elementaren Bestandteile zu zergliedern (einige dieser Merkmale bleiben mir dunkel, ich kann sie nicht vollständig explizieren). Um uns in dem hier zugrundeliegenden Klassifikationssystem (das auch Kants – zumal den frühen – ästhetischen Reflexionen als Ausgangspunkt dient) besser auszukennen, müssen wir auf die *Principia philosophiae* (1644, frz. Fassung 1647) des René Descartes (1596-1650) zurückgehen. Im § 45 des ersten Teils dieses Werks definiert Descartes die beiden Grundbegriffe wie folgt:

Ich nenne klar (clara) eine Erkenntnis, die dem aufmerkenden Geist gegenwärtig und offenbar ist (quae menti attendenti praesens et aperta est); so wie wir von Gegenständen sagen, wir sehen sie klar, wenn sie gegenwärtig sind und stark genug wirken und unsere Augen auf ihre Betrachtung eingestellt sind; und ⟨wir nennen⟩ deutlich (distincta) eine ⟨Erkenntnis⟩, die so genau und wohlunterschieden ist von allen anderen (ab omnibus aliis ita sejuncta est et praecisa), daß sie gar nichts anderes, als was klar ist, in sich befaßt (ut nihil plane aliud, quam quod clarum est, in se contineat).

Gottfried Wilhelm Leibniz (1646-1716) hat diese Unterscheidung unzureichend genannt. Im Grunde handele es sich um gar keine, denn beide gehörten zur selben Art; deutlich sei nur der höchste Grad der Spezies Klarheit. Das hatte freilich Descartes im § 46 der *Prinzipien* selbst gesagt: Die Deutlichkeit schließe die Klarheit ein, aber nicht umgekehrt. Tatsächlich enthält Descartes' Definition zwei ganz verschiedene Ansichten vom Wesen der Deutlichkeit. Die erste betrifft die *äußere* Deutlichkeit; den Umstand, daß ich eine Erkenntnis oder eine Idee von allen anderen ihresgleichen (»ab omnibus aliis«) unterscheiden kann. Zweitens die *innere* (interne) Deutlichkeit, die wir erhalten, wenn wir den Inhalt einer Erkenntnis (oder Idee) in alle seine Elementarbestandteile zergliedern können (»quod ⟨...⟩ in se contineat«). Diesem Wortgebrauch zufolge scheint Descartes implizit anzunehmen, die äußere Deutlichkeit bestimme die innere (»ita ⟨...⟩ ut«). Das ist aber nicht der Fall. Können wir z. B. Dreiecke von allen anderen geometrischen Figuren unterscheiden, so müssen wir darum doch nicht imstande sein, den Begriff des Dreiecks explizit bis in seine kleinsten distinktiven Merkmale aufzuspalten. (Dunkel wäre dagegen eine Vorstellung, die so verschwommen ist, daß sie nicht einmal zur Diskrimination des Gegenstandes von anderen zureicht. [Ich sehe etwas in der Ferne: Ist es eine Kuh oder ein Pferd oder nur ein tierähnliches Gestell usw.?])

Diese Ungenauigkeit hat Leibniz zu überwinden gesucht.

Er definiert Klarheit – und daher haben es Baumgarten, Meier und noch der frühe Kant – als Wiedererkennbarkeit und untergliedert sie in sich noch einmal in Verworrenheit und Deutlichkeit. So entspricht die Verworrenheit der äußeren Deutlichkeit (bei Descartes), und Descartes' innere Deutlichkeit entspricht dem, was Leibniz ganz allgemein Deutlichkeit nennt (Gottfried Wilhelm Leibniz, *Die philosophischen Schriften*, hg. von C.⟨arl⟩ I.⟨mmanuel⟩ Gerhardt, 7 Bde., Hildesheim 1965 [unveränderter Nachdruck der Ausgabe 1875–90]; hier: Bd. 4, S. 422).

Diese terminologischen Abgrenzungen sind für die Schulphilosophie des deutschen 18. Jahrhunderts prägend geblieben. Auch für Baumgarten verläuft die Demarkationslinie nicht zwischen dem Klaren und dem Verworrenen. In dem zitierten Passus bildet die Klarheit vielmehr den übergeordneten, den Gattungs-Begriff, der in seiner Sphäre die Begriffe Verworrenheit und Deutlichkeit umgreift. Mit anderen Worten: Der Unterschied verläuft zwischen klaren, aber verworrenen, und klaren und überdies deutlichen Vorstellungen andererseits; beide Vorstellungstypen haben die Klarheit gemein. Wir müssen den heutigen Wortgebrauch von Baumgartens (und Meiers) Text fernhalten, wo ›verworren‹ nicht mehr sagen will als dies: eindeutig anschaulich faßbar (und wiedererkennbar), auch wenn nicht vollständig bekannt ist, aus welchen semantischen Eigenschaften (›Merkmalen‹) sich das Prädikat genau zusammensetzt. Ein Prädikat ist klar, wenn ich es einem Gegenstand zu- oder absprechen kann; und es ist deutlich, wenn ich seine erschöpfende Definition kenne. Eines impliziert nicht notwendig das andere: Ich kann über die Definition einer Vorstellung verfügen und doch nicht sehen, wie ich sie einem Gegenstand beilegen könnte (z. B. wenn der Gegenstandsbereich leer oder fiktiv ist); und ich kann umgekehrt imstande sein, ein Prädikat klar einem Gegenstand zuzulegen, ohne über seine Definition zu verfügen (z. B. wenn ich von einem Gegenstand sage, er sei schön, verfüge ich eben nicht über eine erschöpfende begriffliche Aufzählung aller seiner Merkmale). Kant wird seinerseits sagen, die Richtigkeit im Zu- oder Absprechen eines Prädikats beruhe auf der Urteilskraft, während die Definition Sache des Verstandes (als Vermögens der Begriffe) sei. Darum kann man sich eine Urteilskraft ohne Verstand (eine solche, die mit klaren, aber nicht deutlichen Anschauungen zu tun hat) ebensowohl vorstellen wie einen Verstand ohne Urteilskraft (einen solchen, der mit deutlichen Begriffen zu tun hat, ohne daß Anschauungen sichtbar wären, auf die er sie anwenden könnte). Das alles scheint darauf hinzudeuten, daß die Kriterien für Klarheit und für Deutlichkeit aus zwei verschiedenen Quellen fließen – was freilich die Leibniz-Schule gerade nicht annimmt: Für sie fließen sinnliche (verworrene) Vorstellungen aus demselben Stamm wie (deutliche) Begriffe, ja: sinnliche Vorstellungen *sind* Begriffe im Zustand mangelnder Deutlichkeit. Das ist eine Prämisse, der Kant anfangs, wie die ästhetischen Reflexionen zeigen, zögernd folgt, die er aber gegen das Jahr 1769 aufgibt zugunsten der Ansicht, Sinnlichkeit und Verstand seien zwei toto coelo distinkte Erkenntnisquellen, so daß es unsinnig wird, sie nach den Kriterien ›Klarheit‹ und ›Deutlichkeit‹ voneinander abzugrenzen.

Dennoch hat Kant selbst eine solche kriterielle Unabhängigkeit nicht ausdrücklich behauptet. Für ihn wie für die Tradition ist Deutlichkeit nur ein höherer Explizitheitszustand der Klarheit (vgl. außer den Reflexionen zur *L* die *Logik*, hg. von Gottlob Benjamin Jäsche, AA IX, S. 34 f.; S. 58-65).

Alle klaren Vorstellungen ⟨...⟩ können ⟨...⟩ unterschieden werden in Ansehung der *Deutlichkeit* und *Undeutlichkeit*. Sind wir uns der ganzen Vorstellung bewußt, nicht aber des Mannigfaltigen, das in ihr enthalten ist: so ist die Vorstellung undeutlich. Zur Erläuterung der Sache zuerst ein Beispiel in der Anschauung.
Wir erblicken in der Ferne ein Landhaus. Sind wir uns bewußt, daß der angeschaute Gegenstand ein Haus ist, so müssen wir notwendig doch auch eine Vorstellung von den verschiedenen Teilen dieses Hauses, den Fenstern,

Türen u.s.w. haben. Denn sähen wir die Teile nicht, so würden wir auch das Haus selbst nicht sehen. Aber wir sind uns dieser Vorstellung von dem Mannigfaltigen seiner Teile nicht bewußt und unsre Vorstellung von dem gedachten Gegenstande selbst ist daher eine undeutliche Vorstellung.

Wollen wir ferner ein Beispiel von Undeutlichkeit in Begriffen: so möge der Begriff der Schönheit dazu dienen. Ein jeder hat von der Schönheit einen klaren Begriff. Allein es kommen in diesem Begriffe verschiedene Merkmale vor, unter andern, daß das Schöne etwas sein müsse, das 1) in die Sinne fällt und das 2) allgemein gefällt. Können wir uns nun das Mannigfaltige dieser und andrer Merkmale des Schönen nicht auseinandersetzen, so ist unser Begriff davon doch immer nur undeutlich.

(AA IX, S. 34)

Wie dem auch sei: Vor Kant hatte Baumgarten dem, was er »cognitio confusa« nannte – also der Vorstellung, die klar, aber noch nicht deutlich ist –, im Blick auf die Erklärung des Schönen eine gewisse Eigenständigkeit zuerkannt. Bisher hatte man unter verworrenen Vorstellungen im allgemeinen nur sinnliche (man sagte auch: sensitive) verstanden. Das bevorzugte Beispiel, dessen Descartes sich bedient hatte, war die Schmerzempfindung. Leibniz nennt Farb-, Geruchs- und Geschmacksempfindungen, aber auch, im weiteren Sinne, die ästhetische Erkenntnis:

> So gelingt es uns manchmal, *sehr klar* und ohne die leiseste Anwandlung von Zweifel zu erkennen, ob ein Gedicht oder ein Gemälde gut oder schlecht gemacht sind, da sie ein gewisses »je ne sais quoi« haben, das uns gefällt (satisfait) oder mißfällt (offusque) ⟨...⟩.

(*Die philosophischen Schriften*, hg. von C. I. Gerhardt, Bd. 4, S. 449)

Mit der berühmten Wendung des »je ne sais quoi« ist eben der der Wahrnehmung des Kunstwerks eigene Mangel an Deutlichkeit gemeint. Folgt man Leibnizens Hierarchie der Erkenntnisgrade (die von den »perceptions insensibles«, den (angeblich) bewußtlosen Vorstellungen, über die der gedächtnisbegabten Seelen aufsteigt zu denen der Geister, den reflexionsfähigen Bewußtseinen), so ist die ästhetische Schau immer noch stark abgewertet gegenüber der wissenschaftlich-begrifflichen Erkenntnis. Eben hier setzt Baumgarten an, indem er die *cognitio inferior* von der pejorativen Konnotation befreit, die man immer noch in der deutschen Übersetzung »verworrene Erkenntnis« spürt, und ihr unter dem Titel »cognitio sensitiva« einen eigenen Platz gegenüber der Verstandes- und der Vernunfterkenntnis anweist. Verworrene Erkenntnisse sind nicht nur verfehlte deutliche Erkenntnisse – ihre Vielschichtigkeit (›Prägnanz‹: Komplexität, Sinnfülle) ist auch etwas Positives: Sie kann unter bestimmten Umständen gefallen und ist dann umso »vollkommener«. Bei Kant ist die ›ästhetische Idee‹ von einer Fülle, die keine Verstandes-Interpretation ihr raubt; und als solch unausschöpfliche oder unendliche Fülle gewinnt sie dann ihren vollen Wert für die Ästhetik. Das deutet sich schon in Reflexionen vom Ende der 60er Jahre an, z. B. in Nr. 177: »Daß die Schonheit müsse unaussprechlich sein.« Auch der Gedanke, daß ein unausschöpflich sinnreiches Gebilde den Geschmack nie ermüdet, ist ums Jahr 1770 voll entwickelt: »Ein schön Gebäude wird eben so gebilligt, ob man es unzähligemal oder nur einmal gesehen« (*Refl.* Nr. 704). Schließlich sieht Kant, wie nach ihm Schiller und die Romantiker, den ästhetischen Reiz der Regelabweichung oder vielmehr Unregelmäßigkeit: »Eine disproportion macht bisweilen eine vorteilhafte Befremdung und, wenn sie sich in wohllaut auflöset, die illusion der Größe, aber man kann aus solcher Gebrechlichkeit nicht eine Regel machen« (*Refl.* Nr. 826).

Damit es dahin kommen kann, mußte freilich das Theoriemodell der Wolff-Schule insgesamt aufgegeben werden. Niemals hätte Baumgarten (oder sein Schüler Meier) gemeint, eine sinnliche Anschauung könne einen Sinnreichtum entfalten, der dem Verstand uneinholbar wäre. Das ist schon darum ausgeschlossen, weil Sinnlichkeit nur graduell von

Verständigkeit unterschieden ist, mit dieser aber aus einem Holz geschnitzt ist: Erkenntnisse sind nichts als verdeutlichte Perzeptionen, beide sind Vermögen eines einigen Geistes, der perzipierend nicht außerhalb seiner Intellektualität sich bewegt, so wie er denkend und erkennend nicht außer dem Vermögen der Sinnlichkeit sich bewegt. Erst wenn dieses Band durchschnitten ist (oder Verstandeseinsichten aus anderen Gründen für in bezug aufs Höchste unzulänglich gehalten werden), kann Verworrenheit (wie in der Frühromantik und in der modernen Dichtung) zu einem ästhetischen Ideal begrifflich uneinholbarer Lebens-Komplexität werden. (Vgl. dazu Manfred Frank, *Eine Einführung in die frühromantische Ästhetik*, Frankfurt/Main 1989, S. 48-50.)

Hat sich damit die theoretische Situation der Ästhetik im Übergang von Baumgarten zu Kant tatsächlich radikal verändert, wie wir es behauptet hatten? Und: Ist nicht auch der Autor der Ästhetischen Reflexionen bereit, dem Schönen allen Bezug aufs objektive Erkennen abzusprechen, wenn er sagt: In der Betrachtung des Schönen werden Anschauungskonfigurationen nicht aufs Objekt, sondern nur aufs fühlend-mitschwingende Subjekt bezogen (vgl. *Refl.* Nr. 1780, 1793, 1796, 1828, 1915, 1918, 557, 624, 715)? Und gilt, wenn auch er das Schöne allenfalls als Symbol des Vernünftigen oder der Sittlichkeit (*KU*, § 59) gelten läßt, für ihn nicht entsprechend, was er spöttisch über Baumgartens Verfahren geurteilt hatte, daß es nämlich verzärtelten Leuten den Weg zur Strenge der Beweise und Erklärungen erleichtern wolle?

Zwar überzeugt sich Kant spätestens um 1769, daß Sinnlichkeit nicht als niederer Grad von Begriffs-Kenntnis aufgefaßt werden kann, daß Sinnlichkeit und Denken vielmehr von ›zwei verschiedenen Stämmen des Erkenntnisvermögens‹ herrühren. Dennoch versucht er in wiederholten Anläufen, deren letzte Spuren noch in der *KU* greifbar sind, die intersubjektive Anmutbarkeit des Geschmacks an jedermann darauf zu gründen, daß der Gegenstand des ästhetischen Urteils wenigstens *erkenntnisförmig* sei. Die Sinnlichkeit biete dem Verstand eine Vorstellungskonfiguration, wie sie auch einem Erkenntnisurteil zugrunde liegen würde, mit dem Unterschied, daß diese Konfiguration *gefühlt*, nicht kognitiv beurteilt werde. So spricht Kant wiederholt von einer »Übereinstimmung der Sinnlichkeit mit dem Verstande in einer Erkenntnis«, die »Schönheit« sei, aber ihrerseits ›gefühlt‹ werde (z. B. *Refl.* Nr. 1932). Wenn aber das ästhetische Urteil prinzipiell auf Verhältnisse aufbaut, die auch Erkenntnisse möglich machen und letztere a priori allgemeingültig sind, dann verwundert nicht der Schluß der *Refl.* Nr. 1931: »Die Übereinstimmung der Vorstellungen mit Gesetzen der Sinnlichkeit kann nur allgemein sein, wenn sie auf Erkenntnis geht.« Noch Ende der 70er oder Anfang der 80er Jahre notiert Kant ganz rationalistisch: »Dasjenige, in dessen Vorstellung Sinnlichkeit und Verstand zu einem Erkenntnis zusammenstimmen ist schön« (*Refl.* Nr. 1907) – wo er doch gerade zu zeigen versucht hatte, daß ästhetisches Gefühl gar nicht auf einer Erkenntnis beruht, und mithin auch nicht nach Regeln erzeugt werden kann (so schon vor 1770, z. B. *Refl.* Nr. 1787). Hier wird die Vorstellung nicht aufs Objekt, sondern aufs fühlende Subjekt bezogen (vgl. z. B. *Refl.* Nr. 1812 oder 1845). Die rationalistische Heimsuchung bleibt überhaupt Kants Versuchung. Zwischen 1776 und 1778 notiert er: »Je mehr Begriff in der Anschauung hervorleuchtet⟨,⟩ je mehr ein Begriff in der Anschauung ausgedrückt worden⟨:⟩ desto größer ist die Kunst« (*Refl.* Nr. 962). Oder: »In der übereinstimmung mit Begriffen oder wenigstens der Beziehung auf gemeinschaftliche Begriffe besteht das wesentliche der Schönheit« (*Refl.* Nr. 964, es finden sich zahlreiche weitere Belege).

Das klingt noch ziemlich rationalistisch. Dennoch folgt daraus nicht, daß Kant nicht schon in Reflexionen der endenden 60er und 70er Jahre – also fast gut 20 Jahre vor dem Erscheinen der *KU* – der Ansicht widersprochen hätte, das Sinnliche sei verworren und nur Verstandesbegriffe seien deutlich. In der *Refl.* Nr. 204 von 1769 notiert er:

Die Sinnlichkeit der Vorstellungen besteht nicht in der Verwirrung noch das intellektuale der Natur nach in der

Deutlichkeit⟨;⟩ das sind nur unterschiede der logischen Form. Aber es kann große Deutlichkeit im sinnlichen und Verwirrung im intellektualen sein.

In einer etwa gleichzeitigen Notiz ist die Rede von der möglichen Deutlichkeit der Anschauung näher erläutert:

Was aber die Deutlichkeit betrifft⟨,⟩ so kann sie mit der Anschauung sehr wohl zusammenbestehen. Denn die Deutlichkeit kommt auf die Unterscheidung des mannigfaltigen in einer ganzen Vorstellung an, so fern diese Erkenntnisstücke durch allgemeine Begriffe gedacht werden⟨,⟩ so ist die Deutlichkeit eine Wirkung des Verstandes⟨;⟩ geschieht es durch einzelne⟨,⟩ so ist sie eine Form der Sinnlichkeit. Die erstere geschiehet durch subordination⟨,⟩ die zweite durch koordination. In der Musik hat man von den Tönen keine Begriffe⟨,⟩ aber wohl Empfindungen und erkennet ihr Verhältnis nicht in Zahlen⟨,⟩ d. i. nach allgemeinen Regeln⟨,⟩ aber man unterscheidet sie doch Anschauend.

(*Refl.* Nr. 643)

Ähnlich äußert sich noch die *Logik* Jäsche:

Die undeutliche Vorstellung nennen *Wolffs* Schüler eine *verworrene*. Allein dieser Ausdruck ist unpassend, weil das Gegenteil von Verwirrung nicht Deutlichkeit, sondern Ordnung ist. Zwar ist Deutlichkeit eine Wirkung der Ordnung und Undeutlichkeit eine Wirkung der Verwirrung; und es ist also jede verworrene Erkenntnis auch eine undeutliche. Aber der Satz gilt nicht umgekehrt; nicht alle undeutliche Erkenntnis ist eine verworrene. Denn bei Erkenntnissen, in denen kein Mannigfaltiges vorhanden ist, findet keine Ordnung, aber auch keine Verwirrung statt. Diese Bewandtnis hat es mit allen *einfachen* Vorstellungen, die nie deutlich werden; nicht, weil in ihnen Verwirrung, sondern weil in ihnen kein Mannigfaltiges anzutreffen ist. Man muß sie daher undeutlich, aber nicht verworren nennen.

(AA IX, S. 34 f.)

Diese Binnen-Differenzierung im Gegensatzpaar undeutlich-deutlich und ihre doppelte Zuweisung zu Anschauung und Begriff hängt damit zusammen, daß Kant mit Leibnizens Vorstellung zu brechen sich anschickt, Sinnesempfindungen seien undeutliche Gedanken, aber von gleicher Intellektualnatur wie diese. Kants Auffassung ist (wie gesagt), daß Sinnlichkeit und Verstand kein Kontinuum bilden, sondern zwei aufeinander irreduziblen Erkenntnis-Stämmen entspringen. Im ersten Teil der großen Anmerkung im VIII. Abschnitt der ersten Einleitung zur *Kritik der Urteilskraft* resümiert Kant seine gegen die Leibniz-Wolff-Schule gerichtete ästhetische Einsicht am bündigsten: Wäre Vollkommenheit ein Charakter des Ästhetischen, so wäre das Sinnliche eine Minderform des Verständigen: eine Auffassung von einem Gegenstand solcherart, daß ich nicht alle seine Merkmale angeben kann. Tatsächlich sind Anschauung und Begriff aber ›spezifisch verschieden‹; »sie gehen nicht ineinander über: das Bewußtsein beider und der Merkmale derselben mag wachsen oder abnehmen, wie es will« (l. c., erste Fußnote). Dann macht es freilich keinen Sinn mehr, das eine in den Kategorien des anderen zu beschreiben. Begriffliche unbearbeitete Anschauungen können sehr deutlich sein und Gedanken verworren. Es ist unangebracht, der Anschauung ein Gebrechen vorzuwerfen, das sie nur hat, wenn man sie mit Prädikaten des Verstandes vermißt, in denen sie – *als* Anschauung – prinzipiell gar nicht erfaßt werden kann. Und unbegriffene Anschauungen gibt es sehr wohl (*KrV* A 90f. = B 122f.), ebenso wie leere Gedanken.

Dazu erfahren wir mehr aus einer anderen Reflexion (Nr. 220, aufgezeichnet vermutlich zwischen 1776 und 1779):

Der Unterschied der Sinnlichkeit vom Verstande ist 1. formal⟨,⟩ da die erste Erkenntnis intuitiv⟨,⟩ die zweite diskursiv ist⟨:⟩ Dieses ist ein unterschied beim Menschen. Jenes ist eine ästhetische, dieses logische form. Daher⟨:⟩ einer (*g*diskursiven) Erkenntnis Sinnlichkeit geben⟨,⟩ ist so viel als⟨:⟩ anschauend machen. In jeder dieser beiden Formen kann Deutlichkeit oder Undeutlichkeit statt finden⟨,⟩ nämlich in der Anschauung oder im Begriffe. Deutlichkeit der Anschauung findet statt⟨,⟩ wo gar kein Begriff ist⟨,⟩ e. g. Wo man keinen Rahmen vor das Mannigfaltige an einem Gegenstande hat und doch alles wohl unterscheidet. Man muß auch nicht zur Unvollkommenheit der einen Form als der Anschauung das rechnen⟨,⟩ was eigentlich nur die Form des Verstandes angeht. Der Unterschied des Verstandes beruhet also nicht auf Verwirrung und Deutlichkeit⟨,⟩ wohl aber der Form nach auf Anschauung und Begriff.

So noch die *Logik* Jäsche:

Die Deutlichkeit selbst kann eine zwiefache sein:

Erstlich, eine *sinnliche*. Diese besteht in dem Bewußtsein des Mannigfaltigen in der Anschauung. Ich sehe z. B. die Milchstraße als einen weißlichen Streifen; die Lichtstrahlen von den einzelnen in demselben befindlichen Sternen müssen notwendig in mein Auge gekommen sein. Aber die Vorstellung war nur klar und wird durch das Teleskop erst deutlich, weil ich jetzt die einzelnen in jenem Milchstreifen enthaltenen Sterne erblicke.

Zweitens, eine *intellektuelle*; *Deutlichkeit in Begriffen* oder *Verstandesdeutlichkeit*. Diese beruht auf der Zergliederung des Begriffs in Ansehung des Mannigfaltigen, das in ihm enthalten liegt. So sind z. B. in dem begriffe der *Tugend* als Merkmale enthalten 1) der Begriff der Freiheit, 2) der Begriff der Anhänglichkeit an Regeln (der Pflicht), 3) der Begriff von Überwältigung der Macht der Neigungen, wofern sie jenen Regeln widerstreiten. Lösen wir nun *so* den Begriff der Tugend in seine einzelnen Bestandteile auf, so machen wir ihn eben durch diese Analyse uns deutlich. Durch diese Deutlichmachung selbst aber setzen wir zu einem Begriffe nichts hinzu; wir erklären ihn nur. Es werden daher bei der Deutlichkeit die Begriffe nicht der *Materie*, sondern nur der *Form nach* verbessert.

(AA IX, S. 35)

Mithin ist es abwegig, die Sinnlichkeit (übers Kriterium der Verworrenheit) für ein niederes und den Verstand – als Begriffsvermögen – übers Kriterium der Deutlichkeit für ein höheres Erkenntnisvermögen zu halten, wie Kant es noch Ende der 70er Jahre getan hatte (vgl. *Refl.* Nr. 207 und 209). Beide Vermögen entspringen einfach gleichursprünglich in verschiedenen Stämmen des Gemüts. – Es entfällt auch der Systemzwang, schöne Vorstellungen mit dem Prädikat der Vollkommenheit zu charakterisieren. Vollkommenheit ist ein Begriff, und das Schöne gefällt begrifflos (»Es ist zu merken⟨,⟩ daß die Lust und Unlust nicht Vorstellungen der Vollkommenheit sei⟨e⟩n, sondern diese jene voraussetze⟨;⟩ daher⟨,⟩ weil wir an einer übereinstimmung eine Lust haben⟨,⟩ ist sie vor uns eine Vollkommenheit« [*Refl.* Nr. 746]).

Dies zugegeben, hat man freilich noch nicht die Anschauung in den Rang einer Erkenntnis oder einer Tatsache der (praktischen) Vernunft gehoben. In der Beurteilung des Schönen findet indes weder das eine noch das andere statt: Sie ist weder rein sinnlich, wie Baumgarten wollte, – wie könnte ein Urteil rein sinnlich sein? – noch begrifflich-moralisch; weder das eine noch das andere, sondern – in einem zu klärenden Sinne – mehr als beide.

Ein Ausgangspunkt der kantischen Überlegungen ist die Überzeugung, daß das Gefühl des Schönen sich nicht auf eine Empfindung reduzieren läßt, also: auf eine rein empirische Sinneserfahrung. In einem strengen Sinne gehört das Schöne überhaupt nicht zu dem, was die metaphysische Tradition und noch Baumgarten das »Ästhetische« genannt hatte, gemäß der Sprachregelung, die noch von der »Transzendentalen Ästhetik« der *KrV* beobachtet wurde. Der Ausdruck meinte: Theorie der transzendentalen (Erkenntnis a priori bedingenden) Voraussetzungen unserer Sinneserfahrung. Diese Sprachverwendung verwandelt sich mit Kants dritter *Kritik* in die moderne, wonach ›Ästhetik‹ meint: Theorie des Geschmacks und der schönen Künste.

Der Wandel ist nicht nur einer des Wortgebrauchs. Er schließt ein, daß im modernen Sinne Ästhetik von der Theorie des Sinnlichen radikal getrennt ist. Dafür gibt es natürlich neben wortgeschichtlichen auch sachliche Gründe. Die (sinnliche) Empfindung einer Farbe, eines Klangs, eines Dufts usw. trägt in sich keinerlei Anlage zu einer positiven oder negativen Bewertung; sie affiziert mich nicht zu ästhetischem Wohlgefallen oder Mißfallen. Der Unterschied zwischen Empfinden und ästhetischem Bewerten zeigt sich vor allem darin, daß ersteres nicht die Form des *Urteils* hat, darin sich das zweite ausspricht: »Sinne betrügen nicht, weil sie nicht Urteilen« (*Refl.* Nr. 248). Oder: »Angenehm ist eine Empfindung; schön ist eine Beurteilung« (AA XXIV, 1, S. 347). Ästhetisch urteilend, wechseln wir auf die Ebene der Reflexion und suchen nach einem Begriff (einer treffenden evaluativen Beurteilung) des sinnlich Erfahrenen. »Summa: der Geschmack befreiet von bloßen sinnen und macht dem Verstande Empfehlung« (*Refl.* Nr. 806), ohne freilich die Sicherheit des Verstandesurteils zu erreichen. Die Rückwende-Bewegung, die von einem Anschauungserlebnis sich reflexiv zurückbeugt auf den Begriff, der für seine Deutung in Frage kommt, ohne ihn indes zu erreichen, nannte Kant ›reflektierende Urteilskraft‹. »Die Urteilskraft ist ⟨...⟩ reflektierende, und besteht darin⟨,⟩ vorstellungen ⟨...⟩ in einen Begriff zu verwandeln« (l. c.). Wir werden uns mit ihr eingehender zu beschäftigen haben im Kommentar zur *KU*. Für jetzt genügt die Feststellung, daß das Sinnenerlebnis seine ästhetische Beurteilung nicht gleichsam mit sich führt. Im Gegenteil: In Geschmacksurteilen können wir auf die Zustimmung fremder Subjekte nicht automatisch rechnen; wir können dagegen unterstellen, daß sie von Empfindungen affiziert werden, wenn ihre sensoriellen Rezeptoren entsprechend affiziert werden, wozu Kant bemerkt:

> Die qualität der Empfindung, da sie Lust oder Unlust erregt, ist allgemein verständlich, weil sie aufs Leben überhaupt geht. Ist nicht⟨t⟩ objektiv⟨,⟩ aber doch das einzig wahre der affektion der Sinne.

(*Refl.* Nr. 579 von 1776-78)

In dieser Kluft zwischen dem Sinnen und dem Urteilen gründet die Wahrheitsähnlichkeit des Geschmacksurteils. Denn auch das Wahre ist nichts, was gleichsam in den Sinnen steckt und aus einer Empfindung geradlinig in ein Urteil sich überträgt. Was wahr genannt wird, könnte auch falsch sein; die Empfindung *haben* wir gegebenenfalls, an ihrem Vorliegen für unser Bewußtsein besteht alsdann kein Zweifel (Kant geht noch weiter: Er nennt sie »allgemein verständlich«); aber ob sie so oder so gedeutet werden muß, das folgt nicht aus ihrem baren Vorliegen. Schon Jean-Jacques Rousseaus (1712-1778) Savoyardischer Vikar – im 4. Buch des *Emile* – hat auf diesen wichtigen Unterschied zwischen sinnlich Anschauen und Urteilen hingewiesen, indem er sagt: »Wäre das Urteil ⟨über zwei in Bezug gesetzte Anschauungen⟩ nur eine Empfindung, die mir allein aus dem Gegenstande käme, so könnten meine Urteile mich nie täuschen, denn was ich empfinde, ist nie falsch« (*Œuvres complètes*, hg. von Bernard Gagnebin und Marcel Raymond, Bibl. de la Pléiade, Bd. 4, Paris 1969, S. 572). Nimmt man zu dieser Überlegung die andere hinzu, daß man sich im Unterschied zu Empfindungsgegebenheiten sehr häufig über den Geschmack streitet, so überzeugt man sich, daß der Geschmack nicht (nur) auf Sinnenerfahrung beruhen kann – deren Zeugnis ist nämlich für jeden, der es hat, unkontrovers und evident. »Durch das Gefühl«, notiert Kant in der Reflexion Nr. 640, »urteile ich gar nicht über die Sache und also nicht objektiv. Daher ich nicht glaube mich geirrt zu haben, wenn ich mir andere Gegenstände der Empfindung wähle⟨,⟩ und auch nicht mit anderen streite.« So ist Ästhetik auch jenseits der Wortbedeutung keine Disziplin zur Stützung oder Rettung des Sinnlichen.

Wenn der Geschmack indes nicht sinnlich ist (und es nach Kant neben der Sinnlichkeit im Bereich der Theorie nurmehr den Intellekt gibt): ist er dann intellektuell? Keineswegs, denn der Intellekt konstituiert in seiner Anwendung auf Sinnliches Erkenntnisse, die wiederum auf Objekte gehen; und der Geschmack, obwohl nicht einfach ›Privatbedingungen‹ unterworfen (vgl. vor allem die Reflexionen zur *L*, Kapitel »Logische und ästhetische Vollkommenheit der Erkenntnis«, besonders seit den späten 70er Jahren) und mithin nicht einfach sinnlich, ist darum noch nicht objektiv begründet. Gewiß sind auch in den Naturwissenschaften sogenannte objektive Erkenntnisse beständig umstritten; aber die Debatten der Wissenschaftler sind nicht einfach Meinungs- oder Ansichts-Auseinandersetzungen. Und im Unterschied zu gewissen zeitgenössischen Wissenschaftstheoretikern glaubt Kant an die Objektivität wenigstens einiger Erkenntnisse, sofern sie nämlich, wie die Grundsätze des reinen Verstandes, a priori einsichtig sind, wie etwa das Kausalgesetz, das von keiner kontroversen Wirklichkeitsauffassung außer Kraft gesetzt werden könnte.

Es sieht also so aus, als tendiere der Geschmack auf eine Objektivität, die er dennoch nicht erreicht. Das Geschmacksurteil ist mithin weder rein sinnlich noch rein intellektuell, weder bloß individuell (an Privatbedingungen seiner Beurteilungen gebunden) noch unproblematisch allgemeingültig – es situiert sich merkwürdig zwischen diesen beiden Polen. Es teilt mit der Sinnlichkeit das bloß Subjektive, »hat ⟨aber⟩ darin etwas Logisches⟨,⟩ daß es allgemeine Beistimmung Gebietet«, und ist »sofern unterschieden« »von einer anderen Art asthetischen Urteile⟨,⟩ namlich der des Gefühls⟨,⟩ was nur für jeden Einzelnen gilt« (*Refl.* Nr. 993). Darin besteht seine Verbindung mit jenem Mittelvermögen, dem Kant in der Vorrede zur *KU* eine hohe Bedeutung beimißt und das auch in zahlreichen Wendungen der ästhetischen Reflexionen anklingt: der Einbildungskraft. Eben darum kann die Einbildungskraft mit der Sinnlichkeit auch nicht deren rein subjektive Unmittelbarkeit teilen. Das Rätsel des Geschmacksurteils besteht gerade darin, nicht auf ein (die Objektwelt) konstituierendes Prinzip a priori gegründet zu sein und dennoch eine viel größere – und intersubjektiv besser anerkannte – Ausdehnung/Geltung zu haben als die (private) sinnliche Empfindung.

Überblicken wir das Ganze unserer Auswahl der Ästhetischen Reflexionen, so zeichnet sich idealtypisch etwa die folgende Entwicklung ab:

Die Ästhetischen Reflexionen kennen vor allem zwei Hauptthemen: 1. die Beziehung des Schönen zur Verworrenheit von Vorstellungen, sofern denselben eine Art ›sinnlicher Vollkommenheit‹ zukommt (dies ist vor allem Gegenstand der Reflexionen in *L*); 2. die Aufklärung der Natur des Geschmacks und der ihm eigenen Urteilsform (das ist vor allem Gegenstand der Ästhetischen Reflexionen in *M*).

In einer ersten frühen Schicht lehnt sich Kant eng an die Theorie der Wolffschen Schule an, wonach Sinnlichkeit und Verstand kontinuierliche Vermögen sind. Die Theorie impliziert, daß Schönheit prinzipiell begrifflich kommensurabel gemacht, also ausgedeutet werden kann.

Später, sicher nachweisbar etwa ums Jahr 1769, entdeckt Kant die Schiefheit der Opposition: Es gibt deutliche Anschauungen, die keine Begriffe, und verworrene Begriffe, die nicht sinnlich sind. Zu dieser Entdeckung tritt die andere, daß zwischen Sinnlichkeit und Verstand keine Kontinuität waltet, daß beide Vermögen vielmehr irreduzibel verschiedenen ›Stämmen des Erkenntnisvermögens‹ zugehören. Damit wird die Möglichkeit hinfällig, sinnliche Vollkommenheit als einen Vorspuk begrifflicher Vollkommenheit zu relativieren. Der Begriff kann die Regel nicht liefern, durch deren Anwendung das Kunstwerk seinen Rätselcharakter verliert. Ästhetik ist als methodisch betriebene Wissenschaft nicht möglich, und doch kein bloßer Bereich individuellen Meinens.

Die Inkommensurabilität des Schönen für den Begriff macht eine andere Erklärung seiner Natur nötig, als es die von der sinnlichen Vollkommenheit sein konnte. Der unausschöpfliche Sinnreichtum des schönen Scheins wird nun tastend gedeutet als Symbol (›Hypotypose‹) der Idee – also eines Begriffs nicht des Verstandes, sondern der Vernunft, die auch da noch nach Einheitsprinzipien Ausschau hält, wo der Verstand nicht zulangt (vgl. *KU* B, § 59).

Parallel zu diesen Strukturanalysen gehen solche der (subjektiven) Bewußtseinsstellung, der sich das Schöne erschließt. Hier führt der Weg vom Leibniz-Modell über das immer noch rationalistische der vollkommenen ›Übereinstimmung‹ von Sinnlichkeit und Verstand zu dem der ›reflektierenden Urteilskraft«, die von einer Anschauungskomplexion sich zurückbiegt (»reflectendo«) auf den Begriff, der ihre Deutung leisten würde, aber nicht zu finden ist. Die Suche wird tendenziell unendlich, denn der Sinnreichtum (Baumgarten sagt: ›die Prägnanz‹) des Schönen ist im Wortsinne unausschöpflich. Nicht, daß das Schöne eine Sache wäre, der man sich anders als durch Begriffe nähern sollte oder könnte (etwa in einer mystischen Intuition); Kant sagt nur: Keiner der zur Deutung aufgebotenen Begriffe wird die Sinnfülle des Schönen erschöpfen.

In dies Struktur-Netz einer künftig auszuarbeitenden Ästhetik fügen sich Details ein wie die Frage nach der Möglichkeit nicht bloß privater Geltung von Urteilen, die gleichwohl nur das subjektive ›Gefühl‹ zum Erkenntnisgrund haben. Für Leibniz und Wolff wäre hier kein Problem: Denn auch das Schöne – als logischer Begriff im Zustand der (›sinnlichen vollkommenen‹) Verworrenheit – ist Begriff, mithin von vornherein (›a priori‹) allgemein. Nicht so für Kant seit Beginn der 70er Jahre. Er muß das Phänomen anders zu erklären suchen: Wenn das Geschmacksurteil vom Urteil übers Angenehme u. a. darin verschieden ist, daß letzteres die Existenz des betrachteten Gegenstandes begehrt, ersteres aber die reine Form (oder ›Erscheinung‹) des Gegenstandes, frei von aller (existierenden) Materie, beurteilt – so gibt es für Geschmacksurteile auch keine ›Privatbedingungen‹ (gemäß der Zusatzprämisse, die Kant nie in Frage gestellt hat, daß nämlich alles Sinnliche einzeln ist und nur für jeweils Einen gilt). – Eine andere Konsequenz ist die Unmöglichkeit, eine Wissenschaft des Schönen aufstellen zu wollen; denn alle Wissenschaft arbeitet mit Begriffen, das Schöne aber gefällt begrifflos. Eine dritte Konsequenz, die nur in Andeutungen sich sehen läßt: Schön nennt Kant die von seiten des Subjekts beurteilte harmonische Konfiguration von Anschauungen; da das sie ordnende (konfigurierende) Prinzip nicht der Verstand ist, außer dem Verstand an ordnenden Prinzipien aber nur noch die Vernunft zu Gebote steht, spielt alles sich so ab, als repräsentiere das Schöne eine Vernunftidee. (Das ist der

Sinn der Rede von der ›Zwecklosigkeit ohne Zweck‹; sie meint, ein objektiver Zweck ist für die als subjektiv zweckmäßig erlebte Vorstellungs-Konfiguration nicht nachzuweisen.)

Die Ästhetischen Reflexionen bewegen sich – vor allem in der großen Umbruchphase – in einer tastenden Terminologie. Insbesondere sind die Begriffe ›Gefühl‹, ›Geschmack‹ und ›Verstand‹ gegeneinander noch nicht klar distinguiert – das hängt vor allem damit zusammen, daß die rationalistische Ader in Kant sich lange nicht dazu verstehen kann, die Konsequenzen aus der Verabschiedung des Leibnizschen Kontinuitätsmodells radikal zu ziehen und das Geschmacksurteil ganz aus der Vormundschaft des Verstandes zu entlassen. Noch die *KU* tut das insofern noch halbherzig, als auch dort das Schöne (zumal das Erhabene) wenigstens ›Symbol‹ bleibt eines (wenn schon nicht Verstandes-, so doch) Vernunftbegriffs. Die Vernunft muß so das Gebrechen symbolisch heilen, das dem erkennenden Gemüt durch die Realität der Spaltung in sinnliche und intelligible Erkenntnisvermögen zugefügt wurde. Sie wird – als ›Zweck‹ – in Kants Spätwerk zum geheimen Fluchtpunkt einer Sehnsucht nach Einheit, die sich nurmehr als ›regulatives Prinzip‹ behaupten kann: Ein solches, das unsere Vernunft sich getrieben sieht anzunehmen, dessen Wirklichkeit sie aber nicht zu behaupten wagt.

Sollten damit die großen Linien der Ästhetischen Reflexionen treffend bezeichnet sein, so bleibt dem Leser/der Leserin doch vieles selbst zu entdecken. Glücklicherweise fügen sich nicht alle Räsonnements Kants in den Vektor solcher Fluchtlinien – manche (im Goetheschen Sinne) merkwürdige Betrachtung steht eher für sich oder hat in der endgültigen Architektonik des ästhetischen Teils der *KU* keinen Platz gefunden.

STELLENKOMMENTAR
ZU A) REFLEXIONEN ZUR ÄSTHETIK,
ALS RANDBEMERKUNGEN
ZU G. FR. MEIERS ›LOGIK‹
(NACH REFLEXIONS-NUMMERN GEGLIEDERT)

16,23 *Historia telluris]* Erdgeschichte. Kant denkt vielleicht an die *Histoire Naturelle* (Allgemeine Historie der Natur, 1750ff.) des George Louis Leclerc, Conte de Buffon (1707-1788).

16,24 *Historica ⟨...⟩ Philosophicae]* Die Historische (sc.: Fakultät) soll der philosophischen (sc.: Fakultät) als Unterbau (oder Vorwerk) dienen.

17,34 *Archimedes' Vergnügen beim Bade]* Im Bade soll Archimedes mit dem freudigen Ruf εὕρηκα (›ich hab's gefunden‹) das seinen Namen tragende Prinzip entdeckt haben, wonach jeder in eine Flüssigkeit getauchte Körper soviel an Gewicht verliert, wie die von ihm verdrängte Flüssigkeit wiegt.

17,34f. *Keplers bei Erfindung eines Satzes]* In den *Betrachtungen über das Gefühl des Schönen und Erhabenen* berichtet Kant von dem »Reiz, dessen ein *Kepler* fähig war, wenn er, wie *Bayle* berichtet, eine seiner Erfindungen nicht um ein Fürstentum wieder verkauft hätte« (AA II, S. 208, Z. 17-19).

20,2 *Polyhistor]* Der Polyhistor war für aufklärerische Ohren nicht nur abschätzig (wie für den heutigen Wortgebrauch) der oberflächliche Vielwisser, sondern der weitläufig Gelehrte. Daniel Georg Morhof (1639-1691) verfaßte ein vielbenutztes Werk *Polyhistor*, dessen erste beide Bücher 1688 erschienen, das dritte 1692 (nach des Autors Tode), der Rest erschien nach Vorlesungsnachschriften erst 1707. – Der von Kant geschätzte und oft erwähnte Dichter und Mathematiker Abraham Gotthelf Kästner lebte von 1719-1800.

20,33 *Milton]* Kant denkt an eine Stelle (Buch X, V. 668-671) aus John Miltons (1608-1674) *Paradise Lost* (Verlorenem Paradies). In deutscher Übersetzung: »Man saget, er befahl auch seinen Engeln an: / Sie sollten zweimal zehn und mehre Grade noch/ Quer von der Sonnen-Achs des Erdballs Angeln drehn;/ Mit Mühe schoben sie die Kugel etwas schief.«

21,3 *Veritas* ⟨...⟩ *objecto*] Die Wahrheit ist eine Zusammenstimmung der Vorstellung oder der Erkenntnis mit dem Gegenstande.

21,24 *Seneca von Kometen*] Seneca, Nat. quaest. VII 24f. Vgl. *Kants Menschenkunde oder philosophische Anthropologie*, hg. von Friedrich Christian Starke, ²1838, S. 126: »Seneca hatte einen bloßen Einfall, als er sagte, man wird dereinst die Kometen so berechnen können, wie jetzt den Lauf der Sonne und des Mondes. Es war dies keine Vorhersagung von seiner Seite.«

29,7 *obiectis sensuum*] Sinnesgegenständen.

29,7f. *obiectis rationis*] Vernunftgegenständen.

29,21 *non quot, sed quantum*] Nicht wie viele, sondern wie groß.

35,27 *hypotyposis*] Von gr. ὑποτύπωσις: Vorbild, Entwurf (vgl. *KU*, § 59).

48,22 *Quaerit delirus*] Ein Schwachsinniger fragt.

49,23 *reatus*] Anklagezustand.

STELLENKOMMENTAR
ZU B) REFLEXIONEN ZUR ÄSTHETIK,
ALS RANDBEMERKUNGEN
ZU A. G. BAUMGARTENS ›PSYCHOLOGIA EMPIRICA‹

60,20ff. *cogito* ⟨...⟩ *repraesentat* ⟨...⟩ *percipit*] Zum Sprachgebrauch Kants vgl. *KrV* B 376: Die ›Gattung‹ aller Vorstellungsarten ist die »Vorstellung überhaupt (*repraesentatio*)«. »Unter ihr steht die Vorstellung mit Bewußtsein (*perceptio*)«. »Eine Perzeption, die sich lediglich auf das Subjekt als die Modifikation seines Zustandes bezieht, ist Empfindung (*sensatio*), eine objektive Perzeption ist Erkenntnis (*cognitio*)« mit den beiden Stämmen Anschauung (*intuitus*) und Begriff (*conceptus*).

Hans Rudolf Schweizer (in seiner Ausgabe von Baumgartens *Texte zur Grundlegung der Ästhetik*, Hamburg 1983) bemerkt zum Sprachgebrauch Kants (S. 86, Anm. 9): »Die Begriffe ›cogitatio‹, ›repraesentatio‹ und ›perceptio‹ werden praktisch synonym verwendet. Die entsprechenden Verben dagegen weichen in bestimmten Zusammenhängen ab. In ›repraesentare‹ dominiert der produktive Aspekt der ›Vergegenwärtigung‹, in ›percipere‹ das rezeptive Moment im Sinne der ›Aufnahme‹. ›Percipere‹ kann an einigen Stellen mit ›erkennen‹ übersetzt werden. Vgl. § 572.«

68,13 *sinnlich (sensitiva)*] ›Sensualis‹ wie ›sensitivus‹ wären indistincte mit ›sinnlich‹ zu übersetzen. Das entspricht aber nicht Kantschem Wortgebrauch. Vgl. seine Dissertation *De mundi sensibilis atque intelligibilis forma et principiis* (Über Form und Prinzipien der sinnlichen und der geistigen Welt und ihre Gründe): »*Sinnlichkeit (sensualitas)* ist die *Empfänglichkeit (receptivitas)* eines Subjekts, durch die es möglich ist, daß sein Vorstellungszustand von der Gegenwart eines Gegenstandes in bestimmter Weise affiziert wird. ⟨...⟩ Die Erkenntnis, sofern sie den Gesetzen der Sinnlichkeit unterworfen ist, ist *sinnlich (sensitiva)*, sofern der Verstandesausstattung, *intellektuell (intellectualis)* oder rational (rationalis)« (Sectio II, § 3). »Zur sinnlichen Erkenntnis gehört sowohl ein Stoff, der in der Empfindung besteht und demzufolge die Erkenntnisse *sinnliche (sensuales)* heißen, als auch eine Form, durch die, mag sie auch ohne alle Empfindung angetroffen werden, die Vorstellungen *den Sinnen angehörige (sensitivae)* heißen« (§ 5).

69,11f. *inde* ⟨...⟩ *superioris*] Von daher die Harmonie des unteren und des oberen Erkenntnisvermögens.

96,16ff. *Dichten* ⟨...⟩ *Malerei und Musik*] Unvollendet oder vor ›Musik‹ eine 2 (wie vor ›Dichten‹ ein A) zu ergänzen?

97,27 *Suaviter* ⟨...⟩ *in re*] Sanft in der Art, stark in der Sache.

104,7 *sagt Winkelmann*] Vgl. das 2. Stück des 4. Kap. im 1. Teil von Johann Joachim Winckelmanns (1717-1768) zweibändiger *Geschichte der Kunst des Altertums*, 1763, S. 143 ff., und in den *Anmerkungen über die Geschichte der Kunst des Altertums*, 1767, 1, S. 34 f.

112,21 f. *nicht per inductionem, sondern per ratiocinationem*] Nicht durch Induktion, sondern durch Schluß(folgerung).

113,17 f. *sensualium ⟨...⟩ scientia*] Vom Sinnlichen gibt's keine Wissenschaft.

113,21 *de gustu ⟨...⟩ disputandum*] Über Geschmack läßt sich nicht streiten.

122,14 *sens commun*] Gemeinsinn.

128,26 *Facultas ⟨...⟩ est gustus*] Die Fähigkeit, durch Gemeinsinn zu urteilen, ist Geschmack.

129,12 *amant obscurum*] Sie lieben das Dunkel.

131,26 *bilboquet*] Fangbecher, Fangspiel.

131,26 *solitair*] Solitaire: ein Geduldspiel.

131,32 *wie Selkirk*] Alexander Selkirk (1676-1721) ist das Ur- und Vorbild des Robinson Crusoe (Daniel Defoes Roman erschien 1719). Vgl. *Encyclopaedia Britannica*, Bd. 10, [15]1992, S. 622. Kant mag gekannt haben die zweibändigen *Recherches philosophiques sur les Américains, ou Mémoires intéressantes pour servir à l'Histoire de l'Espèce humaine* (Philosophischen Untersuchungen über die amerikanischen Ureinwohner, oder interessante Erinnerungen zum Nutzen der Geschichtsschreibung über die Menschengattung) des Holländers Cornelius de Pauw (1768-69, Bd. 1, S. 301 ff.), den Friedrich II. vergebens für die Berliner Akademie und für seinen Hof zu gewinnen suchte. Das Werk wurde 1799 ins Deutsche übersetzt.

ÜBER ÄSTHETISCHE UND LOGISCHE VOLLKOMMENHEIT

Aus:
Vorlesungen über Logik (1772)

TEXTÜBERLIEFERUNG

Erster vollständiger Druck: *Kant's gesammelte Schriften.* Hg. von der Deutschen Akademie der Wissenschaften zu Berlin. Bd. XXIV. 4. Abteilung der Vorlesungen. Bd. 1 (XXIV, 1) (= *Vorlesungen über Logik*). 1. Hälfte, hg. von Gerhard Lehmann.

Unser Text ist den S. 345-372 der sogenannten Logik Philippi entnommen (*Vorlesungen des Herrn Professoris Kant über Logik.* Philippi. Königsberg im Mai 1772, l. c., S. 305-496).

Längere Auszüge der Vorlesung waren zuerst durch Otto Schlapp veröffentlicht worden: *Kants Lehre vom Genie und die »Kritik der Urteilskraft«*, Göttingen 1901, S. 61-103. Die Arbeit war hervorgegangen aus einer Dissertation bei Wilhelm Windelband, die die ersten beiden Abschnitte des späteren Werks enthielt (*Die Anfänge von Kants Kritik des Geschmacks und des Genie 1764-1775*, Diss. Straßburg, Göttingen 1899).

Das Manuskript der Abschrift befand sich um die Jahrhundertwende im Besitz eines Herrn von Arnim und wurde dann Eigentum von Klaus Reich, dem Verfasser der vielgerühmten Dissertation über *Die Vollständigkeit der kantischen Urteilstafel* (Diss. Rostock und Berlin 1932), während seiner Rostocker Zeit und wurde von Reich der Universitätsbibliothek Rostock überlassen (Signatur: Mss. var. 33[61]).

Obwohl, nach Erich Adickes' Worten, das Abschreiben und Kompilieren Kantscher Kollegnachschriften in Königsberg und außerhalb »ein blühender Industriezweig« war (*Ein neu aufgefundenes Kollegheft nach Kants Vorlesungen über Physische Geographie*, Tübingen 1913, S. 8), scheint es sich bei dieser Vorlesungsnachschrift nicht um das Werk eines Abschreibers, sondern eines Studenten zu handeln; denn das Titelblatt *Vorlesungen des Herrn Profeßoris Kant über Logic. Philippi Koenigsberg im May 1772* zeigt Überschrift und Namen von gleicher Hand, und – bemerkt Gerhard Lehmann – »die Schrift weist ein höheres Niveau auf« (AA XXIV, 2, S. 978). Das Manuskript zeigt freilich Spuren späterer Bearbeitung (Randzusätze, Einfügungen zwischen den Absätzen usw.), die auf wiederholte Benutzung der Abschrift schließen lassen. Bei dem Nachschreiber mag es sich um denselben Studenten W⟨ilhelm⟩ A⟨lbert⟩ F⟨erdinand⟩ Philippi handeln, der vermutlich am 6. 4. 1770 in Königsberg immatrikuliert wurde und dessen Nachschrift der Physischen Geographie Karl Abraham Freiherr von Zedlitz, wie er in seinem Brief an Kant vom 6. 4. 1770 schreibt, zu Rate gezogen hat (AA X, S. 222 f.).

Der erste Teil-Editor der Nachschrift, Otto Schlapp, hat das auf dem Deckblatt der Nachschrift angegebene Datum (1772) glaubwürdig gefunden (Otto Schlapp, *Kants Lehre vom Genie* ⟨...⟩, S. 18 f.). Dabei beruft er sich erstens auf einen im Manuskript befindlichen Verweis auf die 1771 erschienene Schrift von Johann Georg Jacobi (1740-1814, des Philosophen Bruder) *Über die Wahrheit*, zweitens auf eine im Kolleg gegebene Information Kants, Johann Bernhard Basedow (1723-1790), der berühmte »Philanthrop«, arbeite gerade an einem *Elementarbuche über die Erziehung der Jugend*, was im Blick aufs Erscheinungsjahr der Schrift (1774) wahrscheinlich ist.

ENTSTEHUNG UND CHARAKTER DES TEXTES

Kant pflegte seine Logik-Vorlesungen beständig nach dem Kompendium von Georg Friedrich Meiers *Auszug aus der Vernunftlehre* (1752, zit.: *L*) zu halten, und zwar seit seiner ersten Vorlesung im Wintersemester 1755/56. In anderen Kollegs pflegte er den Autor zu wechseln, nicht so im Falle des Meierschen Kompendiums, über das im vorangehenden Kommentarteil das Nötige gesagt ist (S. 903 ff.). Anfangs hielt er sich, wie aus den Reflexionen zur Logik gut ersichtlich ist, recht eng an die Vorlage; später übersah er gerne deren »Trivialitäten« (Karl Rosenkranz, *Geschichte der Kant'schen Philosophie*, Leipzig 1840, S. 54 f.), z. B. die breiten Ausführungen zum Charakter des Gelehrten oder die Technik des Studierens (vgl. das Inhaltsverzeichnis S. 11 ff.).

Da der vorliegende Band Kants Schriften zur Ästhetik und Naturphilosophie präsentieren will, wird man – vertraut mit einem zeitgenössischen und engeren Begriff von ›Logik‹ – verwundert sein, ein zweites Mal auf einen Auszug aus der Logik zu treffen. Zu Kants Zeit hatte ›Logik‹ aber noch eine weitere Bedeutung als etwa bei Gottlob Frege (1848-1925), dessen *Begriffsschrift*, 1879 erschienen, die neuere Epoche der Logik (mit ihrer weitgehend definitiven Klärung der Quantifikations- und Prädikationstheorien) einleitete. Auf dieses Jahr spielt Willard Van Orman Quine an, wenn er im Vorwort zu seinen *Grundzügen der Logik*, Frankfurt/Main 1969, S. 9 lakonisch schreibt: »Logik ist ein altes Gebiet, und seit 1879 ist es zu einem großen geworden.« Im Lichte dieser logischen Revolution ist Kants berühmter Satz aus der *KrV*, wonach die Logik seit Aristoteles im wesentlichen vollendet sei und mithin keiner Fortschritte mehr bedurft habe (*KrV* B VIII), oft spöttisch zitiert worden. Ernst Tugendhat hat drei Perioden der Geschichte der Logik unterschieden: Die älteste, von Aristoteles bis ins späte Mittelalter reichend; die zweite, neuzeitliche, beginnend mit der sogenannten *Logik von Port-Royal* von Antoine Arnauld (*La Logique, ou l'art de penser* [Paris 1662]), und reichend bis in die Zeit der *Logik* des Phänomenologen Ernst Pfänder (1921) oder derjenigen von Gustav von Freytag-Löringhoff (1955); der Beginn der dritten Periode ist mit dem Namen Freges schon bezeichnet. Von diesen drei Epochen sei die zweite »die logisch unergiebigste gewesen, aber ihre Auffassungen haben sich in den philosophischen Systemen besonders stark ausgewirkt, wie die großen Philosophen der Neuzeit – Kant z. B. und Hegel – in dieser Tradition standen« (Ernst Tugendhat und Ursula Wolf, *Logisch-semantische Propädeutik*, Stuttgart 1983, S. 7f.). Die Autoren aller drei Perioden sind überzeugt, die Logik behandele gewisse Regelzusammenhänge. Für die ältesten sind es solche der Wirklichkeit (das ist die ontologische Auffassung), für die zweiten solche des Denkens (das ist die psychologische Auffassung), für die dritten solche der Sprache (die sprachanalytische Auffassung). Kant gehört nach dieser Klassifikation, wie immer er sich von Meier an Geist und Tiefe unterscheidet, der psychologischen Auffassung der Logik an. Nach ihr ist die Logik definiert als »die Kunst, seine Vernunft ⟨raison⟩ gut zu leiten« – eine Formulierung, die auf René Descartes' (1596-1650) Schriften *Regulae ad directionem ingenii* (Regeln zur Leitung des Geistes, 1619-28, erschienen 1701 in Amsterdam) und *Discours de la méthode pour bien conduire sa raison et chercher la vérité dans les sciences* (Abhandlung über die Methode des richtigen Vernunftgebrauchs und der wissenschaftlichen Wahrheitsfindung, 1637) zurückverweisen. Von dieser psychologistisch-pädagogischen Definition setzt sich zwar die Philippi-Logik-Vorlesung ab:

> Die subjektive Regeln des Verstandes oder diejenigen Regeln, nach welchen wir uns unsers Verstandes wirklich bedienen⟨,⟩ handelt die Psychologie ab. Die Psychologie beschäftigt sich überhaupt mit unsrer Seele, also auch mit den Kräften derselben, folglich auch mit dem Verstande. Aber sie betrachtet die Kräfte und ihre Gesetze subjektivisch, d. i. ohne Rücksicht auf das Objekt⟨,⟩ mit welchem sich diese Kräfte beschäftigen, und auf die Regeln⟨,⟩ die dabei beobachtet werden müssen.
> Die Regeln aber⟨,⟩ nach welchen wir uns unsers Verstandes bedienen sollen⟨,⟩ ist die Logik. Sie trägt also die objektiven Gesetze des Gebrauchs der Vernunft vor.
> (AA XXIV, 1, S. 313)

Dazu meint Ernst Tugendhat: »In einem weiten Sinn ist

Kants Auffassung gleichwohl eine psychologische, sofern sie eben vom Begriff des Verstandes ausgeht, also von irgendwelchen (und seien es a priori zugänglichen) Denkvollzügen« (E. Tugendhat und U. Wolf, *Logisch-semantische Propädeutik*, S. 9). Auch taucht ja die Descartes/Arnauldsche Formulierung von der Leitung des Verstandes im Blick auf die Wahrheitsfindung bei Kant wieder auf; die Logik im engeren und neueren Sinne – als die Theorie der Formen des richtigen Schließens – hat nicht mit Wahrheitsfindung (die nie rein formal möglich ist), sondern nur mit Wahrheitsbegründung zu tun; und die hat immer die Form von Schlüssen einer Aussage aus einer anderen (›p, weil q‹). Kant aber mischt in die Theorie der korrekten Schlußformen das erkenntnistheoretische Problem, welche Dispositionen meines ›Gemüts‹ (so nennt Kant das Gesamt der mentalen, psychischen und volitiven Akte bzw. Zustände) mich dazu instand setzen, mich von der Wahrheit einer Aussage zu überzeugen oder gar die Wahrheit einer Tatsache zu ›konstituieren‹. Freilich macht es wenig Sinn und ist als Verfahren ganz unhistorisch, Kant dafür – wie Tugendhat das tut – eine schlechte Zensur zu geben (zumal gerade Kant große Verdienste sich erworben hat in der Aufklärung des Zusammenhangs von Urteilsform und Objektivität/Geltung); es genügt, darauf hinzuweisen, daß Kant – in der neuzeitlichen Tradition – mit dem Terminus ›Logik‹ erkenntnistheoretische und selbst psychologisch-didaktische Fragen verbindet (über deren exzessive Ausdehnung auf Belange »der gelehrten Schreibeart«, ihrer »Schicklichkeit«, »Zierlichkeit« und »Füglichkeit« oder ihres »Wohlklangs« usw. bei Meier [AA XVI, S. 836 f.] er sich freilich gelegentlich lustig macht, wie er überhaupt über die »*psychologischen* Kapitel«, wodurch einige Neuere die Logik zu erweitern gedachten, sich mokiert [*KrV* B VIII f.]). Gleichwohl muß man sich klarmachen, daß Kant das Problem des singulären Aussagesatzes (desjenigen Rede-Modus, in dem ›etwas ⟨ein Attribut⟩ von etwas ⟨einer konkreten Sache in Raum und Zeit⟩‹ zutreffend oder unzutreffend prädiziert wird) als ein solches des Urteils abhandelt; und

›Urteil‹ ist ein psychologischer (oder erkenntnistheoretischer), kein semantisch-logischer Begriff (wie der entsprechende des ›Aussagesatzes‹). Urteile sind Operationen in den Tiefen des ›Gemüts‹; ihr Raum ist Freges ›drittes Reich idealer Geltungsgrößen‹. So erklärt sich, daß Kant, darin in seiner pädagogischen Praxis als Universitätslehrer durchaus konform mit seiner Kompendien-Vorlage, auch Probleme wie die Deutlichkeit oder Undeutlichkeit von Vorstellungen und zumal verschiedene Weisen von Schlüssen (Verstandesversus Vernunftschlüsse oder solche der reflektierenden Urteilskraft) zum Thema macht, was einem nur mit Fragen der Geltung von Aussagen und Figuren formal richtigen Schlußfolgerns befaßten modernen Logiker nicht in den Sinn käme. Und so erklärt sich schließlich, wie das von uns ausgezogene Kapitel über logische versus ästhetische Vollkommenheit in eine Logik-Vorlesung geraten kann. Das hat Kant nicht gehindert, in der Vorrede zur zweiten Auflage der *KrV* sehr hart über die psychologistisch-anthropologistischen Zusätze zur Logik zu urteilen:

> Es ist nicht Vermehrung, sondern Verunstaltung der Wissenschaften, wenn man ihre Grenzen ineinander laufen läßt; die Grenze der Logik aber ist dadurch ganz genau bestimmt, daß sie eine Wissenschaft ist, | welche nichts als die formalen Regeln alles Denkens (es mag a priori oder empirisch sein, einen Ursprung oder Objekt haben, welches es wolle, in unserem Gemüte zufällige oder natürliche Hindernisse antreffen) ausführlich darlegt und strenge beweist.
>
> (*KrV* B VIII f.)

Über Kants Vorlesungs-Praxis ist einiges schon im Kommentar zum ersten Text (S. 905 ff.) gesagt. Die Vorlesungen, welche Professoren im 18. Jahrhundert an einer deutschen Universität zu halten hatten, trugen ihren Namen in gewissem Sinne zurecht: Sie waren zum Teil Lesungen (Rezitationen) von für kanonisch gehaltenen Lehrbüchern, deren Gebrauch vom zuständigen Ministerium (dessen Leiter der Kant gewogene Karl Abraham Freiherr von Zedlitz war) gebilligt, ja vorgeschrieben war. Kant bediente sich während seiner gesamten Vorlesungstätigkeit des Meierschen Kompendiums; das erklärt eine gewisse formale Gleichförmigkeit aller uns erhaltenen ›Logik‹-Nachschriften, aber auch ihre Verfolgbarkeit nach der Gliederung der Inhaltsübersicht, die dem Abdruck unseres 1. Textes vorangeht (S. 11-15). Auf diese Weise sind auch die immer erheblicher werdenden Modifikationen leicht überprüfbar, die von Kants wachsender intellektueller Souveränität, endlich vom Durchbruch zur reifen Gestalt seiner kritizistischen Philosophie – etwa zwischen 1769-80 – Zeugnis ablegen. Wir hatten schon früher Gelegenheit zu der Feststellung, daß in der Ästhetik Kants definitive Lehre sich früher abzeichnet als etwa in seiner theoretischen oder praktischen Philosophie.

Kants Vorlesungstätigkeit beginnt im Winter 1755, als er Privatdozent geworden war, mit der Logik-Vorlesung, von der uns sein Hörer und Biograph Ludwig Ernst Borowski eine lebhafte Schilderung gegeben hat:

> Er wohnte damals im Hause des Professors Kypke auf der Neustadt und hatte hier einen geräumigen Hörsaal, der samt dem Vorhause und der Treppe mit einer beinahe unglaublichen Menge von Studierenden angefüllt war. Dieses schien Kant äußerst verlegen zu machen. Er, ungewohnt der Sache, verlor beinahe alle Fassung, sprach leiser noch als gewöhnlich, korrigierte sich selbst oft, aber dies gab unserer Bewunderung des Mannes, für den wir nun einmal die Präsumtion der umfänglichsten Gelehrsamkeit hatten, und der uns hier bloß sehr bescheiden, nicht furchtsam vorkam, nur einen desto lebhafteren Schwung. Sein Vortrag war, wie er auch in der Folge blieb, nicht allein gründlich, sondern auch freimütig und angenehm.
> (*Darstellung des Lebens und Charakters Immanuel Kant's*, Königsberg 1804, S. 185)

Kant hat auf seine Vorlesungstätigkeit (die ja zum Teil wirkliche Lesung der Paragraphen des Kompendiums zur Nachschrift der Studierenden war) sein ganzes Leben lang besonders viel Mühe und Liebe gewendet – mehr als auf seine

Publikationen, für die er einen Teil seiner Erläuterungen, Losen Blätter und Reflexionen benutzte. Kant las durchschnittlich 16 Wochenstunden und, da das knappe Verdienst eines Privatdozenten damals nur aus Hörergeldern floß, zur Aufbesserung seiner Finanzlage bis zu 20 Stunden. Der Beginn der Vorlesungstätigkeit ist auch eine Zeit längeren publizistischen Schweigens; zwischen 1756 und 1761 erschien keine der Rede werte Schrift aus Kants Feder. Kant hat sich mehrfach auf eine Professur beworben: 1756 und wieder 1758 auf das Extraordinariat für Logik und Metaphysik (die nach Martin Knutzens [1713-1751] Tod seit mehreren Jahre vakante Stelle wurde aber wegen des Siebenjährigen Krieges nicht wiederbesetzt). Eine ordentliche Professur mit derselben Stellenbeschreibung geht an Kants älteren Kollegen Friedrich Johann Buck (1722-1786). Als ihm 1764 eine Professur für Dichtkunst angeboten wird, ist es Kant selbst, der ablehnt: nicht nur aus dem sicheren Gespür, von der Muse der Dichtkunst nicht verwöhnt zu sein, sondern wohl auch, weil zu den Verpflichtungen dieses Postens die Abfassung von Huldigungsgedichten auf den König gehört. Erst 1766 erhält Kant sein erstes besoldetes Amt, die übrigens immer noch bescheiden honorierte Stelle eines Unterbibliothekars der königlichen Schloßbibliothek in Königsberg. Die großen pädagogischen und wissenschaftlichen Erfolge, die sich bald an Kants Namen heften, verhindern nicht, daß Kant, dem freilich 1769 zwei Rufe auf Ordinariate nach Jena und Erlangen zugehen, erst im Jahr 1770 (also 46 Jahre alt) die ersehnte ordentliche Professur für Logik und Metaphysik in Königsberg erhält (zu diesem Anlaß verfaßt er die Dissertation *De mundi sensibilis atque intelligibilis forma et principiis* [Über Form und Prinzipien der sinnlichen und der geistigen Welt und ihre Gründe, 1770). 1772 gibt er dann, wirtschaftlich gesichert, die Tätigkeit an der Schloßbibliothek auf, tritt 1780 in den akademischen Senat der Königsberger Universität ein und wird 1786 Rektor der Universität, in welcher Eigenschaft er eine besondere Auszeichnung des eben gekrönten Friedrich Wilhelm II. empfängt.

Die Logik-Vorlesung, deren Nachschrift wir durch Philippi besitzen, fällt also schon in die Zeit des Professorats und des weit geringeren Vorlesungsdrucks. Borowski und viele andere berichten, wie wenig Kants reifer Vortrag dem der ersten Vorlesung ähnelte. Witzig und heiter, ja nachgerade sprühend und gar nicht scholastisch sei Kants Vortrag gewesen; man nennt ihn – auch wegen seiner Geselligkeit im bürgerlich-galanten Leben der Stadt – »magister elegantissimus«, und keineswegs mit ironischem sousentendu (vgl. das Zeugnis des Königsberger Literaten Johann Georg Hamann [1730-1788] in Karl Wilhelm Böttiger [Hg.], *Literarische Zustände und Zeitgenossen*, 2 Bde. in einem, Frankfurt/Main 1972 [Orig. Leipzig 1838], Bd. 1, S. 133). Die aus Preußen und Ausländern (vor allem Balten, Litauer, Russen und Polen) bestehende Zuhörerschaft hat Kant »fast vergöttert« (Reinhold Bernhard Jachmann in: Felix Gross [Hg.], *Immanuel Kant. Sein Leben in Darstellungen von Zeitgenossen. Die Biographien von L. E. Borowski, R. B. Jachmann und A. Ch. Wasianski* [= Deutsche Bibliothek, Bd. 8, Neudruck Darmstadt 1993], S. 135 f.).

Kants Vorlesungen bezeugen zwar die bewundernswerte Weite seiner Kenntnisse und Fertigkeiten, kreisen aber immer um ein restringiertes Repertoire von Themen (und Kompendien). Es sind – in der populäreren Sparte – Kollegs über physische Geographie (ein Fach, das er stolz ins Lehrprogramm einführt), Anthropologie (ab WS 1772/73) und Pädagogik (ab WS 1776/67), philosophische Religionslehre (natürliche Theologie), Moral, Naturrecht (ab WS 1766/67), philosophische Enzyklopädie (ab 1767/68), im streng Schulmäßigen solche über Logik, Metaphysik und mathematische Physik. Anfangs klebte sein Vortrag, wie es das von Zedlitzsche Reskript vorschrieb, noch recht eng am Wortlaut der Vorlage und deren Exegese; später – vor allem nach der Liberalisierung der Vorlesungspraxis durchs Ministerium – hat Kant sich in den Erläuterungen immer stärker von den Handbüchern entfernt. Sein Vortrag war stets frei und nie wieder, nach Übereinstimmung aller Zeugnisse, von der ängstlichen Befangenheit der Première. (Vgl. Reinhold Bernhard Jachmann, *Immanuel Kant geschildert in Briefen an einen Freund*, Königsberg 1804, S. 27 f.: »Seine Vorträge waren ganz frei ⟨...⟩«.)

Es ist natürlich, daß Kant, in Anbetracht der Arbeit, die er in seine Vorlesungen investierte, und des Lehrerfolgs, den er mit ihnen erzielte, dem Drängen seiner Freunde nach Publikation derselben Gehör gab. Der Minister von Zedlitz selbst äußerte am 21. und am 28. 2. 1778 Interesse an geeigneten Nachschriften (AA X, S. 222 f., 224 f.); der nächste Vorstoß kommt von Markus Herz (l. c., S. 241; vgl. Kants Antwort l. c., S. 244, die den Besitz einer Logik-Nachschrift bestätigt; vgl. l. c., die folgenden Seiten); und Johann Gottfried Karl Friedrich Kiesewetter hatte auf eigene Faust 1791 einen viel nachgedruckten Abriß der Logik nach Kants Kollegs bei dessen Verleger Lagarde drucken lassen (eine Eigenmächtigkeit, über die Kant verärgert war: AA XI, S. 267 [ff.]). Noch ärgerlicher freilich reagierte er auf die freie (dazu noch mit spöttischer Absicht unterlegte) Verwendung ganzer Passagen aus Vorlesungen über Logik, Metaphysik, Enzyklopädie, Anthropologie usw. im 2. Band (1779) von Theodor Gottlieb von Hippels (1741-1796) bekannten *Lebensläufen nach aufsteigender Linie, nebst Beilagen A.B.C. (Rom.)*, 4 Bde., 1778-81. Kant sah sich am 6. 12. 1796 zu einer öffentlichen Erklärung veranlaßt (AA XII, S. 361; vgl. die Vorarbeiten dazu in XIII, S. 537 ff.): Die von Hippel verwandten Gedanken, die man erst in den 80er Jahren unter dem Namen des wahren Verfassers in dessen Hauptschriften habe ans Licht treten sehen, seien aus Vorlesungen »in die Hefte ⟨s⟩ einer Zuhörer geflossen, mit Hinsicht, von meiner Seite, auf ein System, was ich in meinem Kopfe trug, aber nur allererst in dem Zeitraume von 1770 bis 1780 zu Stande bringen konnte« (l. c.).

Solchem Mißbrauch dachte Kant zuvorzukommen, indem er selbst die Erläuterungen und Nachschriften zu seinen verschiedenen Anthropologie-Kollegs sammelte (1795/96) und 1798 selbst in Druck gab (vgl. AA VII, S. 122). Friedrich

Theodor Rink veröffentlichte 1802 (mit Kants Einverständnis) die Physische Geographie (wieder war ihm ein eigenmächtiger Verleger, zu seinem und zu Kants Unwillen, zuvorgekommen [vgl. Kants Erklärung vom 29. 5. 1801, AA XII, S. 372; bes. XIII, S. 526-532]) und 1803 die Pädagogik (AA IX, S. 437-499), der Königsberger Privatdozent Gottlob Benjamin Jäsche unter Kants eigener Anleitung die Logik (1800 [AA IX, S. 1-150]).

Die Qualität dieser Editionen ist sehr unterschiedlich. Rink benutzte Kants Diktattext und Auszüge aus studentischen Nachschriften, griff aber sachlich und stilistisch häufig ein (vgl. AA IX, S. 439). Von Jäsches Logik – die noch in die kurrenten Kantausgaben unserer Jahre Eingang gefunden hat – urteilt Erich Adickes, es sei ein »Machwerk ⟨...⟩, das Jäsche unter dem Namen von Kants Logik herausgegeben hat« (*Ein neu aufgefundenes Kollegheft nach Kants Vorlesung über physische Geographie*, Tübingen 1913, S. 48, Anm. 2). Klaus Reich beurteilt die Ausgabe ebenso streng, aber sachlich wie folgt:

Daß das von *Jäsche* verfertigte Handbuch der kantischen Logikvorlesungen vom Jahre 1800 aller Grundsätzlichkeit und Schärfe entbehrt, kann auch bei günstigster Beurteilung nicht bestritten werden. Es gibt in diesem Buche nicht nur genug schillernde Unklarheiten, sondern selbst Widersprüche, die *Jäsche* bei der Verarbeitung der aus fast einem halben Jahrhundert stammenden kantischen Reflexionen hat stehen lassen.

(Klaus Reich, *Die Vollständigkeit der kantischen Urteilstafel*, Diss. Rostock, Berlin 1932, S. 21 [vgl. die auf den folgenden Seiten gegebene detaillierte Begründung des Urteils].)

Klaus Reich verweist auf Kants 1765 öffentlich gegebene *Nachricht von der Einrichtung seiner Vorlesungen in dem Winterhalbjahre 1765/66* (AA II, S. 309 ff.), in der Kant erklärt, niemals bloß reine Logik (»kurz und trocken« [*KrV* B 78]), sondern Logik immer nur in Verbindung mit angewandter Logik lesen zu wollen.

Wenn man einen Einblick in *diese* kantische Logik*vorlesun*-

gen zu erhalten wünscht, so ist dem *Jäsche*schen Handbuch entschieden vorzuziehen die Kollegnachschrift des Grafen ⟨Heinrich Ludwig Adolph⟩ *Dohna*⟨*-Wundlacken*⟩ ⟨1777-1843⟩ (sie ist die einzige gedruckte ⟨in: Arnold Kowalewski [Hg.], *Die philosophischen Hauptvorlesungen Immanuel Kants*, München und Leipzig 1924, Neudruck Hildesheim 1965⟩; diese auf 1792 datierte Nachschrift hat sich im Zweiten Weltkrieg verloren, so daß die Akademie-Ausgabe die Kowalewskische Fassung wiedergeben mußte⟩): denn sie enthält wirklich nur die endgültige kantische Theorie und nicht ein Aggregat von Bemerkungen *Kants* aus mehr als 40 Jahren, mit denen der Kompilator nicht fertig geworden ist. Man lese z. B. die bei *Dohna* stehenden Auslassungen über die Gewißheit und vergleiche mit *Jäsche*. (Klaus Reich, l. c., S. 24)

Der von Reich so gerühmte Graf Dohna, der als 14jähriger Student unter der Obhut seiner Mutter 1791 nach Königsberg kam und im zweiten Semester (1792) bei Kant Logik hörte, hat ein 137 Seiten starkes Heft hinterlassen, dessen auf den ersten Blick Vertrauen erweckende Stundendatierungen samt mehreren auf die Vortragssituation bezüglichen Bemerkungen (z. B. AA XXIV, 2, S. 771: »N. B. Dienstag d. 17ten. Hier machte Kant Ferien auf mehr als 4 Wochen«) sich freilich bei genauerer Nachprüfung als nachlässig und ungenau erwiesen haben. Auch gibt es Zusätze in verschiedenen Tinten (vermutlich aus verschiedenen Zeiten, also gewiß nicht von dem sehr jungen Grafen selbst) – was den Editor der Nachschrift in der Akademie-Ausgabe, Gerhard Lehmann, erheblich zurückhaltender gegen die Qualität der Nachschrift stimmt als Klaus Reich (vgl. AA XXVIII, 1, S. 981 f.). Da das Original-Manuskript verloren ist, sind Kontrollen an der Handschrift nicht mehr möglich. An der Sicherheit der Datierung (»1792«) gibt es also nicht minder Zweifel als an der Vollständigkeit und Autorschaft der Nachschrift.

Unsere Wahl fiel auf die Philippi-Nachschrift, weil sie ein ausgezeichneter Beleg ist für die Tatsache, daß grundlegende

Einsichten zur Natur des Geschmacksurteils, wie sie im ersten Teil der *KU* niedergelegt sind, schon zu Beginn der 70er Jahre von Kant vorgetragen worden sind. Alle derzeit bekannten Logik-Nachschriften folgen erkennbar der Meierschen Vorlage, auch die Dohnasche; keine aber äußert sich so instruktiv und so ausführlich über den Unterschied von logischer und ästhetischer Vollkommenheit wie die Philippische. Wir werden weiter unten zum Vergleich einen Auszug aus der Dohnaschen Nachschrift bieten, deren Ende nach der eigenen Datierung auf den September 1792 fällt: also einen Zeitpunkt weit nach der Veröffentlichung der *KU*. Dabei ist die Dohnasche Nachschrift unter den mutmaßlich nach-kritischen Logik-Nachschriften (die Jäschesche Bearbeitung eingeschlossen) noch am ausführlichsten hinsichtlich des ästhetischen Parts.

Gottlob Benjamin Jäsche (1762-1842) hat im Vorwort zu seiner von Kant autorisierten Edition der Logik nicht angegeben, welche Vorlesungsnachschriften er neben den (vor allem in der zweiten Hälfte zuweilen wörtlich zitierten) Reflexionen wirklich verwendet hat. Die ersten Herausgeber haben zahlreiche wörtliche Übereinstimmungen entdeckt 1. mit einer Nachschrift, die lange Zeit in der Kgl. und Universitäts-Bibliothek in Königsberg aufbewahrt war und die Jahreszahl 1782 trug, 2. mit einer solchen aus der Leipziger Stadtbibliothek, vermutlich von 1792 (vgl. AA IX, S. 503 f.). Man möchte unterstellen, daß Jäsche als getreuer Schüler die Logik-Vorlesungen, die Kant von 1791 an wenigstens dreimal (vielleicht fünfmal) gehalten hat, selbst gehört und dann gewiß auch nachgeschrieben hat. Diese Vermutung lindert nicht das Urteil, daß der Vergleich mit anderen Nachschriften schwere sachliche und logische Schnitzer zutage gebracht hat (vgl. Klaus Reich, l. c.), die es geraten erscheinen lassen, auf andere Nachschriften (wie die von Philippi, Pölitz oder Dohna) zurückzugreifen. Da die Philippische unter den besseren besonders ausführlich zum Geschmacksurteil sich äußert, bieten wir einen Auszug aus ihr.

DEUTUNGSASPEKTE

Der Textauszug aus der Logik-Nachschrift von Philippi entspricht, nach der Gliederung der Gesamtvorlesung, recht genau dem Kapitel über »Logische und ästhetische Erkenntnis« aus dem 1. Abschnitt des Ersten Hauptteils von Meiers *Auszug aus der Vernunftlehre*: »Von der gelehrten Erkenntnis«, dem auch der Großteil der logischen Reflexionen zur Ästhetik im vorangehenden Text entnommen war. Wesentliche Einsichten der kantischen Ästhetik sind um die Zeit der Abfassung der Dissertation *De mundi sensibilis atque intelligibilis forma et principiis* (Über die Form der sinnlichen und der geistigen Welt und ihre Gründe, 1770) schon entwickelt; und diese Periode seines im Umbruch befindlichen Denkens ist auch durch die große Zahl der ästhetischen Reflexionen repräsentiert. So ermöglicht der Vergleich mit der Vorlesung Philippi eine Art synoptischer Lektüre beider Texte. Gewiß hat die studentische Nachschrift an Kants handschriftlichem Nachlaß (den Reflexionen) Maß zu nehmen; umgekehrt aber finden sich die abgerissenen Fragmente des Kompendiums in der Nachschrift allererst in einen ausformulierten und durchgehenden Erklärungsfluß einbettet.

Die Philippi-Nachschrift bestätigt in größerer Ausführlichkeit als andere bekannte Nachschriften die im Kommentar zu den Ästhetischen Reflexionen gegebene Interpretation von Kants ästhetischen Räsonnements aus der Umbruchperiode. Daß Kant lange vor der Konzeption der *KU* schon »über alle deskriptiven Zentralbegriffe« seiner Ästhetik verfügte, hält auch Jens Kulenkampff für einen »für die Entwicklungsgeschichte der Kantschen Ästhetik höchst wichtigen Tatbestand« (*Materialien zu Kants ›Kritik der Urteilskraft‹*, hg. von Jens Kulenkampff, Frankfurt/Main 1974, S. 10). Er ist, wie angedeutet, in späteren Logik-Kollegs nicht mehr in gleicher Breite präsent wie in Philippis Nachschrift. Der Vergleich mit dem entsprechenden Kapitel der Nachschrift des Grafen Dohna mag das bestätigen, zugleich auch als Beleg dafür einstehen, daß das Grundgerüst der kantischen Ästhetik seit dem Schlüsseljahr 1769 im großen und ganzen endgültig steht:

Vom schönen Erkenntnis

[Schönes Erkenntnis gibt es eigentlich gar nicht. Es kommt beim Erkenntnis nur auf das Verhältnis zum Gegenstande an – ist er *getroffen*, so ist es *wahr*, aber nur die *Darstellung* kann *schön* sein.
Sinnlichkeit ist das Vermögen der Anschauung:
a) Sinn, Vermögen der Anschauung in der Gegenwart,
b) Einbildungskraft, Vermögen der Anschauung in der Abwesenheit des Gegenstandes.]
Wenn ich etwas schön nenne, so drücke ich dadurch mein Wohlgefallen, meine Lust (die Beziehung des Gegenstandes auf das Subjekt, die eine angenehme Vorstellung hervorbringt, die das Gemüt selber zu ihrer eigenen Erhaltung bestimmt) an dem Gegenstande aus. Die Basis der Definition. Bei allem Schönen verstehn wir nur Beziehung der Erkenntnis auf das Subjekt, gar nicht auf den Gegenstand selbst. Z. B. bei Beschreibung von schönen Gegenden beschreibt man nur, wie man davon affiziert worden. Unmöglich kann man den Gegenstand selbst schildern. Ein schönes Erkenntnis gibt es also gar nicht.

[7te Stunde, d. 3ten Mai]

Man teilt die Vollkommenheit
1. in die logische Vollkommenheit in der Übereinstimmung des Erkenntnisvermögens mit dem Objekt,
2. in die ästhetische Vollkommenheit, wie s. 970 ff.) besteht in der Übereinstimmung des Objekts mit dem Erkenntnisvermögen des Subjekts.
[Ästhetische Vollkommenheit ist die subjektive Übereinstimmung des Verstandes mit der Sinnlichkeit – welche die Vorstellung eines Gegenstandes belebt. Weil die Überein-

stimmung nur subjektiv ist, so wird sie auch nur durch Empfindung möglich sein. Es entsteht dabei Gefühl der Lust sowie bei Empfindung des Widerstreits Gefühl der Unlust.]
Einbildungskraft und Verstand sind die beiden einzigen tätigen Erkenntnisvermögen des menschlichen Gemüts. Aber die Sinne sind / ⟨S. 706⟩ ganz passive, sie erfodern notwendig einen Gegenstand, Einbildungskraft schafft sich selbst Gegenstände.
/ Zu allen Erkenntnissen gehören folgende zwei Stücke [zwei Elemente, deren eines ohne das andre keine Erkenntnis gibt]:
1. Anschauung (die Interpretation des Begriffs, des Denkens);
2. Begriff. Der pure Begriff wie die pure Regel gibt noch keine Deutlichkeit der Erkenntnis, es gehört auch Anschauung dazu. Umgekehrt ist Anschauung ohne Begriff ebenfalls nichts. Denn ohne wäre es ebenso, als hätte sie nichts gesehn. Z. B. geschmackvolle dichterische Beschreibungen von Gegenden, die nur Anschauung hervorbringen, dienen gar nicht zur Erkenntnis, sind auch nur für Toiletten.
Wenn ich aber bloß lediglich auf Schönheit sehe, so verlange ich nicht Belehrung, sondern nur gefallende Unterhaltung. Dieses Wohlgefallen kann sich das Gemüt selbst erregen, es bleibt dabei in Spontaneität. Geschmack soll das Vermögen sein, aus der subjektiven Übereinstimmung der Erkenntniskräfte Wohlgefallen am Gegenstande zu haben.
[Da Schönheit nie durch Begriffe erkannt werden kann, nur durch Gefühl, dies aber nicht so mitteilbar ist, als Begriffe, die, da sie aufs Objekt gehn, bei allen Subjekten dieselben – so lassen sich keine objektiven Regeln darüber geben. Doch unterscheidet sich das Schöne vom Angenehmen dadurch, daß jenes bei allen subjektiv allgemein gilt, dies sich aber bloß auf einzelne Subjekte erstreckt. Man wird bei Sachen des *Angenehmen* niemandem ansin-

nen⟨,⟩ dasselbe Urteil zu fällen – wie bei Gegenständen des *Schönen*, wo das Urteil des *Geschmacks* allgemeingültig ist. – Das ästhetische Schöne ist nicht durch Regeln, sondern bloß durch Beispiele zu erläutern – daher der Wert der Klassiker.]
In Ansehung des Wohlgefallens an Gegenständen ist das Erkenntnis zwiefach.
1. das Schöne, das Unterscheidungsvermögen des Schönen nennt man Geschmack.
2. Das Erhabene, das Unterscheidungsvermögen|des Erhabenen|nennt man Gefühl.
Der Geschmack gehört zur Urteilskraft. Denn er ist nicht |ein| Mittel, Gegenstände hervorzubringen, sondern nur sie zu beurteilen.
/ Nun ist die Urteilskraft auch zwiefach:
1. logische, / ⟨S. 707⟩
2. ästhetische. Diese ist Geschmack [Verstand in Vereinigung mit der Einbildungskraft]. Ein empirisches Urteil wird durch den unmittelbaren Eindruck, den die ⟨Vorstellung vom⟩ Gegenstande [in Ansehung des Gefühls von Lust und Unlust] machet, hervorgebracht. Logische Urteilskraft hat immer feststehende Regeln. Aber die der ästhetischen Urteilskraft beruhen nur auf empirischen Gründen. Über die Lust, die aus den Sinnen entspringt, zu zanken (z. B. sich zu wundern, warum dem andern das Sauerkraut nicht schmeckt), wäre sehr töricht. Daher würde das Sprichwort Chacun à son goût ⟨jeder nach seinem Geschmack⟩ in *diesem* Fall, wenn es die Bedeutung hätte, richtig sein. Da dies aber nicht ist [denn wir verstehn ja hier nicht unter Geschmack den Reiz des Gaumens, sondern die ästhetische Urteilskraft], so ist es in jedem andern Betracht falsch. Denn Geschmack ist ästhetische Urteilskraft und ist *allgemeingültig*. Dieses kann uns auf die Spur bringen, worin eigentlich der Geschmack zu setzen ist. [Alles, was zur Empfindung gehört, ist subjektiv, alles, was zur Anschauung gehört, objektiv.] Alles, was nicht in der Beziehung unsers Vorstellungsvermögens aufs Ob-

jekt, sondern aufs Subjekt, aufs vorstellende Vermögen beruht, ist *ästhetisch*. Sofern wir Einbildungskraft und Verstand harmonisch durch ein gewisses Gefühl belebt finden, haben wir Geschmack. [Die Freiheit der Einbildungskraft übereinstimmend mit dem Begriff des Verstandes. Dieser würde ohne jene, die ihm Anschauung gibt, nichts ausrichten – das Objekt würde ihm verschwinden. Der Verstand kommt der Einbildungskraft zuhilfe, und er bringt Einheit in ihre Produkte.]
| [*Geschmack* ist Kunst. Der Verstand und die Einbildungskraft, die sich dazu vereinigen müssen, gleichen zwei Freunden, die sich nicht leiden und doch nicht voneinander lassen können – denn sie leben in einem beständigen Streite und sind sich doch wechselseitig unentbehrlich. Es gibt, wie aus dem obigen erfolgt, keine schönen Wissenschaften, sondern nur eine *Kunst des Schönen*. Um es hervorzubringen, wird *Genie* erfordert – z. B. ein gutes Gedicht läßt sich nicht bestellen, es gelingt nur dann, wenn der Dichter die Laune – glückliche Gemütsdisposition – dazu hat, Regeln sind dazu nicht genug. Es gibt eher Poeten, als Regeln der Poetik.] |

[8te Stunde]

/ Die logische Vollkommenheit der Vorstellungen besteht darin, daß sie besondere Vorstellungen als im allgemeinen vorstellen [– oder / ⟨S. 708⟩ formale – (so wie die ästhetische materiale) Vollständigkeit ist das Requisit der logischen Vollkommenheit – sie sucht das Besondere unter dem Allgemeinen auf.] Aber beim ästhetischen ist es gerade umgekehrt. Da werden nämlich allgemeine Vorstellungen im Besonderen vorgestellt. Bei einem logischen Urteile sehe ich also nur darauf, daß besondere Vorstellungen im Allgemeinen vorgestellt werden. [Mit dem ästhetischen Urteile ist es wieder gerade umgekehrt.] Die logische Vollkommenheit erfordert⟨,⟩ die Anschauung auf Begriffe, die ästhetische⟨,⟩ die Begriffe auf Anschauung zu bringen. Die logische Vollkommenheit besteht in der Übereinstimmung der Erkenntnis mit dem Objekt, die ästhetische in der mit dem Subjekt und seinem Erkenntnisvermögen.

Unser Autor ⟨Meier⟩ setzt der Schönheit Häßlichkeit ⟨deformitas⟩ entgegen [Häßlichkeit ist ebensowohl positiv als Schönheit – Gegenstand, den ich hasse, das Maximum Ekel], es gebe aber noch ein Mittelwort, Trockenheit ⟨ieieunum⟩ [sie ist ein Grad von Vollkommenheit, den die Mathematik besitzt, weil sie Trockenheit hat], und zwar können Trockenheit und Schönheit wohl zusammen bestehn [z. B. in einer Predigt, die trocken anfängt, in der Folge aber viele Schönheiten enthält].

Schönheit kann nur auf die Darstellung gehn, auf die Anschauung, nicht ganz eigentlich auf den Begriff. Das große Geschäft der Fortpflanzung ist in der ganzen Natur verbreitet. – Der Ausdruck schöne Erkenntnis ist gar nicht passend.

Die Vermögen unsers Gemüts lassen sich auf folgende drei Klassen bringen:

1. Erkenntnisvermögen,
2. Gefühl der Lust und Unlust,
3. Begehrungsvermögen.

Eine Vorstellung ist unsere Erkenntnis, und zwar

1. In Beziehung auf das Erkenntnisvermögen heißt sie *logische* Vollkommenheit [in Beziehung auf den *Verstand* – Wahrheit ist ein Urteil, kein Gefühl].

2. In Beziehung auf das Gefühl der Lust und Unlust *ästhetische* Vollkommenheit [in Beziehung auf die *Urteilskraft*].

3. Daß sie übereinstimme mit unserm Begehrungsvermögen – *praktische* Vollkommenheit [in Beziehung auf die *Vernunft*].

(AA XXIV, 2, S. 705-708. Die von Arnold Kowalewski in den normalisierten Text eingefügten Zeichen bezeichnen – mit Ausnahme der in Winkelklammern gesetzten Seitenumbrüche – Zufügungen und Randbemerkungen in verschiedenen Tinten; so erklären sich auch eine Reihe von Redundanzen und sachliche Inkonsistenzen.)

Das ist eine Nachschrift aus der Zeit bald nach dem Druck der ersten Auflage der *KU*, ein Zeugnis also aus der Reifezeit von Kants ästhetischer Theorie. Der Vergleich mit der Philippi-Nachschrift lehrt, daß Wesentliches in den 20 Jahren der Zwischenzeit sich nicht verändert hat; dagegen werden wir urteilen, daß die Philippi-Nachschrift nicht nur viel ausführlicher, sondern auch präziser und gedanklich strenger durchgearbeitet ist.

Der Aufbau beider Texte spiegelt noch immer die Anlehnung ans Meiersche Kompendium und die von ihm aufgenötigte Gliederung. Das gilt auch für die Terminologie: So fehlt der Bezug auf das Gegensatzpaar ›verworren‹-›deutlich‹ sowie ›vollkommen‹-›unvollkommen‹ ganz im parallelen Text der »Analytik des Schönen« (aus der *KU*). Unterschieden werden logische und ästhetische Urteile. Beide bestehen in Synthesen; deren Glieder sind das von den Sinnen uns Gelieferte einerseits, das vom Verstande (und den ihm einwohnenden ›logischen Formen zu urteilen‹) ihm Aufgeprägte andererseits. Der Unterschied beider besteht darin, daß die erste Synthesis sich an Erfordernissen des Objekts, die zweite an solchen des Subjekts ausrichtet. Das ist nicht ohne weiteres plausibel, nennt Kant die Instanz, die im Hintergrund der Verstandestätigkeit am Werke ist und welcher die logischen Urteilsformen ihre Einheit verdanken, doch ebenfalls ›das Subjekt‹ (oder das reine Selbstbewußtsein). Das Selbstbewußtsein kennt aber seinerseits – wie es zumal der § 19 der ›transzendentalen Deduktion der Kategorien‹ in der *KrV* darlegt – einen objektiven und einen bloß subjektiven Gebrauch – und entsprechend eine objektive und eine (bloß) subjektive Einheit. Die erste wird im Gebrauch des ›ist‹ ausgesprochen, sofern damit nämlich ein Wahrheitsanspruch verbunden ist. Sage ich (und meine damit eine Aussage zu treffen) ›Der Himmel ist blau‹, so drücke ich mit dem ›ist‹ keine bloße (subjektive) Ansicht aus, sondern beanspruche, eine Wahrheit gesagt zu haben. Nicht so in dem Satz ›Das Einhorn liebt den klaren Quell und läßt sich nur von einer Jungfrau zähmen‹. Dem hier ausgesagten Sachverhalt entspricht (vermutlich) keine Tatsache in der Objekte-Welt, sondern nur eine in meiner Phantasie. Auch sie vollbringt also eine Vereinigung von Vorstellungen, aber keine solche mit objektivem Gültigkeitsanspruch. So erklärt sich die Restriktion des ›bloß Subjektiven‹ in der Synthesis von Vorstellungen ohne Anspruch auf überindividuelle Geltung.

Bloß subjektive Vorstellungen müssen aber keine Phantasie-Vorstellungen sein (also Vorstellungen inexistenter Gegenstände). Ich kann beim Vollzug der Synthesis statt auf treffende Objektbezeichnung auch auf das Gefühl der Lust oder Unlust reflektieren, das sich in meinen Erkenntniskräften aus Anlaß einer bestimmten Vorstellungskonfiguration einstellt, diese gehe übrigens auf ein wirklich existierendes oder erfundenes Objekt. Kurz: Jede Synthesis des Mannigfaltigen, ihr Urheber sei die bloße (vom Verstand nicht reglementierte) Einbildungskraft oder eben der Verstand, kann statt aufs Objekt aufs Subjekt bezogen werden; im ersten Fall wird geprüft, ob die Synthesis eine (objektive) Erkenntnis konstituiert, im letzteren wird nur ausgekostet, ob sie meine Seelenharfe in Schwingungen versetzt, auf die mein ästhetisches Urteil mit Wohlgefallen reagiert (»wenn ⟨...⟩ alle Gemütskräfte in ein leichtes« und freies Spiel versetzt« werden). Vom Zustand der harmonisch gestimmten Erkenntnisvermögen (oder der Einbildungskraft) spricht Kant in der Frühzeit gerne auch als von »den subjektiven Gesetzen« (AA XXIV, 1, S. 344, § 19) oder ›Gesetzen der Subjektivität/der Sinnlichkeit‹ (l. c., S. 347, passim), was er eigentlich nicht dürfte – denn ein Gesetz, das Geschmacksurteile determinierte, ist ja eben nirgends in Sicht. Hier zeigt sich noch eine gewisse Anhänglichkeit ans Gerüst der rationalistischen Schulphilosophie (Baumgartens); gäbe es nämlich kein ›Gesetz‹ (oder »allgemeine Regeln«) der Sinnlichkeit (die Kant hier noch nicht scharf vom »Geschmack ⟨...⟩ oder der Lust und Unlust« abhebt), so wäre die Rede von einer ›ästhetischen Vollkommenheit‹ gegenstandslos. Das wird Kant dann in seiner reifen Ästhetik auch wirklich behaupten: »*Das Geschmacksurteil ist von dem Begriffe der Vollkommenheit gänzlich unabhängig*« (*KU*, Überschrift des § 15). Auch in der Logik Philippi ist die Einsicht bereits präsent, woraus sich eine Reihe von Zweideutigkeiten und Inkonsistenzen, auch begrifflichen Unsicherheiten des Textes ergibt. Auch 1772 behauptet ja Kant:

> Eine Wissenschaft des Schönen gibt es gar nicht, weil keine erste Regeln gegeben werden können, welches doch in einer Wissenschaft sein soll. Die Geschmackslehre ist keine Lehre, keine Doktrin, sondern nur eine Kritik.
> (AA XXIV, 1, S. 359)

Erkenntnisse implizieren immer die Existenz ihres Gegenstandes (sonst gebräche es ihnen an Objektivität [*KrV* B 272 f.]). Ästhetische Schätzungen (›Wert‹-Urteile nach der Formulierung der Nachschrift Philippi) sind dagegen indifferent gegenüber der Existenz dessen, was den harmonisch von der Einbildungskraft ins Spiel versetzten Vorstellungen in der Welt entspricht (oder *ob* ihnen überhaupt etwas entspricht). Das unterscheidet die ästhetische Einstellung von der begehrlichen (etwa dem Appetit, dem es nicht ganz gleich ist, ob die ihm verheißenen Speisen wirklich da oder nur imaginiert sind). Das vom Begehren Geschätzte nennt Kant ›das Angenehme‹, den vom Objekt aufs (sogenannte ›niedere‹) Begehrungsvermögen ausgesandten Appell den ›Reiz‹.

Diese Unterscheidung eröffnet eine überraschende Konsequenz: Synthesen des sinnlich Mannigfaltigen, die vom Verstand (nach Maßgabe der Urteilsformen) *objektiv* vereinigt wurden, sind – eben weil objekt-bildend – damit eo ipso auch für alle gleichförmig und gleich verbindlich. Vorstellungen, die auf Objekte gehen, sind allgemeingültig. Nicht so Sinnesempfindungen, die Kant – in einer reichen empiristischen Tradition – für einzeln hält: »Sinnliche Erkenntnis erstreckt sich also auf einzelne, Verstandeserkenntnis auf allgemeine Dinge« (AA XXIV, 1, S. 344). Wer etwas empfindet, hält das Empfindungs-Erlebnis in einer bloß privaten Evidenz: *Er* hat es, nicht alle andern auch. Wer dagegen ein sinnlich Mannigfaltiges unter eine Kategorie bringt (und ›Kategorie‹ meint ein Prädikat von einem so großen Umfang, daß etwas nicht zugleich Objekt sein und nicht darunter fallen kann), faßt es unter dem denkbar Allgemeinsten – mithin auf eine Weise, die von vornherein (ohne weitere Erkundigungen oder Induktionen: das meint ja ›a priori‹) auch für alle anderen Subjekte gilt. – Nun war gezeigt, daß das ästhetische Urteil nicht einfach eine Empfindung oder ein sinnliches Geschmacksurteil (vom Typ ›Angenehmes‹) ist, mithin indifferent bleibt gegenüber der Existenz des sinnlich Gegebenen. Damit – so folgert Kant – fällt aber auch seine privat(iv)e Restriktion fort, wonach es nur für den gälte, der es jeweils fällt. Also haben wir Grund, dem Geschmacksurteil eine ›Gemeingültigkeit‹ für alle anderen Subjekte anzusinnen, ohne daß wir darum schon im Bereich des Erkenntnis- oder des logischen Urteils wären, wo der Begriff (letztlich die Kategorie) das sinnlich Gegebene auf eine intersubjektiv einhellige Weise determiniert.

Was nun unmittelbar gefällt, gefällt entweder einem und vielen andern nicht, oder es gefällt allen allgemein. Was unmittelbar nur einem gefället hat eine Privatgültigkeit und heißt angenehm: was aber allgemein gefällt, hat eine allgemeine Gültigkeit und heißt schön.

(AA XXIV, 1, S. 346)

In anderen Worten: Was nicht durch Reiz oder Empfindung (welche Existenz des Reizenden bzw. des Empfundenen implizieren) determiniert wurde – und von der Art ist das ästhetische Urteil –, von dem habe ich auch keinen Grund, seine Geltung auf die bloße Privatsphäre dessen einzugrenzen, der es fällt. Umgekehrt ist das ästhetische Urteil auch keines, in dem – wie bei der Erkenntnis – der Begriff die Vorstellungen bestimmt; und mithin kann die Gemeingültigkeits-Unterstellung ihrerseits nicht für objektiv begründet gelten; es handelt sich um eine (bloß) ›subjektive Allgemeinheit«. In ihr gründet die von Kant immer wieder, auch in der *KU*, hervorgehobene Geselligkeit des Geschmacks (vgl. z. B. AA XXIV, 1, S. 354f): »Der Geschmack ist ein Vorbote der Geselligkeit; und Geselligkeit die Nahrung des Geschmacks.«

Hier ist übrigens auch der Ort der berühmten Unterscheidung zwischen Materie und Form des Geschmacksurteils, die in der *KU* eine so große Rolle spielen wird. Die Logik Philippi ist darüber deutlicher als fast alle vergleichbaren Texte: Empfindungen, die immer nur Einzelnes betreffen und nur private Geltung mit sich führen, gehen auf die Materie der Welt: *Etwas*, ein (existierender) Stoff ist dadurch ›gegeben‹. Die Art und Weise aber, *wie* der Stoff gegeben wird, ist selbst nicht stofflich. Kant spricht von ›Erscheinungen‹. Sie sind das an der Sache, was nicht die Sache selbst, sondern ihre Gegebenheitsweise unter Abstraktion vom Stoff und von der Existenz ist; Kant nennt sie auch die ›Form‹ der Anschauung und meint damit nicht die Gestalt oder den Umriß, sondern nur ihre Unstofflichkeit:

> Empfindung und Erscheinung sind unterschieden, als Materie und Form. Die Materie der Sinnlichkeit ist Empfindung, die Form ist Erscheinung. Es kann eine Sache in der Erscheinung gefallen, wenn sie auch kein Gegenstand der Empfindung ist. Sie gefällt als denn wegen ihrer Form, das ist, wegen der harmonischen Verhältnisse aller der sinnlichen Vorstellungen die ich von der Sache bekomme und zusammengenommen das Objekt nenne.
> (AA XXIV, 1, S. 348)

Kraft dieser Abgrenzung kann Kant eine für die moderne Ästhetik wichtige Unterscheidung treffen: »Die Vorstellung kann schön sein, obgleich das Objekt häßlich ist« (l. c., S. 356[f.]). So gewährt uns Albrecht Altdorfers *Alexanderschlacht* eine schöne, ja erhabene Vorstellung von einem abscheulichen Sujet. Umgekehrt kann »das Objekt ⟨...⟩ wiederum schön sein und die Vorstellung davon häßlich« (l. c.) – etwa ein Kaufhaus-Gemälde des Matterhorns. In derselben Linie liegt die Gleichgültigkeit der Wahrheit eines

Urteils für seine Vorstellung: »⟨...⟩ die Wahrheit ist nicht der Grund des ästhetischen Vollkommenheit. Es kann etwas schön sein⟨,⟩ wenn es gleich in der ganzen Natur nicht anzutreffen ist« (l. c., S. 358).

Noch von einem zweiten Typ objektiven Urteils unterscheidet sich dasjenige des Geschmacks: nämlich vom sittlichen. Hier ist es zwar nicht der Verstand (und die von ihm ihren Ausgang nehmenden Kategorien), mithin nicht die Wahrheit, wodurch das Sinnliche ›a priori‹ bestimmt wird. Sittliche Urteile sind präskriptiv (›vorschreibend‹), nicht wie Erkenntnisurteile beschreibend (›deskriptiv‹). Sie sagen nicht, was der Fall (was ›wahr‹) ist, wenn das entsprechende Urteil zutrifft, sondern sie definieren einen Zustand, wie er sein *sollte*, wenn man sein ›Begehrungsvermögen‹ (wie Kant sagt: seinen Willen) so lenkt, daß zwischen den Handlungsentwurf und seine Ausführung eine Überlegung ins Mittel tritt: Die, ob es unter Gesichtspunkten generalisierter Wechselseitigkeit für alle anderen handelnden Subjekte zumutbar ist, daß ich so handle, wie ich will. Ist das der Fall, dann ist meine Handlung in einem analogen Sinne allgemeingültig (wir würden in diesem Falle eher sagen: verbindlich), wie das der Fall ist bei Erkenntnisurteilen: »Was gefällt nach allgemeinen Gesetzen ⟨...⟩ der Vernunft, ist gut« (AA XXIV, 1, S. 347). Also nicht nur vom individuellen Reiz und von den allgemeinen Gesetzen des ›logischen Urteils‹, sondern auch vom Begriff des objektiv richtigen Handelns ist das ästhetische Urteil abgesetzt. Es steht, wie die *KU* ausführen wird, irgendwo in der Mitte zwischen beiden – wie eine Brücke, die vom Ufer des einen zu dem des anderen sich schwingt.

Das ästhetische Urteil ist mithin eine Unterklasse derjenigen Urteile, die die ›reflektierende Urteilskraft‹ konstituiert. Unter ›Urteilskraft‹ versteht Kant ganz allgemein das Vermögen, das Besondere (z. B. die Empfindungen oder Anschauungen) als enthalten unter dem Allgemeinen (z. B. einem Begriff) zu erkennen. Dabei kann das Allgemeine (nehmen wir einen empirischen Begriff wie Smaragd oder Amethyst) gegeben sein, und dann handelt es sich lediglich darum, etwas einzelnes Konkretes (oder mehrere Concreta) in der Welt zu finden, das oder die unter den Begriff fällt/fallen (einen kleinen Smaragd in einer Gneisspalte in den Hohen Tauern oder eine ganze Druse Amethyste im Porphyr bei Klingenmünster). Oder es kann umgekehrt ein Besonderes (eine individuelle Anschauungs-Konfiguration) gegeben sein, zu welcher ich den Begriff suche, der sie treffend interpretiert. Nun sahen wir, daß ästhetische (oder Geschmacks-) Urteile nicht durch vorgängige Begriffe determiniert werden; so verwandelt sich die Bewegung der (reflektierenden) Rückwendung vom Besonderen aufs Allgemeine (den es definierenden Begriff) in eine tendenziell unendliche Bewegung. Sie probiert einen Begriff nach dem anderen aus, um das gegebene Besondere (eine Vorstellungskonfiguration) angemessen zu interpretieren; keiner aber erschöpft den Sinnreichtum des ästhetischen Gebildes, das sich so als – im Wortsinne – unausschöpflich oder unausdeutbar erweist. So kann es als indirekte Repräsentation per analogiam (als ›Symbol‹, sagt Kant) einer Vernunftidee verstanden werden, die gerade umgekehrt von keiner Anschauung adäquat repräsentiert werden könnte (bei einer ›ästhetischen Idee‹ haben wir mit einer so sinnreichen Vorstellungs-Komplexion zu tun, daß kein allgemeiner Begriff ihr adäquat wird; vgl. dazu den Kommentar zur *KU*, S. 1244 f. u. 1253 f.).

Die Begabung, ästhetische Gebilde schöpferisch hervorzubringen, nennt Kant – in der Tradition des Sturm und Drang – ›Genie‹. Wer es besitzt, ist ein ›Künstler‹, denn ›Kunst‹ heißt eine Fertigkeit, deren Regeln nicht vorab bekannt und also auch nicht mechanisch lernbar sind. Von dieser Art sind die ästhetischen Gebilde, die – im Gegensatz zu Erkennbarem oder sittlich kategorisch Gefordertem – nicht durch Begriffe (und Begriffe sind nichts anderes als Regeln der Vereinigung des Mannigfaltigen) determiniert und mithin auch nicht mechanisch geschätzt oder erzeugt werden können. Zwar gilt von ihnen, daß sie nur dem Geschmack sich erschließen, der keinen objektiven Maßstab besitzt; andererseits sahen wir, daß Geschmack Gemeingültigkeit impliziert. Insofern interpretiert Kant das ›chacun à son goût‹ um: Geschmack hat man, oder man hat ihn nicht. Gelernt kann er nicht werden, und doch ist er nicht privat wie das Wohlgefallen am Angenehmen und Reizenden (man wird nicht darüber streiten wollen, ob man Sauerkraut mögen oder nicht mögen soll [vgl. *KU*, B18ff.]). Da nun das Geschmacksurteil auf Gemeingültigkeit Anspruch erhebt, diesen Anspruch aber nicht in einem Gesetz fundieren kann, erwägt Kant, es im intersubjektiven Konsens zu begründen: »Andere Menschen sind gleichsam Controleurs unserer Urteile« (AA XXIV, 1, S. 347). Als Beispiel für die Unrichtigkeit, die darin bestehen würde, das einem selbst Angenehme auch für das anderen Angenehme zu halten, führt Kant die hübsche, von Petrus Camper überlieferte, Geschichte von den Missionaren an (die auch Georg Christoph Lichtenberg im 11. Aphorismus der *Sudelbücher* von 1779-83 und Heinrich Heine gegen Schluß seines Nachworts zum *Romanzero* [1851] erzählen): Die Grönländer erkundigen sich bei ihnen, ob es im christlichen Paradies denn auch Seehunde gebe; und als die Missionare verneinen, erklären sie betrübt: »der christliche Himmel passe alsdann nicht für Grönländer, die nicht ohne Seehunde existieren könnten« (AA XXIV, 1, S. 346).

Nicht erst die Dohnasche, schon die Philippische Nachschrift arbeitet weitgehend auf erkenntnistheoretischen Grundlagen, die mit denen der Meierschen Vorlage gebrochen haben. Gewiß sind die Begriffe ›(sinnliche bzw. logische) Vollkommenheit‹, ›verworren‹ und ›deutlich‹ alle im Spiel; Kant nimmt aber nicht mehr an, Schönheit sei Vollkommenheit eines *Begriffs* im Zustande sinnlicher Anschauung (»Ästhetische Vollkommenheit hat lediglich eine Beziehung auf meinen Geschmack«; »Die *subjektive* ästhetische ⟨Vollkommenheit ist⟩ die Übereinstimmung der Erkenntnis mit Gesetzen der Sinnlichkeit« [l. c., S. 359f.]); die einzige Inkonsistenz, die in solcher Rede steckt, ist die Bezugnahme auf eine Vollkommenheitsnorm, die ja Gesetzlichkeit impliziert – dabei sind doch aber gerade Gesetze der Sinnlichkeit unnachweisbar – sie könnten allenfalls als ›regulative

Idee‹ der Urteilsfindung unterstellt werden; auch tendiert Kant immer wieder zur Verwischung des Unterschiedes zwischen ästhetischer und logischer Vollkommenheit, wenn er etwa sagt: die ästhetische Anschauung erreiche »ihre größte Vollkommenheit ⟨...⟩, wenn sie dem Verstande konform ist« (l. c., S. 363), oder wenn er die logische Vollkommenheit über die ästhetische stellt – so als gäbe es Redekontexte, in denen beide in Konkurrenz zueinander treten könnten. Auch nennt Kant, ganz in Baumgartens eigenen Worten, den Geschmack »ein Analogon des Verstandes« (l. c., S. 370). Andererseits sagt er auch sehr entschieden, daß Vorstellungen nicht wegen ihrer Sinnlichkeit verworren heißen dürfen (»Die Sinnlichkeit besteht nicht in der Verwirrung« [l. c., S. 62]) und daß Sinnlichkeit die »notwendige Ergänzung des Verstandes« ist, dessen Begriffe ohne die Anwendung aufs Sinnliche gar keine (klare und distinkte) Bedeutung haben würden (l. c.), während sie für den Rationalismus der Schulphilosophie *nur* in ihrer Freiheit vom Sinnlichen Deutlichkeit erlangen. Überhaupt gibt Kant die Leibniz-Wolffsche Vorstellung definitiv auf, wonach zwischen Sinnlichkeit (hier noch meist verstanden als Geschmack) und Verstand (als Vermögen der Begriffe, aber hier oft auch noch der Sittlichkeit) eine Kontinuität walte:

Wir sind also zwar wesentlich unterschiedener Erkenntnisse fähig⟨;⟩ 1. gewisser Erkenntnisse⟨,⟩ die die Beschaffenheiten⟨,⟩ und 2. der Erkenntnisse⟨,⟩ die den ⟨ästhetischen⟩ Wert der Gegenstände betreffen. Wenn dies so ist; so haben wir auch zwo ganz verschiedene Quellen, woraus wir diese Erkenntnisse schöpfen: eine⟨,⟩ aus welcher wir alle Erkenntnisse der Beschaffenheiten der Dinge hernehmen, und das ist der Verstand: eine andere⟨,⟩ woraus wir die Erkenntnisse vom Wert der Sachen hernehmen, und das ist mit einem Wort die Sinnlichkeit. So wie nun der Verstand nichts vom Wert, so kann die Sinnlichkeit nichts von den Beschaffenheiten der Objekte erkennen. Das Wort Sinnlichkeit bedeutet hier so viel als Gefühl der Lust und Unlust, und der Wert, das Gefallen oder

Mißfallen an einer Sache. Er ist also kein Objekt, sondern⟨,⟩ wie oft gesagt⟨,⟩ nur das Verhältnis des Objekts zum Subjekt.
(AA XXIV, 1, S. 345)
Wir haben zwei Fähigkeiten⟨,⟩ Verstand und Sinnlichkeit. Diese gehet nur darauf, wie das Subjekt durchs Objekt gerühret wird.
(L. c., S. 360)

DAS GEFÜHL DER LUST UND UNLUST

Aus:
Anthropologie in pragmatischer Hinsicht (1798)

TEXTÜBERLIEFERUNG

Erstdruck: *Anthropologie in pragmatischer Hinsicht* abgefaßt von Immanuel Kant. Königsberg bei Friedrich Nicolovius 1798 (A^1) (in der Michaelismesse angezeigt, vgl. ›Allgemeiner Litterarischer Anzeiger‹ 1798, S. 2104).

Es erschien eine »zweite verbesserte Auflage« (A^2) unter gleichem Titel beim selben Verleger 1800. Die von ihr vorgenommenen Korrekturen sind fast durchgängig evidenter Natur. Kant ließ sie von Christian Gottfried Schütz vornehmen (vgl. dessen Brief an Kant vom 22. 5. 1800 [AA XII, S. 307f.]). Karl Rosenkranz und Friedrich Wilhelm Schubert (Bd. XI, 2, S. 157) berufen sich allerdings auf ein Zeugnis, wonach die eigentliche Text-»Revision« Kants eigenes Werk gewesen sei.

Die »Dritte verbesserte Auflage«, 1820 in der Universitäts-Buchhandlung von einem ungenannten Herausgeber besorgt, kann sich nicht mehr auf Kants Korrektor-Autorität berufen und enthält nur ganz geringfügige Verbesserungen gegenüber der 2. Auflage (sie sind in den Lesarten unter der Sigle A^3 berücksichtigt). Eine von Kants Nachfolger Johann Friedrich Herbart herausgebrachte »Vierte Original-Ausgabe« erschien 1833 in Leipzig beim Verlag von Immanuel Müller; sie beruht auf A^2 und A^3.

Die kritische Edition der Akademie-Ausgabe, von Oswald Külpe 1917 besorgt (Bd. VII, S. 117-333), konnte zusätzlich auf die erhaltene Handschrift (H) zurückgreifen, die teilweise beträchtlich von A^1 und A^2 abweicht. Zusätze und

Randbemerkungen sind unter dem Titel »Ergänzungen aus H« unter den Lesarten verzeichnet.

Unserem Auszug liegen die S. 230-250 der Edition der AA zugrunde, die wiederum auf dem Text der Zweitauflage (A^2) beruht.

ENTSTEHUNG

So wie Kant das Bedürfnis fühlte, aus der Masse seiner Reflexionen zu Meiers *Logik* durch Gottlob Benjamin Jäsche ein durchformuliertes Handbuch seiner logischen Überzeugungen herstellen zu lassen, so verfuhr er auch mit seinen Aufzeichnungen zu Baumgartens ›Psychologia empirica‹, die er ›Anthropologie‹ nannte. Nachdem wir einen Auszug aus der Philippi-Nachschrift zur Logik gegeben haben, soll gleiches mit dem für die ästhetischen Überzeugungen Kants entscheidenden Passus über das Gefühl der Lust und Unlust geschehen. Damit ist für einmal das Prinzip der chronologischen Anordnung der Text(auszüg)e durchbrochen. Dies läßt sich nicht nur aus Gründen der Symmetrie der Textpräsentation rechtfertigen (ein durchformuliertes Kolleg der Logik soll die logischen, eines weiteres zur Anthropologie die psychologischen Reflexionen ergänzen), sondern auch damit, daß Kant zwar an die Ausformulierung seiner Aufzeichnungen erst um die Jahreswende 1797/98 ging, dabei aber Notizen benutzte, die – wie die Edition der Reflexionen zeigt – auf Gedanken früherer Jahrzehnte fußen. Natürlich spiegelt die Anthropologie von 1798 vor allem (aber nicht nur) den Stand von Kants reifen Einsichten zur anthropologischen Basis unseres Geschmacks.

Die Gliederung der Anthropologie-Vorlesung entspricht fast genau derjenigen, die im Vorspann zu den anthropologischen Reflexionen auf S. 57-59 gegeben ist. Die Überlegungen zum Gefühl der Lust und Unlust stehen gerade an dem Ort, in den sich die entsprechenden Reflexionen fügen.

Die dem Druck zugrundeliegende Handschrift ist vermutlich 1796/97 entstanden und rührt – anders als die Edition der *Logik* durch Jäsche – sehr wahrscheinlich von Kant selbst her. Ob Kant sich außer auf seine Reflexionen (und natürlich auf das Baumgartensche Original) auf Kollegnachschriften von Hörern stützte, ist unbekannt, läßt sich aber im Blick auf seine Gepflogenheit mit anderen dergleichen Editionen vermuten. Die Handschrift, bestehend aus 150 ziemlich eng beschriebenen Folioseiten, befand sich einige Jahrzehnte im Besitz des Kantianers Jakob Sigismund Beck und gelangte mit dessen Nachlaß (nach 1840) in die Handschriftensammlung der Rostocker Universitätsbibliothek.

Ein erstes öffentliches Zeugnis der bevorstehenden Publikation eines solchen Werkes findet sich im ›Neuen Teutschen Merkur‹ von 1797. Dort wird eine Korrespondenz aus Königsberg vom 12. 4. 1797 mitgeteilt:

Kant gibt noch in diesem Jahre seine Anthropologie heraus. Er hat sie immer zurückgehalten, weil die Studenten unter allen seinen Vorlesungen fast nur diese noch besuchten. Jetzt liest er gar keine Kollegia mehr, und findet also auch kein Bedenken weiter, diese der Welt mitzuteilen. Es wird vor vielen seiner früheren Werke den Vorzug haben, daß es bei einer großen Fülle neuer Ansichten und merkwürdiger Anekdoten zugleich eine weit größere Popularität hat, und auch Uneingeweihten sogleich verständlich ist.

Die Datierung des Manuskripts auf 1796/97 wird gestützt durch das Fehlen eines Hinweises auf Kants Antwortschreiben an Christoph Wilhelm Hufeland (*Von der Macht des Gemüts*), der in die erste Ausgabe eingearbeitet ist. Am 15. 3. 1797 (AA XII, S. 148) schreibt Kant an Hufeland, er wolle die von diesem angeregte Abhandlung »für die Anthropologie ⟨...⟩ benutzen«. Am 20. 9. 1797 schreibt Johann Erich Biester an Kant: »Mit der größten Freude wird die lesende Welt Ihre Anthropologie empfangen; es ist vortrefflich, daß Sie dieselbe noch in diesem Jahre der Druckerei übergeben, da man sie schon so lange zu sehen gewünscht hat« (AA XII, S. 201). Johann Heinrich Tieftrunk fragt Kant am 5. 11. 1797

(AA XII, S. 219): »Das Publikum hofft auf eine Anthropologie von Ihnen, wird sie bald erscheinen?« Kants letztes Kolleg über Anthropologie soll im Wintersemester 1795/96 stattgefunden haben (vgl. ›Allgemeiner Litterarischer Anzeiger‹ 1797, S. 68; ferner Emil Arnoldt, *Kritische Exkurse im Gebiete der Kantforschung*, 1894, S. 637).

DEUTUNGSASPEKTE

sind geliefert im Kommentar zum entsprechenden Passus aus den Reflexionen zur Anthropologie (hier S. 914 ff., 917 ff.)

STELLENKOMMENTAR

173,22 f. *des Grafen Veri]* Kant bezieht sich auf die Schrift des Pietro (Conte) Verri ⟨sic!⟩ (1728-1797). Graf Verri war »K. K. Kammerherr, Geh. Rat und Präsident des Commerzwesens zu Mailand«. Seine Schrift *Idee sull' indole del piacere*, Livorno 1773, erschien unter dem Titel *Gedanken über die Natur des Vergnügens. Aus dem Italienischen übersetzt*, von Christoph Meiners, 1777 in Leipzig.

174,8 *Fielding]* Henry Fielding (1704-1754) schrieb sein Hauptwerk, den Roman *The History of Tom Jones, a Foundling*, im Jahre 1749.

175,16 *Lord Mordaunt]* Verschrieben für Mordaun. Vgl. das Lose Blatt Nr. 1513 (AA XV, 2, S. 841) und die *Refl.* Nr. 989 (AA XV, 1, S. 434). Kants Quelle mag Voltaires *Dictionnaire philosophique* gewesen, in dem sich unter dem Stichwort »De Caton, Du Suicid« (Von Cato, vom Selbstmord) folgende Eintragung findet: »⟨Der Engländer⟩ Philippe Mordaunt war ein junger Mann von 27 Jahren, schön, wohlgestaltet, vornehmer Abstammung, dem alles zu Gebote stand und der, was mehr wiegt als alles, von seiner Maîtresse leidenschaftlich geliebt wurde. Diesen Mordaunt faßte ein Lebensüberdruß: er zahlte seine Schulden, schrieb Abschiedsbriefe an seine Freunde und verfaßte selbst einige Verse ⟨...⟩. Er betrug sich nach seinen Grundsätzen und schoß sich eine Kugel in den Kopf, ohne einen anderen Grund angegeben zu haben als den, daß seine Seele sich in seinem Körper langweile und daß man sein Haus verlassen müsse, wenn man darin nicht länger zufrieden sei. Es scheint, er habe sterben wollen aus Abscheu vor seinem Glück.« Über den Selbstmord der Engländer vgl. die (deutsche Übersetzung der) *Briefe über die Engländer* des Abbé Le Blanc, 1770, Bd. 1, S. 204f. Es gibt zahlreiche andere Quellen.

175,18 *Caraibe]* Über die Bewohner der Karibik war Kant informiert durch Johann Wilhelm ⟨von⟩ Archenholtz [Hg.], *Litteratur- und Völkerkunde*, ein periodisches Werk, Dessau und Leipzig 1782-86, hier: Bd. 6 (1785), S. 473 ff. (»Über die Religion und Gebräuche der Kariben«).

175,30 *Journal des Luxus und der Moden]* Wurde seit 1786 herausgegeben von Friedrich Johann Justin Bertuch (1747-1822) und Georg Melchior Kraus (unter dem zitierten Titel freilich erst auf 1787). Teilnachdruck aus den Bdn. 1-10 (1786-95), Auswahl und Einleitung von Werner Schmidt, Edition Leipzig 1967.

178,16 *Epikurs]* Vgl. Archenholtz' S. 175,30 zitiertes Werk (Bd. 4, 1780, S. 901). Darin wird Epikur gegen den Vorwurf, die Wollust gepredigt zu haben, in Schutz genommen.

180,20 *Vapeurs]* Dämpfe, Gase, Blähungen. Hier übertragen im Sinne kapriziöser Anwandlungen: »eine⟨r⟩ Art schöner Grillen«, wie Kant in einer Anmerkung der *Beobachtungen über das Gefühl des Schönen und Erhabenen* (AA II, S. 246 f.) sagt. Ähnliches findet sich im 4. Buch von Rousseaus *Emile* und in *D'Alemberts Traum* von Diderot.

180,20 f. *ich wiederhole es]* Der Passus war schon ausführlicher zitiert im § 25 d (AA VII, S. 165, Z. 16 ff.).

184,7 *wie schon oben gesagt]* Vgl. den § 20 (»Von den Sinnen des Geschmacks und des Riechens« [AA VII, S. 157, Z. 7 ff.]).

187,9 *Milton]* Der personifizierte Tod tritt im 2. Buch des *Paradise Lost* auf.

196,9 *Blair*] In Hugh Blairs *Lectures on Rhetoric* (1783, dt. Übersetzung von Karl Gottfried Schreiter: Hugo Blair, *Vorlesungen über Rhetorik und Schöne Wissenschaften*, vier Teile, Liegn⟨itz⟩, 1785-89) kennt die Wendung von der toll gewordenen (oder übergeschnappten) Prose nicht. Sie findet sich in der *Epistle to Dr. Arbuthnot* aus Alexander Popes (1688-1744) Satiren und Episteln (*The Satires and Epistles of Horace Imitated* [1738], Z. 188); und Pope sie hat dem Epigrammatiker Dr. Abel Evans abgeschaut: »It is not poetry, but prose run mad.«

METAPHYSISCHE ANFANGSGRÜNDE DER NATURWISSENSCHAFT

(1786)

TEXTGRUNDLAGE UND TEXTÜBERLIEFERUNG

Erstdruck: *Metaphysische Anfangsgründe der Naturwissenschaft* von Immanuel Kant, Riga, bei Johann Friedrich Hartknoch 1786 (A^1).

Eine Zweitauflage erschien bereits im folgenden Jahr unter demselben Titel, beim selben Verleger (A^2). Ebenso die dritte Auflage von 1800 (A^3); das Verlagshaus war inzwischen nach Leipzig übergesiedelt.

Die Lesarten-Abweichungen der Neuauflagen sind geringfügig und gegenüber dem Erstdruck ohne semantisches Gewicht.

Es zirkulierte ein (mutmaßlicher) Raubdruck der Zweitauflage unter demselben Titel und mit demselben Erscheinungsjahr (er versucht, das Satzbild des Originals bis in Kuriositäten der Buchstabenstellung hinein nachzuahmen, ist also textidentisch mit A^2). Zwei weitere Ausgaben sind sicher als unbefugte Nachdrucke identifiziert:

1. Eine mit der Bezeichnung: Neueste Auflage, Frankfurt und Leipzig 1794;
2. eine mit der Bezeichnung: Neueste Auflage, Grätz 1796 (in mehreren Exemplaren mit einem lose beigefügten Portrait Kants und der Subscriptio: Vernet pinx., C. Schindelmayer).

Abgesehen von den Neudrucken in den Gesamtausgaben von Rosenkranz, Hartenstein und Kirchmann wurde die Schrift nach 1800 zum ersten Mal als Sonderausgabe im Jahre 1900 in Leipzig neu aufgelegt unter dem Titel: *Band III der*

Veröffentlichungen der philosophischen Gesellschaft an der Universität zu Wien. Metaphysische Anfangsgründe der Naturwissenschaften von Immanuel Kant, neu hg. mit einem Nachwort »Studien zur gegenwärtigen Philosophie der Mechanik« von Alois Höfler. Alois Höfler ist auch der Herausgeber des Textes in der Akademieausgabe (AA IV, S. 467-565), der unser Text folgt.

ZUR ENTSTEHUNG DES WERKS

Schriften (und Vorlesungen) zur Naturwissenschaft, zur Mathematik, zur physischen Geographie, zur Kosmologie und Biologie und zur Philosophie dieser Wissensbereiche bilden eine Hauptader von Kants schriftstellerischer und akademischer Tätigkeit seit den Anfängen, besonders in der sogenannten vorkritischen Phase, wo sie den breitesten Raum einnehmen, ja Kants schriftstellerische Aktivität fast erschöpfen. 1747 erschienen die *Gedanken von der wahren Schätzung der lebendigen Kräfte und Beurtheilung der Beweise, deren sich Herr von Leibniz und andere Mechaniker in dieser Streitsache bedient haben, nebst einigen vorhergehenden Betrachtungen, welche die Kraft der Körper überhaupt betreffen*; 1754 die *Untersuchung der Frage, ob die Erde in ihrer Umdrehung um die Achse, wodurch sie die Abwechslung des Tages und der Nacht hervorbringt, einige Veränderung seit den ersten Zeiten ihres Ursprungs erlitten habe und woraus man sich ihrer versichern könne, welche von der Königl. Akademie der Wissenschaften zu Berlin zum Preise für das jetztlaufende Jahr aufgegeben worden*; 1755 die *Allgemeine Naturgeschichte und Theorie des Himmels oder Versuch von der Verfassung und dem mechanischen Ursprunge des ganzen Weltgebäudes, nach Newtonischen Grundsätzen abgehandelt* (die darin vorgetragene Lehre vom Umschwung des Planetensystems wurde rund 40 Jahre später, nämlich 1796, von Pierre Simon, Marquis de Laplace [1749-1827] in seiner *Exposition du système du monde*, Buch 5, Kap. 2 bestätigt); ebenfalls 1755 erschienen die Abhandlungen *Meditationum quarundam de igne succincta delineatio* (Kurzer

Abriß einiger Überlegungen übers Feuer) und *Principiorum primorum cognitionis metaphysicae nova dilucidatio* (Neue Darstellung der Anfangsgründe metaphysischer Erkenntnis [mit der Aufstellung metaphysischer Prinzipien der Physik, besonders der Mechanik]); 1756 erschienen die kleineren Abhandlungen *Von den Ursachen der Erderschütterungen bei Gelegenheit des Unglücks, welches die westliche Länder von Europa gegen das Ende des vorigen Jahres betroffen hat; Geschichte und Naturbeschreibung der merkwürdigsten Vorfälle des Erdbebens, welches an dem Ende des 1755sten Jahres einen großen Theil der Erde erschüttert hat; Fortgesetzte Betrachtungen der seit einiger Zeit wahrgenommenen Erderschütterungen; Metaphysica cum geometria iunctae usus in philosophia naturali, cuius specimen I. continet monadologiam physicam* (Vom vereinten Gebrauch metaphysischer und geometrischer Verfahren in der Naturphilosophie, deren I. Illustration eine physische Monadologie enthält); *Neue Anmerkungen zur Erläuterung der Theorie der Winde;* 1757 publiziert Kant *Entwurf und Ankündigung eines Collegii der physischen Geographie nebst dem Anhange einer kurzen Betrachtung über die Frage: Ob die Westwinde in unsern Gegenden darum feucht seien, weil sie über ein großes Meer streichen;* 1758 *Neuer Lehrbegriff der Bewegung und Ruhe und der damit verknüpften Folgerungen in den ersten Gründen der Naturwissenschaft,* 1763 erscheint *Der einzig mögliche Beweisgrund zu einer Demonstration des Daseins Gottes* (mit Bemerkungen zur Physikotheologie und zur Kosmogonie; im 7. Kapitel gibt Kant eine bündige und verbesserte Fassung seiner Theorie des Planetenumschwungs von 1755); 1764 der *Versuch über die Krankheiten des Kopfes;* 1768 die kleine Abhandlung *Von dem ersten Grunde des Unterschiedes der Gegenden im Raume;* 1771 die *Recension von Moscatis Schrift: Von dem körperlichen wesentlichen Unterschiede zwischen der Structur der Thiere und Menschen;* 1775 der Essay *Von den verschiedenen Racen der Menschen.*

Diese Publikationen sind seit den Anfängen flankiert von akademischen Vorlesungen über Physik, Mathematik, Chemie, auch Metaphysik (nach Baumgarten), die in späteren Jahren zuweilen als Einleitung eine Sequenz über »Metaphysische Anfangsgründe der Naturlehre« enthalten (eine solche ist uns z. B. überliefert in der Nachschrift von Johann Gottfried Herder [= AA XXVIII, S. 153-166]).

Daß die *MAN* Gedanken der vorkritischen Phase aufnehmen, ist an vielen Details deutlich. Z. B. aus dem Brief Kants an Johann Heinrich Lambert vom 31. 12. 1765 (AA X, S. 54-57), in welchem von dem Fund einer sicheren und »eigentümliche⟨n⟩ Methode der Metaphysik und vermittelst derselben auch der gesamten Philosophie« die Rede ist.

Ich bin gleichwohl von meinem ersten Vorsatze so ferne abgegangen: daß ich dieses Werk, als das Hauptziel aller dieser Aussichten noch ein wenig aussetzen will, und zwar darum, weil ich im Fortgange desselben merkte, daß ich es mir wohl an Beispielen der Verkehrtheit in Urteilen garnicht fehlete um meine Sätze von dem unrichtigen Verfahren zu illustrieren, daß es aber gar sehr an solchen mangele, daran ich in concreto das eigentümliche Verfahren zeigen könnte. Daher um nicht etwa einer neuen philosophischen Projektmacherei beschuldigt zu werden, ich einige kleinere Ausarbeitungen voranschicken muß, deren Stoff vor mir fertig liegt, worunter die *metaphysische Anfangsgründe der natürlichen Weltweisheit*, und *die metaph: Anfangsgr: der praktischen Weltweisheit* die ersten sein werden, damit die Hauptschrift nicht durch gar zu weitläuftige und doch unzulängliche Beispiele allzu sehr gedehnet werde.

Eine weitere (viel spätere) Erwähnung des Werks im Briefwechsel findet sich im Schreiben an Christoph Friedrich Hallwag vom 3. 1. 1791 (AA XI, S. 244-247):

Was aber die Frage betrifft: welcher Grund sich wohl von dem Gesetze der Abhängigkeit der Materie in Ansehung aller ihrer Veränderungen von einer *äußeren* Ursache, imgleichen von der Gleichheit der *Wirkung* und *Gegenwirkung* in dieser Veränderung durch äußere Ursache geben lasse, so hätte ich freilich wohl in meinen Met. Anf: Gr. d. N. W. auch den allgemeinen transcendentalen Grund der Möglichkeit solcher Gesetze a priori angeben können, der etwa mit folgendem im Kürze vorgestellt werden kann.

Alle unsere Begriffe von Materie enthalten nichts als bloß
Vorstellungen von äußeren Verhältnissen (wie dann der
Raum auch nichts anders vorstellig macht) das aber, was
wir im Raume als existierend setzen, bedeutet nichts
weiter, als ein *Etwas* überhaupt, woran wir uns auch keine
andre Prädikate, als die eines äußeren Verhältnisses
vorstellen müssen, so fern wir es als bloße Materie betrachten, mithin nichts, was *schlechterdings innerlich* ist (Vorstellungskraft, Gefühl, Begierde). Hieraus folgt: daß, da
alle Veränderung eine Ursache voraussetzt und eine
schlechthin-innerliche Ursache der Veränderung äußerer
Verhältnisse (kein Leben) in der bloßen Materie nicht gedacht werden muß, die Ursache aller Veränderung (aus der
Ruhe in Bewegung und umgekehrt, zusamt den Bestimmungen der letzteren) in der Materie außerhalb liegen
müsse, mithin ohne eine solche keine Veränderung statt
finden könne; woraus folgt, daß kein besonderes *positives*
Princip der Beharrlichkeit der Bewegung, in der ein Körper einmal ist, erforderlich sei, sondern bloß das *negative*,
daß keine Ursache der Veränderung da ist. – Was das
zweite Gesetz betrifft, so gründet es sich auf dem Verhältnisse der *wirkenden Kräfte* im Raume überhaupt, welches Verhältnis notwendig wechselseitig einander entgegengesetzt und jederzeit gleich sein muß (actio est aequalis
reactioni), weil der Raum keine einseitige, sondern jederzeit wechselseitige Verhältnisse, mithin auch die Veränderung derselben d. i. die Bewegung und die Wirkung der
Körper auf einander sie hervorzubringen lauter wechselseitige und gleiche einander entgegengesetzte Bewegungen möglich macht. Ich kann mir keine Linien von
dem Korper ⟨sic!⟩ A zu allen Punkten des Körpers B
gezogen denken, ohne auch umgekehrt eben so viel gleiche Linien von Körper A zu B zu ziehen und die Veränderung dieses Verhältnisses eines Körpers (B) durch den
Stoß des andern (A) zu diesem als wechselseitig und gleich
zu denken. Es bedarf hier also eben so wenig einer positiven besonderen Ursache der Gegenwirkung des Körpers

in den gewirkt wird, als beim obigen Gesetze der Trägheit; im Raume und der Eigenschaft desselben, daß in ihm Verhältnisse wechselseitig entgegengesetzt und *zugleich* sind (welches beim Verhältnisse successiver Zustände in der Zeit nicht der Fall ist) liegt der alleinige hinreichende Grund dieser Gesetze. Übrigens werde ich *Lamberts* Meinung über diesen Punkt in seinen Beitragen nachsehen.

Fast zwei Jahre später schreibt Kant an Jacob Sigismund Beck (4. 12. 1792 [AA XI, S. 394-396]), aus Anlaß von dessen Versuch, »den Unterschied der Dichtigkeiten ⟨...⟩ an zweien Körpern, die doch beide ihren Raum ganz erfüllen, sich verständlich zu machen«, er werde Beck »gegen Ende dieses Winter meine Versuche, die ich hierüber während der Abfassung meiner Metaph: Anf. Gründe der N. W. anstellete, die ich aber verwarf, mitteilen, ehe Sie an die Epitomierung ⟨auszugsweise Darbietung⟩ derselben gehen«.

Zahlreich sind natürlich die Parallelen (bis hinein in einzelne Formulierungen) zwischen dem ausgearbeiteten Text der *MAN* und Teilen der zuerst von Rudolf Reicke edierten Losen Blätter (*Lose Blätter aus Kants Nachlaß*. In drei Heften – als Sonderabdrucke der Altpreußischen Monatsschrift – mitgeteilt von Rudolf Reicke, Königsberg 1889, 1895 und 1898) und den »Reflexionen zur Physik und Chemie« (sie füllen den größten Teil von Bd. XIV der AA und sind von Adickes skrupulös, eindringend und äußerst materialreich unter dem Seitenrand kommentiert und zu Kants veröffentlichten Schriften in Beziehung gebracht). Diese Parallelen und Vorarbeiten im einzelnen aufzudecken, wäre eine schier endlose Arbeit, die mit vielen unausweisbaren Konjekturen durchgeführt werden müßte und zahlreiche Datierungsfragen offenlassen müßte. Indes bezeichnet Reicke selbst das Lose Blatt Nr. 9 als »eine der Vorübungen für die 1786 erschienenen *Metaphysischen Anfangsgründe der Naturwissenschaft*« (Reicke, H. 1, S. 51, der Verweis bezieht sich auf H. 1, S. 75-78, eine Skizze über das Gesetz der Reaktion [= AA XIV, S. 461-467]). Zwei weitere mutmaßliche Vorarbeiten betreffen die Unterteilung der Naturlehre, wie sie die Einleitung der

MAN [AA IV, S. 467 ff.] vornimmt (AA XIV, *Refl.* Nr. 40, S. 118 ff.) und den aus der Gleichheit der Wirkung und Gegenwirkung sich ergebenden Lehrsatz von der Bewegbarkeit eines Körpers von noch so großer durch den Stoß eines Körpers von noch so kleiner Masse (vgl. *MAN*, AA IV, S. 548 f. mit AA XIV, *Refl.* Nr. 62, S. 470 ff., wobei freilich die beiden Positionen differieren). Wer sich über Details von Kants Auffassungen zu Problemen der Theoretischen Physik und zu zeitgenössischen Quellen wissenschaftsgeschichtlich informieren will, hat noch immer keine gründlichere Quelle als Adickes' Kommentar. Er informiert über Magnetismus (l. c., S. 99-103), Moment (S. 122-128), Zusammenhang/Aggregatzustände (S. 138-141, 174 ff., 183-186, 231 ff., 297-300, 317-322, 343 f., 412-418, 432-442, 444-448, 456), Kraft (S. 154 f.), absolute und erste Bewegung (S. 188-192), tote und lebendige Kräfte (S. 196-201), Substanz, Masse, Theorie der Materie (S. 213-223, 228 ff., 233 f., 329-332, 337-340), Stoß elastischer Körper (S. 258-262), Wirksamkeit der Körper in Masse und im Flusse (S. 273-279), Magnetismus, Elektrizität (S. 291-294, 344-347, 421). Wissenschaftsgeschichtlich findet sich Aufschluß in den Anmerkungen zum Problem der Wärmetheorie (S. 67 ff., 75 ff., 449-456, 482-489, 517-528), zur Theorie des Magnetismus und der Elektrizität (S. 83-97, 103 f., 294 f., 428, 526-529), über freie und getriebene Bewegung (S. 133 ff.), Kohäsion und Dichte (S. 163 ff.), Flüssigkeit (S. 176 f.), absolut harte Körper (S. 203-211), Fernkräfte und Nahwirkungen (wie Ätherstoß) bei Erklärung der Gravitations-, Kohäsions- und elektromagnetischen Erscheinungen (S. 234-258), Gesetz der Erhaltung der Kraft für die organische Welt (S. 282-286), Atmosphäre der Körper, Anziehung derselben in kleinere Ferne (S. 300-308), Zusammenhang (S. 309-312), Repulsionskraft (S. 323 f., 347 ff.), Elemente und Grundsubstanzen (S. 371-386, 403 ff.), tote und lebendige Kräfte (S. 458 ff., 477-480), anti-phlogistische Theorie (S. 489-494, 502-510, 521-525). Adickes' Anmerkungen sind für den, der sich die Mühe ihrer Ausbeutung macht, indirekt immer noch der detaillierteste Kommentar, der bis zur Stunde über die *MAN* existiert; auch die beste Selbstkommentierung der Kantschen Naturphilosophie durch seine eigenen Reflexionen. Es wäre wünschbar gewesen, hiervon so viel als möglich mitzuteilen; doch findet diese Möglichkeit bei der Verwickeltheit des Stoffes und der Ausgedehntheit der naturwissenschaftshistorischen Information eine pragmatische Grenze an der Umfangsplanung der vorliegenden, nicht zu spezialistisch zu gestaltenden Edition.

An die schriftliche Fixierung der *MAN* hat sich Kant im Sommer 1785 gemacht. Ein Brief an Christian Gottfried Schütz vom 13. 9. 1785 (AA X, S. 382 f.) gibt darüber Auskunft:

> Ehe ich an die versprochene Metaphysik der Natur gehe, mußte ich ⟨...⟩ die metaphysischen Anfangsgründe der Körperlehre ⟨...⟩ abmachen. Diese habe ich nun unter dem Titel: metaphysische Anfangsgründe der Naturwissenschaft, in diesem Sommer fertig gemacht ⟨...⟩. Sie würden diese Michaelsmesse herausgekommen sein, hätte ich nicht einen Schaden der rechten Hand bekommen, der mich gegen Ende am Schreiben hinderte. Das Manuscript muß also schon bis Ostern liegen bleiben.

In der langen Anmerkung der Vorrede der *MAN* wird auf Einwände »des Herrn Prof. ⟨Johann August Heinrich⟩ *Ulrich*« bezuggenommen, der in der 295. Nummer der Jenaer ›Allgemeinen Litteratur Zeitung‹ Zweifel an der Vollständigkeit der kantischen Kategorientafel geäußert hatte. Diese Nummer ist datiert vom 13. 12. 1785. Kant hat mithin noch um die Jahreswende 1785/86 an seinem Werk gearbeitet, worauf auch eine Briefäußerung des Verlegers Hartknoch (vom 8. 10. 1785) anspielt. Daß der Meßkatalog der Frankfurter und der Leipziger Ostermesse von 1786 auf S. 304 das Werk mit dem Erscheinungsjahr 1785 aufführt, beruht demnach auf einem Druckfehler; das erhellt schon daraus, daß andere Referenzen im selben Katalog die richtige Ziffer nennen. Das Werk bekam, kaum erschienen, Schwierigkeiten von seiten der Zensur, die Kant auch in den folgenden Jahren molestieren sollte. Johann Bering schreibt am 26. 9. 1786 von einer »CabinetsOrdre, wodurch für diesen Winter die Vorlesungen über die Kantischen Lehrbücher untersagt ⟨wurden⟩. Weil ich nur allein dergleichen Vorlesungen, nämlich über Ew. Wohlgeb. Metaphysische Anfangsgründe ⟨...⟩ ausgeschrieben, so werden Ew. Wohlgeb. sich mein Erstaunen leicht vorstellen können.«

ZUR DEUTUNG DES WERKS

Metaphysik und System

Mit seinen drei ›Kritiken‹ (von denen im Erscheinungsjahr der *MAN* nur die erste, die der reinen Vernunft [1781], vorlag) hat Kant nur einen allgemeinen Rahmen abstecken wollen, dessen Leerstellen durch mannigfache Spezialforschungen zu füllen sein würden. Als eine unter ihnen waren die *Metaphysischen Anfangsgründe der Naturwissenschaft* gemeint.

Um deren Platz in der Anlage des Gesamtsystems auszumachen, muß man die Architektur dieses Systems überschauen, zu dem die ›Kritik‹ nur so etwas wie eine propädeutische Arbeit sein wollte. ›Propädeutisch‹ ist diese Arbeit, weil sie nur die (negativen) Bedingungen erkundet, unter denen – wie die *Prolegomena* aus der gleichen Schaffenszeit das sinngemäß formulieren – Aussagen mit dem Anspruch auf Wissenschaftlichkeit auftreten können. Sie können das, nach dem Befund der *KrV*, nur wenn sie einerseits sachhaltig (auf Erfahrung bezogen und durch Erfahrung bestätigt), andererseits logisch artikuliert (durch die vier Kategorien des Verstandes hindurch interpretiert) sind. Ein Denken, unbekümmert um die Erfahrungsverwiesenheit und mithin Beschränktheit des Verstandes, wäre das der dogmatischen Metaphysik, die ihre Aussagen nach synthetischen Sätzen a priori formt, also ins Blaue hinein spekuliert, ohne ihre Begriffe an Gegebenheiten möglicher Erfahrung zu erproben.

Nun tragen ja auch die *MAN* das Prädikat ›metaphysisch‹

im Titel; und wenn gleichzeitig gelten soll, daß die kleine Schrift sich innerhalb der Grenzen der kritischen Philosophie bewegen will, dann kann ›metaphysisch‹ hier nicht die Bedeutung von ›dogmatisch‹ haben. Es muß auch eine Metaphysik geben, die – undogmatisch – im Rahmen der kritischen Philosophie praktiziert werden kann; und diese Möglichkeit erkunden ja die *Prolegomena*, die einer zukünftigen, kritisch revidierten, also undogmatischen ›Metaphysik‹ den Weg ebnen wollen.

Welche Bedeutungen hat also der Ausdruck ›Metaphysik‹ in Kants Denken (1.)? Und welcher Ausblick ergibt sich aus der Beantwortung dieser Frage auf das Gesamtsystem seiner Philosophie, innerhalb dessen die *MAN* eine realphilosophische Anwendung der transzendentalphilosophischen Prinzipien leisten möchten (2.)?

1. Wenigstens vier Verwendungen lassen sich – nach traditioneller Auffassung – in Kants Gebrauch des Ausdrucks ›Metaphysik‹ unterscheiden: a) die *ununterdrückbare Naturanlage* des Menschen, der über das (sinnlich) Erkennbare hinaus fragt (*KrV* B 7); b) – eng mit der ersten verwandt, nun aber kritisch gewendet – der Gebrauch der reinen Vernunft über die Grenzen des durch Sinnlichkeit kontrollierten Verstandes hinaus (›das *überfliegende Denken*‹); c) (in aristotelischer Tradition:) die *Ontologie* als Theorie der Gegenständlichkeit (in transzendentalphilosophischer Wendung: der epistemischen Zugänglichkeit von Objekten [vgl. dazu z. B. die Preisschrift über die Fortschritte der Metaphysik, AA XX, S. 260, Z. 4]); d) das *System* der Philosophie, zu welchem die kritische Arbeit nur Vorbereitung und Propädeutik sein sollte (vgl. vor allem *KrV* A 841 = B 869; B 27; A 832 ff. = B 860 ff.). Das System – und damit hätten wir eine vorläufige Teilantwort auch auf unsere zweite Frage – wäre eben die positive Wissenschaft, zu welcher die kritische Prüfung der Tragweite der Geltung der reinen Vernunfturteile nur Präliminarien liefert. Unter einem System aber versteht Kant die Versammlung der Fülle des Mannigfaltigen unter der Einheit einer zentralen Vernunftperspektive, die er »Idee« nennt

(vgl. *KrV* A 832 = B 860, A 815 f. = B 843 f.). Die Idee aller Ideen aber ist die Freiheit. Sie bildet – nach der Formulierung der Vorrede der *KpV* – den »*Schlußstein* von dem ganzen Gebäude eines Systems der reinen, selbst der spekulativen Vernunft« (S. 4). In der dritten *Kritik* – auf andere Weise im Nachlaßwerk, das den Titel tragen sollte *Übergang von den Metaphysischen Anfangsgründen der Naturwissenschaft zur Physik* – wird dies Prinzip höherverlegt. Die Metapher der »Brücke«, die vom Gebiet der deskriptiv wahren zu dem der normativ richtigen Sätze hinübergeschlagen wird, ist nur Vorschein und Garantin für den »übersinnlichen Einheitsgrund der Natur und der Freiheit« (*KU* B XX, § 59, 258 f.; § 67, 304, 352, 258 und passim). Bei ihm haben wir mit einem metaphysischen Prinzip in einem Sinne zu tun, der alle vier Definitionen des Terms befriedigt, den problematische Formulierungen des *Opus postumum* aber nicht mehr bereit sind, als bloß ›regulatives Prinzip‹ zu behandeln. (›Regulativ‹ nennt Kant Prinzipien, die unserem erkennenden Umgang mit dem Empirischem nur Verfahrens-Regeln an die Hand geben, nicht aber den Stoff des Empirischen selbst – objektiv – prägen [›konstituieren‹].)

Von den vier Bedeutungen von ›Metaphysik‹ in Kants Werk hat vor allem die zweite – schon seit Mendelssohns berühmtem Wort vom ›Alleszermalmer Kant‹ – die reichste Wirkungsgeschichte gezeitigt – bis hinein in den logischen Positivismus und die Metaphysik-Schelte des Wiener Kreises als eines Ensembles von »Scheinproblemen« und »sinnlosen Sätzen« (solchen, denen der Philosoph vergessen habe, eine Bedeutung beizulegen). Von dieser Art von Metaphysik-Überwindung ist unterschieden Heideggers Frage nach dem ›Wesen‹ der Metaphysik. Sie erkundigt sich nicht nach ihrer Legitimität, sondern nach der von ihr geleisteten Seins-Auslegung. Dem entspricht Kants eigene Unterscheidung zwischen »in der metaphysik denken und über sie denken« (*Refl.* Nr. 4984 [AA XVIII, S. 51]; diesen Unterschied entfaltet scharfsinnig und materialreich Léo Freuler in seiner Arbeit *Kant et la réflexion sur la Métaphysique spéculative*, Diss. Genf 1990, seither gedruckt: Paris 1992).

Aber was ist die so – selbstbezüglich – in den Blick gebrachte Metaphysik denn an ihr selbst? Kant definiert sie als Wissenschaft der (rein) apriorischen Grundsätze der menschlichen Erkenntnis, so etwa in *Refl.* Nr. 566: »Metaphysik ist das System [der Prinzipien] aller Erkenntnis a priori (*gaus* Begriffen) überhaupt« (AA XVIII, S. 323), oder in *Refl.* Nr. 5674: »Metaphysik ist Wissenschaft von den Prinzipien aller Erkenntnis a priori und aller Erkenntnis, die aus diesen prinzipien folgt« (l. c., S. 325). Deren Sitz ist aber nicht der Verstand (als Vermögen, das sinnlich Gegebene unter objektkonstitutive Prädikate [»Kategorien«] zu bringen [hier ist ein engerer Verstandesbegriff angesprochen]), sondern die Vernunft als Vermögen der »Ideen«. In diesem Zusammenhang legt Kant Gewicht auf die Unterscheidung der inhaltsindifferenten allgemeinen und der sog. transzendentalen Logik, die ihre (inhaltlich bestimmten) Begriffe reinen Vorstellungssynthesen (Anschauungs-Komplexionen) einprägt und sie so als Objekte überhaupt konstituiert. Denn auch die Begriffe der Metaphysik sind unerachtet ihrer Apriorität nicht leer oder formal, sondern gegenstandsbezogen. Ihre Quelle ist aber nicht der reine Verstand, sondern die reine Vernunft, die freilich nur eine bestimmte isolierte Funktion oder Gebrauchsweise des ersteren ist (eine andere ist die Urteilskraft; vgl. z. B. den § 42 der *Anthropologie*). Diese Funktion entwickelt Kant aus den drei Unterkategorien der Modalität; danach wären Urteile des Verstandes problematisch (ihre Bejahbarkeit wird als bloß möglich angenommen), solche der Urteilskraft assertorisch (indem man sie wirklich bejaht) und die der Vernunft apodiktisch (man sieht sie als notwendig an) (*KrV* A 74 f. = B 100). Ideen sind Prämissen zu apodiktischen Vernunftschlüssen, deren Mechanismus im Kommentar zur ersten Einleitung in die *KU* näher zu betrachten sein wird (S. 1173 ff.). Sie bleiben sozusagen als letzte und oberste Prämissen eines immer wieder rückläufig auf sich selbst angewandten Schluß-Verfahrens stehen, in welchem stets erneut Obersätze früherer Vernunftschlüsse als Konklusionen noch höherer Syllogismen (›Prosyllogismen‹) zurückbleiben. Dieser rückläufige Schlußprozeß ist so lange fortzuführen, bis ein Prädikat erreicht wird, unter das sich alle Objekte (»Erkenntnisse«) als ihre »Bedingung« subsumieren lassen: das selbst Un-bedingte (*KrV* A 307 f.). Hier bricht der rein logische Vernunftgebrauch ab und verwandelt sich in einen ›realen‹, der sich freilich in transzendenten Sätzen ausdrückt, die zwar empirische Regeln der objektiven Welt aus Prinzipien zu deuten beanspruchen, selbst aber nicht mehr in (erfahrungsgesättigte) Erkenntnisse überführt werden können. Insofern handelt es sich um regulative, nicht um konstitutive Prinzipien. Im Falle des Begriffs des Unbedingten wird sogar beansprucht, die Totalität (das ist die wieder in Einheit befaßte, synthetische Mannigfaltigkeit) des Bedingten zu deduzieren – eine Démarche, mit der die Philosophie zu ›schwärmen‹ anfängt. – So glaubt Kant zwar, die reinen Vernunft-Begriffe (die Ideen) analog zu denen des reinen Verstandes (den Kategorien) ›deduzieren‹ (das meint zugleich: ›ableiten‹ und in ihrer Geltung ›rechtfertigen‹) zu können; ihr Erfahrungsbezug ist aber nicht a priori konstitutiv, und so fehlt den Urteilen der reinen Vernunft (über die Sinnenwelt) apodiktische Notwendigkeit und apriorische Einsichtigkeit, wie sie den schematisierten (anschauungsbezogenen) Kategorien des Verstandes zukommen.

Mathematische und metaphysische Prinzipien der Naturwissenschaft: Das Problem der Erfahrungs-Abhängigkeit der Naturwissenschaft

Damit ist nun zwar der Ursprung der metaphysischen Erkenntnis bestimmt, noch aber nichts gesagt über die ihr eigene »Erkenntnisart«, etwa in Abgrenzung zur Mathematik. Von ihr sagt Kant in der Vorrede zu den *MAN*, sie erschöpfe das *eigentlich* Wissenschaftliche in jeder besonderen Naturlehre (AA IV, S. 470, Z. 13-15; vgl. allgemein ebd. S. 469 f. und *Prolegomena*, § 8). Beide – Metaphysik und Mathematik – fällen synthetische Urteile a priori und sind weder durch ihre

Quelle noch durch ihren Gegenstandsbereich unterschieden. Ihr Unterschied besteht darin, daß die Metaphysik Vernunfterkenntnis aus ›gegebenen Begriffen‹ und nicht, wie die Mathematik, durch Begriffskonstruktion – durch ›gemachte Begriffe‹ – ist (*KrV* A 713 ff. = B 741 ff.). Man konstruiert einen Begriff, indem man die ihm a priori entsprechende Anschauung darstellt (exhibitio). Das kann in bestimmender Urteilskraft – bzw. durch den transzendentalen Schematismus – geleistet werden. (Als ›Schema‹ bezeichnet Kant eine Regel, nach der die Einbildungskraft a priori die Synthesis eines Gegenstandes-überhaupt, nicht das Bild eines bestimmten einzelnen Gegenstandes, entwirft [*KrV* A 140 = B 179].) Dagegen hat die Metaphysik mit Begriffen zu tun, denen keine sinnliche Anschauung – sie sei empirisch oder rein – je entsprechen könnte (Ideen sind indemonstrabel oder nur symbolisch exponierbar; sie sind auch nicht Werke der Erkenntnis, sondern eben ›nur‹ erschlossen als die Grenzbegriffe des zu immer höheren Regeln aufsteigenden Räsonnements). Auf die Weise ist klar, daß Ideen nicht wie mathematische Konzepte a priori und ohne weiteres Anschauungen determinieren können. Das läßt sich wieder an Kants Unterscheidung gegebener von gemachten Begriffen illustrieren. Mathematische Begriffe sind (vom Geist selbst) gemacht und mithin deutlicher Definitionen fähig; ihnen sind ihre Gegenstände a priori adäquat. Dagegen sind metaphysische Begriffe gegeben, und d. h., sie implizieren nicht die gleichzeitige Anschauung der ihnen entsprechenden Gegenstände: sie lassen sich mithin nicht ›machen‹ (konstruieren); niemals ist ihnen ein Gegenstand »adäquat«. Ihre Gegenstände können mithin nicht in reiner, also nur in empirischer Anschauung dargestellt werden, und das kann nur inadäquat oder symbolisch geschehen (vgl. den § 59 der *KU*). Noch anders formuliert: Mathematische Konstruktionen berühren nur das Mögliche (das Wesen [vgl. AA IV, S. 357]) der Dinge; die metaphysische Erklärung geht auf ihre empirische Wirklichkeit. Diese Unterscheidung nimmt ungefähr die Leibnizsche der Vernunftwahrheiten von den Tatsachenwahrheiten auf. Dabei ist freilich zu beachten, daß bei Leibniz diese Unterscheidung, wie bei Kant, nicht einfach mit der von ›apodiktisch‹ und ›empirisch‹ zusammenfällt: Es gibt aposteriorische und dennoch unmittelbar einsichtige Tatsachenwahrheiten wie etwa »das unmittelbare Gewahren (aperception) unserer Existenz und unserer Gedanken 〈...〉«, d. h. die *ersten Erfahrungen*« (*Nouveaux Essais sur l'entendement humain* [Neue Versuche über den menschlichen Verstand], Buch 4, Kap. 9), von dem noch Kant sagt, es sei Erfahrung, nicht Begriff (AA IV, S. 543; *KrV* B 422 f.), und dennoch von cartesianischer Evidenz.

Obwohl Kant über die Konzeption einer Metaphysik aus »Ideen« (reinen Vernunft-, nicht Verstandes-Begriffen) seit der Erst-Auflage der *KrV* verfügte, bedient er sich ihrer nicht in den *MAN*. Obwohl dies Werk eine *Metaphysik* der (körperlichen) Natur begründen und darum nur apodiktisch gewisse (apriorische) Sätze in sich aufnehmen will, findet sich doch in der Vorrede die berühmte Behauptung, »daß in jeder besonderen Naturlehre nur so viel *eigentliche* Wissenschaft angetroffen werde, als darin *Mathematik* anzutreffen ist« (AA IV, S. 479). Man könnte in dieser Erklärung eine Anspielung mithören an Isaac Newtons (1643-1727) Hauptwerk, die *Philosophiae naturalis principia mathematica* (Mathematischen Prinzipien der Natur-Philosophie, 1686). Von diesem Werk hat die Forschung gelegentlich geurteilt, Kants theoretische Philosophie bemühe sich hundert Jahre später im wesentlichen, dafür apriorische Prinzipien aufzufinden, aus denen Newtons Sätze abgeleitet werden könnten (kein Grundsatz ohne ein Etwas, das er begründete). Als Beispiel für die mathematische »Konstruktion« eines physikalischen Begriffs hat man etwa diejenige der Geschwindigkeit als einer Größe angeführt (AA IV, S. 494, Z. 14 ff.). – Nun sagt Kant offenbar gerade das Gegenteil: Eine Metaphysik der Natur kann *nicht* in der Mathematik, sondern muß – wie der Werktitel es sagt – in der Metaphysik fundiert sein. Nur metaphysische Prinzipien könnten nämlich mit Gesetzen der Erfahrungswirklichkeit (solchen der *empirischen* Anschauung) befaßt sein, während mathematische Prinzipien für mathematische Gesetze gelten (und das sind solche der *reinen* Anschauung). Anders (in Kants eigenen Worten) gesagt: Eine Metaphysik der Natur ist mit Gesetzen befaßt, die vom »Dasein eines Dinges« handeln und die die zu seinem »Dasein gehörigen Bestimmungen« erklären (AA IV, S. 467 [f.]). Die Mathematik konstruiert ihre Begriffe dagegen a priori in reiner Anschauung; mit Wirklichkeit, Dasein, Existenz von Dingen ist sie gar nicht befaßt.

Damit ist nicht bestritten, daß Kant Newtons naturphilosophisches Projekt zuweilen tatsächlich mit dem Titel »mathematische Anfangsgründe der Naturwissenschaft« bezeichnet (z. B. oft im Nachlaßwerk [vgl., für viele andere Belege, bes. AA XXI, S. 161 ff.]). Auch dies Projekt beruht völlig »auf Prinzipien a priori«, macht sich aber von der Rücksicht aufs Dasein der bewegenden Kräfte durch Konstruktion ihrer Begriffe in reiner Anschauung noch radikaler frei als die Metaphysik der Natur. Kant notiert im Nachlaßwerk:

Die mathematische ⟨Naturerklärungen⟩ aber (wie sie Newton in seinem unsterblichen Werke vorträgt) haben die letztere ⟨sc.: die Physik als Lehre von bewegenden Kräften, welche der Materie eigen sind⟩ nicht zum Gegenstande, nämlich nicht die vorangehende bewegende Kräfte, welche ohnedem allererst durch Erfahrung müßten erkannt werden⟨,⟩ sondern nur die Gesetze der *Bewegung*⟨,⟩ z. B. daß ein Körper (beweglicher Punkt)⟨,⟩ der nach zwei Richtungen⟨,⟩ die einen Winkel einschließen⟨,⟩ zugleich bewegt wird⟨,⟩ die Diagonallinie eines Parallelogramms in derselben Zeit beschreibe⟨,⟩ in welcher er jede der Seiten besonders durchlaufen haben würde, u.d.g. ⟨...⟩

Die mathematische Anfangsgründe der N. W. betreffen also gar nicht die der Materie eigene bewegende Kräfte⟨,⟩ und ob sie zwar a priori Principien sind⟨,⟩ so sind sie es doch nicht für die Gesetze der letzteren, – welche also entweder metaphysische oder physische (nur a posteriori gegebene) Anfangsgründe der Naturwissenschaft sein müssen.

(AA XXI, S. 166 f.)

Nun stellt sich sogleich die Frage: Kann die Metaphysik der Natur sich als eigentliche Wissenschaft behaupten und zugleich so entschieden von den Verfahren der mathematischen Begriffs-Konstruktion abgrenzen? Kants Antwort ist wenigstens klar: »*Eigentlich* so zu nennende Naturwissenschaft setzt zuerst Metaphysik voraus« (l. c., S. 469). Das begründet Kant mit der *Notwendigkeit* der Prinzipien, die anders als a priori gültig nicht zu sichern wären. Diese Unterscheidung überzeugt nicht, denn die Prinzipien der Mathematik sind – obwohl nicht notwendige Konklusionen von Vernunftschlüssen – nicht minder notwendig und a priori und obendrein von garantierter Anwendung auf das Reich des ›Augenscheinlichen‹. Andererseits fällt, fährt Kant fort, unter diese Prinzipien der Naturwissenschaft, »was zum *Dasein* eines Dinges gehört« (l. c.). Und ›Dasein‹ sei ein Begriff, der sich nicht mathematisch konstruieren lasse, »weil das Dasein ⟨als durch sinnliche Empfindung bezeugt⟩ in keiner Anschauung a priori dargestellt werden kann« (l. c.). Anders gesagt: Die Mathematik hat mit dem »Dasein« nichts zu tun, »welches ein Etwas bedeutet, das im Raum und der Zeit angetroffen wird, ⟨...⟩ und ⟨außerdem noch⟩ den Empfindungen korrespondiert« (*KrV* A 723 = B 751; vgl. *Refl.* Nr. 4513: »Raum und Zeit geben noch nichts wirkliches. Nur die Empfindung gibt's an die Hand« [AA XVII, S. 578]). Anderswo notiert Kant: Die Mathematik konstruiert ihre Begriffe in reiner Anschauung; sie ist überhaupt nicht empirisch. Dagegen geht »die Philosophie ⟨...⟩ nur auf Begriffe vom Sein überhaupt, mithin demjenigen, was der Empfindung korrespondiert, und kann also ihre Begriffe nicht anschauend machen« (*Refl.* Nr. 5277 [AA XVIII, S. 141]). – Auf einem Losen Blatt aus der Mitte der 80er Jahre unterscheidet Kant »apodiktische Sätze ⟨...⟩ aus bloßen Begriffen« von Erkenntnissen »durch die Konstruktion der Begriffe.« »Die ersteren heißen Dogmata, die zweiten Mathemata« (*Refl.* Nr. 5645 [AA XVIII, S. 290]).

Wenn, wie Leibniz dafür hielt, aus dem bloßen Begriffe eines Korpers als zusammen gesetzter Substanz bewiesen werden könnte, daß er aus einfachen Teilen bestehe, so wäre dieses ein Dogma; wenn aber durch die geometrische Darstellung eines Raumes, den ein Korper einnimmt, und die eben so wohl geometrische Teilung dieses raums die Teilbarkeit desselben ins unendliche bewiesen wird, so ist dieser Satz ein Mathema. Die Philosophie allein kann also Dogmata enthalten, weil sie sich eben darin von der Mathematik, die eben so (^g wohl) wie jene, Vernunfterkenntnis ist, unterscheidet, daß sie bloß aus Begriffen, diese aber nicht anders als durch Konstruktion der Begriffe urteilt.

Philosophie ist also wohl der apodiktischen Gewißheit fähig, aber nicht der intuitiven Vermittelst der Anschauung a priori, wie die Mathematik eine solche verschaffen kann, sondern nur der diskursiven aus Begriffen. Daher enthält jene zwar Prinzipien, diese allein Axiomen, jene Beweise (probationes), diese allein Demonstrationen; jene Verschafft Überzeugung, diese zugleich Augenscheinlichkeit (evidentiam).

(L. c., S. 290 f.)

Kant nennt als Beispiele für zwei durch Begriffs-Konstruktion gewonnene Einsichten die Sätze oder Mathemata, »daß zwischen zwei Punkten nur eine gerade Linie möglich oder in einem jeden Triangel die Summe aller Winkel zweien rechten gleich sein« (das erste ist ein Axiom, das zweite ein demonstriertes Theorem); als Beispiele für metaphysische Sätze dagegen die Dogmata, »daß ⟨...⟩ alles (^g was) zufälligerweise existiert ⟨...⟩ eine Ursache haben müsse« und »daß jede Aussage wahrhaft sein müsse und daß die Lüge verwerflich sei« (l. c., S. 292 f.).

Ein noch deutlicher dogmatischer Satz wäre der, daß die Substanz »das letzte Subiekt der Realität« und »ihr Verhältnis zum Dasein ⟨...⟩ Kraft« sei (*Refl.* Nr. 5650 [AA XVIII, S. 298]). Denn hier kommt nicht nur eine aus reinen Begriffen nicht konstruierbare Anschauung, sondern so etwas wie »die

Existenz der Substanz« (l. c.) ins Spiel, die auch aus reinen Anschauungen nicht eingesehen, die vielmehr aus Erfahrung gelernt sein muß. Die körperliche Natur wird aber von Kräften bewegt; und damit scheinen wir aus dem Bereich reiner, apodiktischer Vernunft-Einsichten herauszutreten.

Da die *MAN* eben diese körperliche Natur in ihrer existierenden Materialität, als »das subject, worauf alle äußere Erscheinungen bezogen werden« (*Refl.* Nr. 5346 [AA XVIII, S. 157]) – und nicht nur, wie die *KrV*, die Objektivität von Vorstellungs-Synthesen im allgemeinen – erklären will, begegnet sie einem irreduzibel ›empirischen Begriff‹, der »Materie« nämlich, dessen ›Möglichkeit nicht aus ihrem bloßen Begriff erkannt werden kann‹ (AA IV, S. 470) – denn das ihn Erfüllende ist ein jeweils besonderes Naturding, welches »nur außer dem Gedanken (als existierend) gegeben werden kann« (l. c.). Wie aber sollte der Begriff eine nicht begriffliche Bedingung seines Gegenstandes (die auch keine *reine* Anschauung ist) fassen können?

Existenz von Einzelwesen, durchgängige Bestimmtheit und das transzendentale Ideal der Vernunft

Begriffe bezeichnen als Allgemeinvorstellungen nur *mögliche* Dinge. Die *Wirklichkeit* eines faktisch Vorhandenen wird darum nicht begriffen, sondern ›empfunden‹ (Empfindungen sind unmittelbare, also begrifflose Auffassungen von Seiendem [*Refl.* Nr. 5643, AA XVIII, S. 282, Z. 26]). Eine mit Empfindung verbundene Vorstellung heißt (wenn sie überdies noch kategorial artikuliert ist) Erfahrung. So »erkenne ⟨ich zwar⟩ die Existenz ⟨eines Dinges nur⟩ durch Erfahrung, aber nicht die durchgängige determination; dies geschieht durch Vernunft« (*Refl.* Nr. 5710 [l. c., S. 332]).

Was soll das heißen? Kant denkt den existierenden Gegenstand in seiner Konkretheit – d. h., sofern er mehr ist als ein Gegenstand-überhaupt – als ein ›singulare quid‹, als ein Individuum, und dieses wiederum, konform mit der Tradition (und noch mit Leibniz), als ein durchgängig Bestimmtes (ens omnimodo determinatum). In dieser Definition ist impliziert, daß ein bloß nach Begriffen Mögliches von einem wirklich Existierenden nur dadurch unterschieden ist, daß das letztere *erschöpfend*, das erstere aber unvollständig charakterisiert ist. Der Schritt von der Möglichkeit (potentia) zur Wirklichkeit (actualitas) eines Dinges geschähe also durch eine restlose Erfüllung der materiellen Bestimmungen, aus denen seine Individualität besteht. Diese Bestimmungen sind Begriffe. Ein Einzelding ist durchgängig bestimmt dadurch, daß ihm der Reihe nach »von *jeden zween* einander kontradiktorisch entgegengesetzten Prädikaten« unter allen in der Welt möglichen notwendig immer eines zukommt (*KrV* A 571 = B 599). Sage ich nun, alles Existierende ist durchgängig bestimmt, so denke ich nicht nur an die gegebenen Prädikate; ich vergleiche das Ding vielmehr transzendental, wie Kant sich ausdrückt, »mit dem Inbegriff aller möglichen Prädikate«. Das bedeutet: »um ein Ding vollständig zu erkennen, muß man alles Mögliche erkennen, und es dadurch, es sei bejahend oder verneinend, bestimmen« (*KrV* A 573 = B 601): eine unendliche, in concreto nie darstellbare Aufgabe. Die Kombination aller ihm zukommenden, aus dem »*Universalregister der Prädikate*« ausgewählten Bestimmungen würde dann erschöpfend die Individualität des Dings ausmachen (vgl. die Interpretation, die Wolfram Hogrebe in *Prädikation und Genesis. Metaphysik als Fundamentalheuristik im Ausgang von Schellings »Die Weltalter«*, Frankfurt/Main 1989, S. 59 ff., hier: S. 60, diesem kantischen Lehrstück gegeben hat). Schelling, der in ihm »die Keime« des gesamten nachkantischen Idealismus erblicken wollte, hat das faßlicher durchgespielt als Kant selbst:

> Ein jedes Ding wird entweder körperlich sein oder unkörperlich, wenn körperlich, entweder organisch oder unorganisch, wenn unorganisch, starr oder flüssig, wenn starr, der Grundgestalt nach regelmäßig oder unregelmäßig, wenn regelmäßig, wird es einer der fünf regulären Körper sein müssen, der ihm zu Grunde liegt, z. B. die

Pyramide oder der Cubus; immer aber wird die ihm zugeschriebene jede andere ausschließen. Hier werden also nicht Begriffe unter sich bloß logisch, sondern es wird *das Ding selbst* mit der *gesamten Möglichkeit*, mit dem Inbegriff aller Prädikate verglichen, welche die notwendige Voraussetzung jeder Bestimmung ist, und weil das Bestimmen Sache des Verstandes ist, nur als *Idee* in der Vernunft sein kann, durch welche diese dem Verstande die Regel seines vollständigen Gebrauchs vorschreibt.

(Friedrich Wilhelm Joseph Schelling, *Sämtliche Werke*, hg. von K.⟨arl⟩ F.⟨riedrich⟩ A.⟨ugust⟩ Schelling, Stuttgart 1856-61, Bd. II/1, S. 284)

Vollständig bestimmt (omnimodo determinata) wäre also eine Sache, wenn von allen paarweise kontradiktorisch entgegengesetzten möglichen Prädikaten eines ihr zugesprochen wäre, so, daß ihr auch kein einziges zum Dasein mehr fehlte. Da nun – nach Kants Voraussetzung – einerseits »aus bloßen Begriffen ⟨...⟩ das Dasein eines Dings nicht erkannt werden« kann (*Refl.* Nr. 5758 [AA XVIII, S. 345 f.]), dieses Dasein andererseits aber doch in einer erschöpfenden (restlos individualisierenden) Charakterisierung bestehen soll, würde Dasein doch nicht länger mehr der begrifflichen Bestimmung widerstehen (vorausgesetzt, diese wäre vollständig). Damit wäre der Unterschied zwischen Gedacht- und Wirklich-gegeben-Sein darauf reduziert, daß das Gedachte »obiekt des unbestimmten« und das Wirkliche Objekt des »durchgangig bestimmten Denkens ist«. Was aber – kontrafaktisch (denn diese Möglichkeit bietet sich unserem Verstand faktisch ja gerade nicht) – »a priori nur als durchgangig bestimmt gedacht werden kann, ist notwendig« (*Refl.* Nr. 5764 [AA XVIII, S. 347]).

Alles, was existiert, ist durchgangig determiniert. das absolut notwendige Ding soll durch seinen Begriff als existierend, folglich auch als durchgängig determiniert, angesehen werden. Deus est conceptus singularis ⟨Gott ist ein einzelner Begriff⟩; daß ihm jedes seiner prädikate notwendig zukomme und es unico modo ⟨auf eine einzi-

> ge/einmalige Weise⟩ determinabel ist, beweiset nicht die Notwendigkeit seiner Existenz.
>
> (L. c., *Refl.* Nr. 5759, S. 346)

Eine solch durchgängige Bestimmung (der einmaligen Eigenschaften-Kombination, die gerade diesen einzelnen Gegenstand bildet und von allen anderen unterscheidet) setzt Allwissenheit voraus. *Wenn* Gott existierte, so müßte er *notwendig* existieren – in dem Sinne von ›notwendig‹, in dem aus dem Begriff des Dreiecks folgt, daß seine zwei Winkel zusammengenommen zwei rechten gleich sind. Aber in der Geometrie ist von Wirklichkeit gar nicht die Rede, sondern davon, daß, *wenn* ein Dreieck ist, es nicht anders (möglich) sein kann als zu der genannten Bedingung – woraus dann freilich folgt, daß das Dreieck *so* sein *wird, wenn* es ist. *Ist* nun ein einzelnes Wesen der »Inbegriff« aller möglichen Bestimmungen, d. h., ist in ihm der gesamte Stoff aller möglichen Prädikate vereinigt, so ist in ihm der ganze Vorrat des Stoffs für alle möglichen Prädikate aller Einzeldinge enthalten (wie alle Figuren Einschränkungen des einen unendlichen Raums sind, und zwar mit analytischer Notwendigkeit). Und wir gelangten aus der Intuition dieses Inbegriffs zu den einzelnen Existenzen wie der Geometer aus dem reinen Raum zu den eingeschränkten Figuren: Sie sind *in* ihm enthalten, während Dinge *unter* Begriffe fallen (vgl. zum Unterschied von Enthaltensein-in und Fallen-unter vor allem *KrV* B 39 f.). Ein Verstand, der darin der Anschauung analog wäre, müßte ein anschauender (oder prototypischer) Verstand heißen (*KrV* A 578 = B 606), wie Kant ihn kontrafaktisch auch und wieder im § 77 der *Kritik der Urteilskraft* in Anspruch nehmen wird (vgl. den Kommentar zu diesem Lehrstück, S. 1291 ff.). Er könnte, wenn dieser existierte, nur Gott zugeschrieben werden (*KrV* A 580 = B 608); für uns bleibt er eine unzugängliche »Idee« der Vernunft: Sie existiert nicht, sie ist eben, wie man sagt, bloße Idee. Denkt man sie als in einem einzelnen Wesen verwirklicht, so kommt man aufs »transzendentale Ideal der Vernunft« (*KrV* A 567 ff. = B 595 ff.; bes. A 574 = B 602[ff.]) – ein Gedanke, den Kant in den Reflexionen der

80er und der 90er Jahre in immer neuen Anläufen umwirbt. In ihm wäre die Individualität aller Existenzen als notwendig ›inbegriffen‹ gedacht – auf ähnliche Weise, wie alle Räume notwendig im Einen Raum inbegriffen vorgestellt sind (A 577 f. = B 605 f.).

Gäbe es Einsichtigkeit des transzendentalen Ideals der Vernunft, so könnte die Metaphysik daraus die konkreten Gegenstände der Natur in der Gesamtheit ihrer Eigenschaften ähnlich konstruieren, wie es die Mathematik mit ihren Gegenständen kann. Die menschliche Vernunft bemerkt jedoch »das Idealische und bloß Gedichtete einer solchen Voraussetzung viel zu leicht, als daß sie dadurch allein überredet werden sollte, ein bloßes Selbstgeschöpf für ein wirkliches Wesen anzunehmen« (*KrV* A 583 f. = B 611 f.). Die Begriffe der Metaphysik sind eben nur Allgemeinheiten oder Universalitäten: Sie stehen für Klassen von Merkmalen an Gegenständen, die diese mit vielen anderen teilen (*Refl.* Nr. 5643 [AA XVIII, S. 282 f.]). Als Konstituentien von Gegenstands-Klassen wechseln sie mit der jeweiligen Klasse; ihre Verschiedenheit spiegelt also die Verschiedenheit jener. Durch Begriffe erkennen wir, zu welcher Klasse eine Vielheit von Individuen gehört; wir erkennen durch ihren Gebrauch nicht die Gesamtheit der Merkmale, die ein einzelnes Existierendes ausmachen. Begriffe sind also nicht – wie Inbegriffe – Allheiten (universitates) (*KrV* A 572 = B 600, Anm.) von Eigenschaften, von denen das Einzelding eine Auswahl wäre. Darum kann es zwar metaphysische, aber keine mathematischen Prinzipien der Naturwissenschaft geben.

Von existierenden Einzeldingen, aber auch von Arten der natürlichen Welt sind also mathematische Konstruktionen unmöglich. Auch der transzendentale Schematismus trägt nicht mehr, sobald nicht Gegenstände-überhaupt (in reiner Anschauungsform dargestellt), sondern Empirisches (begrifflich Nicht-Antizipierbares) in den Blick gerät. Darum, sagt Kant, mag zwar eine eigentliche Naturwissenschaft im transzendentalphilosophischen Part des Systems der Philosophie möglich sein (nach Analogie der mathematischen

Konstruktion), nicht aber in einer Naturlehre der wirklichen ausgedehnten Körper. Und die (um der Notwendigkeit ihrer Prinzipien und der Apodiktizität ihrer Sätze willen erforderte) ›Reinheit‹ dieser Naturlehre der materiellen Körper im Raum ist nur insoweit garantiert, als in ihr Mathematik angetroffen wird (Schlußsatz des 2. Abschnitts von AA IV, S. 470). – Die Spannung zwischen der Abweisung der mathematischen Konstruktion im Gebiet der Metaphysik und die Wiedereinholung der Mathematik in die Naturmetaphysik springt in die Augen. Wie die *MAN*, der Empirizität ihres Gegenstandsgebiets unerachtet, sich als reine (aus apodiktisch gewissen Sätzen bestehende) Wissenschaft konstituieren kann, wird uns weiter unten beschäftigen. Es ist das Hauptproblem des philosophischen Teils der Schrift, an dem sich die Forschung die Zähne ausbeißt, ohne eine allgemein akzeptierte Lösung vorgelegt zu haben. Es scheint aber, daß Kant selbst sich der Spannung zwischen Apodiktizitäts-Forderung (Metaphysik) und Empirie-Einschluß (Betrachtung existierender Materie) bewußt und daß sie es war, die ihn Ende der 80er Jahre zu einer teleologischen Neukonzeption der Gesamtnatur führte.

Der Gegenstand der Metaphysik – ihr Ort in der Architektonik der Philosophie

Nach der Antwort auf die differentia specifica des der Metaphysik eigenen Erkenntnis-Modus stellt sich nun

2. die (bisher offengelassene) Frage nach ihrem Gegenstand – in Abhebung von dem aller anderen rein rationalen Wissenschaften. Damit ist nach ihrer Abgrenzung von der reinen Philosophie überhaupt gefragt und mithin nach der Architektonik alles spekulativen Wissens. So führt uns die Antwort auf die Frage nach der Bedeutung von ›Metaphysik‹ bei Kant zu unserer zweiten Frage: nach dem System seiner Philosophie. Eine Gesamtorganisation des spekulativen Wissens setzt eine Zweckidee voraus, sonst bliebe die Phi-

losophie ein Aggregat von Kenntnissen. Und diese Finalidee – die die Philosophie zu einem selbstregulativen System macht – ist die moralische Bestimmung des Menschen, wie sie im Gedanken der Freiheit impliziert ist. Nun ist die Kritik – nach der kantischen Architektonik – selbst nur Propädeutik des Systems; und da das System den metaphysischen Gedanken einer Totalität von Bedingungen impliziert, wäre Metaphysik im engeren Sinn definiert als das vollendete System der spekulativen Vernunft. Dessen Verzweigungen innerhalb der Architektonik macht dann die Rede von Regional-Metaphysiken verständlich. Eine davon ist die Metaphysik der Sitten (die die praktische), eine andere ist die Metaphysik der Naturwissenschaft (die die theoretische Kritik ergänzt und realphilosophisch anwendet [zur Architektonik der reinen Vernunft vgl. *KrV* A 845 ff. = B 873 ff.]).

Karen Gloy (*Die Kantische Theorie der Naturwissenschaft*, Berlin und New York 1976, S. 195 im Kontext) und Léo Freuler (*Kant et la réflexion sur la Métaphysique spéculative*, l. c., S. 122 im Kontext) modifizieren und nuancieren indes diese Grobgliederung erheblich, indem sie sich auf das Schema aus der zwischen 1776 und 1778 aufgezeichneten *Refl.* Nr. 4851 (AA XVIII, S. 9) stützen. (Andere wichtige Belege zur Architektonik und Gesamtsystematik der Philosophie finden sich neben *MAN* [S. 467 ff.] an folgenden Stellen: *KrV* A 642 ff. = B 670 ff.; A 845 ff. = B 873 ff.; AA XX, S. 260, 281, 285; *Refl.* Nr. 40, 4851, 4855, bes. 5644; *KU*, Einleitung, Kap. II, IV, V der 1. Fassung, Kap. IV, V der 2. Fassung; zahlreiche Stellen im *Opus postumum* [vgl. Karen Gloy, l. c., S. 192].) Danach ist Metaphysik der übergreifende Titel für Transzendentalphilosophie (allgemeine Metaphysik, in der Vernunft und ihre Begriffe Gegenstand sind) und spezielle Metaphysik (in der von der Vernunft unterschiedene – sinnliche und übersinnliche – Gegenstände Thema werden). So fallen unter die Rubrik der ›allgemeinen Metaphysik‹ die ›Kritik der reinen Vernunft‹ und die ›Ontologie‹, unter die der ›speziellen Metaphysik‹ innerhalb der Erfahrungswelt – erkenntnis-›immanent‹ also – die »physiologia rationalis« und – erkenntnis-›transzendent‹ – »die Welt selbst und außer ihr« sowie die »Ideen«. Zur transzendenten Metaphysik gehören dann wieder die (weltbezogene) Kosmologie einerseits und die (»außer ihr« situierte) Theologie, während die (immanent verfahrende) rationale Physiologie sich noch einmal verzweigt in »Physica rationalis« und »Psychologia rationalis«. Die rationale Physiologie beschäftigt sich – im Gegensatz zur Transzendentalphilosophie (oder Ontologie) – mit dem angewandten Verstand. Und angewandt ist der Verstand auf ›außer ihm Gegebenes‹, eben das Gesamt der sinnlichen (psychischen und physischen) Erscheinungen. Die immanente rationale Physik thematisiert dann diejenigen sinnlichen Erscheinungen, die im Außerpsychischen (also im Raum: Materie) gegeben sind, während die immanente rationale Psychologie die in der Zeit und im ›inneren Sinn‹ gegebenen psychischen Phänomene mit ihren spezifischen Gesetzmäßigkeiten untersucht.

Die Metaphysik der Natur (im Sinne der *MAN*) wäre dann im Bereich der rationalen Physik anzusiedeln; und so scheint es auch die Vorrede zu den *MAN* zu sehen, die von »physica generalis« spricht (AA IV, S. 473, Z. 5 ff.; S. 468, Z. 30 ist das Projekt der *MAN* als »eine rationale Naturlehre« charakterisiert). Allerdings bildet – wenigstens im Nachlaßwerk – der Ausdruck »physica generalis« (mit seinem Gegenpart, der »physica specialis«) noch einmal eine Unter-Verzweigung innerhalb der »physica rationalis«. Allgemeine und spezielle Naturlehre sind Wissenschaften auf der Kippe (oder, wie das *Opus postumum* formuliert: im Übergang) zur (empirischen) Physik. Von dieser gilt: »Physik ist nicht apodiktisch, weil die erste Ursachen nur zufällig gegeben sind« (*Refl.* Nr. 4984, AA XVIII, S. 51). Während sich die rationale Physik mit der Materie überhaupt, unangesehen ihrer inneren (›spezifischen‹) Differenzierung in Grundqualitäten und -kräfte, beschäftigt, sind diese letzteren Thema der Unterabteilungen, also der allgemeinen und der speziellen Physik (vgl. *MAN*, AA IV, S. 525; *Opus postumum*, AA XXII, S. 350, Z. 3).

Zur Veranschaulichung dieses Unterschieds mag Kants Deduktion der Materie dienen (vgl. Karen Gloy, l. c., S. 196 f.). Nach der zweiten Kategorie bestimmt, ist Materie qualitativ bestimmtes Sein im Raum. A priori ist aus den ›Antizipationen der Wahrnehmung‹ bekannt, daß Qualität nur als intensive Größe faßbar ist; also muß Materie als gradweise Raumerfüllung verstanden werden. Wendet man die innere Dreiteilung der Qualitäts-Kategorie (Realität, Negation, Limitation) auf dies Programm an und besinnt sich Kants Bemerkung über den Charakter der jeweils dritten Unterkategorien als Synthesen der vorangehenden, kann man den Grad der materiellen Raumerfüllung als Produkt einer ins Unendliche tendierenden (Repulsions-) und einer gegenstrebigen limitativen, die Einschrumpfung auf den Punkt bewirkenden (Attraktions-)Kraft begreifen: Die Begrenztheit – der Grad – der Raumerfüllung wäre dann das limitierte Produkt einer unendlichen Strebung und ihrer Eindämmung (Negation) auf ein endliches Maß. (Dieses Schema wird noch der Fichteschen Wissenschaftslehre und insbesondere Schellings Naturphilosophie heuristische Hilfestellung bieten.)

Damit ist aber nur die Qualität schlechthin der Materie deduziert. Spezifische Unterschiede innerhalb ihrer, z. B. die spezifische Dichte der Materie als wechselnder Grad der Raumerfüllung, wären erst (wie es dann Schelling und Kant gleichzeitig im *Opus postumum* versuchen werden) aus Konkretionen des Widerspiels von Attraktion und Repulsion zu erklären; ebenso die Kohäsion als bestimmtes, stationär gewordenes Verhältnis von Anziehung und Abstoßung in der Berührung usw. So kommt durch die Unterabteilung in spezielle und allgemeine Physik nichts prinzipiell Neues ins Spiel; aber die rationale Physik deduziert nur die Prinzipien der unterschiedlichen Eigenschaften der Materie überhaupt; wie sich die Materie dann – im »Wechselspiel von Hemmen und von Streben« (Schelling) – konkret ausgestaltet, ist kein Gegenstand apriorischen Wissens mehr: Hier geht die Metaphysik der Natur in die empirische Physik über (vgl. *Opus postumum*, AA XXI, S. 477, Z. 7), deren Geradeso-und-nicht-anders an ein anderes Erklärungsprinzip als den Verstand und seine Kategorien appelliert (an die Vernunft nämlich).

Allgemeine und spezielle Physik (als Verästelungen der rationalen Naturlehre) unterscheiden sich darin voneinander, daß die allgemeine die Kräfte-Verhältnisse der Materie in anorganischer, die spezielle in organischer Hinsicht betrachtet. In der anorganischen Welt herrscht die Mechanik (eine Methode, die Ganzheiten nach dem ›nexus effectivus‹ aus ihren Teilen kausal erklärt), in der belebten (organischen) die Teleologie (eine Idee des Ganzen ›organisiert‹ die Teile im vorhinein nach dem ›nexus finalis‹). (Weitere Unterteilungen der speziellen Physik und weitere Belegstellen im *Opus postumum* bei Karen Gloy, l. c., S. 197 ff.)

Metaphysik der Natur als Programm einer reinen Naturwissenschaft

Dafür, daß Kant mit den *MAN* im Bereich der Metaphysik, also der Theorie der übersinnlichen Gegenstände zu verbleiben überzeugt war, spricht erstens die Tatsache, daß er mit diesem Werk noch nicht in die empirische Physik (der durch spezifische Qualitäten charakterisierten konkreten Stoffe und Körper) hinübergeschritten zu sein glaubte (sonst hätte sein *Opus postunum* diesen »Übergang« nicht nachzuholen gehabt). Der Ausdruck ›Naturwissenschaft‹ meint bei Kant – wie heute – sonst gewöhnlich ein System, das auf empirischen Prinzipien basiert und den Zusammenhang empirischer Gesetzmäßigkeiten verzeichnet. Soll dieser erfahrungswissenschaftliche Charakter betont werden, spricht Kant auch von »*Naturlehre*« (AA IV, S. 468) oder »Naturkunde« (*Refl.* Nr. 40, AA XIV, S. 118; diese Reflexion scheint eine Vorstudie zur Vorrede der *MAN* zu sein). Naturkunde ist entweder »Naturbeschreibung« (wo Ähnlichkeiten und Verwandtschaften zwischen natürlichen Arten

z. B. zu einer Klassifikation à la Linné führen) oder »Naturgeschichte« (Darstellung von Veränderungen der Zustände der Natur [vgl. den § 4 der Einleitung in die *Physische Geographie*]). Indes: Aufgrund von Erfahrungsbefunden kann, meint Kant, ein wahres System nicht zustandekommen (vgl. AA XXII, S. 297, Z. 23 und passim; XXI, S. 508, Z. 10ff.; S. 176, Z. 17; S. 168, 4ff.; S. 161, Z. 16; S. 285, Z. 14), so daß die Rede von einem empirischen System einen Selbstwiderspruch enthält. Empirische Naturlehre kann nur eine Ansammlung (ein »Aggregat«) von Kenntnissen, kein kohärentes Ganzes hervorbringen. – Kant redet in der »Vorrede« gelegentlich noch von der »*uneigentlich* so genanten Naturwissenschaft« (AA IV, S. 468), für die er das Beispiel der Chemie anführt. Zwar sei auch das eine Wissenschaft, die die empirischen Tatsachen »durch die Vernunft« erklären wolle; doch müsse sie allerhand kontingente Erfahrungen aufnehmen, die sich (wie die Gesetze der Verbindung und Auflösung) nicht a priori in der Anschauung konstruieren lassen (l. c., S. 471) – ein Anspruch, dem freilich auch die Gesetze der rationalen Physik nicht genügen können.

Im Gegensatz zur empirischen Naturlehre verstehen sich die *MAN* als ein metaphysisches Unternehmen. Dafür spricht (zweitens) der Apriorität-Anspruch, mit dem Kant die Sätze der *MAN* belegt. »Apodiktische Gewißheit« fordert er für sie; und die vermöchte nur aus »Quellen a priori« zu fließen (AA IV, S. 468) – im Gegensatz zur empirischen Naturwissenschaft, die ihren Gegenstand nach aposteriorischen Prinzipien erkläre (vgl. l. c., S. 468 und S. 470):

> Unter dem Worte *Naturwissenschaft*, Scientia naturalis, versteht man das System der Gesetze der Materie (des Beweglichen im Raum), welches, wenn es bloß die Prinzipien derselben a priori enthält, die metaphysischen Anfangsgründe derselben ausmacht; enthält es aber die empirischen, die *Physik* genannt wird.
>
> (*Opus postumum* [AA XXI, S. 474, Z. 2; vgl. l. c., S. 476, Z. 9; XXII, S. 164, Z. 11; S. 166, Z. 5 usw.])

Hier bezeichnet das Prädikat ›metaphysisch‹ offenbar nicht

regulative, sondern konstitutive Prinzipien: Grundsätze, die – wie von der Metaphysik-Definition erfordert – zwar übersinnlich sind, ihren Gegenstand aber in seiner sinnlichen Objektivität konstituieren (oder als Korollarien aus solchen reinen Grundsätzen abzuleiten sind; es handelt sich, sagt Kant, dabei entweder um »sinnlich bedingte Begriffe a priori« [AA XX, S. 272] oder um ›abgeleitete [subalterne] reine Verstandesbegriffe‹ [*KrV* A 64 = B 89, A 81 f. = B 107 f.]), wie z. B. die Veränderung, Bewegung, die Kraft, das Leiden usw.: dazu siehe weiter unten). In der programmatischen Abhandlung *Über den Gebrauch teleologischer Prinzipien in der Philosophie* (1788) wird unterschieden zwischen reinen Erkenntnissen, »denen gar nichts Empirisches *beigemischt* ist«, und solchen, die zwar »von nichts Empirischem *abhängig*«, jedoch in ihrer Anwendung auf Empirisches bezogen sind (AA VIII, S. 183 f.).

Als Grundsätze bezeichnet Kant in der *KrV* sinnlich angewandte (schematisierte) Verstandesbegriffe (z. B. A 237 oben = B 296). Sofern sie a priori erfahrungskonstitutiv sind (nämlich durch ›Schemata‹ der Einbildungskraft auf reine Anschauung bezogen: mit den Formen der Anschauung ›synthetisiert‹), heißen sie auch ›synthetische Grundsätze‹ (*KrV* A 148 ff. = B 187 ff.). Es sind gleichsam zusammengezogene synthetische (anschauungs- und insofern bedeutungsgesättigte) Sätze a priori. Entsprechend der Vierzahl der Kategorien (Quantität, Qualität, Relation, Modalität) sind es die folgenden vier (die beiden letzteren noch in sich dreifach unterteilt): 1. die Axiome der Anschauung (›alle Anschauungen sind extensive Größen‹); 2. die Antizipationen der Wahrnehmung (›In allen Erscheinungen hat das Reale, was ein Gegenstand der Empfindung ist, intensive Größe, d. i. einen Grad‹); 3. die Analogien der Erfahrung (›Erfahrung ist nur durch die Vorstellung einer notwendigen Verknüpfung der Wahrnehmungen – z. B. nach dem Kausalgesetz – möglich‹; hier kommt übrigens bereits der Begriff der Bewegung ins Spiel, denn die Möglichkeit, »daß aus einem gegebenen Zustande ein ihm entgegengesetzter desselben Dinges folge, kann nicht allein reine Vernunft sich ohne Beispiel begreiflich, sondern nicht einmal ohne Anschauung verständlich machen; und diese Anschauung ist die der Bewegung eines Punktes im Raume« [*KrV* B 291 f.]); 4. die Postulate des empirischen Denkens überhaupt, die den Zusammenhang des Anschaulichen mit formalen, materialen und allgemeinen Bedingungen der Erfahrung als mögliche, wirkliche und notwendige Erfahrung auslegt. Mit den vier synthetischen Grundsätzen des reinen Verstandes ist der Bereich dessen abgesteckt, was a priori von der erfahrbaren Natur gewußt werden kann: also die Totalität ›reiner Naturwissenschaft‹.

Dies grobe Raster der durch die Grundsätze a priori abgesteckten reinen Naturwissenschaft muß freilich differenziert werden. Kant nennt nämlich die ersten beiden mathematisch, die beiden letzten dynamisch (*KrV* A 160 = B 199). Die ersten lassen sich – wie die Operationen der Mathematik – a priori in der Anschauung konstruieren, sie gehen nur aufs Wesen, auf die Möglichkeit von Dingen. Die letzteren aber gehen »auf das *Dasein* einer Erscheinung überhaupt«. A 162 = B 201 f. präzisiert den Begriff der Dynamik durch das Prädikat »physisch«. Man könnte sagen: Die mathematischen Grundsätze umschreiben den Bereich der Mathematik, die dynamischen den der Physik. Die Physik – auch die rationale – hat mit existierenden physischen Objekten zu tun, nicht nur mit dem Wesen (oder der Möglichkeit) derselben, wie sie von mathematischen Entwürfen antizipierbar sind.

Anschauungen haben eine Seite, hinsichtlich deren sie selbst rein sind (die Formen der Anschauungen: Raum und Zeit). Um empirisch zu sein, müssen sie einen von ihnen noch unabhängigen Stoff aufnehmen, und das geschieht durch Empfindung (l. c., A 19 f. = B 34 f. A 50 f. = B 74 f.). Eine durch Empfindung bereicherte Anschauung heißt Wahrnehmung (B 207) und das Gesamt der Wahrnehmungen: Erfahrung; die »Natur (im empirischen Verstande)« ist der »Zusammenhang der Erscheinungen ihrem Dasein nach, nach notwendigen Regeln, d. i. nach Gesetzen« (l. c., A 216

= B 263). An einer prägnanten Stelle der »Postulate des empirischen Denkens« heißt es von der Wahrnehmung, sie gebe »den Stoff zum Begriff her ⟨und sei⟩ der einzige Charakter der Wirklichkeit« (l. c., A 225 = B 273). Sobald also Dasein (synonym mit ›Wirklichkeit‹ oder ›Existenz‹) – die dritte Modalitäts-Kategorie – ins Spiel kommt, sind die Kategorien nicht mehr mathematisch (in reiner Anschauung konstruierbar), sondern erfahrungsverwiesen: »Ich erkenne die Existenz ⟨nur⟩ durch Erfahrung« (*Refl.* Nr. 5710 [AA XVIII, S. 332]). »Der Menschliche Verstand kann kein Dasein a priori aus dem bloßen Begriffe eines Dinges erkennen« (*Refl.* Nr. 5755, l. c., S. 345). »Aus bloßen Begriffen a priori kann das Dasein eines Dinges nicht erkannt werden, mithin nicht simpliciter a priori. Aber auch nicht unter Voraussetzung reiner Anschauungen« (*Refl.* Nr. 5758, l. c., S. 345 f.). Im Schematismus-Kapitel der *KrV* hatte Kant von der Sinnlichkeit gesagt, sie verleihe den leeren Kategorien allererst »Bedeutung« (A 146-147 = B 185-187), dabei aber nicht ausdrücklich angemerkt, ob das nur für empirische oder schon für reine Anschauungen gelte. »Bedeutung« ist »Beziehung auf mögliche Erfahrung« (*Refl.* Nr. 5923 [AA XVIII, S. 385, Z. 11 ff.]; vgl. auch Refl. Nr. 6215 [l. c., S. 506, Z. 10 ff.]). (Offenbar ist im Schematismus-Kapitel an reine Anschauungen gedacht, denn Schemata sind empiriefrei. Aber im Kapitel über »Phaenomena und Noumena« spielt Kant den sensoriell-semantischen Doppelsinn von ›Sinn‹ aus und behauptet nun, Begriffe, die nicht auf den Sinn – hier gemeint: auf etwas Empirisches – gingen, »würden ⟨...⟩ gar nichts bedeuten« [*KrV* A 239 f. = B 298 f.]. Danach hinge »Bedeutung« im Sinne von »objektive Gültigkeit« davon ab, daß Begriffe nicht nur veranschaulicht, sondern auch empirisch versinnlicht werden.) Sind nun die dynamischen Kategorien erfahrungsverwiesen, so meint das, daß ihnen Bedeutung erst verliehen wird durch die Realisierung in Erfahrungszusammenhängen (der zweite Fall der in der Klammer präsentierten Alternative). So kann ich den Satz des Pythagoras mit geschlossenen Augen in reiner Anschauung konstruieren, denn – sagt Kant – hier habe ich mit reinen Größen zu tun, und Größe ist eine mathematische Kategorie. (Nach A 239 = B 299 haben »Begriffe der Mathematik« aus diesem Grunde auch gar keine Bedeutung, wobei ›Bedeutung‹ an dieser Stelle synonym ist mit »objektive Gültigkeit«; aber in der Anm. von B 241 f. wird den mathematischen Begriffen gerade »*objektive Realität*« attestiert.) Dagegen sind Kategorien wie ›Ursache und Wirkung‹ oder ›Wirklichkeit‹ nicht in reiner, sondern nur in empirischer Anschauung darstellbar (A 714 f. = B 742 f.); anders gesagt: Sie ›greifen‹ nur, wenn ihnen auch eine daseiende Erscheinung entspricht. Zwar weiß ich ganz a priori, daß jeder Zustand der Welt Ursache oder Wirkung eines anderen ist. Ursachen und Wirkungen sind aber selbst physische Realitäten (Kant sagt: materielle Erscheinungen), die ich in der empirischen Welt, nicht im Raum der reinen Anschauungen antreffe (vgl. B 291 f.). Um auf sie zu stoßen, muß ich die Erfahrung zu Hilfe nehmen; und nur in ihr sind Kategorien wie Wirklichkeit oder Ursache-Wirkung realisiert. Dasein aber kann begrifflich oder »a priori nicht erkannt werden« (A 178 = B 221); anders als mathematische Größen läßt es sich a priori auch nicht »konstruieren«. Sind die mathematischen Kategorien konstitutiv (für die Objektivität ihrer Anschauungsinhalte), so nennt Kant die dynamischen Kategorien bloß regulativ. Denn »das Dasein«, mit dem sie kontaminiert sind, »ist kein konstitutives Praedikat (determinatio), es kann also auch nicht per analysin aus dem Begriffe eines Dinges Gefunden werden als zu seinem Inhalt gehörig« (*Refl.* Nr. 5255 [AA XVIII, S. 133]). Wenn Kant ›Dasein‹ dennoch eine Kategorie, aber keine gegenstandskonstitutive nennt, so will er offenbar sagen, daß wir mit der Bedeutung von Dasein zwar a priori vertraut sind, Daseiendes in seinem Wie und Was aber nicht antizipieren können:

Da ⟨...⟩ an den Erscheinungen etwas ist, was niemals a priori erkannt wird, und welches daher auch den eigentlichen Unterschied des Empirischen von dem Erkenntnis a priori ausmacht, nämlich die Empfindung (als Materie der

Wahrnehmung), so folgt, daß diese es eigentlich sei, was gar nicht antizipiert werden kann.

(A 167 f. = B 208 f.)

Wende ich z. B. das Kausalgesetz auf Wahrnehmungsfolgen an, so weiß ich a priori (antizipativ) nur, daß, was immer es sei, einem folgenden oder vorangehenden »notwendig verbunden sei«. Nicht aber weiß ich, »*welche* andere und *wie große* Wahrnehmung« die verursachende oder die bewirkte ist (A 179 f. = B 221 f.). Die Gesetze der empirischen Natur in ihrem Artenreichtum etwa können a priori gar nicht antizipiert werden, sondern nur hypothetisch »vermittelst der Erfahrung« induziert werden (vgl. A 216 = B 263). Zwar, sagt Kant, fordern wir auch für die »Regeln der Natur« Notwendigkeit. Das können wir aber nur »anticipando« – also im Vorgriff auf ihre nie zu erweisende Gesetzmäßigkeit – tun. Zwar ist das Kausalgesetz a priori einsichtig, »aber nicht der Grund des bestimmten Gesetzes. Alle metaphysische principien der Natur sind nur Gründe der Gesetzmäßigkeit« (*Refl.* Nr. 414 [AA XVIII, S. 176]). Das Verstandesgesetz der Kausalität bestimmt also nur die Regel, *daß* jedes sinnliche Phänomen Ursache und Wirkung eines anderen ist, a priori und mit Notwendigkeit. Nicht spezifiziert es, *welches* Phänomen Ursache, welches Wirkung ist und welches beider materielle Beschaffenheit ist.

Wenn auch die Grundsätze – mathematische wie dynamische – ›metaphysisch‹ heißen dürfen, so darum, weil sie sich auf den a priori einsichtigen Aspekt der empirischen Welt beschränken. Und daß Dasein jeder konkreten Empfindung voraus ›gebbar‹ ist, hält Kant für a priori gewiß, ist doch Dasein eine Kategorie (wenn auch eine höchst problematische, da Kategorien Prädikate von Objekten-überhaupt sind, Dasein aber »kein reales Prädikat« ist [vgl. A 598 ff. = B 626 ff.]). Durch seine merkwürdige Doppelzugehörigkeit zur aposteriorischen Empfindungswirklichkeit und zur apriorischen Kategorie gilt nun vom Dasein: »Man kann ⟨...⟩ auch vor der Wahrnehmung des Dinges, und also komparative a priori das Dasein desselben erkennen«, wenn es nur nach den (von Kant so genannten) Analogien der Erfahrung mit einigen Wahrnehmungen in unserer Erfahrung zusammenhängt (A 225 = B 273). Etwas früher hatte Kant unterschieden zwischen empirischen Begriffen und ›reinen Begriffen, die – wie der des Daseins – dennoch zur Erfahrung gehören, weil ihr Objekt nur in dieser angetroffen werden kann‹ (A 220 = B 267). Der empirieunabhängige Objektivitätsanspruch reiner Naturwissenschaft wäre also dadurch gesichert, daß ihre Operationen sich im Rahmen der Regel *möglichen* Erfahrungswissens bewegen. Darauf deutet auch eine Reflexion, vermutlich aus der Zeit von 1776 bis 1777, in der die existierende Materie ›der Möglichkeit nach‹, ihrer Empfindungsabhängigkeit ungeachtet, doch a priori in den Blick gebracht wird:

> Die erste subjektive Bedingung des Denkens, d. i. der Vorstellung der objekte der Moglichkeit nach, ist, daß alle Materie der Vorstellung in der Empfindung und objective in der wahrnehmung gegeben sei, zweitens die Form der Verbindung des Mannigfaltigen. Daher wird das, was die Materie und data alles Moglichen enthält, als ein objekt der wahrnehmung vorausgesetzt, d. i. die Materie alles moglichen existiert als notwendige Voraussetzung.
>
> (*Refl.* Nr. 5526 [AA XVIII, S. 208])

Zu diesem Passus, der den Gedanken des A-priori-in-den-Blick-Bringens von Dasein erläutert, stimmt der folgende aus der *KrV*:

> Die Grundsätze des reinen Verstandes, sie mögen nun a priori konstitutiv sein (wie die mathematischen), oder bloß regulativ (wie die dynamischen), enthalten nichts als gleichsam nur das reine Schema zur möglichen Erfahrung; denn diese hat ihre Einheit nur von der synthetischen Einheit, welche der Verstand der Synthesis der Einbildungskraft in Beziehung auf die Apperzeption ursprünglich und von selbst erteilt, und auf welche die Erscheinungen, als data zu einem möglichen Erkenntnisse, schon a priori in Beziehung und Einstimmung stehen müssen.
>
> (A 236 f. = B 295 f.)

Und in der ›Methodenlehre‹ beantwortet Kant die Frage, wie wir trotz der Erfahrungsabhängigkeit ihres Gegenstandes eine *Metaphysik* der Natur betreiben können, wie folgt:

> Die Antwort ist: wir nehmen aus der Erfahrung nichts weiter, als was nötig ist, uns ein Objekt, teils des äußeren, teils des inneren Sinnes zu *geben*. Jenes geschieht durch den bloßen Begriff Materie (undurchdringliche leblose Ausdehnung), dieses durch den Begriff eines denkenden Wesens (in der empirischen inneren Vorstellung: Ich denke). Übrigens müßten wir in der ganzen Metaphysik dieser Gegenstände, uns aller empirischen Prinzipien gänzlich enthalten, die über den Begriff noch irgendeine Erfahrung hinzusetzen möchten, um etwas über diese Gegenstände zu urteilen.

(*KrV* A 848 = B 876)

Kants Rede von einer apriorischen Bezogenheit des Verstandes *auf* und Einstimmung (aber nicht: Kontamination) *mit* der Erfahrung ist gewiß nicht besonders durchsichtig. Wie kann der »Begriff Materie« *rein* heißen und in einer Metaphysik verhandelt werden, wenn er nur gewonnen werden konnte aus sinnlicher, aposteriorischer Erfahrung? Jedenfalls scheint Kant an einen apriorischen Erfahrungsverweis zu denken, wenn er in dem weiter oben angeführten Zitat aus der Schrift *Über den Gebrauch teleologischer Prinzipien* von der Empirie*bezogenheit* gewisser Begriffe spricht, denen dennoch gar nichts Empirisches *beigemischt* sei. Durch sie ist nicht wie aus der Metaphysik der Ideen erschlossen, unter welchen Prämissen das Gewimmel der empirischen Welt als konsistentes Ganzes hypothetisch erklärt werden könnte. Hypothesen können sich als falsch herausstellen, Grundsätze (auch regulative) haben apodiktische Gewißheit. Nicht nur hypothetische Geltung und Allgemeinheit soll also die Metaphysik der Natur beanspruchen, sondern apodiktisch gewisse. Sie soll Naturgesetze im strengen Sinne aufstellen, nicht solche, die bloß den Status von (im Vorblick auf ideale, aber unobjektive Einheitsprinzipien) induzierten Regeln besitzen.

Natur in formeller und in materieller Bedeutung

Erst gegen Ende der 80er Jahre, erkennbar seit der Abhandlung *Über den Gebrauch teleologischer Prinzipien in der Philosophie*, hat Kant Zweifel am Sinn des Unterfangens bekommen, die Metaphysik der Natur insgesamt aus bloßen Verstandesprinzipien (statt aus Ideen) abzuleiten. Das spiegelt sich in einer Unsicherheit der Verwendung des Ausdrucks ›Metaphysik‹, dessen Bedeutung zu schwanken beginnt zwischen der 3. und der 4. (nach der oben gegebenen einführenden Grobeinteilung), also zwischen der Auffassung von der Metaphysik als (transzendentaler) Gegenstandstheorie (Ontologie) und ihrer Bestimmung als System der rein übersinnlichen Vernunft-Prinzipien, zu welcher die Kritik der reinen Vernunft einerseits, und die Ontologie andererseits nur propädeutische Vorarbeit leisten sollen. In der Vorrede zu den *MAN* stellt Kant, wie wir sahen, sein Werk unter den Titel einer rationalen oder allgemeinen Physik (dieser Titel taucht aber im Schema nach *Refl.* Nr. 4851 als Endpunkt der Verästelungen der speziellen Metaphysik auf, in welcher die Vernunft nicht – wie in der Kritik – reflexiv auf sich selbst, sondern »auf von der Vernunft unterschiedene Objekte angewandt« wird). Im selben Schema gehört die »Ontologie« zur allgemeinen Metaphysik, wo »die Vernunft und ihre Begriffe ⟨...⟩ selbst das objekt ⟨sic!⟩ aus⟨machen⟩«. Dem entspricht auch die Definition der Ontologie in der Preisschrift über die Fortschritte der Metaphysik:

Die Ontologie ist diejenige Wissenschaft (als Teil der Metaphysik), welche ein System aller Verstandesbegriffe und Grundsätze, aber nur so fern sie auf Gegenstände gehen, welche den Sinnen gegeben, und also durch Erfahrung belegt werden können, ausmacht. Sie berührt nicht das Übersinnliche, welches doch der Endzweck der Metaphysik ist, gehört also zu dieser nur als Propädeutik, als die Halle, oder der Vorhof der eigentlichen Metaphysik, und wird Transcendental-Philosophie genannt, weil sie

die Bedingungen und ersten Elemente aller unserer *Erkenntnis* a priori enthält.
(AA XX, S. 260)

In diesem Sinn gehörten die *Metaphysischen Anfangsgründe der Naturwissenschaft* zur Allgemeinen Metaphysik, nämlich zur Ontologie als dem System aller synthetischen Grundsätze des reinen Verstandes, und nicht zur »Physica rationalis«. Sie bereiteten dieser – als ideengeleiteter, nicht mehr direkt erfahrungskontrollierter Metaphysik – nur propädeutisch den Weg; soll doch jene ›zukünftige Metaphysik, die als Wissenschaft wird auftreten können‹, nichts anderes sein als eine durch die transzendentalphilosophische Kritik reformierte und so auf die »Heerstraße der Wissenschaft« zurückgebrachte, keineswegs aber destruierte Metaphysik.

Andererseits besteht kein Zweifel, daß Kant die *MAN* nicht bloß als Transzendentalphilosophie (Ontologie), sondern als rationale Naturlehre bestimmt und also zur speziellen Metaphysik rechnet. Das Prädikat ›metaphysisch‹ im Titel der *MAN* spiegelt mithin ein eigentümliches Schwanken zwischen der bloß ontologisch-transzendentalphilosophischen und der systematisch-ideengeleiteten Metaphysik, welch letztere Kants Spätwerk dann durch Einbeziehung teleologischer Erklärungsprinzipien auf ein neues Fundament zu stellen sich genötigt fand. In den *MAN* wird der Inhalt der dort vorbereiteten Metaphysik noch mehr oder weniger ontologisch-transzendentalphilosophisch spezifiziert, nämlich am Leitfaden eines Gesetzesbegriffes, wie er schematisierten (d. h. a priori auf reine Anschauung bezüglichen) Kategorien – ›synthetischen Grundsätzen des reinen Verstandes‹ – eignet. Auch das erfüllt die Definition von ›Metaphysik‹ als Wissenschaft des Übersinnlichen, insofern die Grundsätze, obwohl sie Sinnliches a priori spezifizieren (begrifflich zurichten), nicht in den Bereich des Sinnlichen fallen. Das so Spezifizierte ist also nicht die Natur in der Mannigfaltigkeit ihrer empirischen Gesetze (»das Wort Natur bloß in *formaler* Bedeutung genommen«, wo jedes empirische Gebilde ein eigenes inneres Prinzip – eine Idee – zum Erklärungsgrund hätte [AA IV, S. 467, Z. 3]), sondern

die Natur in *materieller* Bedeutung genommen, nicht als eine Beschaffenheit ⟨formal: ein Wesen, ein inneres Prinzip⟩, sondern als der Inbegriff aller Dinge, so fern sie *Gegenstände unserer Sinne*, mithin auch der Erfahrung sein können, worunter also das Ganze aller Erscheinungen, d. i. die Sinnenwelt mit Ausschließung aller nicht sinnlichen Objekte, verstanden wird. Die Natur, in dieser Bedeutung des Worts genommen, hat nun nach der Hauptverschiedenheit unserer Sinne zwei Hauptteile, deren der eine die Gegenstände *äußerer*, der andere den Gegenstand des *inneren* Sinnes enthält. Mithin ist von ihr eine zwiefache Naturlehre, die *Körperlehre* und *Seelenlehre*, möglich, wovon die erste *ausgedehnte*, die zweite die *denkende* Natur in Erwägung zieht.
(AA IV, S. 467 mit Anm.)

Die Unterscheidung einer Natur ›in formaler Bedeutung‹ (»natura formaliter ⟨oder auch: adjective⟩ spectata«) von einer Natur ›in materialem Betracht‹ (»natura materialiter ⟨oder auch: substantive⟩ spectata«) ist auf Anhieb nicht leicht zu durchschauen und bedarf einer Erklärung (vgl. *KrV* B 163, 165; B 446 Anm.; ferner: §§ 16 und 17 der *Prolegomena*). Material wird die Natur betrachtet, wenn nicht »nur die *Gesetzmäßigkeit* der Bestimmung des Daseins der Dinge überhaupt«, sondern »das *Objekt*« selbst in den Blick kommt. »Natur also materialiter betrachtet, ist *der Inbegriff aller Gegenstände der Erfahrung*«. Der Akzent steht auf der Darstellbarkeit der vom Verstande vorgenommenen Bestimmungen eines Dings-überhaupt in sinnlicher Erfahrung (im Unterschied zu denkbaren Dingen, die Gegenstände übersinnlicher Erkenntnis wären); und diese sinnliche Darstellbarkeit ist im Prädikat »material« konnotiert. In den *Prolegomena* fährt Kant dann so fort: »Das *Formale* der Natur in dieser engern ⟨erfahrungsverwiesenen⟩ Bedeutung ist also die Gesetzmäßigkeit aller Gegenstände der Erfahrung, und, sofern sie a priori erkannt wird, die *notwendige* Gesetzmäßigkeit derselben« (§ 17). Hier scheint »formal« nur denjenigen Zug aller Erfahrungsgegenstände zu bezeichnen, daß sie insgesamt, durchgängig und notwendig durch Grundsätze des reinen Verstandes bestimmt sind. So scheint auch in *KrV* B 164f. die »natura formaliter spectata« definiert zu sein: als ›Natur überhaupt‹, durchgängig unter Kategorien stehend (und zwar so, daß damit besondere empirische Naturgesetze wie etwa das der Schwerkraft oder der Keplerschen Gesetze noch nicht spezifiziert sind; um solche Gesetze aufzustellen, bedarf der Verstand Belehrung durch die Erfahrung).

Eine andere (nicht-transzendentale) Bedeutung (wo ›Form‹ apriorische Ermöglichungsbedingung der Erkennbarkeit von Gegenständen meint) scheint »Natur, adjective (formaliter) genommen« in der Anmerkung der *KrV* A 419 = B 446, aber auch im Zitat aus *MAN* (AA IV, S. 467 mit Anm.), anzunehmen. Hier meint ›Natur‹ im Sinne der aristotelisch-scholastischen Tradition das individuelle »Wesen«, also *das, was* eine Sache ist: die sie charakterisierende(n) Eigenschaft(en) (darauf deutet das »adjective« [»eigenschaftlich«] in der obigen Definition [vgl. auch *Refl*. Nr. 5433, AA XVIII, S. 181]). Was eine Sache zu dem macht, was sie ist: »das (ᵍinnere) principium der Wirksamkeit eines Wesens« (l. c.) – ihre essentiellen Eigenschaften – , hatte Aristoteles in den *Analytica posteriora* II 11 (und anderswo) als ihren ersten Grund aufgeführt: »⟨er⟩ besteht in dem, was das Wesen der Sache ausmacht (αἰτίαι δὲ τέτταρες μία μὲν τὸ τί ἦν εἶναι)« – oder warum sie unter allen Dingen notwendig gerade dieses ist. Die Scholastiker nannten das die »causa formalis«; und sie scheint Kant im Sinne zu haben, wenn er von Natur als Wesensbestimmtheit oder von der Natur formaliter betrachtet spricht. Von einem solchen inneren Prinzip – »die innere Notwendigkeit eines Dinges« – sagt Kant in einer Reflexion (Nr. 5249 [AA XVIII, S. 131]), sie »läßt sich Gar nicht denken«. Die hier vorliegende Verwendung von ›formal‹ entspricht dann auch nicht der oben gegebenen (wo ›formal‹ meint: durch die Kategorien als Gegenständlichkeit-überhaupt bestimmt). Darum kann Kant die Begriffs-Verwendung von ›formal‹ in diesem zweiten Sinne auch erläutern durch die Rede »von der Natur der flüssigen Materie, des Feuers etc.« (*KrV* A 419 = B 446), womit gemeint ist »das erste, innere Princip alles dessen, was zur Möglichkeit eines Dinges gehört« (*MAN*, AA IV, S. 467, Anm.), also offensichtlich sein Formalgrund. Das Wesen eines Dings ist eine Eigenschaft so, daß das Ding es notwendig hat und daß kein anderes es haben könnte; ein solches Wesen individuiert ein Ding. Darum nannten es die Scholastiker seine ›individuelle Wesenheit‹ oder ›Diesheit (haecceitas)‹. Sie wird nicht durch allgemeine Prädikabilien (Kategorien) von einem Objekt-überhaupt bestimmt, sondern – wie Kant später annimmt – durch Ideen (Zweckbegriffe: also Vorstellungen von Dingen als Ursachen ihres Daseins [vgl. *Refl.* Nr. 5653, AA XVIII, S. 311, Z. 5 ff.]): Diese Konversion von der mechanizistischen Erklärung der *MAN* zur Teleologie wird im Zentrum des naturphilosophischen Teils der *KU* stehen. In ihr werden Ableitungen der konkret existierenden Natur aus Ideen versucht, die als ›innere Prinzipien der Wirklichkeit alles, was einem Gegenstande zukommt‹ (*Refl.* Nr. 5408, AA XVIII, S. 175), also als ›Realgründe‹ funktionieren (l. c., *Refl.* Nr. 5412; vgl. *Refl.* Nr. 5432, S. 180: »Die Natur eines Dinges ist der komplette realgrund dessen, was notwendiger Weise aus der Beschaffenheit eines Dinges nach allgemeinen Gesetzen herfließt. ⟨...⟩ Der allgemeine realgrund der dem Dinge inhaerierenden Bestimmungen ist Natur; also dasjenige, wodurch nach einem allgemeinen Gesetz das, was zu den Prädikaten seines Daseins gehört, bestimmt ist«). Anderswo wird die Zweckidee eines empirischen Naturdings mit der Idee der Vorsehung verbunden, die ›speziell‹ heißt (»providentia specialis«), wenn sie »auf indivua ⟨geht⟩« (*Refl.* Nr. 5551 b [AA XVIII, S. 216 f.]). »Kosmische anordnungen« verlangen nach einem allgemeinen Umwillen (»providentia universalis«), aus dem ihre Realität verständlich wird (l. c.). Das wäre ein »Unbedingtes«, wie nicht der Verstand, der endlos von Wirkungen zu Ursachen zurückfragt, sondern nur »die Vernunft« es »verlangt ⟨...⟩ als die Totalität der Bedingungen« für ein gegebenes Objekt (*Refl.* Nr. 5553 [l. c., S. 221]).

Aber schon im ersten Abschnitt der Abhandlung *Über den Gebrauch teleologischer Prinzipien in der Philosophie* (zu dem die eben zitierte »*Vorrede*« auf dem Losen Blatt [*Refl.* Nr. 5653, AA XVIII, S. 311 f.] als Entwurf zu gehören scheint) wird der Aufstellung (und Ausmessung der Geltung) von Gesetzen der Natur in materialer Bedeutung der Titel ›metaphysisch‹ wieder entzogen (dies sei die Methode bloßer »Physik«) und nur der teleologischen (auf regulative Prinzipien zurückgreifenden) Erklärungsart der formal betrachteten Natur dieser Rechtstitel belassen (vgl. den Kommentar zu dieser Schrift, S. 1144 ff., und zur *KU*, S. 1228). Es genügt an dieser Stelle, die terminologische Zweideutigkeit von ›Metaphysik‹ angemerkt zu haben; das hilft uns, den eigentümlichen Charakter dieser Schrift, die nicht zufällig zwischen der *KrV* und der *KpV* erschien, besser einzuschätzen. Wenn empirische Physik »*angewandte* Vernunfterkenntnis« ist, sind die *Metaphysischen Anfangsgründe der Naturwissenschaft* darin metaphysisch, daß sie nicht empirisch-angewandte, sondern *reine* Naturerkenntnisse behandeln (AA IV, S. 468, Z. 30 ff.). Und rein ist eine Naturerkenntnis dann, wenn sie a priori im (schematisierten) Verstande entspringt und apodiktische Einsicht in die notwendige Allgemeinheit der von ihr aufgestellten Gesetze mit sich führt, wie sie aus induktiver (empirischer) Naturbeobachtung nie zu gewinnen wäre (vgl. AA XXI, 61; *KrV* B 3 f., A 196-241). Damit hängt zusammen der Objektivitäts-Anspruch des so Aufgestellten. Auf der anderen Seite ist die Metaphyik der Natur auf Empirisches (Daseiendes) bezogen (und muß darum, um ihrer wissenschaftlichen Reinheit willen, merkwürdig inkonsequent auf die Verfahren der Mathematik rekurrieren, die doch von denen der Metaphysik zuvor so streng geschieden waren). Die undeutliche Rede von der Erfahrungsunabhängigkeit bei gleichzeitiger Erfahrungsbezogenheit der Metaphysik hat eine auffällige Parallele in der *Refl.* Nr. 5679: »Metaphysik handelt entweder von Gegenständen der reinen Vernunft oder von Gegenständen der Erfahrung durch reine Vernunft, nicht nach empirischen, sondern rationalen principien«

(AA XVIII, S. 325). Und im *Opus postumum* unterscheidet Kant zwischen »empirischen Wissenschaften« und »Wissenschaften des Empirischen« bzw. »Systemen des Empirischen« (vgl. Karen Gloy, l. c., S. 189f., dort auch Belegstellen). Aber selbst wenn – wie wir vorhin sahen – die Kategorie ›Wirklichkeit‹ einen Erfahrungsbestand gleichsam a priori antizipieren können sollte, so wäre damit doch noch nicht antizipiert, daß es Bewegung *gibt*. Bewegung ist aber das Definiens der materiellen Körper; und ihre Materialität wird durch die Empfindung verbürgt (*Refl.* Nr. 40 [AA XIV, S. 119, Z. 7f.]). Kant nennt die Bewegung empiriegestützt und scheint sie damit von dem zu unterscheiden, was aus Grundsätzen einer reinen Naturwissenschaft a priori bekannt ist.

Notwendig-zufällig, allgemein-beschränkt, objektiv-subjektiv

Karen Gloy hat dem schwer faßlich zu machenden Programm einer rein apriorischen (und doch mit Materie, einem nur empirisch Kennbaren, befaßten) Naturwissenschaft durch eine Reihe bei Kant wiederkehrender Begriffspaare erkenntnistheoretisches Profil zu geben versucht. Es sind dies die Reflexionsbestimmungen a) notwendig-zufällig, b) allgemein-beschränkt, c) objektiv-subjektiv.

a) Von Gesetzen spricht Kant nur im Blick auf All-Sätze, die a priori fundiert sind; bei aus einzelnen Wahrnehmungsurteilen induzierten All-Sätzen spricht er von Regeln (*KrV* A 113, 126; *Prolegomena*, §§ 22 und 23; *MAN*, AA IV, S. 468f.; *Refl.* Nr. 5414; allerdings hält er sich nicht immer streng an seinen eigenen Differenzierungsvorschlag). Nur dasjenige, dessen So-und-nicht-anders-sein-Können aus Grundsätzen des reinen Verstandes eingesehen werden kann, ist frei von den Fallibilitäten der empirischen Induktion; nur solches ist (nach der dritten Modal-Kategorie) als *notwendig* einsehbar und in Sätzen artikulierbar wie ›S ist immer p‹ oder ›S muß p sein‹. Die Mathematik besteht nach Kants Ansicht aus lauter solchen Sätzen, deren Notwendigkeit unbedingt ist. Verschieden von ihnen sind Sätze, die zwar von Empirischem nicht abhängig sind, doch aber darauf Rücksicht nehmen, und deren Geltung nur ›bedingt notwendig‹ ist (*KrV* A 160 = B 199 f.); das sind die Sätze der Naturwissenschaft, die nur zum Teil auf Erkenntnisbedingungen a priori, zum Teil auf der Beschaffenheit des empirischen Materials (und seiner Existenz, die in der Mathematik ganz außer Betracht bleibt) beruhen (*KrV* B 110; A 720 = B 748). – Man hat oft behauptet, daß die *MAN* eine apriorische Rekonstruktion der Newtonschen Physik zu leisten strebten. Und in der Tat gibt es bei Kant Belege, die eine solche Annahme stützen; so etwa die Reflexion Nr. 5414 (AA XVIII, S. 176), die Newtons Gesetzen – im Gegensatz zu den Keplerschen – Apriorität und Notwendigkeit, also Unabhängigkeit von Erfahrung zuspricht:

> Empirisch kann man wohl regeln herausbringen, aber nicht Gesetze; wie Kepler im Vergleich mit Newton; denn zu den letzteren gehört notwendigkeit, Mithin, daß sie a priori erkannt werden.

b) Damit hängt eng zusammen die ausnahmslose Geltung eines reinen Grundsatzes für *alle* Fälle seiner Anwendung; denn die Anwendung geschieht selbst a priori (auf *reine* Anschauungen oder Anschauungs*formen*, die ihrerseits alles einzelne Empirische umfangsmäßig in sich enthalten). So sind Gesetze apodiktisch allgemein-gültig und nicht bloß von hypothetischer oder partieller oder Ausnahmen einräumender Geltung (vgl. *KrV* B 4, A 91 = B 124, A 112, *Refl.* Nr. 4812).

c) Objektiv heißen Aussagen, deren Wahrheit verbürgt ist und die mithin nicht bloß eine subjektive Vorstellung oder Einbildung, sondern ein wirkliches Objekt bestimmen (vgl. *KrV* A 121, B 141 f., *Prolegomena*, §§ 18 f.). Wie aber erfolgt diese Bürgschaft, wenn gleichzeitig gilt, daß ›objektiv‹ nur heißen kann, dem auch ein Materielles in der Welt entspricht (man würde eine Vorstellungskomplexion nicht als Objekt ansprechen, wenn ihr – wie des Teufels Großmutter – das Dasein fehlt). Dasein (oder Existenz) von Vorstellungs-Inhalten wird aber einzig durch Empfindung gewährleistet

(*KrV* B 272 f.). Andererseits liefern uns Empfindungen nur Erscheinungen (sekundäre Qualitäten der Dinge wie Schwere, Süße, Farben, Töne usw.), keine Objekte. Dazu genügt auch nicht die Einbettung in Raum und Zeit als reinen Anschauungen; objektiv heißen nur die Vorstellungen, die durch Prädikate wahrer Urteile charakterisiert werden, anders gesagt: die hinsichtlich ihrer Qualität(en) durch die vier Urteilsformen bestimmt und so »zur *objektiven* Einheit der Apperzeption« gebracht werden (*KrV* B 141 [Hervorh. von den Hgg.]). Um Urteile, bei denen diese Bedingung erfüllt ist, von solchen zu unterscheiden, deren beide Elemente (Subjekt- und Prädikatterminus) bloß auf unmittelbarer Empfindung beruhen (›dieses Glas Wein schmeckt süß‹), hat Kant in den *Prolegomena* Georg Friedrich Meiers alte Unterscheidung von anschaulichen und diskursiven (oder auch: Nach-)Urteilen wiederaufgegriffen und in den Gegensatz von Wahrnehmungs- und Erfahrungsurteilen umformuliert (AA XVI, S. 674 ff.; dazu Karen Gloy, l. c., S. 52 ff.). Zu gesicherten Beständen der Erfahrung (mithin zu Objekten) werden subjektive Vorstellungen erst, wenn sie für alle Subjekte gelten (*Refl.* Nr. 3145 [AA XVI, S. 678]); und das ist nach Kant nur möglich, wenn sie sich als reine Anschauungen physikalisch darstellen lassen: subjektiv empfundene Schwere – das Druckgefühl des Eisenklumpens auf meiner Handfläche – etwa als Erscheinung der objektiven Dichte (ein Grad der Raumerfüllung). »Ich erfahre nicht«, sagt Kant, »daß das Gold dichter sei als Eisen, sondern daß es schwerer sei« (*Refl.* Nr. 3142 [AA XVI, S. 676; vgl. l. c., S. 679, *Refl.* Nr. 3146]). Um aufs *objektive* Urteil ›Gold hat eine größere spezifische Dichte als Eisen‹ zu kommen, mußte ich die unmittelbare Empfindung überschreiten und sie mittelbar – durch einen Schluß – interpretieren. »Alle Körper sind dicht« meint dann: Wenn etwas Körper, so ist es dicht; dies ist ein hypothetisch objektives Erfahrungsurteil, das einer empirischen Bestätigung bedarf und insofern nur ›bedingt notwendig‹ gilt. A priori (›unbedingt‹) läßt sich nur das Faktum der gradweisen Raumerfüllung im Verhältnisspiel der ausdehnsamen und kontraktiven Kräfte zeigen; Urteile über spezifische Raumerfüllung (spezifische Dichten von Materien) bedürfen empirischer Abstützung und tragen mithin einen untilgbaren Index bloßer (un-objektiver) Wahrscheinlichkeit bzw. Korrigierbarkeit. Damit ist die Frage nach dem epistemischen Status solcher halb-reinen naturwissenschaftlichen Urteile gestellt.

Jedenfalls führen die *MAN*, ohne ›angewandt‹ im Sinne der empirischen Physik heißen zu dürfen, nur Konsequenzen aus, die im Programm einer reinen Naturwissenschaft entworfen waren, wie es die *Kritik der reinen Vernunft* fünf Jahre früher implizit schon gegeben hatte. Dort hatte Kant gezeigt, daß die Physik (oder Naturwissenschaft) »*synthetische Urteile a priori als Prinzipien in sich ⟨ enthält⟩*« (*KrV* B 17). ›Synthetisch‹ heißt ein Urteil, wenn das Prädikat über die Extension des im Subjekt-Terminus Bezeichneten hinausgeht; ›a priori‹, wenn diese Erweiterung erfahrungsunabhängig – also mit apodiktischer Einsichtigkeit und notwendig universeller Geltung – vorgenommen werden kann. Synthetische Sätze a priori, die die Naturwissenschaft in sich enthält, wären z. B. die folgenden:

daß in allen Veränderungen der körperlichen Welt die Quantität der Materie unverändert bleibe ⟨das erste thermodynamische Grundgesetz⟩, oder daß, in aller Mitteilung der Bewegung, Wirkung und Gegenwirkung jederzeit einander gleich sein müssen. An beiden ist nicht allein die Notwendigkeit, mithin ihr Ursprung a priori, sondern auch, daß sie synthetische Sätze sind, klar. Denn in dem Begriffe der Materie denke ich mir nicht die Beharrlichkeit, sondern bloß ihre Gegenwart im Raume durch die Erfüllung desselben. Also gehe ich wirklich über den Begriff von der Materie hinaus, um etwas a priori zu ihm hinzuzudenken, was ich in ihm nicht dachte. Der Satz ist also nicht analytisch, sondern synthetisch und dennoch a priori gedacht, und so in den übrigen Sätzen des reinen Teils des Naturwissenschaft.

(*KrV* B 17f.)

In einer Anmerkung zu l. c., B 20, sagt Kant, es könne wohl mancher bezweifeln, daß Naturwissenschaft in diesem Sinne rein heißen könne:

> Allein man darf nur die verschiedenen Sätze, die im Anfange der eigentlichen (empirischen) Physik vorkommen, nachsehen, als den von der Beharrlichkeit derselben Quantität Materie, von der Trägheit, der Gleichheit der Wirkung und Gegenwirkung usw., so wird man bald überzeugt werden, daß sie eine physicam puram (oder rationalem) ausmachen, die es wohl verdient, als eigene Wissenschaft, in ihrem engen oder weiten, aber doch ganzen Umfange, abgesondert aufgestellt zu werden.

Ihr System wollen die *MAN* aufstellen. Dabei gilt es nun, möglichst klar den Unterschied herauszuarbeiten, der zwischen derjenigen reinen Naturwissenschaft besteht, die in dergleichen synthetischen Urteilen a priori niedergelegt ist, und derjenigen

> Propädeutik der Naturlehre, die, unter dem Titel der allgemeinen Naturwissenschaft, vor aller Physik (die auf empirische Prinzipien gegründet ist) vorhergeht ⟨...⟩. Darin findet man Mathematik, angewandt auf Erscheinungen, auch bloß diskursive Grundsätze (aus Begriffen), welche den philosophischen Teil der reinen Naturerkenntnis ausmachen. Allein es ist doch auch manches in ihr, was nicht ganz rein und von Erfahrungsquellen unabhängig ist: als der Begriff der *Bewegung*, der *Undurchdringlichkeit* (worauf der empirische Begriff der Materie beruht), der *Trägheit* u. a. m., welche es verhindern, daß sie nicht ganz reine Naturwissenschaft heißen kann; zudem geht sie nur auf die Gegenstände äußerer Sinne, also gibt sie kein Beispiel von einer allgemeinen Naturwissenschaft in strenger Bedeutung, denn die muß die Natur überhaupt, sie mag den Gegenstand äußerer Sinne oder der des innern Sinnes (den Gegenstand der Physik sowohl als Psychologie) betreffen, unter allgemeine Gesetze bringen. Es finden sich aber unter den Grundsätzen jener allgemeinen Physik etliche, die wirklich die Allgemeinheit, die wir verlangen, als

der Satz: *daß die Substanz bleibt* und beharrt, *daß alles, was geschieht*, jederzeit *durch eine Ursache* nach beständigen Gesetzen vorher *bestimmt sei*, u. s. w. Diese sind wirklich allgemeine Naturgesetze, die völlig a priori bestehen. Es gibt also in der Tat eine reine Naturwissenschaft, und nun ist die Frage: *wie ist sie möglich?*
(*Prolegomena*, § 15)

In diesem Passus sind nicht nur weitere Beispiele einer reinen Naturwissenschaft (mit apodiktisch einsichtiger Allgemeingültigkeit) vorgeführt; es findet auch – unter Anspielung auf die drei Jahre später erscheinenden *MAN* – eine Unterscheidung ihrer von ebenfalls apodiktisch-allgemeinen, aber nicht ganz und gar von Erfahrungsquellen unabhängigen Erkenntnisse bzw. Aussagen statt. Und zu prüfen ist nun, ob und wie diese empirische Fracht die Notwendigkeit und Allgemeinheit, die den Sätzen der reinen Naturwissenschaft anhaftet, nicht beeinträchtigt.

Von der Möglichkeit unreiner synthetischer Sätze a priori:
Bewegung als Prädikabile

Mit der Erkundung der Möglichkeit unreiner synthetischer Sätze a priori wäre unserem Problem vorläufig eine Richtung gewiesen. In der Formulierung ist impliziert, *daß* die *MAN* in der Tat ein Stück Metaphysik sind, also keinen empirischen Ansatz brauchen. Nun ist der Grundbegriff der Abhandlung (in Newtonscher Tradition) »die Bewegung«. Kant nennt sie »die Grundbestimmung eines Etwas, das ein Gegenstand äußerer Sinne sein soll« (AA IV, S. 476). Ohne Beweglichkeit des Raumerfüllenden (der Materie) keine Einwirkung auf die Rezeptoren (Sinnesorgane) des Menschen. (Das ist übrigens eine These, die weit hinter Kant zurückgeht und sich beispielsweise im § 11 des 8. Kap. des 2. Buchs von John Lockes *Essay Concerning Human Understanding* [Versuch über den menschlichen Verstand], aber selbst schon bei den griechischen Atomisten findet. Mit einer transzendentalen Interpretation des Bewußtseins ist sie eigentlich nicht verträglich, worauf schon Kants unmittelbare Nachfolger, z. B. Gottlob Ernst Schulze [1761-1833] in *Aenesidemus oder über die Fundamente der von dem Herrn Professor Reinhold in Jena gelieferten Elementar-Philosophie* [1792], aufmerksam machten.) Aber selbst wenn man die (Kenntnis von) Bewegung umgekehrt von subjektiven Sinnesempfindungen abhängig machte, wäre man aus dem Bereich des empirisch Kontingenten (so, aber auch anders sein Könnenden) nicht in den Bereich der Metaphysik hinausgetreten. Die meisten Arbeiten zu den *MAN* betonen denn auch die Inkonsistenz des kantischen Ansatzes, der Metaphysik auf der Basis erfahrungsdependenter Begriffe betreiben wolle, wobei dann die Metaphysik als ein System synthetischer Sätze a priori (*KrV* A 722 = B 750) nur eine Art Überhöhung der Erfahrungsbasis sein könnte. (Z. B. Hansgeorg Hoppe, *Kants Theorie der Physik. Eine Untersuchung über das Opus postumum von Kant*, Frankfurt/Main 1969; Walter Bröcker, *Kants Lehre von der äußeren Affektion*, in: ›Forschungen und Fortschritte‹ 20 [1944], S. 151-154.)

Lothar Schäfer (*Kants Metaphysik der Natur*, Berlin 1966) sucht die metaphysische Anlage des Werks zu verteidigen: Die Erfahrungsbasis der *MAN* sei der Apodiktizität der Sätze, aus denen sie besteht, nicht abträglich; denn sie sei durch und durch von reinen Begriffen imprägniert. Die sinnesphysiologische Erklärung der Affektion aus bewegten äußeren (auf die Rezeptoren einwirkenden) Gegenständen werde auf a priori Einsichtiges zurückgeführt: auf das Geöffnetsein des Subjekts gegen das Außer-ihm, welches ja nicht das erkenntnis-transzendente Ding an sich, sondern ein Chaos an (subjektiven) Erscheinungen ist, das sich seinerseits in zwei Formen ausbreitet, die wiederum dem Subjekt selbst zugehören (Raum und Zeit). Nun bilden die Erscheinungen den Stoff (die Materie) der Empfindung; und da Bewegung Raum und Zeit vereinigt (*KrV* A 41 = B 58), scheint sie dem Materiellen als Grundqualität zuzukommen (Schäfer, l. c., S. 28, 36 f.).

Dann aber ist nicht einzusehen, warum Bewegung nicht schon unter den ›abgeleiteten reinen Verstandesbegriffen‹ oder unter den Schemata in der *KrV* auftauchte, zumal deren 2. Auflage (ein Jahr nach dem Erscheinungsjahr der *MAN*) leicht Gelegenheit zu einem solchen Nachtrag geboten hätte. Tatsächlich ist die Bewegung in der *KrV* nicht als *notwendige* Qualität der Materie deduziert, die objektive Geltung dieses Begriffs mithin noch nicht erwiesen. Im § 7 der Transzendentalen Ästhetik sagt Kant vielmehr, Bewegung setze als Vereinigung beider den Raum und die Zeit wohl voraus, sei aber aus den reinen Anschauungsformen allein noch nicht evident; sie gehöre zur Sinnlichkeit und setze »die Wahrnehmung von etwas Beweglichem voraus« (A 41 = B 58). So wie der Raum die Erfahrung von Bewegtem, so liefert auch die Zeit allein nicht den Begriff von irgendeinem sich verändernden Dasein – dazu sei zusätzliche Aufnahme von Erfahrung erfordert. Schäfer nimmt Bewegung als eine in reiner Anschauung schon vollzogene Synthesis einfach auf, analysiert die Elemente dieses (empirischen) Begriffs und setzt sie zu den Kategorien in Beziehung. Das eigentlich Nachzuweisende wird hier als bereits gelöst vorausgesetzt (vgl. Karen Gloy, l. c., S. 9).

Peter Plaas (*Kants Theorie der Naturwissenschaft. Eine Untersuchung zur Vorrede von Kants » Metaphysischen Anfangsgründen der Naturwissenschaft«*, Göttingen 1965) sucht das Dilemma durch folgende Arbeitsteilung zu vermeiden: Das Wesen (der Inhalt) der Bewegung sei a priori denk- oder vorstellbar, damit aber natürlich noch kein Beweis geliefert für die Realität (hier: im Sinne von Existenz), die erfahrungsabhängig sei (l. c., S. 84 ff. und S. 95 ff.). Dann aber wären Aussagen über Bewegung als ein real Existierendes nicht apodiktisch, sondern hypothetisch-deduktiv, also vielleicht ungültig wie alles aus wiederholten (nie identisch wiederkehrenden) Erfahrungen Induzierte. Solche Apodiktizität sahen wir Kant aber für seine Sätze über ›allgemeine Physik‹ (über Materie *überhaupt*) nachdrücklich reklamieren und nur nicht auf die *spezifischen* Eigenschaften der Materie ausdehnen (z. B. auf die alternativen, gleichermaßen unentscheidbaren Erklärungsweisen unterschiedlicher Grade der Raumerfüllung, welche Atomismus und Dynamismus darstellen). Karen Gloy betont zu Recht, daß dieser Anspruch sich nur halten läßt, wenn es möglich ist, »den Grundbegriff der *MAN* nicht allein dem Inhalte, sondern auch der Realmöglichkeit nach a priori zu deduzieren« (l. c., S. 12). Kant scheint dies leisten zu wollen.

Dabei setzt er voraus, daß nicht alle Naturgesetze, die Thema der *MAN* werden, sich von selbst verstehen. Sollen sie dennoch für Gesetze im strengen Sinne gelten, bedürfen sie einer Ableitung aus Sätzen, deren Geltung aus einem selbst Unbedingten (dem reinen Selbstbewußtsein) feststeht. Diese a priori einsichtigen Grund-Sätze hätten ihrerseits keine Anwendung, bezögen sie sich nicht auf das durch sie bestimmte Feld des Anschaulichen (und in letzter Instanz Empirischen). Die Wechselverwiesenheit von Bedingendem und Bedingtem spricht der Schlußsatz der großen Anmerkung zur Vorrede des Werks bestimmt aus (AA IV, S. 476); aber schon die Anmerkung zur Zweitfassung der »Paralogismen der reinen Vernunft« hatte über das Verhältnis des Prinzips (des reinen Selbstbewußtseins) zu den von ihm (vermittels der Kategorien) spezifizierten Erscheinungen festgehalten:

Denn es ist zu merken, daß, wenn ich den Satz: Ich denke, einen empirischen Satz genannt habe, ich dadurch nicht sagen will, das *Ich* in diesem Satze sei empirische Vorstellung, vielmehr ist sie rein intellektuell, weil sie zum Denken überhaupt gehört. Allein ohne irgendeine empirische Vorstellung, die den Stoff zum Denken abgibt, würde der Aktus, Ich denke, doch nicht stattfinden, und das Empirische ist nur die Bedingung der Anwendung, oder des Gebrauchs des reinen intellektuellen Vermögens.

(*KrV* B 423)

So ist der Bezug auf Sinnliches (und selbst Empirisches) das Gegenstück zur Leerheit des ›Ich denke‹ (vgl. z. B. A 345 f. = B 404), welches – wie Kant immer wieder betont – eines sinnlich gegebenen Etwas bedarf, um seinen Gedanken ›eine Bedeutung‹ (das meint: einen Objekt-Bezug) zu verschaffen (l. c., A 146 = B 185; A 239 f. = B 298 f.). Ohne ein (sinnliches) Gegebenes hätte der Verstand nichts, dem er eine begriffliche Deutung verleihen könnte; ohne solche Deutung bliebe die Anschauung unverständig (vgl. l. c., A 51 = B 75). Insofern gehört der Erfahrungsbezug selbst zu den notwendigen Objektivitäts-Bedingungen der reinen Verstandesbegriffe (A 258 = B 314); und deren ›transzendentale Deduktion‹ tritt für den Nachweis an, daß 1. solche Begriffe Grund sind für die einheitliche Verfaßtheit von Erfahrung, wo immer eine solche auftritt (§ 20, B 143), 2. daß sie – über die ›formale Anschauung‹ von Raum und Zeit, die alle empfindungsmäßige Auffüllung umfaßt – für *alle* Erfahrung gültig sind (und nicht nur für einige, für andere dagegen nicht, § 26, B 159-161 [vgl. die klassische Rekonstruktion der Zweischrittigkeit des Beweisgangs durch Dieter Henrich, *The Proof-Structure of Kant's Transcendental Deduction*, in: ›The Review of Metaphysics‹ 22 [1969] S. 640-659]). Die große Anmerkung zur Vorrede der *MAN* nimmt Stellung zu Einwänden, die die transzendentale Deduktion in der A-Fassung der *KrV* erfahren hat, und skizziert erstmals die Neufassung derselben, wie sie dann in der B-Auflage des Werks ausgeführt wird. Dabei betont er, es sei Hauptzweck derselben zu beweisen, »*daß* die Kategorien, deren sich die Vernunft in allem ihrem Erkenntnis bedienen muß, gar keinen anderen Gebrauch, als bloß in Beziehung auf Gegenstände der Erfahrung haben können (dadurch daß sie in dieser bloß die Form des Denkens möglich machen« – während die Frage, »*w i e* sie solche möglich machen«, also welcher Mittel und Erkenntnis-Vermögen sie sich dabei bedienen, »bloß *verdienstlich*«, aber »keineswegs *notwendig*« sei (AA IV, S. 474, Anm.)

In Kants Definition des Wortes ›transzendental‹ interveniert solcher im vorhinein (›a priori‹) garantierte Erfahrungsbezug der reinen Formen (des Verstandes wie der Sinnlichkeit) ja immer in der Weise, daß wir mit diesem Prädikat nicht einfach apriorische Vorstellungen spezifizieren; ›transzendental‹ heißen apriorische Anschauungen oder Begriffe nur dann, wenn ihr Apriori erfahrungskonstitutiv ist (vgl. *KrV* A 56 = B 80). Transzendentale Vorstellungen sind also Realmöglichkeiten der Sachen (als Erscheinungs-Konfigurationen) selbst. Nur darf der empirische Anteil in aller (so zusammengesetzten) Erkenntnis die Apodiktizität und Allgemeinheit der Erkenntnis nicht beeinträchtigen; das wäre der Fall, wenn durch transzendentale Prinzipien Erfahrungen interpretiert würden, die mal so, mal anders sich gestalten könnten. Andererseits bleiben die reinen (auf Anschauung unangewandten) Kategorien so lange bedeutungslos, als sie keinen Gegenstand haben, den sie charakterisierten.

Kant muß also zweierlei vermeiden, wenn er die strikte Interdependenz (und Kooperation) von Sinnlichkeit und Verstand behaupten will: 1. die Eingrenzung des Sinnlichen aufs Zufällige, Empirische, mal so, mal anders sich Darstellende (und zu diesem Zweck muß er reine Formen der Anschauung annehmen); 2. muß er das Prinzip des Verstandes, das reine Selbstbewußtsein, so bestimmen, daß es ohne einen essentiellen Bezug auf Anschauung wohl denkbar wäre, aber gar nicht existieren könnte. Für die Grundcharaktere der Anschauung (Homogenität, Unendlichkeit und Kontinuität) bedeutet das, daß sie als solche zwar schon vorliegen müssen, eine begriffliche Interpretation aber erst durch den Eingriff des Denkens erfahren; und das betrifft auch die Züge an ihnen, die man für rein anschaulich halten könnte, die sich aber bei genauer Analyse als begrifflich herausstellen: Die Definition der Homogenität (wonach, was für einen Wert eines Variablen-Gebiets gilt, eo ipso auch für alle anderen desselben gilt) bringt den Begriff der nicht weiter analysierbaren Einfachheit – den Punkt z. B. bei einer Geraden – ins Spiel; die der Unendlichkeit die Begriffe der Zeitstellen und Zahlen; und die der Kontinuität den der numerischen Identität Eines, das sich im Wechsel der Zustände durchhält. Umgekehrt appelliert aber auch das Selbstbewußtsein an die Erfüllung durch Anschauung; ja, in den »Paralogismen der reinen Vernunft« zeigt Kant, daß seine ›numerische Identität‹ sich gar nicht bemerklich machen könnte, wäre sie nicht wesentlich bezogen auf eine Vorstellungs-Abfolge in der Zeit, hinsichtlich deren sie sich als bleibendes Eins behauptet (*KrV* A 344 = B 404, A 361 ff.). Denn was sollte ›Durchgängigkeit des Bewußtseins‹ bedeuten, wenn es nicht ein stets Wechselndes gäbe, durch welches das Ich unverändert hindurchgeht? (Vgl. Karen Gloy, l. c., S. 112-119.)

Im Unterschied zu blinden Anschauungen und leeren Begriffen sind die von Kant so genannten Grundsätze des reinen Verstandes bereits anschauungsgesättigt (›schematisiert‹) und bieten insofern apriorische Handhaben für gültige Antizipationen der Grundqualitäten der objektiven Welt. Die Sätze der *MAN* sind ihrerseits aus ihnen abgeleitet, bedürfen dazu aber keiner weiteren Rechtfertigung, wie es die ›transzendentale Deduktion‹ (das meint: rechtfertigende Herleitung aus dem Selbstbewußtsein als Prinzip) innerhalb der *KrV* war; denn es handelt sich bei ihnen nur um (Neu-)Zusammensetzungen ursprünglicher Erkenntnis-Bedingungen (oder Grundsätze), deren Geltung mit der transzendentalen Deduktion (Rechtfertigung) für *alle* Anschauungen schon gesichert war.

Zu fragen ist nun »nach dem *Umfang* apriorischer Gesetzesbegründung« (Karen Gloy, l. c., S. 121). Die Frage ergeht an die reinen Anschauungsformen und erkundet, was an ihnen selbst – unabhängig von intellektueller Intervention – schon am allgemeinen Strukturenbestand (Unendlichkeit, Homogenität und Kontinuität) teilhat. Anders gefragt: Welche (noch nicht begrifflichen) Vorstrukturierungen sind in den *Formen* der Anschauungen schon geleistet? Die *KrV* scheint der Zeit den Vorrang vor dem Raum zu geben. Denn alle äußeren Vorstellungen sind immer auch im inneren Sinn repräsentiert; die Zeit ist Bedingung »der Verknüpfung aller Vorstellungen« – auch der äußeren (A 138 = B 177). Um psychologisch-idealistische Konsequenzen aus diesem Zugeständnis abzuwehren, hat Kant in der B-Auflage die Irreduzibilität des äußeren Sinns und die wechselseitige Verwiesenheit von Raum und Zeit aufeinander betont. Da aus ihr die Bewegung deduziert wird, hängt viel am Verständnis dieser Interferenz. Kant denkt an eine Art Funktions-Teilung zwischen beiden Anschauungsformen so, daß der Raum präponderant für den Mannigfaltigkeits-, die Zeit für den subjektiven oder Vorstellungs-Charakter aufkommt (Karen Gloy, l. c., S. 123 ff.). Ersterer ist die Form des Neben- und Außereinander (*KrV* A 23 = B 38; vgl. AA XXII, S. 5, Z. 2 f.), diese (die ja nicht selbst *in* der Zeit ist) Form des eindimensionalen Nacheinander (vgl. A 94: der »Synopsis«-Charakter der Zeit). Jener vertritt (überwiegend) das disseminale, diese (überwiegend) das Ordnungs-Moment der Anschauungsformen. Aus den Kantschen Andeutungen haben die Idealisten kühnere spekulative Konsequenzen gezogen. Für Schelling ist der Raum die Anschauung einer in alle Richtungen expandierenden Kraft, die Zeit die Anschauung von deren Grenze und Verinnerlichung (zuerst *SW* I/1, S. 381 ff.). Jener ist die Sphäre »seiner freien, ursprünglich schrankenlosen Tätigkeit«; diese die Grenze dieser Produktivität, die nach innen zurückgetriebene, reflektierte oder (im inneren Sinn) empfundene Tätigkeit:

Indem die Seele von Vorstellung zu Vorstellung fortgeht, gewinnt die Zeit (anfänglich ein bloßer *Punkt*) Ausdehnung, der Raum aber (anfänglich schrankenlos) wird tätig begrenzt. Eine Tätigkeit aber, welche zugleich den *Raum begrenzt* und die *Zeit ausdehnt*, erscheint äußerlich als *Bewegung*. Also ist *Bewegung* (als Gemeinsames aus Zeit und Raum) dasjenige, was der inneren Succession der Vorstellungen äußerlich entspricht, und da der innere Sinn notwendig ein äußerer wird, so wird die Seele die Succession ihrer Vorstellungen außer sich notwendig als *Bewegung* anschauen. Die Bewegung aber ist notwendig *bestimmt*, d. h. der bewegte Körper durchläuft einen bestimmten Raum. Der Raum aber ist allein bestimmt durch die Zeit. (Die Zeit ist das allerursprünglichste Maß des Raums.) Das ursprüngliche Schema der *Bewegung* ist also die *Linie*, d. h. *ein fließender Punkt*.

(L. c., S. 385)

Diese schon auf idealistischen Fundamenten arbeitende Spekulation hat durchaus Anhaltspunkte in Kants Werk selbst (vgl. *KrV* A 30 = B 46, A 40 = B 57; *Diss.* §§ 14 und 15). Ihre Unausgedehntheit/Mannigfaltigkeitslosigkeit läßt die Zeit auf den Augenblick/Punkt schrumpfen; die ihr eigene Form von Mannigfaltigkeit/Vielheit kann dann nur die Folge sein, innerhalb deren eine Vorstellung die andere aus ihrer Stelle verdrängt. Darum sind Vergangenheit und Zukunft ausschließlich (innere) Vorstellungscharaktere, sie haben kein Widerlager in der Äußerlichkeit des Raums. – Auch die Darstellungs-Bedürftigkeit der inneren Zeit- durch äußere Raumverhältnisse, von der Schelling sprechen wird, hat ihr Vorbild bei Kant, der die Zeit im Bilde (oder nach der Analogie) der »ins Unendliche fortgehende⟨n⟩ Linie« verräumlicht (*KrV* A 33 = B 50; B 137f., B 154, B 156, B 292) und damit bereits einen wichtigen Wink liefert für die diejenigen rein anschaulichen Bedingungen der *Bewegung* (als Zeit-Raum-Synthesis), die noch vor aller Verstandes-Intervention einsichtig sind.

Gründet aber die Einsichtigkeit der Bewegung etwa darin, daß sie neben der Raum-Zeit-Synthese noch der Mitwirkung eines Verstandesbegriffs bedarf? Sagt Kant nicht andererseits an mehreren Stellen schon der Erstauflage der *KrV*, daß sie nur aus sinnlicher Erfahrung bekannt sei, die dem reinen Anschauungscharakter ja noch etwas Empirisches beifügt, das die Grenzen der metaphysischen Betrachtungsweise sprengt? Tatsächlich gehören Kants verschiedene Äußerungen zum Status der Bewegung zum Uneinheitlichsten und Kontroversesten in seinem Gesamtwerk (vgl. Karen Gloy, l. c., S. 143 ff.). Kein Wunder, daß sie die Interpreten der *MAN* beständig verwirrt haben und verwirren.

Im § 15 der *Prolegomena* wird der Begriff der Bewegung z. B. klar als erfahrungsabhängig ausgewiesen. Und das ist auch der generelle Befund der *KrV*, bezeichnenderweise noch in der zweiten Auflage: Zwar vereinigt, wie wir sahen, die Bewegung »beide Stücke« (Raum und Zeit) in sich (A 41 = B 58); dennoch ist sie nicht rein und auch nicht intellektuell, sondern eine ›zur Sinnlichkeit gehörende Vorstellung‹ (Kant sagt an der Stelle ›Begriff‹ in dem vagen Sinn, den er *KrV* A 320 = B 376 f. als mit ›Vorstellung‹ synonym erläutert). »Etwas Empirisches« werde in der Bewegungsdefinition vorausgesetzt: »die Wahrnehmung von irgendeinem Dasein in der Sukzession seiner Bestimmungen« (*KrV* A 41 = B 58). In der Zweitauflage der *KrV* (B 48 f., also ein Jahr später als die Abfassung der *MAN*) zählt Kant den »Begriff der Veränderung und, mit ihm, de⟨n⟩ Begriff der Bewegung (als Veränderung des Orts)« zu den Vorstellungen, die »nur durch und in der Zeitvorstellung möglich« sind; das muß aber nicht so verstanden werden, daß der Bewegung die Empirizität nun abgesprochen würde (was *nur durch* die Zeit erklärt wird, muß nicht *aus und in ihr* bestehen). Wenn »unser Zeitbegriff« neben anderer »synthetischer Erkenntnis a priori« auch »die ⟨Möglichkeit der⟩ allgemeine⟨n⟩ Bewegungslehre« erklärt, so erklärt er doch darum noch nicht deren Wirklichkeit. Die »Allgemeine Anmerkung zum System der Grundsätze« (ebenfalls der B-Auflage zugesetzt) präzisiert in diesem Sinne, daß Veränderung, als sinnliche Darstellung der Kausalität, nämlich als »Verbindung kontradiktorischer Bestimmungen im Dasein eines und desselben Dinges«, nur durch die »Bewegung« illustriert werden könne – und Bewegung könne die bloße Vernunft ohne empirisches Beispiel sich nicht verständlich machen (B 291 f.). Bewegung impliziert Dasein; und Dasein ist für Kant synonym mit Existenz oder Wirklichkeit, also der zweiten Modalitätskategorie. Sie hat das Besondere vor anderen Kategorien, daß sie nicht gleichsam leer auf bloß imaginierte Anschauungskonfigurationen angewandt werden kann, sondern nur auf solche, die durch Empfindung abgestützt werden. So kann Kant sagen: »die Wahrnehmung ⟨...⟩, die den Stoff zum Begriff hergibt, ist der einzige Charakter der Wirklichkeit« (*KrV* A 225 = B 273). Man muß ›Dasein/Existenz/Wirklichkeit‹ – obwohl Kant das selber häufig tut – nicht verwechseln mit der ›Realität‹, die zur Qualitäts-Kategorie gehört. Sie ist nicht der Unwirklichkeit, sondern der Negation entgegengesetzt. So übersetzt Kant ›Realität‹ auch nicht mit ›Wirklichkeit‹, sondern ganz wörtlich mit »Sachheit« (*KrV* A 143 = B 182; A 574 = B 602). In einer späten Reflexion (Nr. 4685, AA XVII, S. 674) identifiziert Kant ›Realität‹ mit »quidditas«: der Washeit eines Dings (seinen Prädikaten). Der Blick auf die Realität eines Dings enthüllt mir das Wesen desselben: die Eigenschaften, die es definieren, sein Was. Durch die Empfindung (und nur durch sie) ist mir sein Daß – also seine Existenz – gegeben. (Über die Unterscheidung von ›Realität‹ und ›Dasein‹ bei Kant informiert ausführlich und textnah Martin Heidegger, *Die Grundprobleme der Phänomenologie*, Marburger Vorlesung Sommersemester 1927, hg. von Friedrich-Wilhelm von Herrmann, Frankfurt/Main 1975, S. 35-107, vor allem § 8 = S. 57 ff.) Nun hält Kant Vorstellungen, in die Empfindungen eingehen, für einzeln; und einzeln heißt, »von dem nicht mehrere derselben Art sind« (*Refl.* Nr. 3544 [AA XVII, S. 44]). Schon David Hume hatte Empfindungen für »distinct existences« erklärt (vgl. *A Treatise of Human Nature*, hg. von Sir Lewis Amherst Selby-Bigge, Oxford 1888, seither häufig wiederaufgelegt, S. 635 f.). Sinnesempfindungen sind in der Hierarchie der Geltungs-Grade am weitesten von objektiven Vorstellungen entfernt: »Sinnliche Erkenntnis erstreckt sich also auf einzelne, Verstandeserkenntnis auf allgemeine Dinge« (AA XXIV, 1, S. 344; AA XVI, S. 674, *Refl.* Nr. 3138: »Nur einzelne Dinge werden empfunden.«). So ist die Intervention von Existenz in ihrem Gegenstandsbereich ein hinreichender Grund, einer Wissenschaft Objektivität und apodiktische Geltung abzusprechen. Genau das scheint die Crux der *MAN*, deren Gegenstand die bewegte Materie im Raum – und mithin etwas Empirisches ist. Wie soll sie dann zugleich Metaphysik heißen dürfen?

Aus Kants letzter Lebenszeit überwiegen dagegen Äußerungen, die den Begriff der Bewegung (und der im Raum beweglichen Materie) für gänzlich a priori, ja gar für »einen intellektuellen Begriff« – also nicht nur für ein Überempirisches, sondern selbst für ein Übersinnliches – ausgeben. Es versteht sich, daß sich im Lichte dieser Neubestimmung das Unterfangen der *MAN* rückwirkend leicht als metaphysisch (nämlich als gegründet »auf lauter Prinzipien a priori«) rechtfertigen ließe (AA XXII, S. 164, Z. 11; vgl. XXI, S. 402; XXII, S. 166, Z. 5 und *Refl.* Nr. 4652 und 4648 [AA XVII, S. 626 und 624 f.]). Karen Gloy vertritt nun die starke These, daß Kant das Problem der Unentschiedenheit des epistemologischen Status der *MAN* mit der Zeit so löst, daß er den Begriff der Bewegung vollständig intellektualisiert. Eine andere These könnte lauten, daß Kant sich von der Unmöglichkeit überzeugt habe, eine auf Kategorien und reine Anschauungsformen gegründete Wissenschaft von etwas Empirischem zu etablieren, und daß diese Einsicht ihn für die naturteleologische Lösung in der *KU* reif gemacht habe. Deren Erklärungsprinzipien sind ja nicht mehr Verstandes-, sondern Vernunftbegriffe. Die sind zwar ebenso a priori, aber nicht konstitutiv; und ihr Gegenstand sind empirische Naturprodukte und empirische Naturgesetze. Aussagen über Empirisches sind aber notwendig fallibel; und das widerstreitet der behaupteten Apodiktizität der in den *MAN* aufgestellten Sätze. Ein Kompromiß zwischen den beiden Thesen könnte lauten, daß die Sätze der *MAN* als solche der »physica generalis« nur die anorganische Natur – die Körper im Raum – betreffen, nicht die belebte Welt (»physica specialis«). Diese These ist wenig plausibel. Zunächst darum, weil Bewegung ja auch im Bereich der anorganischen Natur ein untilgbares Erfahrungsmoment ins Spiel bringt; dann auch, weil die *KU* die belebte und die unbelebte Natur zuweilen als Gesamtorganismus bezeichnet und der Zweckgedanke auch die anorganischen Stoffe einbegreift, die vom Organismus assimiliert und sezerniert und somit finalisiert werden. (*Wenn* Organismen sein sollen, *dann* mußte auch anorganische Natur existieren, ohne welche jene nicht leben könnten.) Kurz: es muß in der anorganischen Natur selbst angelegte Elemente für die These geben, daß der *gesamte* Naturprozeß auf die Realisierung der Idee (der Sittlichkeit) hinausläuft.

Wie aber läßt sich Kants an mehreren Stellen bezeugter Gedanke begründen, die Bewegung sei a priori einsichtig?

Ein erster Versuch wäre, Bewegung als Überlappungsprodukt von Raum und Zeit faßlich zu machen, vielleicht auch als »Neuschöpfung nach Art der Bildung der dritten Kategorie jeder Klasse aus der Zusammensetzung der beiden ersten«, wie Kant das im Brief an Johann Schultz vom 17. 2. 1784 (AA X, S. 366) erwägt (Karen Gloy, l. c., S. 145). Aber die Neuschöpfung der jeweils dritten (synthetischen) Kategorie beruht ja auf einem Akt der Spontaneität, die der Sinnlichkeit (auch der reinen) fehlt (*KrV* B 111). Bliebe die Konstruktion der Bewegung aus einer bloßen Mischung oder Intersektion aus Raum und Zeit. Aber abgesehen von der generellen Unplausibilität dieser Vorstellung widerspricht dem auch Kants ständige Beteuerung der Empirizität der Bewegung an den entscheidenden Stellen der Schriften zwischen 1781 und 1786. (Einen Vorschlag, die Bewegung für ebenso a priori anzusehen wie Zeit und Raum, hat übrigens 1789 Salomon Maimon in seinem *Versuch über die Transzendentalphilosophie*, Berlin 1790 [in Wahrheit 1789], S. 50 f., gemacht.)

Vielleicht beruht also der Mangel der Ableitung der Bewegung aus Raum und Zeit nicht in empirischen, sondern in intellektuellen Implikationen? So erwägt es Kant in einer Reflexion (Nr. 4652). Sie stammt wohl schon aus der ersten Hälfte der 70er Jahre:

> Ich habe anfangs gezweifelt, ob die Bewegung mit zur transzendentalen Aesthetik gehöre. jetzt sehe ich ein, daß, da sie etwas im raume, was bewegt wird, mithin die Veränderung von Etwas in Ansehung der Verhältnisse enthält, sie nicht die bloße Sinnlichkeit, sondern einen intellektuellen Begriff enthalte.

(AA XVII, S. 626)

Wenige Reflexionen früher (Nr. 4648, S. 624 f.) hatte er noch erwogen, ob die Bewegung nicht wegen ihrer ›wirklichen Erscheinungshaftigkeit‹ aus dem Rahmen der Erklärbarkeit durch reine Anschauungsformen herausfällt (obwohl sie

»auch Verstandesbegriffe voraussetzt«) – und dieser Zweifel hat sich in den einschlägigen Formulierungen der *KrV* durchgesetzt.

Geht man dem von dieser Reflexion eröffneten Weg nach, könnte man vermuten, die Verknüpftheit im Bewegungsbegriff sei nicht einfach nur die von Raum und Zeit, sondern beider mit dem Verstande. Dann wäre die Bewegung aus dem abgeleitet, was Kant ›formale Anschauung‹ nennt: der intellektuellen Bearbeitung der Anschauungsformen insgesamt (*KrV* B 160 f., Anm.). So wäre Bewegung das Werk, das die Spontaneität des Verstandes am Verhältnis von Raum und Zeit leistete. Kant spricht von der Ortsveränderung auch als von einer Relationsveränderung (»Veränderung gewisser Relationen« [*KrV* A 207 = B 252, Anm.]), »das meint eine ständig neue Zuordnung von Raum- und Zeitpunkten innerhalb eines Koordinatensystems« (Karen Gloy, l. c., S. 150). Daß hier Begriffselemente intervenieren, scheint unstrittig. Dennoch bleibt Kant in der Anmerkung B 155 dabei, daß »Bewegung eines *Objekts*« »nicht a priori erkannt werden ⟨könne und deshalb⟩ nicht in eine reine Wissenschaft, folglich auch nicht in die Geometrie ⟨gehöre⟩«. An zahlreichen Stellen des *Opus postumum* ist die Bewegung dagegen mit unter die reinen Formen der Sinnesanschauung aufgenommen, nicht aber unter die Stammbegriffe des Verstandes (z. B. AA XXII, S. 440, Z. 16; S. 442, Z. 12). Anderswo, und schon in der *KrV*, erscheint Bewegung unter der Menge der abgleiteten oder subalternen Begriffe, die Kant auch »Prädikabilien« nennt (*KrV* A 82 = B 108). Diejenigen Verstandesbegriffe, *aus* deren sie abgeleitet seien, heißen »Elementar-« oder »primitive Begriffe« (*KrV* A 80 ff. = B 106 ff. und A 64 = B 89).

Mit ihnen hat es eine besondere und nicht leicht zu durchschauende Bewandtnis, die im Blick auf die *MAN* zuerst Peter Plaas (l. c., S. 83 ff., S. 95 ff.) aufzuklären unternommen hat (vgl. auch Karen Gloy, l. c., S. 153 ff.). Es handelt sich bei ihnen in der Formulierung der Preisschrift (über die *Fortschritte der Metaphysik*), die die Bewegung ausdrücklich dazuzählt, um »sinnlich bedingte Begriffe a priori« (AA XX, S. 272). Prädikabilien sind untergeordnete Kategorien. Sie gehen hervor aus Verknüpfungen und Intersektionen von vorhandenen Kategorien der gleichen oder unterschiedlicher Klassen. So ist das Prädikabile »Kraft« entweder eine Verbindung von Substanz- und Kausal- oder eine solche von Substanz- und Wechselwirkungskategorie (*KrV* A 648 = B 676 bzw. B 111). Insofern sind Prädikabilien unterschieden etwa von der jeweils dritten Kategorie jeder Klasse, die – wie Limitation aus Realität und Negation oder Totalität aus Vielheit und Einheit – nicht aus Zusammennehmung bestehender Kategorien hervorgeht, sondern in einer neuen und eigenständigen synthetischen Verstandesintervention entspringt (*KrV* B 109 ff. = § 11; ferner Kants Brief an Johann Schultz vom 17. 2. 1784 [AA X, S. 366-368]). Kant unterscheidet Prädikabilien zweierlei Typs: Solche, in denen nur Kategorien untereinander verknüpft werden (›kategoriale Prädikabilien‹), und solche, in denen Verstandeselemente mit Sinnlichem verknüpft werden (›sinnlich bedingte Prädikabilien‹). Innerhalb der zweiten Gruppe kann das Sinnliche wiederum rein sein (Anschauungsformen) oder – wie die *Prolegomena* (§ 39) und insbesondere die *MAN*, nicht aber die *KrV* (A 82 = B 108) erwägen – auch materiell bedingt, also existierender Gegenstand einer Empfindung.

Scheidet man die letzte Unterabteilung aus, so ist klar, daß Prädikabilien in jedem Falle *reine* Vorstellungen sind. Da sie nicht aus begrifflich-logischen Verhältnissen wie Ableitung oder Überordnung, sondern aus horizontaler Zusammenstückung/Überlagerung hervorgehen, können sie topologisch als nebeneinanderstehend dargestellt werden. (Kant hat zwar das Verhältnis von Apperzeptionseinheit und Kategorien einerseits, von Kategorien und Prädikabilien andererseits dennoch als Ableitung – »Subalternation« – bezeichnet [*KrV* B 142]; das entspricht aber nicht dem Befund, der im Verhältnis des ›Ich denke‹ zu Kategorien und Prädikabilien Ausdifferenzierungs-Verhältnisse am Werk sieht, und schon gar nicht der *Refl.* Nr. 5055 [AA XVIII, S. 74], die

Prädikabilien auf ›Mischung‹ von Kategorien zurückführt. Schließlich ist die reine Apperzeption Grund von Begriffen, selbst aber kein Begriff, sondern überkategorial [vgl. *KrV* B 131, A 402, B 422 f.]). So hat Karen Gloy die Prädikabilien überzeugend aus Ausdifferenzierungen (»Auffächerungen«) der globalen Einheitsfunktion des ›Ich denke‹ erklärt. Diese Einheitsfunktion spezifiziert sich ja nicht, sondern begrenzt und verbesondert sich in verschiedenen Kategorien, mit denen jeweils ein eigentümlicher Aspekt der (globalen) Einheit unserer Weltsicht beleuchtet wird. Der Lichtkegel des ›Ich denke‹ läßt sich aber auf dem Bildschirm der sinnlichen Phänomene kontinuierlich zwischen den kategorialen Einstellungen verschieben; und so erhalten wir neben den Haupt- und Zentralkategorien mannigfache begriffliche Intermediär-Aspekte, die auf einer Ebene mit den Kategorien stehen (Karen Gloy, l. c., S. 156 f.). Soviel zu den rein kategorialen Prädikabilien.

Interessanter sind die sinnlich angewandten. Sollen auch sie echte Prädikabilien (des 2. Typs) sein, so darf auch hinsichtlich ihrer kein Spezifikations-Verhältnis angenommen werden. Der Einheitsgrund der unteilbaren Einheit des ›Ich denke‹ wirkt in ihnen gleichursprünglich wie in den Kategorien auf die Sinnlichkeit, und zwar auf die Sinnlichkeit überhaupt und im ganzen. Diesen Sachverhalt, schließt Karen Gloy (l. c., S. 158), treffe die Bezeichnung »sinnlich bedingte Begriffe a priori«. Und dabei handele es sich dem Prinzip (nicht der Ausdifferenzierung) nach um nichts anderes als die Schemata: Einbildungen der reinen Begriffe in die reinen Sinnlichkeitsformen nach Regeln der (ebenfalls reinen) Einbildungskraft, die dem Begriff ein sinnliches Bild schaffen (*KrV* A 140 f. = B 179 f.). (Da die Anschauungsform der Zeit die des Raumes in sich enthält, meint Kant, hier den Raum nicht ins Spiel bringen zu müssen, zumal die Einbildungskraft als Verlaufsform die Eindimensionalität der Zeit hat [vgl. l. c. A 142 = B 181]). (Die Identifizierbarkeit der Prädikabilien des 2. Typs mit den Schemata wird in der Kant-Forschung kontrovers diskutiert. Konrad Cramer hat sie

z. B. bestritten in seinem Aufsatz *Zur systematischen Differenzierung von Apriorität und Reinheit in Kants Lehre von den synthetischen Urteilen a priori*, Beitrag zur Festschrift für Wolfgang Cramer, *Subjektivität und Metaphysik*, Frankfurt/Main 1966, S. 21-63, hier: S. 32 f. Durch Konrad Cramers umfassend recherchierte und äußerst scharfsinnige Publikation *Nicht-reine synthetische Urteile a priori. Ein Problem der Transzendentalphilosophie Kants*, Heidelberg 1985, kann das Problem, das im Titel angezeigt ist, inzwischen für endgültig gelöst gelten.)

Den Ausdruck ›Prädikabilien‹ hat Kant ebenso wie die meisten Beispiele, die er für sie anführt, aus der Wolff-Schule übernommen (vor allem aus Baumgartens *Metaphysica*, vgl. das Inhaltsverzeichnis in AA XVIII, S. VII-IX, besonders: §§ 124 ff. [mutabile et immutabile], §§ 197 ff. [vis], §§ 205 ff. [status], §§ 208 f. [mutatio], §§ 210 und 214 f. [actio, passio], §§ 211 ff. [influxus], §§ 213 f. [reactio, conflictus], §§ 227 ff. [ortus, interitus]; vgl. die darauf bezüglichen Reflexionen um 3576-3593 und zahlreiche andere Belege bei Karen Gloy, l. c., S. 160, Anm. 45). All diese Begriffe entsprechen bestimmten Kombinationen teils von Kategorien (derselben oder verschiedener Klassen) untereinander, teils von Verknüpfungen der Kategorien mit Formen der reinen Anschauung. So ist »Dauer« »Dasein als Größe« (die 2. Modal- mit der gesamten Quantitätskategorie geschnitten: *KrV* A 183 = B 226, A 215 = B 262); »Grad« (Kombination oder Überlagerung der Kategorien der jeweiligen Abteilung der verschiedenen Klassen von Qualität und Quantität *KrV* A 684 = B 218); »Kraft« entsteht aus Verknüpfung von Substanz entweder mit Kausalität oder Wechselwirkung (*KrV* A 684 = B 676, B 111). Verknüpfungen von Kategorien mit Sinnlichkeitsformen führen, wenn es sich um die Quantität handelt, auf mathematische Begriffe (vgl. *Opus postumum*, AA XXI, S. 135, Z. 23; S. 457, Z. 11) und in ihrer vereinigten (ferner durch Raum-Zeit-Verhältnisse vorstrukturierten) Anwendung auf die sinnliche Materie zum Prädikabile »Bewegung«.

In der Bewegung läge also eine kategoriale Synthesis der

Materie vor, und zwar eine, bei der alle vier Kategorien-Klassen (mit jeweils allen drei Unterabteilungen) zum Einsatz kommen. Das spiegelt sich in der Gliederung der *MAN* am Leitfaden der vier Kategorien. Bewegende Kraft ist ja eine notwendige Bedingung für die Rede von Materie: Sie ist »Grundbestimmung eines Etwas, das ein Gegenstand äußerer Sinne sein soll« (AA IV, S. 476; eher von ›Veränderung‹ wäre zu reden, wenn von Gegenständen des inneren Sinns – vom Wechsel psychischer Zustände – gehandelt wird: l. c., S. 471, ferner *KrV* A 381, B 48 f., B 291 f.). (Einen ganz unbefangenen Umgang mit dem Begriff des Prädikabile findet man übrigens bei Schopenhauer, der dem Schluß des 1. Buchs, Kap. 4 des 2. [Ergänzungs-]Bandes der *Welt als Wille und Vorstellung* [Zürcher Ausgabe Bd. 3, S. 58-71] eine sehr nützliche und reich kommentierte Liste aller »Prädicabilia a priori« des Raums, der Zeit und Materie – die für ihn anschaulich verkörperte Kausalität/Wirksamkeit ist – beigefügt hat. Schopenhauer erklärt diese Liste für eine Art »Propädeutik und Einleitung« zu den *Metaphysischen Anfangsgründen der Naturwissenschaft*, und als solche bietet sie eine nützliche Lesehilfe, auf die hier ausdrücklich hingewiesen sei.)

Nun muß man sich fragen, ob das noch ›Prädikabile‹ heißen kann, was mit Empirischem (der sinnlichen Materie) kontaminiert ist. Diese Möglichkeit – die außer den *MAN* nur noch die *Prolegomena* (§ 39) kennen – hatten wir eben noch als zu weit gehend ausgeschlossen. Selbstverständlich impliziert eine schematisierte Kategorie (oder eine formale Anschauung) die Möglichkeit objektiver Erfahrung (Karen Gloy nennt sie die ›Realmöglichkeit‹) – und dazu gehört auch die Möglichkeit materieller Gegebenheit des Gegenstandes. Sie ist aber – wie der Modaloperator ›möglich‹ anzeigt – fakultativ. Kategorien (schematisiert oder nicht, zu Prädikabilien ausdifferenziert oder nicht) sind Begriffe von Gegenständen überhaupt, ob durch Empfindung gegeben oder a priori angeschaut. In ihnen wird Gegenständlichkeit vorgestellt, nicht das Gerade-so-und-nicht-anders eines wahrgenommenen Einzeldinges im Raum (zu einer Zeit). Natürlich ist von der bewegten Materie im Raume all das a priori bekannt, was in den schematisierten Kategorien/Prädikabilien gewußt werden kann; aber damit ist das Programm einer reinen Naturwissenschaft a priori umrissen, wie es schon der *KrV* bekannt war, die doch die Möglichkeit einer metaphysischen Betrachtung der bewegten Körper noch bestritt. Soll nun das Prädikabile Bewegung die Auszeichnung haben, sich nur auf *empirische* Anschauungen (räumlicher Körper) anwenden zu lassen, dann haben wir hier nicht mehr mit einem streng apriorischen und apodiktischen Wissen zu tun. Damit hätte sich unsere Suche nach der Rechtfertigung der Möglichkeit einer Metaphysik von den bewegten Körpern im Raum (als empirischen Entitäten) im Kreise gedreht.

Karen Gloy möchte diese Konsequenz nicht zugeben. Erfahrungsbezogen, so hatten wir früher gesagt, ist nicht gleich erfahrungsabhängig. Diese Unterscheidung überzeugt aber nur, wenn man den Begriff der Materie aus dem Spiel läßt, der Realität (im Sinne von Wirklichkeit) überhaupt nur durch Affizierung des Sensoriums erwirbt, als dessen physische Ursache Kant in den *MAN* die bewegenden Kräfte der Materie anführt. Diese Ansicht vertritt Kant an mehreren Stellen der *MAN* (AA IV, S. 476, S. 509 f.), und sie wird durch zahlreiche andere gestützt (*Refl.* Nr. 40, etwa von 1773 bis 1775 [AA XIV, S. 119]; vgl. auch die von Gerhard Lehmann edierte Vorlesung, vielleicht von 1781 oder 1783, in: I. Kant, *Vorlesungen über Enzyklopädie und Logik*, Bd. I: *Vorlesungen über Philosophische Enzyklopädie*, Berlin 1961, S. 95; ähnlich im *Opus postumum* [AA XXII, S. 298, Z. 24; S. 325, Z. 24; S. 345, Z. 5 und 17; S. 389, Z. 5; S. 499, Z. 9; S. 502, Z. 3]). Ist damit die transzendentale Grenzlinie hin zur empirischen Physik (oder zur Sinnesphysiologie) überschritten, so sieht man, daß Kant gute Gründe hatte, Aristoteles dafür zu rügen, daß er die Bewegung, den *motus*, unter den Kategorien aufführt, da sie doch ein empirisches Prädikament sei (*KrV* A 81 = B 107; ähnlich AA IV, S. 482 und *KrV* B 155, Anm.).

Macht es unter den Umständen Sinn, mit Karen Gloy von ›nicht ganz reinen Begriffen‹ zu sprechen (Karen Gloy, l. c., S. 165)? Oder ähneln sie der Rede von ›nicht ganz frei‹ oder ›nicht ganz schwanger‹? Im Entscheidenden schließt sich Karen Gloy der Deutung an, die Kurt Hübner in seiner Dissertation *Das transzendentale Subjekt als Teil der Natur. Eine Untersuchung über das Opus postumum Kants*, Kiel 1951) vorgeschlagen hatte. Sie schöpft im Argumentationsbestand der zahlreichen Widerlegungen des (psychologischen) Idealismus, deren erste Kant der B-Auflage der *KrV* (B XXXVII ff. mit Anmerkung B XXXIX-XLI, B 274 ff.) eingefügt hatte und deren Neuentwürfe sich obsessiv durch die Skizzen des Nachlaßwerks ziehen. In dieser Widerlegung wird der Interpretation widersprochen, daß, da alles Räumliche auch ein Vorgestelltes und also ein Phänomen des inneren Sinns sei, alle Kenntnis der äußeren Wirklichkeit sich auf innere Wahrnehmungen reduziere. Im Gegenteil setze innere Erfahrung (mit ihrem Wechsel psychischer Zustände) »ein von ihnen unterschiedenes Beharrliches ⟨voraus⟩, worauf in Beziehung der Wechsel derselben, mithin mein Dasein in der Zeit, darin sie wechseln, bestimmt werden könne« (*KrV* B XXXIX, Anm., im Orig. gesperrt). In der dem inneren Sinn äußeren Welt müsse also etwas subsistieren und beharren, an dem der Zeitfluß Maß nehme. Zeitbestimmung (als Phänomen des inneren Sinns) werde am Beharrlichen der Materie vorgenommen, so daß der innere Zeitfluß jetzt als Wechsel in den äußeren Verhältnissen zutage trete und den Charakter realer Bewegung habe. – Soll diese Argumentation transzendental sein, so kann sie die Beharrlichkeit der Materie und die Verhältnisse, die sie mit der Zeit eingeht, nur antizipieren in dem Sinne, wie die Grundsätze des reinen Verstandes Wahrnehmungs-Charaktere antizipieren. (Zwar fordert Kant ein »empirisches Kriterium« für die Beharrlichkeit der Substanz [*KrV* A 189 = B 232; A 204 = B 249]; andererseits nennt er die Beharrlichkeit das Schema der Substanz [l. c., A 143 = B 183; vgl. A 186 = B 229 und B 225]; das Schema ist aber eminent empiriefrei.) Wird dagegen angenommen, die Möglichkeit innerer Erfahrung impliziere, wie Karen Gloy formuliert, »die *Existenz* äußerer Gegenstände« (l. c., S. 171 oben [im Orig. nicht kursiv]), so treten die darauf bezüglichen Sätze der Naturwissenschaft aus der Innerlichkeit des Transzendentalen heraus und verlieren ihren universell-apodiktischen Charakter (denn empirische Anschauungen sind einzelne Vorstellungen). Ohnehin betrifft die sogenannte Widerlegung des Idealismus ja nur den empirischen oder psychologischen Idealismus, der fälschlich eine Priorität des inneren Sinns vor dem äußeren annimmt. Die Gegebenheiten des inneren Sinns – psychische Zustände – sind aber nicht minder empirisch als die des äußeren (Wirkungen bewegender Kräfte im Raum), so daß Kant sagen kann, in letzter Instanz bezögen doch auch die Erkenntnisorgane des inneren Sinns »den ganzen Stoff zu Erkenntnissen« vom »Dasein der Dinge außer uns« (*KrV* B XXXIX, Anm.). Damit ist noch gar nichts gesagt über die Erfahrungsabhängigkeit nicht des empirischen (das ist eine Trivialität [vgl. B XL Anm.]), sondern des rein-intellektuellen Ich, des ›höchsten Punktes‹ der ganzen Philosophie (B 134 Anm. und B 135).

Es gibt freilich eine interessante Parallele zu solch spannungsvoller Koexistenz von Empirizität und Apriorität bei Kant. Mit ihr sucht Karen Gloy ihre Verteidigung der Möglichkeit einer reinen (apodiktischen) Theorie empiriebezogener Begriffe abzustützen. Das ist Kants Deutung des reinen intellektuellen ›Ich denke‹ selbst als eines ›empirischen Satzes, der den anderen: Ich existiere, in sich enthalte‹ (*KrV* A 347 = B 405; deutlicher noch: B 422 f. mit Anm.). In den *Metaphysischen Anfangsgründen der Naturwissenschaft* findet sich eine Parallele (AA IV, S. 470; vgl. auch S. 543). Karen Gloy interpretiert sie als Erfahrungsverwiesenheit des ›Ich denke‹, das für sich selbst eine gänzlich leere Vorstellung sein würde, bezöge es sich nicht auf von ihm Unterschiedenes. »Das Empirische dieses Begriffs ⟨der Materie⟩ meint nichts weiter als das empirische Substrat, auf das die transzendentalen Funktionen bezogen sein müssen« (Karen Gloy, l. c., S. 173). So sei die Wissenschaft von der Materie allerdings Metaphysik in dem Sinne, wie Kant es von der rationalen Seelenlehre sagt, daß sie nicht selbst »als empirische Erkenntnis, sondern ⟨...⟩ als Erkenntnis des Empirischen überhaupt angesehen werden ⟨muß⟩« (*KrV* A 343 = B 401).

Das überzeugt aus mehreren Gründen nicht. Die Leerheit des *cogito* (vgl. *KrV* A 356 unten; A 345 f. = B 404) verlangt zu ihrer Erfüllung gewiß der Ergänzung durch sinnliche Gegebenheiten. Das folgt schon aus der Zwei-Stämme-Lehre (A 15 = B 29) des Erkenntnisvermögens (Sinnlichkeit und Verstand, die nur in Kooperation wirkliche Erfahrung erzeugen können [der berühmte Anfang der Einleitung der *KrV* A 1 = B 1]). Nun ist Sinnlichkeit nur der Gattungsname für sowohl reine wie empirische Anschauungen (A 19 f. = B 33 f. und A 50 f. = B 74 f.). Gibt man zu, daß das ›Ich denke‹, als Prinzip des Intellektualvermögens, seiner inhaltlichen Leere halber auf sinnliche Gegebenheiten sich zu überschreiten hat, so hat man damit noch keineswegs impliziert, daß diese immer oder gar notwendig empirisch seien. Sie können vielmehr ebensowohl rein sein. (Denkt das Ich z. B. den Lehrsatz des Pythagoras, so bezieht es sich auf reine, nicht auf empfindungshaltige Anschauungen. Hier schwankt übrigens Kants Wortgebrauch. Zu Beginn des Kapitels über »Phaenomena und Noumena« spricht er den mathematischen Operationen »objektive Gültigkeit« und mithin den Charakter von ›Erkenntnissen‹ ab. Objektivität – und mithin Erkenntnis – impliziere Abstützung durch »empirische Anschauungen«, also Empfindungen [*KrV* A 239 = B 298 f.; vgl. auch *Refl.* Nr. 4869, AA XVIII, S. 15: »*Hauptregel*: daß alle Grundsätze nur von empirischem Gebrauch sind«]; an anderen Stellen nennt Kant das Wissen a priori von den empiriefreien Grundsätzen eine »synthetische Erkenntnis« [z. B. bei Reicke, l. c., H. 1, S. 27 unten; vgl. ebd. h. 3, S. 20: »Wir haben Erkenntnisse a priori welche wir ohne die Erfahrung erweitern«].) Kants gelegentliche Behauptung, die Empirizität des ›Ich denke‹ beweise, daß dieser Satz immer schon vorgestellt sei als angewandt auf Empirisches oder als »die empirische Anschauung ebendesselben Subjekts« (*KrV* B 429 f.) voraussetzend, muß also nicht so verstanden werden, als *impliziere* das reine *cogito* (von außerhalb seiner ihm gegebenes) Empirisches. Impliziert ist darin nur der Bezug auf zusätzlich zum ›Ich denke‹ gegebene (einzelne) Anschauungen, die aber darum nicht empirisch sein *müssen*. Die Rede von der Empirizität der Selbstanschauung deutet mithin auf eine intellektuelle Anschauung (im Sinne »eine⟨r⟩ Wahrnehmung von einem Dasein« des Ich: »das Cartesianische *cogito, ergo sum*« [*KrV* A 347 = B 405]), die Kant sonst kategorisch abweist, aber beim delikaten Fall der (unter cartesianischer Garantie stehenden) Existenzerfahrung des Ich nicht ausschließen kann (vgl. die große Anm. zur Vorrede zur zweiten Auflage der *KrV* B XXXIX ff.). (Diese Konsequenz wider Willen haben ziehen zu müssen, hat zuerst Schelling Kant unterstellt, indem er sich gegen Ende der 3. Abteilung der *Erläuterungen des Idealismus der Wissenschaftslehre* von 1796/97 auf die Anm. B 422 f. beruft [*SW* I/1, S. 401 f.]. So auch Wilhelm Lütterfelds, *Zum undialektischen Begriff des Selbstbewußtseins bei Kant und Fichte*, in: ›Wiener Jahrbuch für Philosophie‹ 8 [1975], S. 7-38, hier: S. 19. Mit den meisten anderen Interpreten, darunter Karen Gloy, deutet dagegen Wolfgang Becker [*Selbstbewußtsein und Erfahrung. Zu Kants transzendentaler Deduktion und ihrer argumentativen Rekonstruktion*, Freiburg und München 1984, S. 239 ff.] die Rede von der Erfahrungshaftigkeit des Satzes ›Ich denke‹ bzw. von der ›unbestimmten inneren Wahrnehmung‹ im Sinne der Leerheit, d. h. Erfahrungsverwiesenheit des reinen Cogito. Das Argument ähnelt Sartres ›ontologischem Beweis‹ des für sich nichtigen, absolut leeren Bewußtseins aus seiner Seins-Bezogenheit). Aber die These von der Leerheit des Ich besagt lediglich, daß es nur zusammen mit Sinnlichem auftritt (z. B. mit den reinen Anschauungsformen); nicht ist darin impliziert, daß das Bezogene ein Empfindungshaftes (Empirisches) sein muß. Darum folgt aus der Leerheit des ›Ich denke‹ nicht die notwendige Mit-Gegebenheit von Empfindung. Und wenn Kant – wohlbemerkt: das reine, intellektuelle, nicht das empirische – *cogito* für einen Satz erklärt, der »eine Wahrnehmung von einem Dasein enthalten mag« (*KrV* A 347 = B 405), so kann diese Wahrnehmung nicht – wie in Sartres Konstruktion – auf eine vom Ich unterschiedene Materie gehen (die dürfte weder intellektuell noch rein heißen [vgl. B 423]), sie muß das Ich selbst zum Gegenstand haben.

Schließlich war Kant der Auffassung, daß uns Existenz nur und ausschließlich durch Empfindung bekannt ist (*KrV* A 225 = B 272 f.). Das durch die Empfindung Gegebene nennt er »die *Materie* derselben« (*KrV* A 20 = B 34). Ist nun die Gewißheit der Existenz des *cogito* unabhängig von seiner Verwiesenheit auf *empirische* Anschauung, so muß sie in einer eigenen ›inneren Erfahrung‹ – eben einer Art intellektueller Anschauung – gründen (*KrV* A 342 f. = B 400 f.; B 422 f.), die nicht mit dem inneren Sinn (der empirischen Person in Raum und Zeit) zu verwechseln ist und eine Art Selbst-Perzeption (Ad-Perzeption oder Apperzeption) des rein intellektuellen, vor-kategorialen, also überbegrifflichen Ich leistet. Hier ist keine Gelegenheit und auch kein Grund, Kants höchst problematisches Theorem der Selbst-Empfindung des *cogito* (und der darin besiegelten Existenz-Überzeugung) zu diskutieren. Es genügt, gezeigt zu haben, daß die von Kant behauptete Empirizität des (reinen) ›Ich denke‹ keine taugliche Parallele zur Empfindungsbezogenheit eines Prädikabile abgibt. Prädikabilien müßten nämlich reine Verstandesbegriffe sein, deren Anwendung nur auf außerhalb ihrer gegebenes Empirisches möglich wäre (womit sie aufhören würden, reine Begriffe zu sein), während das *cogito* (»der Gedanke Ich«) »gar *kein Begriff*«, sondern eine empirische ›(innere) Wahrnehmung‹ ist (*MAN* [AA IV, S. 543]), die innerlich, d. h. am *cogito*, an der reinen Apperzeption selbst (nicht an der Person als Träger des inneren Sinns) gemacht wird. (Kant übersetzt den von Leibniz übernommenen Begriff ›Apperzeption‹ durch ›Selbstwahrnehmung‹ oder gar ›Selbstempfindung‹ (AA XVII, S. 647, Z. 14 f.; S. 658, Z. 2; S. 688, *Refl.* Nr. 4723).)

Es mag sein, daß Kant sich dieser Schwierigkeiten während der Arbeit an den *Metaphysischen Anfangsgründen der Naturwissenschaft* nicht voll bewußt war. Er mag damals in der Tat eine ›Erkenntnis des Empirischen (also der Materie) überhaupt‹ für a priori möglich und von einer ›empirischen Erkenntnis‹ klar unterschieden gehalten haben (vgl. *KrV* A 343 = B 401). Jedenfalls zieht sich durch alle auf die Natur bezüglichen Schriften der ersten Hälfte der 80er Jahre die Unentschiedenheit, ob die Grundprädikate der Materie mit Hilfe der reinen Anschauungsformen und Kategorien allein erfaßt werden können oder auf empirische Erklärungs-Prinzipien angewiesen sind (vgl. *KrV* A 171f. = B 212f. vs. A 207ff. = B 253ff.). Aus dieser Unentschiedenheit löst sich Kant erst mit der Konzeption einer teleologischen Naturbetrachtung, die die ›mechanistische‹ Erklärung aus Kategorien (oder Kategorien-Verknüpfungen oder Schematen) durch eine solche aus reinen Vernunftbegriffen (oder Ideen) ergänzt oder vielmehr ersetzt. Gegenstände von Ideen sind nicht mehr nur Objekte-überhaupt, sondern die konkret existierenden (empirischen) Naturprodukte. Und die Gesetze dieser erweiterten Naturmetaphysik sind nicht mehr (nur) solche der reinen Newtonschen Mechanik; sie induzieren in einer reflexiven Bewegung, die sich vom gegebenen Einzelnen auf ein es erklärendes Allgemeines richtet, Regularitäten der empirischen Natur, wie sie vom Verstand nicht einmal antizipiert werden können.

ZUR GLIEDERUNG DER SCHRIFT

Die *MAN* gliedern sich »more geometrico«, also nach der geometrischen Methode, deren große Vorbilder das geometrische Lehrbuch, die »Elemente« des Euklid, später wieder die Spinozasche *Ethik* und die *Principia* Newtons waren, die aber noch zahlreichen Schriften der Wolff-Schule ihr Gerüst lieferte: Zunächst werden Erklärungen gegeben, es folgen Lehrsätze, Beweise, Anmerkungen, zuweilen lange Zusätze und »Korollarien«.

Die konkrete Argumentation der viergliedrigen *MAN* ist so reich an mathematisch-physikalischen Details und Anspielungen an Theoreme und Namen, daß nur ein Stellen-Kommentar dem Leser/der Leserin einen Leitfaden in die Hand geben kann. Die Grobgliederung sieht wie folgt aus: Der Vorrede folgen vier Hauptstücke: die ›Metaphysischen Anfangsgründe der Phoronomie‹ (AA IV, S. 480 ff.), die ›Metaphysischen Anfangsgründe der Dynamik‹ (l. c., S. 496 ff.), die ›Metaphysischen Anfangsgründe der Mechanik‹ (l. c., S. 536 ff.) und die ›Metaphysischen Anfangsgründe der Phänomenologie‹ (l. c., S. 554 ff.).

Die Vier-Gliederung der Schrift geschieht in Entsprechung zum Quadrupel der Kategorien. Im ersten Hauptstück wird die Materie (oder vielmehr: die sie definierende bewegende Kraft) als reines *Quantum* betrachtet: nach ihrer Zusammensetzung, ohne Rücksicht auf die Qualität des Antriebs (»Phoronomie«). Das zweite Hauptstück untersucht die Bewegung als gehörig zur *Qualität* der Materie, und zwar unter dem Titel der ursprünglich bewegenden Kraft oder *Dynamik*. Das dritte Hauptstück betrachtet die Materie eben aufgrund ihrer eigenen Bewegung in wechselseitiger *Relation* mit dieser ihrer Qualität und heißt *Mechanik*. Und im vierten Hauptstück werden Ruhe und Bewegung mit Rücksicht auf den Vorstellungs*modus* betrachtet, also als Erscheinungen des äußeren Sinns – diese Betrachtung wird *Phänomenologie* genannt (vgl. »Vorrede« [AA IV, S. 366]). Wer die Kategorientafel aus der *KrV* und ebenso die der Grundsätze vor Augen hat, wird sich rasch von der Gewaltsamkeit dieser Applikation überzeugen. Zum Beispiel wird er einen Widerspruch sehen zwischen der These, das Ganze der *MAN* bestimme physisch existierende Gegenstände, und der Erinnerung daran, daß die ersten beiden Kategorien (bzw. Grundsätze) ›mathematisch‹ heißen und nur Wesenheiten, nicht die Existenz ihrer Objekte bestimmen (vgl. Jules Vuillemin, l. c., S. 28 ff.).

Jules Vuillemin (*Physique et métaphysique kantiennes*, Paris 1955 [²1987]) hat sich auch die Mühe gemacht, die Kategorien-

bzw. Grundsätze-Tafel (*KrV* A 80 = B 106; A 161 = B 200) mit den entsprechenden Untergliederungen der Metaphysik der Natur zu vergleichen. So entsprechen die drei Unterkategorien der Quantität (Einheit, Vielheit, Allheit) in den Grundsätzen den Axiomen der Anschauung und in der Phoronomie der Zusammensetzung der beiden Bewegungen 1. auf derselben Linie und in derselben Richtung, 2. auf derselben Linie, aber in entgegengesetzter Richtung, 3. in abgewinkelter Bewegung. Den drei Kategorien der Qualität (Realität, Negation, Limitation) entsprechen unter den Grundsätzen die Antizipationen der Wahrnehmung und in der Dynamik 1. die Abstoßungskraft, 2. die Anziehungskraft, 3. der Grad der Raumerfüllung. Den Relations-Kategorien (Inhärenz oder Subsistenz, Kausalität und Dependenz, Gemeinschaft zwischen dem Handelnden und Leidenden) entsprechen in den Grundsätzen die Analogien der Erfahrung (Beharrlichkeit der Substanz, Kausalität, Wechselwirkung) und in der Mechanik die drei Gesetze 1. der Konstanz der Quantität der Materie, 2. der Trägheit, 3. der Gleichheit von Aktion und Reaktion. Den Kategorien der Modalität (Möglichkeit-Unmöglichkeit, Wirklichkeit-Unwirklichkeit, Notwendigkeit-Zufälligkeit) entsprechen unter den Grundsätzen die Postulate des empirischen Denkens (möglich, wirklich, notwendig) und in der Phänomenologie 1. der Begriff der Bewegung im relativen Raum (Phoronomie), 2. der Begriff der wirklichen Bewegung (Dynamik) und 3. der Begriff der notwendigen Bewegung (Mechanik).

Im einzelnen:

In der *Phoronomie* definiert Kant die Materie als das Bewegliche im Raume und leitet daraus insbesondere den »Grundsatz« ab, jede Bewegung könne nur durch eine andere Bewegung eben desselben Beweglichen in entgegengesetzter Richtung aufgehoben oder zur Ruhe gebracht werden. Der Ausdruck ›Phoronomie‹ – von gr. φορά, Dahingetragenwerden, Bewegung – war damals durchaus üblich als Fach-Terminus für die Bewegungslehre oder Kinematik (vgl. Hermanns *Phoronomie* von 1716). Auch Leibniz gebrauchte den Terminus (*Mathematische Schriften*, hg. von C.⟨arl⟩ I.⟨mmanuel⟩ Gerhardt, Berlin und Halle 1849-63, Nachdruck Hildesheim 1962, Bd. 6, S. 71, Z. 33; auch in *Opuscules et fragments inédits*, hg. von Louis Couturat, Paris 1903, Nachdruck Hildesheim 1961, S. 590). Der Ausdruck ›Kinematik‹ hat sich erst im 19. Jahrhundert durchgesetzt (vgl. das Werk von Baret de Saint-Venant, *Principes de mécanique fondés sur la cinématique*, Paris 1851). – Heute versteht man unter ›Phoronomie‹ denjenigen rein deskriptiven Teil der Mechanik, in dem von den kausalen Begriffen Kraft, Masse, Energie, Arbeit usw. abstrahiert wird, mit denen die Dynamik befaßt ist. Kant freilich nimmt diese Abstraktion nicht vor; entsprechend hat bei ihm ›Dynamik‹ einen engeren Sinn als heute.

In der *Dynamik* betrachtet er die Materie unter dem Aspekt des Beweglichen, sofern es einen Raum erfüllt, und stellt den Lehrsatz auf: Die Materie erfüllt einen Raum nicht durch ihre bloße Existenz, sondern durch eine besondere bewegende Kraft. Diese ist in sich synthetisch verfaßt: als ein Widerspiel von Streben und Hemmen, von Repulsion und Attraktion, die sich in einem Punkt äquilibrieren und so ein Produkt von einer gewissen Dichte der Raumerfüllung hervorbringen. Kant schreibt also der Materie Anziehungskraft zu als diejenige bewegende Teil-Kraft, wodurch eine Materie die Ursache der Annäherung anderer zu ihr sein kann, und Zurückstoßungskraft als diejenige Teil-Kraft, durch die eine Materie Ursache dessen sein kann, daß sie andere Materien von sich entfernt. Diejenige Kraft, durch welche die Materie den Raum erfüllt, ist dann insbesondere die Repulsionskraft. Die Materie erfüllt den Raum durch Abstoßungskraft, die nach Maßgabe der auf sie rückwirkenden Zusammenziehungskraft bestimmte Grade erreicht, zwischen denen kontinuierliche Abstufungen ins Unendliche angenommen werden können. »Der Satz der kontinuität will nur sagen: alle diversa ⟨Unterschiedenen⟩ sind remota ⟨von einander entfernt⟩, d. i. sie sind nicht anders in Verknüpfung als per intermedia ⟨durch Zwischenglieder⟩, wozwischen der Unterschied noch kleiner ist. d. i. kein Unterschied ist der kleinste, weil kein Übergang elementar ist und der kleineste ist, also immer eine Größe hat« (*Refl.* Nr. 5362 [AA XVIII, S. 167]). In deutlicherer Erinnerung an die *MAN* auf einem Losen Blatt aus den 90er Jahren (*Refl.* Nr. 6317 [l. c., S. 624f.]): »Zwischen a und -a (Anziehung und zurückstoßung z. B. beim Magnetisierten Stabe) gibt es einen Punkt, wo das Prädikat des Dinges verschwindet, = 0 wird. So kann ein spitzer sowohl als stumpfer Winkel für einen rechten, der nur unendlich wenig kleiner oder großer ist, gehalten werden; aber ein spitzer kann nicht für einen stumpfen gelten.« – Die Elastizität als Expansivkraft ist darum eine wesentliche Eigenschaft alles Materiellen. Ferner ist alle Materie ins Unendliche teilbar, und zwar so, daß alle Teile selbst noch Materie sind. Das folgt aus der unendlichen Teilbarkeit des Raumes und der Tatsache, daß jeder Teil der Materie selbst Abstoßungskraft besitzt. Die Repulsivkraft nimmt ab im umgekehrten Verhältnis der Würfel, die Attraktionskraft dagegen im umgekehrten Verhältnis der Quadrate der Entfernungen.

Schopenhauer, der dem Grundgedanken der kantischen Dynamik zustimmt, macht zugleich darauf aufmerksam, daß er »bereits *vor Kant* deutlich und ausführlich dargelegt war von ⟨dem englischen Chemiker und Theologen Joseph⟩ *Priestley* ⟨1733-1804⟩, in seinen so vortrefflichen *Disquisitions on matter and spirit, Sect. 1 et 2*, welches Buch 1777, in der zweiten Auflage 1782, erschien, während jene Metaphysischen Anfangsgründe von 1786 sind« (*Die Welt als Wille und Vorstellung* Bd. 2, 1. Buch, Kap. 4, gegen Schluß).

In der *Mechanik* kommt die Materie in den Blick als das Bewegliche unterm Gesichtspunkt desjenigen, das als solches bewegende Kraft hat. Daraus leitet Kant insbesondere die Grundgesetze der Mechanik ab: Bei allen Veränderungen der körperlichen Natur bleibt die Quantität der Materie (ihre Masse) im ganzen dieselbe, unvermehrt und unvermindert (eine elementare Formulierung des ersten Hauptsatzes der Thermodynamik, wonach in einem abgeschlossenen System die Summe der Energie beim Ablauf von Vorgängen konstant bleibt); alle Veränderung der Materie hat eine äußere Ursache (Gesetz der Beharrung im Ruhe- und Bewegungszustand oder Trägheitsgesetz); in aller Mitteilung von Bewegung sind Wirkung und Gegenwirkung einander jederzeit gleich. (Man sieht, daß diese drei Gesetze den drei Unterkategorien der Relation – Beharrlichkeit der Substanz, Ursache und Wirkung, Wechselwirkung – entsprechen sollen; vgl. *KrV* A 176 ff.)

In der *Phänomenologie* bestimmt Kant die Materie als das Bewegliche, sofern es, als solches, Gegenstand einer Erfahrung sein kann. Erfahrbarkeit ist ja für Kant das einzige Kriterium der Existenz (vgl. *Refl.* Nr. 5710 [AA XVIII, S. 332]), und Existenz wiederum ist die zweite Modalkategorie. Existenz ist in Materie mitgedacht, denn ihre Substanz, als »das letzte Subjekt der Realität‹, steht in einem wesentlichen › Verhaltnis zum Dasein«, und dieses Verhältnis »heißt Kraft« (*Refl.* Nr. 5650 [l. c., S. 298]). Kraft wiederum ist Element der Definition von Bewegung, die ein essentielles Prädikat der Materie ist. Die Formen der Verbindung des Mannigfaltigen (die Kategorien), sagt Kant anderswo, setzen voraus, daß zuvor Materielles »in der Empfindung« gegeben sei: »Daher wird das, was die Materie und data alles Moglichen enthält, als ein obiekt der wahrnehmung vorausgesetzt, d. i. die Materie alles moglichen existiert als notwendige Voraussetzung« (*Refl.* Nr. 5526 [AA XVIII, S. 208]). – So sind alle Lehrsätze der Phänomenologie an den drei Modal-Aspekten der Bewegung festgemacht: So der erste, daß die geradlinige Bewegung einer Materie innerhalb eines empirischen Raumes, im Unterschied zur entgegengesetzten Raum-Bewegung, ein bloß mögliches Prädikat der Materie sei (anders gesagt: Sie wäre etwas Unmögliches ohne alle Beziehung auf eine Materie außer ihr, also als beziehungslose oder absolute Bewegung); der zweite: Die Kreisbewegung sei, im Unterschied zur ihr entgegengesetzten Bewegung des Raumes, ein wirkliches Prädikat der Materie (die scheinbar entgegengesetzte Bewegung eines relativen Raums also bloßer Schein); der dritte: In jeder Bewegung, durch die ein Körper auf einen anderen wirkt, sei eine entgegengesetzte gleiche Bewegung des letzteren notwendig. Da die drei Modalitäts-Kategorien keinen grundsätzlich neuen Aspekt zu den drei vorangehenden beitragen, sondern diese nur nach Möglichkeit, Wirklichkeit und Notwendigkeit auslegen, ergibt sich abschließend folgendes Bild: Das erste phänomenologische Gesetz bestimmt die Modalität der Bewegung in Ansehung der Phoronomie, das zweite hinsichtlich der Dynamik und das dritte im Blick auf die Mechanik.

Die vier Hauptstücke der *MAN* sind reich an Anspielungen an und Verwendungen von physikalischen Lehrstücken, die nur ein wissenschaftsgeschichtlicher Kommentar wirklich erschöpfen könnte. Ein solcher liegt glücklicherweise vor in der immer noch unübertroffenen Arbeit von Jules Vuillemin, die nicht nur alle von Kant benutzten Theoreme werk- und wissenschaftsgeschichtlich aufarbeitet, sondern insbesondere auch kapitelweise durch Kants Schrift führt.

STELLENKOMMENTAR

211,16 f. *Allgem. Lit. Zeit. Nr. 295 in der Rezension der Institutiones Logicae et Metaph. des Herrn Professor Ulrich]* Kant nimmt die Rezension eines anonymen Autors von Johann August Heinrich Ulrichs *Institutiones logicae et metaphysicae* (Anweisungen zur Logik und Metaphysik), Jena (im Cröckerschen Verlage) 1785 zum Anlaß für eine grundsätzliche Neubestimmung von Funktion und Verfahren des Herzstücks der *KrV*, nämlich der transzendentalen Deduktion der Kategorien (also des Nachweises, daß alle [nicht nur manche] Anschauungen, obwohl per se unabhängig von den Denkfunktionen, dennoch unter Kategorien stehen). So dokumentiert die Fußnote eine wichtige Etappe von Kants Umarbeitung dieses Kapitels von der A- zur B-Auflage. (Vgl. dazu Dieter Henrich, *The Proof-Structure of Kant's Transcendental Deduction*, in: ›Review of Metaphysics‹ 22

[1969], S. 640-659, bes. S. 652; ders.: *Die Identität des Subjekts in der transzendentalen Deduktion*, in: Hariolf Oberer, Gerhard Seel [Hgg.], *Kant. Analysen – Probleme – Kritik*, Würzburg 1988, S. 39-70, bes. S. 47.)

Ulrich findet Kants Urteilstafel »unvollständig«. Besonders vermißt er in der Relations-Kategorie die Begriffe Einerleiheit-Verschiedenheit und Einstimmung-Widerstreit. Der Rezensent verteidigt Kant und wirft Ulrich eine Vermischung logischer mit ontologischen (also auf Dinge bezogenen) Begriffen vor. Dagegen gesteht er, in anderen Details Ulrichs Kant-Kritik beizupflichten. Dazu gehören insbesondere Zweifel an der Wohlbegründetheit der Kategorien-Deduktion einerseits, an Kants Handhabung der Unterscheidung von (angeblich bloß subjektiven) Wahrnehmungs- und (vorgeblich objektiv gültigen) Erfahrungs-Urteilen andererseits.

Was das erste betrifft, so gibt Kant an, die Aufgabe zu erklären, wie unsere Erfahrung durch Kategorien zustande komme, sei von »große⟨r⟩ Leichtigkeit, da sie beinahe durch einen einzigen Schluß aus der genau bestimmten Definition eines *Urteils* überhaupt ⟨...⟩ verrichtet werden kann« (S. 213,33–214,8). Objektivität einer Vorstellung ist in der Wahrheit des Urteils begründet, deren Subjekt-Ausdruck für die betreffende Vorstellung(skomplexion) steht. Ist dieser Zusammenhang geklärt und weiß man, daß Kategorien (nach *KrV* B 128) »nichts anderes ⟨sind⟩ als zu Begriffen von Gegenständen überhaupt gebrauchte Urteilsformen« (Dieter Henrich), so bleibt nur noch zu zeigen, in welcher Weise dieser Gebrauch geschieht. Hier gesteht Kant, noch nicht im reinen zu sein, betont aber, daß, wenn das ›Daß‹ einmal feststeht, die Aufklärung des ›Wie‹ zwar ›verdienstlich‹, aber »keinesweges *notwendig*« sei (S. 212,8 ff.). Im Rest der Anmerkung verteidigt Kant die (vor allem in den *Prolegomena* sich findende) Unterscheidung bloß subjektiver von objektiv fundierten Vorstellungs-Synthesen (Wahrnehmungs- versus Erfahrungs-Urteile) mit der neu errungenen Einsicht in den Zusammenhang von Ich-Identität, Anschauungs-Objektivität und Urteils-Wahrheit und verspricht eine Neubearbeitung des Deduktions-Kapitels in diesem Sinne, wie er dann in der B-Deduktion der *KrV* wirklich vorliegt.

219,29 *im absoluten Raum*] Isaac Newton (1642-1727) hatte den Begriff des absoluten Raums in seinen *Philosophiae naturalis principia mathematica* (1687), Scholium der Definitionen, 2. Ausgabe 1713 (3. Ausgabe 1726), S. 6-12, eingeführt. Eine Bewegung hinsichtlich dieses Raums heißt dann ›absolute Bewegung‹.

222,34 f. *Ich habe anderwärts gezeigt*] Nämlich in den *Prolegomena*, § 13 (AA IV, S. 285 f.; hier Bd. I), aber auch schon in der Schrift *Von dem ersten Grunde des Unterschiedes der Gegenstände im Raum* (AA II, S. 377; Z. 13, S. 379, Z. 29 und S. 380, Z. 8).

223,1 *dari, non intelligi*] Sie wird gegeben, aber nicht (vom Verstand) begrifflich gedeutet.

225,32 ff. *da denn dieser Begriff 〈...〉 genutzt werden kann*] Kant sucht, seine Definition der Ruhe (›dauernde Gegenwart‹) gegen eine andere denkbare (›Bewegungslosigkeit‹) zu verteidigen. Er scheint anzunehmen, daß der horizontal und gleichförmig bewegte Körper am Punkt B in Bewegung ist (oder seine Gegenbewegung im Gegensinn anhebt), während der andere, vertikal bewegte und der Schwere ausgesetzte Körper in einem analogen Punkt B ruht (dem höchst erreichbaren Punkt vor dem Wieder-abwärts-Fallen). Dem Begriff der Geschwindigkeit fällt dabei eine Auszeichnung zu: Ist die Geschwindigkeit konstant, kann der Körper ›an keinem Punkte‹ in Ruhe sein; dagegen kann der zurückfallende Körper als ruhend auf dem Gipfelpunkt seiner Laufbahn angesehen werden. Kants Argument hätte an Klarheit gewonnen, wenn er ausdrücklich Ortsveränderung und deren Geschwindigkeit unterschieden hätte; so aber entsteht der Schein, als seien Ruhe und Bewegung zwei unterschiedene Instanzen.

228,15 f. *in der Folge besonders gehandelt werden*] Nämlich im IV. Hauptstück, »Phänomenologie«, insbesondere AA IV, S. 556, Z. 30 ff.

235,9 ff. *der Körper sich mit der ersten Geschwindigkeit in freier Bewegung erhalte, indem die zweite hinzukommt]* Es handelt sich um das sogenannte Unabhängigkeitsgesetz, das – als ›lex secunda‹ – der ›prima lex motus‹, dem ersten Bewegungs-Gesetz Newtons (nämlich dem Trägheits- oder Beharrungsgesetz), koordiniert ist. Bei Newton wird es nicht ausdrücklich erwähnt, sondern im Corollarium 1 zu den ›Bewegungsgesetzen (leges motus)‹ (Edition 1713, S. 14) nur als ein sich von selbst Verstehendes stillschweigend vorausgesetzt.

239,28 *Lambert]* Johann Heinrich Lambert (1728-1777), Philosoph, Physiker und Astronom, mit Kant persönlich bekannt und wichtiger Brief-Partner. Hauptwerke: *Photometria seu de mensura et gradibus luminis colorum et umbrae* (Photometrie oder über Maß und Grade des Lichts von Farben und Schatten, 1760), *Cosmologische Briefe über die Einrichtung des Weltbaues* (1761), *Neues Organon oder Gedanken über die Erforschung und Bezeichnung des Wahren*, 2 Bde. (1764), *Architektonik* (1771).

240,19 ff. *Anziehungskraft* ⟨...⟩] Kant setzt Anziehungs- und Zurückstoßungskraft als einander entgegengesetzte Kräfte auf eine Ebene. Er erwähnt nicht, wie er's noch in der *Allgemeinen Theorie des Himmels* getan hatte, daß die Zurückstoßungskraft schon bei Newton selbst, erst recht in der nachnewtonschen Physik zurückhaltend diskutiert oder als Hypothese abgelehnt wurde.

240,28 *Zusatz]* Kant lehnt a priori jede von der der Zentralkräfte unterschiedene Form von Kräften ab. Gegen 1820 werden Pierre Simon Marquis de Laplace, André Marie Ampère und andere Physiker die elektro-magnetische Kraft als »forces transversales« beschreiben. Auch diese Lehre blieb freilich umstritten, einige Physiker führen die transversalen Kräfte auf Wirbel oder andere Longitudinalphänomene zurück. Vgl. Edmond Bauer, *L'Electromagnétisme hier et aujourd'hui*, Paris 1949, S. 70-81.

241,10 *Lehrsatz 2]* Er bildet eines der originellsten, lebhaftest diskutierten und bestaufgenommenen Lehrstücke der *MAN*.

243,20 *künftig etwas anzumerken*] Nämlich im 4. Abschnitt der »Allgemeinen Anmerkung zur Dynamik« (AA IV, S. 530-532).

246,14 *Lehrsatz 4*] Vgl. *KrV* A 434-444 = B 462-471, A 490-507 = B 518-535, A 523-532 = B 551-560.

247,9 *Monadist*] Kant meint hier nicht einen Vertreter der Bruno/Leibnizschen Monadenlehre, sondern einen Atomisten, besonders einen solchen, der darunter nicht räumlich ausgedehnte Atome, sondern bloße Kraftzentren versteht.

248,17 *kleinsten Teile der Luft*] Über dieses Gesetz erfährt man mehr in Anm. 269,22.

250,35 *Ein großer Mann*] An wen Kant denkt, ist in der Forschung umstritten. Vorgeschlagen wurden die Namen Leibniz, Wolff, Euler, Lambert und Kästner. Am plausibelsten scheint der Hinweis auf Leibniz, der den Raum ›als subjektive Form unserer Sinnlichkeit‹ angesehen habe (vgl. Vaihingers *Kommentar zur KrV*, Bd. 2, S. 429). Auch der Schweizer Mathematiker Leonhard Euler (1707-1783) könnte gemeint sein; vgl. seine von Kant wiederholt zitierten *Réflexions sur l'espace et le temps* (Überlegungen über Raum und Zeit) von 1750; freilich hat Euler die Realität des Raumes betont, während Kant ihn nur für empirisch real, transzendental aber ideal hält. Gegen Lambert spricht, daß Kant den ›großen Mann‹ wie einen Lebenden behandelt, während Lambert 1777 gestorben war. Das spricht auch gegen Christian Wolff. Der Göttinger und Mathematiker Abraham Gotthelf Kästner (1719-1800) wird von Kant gelegentlich gerühmt, gelegentlich kritisiert, steht jedenfalls theoretisch Kants Raum-Auffassung überhaupt nicht nahe. (Über Kants Verhältnis zu Kästner informiert ausführlich der Kommentar zu Kants Rezension von 1790 *Über Kästners Abhandlungen* [AA XX, S. 410-423, 483 ff., 506 f.].)

254,37 ff. *Anziehung ⟨...⟩ als Grundkraft so schwer in den Kopf will*] Zu Fern- und Nahwirkung, Korpuskular- und Wellen-Theorien und Newtons Stellung dazu (die bei Kant überall den Hintergrund liefert) informieren Kurd Laßwitz, *Geschichte der Atomistik vom Mittelalter bis Newton*, 1889-90, und Gideon Freudenthal, *Atom und Individuum im Zeitalter Newtons*, 1982.

257,31 f. *daß sie gar nicht weiter irgend wovon abgeleitet werden könne*] Kant denkt an Konstruktionen, die die Schwere als Resultat anderer Phänomene erklären wollen: so die von Christiaan Huygens, Leibniz und selbst Euler übernommene Wirbel-Theorie Descartes'. Sie nimmt die Schwere als Gegenkraft der Zentrifugalität.

259,26 *Man hält gemeiniglich dafür, Newton*] Newton sagt an mehreren Stellen der *Optik*, in seiner Korrespondenz mit Richard Bentley und in mehreren anderen Schriften das genaue Gegenteil. Vgl. dazu Ernan McMullin, *Newton on Matter and Activity*, Notre-Dame (USA) 1978.

260,15 f. *Newton sagt (Cor. 2. Prop. 6. Lib. III. Princip. Phil. N.)*] Der Wortlaut des Originals nach der Ausgabe von 1713, S. 368, weicht von Kants deutscher Übersetzung ab. Wörtlich übersetzt schreibt Newton: »Wenn der Äther oder irgend ein anderer Körper entweder ohne alle Schwere (gravitate) oder um das Quantum seiner Materie minder schwer wäre (gravitaret): so würde derselbe, da er ja (nach der Auffassung des *Aristoteles, Descartes* und anderer Autoren) von anderen Körpern in nichts als in der Form der Materie unterschieden ist, nach und nach durch Veränderung der Form in einen Körper derselben Art (conditionis) verwandelt werden können wie die, die hinsichtlich des Quantums der Materie die meiste Schwere haben (quam maxime gravitant), und umgekehrt würden die schwersten Körper, durch allmähliches Annehmen (induendo) der Form jener, ihre Schwere allmählich verlieren. Hingen nun die Körper von den Formen der Körper ab, so würden sie mit den Formen variieren, wogegen im obigen Corollarium der Beweis geführt wurde.« Dieses Corollarium (1) hatte besagt, ›daß die Gewichte (pondera) der Körper nicht von ihrer Form und Zusammensetzung (texturis) abhängen; könnten sie nämlich mit den Formen variieren, würden sie um die Verschiedenheit der Formen bei gleicher Materie größer oder kleiner, welches völlig der Erfahrung widerspricht‹.

260,37 ff. *ne quis ⟨...⟩ quaestionem unam de eius causa investiganda subieci]* Kants Zitat gibt den Wortlaut Newtons nur ganz ungefähr wieder. Insbesondere weist Newton den Gedanken, daß Körper sich nur durch die Form unterscheiden, anderen Autoren zu. Außerdem findet sich die experimentelle Widerlegung nicht im Corollarium 2, sondern im Corollarium 1 (auf das sich Corollarium 2 stützt). Die von Kant zitierte Vorerinnerung zur zweiten Ausgabe von Newtons *Optik* lautet ungekürzt: »Am Ende des 3. Buches sind einige Fragen hinzugefügt. Um zu zeigen, daß ich die Schwerkraft nicht als eine wesentliche Eigenschaft der Körper auffasse, habe ich eine Frage über die Ursache derselben hinzugefügt, und wollte dies gerade in Form einer Frage vorlegen, weil ich in Ermangelung von Versuchen darüber noch nicht zu befriedigendem Abschlusse gelangt bin. 16. Juli 1717. I. N.« Die Stelle selbst lautet: »Was erfüllt die von Materie fast leeren Räume, und woher kommt es, daß Sonne und Planeten einander anziehen, ohne daß eine dichte Masse sich zwischen ihnen befindet?« (Isaac Newton, *Opticks, or a Treatise of the Reflexions, Refractions, Inflections and Colours of Light* [Optik, oder Abhandlung über Spiegelungen, Brechungen, Beugungen und Farben des Lichts, 1704], New York 1952, S. CXXIII).

264,35 ff. *So breitet sich z. B.]* Dies Phänomen war von dem französischen Astronomen, Hydrographen und Mathematiker Pierre Bouguer (1698-1758) in seinem *Essai sur la gradation optique de la lumière* (Versuch über die Abschattung des Lichts, 1729) und von Johann Heinrich Lambert in seiner *Photometria* (1760) untersucht worden.

265,8 *und so bei allen anderen Kräften und Gesetzen]* Der Bezug zwischen der Lichtstreuung und der Kraftwirkung des Sonnenlichts ist – anders als bei Newton – ein Hauptaugenmerk von Kants Argumentation. Aber schon Johannes Kepler (1571-1630) hatte eine Verwandtschaft der Sonnenkraft und des Lichtes angenommen (*Astronomia nova*, Heidelberg 1609, in: *Gesammelte Werke*, München 1979 ff., Bd. 3, S. 239). Auf diese Analogie gestützt, hatte zuerst Ismaël Boilliau, 40

Jahre vor Newton, ein Gesetz einer zum Quadrat des Abstands umgekehrt proportionalen Variation formuliert und es der Lichtintensität zugeschrieben (*De natura lucis* [Über die Natur des Lichtes], 1638). Und im 12. Kap. des 1. Buchs seiner *Astronomia Philolaica* (Sternenkunde für Laien) von 1645 (S. 23) hatte er erklärt, daß eine Kraft, die die Planeten bewegt, diesem Gesetz gehorchen müsse. Allerdings kannte Boilliau die dynamischen Hypothesen Keplers und hielt sich an eine reine, mit Spekulationen über die Vollkommenheit der Figuren angereicherte Kinematik.

266,12 *Eulers Hypothese*] Leonhard Euler gehörte zu wenigen Gelehrten, die im 18. Jahrhundert Newtons Emissionstheorie des Lichts die (von Descartes und Huygens angeregte) Wellentheorie entgegensetzten: »Das Licht ist nichts anderes als eine in den Äther-Partikeln verursachte Erregung (agitation) oder Erschütterung (ébranlement)« (*Lettres à une princesse d'Allemagne*, 1768-72, 1. Teil, 20. Brief; s. auch die ersten beiden Briefe des 3. Teils). Von ihr konnte sich Newton zu Unrecht nicht vorstellen, daß sie mit der geradlinigen Bewegung des Lichts verträglich sein könnte.

267,22 ff. *4. Also würde ⟨...⟩ Erfüllung des Raumes ausmacht*] Die Kombination dieser beider entgegengesetzten Kräfte läßt sich durch folgendes Diagramm veranschaulichen (nach François de Gandts Kommentar zur Pléiade-Ausgabe von Kants *Œuvres philosophiques*, Bd. 2, Paris 1985, S. 1467). O sei ein Materiepunkt, aus dem eine Anziehungs- und Zurückstoßungskraft fließen. Nennt man x den Abstand von diesem Kraftzentrum O, so wird die auf O gerichtete Anziehung $1/x^2$ und die in die Gegenrichtung strebende Zurückstoßung $1/x^3$ entsprechen. Die Resultante $F = (k/x^2) + (k'/x^3)$, wobei die Buchstaben k und k' für die charakteristischen Konstanten einer gegebenen Materie stehen. Das Gleichgewicht zwischen den beiden entgegengesetzten Kräften stellt sich ein bei einem Abstand $x = k'/k$ (Kant spricht von einer ›Grenze der Annäherung‹).

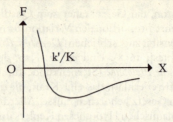

Diesseits des Abstandes k'/k überwiegt nach Kants Erklärung die Zurückstoßung und jenseits des Gleichgewichtspunktes die Anziehung. (Von einer ›Berührung‹ dürfte eigentlich nicht die Rede sein, denn die Zurückstoßungskraft würde bei Annäherung ans Kraftzentrum unendlich wachsen. Zu alledem vgl. des serbischen Wissenschaftlers und Philosophen, Popularisierers Newtons, Rudjer Yossif Boskovitschs [1711-1787] *Philosophiae naturalis theoria redacta ad unicam legem virium in natura existentium* [Theorie der Naturphilosophie, verfaßt zur alleinigen Gesetzgebung von Männern, die in der Natur leben und weben], besonders die §§ 10 und 77 ff.)

269,22 *das Mariottische*] Der französische Physiker Edme Mariotte (1620-1684), Erfinder u. a. der Perkussionsmaschine und des Barometers, entdeckte 1679, 17 Jahre nach dem Iren Robert Boyle (1627-1691), aber unabhängig von ihm, das Gesetz, das seither unter dem Namen Boyle-Mariottesches Gesetz bekannt ist. Es gibt die Beziehung zwischen dem Druck p und dem Volumen v eines idealen Gases bei konstanter Temperatur an und besagt, daß bei Konstanterhaltung der Temperatur das Produkt p · v eines Gases bei Änderung dieser beiden Größen konstant bleibt. Preßt man z. B. ein in einer Windbüchse eingeschlossenes Gas auf die Hälfte seines ursprünglichen Volumens zusammen, so steigt der Druck auf das Doppelte; das Produkt aus Volumen und Druck ist somit unverändert geblieben. Viele Gase oder Gasgemische (z. B. die Luft) gehorchen diesem Gesetz mit großer Annäherung.

Newton gibt an der von Kant wenige Zeilen tiefer erwähnten Stelle (*Mathematische Grundlagen der Naturphilosophie*, 2. Buch: »Über die Bewegung von Körpern«, Proposition 23, Theorem XVIII) folgende etwas ausführlichere Beschreibung: »Wenn die Dichte der aus sich wechselseitig fliehenden Partikeln zusammengesetzten Flüssigkeit (Fluidi) wie eine Zusammendrängung (ut compressio) ist, sind die zentrifugalen Kräfte der Partikel umgekehrt proportional zum Abstand ihrer Zentren. Und umgekehrt bilden die Partikel bei den Kräften, die umgekehrt proportional sind zu den Abständen ihrer sich wechselseitig fliehenden Zentren, die elastische Flüssigkeit (Fluidum Elasticum), deren Dichte der Zusammendrängung proportional ist.« Zur Illustration: Es sei ein Luft-Volumen eingeschlossen in einem kubischen Raum. Komprimiert man es zu einem Kubus, dessen Kanten um die Hälfte kleiner sind als die des vorigen, so wird angenommen, daß die Luft-Moleküle die gleiche symmetrische Anordnung beibehalten. Der zweite Würfel hat Flächen mit viermal kleinerer Oberfläche, als es die Flächen des ersten Würfels waren. So befinden sich viermal mehr Luft-Moleküle verteilt über einen bestimmten Teil jeder Fläche; mithin wirkt ein Vierfaches an »Triebfedern« auf diesen Teil. Der Druck steht nach dem Mariotteschen Gesetz im umgekehrten Verhältnis zum Volumen, ist also im zweiten Würfel achtmal größer als im ersten. Kantisch gesprochen: Ein Achtfaches an Triebfedern übt einen achtmal größeren Druck, jede Triebfeder übt also einen doppelt großen Druck aus. Ferner, da die Seiten des zweiten Würfels gegenüber denen des ersten auf die Hälfte vermindert sind, ist die Länge jeder Reihe von Luft-Molekülen noch einmal kleiner geworden, und der Abstand zwischen zwei Molekülen ist um die Hälfte vermindert. So sieht man, daß die Spannungen der Triebfedern in den beiden Würfel im umgekehrten Verhältnis stehen zu den Abständen zwischen den Luft-Molekülen.

271,22 ff. *Hieraus allein entspringt* ⟨...⟩] Vgl. auch AA IV, S. 563 f.

274,4 ff. *2) Anziehung,* ⟨...⟩] Die folgende Erklärung des

eigentlichen Unterschieds des Flüssigen vom Festen findet sich – wie Schopenhauer gezeigt hat (*Die Welt als Wille und Vorstellung*, Bd. 2, 1. Buch, Kap. 4, in den »Anmerkungen zur beigefügten Tafel«) – im wesentlichen schon bei Kaspar Friedrich Wolff, *Theorie der Generation*, Berlin 1764, S. 132.

276,12 *was Newton vom Lichtstrahl sagt*] Vielleicht denkt Kant an lib. II, pars III, prop. VIII der *Optik*, wo Newton sagt, daß die Ursache der Reflexion nicht in dem Auftreffen des Lichts auf die festen und undurchdringlichen Körperteilchen beruht, wie man gewöhnlich annimmt.

282,28 ff. *Die erste und vornehmste Beglaubigung dieses Systems* ⟨...⟩] Für viele Physiker des 18. Jahrhunderts (z. B. Roger Joseph Boskovitch und Joseph Priestley) behaupteten die festen Bestandteile der Materie nur eine untergeordnete Rolle im Vergleich zu deren Gesamtvolumen; wesentlich am Volumen waren die Leerräume zwischen den Partikeln. Vgl. Newtons *Opticks*, New York 1952, S. 27 ff.; dazu: Arnold Thackray, *Matter in a Nutshell: Newton's Opticks and 18th Century Chemistry*, Ambix 1968.

283,4 f. *daß es unmöglich sei, sich einen spezifischen Unterschied der Dichtigkeit der Materien ohne Beimischung leerer Räume zu denken*] Dies war eine vor allem in der antiken Atomistik (bei Anaximenes, Leukipp und Demokrit) verbreitete Überzeugung.

283,26 *etwa den Äther*] Die Äthertheorie taucht später wieder auf (AA IV, S. 564). Vgl. dazu Vittorio Mathieu, *Kants Opus postumum*, hg. von Gerd Held, Frankfurt/Main 1989, S. 77 f., 92-102.

287,12 *Die Quantität der Materie*] Dieser (in der neueren Diskussion um den Massenbegriff umstrittene) Begriff steht am Anfang von Newtons Hauptwerk. Def. I: »Die Quantität der Materie ist das Maß derselben, erzeugt aus ihrer vereinigten Dichte und Größe.« Vgl. Def. II: »Die Quantität der Bewegung ist das Maß derselben, erzeugt aus der vereinigten Geschwindigkeit und Quantität der Materie.« Newton setzt in seiner Definition der Quantität der Materie deren Dichte voraus, Kant den Begriff des Bewegungs-Quantums in seiner Definition der Quantität der Materie.

289,13 f. *oder die Tiefe, zu der derselbe in weiche Materien dringen kann]* Vielleicht eine Anspielung auf eine Überlegung Galileo Galileis (1564-1642) aus dem Dritten Tag der *Discorsi e demonstrazioni matematiche intorno a due nuove science attenenti alla meccanica et ai movimenti locali* (Unterredungen und mathematische Beweise über zwei neue Wissenszweige zur Mechanik und zur Lehre von den Ortsbewegungen), Leiden 1638, in: *Opere* (Edizione Nazionale), hg. von Antonio Favaro, 1890-1909, Bd. 8, S. 199 f.

289,15 *ein anderes Gesetz]* Der Streit um die lebendigen Kräfte entzweite die Gelehrten bis hinein ins 18. Jahrhundert. Er entzweite diejenigen, die die Kraft eines bewegten Körpers durch das Produkt von Masse und Geschwindigkeit maßen (die ›Bewegungsquantität‹), von denjenigen, die dieselbe durch das Produkt der Masse und des Quadrats der Geschwindigkeit maßen (Leibnizens »force vive«). In seinen *Gedanken von der wahren Schätzung der lebendigen Kräfte* ⟨...⟩ von 1747 hatte Kant einen Vermittlungsversuch unternommen. Zur Debatte vgl. Thomas L. Hankins, *Eighteenth Century Attempts to Resolve the Vis Viva Controversy*, Isis 1965, und David Papineau, *The Vis Viva Controversy: Do Meanings Matter?*, in: ›Studies in Hist. and Phil. of Science‹ 1977.

290,25 *Wasserhammer]* So nannte man damals die Glasröhre mit ausgekochtem Wasser, die an die Glaswand unter hellem Klang anschlägt, da nicht zwischenliegende Luft den Stoß abschwächt (vgl. Johann Samuel Traugott Gehler, *Physikalisches Wörterbuch*, neue Aufl. 1798).

294,18 *Zweites Gesetz der Mechanik]* Kant zitiert es wörtlich nach der lex I von Newton. So auch das 3. Gesetz (vgl. S. 296,2 f.).

295,34 *Trägheit]* Der Begriff der Trägheit wird noch einmal diskutiert in der *Anmerkung 2* zum folgenden Lehrsatz, S. 303 f.

296,12 ff. *Alle tätige Verhältnisse* ⟨...⟩] Kant übernimmt hier eine Überlegung des holländischen Mathematikers und Astronomen Christiaan Huygens (1629-1695) und spitzt sie zu. Huygens hatte die Stoßgesetze unter Verweis auf ein

Prinzip der Relativität der Bewegungen bewiesen: Weil ein Körper in geradlinig-gleichförmiger Bewegung nicht absolut-bewegt gedacht werden kann in Beziehung auf einen absolut ruhigen Meß-Punkt, müssen die Gesetze der Bewegungs-Übertragung beim Stoß invariant sein, wenn man den ›galileischen‹ Meß-Punkt verändert. Vgl. Huygens' *De motu corporum ex percussione* (Über die Körperbewegung beim Stoß), 1703 postum ediert.

301,22 f. *unter dem von Keplern zuerst angeführten Namen der Trägheitskraft (vis inertiae)]* Vgl. Johannes Kepler, *Astronomia nova, seu physica cœlestis tradita in commentariis de motibus stelae martis ex observationibus G. V. Tychonis Brahe* (Neue Astronomie, oder Physik des Himmels, überliefert in den Abhandlungen über die Bewegung des Sterns Mars nach den Beobachtungen des Tycho Brahe), Prag 1608, Introductio und Kap. 39, in: *Gesammelte Werke*, hg. von der Kommission der Bayerischen Akademie der Wissenschaften, München 1937-75, Bd. 3, hg. von Max Caspar, S. 25 und S. 256. Vgl. auch ebd., Bd. 7, S. 295 und S. 301. Zum Thema: Karl Gustav Reuschle, *Kepler und die Astronomie*, 1871, S. 74, 167, passim.

303,18 *ihres Urhebers]* Kepler.

311,7 *Newtons Scholium zu den Definitionen]* Vgl. in der Ausgabe des Hauptwerks von 1713, S. 9(ff.) die Stelle, in der der von Newton wirklich durchgeführte »Eimerversuch« und das Gedankenexperiment mit den Massen, zwischen denen ein Faden gespannt ist, erörtert werden.

315,22 und 315,26 *von West nach Ost]* In der Kant-Forschung ist vielfach erwogen worden, ob hier nicht ein Druckfehler für »von Ost nach West« vorliegt.

316,9 *Edit. 1714]* Ein Datierungsfehler Kants. Die von ihm benutzte Zweit-Auflage erschien 1713 (die dritte 1726).

316,30 ff. *Motus quidem ⟨...⟩ est prorsus desperata]* »Gewiß ist es äußerst schwierig, die wahren Bewegungen der Körper zu erkennen und sie wirklich von den bloß scheinbaren zu unterscheiden: weil die Teile dieses unbewegten Raums, in dem die Körper sich eigentlich bewegen, nicht in die Sinne fallen. Die Sache ist allerdings nicht völlig aussichtslos.«

317,12 f. *eine geradlinichte Bewegung des ganzen Weltgebäudes]* Kant scheint hier auf Versuche anzuspielen, das Gesetz der Gleichheit von Aktion und Reaktion per absurdum zu beweisen. Vgl. Newton in den *Principia*, 3. Auflage, S. 26; neu hg. von Alexandre Koyré und I. Bernard Cohen, 2 Bde., Cambridge/Mass. 1972, S. 70 f.

318,12 f. *in der allgemeinen Anmerkung zur Dynamik]* S. 270 ff.

ALLGEMEINE EINLEITUNG ZU KANTS PHILOSOPHIE DER GESCHICHTE UND NATURGESCHICHTE

Die kleinen Abhandlungen: *Idee zu einer allgemeinen Geschichte in weltbürgerlicher Absicht* (1784); *Bestimmung des Begriffs einer Menschenrace* (1785); *Mutmaßlicher Anfang der Menschengeschichte* (1786) und *Über den Gebrauch teleologischer Prinzipien in der Philosophie* (1788) sowie die »Vorarbeit« zu dieser Schrift (AA XXIII, Berlin 1955, S. 3/5-76) sind thematisch so eng verwandt und durch sachliche Verweise untereinander so innig verflochten, daß sie einer generellen Einleitung bedürfen.

Kant setzt den Ausdruck »Naturgeschichte« dem anderen »Naturbeschreibung« entgegen. »Naturbeschreibung« steht für Natursysteme wie das von Carl von Linnaeus (Linné, 1707-1778), die auf logischer Einteilung der Erkenntnisse nach Begriffen aufgrund von Ähnlichkeitsbeziehungen beruhen und eine Registratur des Ganzen ergeben, bei der jedes einzelne Ding einer besonderen Klasse und Art eingeordnet werden kann. Dagegen skizziert die »Naturgeschichte« eine Geschichte der Erde und der Evolution ihrer Geschöpfe, indem sie, möglichst weit in der Kausalkette zurücksteigend, nach ihrem Ursprung fragt. Der Gesichtspunkt der Naturgeschichte ist dem der Naturbeschreibung also entgegengesetzt wie die Synchronie der Diachronie. Eine Naturgeschichte des Menschen würde ihre Aufgaben erfüllt haben, wenn sie alle Menschenrassen aus einem Stamm ableiten und zeigen kann, wie die Veränderungen aus den Verschiedenheiten von Land, Klima, Nahrung usw. sich ergeben haben.

Wir nehmen die Benennungen *Naturbeschreibung* und *Naturgeschichte* gemeiniglich in einerlei Sinne. Allein es ist klar, daß die Kenntnis der Naturdinge, wie sie *jetzt sind*, immer noch die Erkenntnis von demjenigen wünschen lasse, was sie ehedem *gewesen sind*, und durch welche Reihe von Veränderungen sie durchgegangen, um an jedem Orte in ihren gegenwärtigen Zustand zu gelangen. Die *Naturgeschichte*, woran es uns fast noch gänzlich fehlt, würde uns die Veränderung der Erdgestalt, ingleichen die der Erdgeschöpfe (Pflanzen und Tiere), die sie durch natürliche Wanderungen erlitten haben, und ihre daraus entsprungenen Abartungen von dem Urbilde der Stammgattung lehren. Sie würde vermuthlich eine große Menge scheinbar verschiedene Arten zu Racen eben derselben Gattung zurückführen und das jetzt so weitläufige Schulsystem der Naturbeschreibung in ein physisches System für den Verstand verwandeln. (*Von den verschiedenen Racen der Menschen*, AA II, S. 434, Fußnote.)

Unter »Philosophie der Geschichte« verstehen wir das Gesamt der Überlegungen und Spekulationen über die Anfänge der Menschheit, die Entwicklung der Vernunft, des Kulturlebens, der politischen Organisation und der Moralität. Im Vergleich zu seinen anderen Schriften haben Kants Texte zur Geschichtsphilosophie und zur Geschichte der Natur einen recht bescheidenen Umfang. Kant wendet sich in ihnen an ein allgemeineres Publikum, wie das schon die Veröffentlichung seiner Abhandlungen in Zeitschriften zeigt. Man könnte versucht sein, aus ihrer Kürze und aus ihrem zuweilen gewollt spekulativen Charakter (z. B. im *Mutmaßlichen Anfang der Menschengeschichte*) zu schließen, daß es sich hier um marginale Äußerungen handelt, die mit dem Rest von Kants System wenig Berührung haben. Das wäre gewiß ein Irrtum. Wir werden sehen, daß ein direkter Zusammenhang zwischen einigen von ihnen und z. B. dem zweiten Teil der *Kritik der Urteilskraft* besteht, und zwar sowohl hinsichtlich der Frage nach dem Gebrauch teleologischer Prinzipien als auch der Überlegungen über Kultur und Moral.

In dieser allgemeinen Einführung wollen wir die Texte über die Rassen-Theorie und die Überlegungen zur Geschichte der Naturentwicklung en bloc präsentieren. Dafür spricht ihre intertextuelle Verzahnung. Sie alle verdanken ihre thematische Einheit dem Rekurs auf den Grundsatz der Teleologie. Er kennt sowohl eine theoretische als auch eine praktische Anwendung. Ein theoretischer Gebrauch des teleologischen Prinzips liegt vor, wenn es in der Naturgeschichte darum geht, zu erklären, wie verschiedene Menschenrassen sich aus einem gemeinsamen Stamm haben entwickeln können oder wie die Lebewesen dazu gekommen sind, vererbbare Eigenschaften auszubilden, die an ihre natürliche Umgebung angepaßt sind. Um einen praktischen Gebrauch desselben Prinzips handelt es sich, wenn in der Philosophie der Geschichte danach gefragt wird, welche Bestimmung über der Geschichte der Welt und der menschlichen Taten waltet oder welches die Gründe sind, die wir zur Hoffnung haben, daß wir durch ein vernünftiges und sittliches Verhalten dazu beitragen können, die Menschheit zu einer Verbesserung ihrer conditio hinzuführen, ja selbst die Erreichung des höchsten Gutes auf Erden zu beschleunigen: des Ziels, nach dem die Menschheit streben soll.

NATURGESCHICHTE

Der Begriff der Gattung hat in Kants Gebrauch wenigstens drei Bedeutungen (vgl. Alexis Philonenko, *La théorie kantienne de l'histoire*, Paris 1986, S. 174 ff.): Zunächst handelt es sich um einen logischen Begriff, der die Individuen einer bestimmten Klasse oder Gruppe bezeichnet. Dann handelt sich's auch um einen historischen Begriff zur Bezeichnung des Gesamts der vergangenen, gegenwärtigen und zukünftigen Generation. Und schließlich steht er für eine biologische Realität. Gestützt auf Georges Louis Leclerc, Graf von Buffon (1707-1788), definiert Kant die Gattung durch die Fähigkeit zweier Individuen von entgegengesetztem Geschlecht zur Fruchtbarkeit. Daraus folgt aus biologischer Sicht, daß unerachtet ihrer offenkundigen Unterschiede die Menschengattung eine und dieselbe ist.

Kant hat dem Problem der Gattung und der Rassen drei Schriften gewidmet: *Von den verschiedenen Racen der Menschen* (1775), mit einigen Veränderungen 1777 in Johann Jacob Engels *Philosoph für die Welt* veröffentlicht; *Bestimmung des Begriffs einer Menschenrace* (1785); *Über den Gebrauch teleologischer Prinzipien in der Philosophie* (1788). Alle diese kleinen Abhandlungen zeugen von derselben Anstrengung, die Identität der Menschheit durch alle ihre Varietäten hindurch zu erklären. Sie wollen verständlich machen, wie die Verschiedenheit aus der Einheit fließt, mithin begründen, warum, unerachtet der sichtbaren Unterschiede, die Menschengattung zu einer und derselben Familie gehört. Das ist die Aufgabe, deren Lösung Kant sich von der »Naturgeschichte« verspricht.

Die drei Publikationen situieren sich in einer einheitlichen Gesamtperspektive, trotz des Zeitabstands, der sie trennt. Sie alle gruppieren sich um einige wesentliche Fragen: die Möglichkeit einer Klassifikation im allgemeinen und ihre Anwendung auf die Menschengattung; die wahrscheinlichen Ursachen für eine Ausdifferenzierung der Rassen, die Stabilität des Begriffs der Rasse und seine Grundlagen. Alle Menschen müssen ursprünglich einem selben Stamm (oder einer selben Familie) angehört haben, weil jederlei denkbare Kreuzung zu fruchtbaren Nachkommen führt. Dennoch zeigt das äußere Erscheinungsbild klar objektive Verschiedenheiten, die Kant den vier Grundrassen zuweist. Er begründet diese Zuweisung zu vier generischen Klassen durch den Umstand, daß sie Merkmale aufweisen, »welche sich ⟨...⟩ bei allen Verpflanzungen (Versetzungen in andere Landstriche) in langen Zeugungen unter sich beständig erhalten«(*Von den verschiedenen Racen der Menschen* [AA II, S. 430]). Die Ernährungsweise oder die Beschaffenheit der Böden kann zur Veränderung der Individuen einer Rasse beitragen, aber diese vorübergehenden Modifikationen haben keinen Einfluß auf die Wesensmerkmale. Auch hält sich der äußere Einfluß in den Grenzen, die die Natur dem Organismus vorgängig auferlegt hat (nämlich Pflanze, Tier oder Mensch zu sein):

> Der Zufall, oder allgemeine mechanische Gesetze können solche Zusammenpassungen nicht hervorbringen. Daher müssen wir dergleichen gelegentliche Auswickelungen als *vorgebildet* ansehen. Allein selbst da, wo sich nichts Zweckmäßiges zeigt, ist das bloße Vermögen, seinen besondern angenommenen Charakter fortzupflanzen, schon Beweises genug: daß dazu ein besonderer Keim oder natürliche Anlage in dem organischen Geschöpf anzutreffen gewesen. Denn äußere Dinge können wohl Gelegenheits- aber nicht hervorbringende Ursachen von demjenigen sein, was nothwendig anerbt und nachartet.
>
> (AA II, S. 435)

Nur das teleologische Prinzip ist nach Kant imstande, die Konstanz des Erbphänomens zu erklären. Ohne es wäre der Begriff der Rasse vom Auftreten verschiedener natürlicher oder künstlicher Außeneinflüsse bedroht, also von Einflüssen, die das Erscheinungsbild ins Unendliche modifizieren können. Aber dies selbe Prinzip zwingt andererseits zum Zugeständnis, daß es in der »Absicht« der Natur lag, die vier Grundfarben zu schaffen, obwohl es ursprünglich nur einen einzigen Stamm gegeben haben muß. Das wird Kant zu der Annahme führen, daß im Urstamm die Keime der vier Hautfarben und der Naturanlagen präexistiert haben müssen: Keime, die ihnen erlauben, sich durchzuhalten und sich zu kombinieren.

Hier ist eine Bemerkung über die beiden Konzeptionen der Evolution fällig, die in der Wissenschaftsgemeinschaft diskutiert wurden, als Kant seine Texte verfaßte: der Präformationismus und die epigenetische Theorie. Die Präformationstheorie wurde durch Jan Swammerdam (1637-1680), Marcello Malpighi (1628-1694), Antonie van Leeuwenhoek (1632-1723), Nicolas Malebranche (1638-1715), Gottfried Wilhelm Leibniz (1646-1716), Albrecht von Haller (1708-1777) und Charles Bonnet (1720-1793), die Epigenesistheorie durch Pierre-Louis Moreau de Maupertuis (1698-1759), Georges Louis Leclerc, Graf von Buffon (1707-1788), John Turberville Needham (1713-1781), Christian Freiherr von

Wolff (1679-1754) und später Johann Friedrich Blumenbach (1752-1840) vertreten (vgl. Erich Adickes, *Kant als Naturforscher*, Berlin 1925, Bd. 2, S. 428 ff.).

Adickes definiert die beiden Theorien wie folgt:
⟨Für die Präformationisten⟩ werden alle organischen Wesen unmittelbar von Gott geschaffen, entweder bei den einzelnen Zeugungen (Begattungen) – man kann dann von okkasionalistischer Evolutionstheorie sprechen – oder in einem einmaligen Schöpfungsakt, und zwar in Form von Keimen, die ineinander geschachtelt sind, von denen jeder schon mit dem künftigen Organismus, zu dem er sich auswickeln soll, in Form und Aufbau, in der Lage und Verbindung seiner Teile, auf das Genaueste übereinstimmt, nur daß dies alles in ihm bloß in äußerster weit mehr als mikroskopischer Kleinheit enthalten ist. Nach dieser prästabilistischen Evolutionstheorie hat also entweder Eva in ihren Eierstöcken oder Adam in seinem Samen die ganze Menschheit ⟨...⟩ beherbergt; jenes behaupteten die Ovisten, dieses die Animalkulisten. Beide aber stimmten darin überein, daß es eigentlich gar keine Zeugung gebe, sondern nur Wachstum, Evolution, Auswicklung. Die entgegengesetzte Epigenesistheorie ließ zwar die ersten Organismen auch unmittelbar von Gott geschaffen sein, aber auch nur sie. Denn Gott erteilte ihnen zugleich die Fähigkeit, ihresgleichen nach natürlichen Gesetzen nicht bloß zur Entwicklung zu bringen, sondern immer wieder wirklich zu erzeugen.
(L. c., S. 428)

Auf beiden Seiten sieht Kant physische Schwierigkeiten. Die Theorie der Epigenesis kommt seiner Denkweise aber am nächsten entgegen. Nur sie erlaubt ja eine Versöhnung der mechanistischen und der teleologischen These, und zwar darum, weil sie den Rückgriff auf den Eingriff Gottes am wirksamsten vermeiden kann. In jedem Individuum ist eine große Anzahl von Keimen, die durch Hunderte von Jahren ruhen, in jedem Individuum sich neu bilden,
ohne doch sich zu entwickeln, und so von Geschlecht zu

Geschlecht forterben, bis eine günstige Gelegenheit ihnen die Möglichkeit der Entfaltung bietet. ⟨...⟩ Das ist ein Vorgang, für den es der prästabilistischen Evolutionstheorie an jeder Erklärung fehlt: nach ihr geht jeder Organismus aus *einem* einheitlichen Keim hervor, der nur entweder zugrunde gehn oder sich entwickeln kann, wobei dann im letzteren Fall alles in ihnen Präformierte zur Entfaltung kommen muß. Aber daß der Keim verschiedene Entwicklungsmöglichkeiten in sich trüge, und, je nachdem in welche äußere Bedingungen er versetzt wird, hier diese, dort jene Anlage zu voller Wirklichkeit gebracht würde, während die andern zugrunde gingen, – das ist bei jener Betrachtungsweise ganz ausgeschlossen. (Adickes, l. c., S. 430 f.)

Kants Insistieren auf der Einheit der Menschengattung hat natürlich einen theoretischen, aber darüber hinaus auch einen praktischen Grund. Aus theoretischer Sicht erlaubt diese These, meint Kant, eine ökonomische Veranschlagung der Erklärungsprinzipien. Denn verträte man die These einer ursprünglichen Gegebenheit zweier verschiedener Gattungen – wie es Georg Forster tut –, so müßte man alsdann erklären, wie es den Individuen dieser zwei Gattungen möglich ist, sich untereinander zu reproduzieren. Doch hat diese Hypothese, wie man ahnt, eine ebenso praktische Tragweite. Denn entweder gründen Geschichte und Moral auf der Universalität des Menschengeschlechts, oder man muß neben denen, die Anspruch auf Menschenwürde haben, eine gewisse Anzahl von Wesen annehmen, die, obwohl von ganz gleicher Beschaffenheit, davon ausgeschlossen werden. Gewiß, an einzelnen Überlegungen scheint auf, daß Kant das Menschengeschlecht für derart mannigfaltig und gespalten hält, daß zumal die schwarze und die indianische Rasse de facto eher zur Gattung der Tiere als zur Familie der Menschen gehören. So behauptet Kant im Blick auf die amerikanischen Indianer:

Americaner: Unempfindlich, ohne Affect und Leidenschaft als bloß für Rache. Freiheitsliebe ist hier bloße faule Un-

abhängigkeit. Sprechen nicht, lieben nichts, sorgen für nichts. ⟨...⟩ Nehmen gar keine Kultur an ⟨...⟩.
(*Refl.* Nr. 1520, AA XV, S. 877)
Oder:
Der Neger kann diszipliniert und kultiviert, niemals aber echt zivilisiert werden. Er verfällt von selbst in die Wildheit.
(L. c., S. 878)
Und wenn man weiß, daß die Moralität das Wesen des Menschen und das Kriterium bildet, das ihn von den Tieren unterscheidet, kann man die Folgerungen ahnen, die Kant daraus ziehen wird:
Man sieht es auch an den wilden Nationen, daß, wenn sie gleich den Europäern längere Zeit hindurch Dienste tun, sie sich doch nie an ihre Lebensart gewöhnen. Bei ihnen ist dieses aber nicht ein edler Hang zur Freiheit, wie *Rousseau* und andere meinen, sondern eine gewisse Rohigkeit, indem das Tier hier gewissermaßen die Menschheit noch nicht in sich entwickelt hat.
(AA IX, S. 442)
Obwohl also Kant zugesteht, daß die verschiedenen Rassen aus einer einzigen Familie abstammen, so scheint er doch nicht auch zu dem Zugeständnis bereit, daß dieselben historischen Evolutionsgesetze für sie gelten:
(*Weisse*): Enthalten alle Triebfedern der natur in Affecten und Leidenschaften, alle Talente, alle Anlagen zur Kultur und Zivilisierung und können sowohl gehorchen als herrschen.
Sie sind die einzige, welche immer in Vollkommenheit fortschreiten.
(*Refl.* Nr. 1520, AA XV, S. 878; vgl. Alex Sutter, *Kant und die ›Wilden‹. Zum impliziten Rassismus in der Kantischen Geschichtsphilosophie,* in: ›prima philosophia‹ 2, 2 [1989], S. 241-265.)
Diese Ansichten wurden von den meisten Zeitgenossen Kants geteilt, und dürfen nicht einfach ignoriert werden. Immerhin gestatten die theoretischen und praktischen Vor-

aussetzungen, die Kants Theorie vereint, indem sie die verschiedenen Menschenrassen aus einem einzigen Stamm herleitet, die Konstruktion einer allgemeinen Geschichte der Menschheit in ihrem Gange zum Fortschritt, zur Kultur, zum ewigen Frieden und zur Verwirklichung des höchsten Guts auf Erden.

GESCHICHTSPHILOSOPHIE

Läßt sich eine Philosophie der Geschichte formulieren, wenn der Gegenstand derselben aus einer Menge von Begebenheiten besteht, die in freien und irrationalen Handlungen gründen? Wenn sich das Gesamt dieser Handlungen nicht durch Anwendungen des synthetischen Grundsatzes der Kausalität bestimmen läßt, wie läßt sich dann der Geschichte der Charakter der Wissenschaftlichkeit geben? Diese Frage steht im Zentrum von *Idee zu einer allgemeinen Geschichte in weltbürgerlicher Absicht*. Wir haben zwar, sagt Kant, mit einem Gewebe freier und irrationaler Akte zu tun; doch treten diese in die Geschichte ein, indem sie sich in der Erscheinungswelt manifestieren und mithin den Gesetzen unterstehen, die a priori die Natur beherrschen: »Was man sich in metaphysischer Absicht für einen Begriff von der *Freiheit des Willens* machen mag, so sind doch die *Erscheinungen* desselben⟨,⟩ die menschlichen Handlungen, eben sowohl als jede andere Naturbegebenheit nach allgemeinen Naturgesetzen bestimmt« (AA VIII, S. 17). Also gibt es gute Gründe zur Hoffnung, fährt Kant fort, die Geschichte werde insgesamt in ihrem Verlauf eine Ordnung und Gesetzmäßigkeit zeigen. Und tatsächlich handelt die Natur, wie durch eine List, durch die Menschen hindurch, ohne daß sie diesen bewußt werden, und bedient sich ihrer Instinkte und Anlagen, um ihre eigene Absicht zu verfolgen. So kommt eine Orientierung in den Naturlauf, die sich gegen den Anschein des Chaotischen und Sinnlosen behauptet.

Was meint aber hier der Ausdruck »Natur«? Offensichtlich

nicht dasselbe wie in der ersten Kritik oder in den *Prolegomena*, wo der Ausdruck für die Gesamtheit der Erscheinungen steht, sofern sie unter Verstandesgesetzen stehen (*KrV* B 165; *Prolegomena*, §§ 14, 16 f.). Der Ausdruck »Gesetz« ist a priori erkennbaren Beziehungen zwischen Ereignissen vorbehalten, während wir beim Nachdenken über die Ordnung der Geschichte mit empirischen Ereignissen zu tun haben, in denen wir a posteriori eine Regelhaftigkeit zu entdecken suchen.

Die Frage nach einer Ordnung des empirisch Gegebenen und seiner gesetzmäßigen Organisation ist also grundlegend für die *Kritik der Urteilskraft*. Die kommentierende Analyse des zweiten Teils dieses Texts wird noch reiche Gelegenheit bieten, dies wichtige Problem mehr im Detail zu entwickeln (vgl. hier S. 1263 ff.). Es handelt sich kurz um folgende Schwierigkeit: Die empirische Natur ist durch die Kategorien unterbestimmt. Die apriorischen Gesetze, die unser Verstand der Natur aufprägt, genügen nicht, um die Gesetzmäßigkeit der empirischen Erscheinungen zu garantieren: »Denn es läßt sich wohl denken, daß ungeachtet aller Gleichförmigkeit der Naturdinge nach den allgemeinen Gesetzen, ohne welche die Form eines Erfahrungserkenntnisses überhaupt gar nicht stattfinden würde, die spezifische Verschiedenheit der empirischen Gesetze der Natur, samt ihren Wirkungen, dennoch so groß sein könnte, daß es für unseren Verstand unmöglich wäre, in ihr eine faßliche Ordnung zu entdecken, ihre Produkte in Gattungen und Arten einzuteilen ⟨...⟩« (*KU*, S. XXXVI). Damit also eine Kenntnis empirischer Gesetze (oder, mit Kant zu sprechen, Regeln) möglich sein soll, muß man annehmen, daß diese auf ein Einheitsprinzip sich gründen lassen, das hinsichtlich ihrer das darstellt, was unser Verstand für die streng apriorischen Naturgesetze leistet. Dieses Einheitsprinzip ist der Grundsatz der Teleologie. Die Erkenntnisregel, die sich der Forscher gibt, (und die in der *KU* als eine Maxime der reflektierenden Urteilskraft betrachtet werden wird) wird also folgendermaßen aussehen: Um die besonderen Regeln der Natur zu beurteilen, muß man unterstellen, daß die empirischen Naturgesetze durch ein Prinzip der Einheit des Mannigfaltigen notwendig gemacht werden (AA VIII, S. 26), d. h., man muß so tun, als ob ein anderer Verstand als der unsere das Prinzip der Einheit der Verschiedenheit der empirischen Regeln in sich enthielte (l. c., S. 28). Daß nach Kant die Einführung eines solchen Prinzips für die Aufstellung eines Systems der Natur notwendig ist, wie Buffon oder Linné es z. B. formuliert haben, ergibt sich unmittelbar aus einer Anmerkung in der ersten Einleitung zur *Kritik der Urteilskraft*:

> Konnte wohl Linnäus hoffen ein System der Natur zu entwerfen, wenn er hätte besorgen müssen, daß, wenn er einen Stein fand, den er Granit nannte, dieser von jedem anderen, der doch eben so aussehe, seiner inneren Beschaffenheit nach unterschieden seyn dürfte und er also immer nur einzelne für den Verstand gleichsam isolierte Dinge⟨,⟩ nie aber eine Classe derselben, die unter Gattungs- und Artsbegriffe ⟨sic!⟩ gebracht werden könnten, anzutreffen hoffen dürfte?
>
> (*Erste Einleitung in die Kritik der Urteilskraft*, AA XX, S. 215 f.)

Dieselbe Frage läßt sich dem Statistiker stellen, der vergeblich die Regeln eines Verhaltens zu entdecken versuchte, würde er nicht zugleich ein Minimum an Kontinuität und Rekurrenz in den Gegebenheiten unterstellen. So wird in *Idee* die Natur als ein gesetzgeleiteter Prozeß dargestellt, welches auch immer die besonderen menschlichen Handlungen sein mögen, da ja deren Bestimmung auf eine ihnen unbewußte Weise erfolgt.

Der Status des teleologischen Prinzips

Wir werden noch Gelegenheit haben, auf diesen Punkt im Zusammenhang unseres ausführlicheren Kommentars der Kritik des teleologischen Urteils zurückzukommen. Aber schon jetzt zeigt sich hier eine offenkundige Spannung in

Kants Bestimmung des Status des teleologischen Prinzips: Einerseits wird es klar beschrieben als ein *ontologisches Prinzip*, welches die Entwicklung von Arten und Rassen aus keimhaften Anlagen zu erklären erlaubt, die ihnen von Anfang an eingepflanzt gewesen seien. Andererseits handelt es sich jedoch um einen bloß *heuristischen* Grundsatz, den die theoretische Vernunft als Ursprung der Ordnung unterstellt, den sie in der realen Welt zu entdecken sucht und den die praktische Vernunft postuliert, um den Ereignissen einen Sinn zu geben.

Das Prinzip ist ontologisch, wenn es, in Fortführung der Theorie des Organismus, die Geschichte der Menschheit wie ein Epiphänomen der Naturgeschichte zu deuten erlaubt. Der erste Satz von *Idee zu einer allgemeinen Geschichte in weltbürgerlicher Absicht* ermutigt eine solche Deutung: »Alle Naturanlagen eines Geschöpfes sind bestimmt, sich einmal vollständig und zweckmäßig auszuwickeln. 〈...〉 Ein Organ, das nicht gebraucht werden soll, eine Anordnung, die ihren Zweck nicht erreicht, ist ein Widerspruch in der teleologischen Naturlehre« (AA VIII, S. 18). Diese Formulierung taucht sechs Jahre später in der *Kritik der Urteilskraft* wieder auf. Kant behauptet dort: »*Ein organisiertes Produkt der Natur ist das, in welchem alles Zweck und wechselseitig auch Mittel ist.* Nichts in ihm ist umsonst, zwecklos, oder einem blinden Naturmechanismus zuzuschreiben« (§ 66, S. 295 f.). Die These, nichts in der belebten Welt geschehe umsonst, meint, alles sei einer untergründig wirkenden Idee untergeordnet, die die Teile untereinander organisiert (vgl. die Theorie des Organismus, hier S. 1270 ff.). Alle Organe des Körpers haben eine Funktion. Nun gilt, nach Kants Überzeugung, was für den Organismus zutrifft, ebenso für das Verhältnis des Individuums zur Natur und zur Gesellschaft. Die Natur, ebenso wie der politische Körper, wird als großer Organismus betrachtet, innerhalb dessen die Teile wechselseitig Ursachen und Wirkungen voneinander sind und die Idee des Ganzen a priori stellen und Funktion der Teile bestimmen (vgl. den berühmten Vergleich zwischen dem demokrati-

schen Staat und dem Organismus in der Anmerkung zum
§ 65 der *KU*, S. 294). So sind es nicht die Individuen selbst,
denen es gelingen wird, den von der Natur verfolgten
Zweck zu verwirklichen, sondern die Menschengattung:
»Am Menschen (als dem einzigen vernünftigen Geschöpf auf
Erden) sollten sich diejenigen Naturanlagen, die auf den
Gebrauch seiner Vernunft abgezielt sind, nur in der Gattung,
nicht aber im Individuum vollständig entwickeln« (AA VIII,
S. 18; im Orig. gesp.).

Man sieht: Die teleologische Interpretation, die die Naturgeschichte trägt und durchzieht, spielt eine wesentliche Rolle auch für die Philosophie der Geschichte. Parallel zur biologischen Frage haben wir hier zu tun mit »ein⟨em⟩ philosophisch⟨en⟩ Versuch, die allgemeine Weltgeschichte nach einem Plane der Natur, der auf die vollkommene bürgerliche Vereinigung in der Menschengattung abziele, zu bearbeiten ⟨...⟩.« (AA VIII, S. 29; im Orig. gesp.). Wir finden, angewandt auf die Geschichte der menschlichen Handlungen, die Hypothese der Existenz von ursprünglichen Anlagen und einer stetigen Entwicklung nach allgemeinen Naturgesetzen aus ihnen wieder.

Andererseits hat das teleologische Prinzip eine heuristische Funktion, wenn es zur Deutung der Geschichte der menschlichen Begebenheiten herangezogen wird. Es erlaubt eine Betrachtung der menschlichen Handlungen, die, einzeln genommen, ein scheinbar ordnungs- und zielloses Aggregat bilden, unter systematischem Gesichtspunkt, so, als ob die Natur durch sie alle hindurch am Werk wäre und ein Ziel verfolgte, das einer zu punktuell angesetzten Analyse des Geschichtslaufs entgeht. Dieser Standpunkt ermöglicht einen wissenschaftlicheren Zugang zur Geschichte, liefert er doch eine basale Hypothese, auf deren Grundlage gewisse Konstanten, ja selbst gewisse empirische Gesetze sich entdecken lassen. Mit einer solchen Hypothese werden die Statistiken arbeiten.

Die praktische Funktion des teleologischen Prinzips

Die Einführung des teleologischen Prinzips zum Zwecke einer zusammenhängenden Deutung der Geschichte der menschlichen Begebenheiten erfüllt, wie sich absehen läßt, nicht nur eine *theoretische*, sondern ebensosehr und gleich wesentlich eine *praktische* Funktion. In der Tat sucht die Vernunft nicht nur nach Konstanten im Sozialverhalten, um dieses verstehen und sogar vorhersagen zu können. Sie kümmert sich auch um den Sinn dieser Ereignisse: Wozu sind die Dinge so und nicht anders? Wozu gibt es das Böse, Streit und Kriege? Gibt es Gründe zur Hoffnung? Selbst wenn die besonderen Handlungen regellos oder schlecht sein sollten, so kann doch immer noch das Gesamt der Handlungen einen Sinn in sich tragen und zum Fortschritt führen.

Paradoxerweise bedient sich die Naturvorsehung des Bösen, um zu ihrem Zweck zu gelangen, der in der Entwicklung aller Anlagen in den Menschen besteht: Die bürgerliche Gesellschaft gründet im Konflikt und im agonalen Spiel egoistischer Neigungen. Ihre Rivalitäten und Streitigkeiten sind es, die die Menschen zwingen, in einen Rechtsverband einzutreten, in dem ihre egoistischen Vorneigungen sich nicht mehr wechselseitig Schaden tun. In diesem Sinn ist das Recht durchaus das Produkt des Naturmechanismus: das Mittel, wodurch die Natur ihren Zweck verwirklicht, nämlich die Entwicklung aller Naturanlagen der Menschengattung, Kultur und Zivilisation. Die Kultur ist gleichsam das Anbahnungsstadium zur Ausübung der Sittlichkeit. Sie gehört noch in den Bereich der Erscheinungen, weil ihre Ausbildung ein Produkt der widerstreitenden Anlagen in den Individuen ist: Anlagen, die die Menschen dazu zwingen, eine Gesellschaft zu bilden und im Verkehr mit anderen den größtmöglichen Vorteil für einen jeden zu suchen. Obwohl sie die Bedingungen der Sittlichkeit vorbereitet, stellt die Kultur doch noch nicht selbst den sittlichen Zustand dar, sondern höchstens einen solchen, in welchem Friede und funktionierende Sozialverhältnisse – utilitaristisch gesprochen – ›zur Maximierung des Glücks für einen jeden beitragen‹. Solange der Mensch gezwungen ist, die Freiheiten aller anderen zu achten, oder solange er es nur aus berechnendem Eigeninteresse tut, nämlich in der Hoffnung, daraus für sich ebensoviel Vorteil zu ziehen, wie er ihn anderen einräumen muß, handelt er, indem er den anderen lediglich als Mittel für seine egoistischen Zwecke betrachtet. In diesem Sinne kann Kant dann sagen, daß selbst ein Volk von Teufeln gezwungen wäre, eine Gesellschaft zu bilden, in der Gesetz und Ordnung herrschen.

Die bürgerliche Gesellschaft und die Entwicklung der Kultur sind Ermöglichungsbedingungen für den Anbruch der Herrschaft der Sittlichkeit. Die Kultur, die diesen Schritt über den Naturzustand hinaus tut, nennt Kant die »Kultur der Zucht« (oder »Disziplin«). Sie ist in der *KU* von der »Kultur ⟨...⟩ der *Geschicklichkeit*« unterschieden (S. 392). Durch die erstere erfolgt also bereits eine Ablösung von der Ordnung des Realen, hält doch durch Disziplin die Kultur den Willen dazu an, sich unabhängig von den natürlichen Neigungen zu machen. So stellt sie ein Zwischenglied dar, das zu dem Glauben ermutigt, es könne sehr wohl einen sanften Übergang von der Natur zur Sittlichkeit geben. Nun ist die Möglichkeit eines Übergangs zwischen dem Reich der Natur und dem der Sittlichkeit für Kants System entscheidend. Damit nämlich die moralische Handlung möglich wird, muß nicht nur das moralische Subjekt wirklich frei sein, sondern die Verwirklichung seines Handelns muß auch dem kategorischen Imperativ entsprechen. Und dazu ist erfordert, daß die Naturgesetze (angefangen beim Körper der zur freien Handlung aufgerufenen Person) die Verwirklichung des kategorischen Imperativs prinzipiell gestatten. Es könnte schließlich sein, daß die Naturgesetze die Menschenwesen z. B. dazu determinieren, lediglich den Streit zu suchen (wie es der 4. Satz der *Idee* nahelegt), während der kategorische Imperativ die Eintracht fordert. In dem Falle würde, so oft die menschliche Vernunft das noumenale Subjekt motiviert, den moralischen Gesetzen gemäß zu handeln, das phänomenale Subjekt ihnen zuwiderhandeln müssen. Und so hätten wir mit einer Dichotomie von Triebkräften und Legislationen innerhalb des Subjekts selbst zu tun. Um diese Zerrissenheit zu vermeiden, besteht die Philosophie der Geschichte (wie sie vor allem am Ende der *KU* skizziert wird) auf der Notwendigkeit, ein Bindeglied zwischen dem Sinnlichen und dem Übersinnlichen ins Auge zu fassen. In der dritten Kritik wird Kant das Problem besonders ausdrücklich machen: »Ein als Pflicht aufgegebener Endzweck in ihnen und eine Natur ohne allen Endzweck außer ihnen, welcher gleichwohl jener Zweck wirklich werden soll, ⟨würden⟩ im Widerspruche stehen« (§ 88, S. 439). Zwei Jahre früher schon war dieser Gedanke in der kleinen Abhandlung *Über den Gebrauch teleologischer Prinzipien in der Philosophie* angeklungen:

> Weil aber eine reine praktische Teleologie, d. i. eine Moral, ihre Zwecke in der Welt wirklich zu machen bestimmt ist, so wird sie deren *Möglichkeit* in derselben, sowohl was die darin gegebenen *Endursachen* betrifft, als auch die Angemessenheit der *obersten Weltursache* zu einem Ganzen aller Zwecke als Wirkung, mithin sowohl die natürliche *Teleologie*, als auch die Möglichkeit einer Natur überhaupt, d. i. die Transcendental-Philosophie, nicht verabsäumen dürfen, um der praktischen reinen Zweckslehre objektive Realität in Absicht auf die Möglichkeit des Objekts in der Ausübung, nämlich die des Zwecks, den sie als in der Welt zu bewirken vorschreibt, zu sichern.
>
> (AA VIII, S. 183)

Der Wunsch nach Einheit der Vernunft in ihrer theoretischen wie in ihrer praktischen Funktion setzt auf den Gedanken, daß die praktische Vernunft im Grunde nichts anderes wollen kann als die optimale Entfaltung einer Keimidee, die in der menschlichen, ja in der Natur überhaupt (als Bereich dessen, worüber die Theorie redet) schon angelegt ist. Somit kann die Rede vom Abgrund, der sich höhle zwischen der sinnlichen (Natur) und der übersinnlichen Welt (Geist), nicht die letzte Auskunft einer auf systematische Einheit bedachten Philosophie sein. Die Natur, welche im Lauf ihrer Evolution ein Wesen erschafft, welches Bewußtsein hat von der unbedingt fordernden Verbindlichkeit des kategorischen Imperativs, kann es nicht zugleich der physischen Mittel berauben, ihn zu verwirklichen (*KU*, § 88). Hat der kategorische Imperativ ein übersinnliches Prinzip (die Freiheit), so kann dies nicht von vornherein unverträglich sein mit den Gesetzen, die die Natur in ihrem Mechanismus regieren. Wenn etwa die Menschheitsgeschichte das traurige Schauspiel nicht endender Kriege bietet, sind wir dennoch berechtigt, auf die Gunst und den Beistand der Natur zu hoffen (*KU*, § 67, S. 303) – eine Wendung, die bei den Frühidealisten, besonders bei Hölderlin wiederkehrt. Geht man – aus Gründen, die noch aufzuklären sein werden – von der Überzeugung aus, daß eine Brücke geschlagen werden müsse über den Abgrund zwischen Natur und Vernunft (*KU*, zweite Einleitung IX, S. LIII f.), so ist es nicht länger abwegig, erstens die Menschheitsgeschichte auf einen Zweck zu verpflichten (nämlich die Verwirklichung des kategorischen Imperativs in der Sinnenwelt) und zweitens für diese Verwirklichung die Gunst der Natur zu erhoffen. Nicht nur die Vernunft geht auf Zwecke aus, durch sie hindurch sucht die Natur ihre eigenen Zwecke durchzusetzen. So wäre es also die Natur selbst, welche die vollständige Vereinigung des Menschengeschlechts in einem mit den Forderungen des kategorischen Imperativs verträglichen Staat bezweckte. Dieser Gedanke ist noch greifbarer formuliert im Essay *Über den ewigen Frieden*, wo Kant unter dem Titel ›Vorsehung‹ auf die Natur als die einzige Instanz zurückgreift, die garantieren könnte, was sonst völlig utopisch bliebe, eben die Möglichkeit eines dauernden Friedens (Erster Zusatz). Dort ist sogar die Rede von einem »Zwang«, den die Natur ohne deren Wissen auf die Vernunft ausübt und der sie in die Richtung der Verwirklichung des kategorischen Imperativs schreiten läßt (AA VIII, S. 365). Kant sagt geradezu, die Natur bediene sich des Mechanismus unserer selbstsüchtigen Neigungen als eines Mittels zur Beförderung ihrer Zwecke (AA VIII, S. 368). »Die Natur will unwiderstehlich, daß das Recht zuletzt die Obergewalt erhalte« (l. c., S. 367).

Indessen stellt sich sofort die Frage, ob die Hypothese einer von der Natur (wider den Willen der Individuen) verfolgten Naturabsicht mit dem Gedanken der menschlichen Freiheit verträglich ist. Diese Frage ist von Belang sowohl vom Standpunkt der theoretischen wie der praktischen Philosophie. Für die Theorie ist sie wichtig, denn es handelt sich um die Erklärung, wie der von seinen biologischen Anlagen determinierte Mensch zu freien Handlungen fähig sein kann. Und vom praktischen Standpunkt muß man erklären, wie, wenn die Natur ohne Mitwisserschaft des Menschen, ja auf seine Kosten handelt, es dennoch möglich sein soll, ihn für seine Handlungen verantwortlich zu machen. Denn die Natur darf nicht zum Vormund des Menschen gemacht werden, wenn seine Autonomie nicht gefährdet werden soll.

Eine Weise, diese Schwierigkeit aufzulösen (man müßte vielmehr von einer Antinomie reden), ist theoretisch nicht wirklich befriedigend. Dennoch kommt sie der Ansicht nahe, die Kants Darstellung einer Theorie der Geschichte Kontur gibt. Nach dieser Deutung ist der Ausdruck »Zweckmäßigkeit der Natur« (und damit kommen wir auf die oben gestellte Frage zurück) nicht nur – vom Standpunkt der Theorie – als ein Gesamt von biologischen Anlagen zu verstehen, die das Menschenwesen dazu verhalten, im Blick auf ein Ziel zu handeln, das über es als Individuum hinausgeht, aber doch irgendwie genetisch als Programm der Gattung eingeprägt wäre. Das richtige Verständnis ergibt sich vielmehr aus einer praktischen Sicht der Dinge, wenn mithin das Interesse der praktischen Vernunft ins Spiel gebracht wird, und zwar im Blick auf eine Beantwortung der Fragen »Was soll ich tun?« und »Was darf ich hoffen?«. Die Gewißheit, daß das Ziel, wenigstens der Idee nach, in der Geschichte erreichbar sein muß, gibt der Natur und den Anlagen des Menschen einen Sinn. Umgekehrt läßt aber auch die Tatsache, daß die Natur im ganzen einen Zweck verfolgt und nicht von einem blinden Determinismus beherrscht wird, hoffen, daß das Gute, auf das hin zu handeln das moralische Sollen uns treibt, auf Erden realisierbar sei. Kant faßt seine Konzeption wie folgt zusammen:

> Daß ich mit dieser Idee einer Weltgeschichte, die gewissermaßen einen Leitfaden *a priori* hat, die Bearbeitung der eigentlichen bloß *empirisch* abgefaßten Historie verdrängen wollte: wäre Mißdeutung meiner Absicht; es ist nur ein Gedanke von dem, was ein philosophischer Kopf ⟨...⟩ noch aus einem anderen Standpunkte versuchen könnte.
> (AA VIII, S. 30)

Und etwas weiter oben rechtfertigt er den Rückgriff aufs teleologische Prinzip so:

> ⟨...⟩ es wird (was man, ohne einen Naturplan vorauszusetzen, nicht mit Grunde hoffen kann) eine tröstende Aussicht in die Zukunft eröffnet werden, in welcher die Menschengattung in weiter Ferne vorgestellt wird, wie sie sich endlich doch zu dem Zustande empor arbeitet, in welchem alle Keime, die die Natur in sie legte, völlig können entwickelt und ihre Bestimmung hier auf Erden erfüllt werden. Eine solche *Rechtfertigung* der Natur – oder besser *der Vorsehung* – ist kein unwichtiger Bewegungsgrund, einen besonderen Gesichtspunkt der Weltbetrachtung zu wählen.
> (L. c.)

Es geht also um zwei Ansichten der Geschichte: die Verstandesansicht, die die Ereignisse als kausal determiniert deutet; und die Perspektive der praktischen Vernunft, die den Ereignissen einen Sinn zu geben sucht, indem sie sie im Blick auf die Idee eines Zwecks des Universums denkt. Nach dieser letzten Ansicht ist der teleologische Determinismus, der gegen das individuelle Wollen und also gegen die Freiheit am Werke ist, in Wahrheit nur das Resultat einer Ansicht der Vernunft oder der reflektierenden Urteilskraft, die sich das teleologische Prinzip als Organisationsgrund des Wirklichen geben, um dessen Sinn zu entdecken und so eine aufbrechende Antinomie zwischen Naturdeterminiertheit und Freiheit unserer Handlungen im Keim beizulegen.

IDEE ZU EINER ALLGEMEINEN GESCHICHTE IN WELTBÜRGERLICHER ABSICHT

(1784)

Erstdruck: ›Berlinische Monatschrift‹ 1784, Bd. 4, S. 385-411. Es erscheinen zu Kants Lebzeiten noch vier Nachdrucke: in *I. Kants kleine Schriften*, Neuwied 1793, S. 1-33; in *I. Kants zerstreute Aufsätze*, Frankfurt und Leipzig 1793, S. 1-25; in *I. Kants sämmtliche kleine Schriften*, Königsberg und Leipzig (Vogt, Jena) 1797 f., Bd. 3, S. 131-158 und in *I. Kants vermischte Schriften*, Bd. 2, Halle 1799 (Tieftrunk), S. 661-686. Unser Druck beruht auf der Akademie-Ausgabe, Bd. VIII, Berlin und Leipzig 1923, S. 15-31, hg. von Heinrich Maier, der wiederum den Erstdruck reproduziert.

ENTSTEHUNG

Kants Anmerkung auf der ersten Seite liefert eine Erklärung der äußeren Umstände, die den Artikel veranlaßt haben. Sie verweist auf die folgende Bemerkung in der ›Gothaischen Gelehrten Zeitung‹ (vom 11. 2. 1784, S. 95): »Eine Lieblingsidee des Hrn. Prof. Kant ist, daß der Endzweck des Menschengeschlechts die Erreichung der vollkommensten Staatsverfassung sei, und er wünscht, daß ein philosophischer Geschichtschreiber es unternehmen möchte, uns in dieser Rücksicht eine Geschichte der Menschheit zu liefern, und zu zeigen, wie weit die Menschheit in den verschiedenen Zeiten diesem Endzweck sich genähert, oder von demselben entfernt habe, und was zu Erreichung desselben noch zu tun sei.« Die wesentlichen Gedanken des Textes finden sich schon in Kants *Reflexionen zur Anthropologie* aus den Jahren

1770-80. So heißt es etwa in der Reflexion Nr. 1396 (AA XV, 2, S. 608):

> Der Mensch erreicht wirklich [all] seine ganze Naturbestimmung, d. i. Entwikelung seiner Talente, durch den bürgerlichen Zwang. Es ist zu hoffen, er werde auch seine ganze moralische Bestimmung durch den moralischen Zwang erreichen. Denn alle Keime des moralisch Guten wenn sie sich entwikeln, erstiken die physischen Keime des Bösen. Durch den bürgerlichen Zwang entwikeln sich alle Keime ohne unterschied. Dieses ist die Bestimmung der Menschheit, aber nicht des einzelnen, sondern des Ganzen.

Man kann sogar sagen, daß der Plan von *Idee* schon in der Reflexion Nr. 1423 (S. 621) skizziert ist:

> Der Mensch ist ein Thier, was eine Erziehung nothig hat. Er muß sprechen (*ᵍ*zählen,) gehen, (*ˢ*sich hüten) lernen etc. etc. und kan keine angebohrne Kunsttriebe.
>
> Eine generation muß die andre erziehen. und nur die gattung, nicht das individuum, erreicht ihre Bestimmung.
>
> Er ist als ein Thier zur selbsterhaltung und als Mensch zur Gesellschaft gemacht. Er kann in Gesellschaft nur durch Zwang sicher und ruhig seyn und bedarf einen Herrn.
>
> Er bedarf die Übel zum Sporn, zu überwältigung seiner Faulheit und Entwikelung aller talente. (*ˢ*Das Böse ist die Thierheit, so fern sie die Entwikelung der humanitaet notwendig macht)
>
> Die Bestimmung erreicht er durch Erziehung, Religion und Staatsverfassung. Dreyerley art der Unmündigkeit.
>
> ⟨...⟩
>
> (*ˢ*Der Mensch ist nicht mit aller Vollkommenheit, deren er fähig ist, durch die Natur ausgerüstet, sondern soll sie selbst hervorbringen.
>
> Die Natur entwickelt nicht den Menschen, sondern die Freiheit.
>
> Er soll die humanitaet sich selbst zu danken haben.
>
> Von Natur ist er roh, und, wenn dieses nach der cultur übrig bleibt, ist er böse.)

DEUTUNG

Kants Schrift ist parallel zu lesen mit *Mutmaßlicher Anfang der Menschengeschichte* (1786), von dem etwas später die Rede sein wird, und *Zum ewigen Frieden* (1795). Die drei Texte versuchen, mit lediglich verschieden gesetzten Akzenten, den fortschreitenden Übergang des natürlichen zum moralischen Menschen über den Gesellschaftszustand aufzuzeigen. Kants Gedankengang wird in neun Thesen entwickelt, die wir kurz zusammenfassen (dabei einem Vorschlag folgend, den Karl Vorländer in seiner Einleitung zu: *Immanuel Kant, kleinere Schriften zur Geschichtsphilosophie, Ethik und Politik*, Leipzig, 1913, S. IX ff., gemacht hat): 1. Alle Naturanlagen eines Geschöpfes sind bestimmt, sich vollständig und zweckmäßig zu entwickeln; ohne dies ergäbe sich eine »zwecklos spielende« Natur. 2. Die höheren geistigen Anlagen des Menschen sollten nicht am einzelnen Individuum, sondern nur an der Gattung zur Reife kommen; denn das Leben des Einzelnen ist zu kurz dazu. Aber das Ziel der Gattung soll »in der Idee« doch auch das Ziel der Bestrebungen des Einzelnen sein. 3. Die Natur hat den Menschen so geschaffen, daß er alles, was seine tierische Organisation überschreitet, aus sich selbst ziehen muß. 4. werden die Mittel dargestellt, deren sich die Natur bedient, um die Vernunft ins Werk zu setzen, d. h. um den Menschen zu zwingen, sich aus seiner tierischen Bedingtheit zu befreien. 5. Das größte Problem der Menschheit »ist die Erreichung einer allgemein das Recht verwaltenden bürgerlichen Gesellschaft«. 6. wird das größte, zugleich auch das schwierigste Problem der Menschheit erörtert: Ist doch der Mensch »ein Tier, das ⟨...⟩ einen Herrn nötig hat«, und aus »so krummem Holze« kann nichts Gerades gezimmert werden (vgl. auch die Herder-Rezension, AA VIII, S. 64). 7.-8. Die Natur bedient sich der Antagonismen zwischen den individuellen Anlagen, um die Mitglieder eines gleichen Volkes zu zwingen, sich zwingenden Gesetzen zu unterwerfen und so einen Zustand des Friedens und der wechselseitigen

Achtung der Freiheiten herzustellen. 9. wird die Berechtigung des »philosophischen Versuchs« der Abhandlung verteidigt.

Der Text beginnt mit der Behauptung, daß die Geschichte, obwohl sie das Produkt individueller und häufig irrationaler, also regelloser Handlungen ist, dennoch nicht unsinnig verläuft: Da die menschlichen Handlungen, selbst wenn frei hervorgebracht, als Manifestation der Erscheinungswelt nach Naturgesetzen determiniert sind, gibt es gute Gründe für die Hoffnung, man könne allgemeine Regeln für das menschliche Verhalten in seiner Globalität freilegen. Diese These findet sich schon in *Einzig möglicher Beweisgrund zu einer Demonstration des Daseins Gottes* (von 1763). Kant insistiert dort auf der Tatsache, daß die Weltordnung nicht der Niederschlag eines göttlichen Eingriffs, sondern natürlicher Gesetze ist:

> Denn so zufällig wie auch immer die Entschließung zum Heiraten sein mag, so findet man doch in eben demselben Lande, daß das Verhältnis der Ehen zu der Zahl der Lebenden ziemlich beständig sei, wenn man große Zahlen nimmt ⟨...⟩. Ich begnüge mich mit diesen wenigen Beweistümern, um es einigermaßen verständlich zu machen, daß selbst die Gesetze der Freiheit keine solche Ungebundenheit in Ansehung der Regeln einer allgemeinen Naturordnung mit sich führen ⟨...⟩.
> (AA II, S. 111)

Nach Kant hat der Mensch seine Bestimmung in der Gattung; es gibt eigentlich gar keine Bestimmung des individuellen Menschenlebens. Selbst wenn die Individuen ihre partikulären Zwecke zu verfolgen glauben, orientieren sie sich, ohne es zu wissen, an einem Naturplan (AA VIII, S. 17). Adam Ferguson (1723-1816) in *An Essay on the History of Civil Society* (Edinburgh 1767, dt.: *Versuch über die Geschichte der bürgerlichen Gesellschaft*, Leipzig 1768) – Kant besaß eine deutsche Übersetzung des Textes (vgl. Klaus Weyand, *Kants Geschichtsphilosophie. Ihre Entwicklung und ihr Verhältnis zur Aufklärung*, Köln 1964, S. 64 ff.) – verfocht bereits eine solche

These. Ferguson sagt, daß die Tiere im jeweiligen Einzelleben alle Fähigkeiten ausbilden und die Vollkommenheit, deren sie fähig sind, erreichen, während der Mensch erst im Verlauf vieler Geschlechter und mit Hilfe des erarbeiteten Wissens zum vollkommenen Gebrauch seiner Kräfte kommt. Auch bei Isaac Iselin (1728-1782), den Kant gelesen hat, findet sich dieser Gedanke (in: *Über die Geschichte der Menschheit*, Basel 1786).

Kant kannte ferner die Arbeiten von Johann Peter Süßmilch (1707-1767) aus dem Bereich der Statistik und ihrer Auswertung (*Die göttliche Ordnung in den Veränderungen des Menschlichen Geschlechts, aus der Geburt, Tod und Fortpflanzung desselben erwiesen*, Berlin 1741), darauf spielt er sogar direkt an in der fünften Betrachtung des *Einzig möglichen Beweisgrunds* (AA II, S. 122), allerdings um die Interpretation Süßmilchs zu kritisieren, der im Überschuß der Zahl der Geburten von Mädchen über die von Jungen das Zeichen einer Zweckmäßigkeit findet, die ein durch die Kriegsverluste bedrohtes Gleichgewicht wiederherzustellen trachtet. Kants Kritik ist übrigens ungerechtfertigt, Süßmilch wettert nämlich dort lebhaft gegen die Kriege, die, durch Unterbrechung oder Minderung des Bevölkerungswachstums, das Wohl der betroffenen Länder gefährden:

Weil aber viele der Meinung sind⟨,⟩ als wären obbemeldte Hindernisse, sonderlich Krieg und Pest, notwendige Übel, deren sich die Vorsehung bedienen müsse, um dadurch das Gleich-Gewicht unter denen Menschen zu erhalten, als die sich sonst einander möchten zur Last werden, ⟨...⟩: so hat mich solche Meynung veranlasset, ihre Gründe zu prüfen. Daher denn im folgenden die Frage wird erörtert werden, ob Krieg und Pest nothwendig zum öftern kommen müssen? welches ich verneine⟨...⟩.

(*Die göttliche Ordnung* ⟨...⟩, S. 25)

Parallel zur Frage der Entstehung von Rassen und der Entwicklung von Gattungen aus Naturanlagen geht es Kant um »ein⟨en⟩ philosophisch⟨en⟩ Versuch, die allgemeine Weltgeschichte nach einem Plane der Natur, die auf die vollkommene bürgerliche Vereinigung in der Menschengattung abziele, zu bearbeiten« (AA VIII, S. 29). Angewandt auf die Geschichte der menschlichen Taten, finden wir hier die Hypothese der Existenz ursprünglicher Anlagen wieder, die zum ersten Mal in der Rassen-Theorie von 1795 verfochten wurde (*Von den verschiedenen Racen der Menschen*), aber auch die These einer stetigen Entwicklung im Ausgang von diesen Anlagen nach allgemeinen Naturgesetzen. Auch ist dieselbe Vernunftforderung am Werk wie in der Naturtheorie: nämlich ein System der menschlichen Handlungen zu organisieren, die, individuell betrachtet, ein bloßes Aggregat bilden würden, und zwar mit Hilfe des teleologischen Prinzips, das als Leitfaden dient. Wie im Organismus alles »Zweck und wechselseitig auch Mittel« und »Nichts in ihm ⟨...⟩ umsonst, zwecklos oder einem blinden Naturmechanism zuzuschreiben« ist (*KU*, § 66), so sind »Alle Naturanlagen eines Geschöpfes ⟨...⟩ bestimmt, sich einmal vollständig und zweckmäßig auszuwickeln« (AA VIII, S. 18). Das gilt nicht nur für den Menschen, sondern für alle Lebewesen: Ein nutzloses Organ oder ein Wesen, das in der kausalen Interferenz von Lebewesen keine Funktion hat (vgl. *KU*, §§ 65-66): das sind vom Standpunkt der teleologischen Naturlehre wahre Widersprüche. Trennen wir uns nämlich von diesem Prinzip, so haben wir nicht mehr mit einer gesetzmäßigen, sondern mit einer Natur zu tun, die zwecklos spielt (vgl. Alexis Philonenko, *La théorie kantienne de l'histoire*, Paris 1986, S. 82 ff.).

Im Unterschied zu den Tieren, deren Gattung kein Telos verfolgt, sind die Menschenwesen perfektibel, nicht nur als Individuen, sondern insbesondere als Gattung, denn erworbene Einsichten werden durch Überlieferung weitergegeben, und idealerweise profitiert jede Generation von den Erfahrungen und dem angesammelten Wissen der vorhergehenden. Darum hat man Grund zur Hoffnung, daß, trotz des Irrsinns und der Unsittlichkeit der besonderen menschlichen Handlungen, die Geschichte insgesamt auf dem Wege des Fortschritts ist. In der *Pädagogik* findet man denselben Gedanken mit derselben Betonung der Analogie der Naturanlagen mit den organischen Anlagen:

Es liegen viele Keime in der Menschheit, und nun ist es unsere Sache, die Naturanlagen proportionierlich zu entwickeln und die Menschheit aus ihren Keimen zu entfalten und zu machen, daß der Mensch seine Bestimmung erreiche. ⟨...⟩ Bei dem Individuo ist die Erreichung der Bestimmung auch gänzlich unmöglich. ⟨...⟩ Die ersten Eltern geben den Kindern schon ein Beispiel, die Kinder ahmen es nach, und so entwickeln sich einige Naturanlagen ⟨...⟩. Soviel ist aber gewiß, daß nicht einzelne Menschen bei aller Bildung ihrer Zöglinge es dahin bringen können, daß dieselben ihre Bestimmung erreichen. Nicht einzelne Menschen, sondern die Menschengattung soll dahin gelangen.
(AA IX, S. 445; vgl. *Refl.* Nr. 1499, AA XV, 2, S. 781 ff.; Nr. 1521, l. c., S. 885 ff.)

Der Gedanke eines möglichen Fortschritts im Gattungsmaßstab ist für Kants praktische Philosophie wesentlich. Hätte die Natur dem Menschen nämlich nur negative Anlagen eingepflanzt (vgl. Satz 4) und hätte sie ihn nicht mit dem Vermögen begabt, seine primären Instinkte zu überwinden, so könnte man nicht erklären, wie eine solche Natur sittliche Wesen hat hervorbringen können. Mehr noch: Wäre keinerlei Fortschritt möglich, weil keine Generation aus den Erfahrungen und Einsichten früherer Generationen Nutzen ziehen könnte, so müßte man auf die praktische Idee verzichten, der Mensch habe eine teleologische Tendenz, stets über sich hinaus auf die Zukunft hin sich zu entwerfen, um das zu werden, was er seinem Wesen nach ist: »Und dieser Zeitpunkt muß wenigstens in der Idee des Menschen das Ziel seiner Bestrebungen sein, weil sonst die Naturanlagen größtenteils als vergeblich und zwecklos angesehen werden müßten; welches alles praktische Principien aufhebe ⟨...⟩« (AA VIII, S. 19).

Wie nun können die universellen Naturgesetze einträchtig zusammenbestehen mit einer teleologischen Ansicht der Geschichte, wenn man doch weiß, daß die beiden Thesen des blinden Mechanismus und der Naturteleologie in der *Kritik der Urteilskraft* als Antinomie dargestellt werden? Ferner: Wie ist der Naturdeterminismus vereinbar mit dem Postulat der Existenz der Freiheit des Willens? Selbst wenn diese drei Hypothesen unversöhnbar erscheinen, so *muß* Kants Theorie der Geschichte dort ihre Vereinbarkeit unterstellen: Der Mechanismus einerseits, die freiheitslose Teleologie andererseits würden nämlich die Geschichte auf einen bloß natürlichen, vollständig determinierten Prozeß reduzieren, was doch nur teilweise richtig sein kann, da Kant das Entstehen von Freiheit und moralischem Gewissen als eine Tatsache annimmt. Mechanismus und freiheitslose Teleologie würden die Geschichte ihres Ziels berauben, und das würde eine Versöhnung von Theorie und Praxis vereiteln. Schließlich würden Teleologie und Freiheit ohne Mechanismus den Philosophen der Möglichkeit berauben, eine Erklärung der Geschichte zu liefern (vgl. Emil L. Fackenheim, *Kant's Concept of History*, in: ›Kantstudien‹ 48 [1957], S. 381-398).

Die Frage läßt sich auch wie folgt formulieren: Wie stellt es die Natur an, »daß der Mensch alles, was über die mechanische Anordnung seines tierischen Daseins geht, gänzlich aus sich selbst herausbringe ⟨...⟩« (AA VIII, S. 19)?

Um ihr Ziel zu erreichen, bedient sich die Natur der dem Menschen eingepflanzten Naturanlagen, indem sie sie gegen ihn wendet und so zwingt, seine Tierheit zu überwinden. Sie hat ihn einerseits aus einem so krummen Holze geschnitzt, daß wenig Hoffnung besteht, es werde daraus aus eigener Kraft etwas Gerades entstehen (die Metapher wird wieder aufgegriffen in *Die Religion innerhalb der Grenzen der bloßen Vernunft* [1793], AA VI, S. 100: »Wie kann man aber erwarten, daß aus so krummen Holze etwas völlig Gerades gezimmert werde?«). Auf der anderen Seite ist das Individuum in seiner Beziehung zu anderen Menschen gezwungen, seine natürlichen Neigungen wieder aufzurichten (wie in einem Wald die krummen Bäume sich wieder aufrichten müssen, wollen sie ans Sonnenlicht dringen). So bedient sich also die Natur, um die Anlagen zu entwickeln, die sie selbst als Keime im Menschen niedergelegt hat, der widerstrebenden Tendenzen von Zwietracht und Eintracht, die das Individuum daran hindern, sich in sich selbst zurückzuziehen. Dazu hat sie dem Menschen ein gleich großes Bedürfnis, sich zu vereinzeln wie sich zu vergesellschaften, eingesenkt. Damit ist ein Konfliktpotential zwischen dem Individuum und seinen Sozialkontakten angelegt. Dieser Gedanke erinnert an das Modell der beiden antagonistischen Grundkräfte (der Anziehungs- und der Abstoßungskraft), aus denen Kant in den *Metaphysischen Anfangsgründen* die Newtonsche Physik rekonstruiert. Der Verweis auf Kepler und Newton zu Beginn der Schrift bestätigt die Verwandtschaft der beiden Vorstellungen. Doch erinnert dieses Konzept auch an das kosmologische Entwicklungsschema, das Kant in der *Allgemeinen Naturgeschichte und Theorie des Himmels* (1755) ausgearbeitet hatte: Aus dem Chaos von Materiepartikeln unterschiedlicher Masse und der Wirkung der beiden antagonistischen Grundkräfte von Anziehung und Zurückstoßung entwickelt sich rein mechanisch ein Sonnen- und Planetensystem. Derselbe Prozeß, der in der Theorie des Himmels aus dem Chaos durch den kosmologischen Antagonismus der Grundkräfte das Sonnensystem produziert, schafft in *Idee* aus dem Naturzustand den Staat. Durch ein Sich-ausspielen-Lassen der antagonistischen Kräfte erreicht also die Natur vom Menschen »die ersten wahren Schritte aus der Rohigkeit zur Kultur« (AA VIII, S. 21): notwendige Minimalbedingungen der »sittlichen Unterscheidung« (l. c.).

Wenn der Mensch, sich selbst überlassen, einem Baum mit geringer Neigung zum Geradewachsen ähnelt – und das umso weniger, als er aus krummem Holze gezimmert ist – und wenn die Zwänge des gesellschaftlichen Lebens ihn nötigen, seine egoistischen Verkrümmungen aufzurichten: bedeutet das, daß der Mensch die Tugend durch einen bloß mechanischen Prozeß erreichen kann? Oder ist die Gnade, »einen schönen geraden Wuchs ⟨zu⟩ bekommen«, das Ergebnis einer moralischen Bekehrung? Kann man vom antagonistischen Spiel empirischer Dispositionen das Aufkommen eines Zustands erwarten, der zur übersinnlichen Welt gehört? Der vierte Satz des Textes scheint das zuzugeben, wenn er feststellt:

> Da werden alle Talente nach und nach entwickelt, der Geschmack gebildet und selbst durch fortgesetzte Aufklärung der Anfang zur Gründung einer Denkungsart gemacht, welche die grobe Naturanlage zur sittlichen Unterscheidung mit der Zeit in bestimmte praktische Principien und so eine *pathologisch*-abgedrungene Zusammenstimmung zu einer Gesellschaft endlich in ein *moralisches* Ganzes verwandeln kann.
>
> (AA VIII, S. 21)

Wie aber geschieht der Sprung von den physiologischen zu den moralischen Anlagen, wenn diese ebenfalls als von der Natur dem Menschen eingesenkt gedacht sind? Anders gesagt, wie kann ein und dieselbe Natur den Menschen einerseits als blindes Instinktwesen, andererseits als frei und moralisch geschaffen haben?

Zunächst ist es wichtig zu bemerken, daß Kant, anders als Rousseau, nicht annimmt, die Natur habe den Menschen gut (noch schlecht) geschaffen. Wäre das der Fall, so wäre man gut oder schlecht, wie man atmet; und dann würde es unmöglich, die moralische Handlung an die mündige Selbstbestimmung oder hypothetischen Maximen oder gar den kategorischen Imperativ zu binden. Und es gäbe keinerlei Hoffnung, einen schlechten Menschen natürlicherweise gut werden zu sehen. In *Die Religion innerhalb der Grenzen der bloßen Vernunft* (1793) wird die Frage aufgeworfen, ob man überhaupt berechtigt ist, von ursprünglichen Anlagen zum Guten zu reden, die der Menschennatur eingepflanzt wären. Kant bejaht das. Aber, und das ist das Wesentliche, diese Anlagen sind noch keine zum Guten in einem moralisch relevanten Sinne. Es ist nicht möglich, das moralische Wesen aus einer Naturanlage zum Guten abzuleiten. Zwischen diesen beiden Stadien der Entwicklung gibt es einen Sprung, der sich nicht durch eine graduelle Steigerung erklären läßt. Die Handlung ist nur wahrhaft gut oder schlecht, wenn sie aus einer freien Wahl der Maxime fließt. »Also kann ein Hang zum Bösen nur dem moralischen Vermögen der Willkür ankleben« (AA VI, vgl. S. 35, 43). »Der Mensch ist nicht mit aller Vollkommenheit, deren er fähig ist, durch die Natur ausgerüstet, sondern soll sie selbst hervorbringen« (*Refl.* Nr. 1423, AA XV, 2, S. 621; vgl. auch *Pädagogik*, AA IX, S. 446). Es ist also klar, daß, auch wenn gewisse Äußerungen zu verstehen geben, daß die moralische Rechtschaffenheit aus dem mechanischen Einfluß entgegengesetzter Anlagen sich ergeben kann, das moralische Wesen des Menschen ein auf Naturtriebkräfte irreduzibler, mithin transzendenter Endzweck ist.

Um zusammenzufassen: Die Sätze 3 und 4 sind von Bedeutung darin, daß sie durch Namhaftmachung der dynamischen Faktoren, die sich zur Anwendung der Vernunft vereinigen, den Übergang von der Tierheit zur Menschheit, vom Bedingtsein durch Instinkte zur Entwicklung des freien Willens anzeigen. Wenn der dritte Satz auf der natürlichen Unterausstattung des Menschen im Vergleich zum Tier besteht und darum auf der Notwendigkeit für den Menschen, sich aus sich selbst zu entwickeln, sich zum Selbstzweck zu machen, so betont der vierte Satz die positiven Ursachen der Entwicklung der menschlichen Anlagen durch die Mittel, deren sich die Natur bedient, um sie zu erwecken. Der fünfte Satz fährt im gleichen Sinne fort und bedient sich derselben Explikationsmittel, um die Entstehung einer gesellschaftlichen Organisation zu erklären. Das antagonistische Widerspiel der Glieder einer Gesellschaft muß am Leben erhalten werden, ohne daß es doch den Menschen dazu führen darf, die Entfaltung fremder Freiheit zu beeinträchtigen. So muß man also eine Gesellschaft konzipieren, in der sich die Freiheit unter äußeren und vollkommen gerechten Gesetzen entwickeln kann. Nicht dem Problem der Moral begegnet der Mensch hier, sondern demjenigen des Rechts (vgl. Alexis Philonenko, *La théorie kantienne de l'histoire*, l. c., S. 49 ff.).

Entgegen der rousseauistischen Vorstellung eines idealen Urzustands ist »der erste Zustand ⟨...⟩ der Schlechteste« (*Refl.* Nr. 1498, AA XV, 2, S. 779). Die Menschheit ist nur im gesitteten Zustand vollkommen. Rousseau, der »ein Achtungswürdiger Schwärmer« ist (*Refl.* Nr. 921, AA XV, 1, S. 406), gehört neben Plato und (dem Abbé de) Saint-Pierre zu den »phantasten ⟨...⟩ der Vernunft« (*Refl.* Nr. 488, AA XV, 1, S. 210). Bei Kant ist die Kultur der Natur nicht entgegengesetzt, wie sie es bei Rousseau ist (*Discours sur l'origine et les fondements de l'inégalité parmi les hommes* [Rede über den Ursprung und die Grundlagen der Ungleichheit unter den Menschen], Amsterdam 1755); sie bringt sie vielmehr zur Vollendung, da sie den Zustand darstellt, in welchem die Natur die Anlange, die sie der Menschheit eingepflanzt hat, maximal gut entwickeln kann (AA XIII, S. 27).

Ist die Kultur eine notwendige Bedingung für das Aufkommen einer moralischen Reflexion, so muß man dennoch daran erinnern, daß sie keine hinreichende Bedingung ist. Die »*pathologisch*-abgedrungene Zusammenstimmung zu einer Gesellschaft« (AA VIII, S. 21) und zu einem moralischen Ganzen bildet den Zweck *der Natur* (er entspricht, in der Terminologie der *KU*, dem »letzten Zweck«), und nicht einen transzendenten und unbedingten *Endzweck* (vgl. *KU*, §§ 82-84). Die Kultur ist als der letzte Zweck der Natur ein immanentes, durch die Natur selbst hervorgebrachtes und für die Ausbildung eines moralischen Wesens nur vorbereitendes Ziel. Sie ist nur noch nicht der Endzweck, da dieser unbedingt sein muß. Aus dem § 84 der *KU* ergibt sich klar, daß »nur im Menschen, aber auch in diesem nur als Subjekte der Moralität ⟨...⟩ unbedingte Gesetzgebung in Ansehung der Zwecke anzutreffen ⟨ist⟩, welche ihn also allein fähig macht⟨,⟩ ein Endzweck zu sein, dem die ganze Natur teleologisch untergeordnet ist« (*KU*, S. 399). Das moralische Wesen ist also kein direktes Produkt der Naturzweckmäßigkeit (vgl. *KU*, S. 399, Fußnote).

Es gibt also sehr wohl, anders als man es aus dem Projekt einer Geschichtsteleologie heraushören könnte, einen Bruch in der Kausalkette der Evolution zwischen dem, was durch die »Vorsehung« der Natur möglich wird, und dem, was außerhalb ihrer Macht liegt.

Die Entwicklung zur Kultur und zum Staat verlangt, wie bei Hobbes, aus der »brutalen Freiheit« (AA VIII, S. 24) der Einzelpersonen herauszutreten und »eine allgemein das Recht verwaltende bürgerliche Gesellschaft« zu organisieren (l. c., S. 22; vgl. Thomas Hobbes, *Leviathan or the Matter of a Commonwealth Ecclesiastical and Civil* [Leviathan oder die Sache des kirchlichen und zivilen Gemeinwohls], in: *Works*, hg. von Sir William Molesworth, Bart-London 1839, Bd. 3). Das ideale Gesellschaftsmodell ähnelt dem von Rousseaus Abhandlung *Du contract social ou principes du droit politique* (Der Gesellschaftsvertrag oder Grundsätze des politischen Rechts), Amsterdam 1762: Jeder ist im Besitz der größten Freiheit, weil jeder seine Zustimmung zu einer Legislation gegeben hat, die aus der Zustimmung des allgemeinen Willens gerechtfertigt ist. So ist jedes Rechtssubjekt verpflichtet, an einer gesellschaftlichen Institution teilzunehmen, die diese gemeinsame Gesetzgebung ins Werk setzt, welche als Echo des allgemeinen Willens dennoch die Grenzen der individuellen Freiheit absteckt. Da diese Gesellschaft einen Ort möglichen Zusammenstimmens der Freiheit der einen mit der aller anderen darstellt, ist sie »die höchste Absicht der Natur, nämlich die Entwickelung aller ihrer Anlagen, ⟨die⟩ in der Menschheit erreicht werden kann« (AA VIII, S. 22). Nach Kants Lehre kommt die republikanische Regierungsform diesem Ideal am nächsten (vgl. *Der Streit der Facultäten* von 1798, 2. Abschnitt, AA VII, S. 91 ff.), weil sie sich am besten dazu qualifiziert, »den Krieg, den Zerstörer alles Guten, entfernt zu halten« (l. c., S. 91).

Wie kann eine gerechte Verfassung erreicht werden? Ist doch der Mensch ein Tier, sagt Kant, das seine Freiheit in Ansehung anderer seinesgleichen mißbraucht. Die Schilderung der Menschheit klingt hier nicht viel optimistischer als bei Hobbes. Als erziehungsbedürftiges Kind hat der Mensch einen Herrn nötig. Aber es ist noch ungleich schwieriger, einen guten Herrn für alle zu finden, als einen guten Erzieher (vgl. *Pädagogik*, AA VII, S. 117 f. und *Anthropologie in pragmatischer Hinsicht* [1798], AA VII, S. 117 f.). Kant hat über die

Notwendigkeit eines Herrn oder eines »Erziehers« für die Bürger in vielen Reflexionen nachgedacht: u. a. *Refl.* Nr. 1398, AA XV, 2, S. 609-610; Nr. 1399, S. 610; Nr. 1423, S. 621; Nr. 1451, S. 644; Nr. 1468, S. 647; Nr. 1499, S. 781 f.; Nr. 1500, S. 785 f. (vgl. Klaus Weyand, *Kants Geschichtsphilosophie, ihre Entwicklung und ihr Verhältnis zur Aufklärung*, l. c., S. 93). Und obwohl jeder Mensch aus krummem Holze gemacht ist und deshalb einen Erzieher oder einen Herrn braucht, muß dieser »gerecht *für sich selbst* und doch ein *Mensch* sein« (AA VIII, S. 23). Deshalb ist diese Aufgabe »die schwerste unter allen«, und ihre vollkommene Auflösung sogar unmöglich (l. c.).

Es ist bemerkenswert, daß nicht wie bei Thomas Hobbes, Hugo Grotius oder Jean-Jacques Rousseau die Bildung des Staates durch eine *translatio iuris* geschieht. Der »Législateur« braucht »richtige Begriffe von der Natur einer möglichen Verfassung, große durch viel Weltläufe geübte Erfahrenheit« und »gute⟨n⟩ Wille⟨n⟩«, Eigenschaften, die, weil sie in ihrer Vollkommenheit einer Idee gleichkommen, »nur sehr spät, nach viel vergeblichen Versuchen, sich einmal zusammen finden können« (l. c.).

Man kann mit Recht die Frage stellen, wie der Herr, der als Mensch seinerseits ein Tier, das den Herrn nötig hat, all die Qualitäten, die man von ihm erwartet, abdecken kann. Doch haben wir, woran Alexis Philonenko erinnert, hier nicht mit einer Aporie zu tun, wie es den Anschein hat (*La théorie kantienne de l'histoire*, l. c., S. 102). Die Geschichte hat in der Tat einen solchen obersten und aus sich selbst gerechten Herrn in der Person Christi gekannt, dessen Heiligkeit und gleichzeitige Menschlichkeit Kant in *Die Religion innerhalb der Grenzen der bloßen Vernunft* betont hat. In der Tat: Wäre er kein Mensch, so wäre jede Nachahmung Christi unmöglich (AA XI, S. 64). Nun haben die Menschen, wie man weiß, diesen historischen Meister getötet. Wohl darum betont Kant, daß eine vollkommene Lösung unmöglich ist. Ist sie unmöglich, so darf der Diskurs der Vernunft keinesfalls hier haltmachen. Die letzten Sätze werden, gleichsam in kontrafaktischem Anspruch, die Bedingungen der Gründung einer bürgerlichen Gesellschaft prüfen, die auf Vervollkommnung, d. h. auf den ewigen Frieden, aus ist.

Die Idee der Schaffung eines »Völkerbundes« stützt sich auf dieselben utilitaristischen Überlegungen wie die der Gründung eines Rechtsstaats und der Suche nach einem Gesetzgeber: Wie es im wohlverstandenen Eigeninteresse eines jeden liegt, einer verfaßten Gesellschaft beizutreten, um durch Begrenzung der fremden Freiheiten die eigene zu schützen, so liegt es im Interesse eines Staates, seine Verfassung dadurch zu schützen, daß er sich die Unterstützung der Staaten zuzieht, die ihn umgeben und mit denen er in Handel steht. Auch hier besteht die List der Natur sozusagen darin, sich der antagonistischen Gefühle der Menschen zu bedienen, um sie zur Aufsuchung des Friedens zu zwingen. So betrachtet, finden selbst die Naturkatastrophen und die großen kriegerischen Auseinandersetzungen zwischen den Menschen eine indirekte Rechtfertigung. So wie in einem Einzelorganismus nichts unnütz, d. h. zwecklos ist, so ist auch in einer Gesamtschau, die die Natur als einen großen Organismus betrachtet, nichts dem Zufall überlassen (das ist eine Sicht, die vereinzelt in den §§ 67 und 75 wie überhaupt am ganzen Ende der *KU* auftaucht). So gewinnen selbst die Kriege einen Sinn, freilich nur insofern, wie man die Geschichte im Generationenmaßstab betrachtet und annimmt, daß die Menschheit aus vergangenen Fehlern Lehren ziehen kann. Kants Hoffnung auf die Geburt des Friedens aus den antagonistischen Wesenstendenzen der Menschen und Staaten ist, mag er auch auf einen weitgehend utilitaristischen Rationalismus gegründet sein, gleichwohl optimistischer, als es ein Blick auf die Wirklichkeit erlaubt. So hindert nichts, daß gewisse Staaten zur Verteidigung ihrer Interessen untereinander eine Koalition zur besseren Ausbeutung anderer und schwächerer Staaten bilden. Die Theorie der ›Spiele mit mehr als zwei Partnern‹ (und ganz besonders die ›Koalitionstheorie‹) hat in der Tat gezeigt, daß es stets im Interesse zweier Personen liegt, sich gegen eine dritte zusammenzutun. In einem solchen Fall ist die Achtung der Regeln des ›fair play‹ allerdings nicht mehr im Interesse von jedermann.

Um solcherlei Einwänden von Anfang an das Wasser abzugraben, betont Kant, daß man seine Überlegungen, ähnlich denen des Abbé de Saint-Pierre und Rousseaus, nicht für eine bloße Schwärmerei ansehen dürfe. In seinem Hauptwerk *Projet pour rendre la paix perpétuelle en Europe* (Entwurf zu einem ewigen Frieden in Europa), Utrecht 1713, hatte Charles-Irénée Castel, Abbé de Saint-Pierre (1658-1743), die Dezentralisierung der Staatsverwaltung und die Errichtung eines europäischen Staatenbundes gefordert. Nur darin sah er die Grundlage für einem beständigen Frieden. Sein Plan zu einem ewigen Frieden, formuliert vor allem im *Abrégé du Projet de paix perpétuelle* und in dem *Supplément de l'Abrégé du Projet de paix perpétuelle* (Rotterdam 1733), beeinflußte Rousseau und Kant, den letzteren zur Abfassung einer eigenen Schrift mit dem Titel *Zum ewigen Frieden*. Was Rousseau betrifft, so muß alles, was er über die Grundlagen der Gesellschaftsordnung, über politische Herrschaft (Souveraineté) und die Natur der Regierung, die Beziehung zwischen den Staaten, das Problem von Krieg und Frieden geschrieben hat, im Zusammenhang seines leidenschaftlichen Dialogs mit dem Abbé de Saint-Pierre gesehen werden (vgl. die Einführung zu den *Œuvres Complètes* de Rousseau, Bibl. de la Pléiade, hg. von Bernard Gagnebin und Marcel Raymond, Paris 1964, Bd. 3, S. CXX ff.).

Abschließend kann man sich fragen: Hat Kant, wenn er von einer verborgenen Absicht der Natur spricht, die sich ohne Wissen der Individuen und selbst wider ihren Willen manifestiert, die Naturzweckmäßigkeit nicht ontologisiert, da er doch in der *KU* nicht müde wird zu wiederholen, daß sie einen lediglich regulativen Status habe? Und ist der Optimismus, den er in seiner Skizze vom Lauf der Geschichte an den Tag legt, nicht, wie man ihm vorgeworfen hat, ein Rückfall in den naiven Fortschrittsglauben der Aufklärung? Stellt die Geschichtsphilosophie Kants nicht eine metaphysische Unterbietung der Position der *KrV* dar? Der Satz, mit dem

Kant seine Überlegung zur Geschichte beschließt, erlaubt die Abweisung dieser Vorwürfe: Kant verwahrt sich dagegen, einen »Roman« haben schreiben zu wollen. So wie er es sich in der Abhandlung *Über den Gebrauch teleologischer Prinzipien in der Philosophie* (1788) verbittet, eine »Wissenschaft für die Götter« geschrieben zu haben. Wie dort, so muß er auch hier den Gebrauch teleologischer Prinzipien rechtfertigen. Hier aber erfüllt die Rechtfertigung eine praktische und nicht nur theoretische Funktion. Die *theoretische* Funktion stimmt völlig mit der überein, die wir in der *KU* wiederfinden werden: Die Einführung des teleologischen Prinzips gestattet die Auffindung eines roten Fadens dort, wo es auf den ersten Blick keinen zu geben schien (in den individuellen Handlungen, wie in den Geschichts- oder Naturereignissen, die kontrafinal zu sein scheinen). So können wir uns von der Idee eines *Systems* der Handlungen und Ereignisse leiten lassen, wie wir in der *KrV* und in der *KU* auf die Idee einer Totalität der Erkenntnisse (also auf den Gedanken eines in sich beschlossenen Systems) zu stoßen hoffen konnten. Aber hier geht es vor allem um die *praktische* Funktion teleologischen Prinzips: »es wird (was man ohne einen Naturplan vorauszusetzen, nicht im Grunde hoffen kann) eine tröstende Aussicht in die Zukunft eröffnet werden« (AA VIII, S. 30). Und wenn man sich erinnert, daß jeder zur Beschleunigung der Annäherung dieses Ziels beitragen kann, so »kann ⟨das⟩ noch überdem einen kleinen Bewegungsgrund zum Versuche einer solchen philosophischen Geschichte« abgeben (l. c., S. 31).

STELLENKOMMENTAR

330,31 *Abbé von St. Pierre]* Abbé Charles-Irenée Castel de St. Pierre (1658-1743), Aufklärer und Kritiker. Er forderte neben einer Reform des Klerus u. a. die Dezentralisation der Staatsverwaltung. Er sah in der Errichtung eines europäischen Staatenbundes die Grundlage zu einem beständigen

Frieden. *Projet pour rendre la paix perpétuelle en Europe*, Utrecht 1713.

330,32 *Rousseau]* Jean Jacques Rousseau: *Extrait du projet de paix perpétuelle de Mr. l'Abbé de St. Pierre* (Auszug aus dem Plan für einen ewigen Frieden des Abbé de St. Pierre), 1760.

336,33 f. *Das erste Blatt im Thucydides (sagt Hume)]* David Hume, *Essays moral, political and literary* (1741). In: *The Philosophical Works*, hg. von Thomas Hill Green und Thomas Hodge Grose, 1874 f. (Nachdruck Aalen 1964), Bd. 3, S. 414.

BESTIMMUNG DES BEGRIFFS EINER MENSCHENRACE

(1785)

Erstdruck: Der Aufsatz erschien im 11. Stück der ›Berlinischen Monatsschrift‹ (November) 1785, Bd. 6, S. 390-417. Weitere Nachdrucke zu Kants Lebzeit: *I. Kants zerstreute Aufsätze*, Frankfurt und Leipzig 1793, S. 64-89; *I. Kants frühere noch nicht gesammelte kleine Schriften*, Lintz (Zeitz, Webel) 1795, S. 107-128; *I. Kants sämmtliche kleine Schriften*, Königsberg und Leipzig (Vogt, Jena) 1797f., Bd. 3, S. 531-558; *I. Kants vermischte Schriften*, Bd. 2, Halle 1799 (Tieftrunk), S. 633-660. Unser Druck beruht auf der Akademie-Ausgabe, Bd. VIII, Berlin und Leipzig 1923, S. 89-106, hg. von Heinrich Maier, der wiederum den Erstdruck reproduziert.

KANTS QUELLEN UND FRÜHERE VERSUCHE EINER RASSENEINTEILUNG

Ein Brief von Johann Erich Biester, dem Herausgeber der ›Berlinischen Monatsschrift‹, an Kant vom 8. 11. 1785 bestätigt den Eingang des Textes bei der Redaktion:

Nehmen Sie nun aber meinen vorzüglichen Dank an für den vortrefflichen Aufsatz über die Geschichte der Menschheit, den Sie mir letzt zur Monatsschrift geschickt haben. Das ist ein Stück der erhabensten edelsten Philosophie, die wahrhaft erbaut u. die Seele erhebet.

(AA X, S. 417)

Etwa einen Monat später, am 3. 12. 1785, kündigt der Herausgeber Kant das Erscheinen des Manuskripts an:

Ich sende Ihnen hier, teurester Freund und Gönner, ein

neues Quartal unserer Monatszeitschrift, dessen eines Stück mit einem trefflichen Aufsatze von Ihnen gezieret ist. Ihr lehrreicher und meisterhafter Aufsatz von der Geschichte der Menschheit soll das neue Jahr öffnen.
(AA X, S. 429 f.)

Den Deutungshilfen zur *Bestimmung des Begriffs einer Menschenrace* sollten einige Bemerkungen über den Text vorausgehen, den Kant zehn Jahre früher über den nämlichen Gegenstand veröffentlicht hatte: *Von den verschiedenen Racen der Menschen* (erschienen zur Ankündigung der Vorlesungen der *Physischen Geographie* im Sommerhalbjahr 1775; verändert wiederabgedruckt im zweiten Teil von Johann Jacob Engels *Philosoph für die Welt*, Leipzig 1777, S. 125-164; die zweite, erweiterte Bearbeitung ist in der Akademie-Ausgabe Bd. II, S. 429-434 abgedruckt). Es war bekanntlich ein verbreiteter Brauch an den deutschen Universitäten, daß die Professoren den Gegenstand ihrer Vorlesungen in »Programmen« ankündigen durften, die der gelehrten Presse mitgeteilt wurden. Da die Vorlesungen von den Studenten bezahlt werden mußten, erlaubte die den Vorlesungen somit verschaffte Öffentlichkeit eine Aufbesserung des sehr bescheidenen Gehalts der Professoren. So erschien im Frühjahr 1775 die Programmankündigung der Vorlesung über physische Geographie im Sommersemester, einer Vorlesung, in welcher Kant die Geographie vom anthropologischen Gesichtspunkt behandeln wollte, interessierte ihn doch die Erde weniger als ihre Bewohner. Der Text war um drei Hauptfragen herum gruppiert: a) Die Frage der Möglichkeit einer Klassifikation überhaupt; es ging um die Definition des Begriffs einer Rasse und nach Erfahrungs-Kriterien; b) die Anwendung der Rasse-Definition auf die Menschengattung und ihre Unterteilung in vier Grund-Rassen; c) schließlich stand eine historische Erklärung der möglichen Ursachen für die Rassendifferenzierung aus einem einzigen Stamm an. Diese drei Ziele finden sich auch wieder im vorliegenden Text sowie in *Über den Gebrauch teleologischer Prinzipien in der Philosophie* (1788).

In der Ankündigung von 1775 verwirft Kant die von Carl von Linné aufgrund physischer Ähnlichkeiten vorgenommene »Schuleinteilung« zugunsten von Verwandtschaftskriterien, die wiederum in der Zeugungsfähigkeit ihren Niederschlag finden:

> Die Schuleinteilung geht auf *Klassen, welche nach Ähnlichkeiten*, die Natureinteilung aber auf *Stämme*, welche die Tiere nach *Verwandtschaften* in Ansehung der Erzeugung einteilt. Jene verschafft ein Schulsystem für das Gedächtnis; diese ein Natursystem für den Verstand.
> (AA II, S. 429)

Die menschliche Gattung (Kant spricht von ihr auch als von der menschlichen Art) ist definiert nach der Regel, die Georges Louis Leclerc, Comte de Buffon aufgestellt hatte (vgl. *Histoire naturelle générale et particulière. Avec la description du Cabinet du Roi*, Paris 1749-89; dt.: *Allgemeine Historie der Natur nach allen ihren besonderen Theilen abgehandelt, nebst einer Beschreibung der Naturalienkammer Sr. Majestät des Königes von Frankreich*, anonym, 11 Bde., Hamburg und Leipzig 1750-81 [Vorwort von Albrecht von Haller]),

> daß Thiere, die mit einander fruchtbare Jungen erzeugen, (von welcher Verschiedenheit der Gestalt sie auch sein mögen) doch zu einer und derselben physischen Gattung gehören ⟨...⟩.
> (AA II, S. 429)

Buffon definiert die Gattung als eine konstante Folge von ähnlichen Individuen, die sich reproduzieren (vgl. *Histoire naturelle, générale et particulière*, Bd. 4: De l'asne, S. 386). Aufgrund dieses Identitätsprinzips verteidigt Buffon unzweideutig die Idee der Einheit der Menschengattung, einen Gedanken, den Kant übernehmen wird:

> Die Menschen variieren an Farbe von weiß bis schwarz, an Körpergröße von doppelt zu einfach, ferner an Dicke, Leichtigkeit, Kraft usw. und von alles zu nichts an Geist; ⟨...⟩ aber diese Unterschiede der Farbe und der Körpergröße hindern nicht, daß der Neger und der Weiße, der Lappe und der Patagonier, der Riese und der Zwerg nicht

miteinander Individuen hervorbringen können, die sich ihrerseits reproduzieren können und daß folglich diese Menschen, so unterschieden in ihrem Aussehen, doch eine und dieselbe Gattung verkörpern. ⟨...⟩ da alle Menschen mit einander kommunizieren und Nachkommen zeugen können, kommen sie aus demselben Stamm und gehören zur selben Familie.

(L. c., S. 387)

Kant gründet also den Rassenbegriff auf den Unterschied zwischen den physischen Leitmerkmalen – die sich notwendig weitervererben – und die nichtnotwendig erblichen Merkmale. Die verschiedenen Rassen bilden sich aus erblichen Abweichungen, die Kant »Abartungen« nennt. Um eine Rasse zu bilden, müssen diese Abweichungen sich notwendig vererben und im Falle der Mischung unausbleiblich halbschlächtige Junge erzeugt werden.

Folgende Elemente sind also aus den von Kant vorgeschlagenen Definitionen zu beachten: die *Abartungen* sind erbliche Abweichungen aus demselben Stamm. Nur diejenigen Abartungen, die jederzeit halbschlächtige Junge erzeugen, bilden *Rassen* aus. Diejenigen, die nicht notwendig eine perfekte Mischung von ursprünglichen Charakteren erzeugen, heißen *Spielarten* (wie z. B. bei dem Gegensatz zwischen Blonden und Brünetten). Wenn das Unterscheidende der Abartung sich nicht beständig erhält, entstehen *Varietäten*.

Unter den Abartungen, d. i. den erblichen Verschiedenheiten der Tiere, die zu einem einzigen Stamme gehören, heißen diejenigen, welche sich sowohl bei allen Verpflanzungen (Versetzungen in andre Landstriche) in langen Zeugungen unter sich beständig erhalten, als auch in der Vermischung mit andern Abartungen desselbigen Stammes jederzeit halbschlächtige Junge zeugen, *Racen*. Die, so bei allen Verpflanzungen das Unterscheidende ihrer Abartung zwar beständig erhalten und also nacharten, aber in der Vermischung mit andern nicht notwendig halbschlächtig zeugen, heißen *Spielarten*; die aber, so zwar oft,

aber nicht beständig nacharten, *Varietäten*. Umgekehrt heißt die Abartung, welche mit andern zwar halbschlächtig erzeugt, aber durch die Verpflanzung nach und nach erlischt, ein besonderer *Schlag*.
(AA II, S. 430)

Nach diesen Definitionen bilden die Menschen also eine einzige Gattung, da sie sich, trotz ihres Rassenunterschiedes, reproduzieren können. Als Grund für diese Einheit gibt Kant den Umstand an, daß sie zu »einem einzigen Stamme gehören« (AA II, S. 430). Wir haben also mit drei Klassifikationsebenen zu tun: Die erste ist die des Stamms, der Familie oder der Gattung (im Falle der Menschenart eine und diesselbe); die zweite ist diejenige der Rasse; dritte Ebene bilden die Varietäten oder Typen, d. h. die Erbeigenschaften, die aber nicht invariabel sind, wie z. B. die Eigenschaften der Braunäugigkeit oder Blondhaarigkeit oder Geradnasigkeit usw. (vgl. AA II, S. 435; vgl. ebenso AA VIII, S. 165).

Woher kommen aber die bemerklichen Unterschiede innerhalb der Menschengattung? Zum Teil gehen sie aufs Konto des Einflusses von Klima und Ernährung auf die Individuen: Faktoren, die sogar erbliche Modifikationen verursachen können »in Ansehung der Größe, der Proportion der Gliedmaßen (plump oder schlank), ingleichen des Naturells, der zwar in der Vermischung mit fremden halbschlächtig anartet, aber auf einem anderen Boden und bei anderer Nahrung (selbst ohne Veränderung des Klima) in wenig Zeugungen verschwindet« (AA II, S. 431). In Ansehung solcher Veränderungen spricht man von Schlag, nicht aber von Rasse. Der Einfluß des Klimas und der Ernährung kann in der Tat allein noch nicht die Beständigkeit gewisser Merkmale über Generationen hinweg erklären, zumal wenn diese Beständigkeit sich auch beim Wandel der äußeren Bedingungen durchhält.

Diese Beobachtung hat Kant zu Vermutungen über die Ursachen dieser unfehlbaren Vererbung angeregt. Und darunter fällt insbesondere die erneute Bekräftigung der Geltung des teleologischen Prinzips, welches nach seiner Meinung allein die Konstanz des Erbphänomens erklären kann.

> Der Zufall, oder allgemeine mechanische Gesetze können solche Zusammenpassungen nicht hervorbringen. Daher müssen wir dergleichen gelegentliche Auswickelungen als *vorgebildet* ansehen. ⟨...⟩ Denn äußere Dinge können wohl Gelegenheits- aber nicht hervorbringende Ursachen von demjenigen sein, was notwendig anerbt und nachartet.
>
> (AA II, S. 435)

Würde man sich nur an die mechanische Erklärungsart halten, so wäre das Rassenkonzept durch das Eingreifen verschiedener äußerer, natürlicher oder künstlicher Einflüsse bedroht; denn diese Eingriffe können das Erscheinungsbild bis ins Unendliche modifizieren (vgl. dazu auch *Bestimmung des Begriffs einer Menschenrace*, AA VIII, S. 98). Angewandt auf die Frage nach dem Ursprung der vier Grundrassen-Farben, führt das teleologische Prinzip Kant zur Annahme der Präexistenz im ursprünglichen Stamm von Keimen dieser vier Farben und der Naturanlagen, die ihnen erlauben, sich zu behaupten und zu verbinden. Kant vertritt hier also die epigenetische Theorie, derzufolge die Erbmerkmale nur als Auswicklung einer ursprünglich in Form von Keimen niedergelegten zweckmäßigen Anlage betrachtet werden können:

> Die in der Natur eines organischen Körpers (Gewächses oder Thieres) liegenden Gründe einer bestimmten Auswickelung heißen, wenn diese Auswickelung besondere Teile betrifft, *Keime*.
>
> (AA II, S. 434)

Es handelt sich hier nicht um eine präformationistische Konzeption, dergemäß alle Typen, die in der Folge ins Dasein treten, als solche, auf ein unendlich kleines Format reduziert, schon vorgelegen hätten; Keime liefern lediglich eine Vorbedingung für künftige individuelle Entwicklungen, und sie garantieren die Beständigkeit gewisser Merkmale, selbst nach einer Mischung zwischen zwei verschiedenen Rassen.

Vom Ursprung hat sich, unter dem Einfluß des Klimas, eine dominante Farbe durchsetzen und im Lauf der Zeit auf

Kosten anderer Keime behaupten können, die dann verschwunden sind. Sind einmal die für die Anpassung an eine Umwelt spezifischen Keime und Anlagen aktualisiert, so ist die Rassenbildung vollendet, und deren dominante Eigenschaften prägen sich dem System der Reproduktion ein, um sich fortan invariabel weiterzuvererben:

> Denn nur die Stammbildung kann in eine Race ausarten; diese aber, wo sie einmal Wurzel gefaßt und die andern Keime erstickt hat, widersteht aller Umformung eben darum, weil der Charakter der Race einmal in der Zeugungskraft überwiegend geworden.
> (AA II, S. 442)

Kant stellt vier Rassen auf. In dem Artikel von 1775 sind das die Rassen 1. der Weißen, unter die Kant die Mauren Afrikas, die Araber, die türkisch-tatarischen Völkerschaften und die Perser zählt; 2. die Neger; 3. die hunnische (mungalische ⟨sic!⟩ oder kalmuckische) Rasse, 4. die hinduische oder hindistanische Rasse (vgl. Erich Adickes, *Kant als Naturforscher*, Bd. 2, Berlin 1925, S. 406 ff.). Anders schon verhält es sich in der zweiten Fassung des Aufsatzes vom Jahr 1777, wo sich eine Einteilung der Rassen nach Farben findet, bei der die Kalmücken nicht auftreten, statt ihrer aber die Amerikaner. Adickes meint, daß die Wandlung der Ansichten sehr wahrscheinlich unter dem Eindruck des Mediziners Peter Simon Pallas (1741-1811) erfolgte, der in seinen *Sammlungen historischer Nachrichten über die mongolischen Völkerschaften*, Bd. 1, Petersburg 1776, von Fällen spricht, in denen die Vermischung zwischen Russen und Mongolen schon in der 1. Generation nicht-halbschlächtige Zeugung ergab. In dem Aufsatz von 1785 schließt Kant die Mongolen von den Grundrassen aus. Er hält aber an der Rasseneinteilung aufgrund von Farbenunterschieden fest. Die vier Rassen sind demnach die Weißen, die Neger, die gelben Indianer und die kupferfarbigroten Amerikaner. In *Bestimmung des Begriffs einer Menschenrace* behält er diese Rasseeinteilung unverändert bei.

Im Jahr 1775 fand Kant sehr unterschiedliche Rassentheorien vor (vgl. Erich Adickes, l. c., S. 446 ff.). Den Begriff der

Gattung hatten John Ray in *The Wisdom of God Manifested in the Works of the Creation* (Gottes Weisheit, in den Werken der Schöpfung geoffenbart), London 1691, und Georges Louis Leclerc, Graf von Buffon in *Histoire naturelle, générale et particulière* festgelegt. Darauf wiesen Henry Home Kames in *Sketches of the History of Man*, 4 Bde. (London 1778, dt.: *Versuche über die Geschichte des Menschen*, Leipzig 1774-75) und Johann Friedrich Blumenbach in *De generis humani varietate nativa* (Göttingen 1775, dt.: *Über die natürlichen Verschiedenheiten im Menschengeschlechte*, nach der 3. Ausgabe übersetzt von Johann Gottfried Gruber, Leipzig 1798) hin. Lord Henry Home Kames (1696-1782) leugnet gegen Buffon die ursprüngliche Einheitlichkeit der Menschengattungen. Johann Friedrich Blumenbach erhebt scharfe Einwände gegen den Rassenbegriff. Er ersetzt ihn durch den von Varietäten, die unabzählbar vielfältig seien. Einige Jahre früher hatte Carl von Linné in seinem *Systema naturae* (1735) die Rassen nach den vier damals bekannten Weltteilen und zugleich nach den vier Temperamenten unterschieden: die roten, cholerischen Amerikaner, die weißen, sanguinischen Europäer, die gelben, melancholischen Asiaten und die schwarzen, phlegmatischen Afrikaner (vgl. Adickes, l. c., S. 446).

Übersichten über die Meinungen über die Verschiedenheit in den Farben der Menschenrassen geben Johann Georg Krünitz im ›Hamburgischen Magazin‹ . . .‹ (Hamburg und Leipzig 1757, Bd. 19, 4, S. 376 ff.), Albrecht von Haller in seinen *Elementa physiologiae corporis humani* (Physiologische Elemente des menschlichen Körpers), 8 Bde., Lausanne 1757-66, und Johann Friedrich Blumenbach in seiner Schrift *Über die natürlichen Verschiedenheiten im Menschengeschlechte* (nach der 3. Ausgabe übersetzt von Johann Gottfried Gruber, Leipzig 1798).

DEUTUNG

Die Hauptideen, die Kants kleine Abhandlung von 1785 gliedern, haben sich gegenüber den zehn Jahre früher vorgestellten nicht verändert: dieselbe Definition des Begriffs der Rasse, die Übernahme desselben Unterscheidungskriteriums, nämlich die Hautfarbe, dieselbe Insistenz auf der grundlegenden Einheit der Menschengattung: »Die Klasse der Weißen ist nicht als besondere Art in der Menschengattung von der der Schwarzen unterschieden; und es gibt gar keine *verschiedene Arten von Menschen*« (AA VIII, S. 99 f.). Die vier Grundfarben aller Rassen sind dieselben:

> Wir kennen mit Gewißheit nicht mehr erbliche Unterschiede der Hautfarbe, als die: der *Weißen*, der *gelben* Indianer, der *Neger* und der *kupferfarbig-roten* Amerikaner.
> (AA VIII, S. 93)

Ferner wird der Bestand von vier Grundrassen durch Rückgang auf Keime erklärt, die im Urstamm vorgelegen haben und ohne welche die erblichen Varietäten nicht aufgekommen wären.

> Das *Zweckmäßige* in einer Organisation ist doch der allgemeine Grund, woraus wir auf ursprünglich in die Natur eines Geschöpfs in dieser Absicht gelegte Zurüstung und, wenn dieser Zweck nur späterhin zu erreichen war, auf anerschaffene Keime schließen.
> (AA VIII, S. 102 f.)

Die Haut der Schwarzen stellt nach Kant die beste Illustration der Naturzweckmäßigkeit dar. Dazu muß man wissen, daß Kant die Phlogiston-Theorie für wahr hält, die schon in den Werken von Johann Joachim Becher (1635-1682/85) vertreten wurde und wiederaufgenommen und weiterentwickelt wurde durch Georg Ernst Stahl (1660-1734), sowie von Joseph Priestley (1733-1804) in seinen *Experiments relating to Phlogiston, and the seeming Conversion of Water into Air* (Experimente über Phlogiston und die anscheinende Verwandlung von Wasser in Luft), London 1784.

In seinen Vorlesungen über physische Geographie kommt Kant wiederholt auf Priestleys Entdeckung zu sprechen, so in dem Puttlichschen Heft S. 129, in dem Volckmannschen S. 69. Das Phlogiston (ein griechisches Wort für »verbrannt«) ist der Name, den man dem Fluidon gab, das man jedem Körper inhärent glaubte und dessen Annahme alle Oxydationserscheinungen (Verbrennung, Rosten usw.) unter einem einheitlichen Gesichtspunkt deutbar zu machen schien. Phlogiston ist demnach ein Stoff, der allen Körpern die Brennbarkeit verleiht und bei der Verbrennung entweicht. Der Wärmestoff (wie das Phlogiston auch genannt wurde) stellt sich nach Stahl in zwei Zuständen dar: im freien oder gebundenen. Die Verbrennung ist dann nichts anderes als der Übergang aus dem gebundenen in den freien Zustand, woran man den brennenden Charakter dieses Elementes noch erkennt. Die phlogistonreichsten Substanzen sind also die brennbarsten. Nach der Entdeckung des Sauerstoffs wurde die Phlogiston-Theorie seit 1775 von der heute anerkannten Lehre Antoine Laurent Lavoisiers (1743-1794) abgelöst, der die Oxydation als Sauerstoffaufnahme deutete. (Vgl. John Henry White, *History of the Phlogiston Theory*, London 1942; Reprint 1972.) Kant, der Lavoisier nicht rezipiert zu haben scheint, sieht in der schwarzen Haut die Illustration einer vollkommenen Anpassung an ein Lebensmilieu, das besonders stark mit Phlogiston belastet ist: Nach ihm hätten die Schwarzen eine erhöhte Menge dieser Substanz in ihrem Blut und schieden sie durch ihre Haut, die dadurch schwarz würde, aus, da nach der Theorie das phlogistonbeladene Blut diese Farbe annimmt (vgl. AA VIII, S. 103).

In den Reflexionen Nr. 1374-1378, vielleicht unmittelbare Vorarbeiten für den Aufsatz von 1785, die auf Notizen zu seinen Vorlesungen über Anthropologie und physische Geographie zurückgehen), lesen wir:

phlogisticirte phosphorische Säure. Neger.
phlogisticiertes *alcali minerale* oder auch *volatile*: indier.
Dephlogisticierte *Säure*: Americaner.
Dephlogisiertes *alcali*: Weisser.
(*Refl.* Nr. 1374, AA XV, 2, S. 599)

Oder auch in der Reflexion Nr. 1375 (l. c., S. 600 f.):
> Die Salzsäure zieht sehr das phlogiston an, und, in Dünste aufgelöset, macht es damit eine der Luft ähnliche elastische Flüssigkeit, die im trocknen nicht leicht ihre Elasticitaet verliert; wer weiß: trägt diese nicht sehr zum trocknen bey? Wenigstens kann sie sich mit dem Blute der Nordamericaner vermischt und, indem sie das phlogiston desselben attrahirt, die rothe Farbe der Haut erblich gemacht haben.

In einer Fußnote unseres Textes nimmt Kant eine Unterscheidung auf, die schon in *Von den verschiedenen Racen der Menschen* aufgetaucht war, nämlich die zwischen Naturbeschreibung und Naturgeschichte. Was vom Standpunkt der Naturgeschichte eine Art wesentlich auszeichnet, ist der Umstand, daß die Individuen dieser Art einen einzigen Stamm besitzen. So betrachtet, kann es nur eine einzige Menschenart geben. Dagegen ist es vom Standpunkt der Naturbeschreibung (einem rein klassifikatorischen Standpunkt) möglich, für einen Artunterschied zu halten, was nur ein Rassenunterschied ist (vgl. AA II, S. 434; vgl. ebenfalls AA VII, S. 100, Fußnote). Um einen solchen Irrtum zu vermeiden, geht Kant die Frage nach den Rassen vom Standpunkt der Naturgeschichte aus an. Diese Unterscheidung wird auch im Zentrum der Abhandlung *Über den Gebrauch teleologischer Prinzipien in der Philosophie* stehen.

STELLENKOMMENTAR

340,20 *Der Missionar Demanet]* Abbé Demanet, ehemaliger Missionar in Afrika. Er war 1764 Geistlicher (Aumônier auf der Insel Corée in Senegal) und kam durch die Küsten von Westafrika. Nach Frankreich zurückgekehrt, publizierte er die *Nouvelle histoire de l'Afrique française, enrichie de cartes et d'observations astronomiques et géographiques* (Neue Geschichte von Französisch-Afrika, bereichert durch Karten und astronomische sowie geographische Beobachtungen, 1764). Aus dem Französischen übersetzt, Leipzig 1778.

341,9 f. *in der Reise Carterets*] Philip Carteret, britischer Entdecker (1733-1796), entdeckte bei einer Weltumsegelung 1766-69 einige Südseeinseln. *Hauptmann Carteret's Fahrt um die Welt von 1766-69* befindet sich in: *Histor. Bericht von den sämmtl. durch Engländer geschehenen Reisen um die Welt*. Aus dem Englischen, Bd. 3, Leipzig 1776, S. 162 ff. Adickes signalisiert, daß die Z. 13-15 zitierte Bemerkung sich hier nicht findet, was Georg Forster in seinem Aufsatz *Noch etwas über die Menschenracen. An Herrn Dr. Biester*, erschienen im ›Teutschen Merkur‹ 1786, 4. Vierteljahr, S. 67 richtig hervorhebt.

341,18 *Kaffer*] Von arab. Kafir: Ungläubiger. Alte Bezeichnung für Bantu-Völker im südlichen Afrika, etwa die Zulu, Xhosa, Herero.

344,21 *Kakerlak*] Varietät von Albinos der Insel Java.

346,19 f. *principia ⟨...⟩ multiplicanda*] Prinzipien darf man nicht über die Notwendigkeit hinaus vervielfältigen.

346,25 *quaelibet ⟨...⟩ conservatrix sui*] Jedes beliebige Naturding ist Bewahrer seiner selbst.

351,16 f. *So sagt Herr Pallas*] Peter Simon Pallas (1741-1811), Berliner Arzt und Forschungsreisender, machte als Mitglied der Petersburger Akademie der Wissenschaften und in deren Auftrag 1768-74 und 1793-94 große Reisen in bisher wenig bekannte Teile Rußlands und Sibiriens. Er schrieb umfassende, vielseitige Reiseberichte, darunter die hier erwähnte *Sammlung historischer Nachrichten über die mongolischen Völkerschaften*, 2 Bde., Petersburg 1776-1802). Hier der Bd. 1.

353,35 *Phlogiston*] Der Stoff, den die Phlogistontheorie als Ursache des Verbrennungsprozesses betrachtete.

354,9 f. *nach Lind's Berichte*] James Lind (1716-1794), englischer Arzt und Seefahrer, dessen Forschungen über den Skorbut (*A Treatise on Scurvy*, 1754, und *An Essay on the Most Effectual Means of Preserving the Health of Seamen in the Royal Navy* [Über die wirksamsten Mittel, die Gesundheit der Seeleute in der königlichen Flotte zu bewahren], 1757) erlaubten, diese Krankheit bei den englischen Matrosen auszurotten.

354,28 *der Abt Fontana]* Abbé Felice Fontana, italienischer Naturforscher, 1730-1803. *Recherches sur la nature de l'air déphlogistiqué et de l'air nitreux* (Forschungen über die Natur der dephlogistisierten und nitrathaltigen Luft), Paris 1776.

354,29 *Ritter Landriani]* Graf Marsiglio Landriani, italienischer Naturforscher, gest. 1815 zu Wien: *Ricerche fisiche intorno alla salubrità dell'aria*, Mailand 1775, dt.: M. Landriani, *Physikalische Untersuchungen über die Gesundheit der Luft*, Basel 1778.

355,24 *Das flüchtige Alkali]* Ammoniak; vgl. AA II, S. 438, 440; AA VIII, S. 104.

356,9 *Zigeuner]* Der ›Beweis‹ der indischen Abstammung der Zigeuner war von einigen Forschern aus ihrer Sprache versucht worden.

356,22 *König Johann II.]* Geb. Lissabon 1455, gest. Alvor (Algarve) 1495. König zwischen 1481 und 1495, ließ die portugiesischen Entdeckungsfahrten fortsetzen; ist auch dadurch bekannt geworden, daß, als 1492 Ferdinand und Isabella von Spanien die Juden aus Kastilien vertrieben, er sie in seinem Lande aufnahm.

MUTMASSLICHER ANFANG DER MENSCHENGESCHICHTE

(1786)

Erstdruck: im Januarheft der ›Berlinischen Monatsschrift‹ 1786, Bd. 7, S. 1-27. Es erschienen zu Kants Lebzeiten außerdem noch vier Nachdrucke: *I. Kants kleine Schriften*, Neuwied 1793, S. 69-103; *I. Kants zerstreute Aufsätze*, Frankfurt und Leipzig 1793, S. 90-115; *I. Kants sämmtliche kleine Schriften*, Königsberg und Leipzig (Vogt, Jena) 1797f., Bd. 3, S. 245-274; *I. Kants vermischte Schriften,* 3 Bde., Halle 1799 (Tieftrunk), S. 33-60. Unser Druck beruht auf der Akademie-Ausgabe, Bd. VIII, Berlin und Leipzig 1923, S. 107-123, hg. von Heinrich Maier, der wiederum den Erstdruck reproduziert.

ENTSTEHUNG

Ein Brief von Johann Erich Biester an Kant vom 8. 11. 1785 (AA X, S. 416-418; hier: S. 417) erwähnt den Text als schon in seinen Händen befindlich: »Nehmen Sie nun aber meinen vorzüglichsten Dank an für den vortreflichen Aufsatz über die Geschichte der Menschheit, den Sie mir letzt zur Monatsschrift geschikt haben. Das ist ein Stük der erhabensten edelsten Philosophie, die wahrhaft erbaut u. die Seele erhebet.«

Es ist zu vermuten, daß Kant zu dieser Untersuchung durch seine Lektüre der von Johann Gottfried Herders *Ideen zur Philosophie der Geschichte der Menschheit* (erschienen in vier Teilen, Riga 1784, 1785, 1787, 1791) gekommen ist. Kant hatte, auf die Aufforderung seines Freundes Christian Gottfried Schütz (Professors der Beredsamkeit und Dichtung in

Jena, 1747-1832), eine Rezension des ersten Teils (Buch 1-5) des Herderschen Werks verfaßt. Diese Besprechung war 1784 erschienen (vgl. Schützens Brief an Kant vom 10. 7. 1784, AA X, S. 392-394). Die Rezension erschien anonym in der vierten Nummer der Jenaer ›Allgemeinen Litteraturzeitung‹ vom 6. 1. 1785; doch ließ sie keinerlei Zweifel an der Identität ihres Autors. Kant erklärt dort, daß der Verfasser (Herder) durch Gefühle und Empfindungen aus Ideen, d. h. bloßen Gedanken mehr gemacht habe, »als kalte Beurtheilung wohl gerade zu in denselben antreffen würde« (AA VIII, S. 45), kurz: Er sprach der Schrift Wissenschaftlichkeit ab. Während sich Herder rühmte, daß seine Philosophie lediglich auf Tatsachen beruhe und von metaphysischer Willkür ganz frei sei, entlarvte Kant die metaphysische Annahme und den methodischen Fehler, die in der Behauptung stecken, aus dem Fortschritte der Organisationen zu immer höheren anderen Gattungen lasse sich auf die Fortdauer derselben Gattung in einem höheren Zustande schließen.

Am 18. 2. 1785 schreibt Schütz an Kant:
Ich darf Ihnen sagen, daß diese Recension, da sie mit in die Probebogen kam, gewiß sehr viel zu dem Beyfall beygetragen, den die A. L. Z. erhalten hat.
Hr. Herder soll indessen sehr empfindlich darüber gewesen seyn. Ein junger Convertit Namens Reinhold, der sich in Wielands Haufe zu Weimar aufhält, und bereits im Mercur eine gräuliche Posaune über Herders Werke angestimmt hatte, will gar eine (si diis placet) Widerlegung Ihrer Recension in dem Februarstück des d. Mercur einrücken. Ich sende Ihnen dies Blatt sobald ichs erhalte zu. Gern höchst gern würden es die Unternehmer sehn, wenn Sie sodann darauf antworten wollten. Scheints Ihnen aber der Mühe nicht werth, so will ich schon für eine Replic sorgen.
(AA X, S. 398)

In der Tat erschien im Februarheft 1785 des ›Teutschen Merkur‹ ein *Schreiben des Pfarrers zu *** an den H. des T. M. über eine Recension von Herders Ideen zur Philosophie der Geschichte der*

Menschheit. Diese Schrift war anonym, Carl Leonhard Reinhold hat sich aber in einem Brief an Kant vom 12. 10. 1787 (AA X, S. 497) als sein Verfasser bekannt gemacht. Kant antwortete auf Reinholds Kritik im ›Anhang zum Märzmonat‹ der ›Allgemeinen Litteraturzeitung‹ (1785, 1, letztes Blatt) mit *Erinnerungen des Recensenten der Herderschen Ideen zu einer Philosophie der Geschichte der Menschheit (Nr. 4 und Beil. der Allg. Lit.-Zeit.) über ein im Febr. des Teutschen Merkur gegen diese Recension gerichtetes Schreiben* (der Text ist in Bd. VIII der AA, S. 56-58 wiederabgedruckt).

Die Besprechung des 2. Bandes (Buch 6-10) von Herders Werk, also desjenigen Abschnitts desselben, in welchem Herder Kants *Idee zu einer allgemeinen Geschichte in weltbürgerlicher Absicht* attackiert, erschien in der Nummer 271 der ›Allgemeinen Litteraturzeitung‹ (am 15. 11. 1785). Textnah dem 8. Buch von Herders Abhandlung folgend, behandelt Kant dort die Frage nach dem Ursprung der Bildung des Menschen als eines vernünftigen und sittlichen Geschöpfs. Genau dies ist auch Gegenstand des *Mutmaßlichen Anfangs der Menschengeschichte.*

DEUTUNG

Zum Verständnis des Textes sind einige Bemerkungen über den Grund von Herders und Kants Uneinigkeit angebracht.

Herder hatte in seinem Werk die Hypothese einer gradweisen und kontinuierlichen Verwandlung der Arten unter dem Einfluß einer unsichtbaren Organisationskraft aufgestellt. Sein Hauptthese läßt sich kurz so zusammenfassen: Die im ersten Buch angedeutete Stufenfolge in den Organisationen der Erde wird im zweiten und dritten Buch ausführlich nach der Zeit des Auftretens dieser Organisationen erörtert. Die Kristallisation z. B. liebt schon eckige, geometrische Winkel: »Auch diese ändern sich nach den Bestandteilen eines jeden Geschöpfs, bis sie sich in Halbmetallen und Metallen zuletzt der Pflanzensprossung nähern.

⟨...⟩ und hätten wir einen Sinn, die Urgestalten und ersten Keime der Dinge zu sehen, so würden wir vielleicht im kleinsten Punkt die Progression der ganzen Schöpfung gewahr werden.« (*Ideen* ⟨...⟩, Teil I, Buch 2, Kap. 1) Hinter den aufsteigenden Reihen organisierter Formen wirkt eine gleichfalls und schritthaltend mit aufsteigende Reihe von Kräften, die unendlich viel länger und mannigfaltiger ist, als wir wahrzunehmen imstande sind: »In der toten Natur liegt alles noch in Einem dunkeln aber mächtigen Triebe. Die Teile dringen mit innigen Kräften zusammen: jedes Geschöpf sucht *Gestalt zu gewinnen und formt sich*. In diesem Trieb ist noch alles verschlossen; er durchdringt aber auch das ganze Wesen unzerstörbar« (I, 3, IV). Keine Kraft kann untergehen; sie kann so wenig aufhören zu sein, als mit dem Zerfallen des Baumes die Vegetationskraft erlischt (I, 5, I). Und wie sich diese Kraft im Menschen zum höchsten auf der Erde erreichbaren Zustande hinaufgestiegen hat, so wird sie sich auch aus der Erdorganisation zu einer höheren und unsterblichen Organisation hinüberläutern (I, 5, II). In der ganzen Natur herrscht steter Fortschritt, indem die höheren Organisationen aus der Konsumation niederer entstanden sind, und der Mensch ist der große Zusammenfluß niederer organischer Kräfte, die in ihm zur Bildung der Humanität kommen sollten. Obwohl also in dieser Hypothese der Mensch die Krone der Naturgeschichte darstellt, ist er doch der direkte Abkömmling des Tierreichs. Und das gilt nicht bloß für den »materiellen« Menschen, der ein Geschöpf »organischer Kräfte« ist, sondern ebenso für sein Vernunftwesen und seine Freiheit: »von der Nahrung und Fortpflanzung der Gewächse stieg der Trieb zum Kunstwerk der Insekten, zur Haus- und Muttersorge der Vögel und Landtiere, endlich gar zu Menschen-ähnlichen Gedanken und zu eignen selbst erworbnen Fertigkeiten; bis sich zuletzt alles in der *Vernunftfähigkeit, Freiheit und Humanität* des Menschen vereinet« (I, 5, I). Diese Konsequenz geht Kant entschieden zu weit. Wäre Herders Evolutionsheorie richtig, so müßte man eine physische Genealogie auch der Vernunft und ihrer Kategorien annehmen und ihnen damit ihre universelle Geltung und transzendentale Würde nehmen. Keine Erkenntnis könnte mehr Anspruch auf Apriorität erheben. Kants Kritik verdient, zitiert zu werden:

> Was nun aber jenes unsichtbare Reich wirksamer und selbständiger Kräfte anlangt, so ist nicht wohl abzusehen, warum der Verfasser, nachdem er geglaubt hat aus den organischen Erzeugungen auf dessen Existenz sicher schließen zu können, nicht lieber das denkende Princip im Menschen dahin unmittelbar, als bloß geistige Natur, übergehen ließ, ohne solches durch das Bauwerk der Organisation aus dem Chaos herauszuheben; es müßte denn sein, daß er diese geistigen Kräfte für ganz etwas anders als die menschliche Seele hielt und diese nicht als besondere Substanz, sondern bloß als Effect einer auf Materie einwirkenden und sie belebenden unsichtbaren allgemeinen Natur ansähe, welche Meinung wir doch ihm beizulegen billig Bedenken tragen.

(AA VIII, S. 53)

Im § 80 der *KU* wird Kant die von Herder vertretene Grundannahme unter dem Titel der »*generatio univoca*« geradezu verwerfen: »A priori, im Urteile der bloßen Vernunft, widerstreitet sich das nicht. Allein die Erfahrung zeigt davon kein Beispiel; nach der vielmehr alle Zeugung, die wir kennen, generatio homonyma ist, nicht bloß univoca, im Gegensatz mit der Zeugung aus unorganisiertem Stoffe, sondern auch ein in der Organisation selbst mit dem Erzeugenden gleichartiges Produkt hervorbringt« (S. 369, Anm.). Das meint nicht, daß Kant die Idee einer kontinuierlichen Stufenleiter der Wesen gänzlich verwirft (vielmehr wissen wir, welche Bedeutung er in der *KrV* den drei Vernunftprinzipien der Homogenität, der Spezifikation und der Kontinuität beimißt). Doch sieht er im Motiv, das zur Bildung dieser Idee geführt hat, eine »Befolgung des auf dem Interesse der Vernunft beruhenden Grundsatzes der Affinität« (*KrV* A 668 = B 696), d. h. eine Annahme von nur heuristischem Wert. Herder aber macht aus dem Prinzip der Kontinuität der Wesen ein konstitutives Prinzip. So gibt es – und das muß betont werden – zwischen Kant und Herder nicht nur Uneinigkeit in der Sache, sondern auch einen *Methoden*-Konflikt. Kant verwirft die Methode der *Ideen zur Philosophie der Geschichte der Menschheit* als »Metaphysik, ja sogar ⟨als⟩ sehr dogmatische, so sehr sie auch unser Schriftsteller, weil es die Mode so will, von sich ablehnt« (AA VIII, S. 54). Indirekt an Reinhold sich wendend, der ja Herders Partei ergriffen hatte, sagt Kant von sich, daß er »die Materialien zu einer Anthropologie ziemlich zu kennen glaubt, imgleichen auch etwas von der Methode ihres Gebrauchs, um eine Geschichte der Menschheit im Ganzen ihrer Bestimmung zu versuchen« (AA VIII, S. 56). Diese Materialien, fährt er fort, müssen »weder in der Metaphysik, noch im Naturaliencabinet durch Vergleichung des Skelets des Menschen mit dem von andern Thiergattungen aufgesucht werden« (l. c.).

Noch an einem anderen wichtigen Punkt divergieren Herders und Kants Positionen, obwohl sie sich dem Anschein nach vertragen. Gestützt auf seine Hypothese einer fortschreitenden Umwandlung der Arten und die Idee, das Lebensprinzip überstehe den physischen Tod, meinte Herder, mit Mitteln der Theorie die Unsterblichkeit der Individualseele bewiesen zu haben. Kant wendet dagegen ein, daß »hier«, nämlich vom Standpunkt der Theorie, »uns die Natur nichts anders sehen ⟨läßt⟩, als daß sie die Individuen der völligen Zerstörung überlasse und nur die Art erhalte« (l. c., S. 53). Mit andern Worten: Für Kant könnte die Unsterblichkeit der Seele nicht theoretisch bewiesen, sondern allenfalls aus Mitteln der praktischen Vernunft postuliert werden.

Die Unvereinbarkeit der Standpunkte beider Autoren macht sich auch geltend, wenn man ihre Ansichten über die Zweckmäßigkeit der Geschichte betrachtet. Im 8. Buch seines Werks distanziert sich Herder ausdrücklich von Kants *Idee zu einer allgemeinen Geschichte in weltbürgerlicher Absicht*. Er pocht zunächst auf den Wert der Sinnlichkeit, des Gefühls und der Glückseligkeit, die »ein innerer Zustand ist: so liegt das Maß und die Bestimmung derselben nicht außer, sondern in der Brust eines jeden einzelnen Wesen« (II, 8, V). Von allen organischen Totalitäten kann die Glückseligkeit jederzeit erlangt werden. Diese individuell bestimmte Glückseligkeit schließt den kantischen Gedanken aus, daß »der Mensch ⟨...⟩ zu einem unendlichen Wachstum seiner Seelenkräfte, zu einer fortgehenden Ausbreitung seiner Empfindungen und Wirkungen, ja gar daß er für den Staat, als das Ziel seines Geschlechts und aller Generationen desselben eigentlich nur für die letzte Generation gemacht ⟨sei⟩« (l. c.). Schwach und kindisch, sagt Herder (und blickt damit auf die kantische Geschichts-Teleologie), »wäre die schaffende Mutter gewesen, die die echte und einzige Bestimmung ihrer Kinder, glücklich zu sein, auf Kunsträder einiger Spätlinge gebauet und von ihren Händen den Zweck der Erdschöpfung erwartet hätte. Ihr Menschen aller Erdteile ⟨...⟩, ihr hättet also nicht gelebt und etwa nur mit eurer Asche die Erde gedüngt, damit am Ende der Zeit eure Nachkommen durch Europäische Kultur glücklich würden; was fehlet einem stolzen Gedanken dieser Art, daß er nicht Beleidigung der Natur-Majestät heiße?« (l. c.). Herders Eudämonismus konzentriert sich in einer Wendung, die Kants Auffassung direkt entgegengesetzt wird: Der Selbstzweck ist der Endzweck: »Jedes Lebendige freuet sich seines Lebens; es fragt und grübelt nicht, wozu es dasei? sein Dasein ist ihm Zweck und sein Zweck das Dasein« (l. c.). Gerade umgekehrt wie bei Kant ist das höchste Gut, die Verwirklichung der Glückseligkeit in Übereinstimmung mit der Sittlichkeit (vgl. *KpV*, 204 ff.), nicht bloß eine regulative Idee, nach der die Menschheit trachtet, ohne sie je zu erreichen (vgl. dazu die Kommentare im vorliegenden Band S. 937 u. 1253 f.). Die ersten Menschen waren weder glücklicher noch unglücklicher, als es die künftigen Generationen sein werden. Auch konnte Herder Kants These nicht akzeptieren, »der Mensch ⟨sei⟩ ein *Tier, das, wenn es unter andern seiner Gattung lebt, einen Herrn nötig hat*« (AA VIII, S. 23). Was Kant zu dieser Überzeugung veranlaßt, war sein Zweifel am Wert des Glücks. So nimmt er dem Menschen das Recht, seine Norm vollständig in sich selbst zu tragen, und läßt von der Idee des moralischen Sollens abhängen (vgl. Alexis Philonenko, *La théorie kantienne de l'histoire*, Paris 1986, S. 133 ff.). Nimmt man aber mit Herder die Immanenz der Norm in uns selbst an, so bedürfen wir keines Herrn; im Gegenteil: Der Herr kann rasch zu einem Despoten werden, und der Despotismus besitzt keinerlei Tugend, selbst die nicht, den Menschen zu disziplinieren (vgl. II, 8, V).

Worum geht es also in der kleinen Abhandlung *Mutmaßlicher Anfang der Menschengeschichte*? Wie in *Idee zu einer allgemeinen Geschichte in weltbürgerlicher Absicht* ist das Problem, das Kant aufwirft, der »Übergang aus der Rohigkeit eines bloß thierischen Geschöpfes in die Menschheit, aus dem Gängelwagen des Instincts zur Leitung der Vernunft« (AA VIII, S. 115), also die Beziehung zwischen der Geschichtlichkeit und der Humanität. Wenn nun dieser Gang einen Fortschritt für die Art bringt, so nicht ebenso fürs Individuum (l. c.). So betrachtet, gibt es nicht nur eine Art Perspektiven-Verkehrung zwischen den beiden Texten: *Idee* blickte auf die Zukunft und machte von der Vergangenheit nur Gebrauch, um das Individuum zu seinen auf eine bessere Zukunft ausgerichteten Handlungen zu motivieren; *Mutmaßlicher Anfang* dagegen blickt nur auf die Vergangenheit des Menschen. Wir beobachten ferner eine kapitale Verkehrung der Grundannahmen: Während im Text von 1784 davon die Rede war, daß die Natur die Zwietracht gegen die Sehnsucht des Menschen nach Eintracht durchsetze (AA VIII, S. 21) und ihn so zwinge, seine Vernunftanlagen zu entwickeln und die Freiheit in sich auszubilden, sind es in *Mutmaßlicher Anfang* gerade Vernunft und Freiheit, die sich »aus der Vormundschaft der Natur« losreißen (S. 115). Alexis Philonenko kommentiert das treffend in den Worten, folglich sei der Ursprung der Geschichte die Selbstsetzung der Freiheit, das Ich = Ich (*La théorie kantienne de l'histoire*, l. c., S. 152 ff.).

Auf der ersten Seite der Abhandlung kündigt Kant »eine Geschichte der ersten Entwickelung der Freiheit aus ihrer ursprünglichen Anlage in der Natur des Menschen« an (AA

VIII, S. 109). Es geht also um so etwas wie eine Geschichte der Freiheit. Im Gegensatz zu Herder maßt sich Kant also nicht an, Vermutungen über die Naturgeschichte der Entwicklung der Menschheit aus ihren organischen Ursprüngen anzustellen; er geht vielmehr gleich aus vom denk- und sprachfähigen Menschen.

Kant macht von Beginn an auf den spekulativen Charakter seines Versuchs aufmerksam. So schützt er sich vor Einwänden, die von seiten der Wissenschaftler oder Historiker oder auch der Theologen kommen könnten: er macht »eine bloße Lustreise«, indem er den sechs ersten Kapiteln der Genesis folgt.

In den Stadien der Entwicklung der Freiheit ist der Instinkt, »diese Stimme Gottes« (l. c., S. 111), die erste Anlage, die den Menschen noch nicht vom Tier unterscheidet. Das Erwachen der Vernunft ist das Erwachen der Menschheit. Durch die Vernunft kann sich der Mensch nicht nur von seinen instinktiven Bedürfnissen unabhängig machen, sondern er kann sich, mit Hilfe der Einbildungskraft, seinen natürlichen Neigungen geradezu entgegensetzen. Hier hat die Vernunft die erste Gelegenheit, »den ersten Versuch von einer freien Wahl zu machen« (S. 112). Es sieht so aus, als hätten wir durch die Überwindung des Naturzustands sogleich eine Verbesserung erlangt. Aber die Menschheitsgeschichte beginnt vielmehr mit einem Verlust: Mit dem Gefühl der neu erwachten Freiheit ergreift den Menschen die Unruhe und führt ihn zu falschen Wahl: »Die Geschichte der *Natur* fängt also vom Guten an, denn sie ist das Werk *Gottes*: die Geschichte der *Freiheit* vom Bösen, denn sie ist *Menschenwerk*« (S. 115). Eine Reflexion zur Anthropologie (Nr. 1412, aufgezeichnet zwischen 1772 und 1775) geht in dieselbe Richtung: »Alles fängt vom Übel an. Das erste, was der Mensch that, nach dem er zur Kentnis der Dinge und dem Gebrauch des [Vernunft] Verstandes gelangt war ⟨...⟩ war etwas Böses. Der Fortschritt der Natur geht auf die Vollendung aller perfectionen, dazu die Keime liegen« (AA XV, 2, S. 615).

Die Vernunft läßt den Menschen auf viererlei Weise fortschreiten:

1. Mit Hilfe der Einbildungskraft verstärkt sie die Empfindungen und erhöht sie zu edlen Gefühlen: Indem sie sich an die Stelle des abwesenden Gegenstandes setzt oder seine Anziehungskraft erhöht, versichert sie uns unserer wesentlichen Unabhängigkeit von Objekten, so daß das bloß tierische Begehren nicht unmittelbar befriedigt wird. Hier trägt der dem Instinkt entgegengebrachte Widerstand entweder zur Steigerung des Sinnengenusses oder, auf einer höheren Stufe der Entwicklung, zur Erhebung des Genusses des »Ideals« bei, d. h. zur Liebe und zum Schönen.

2. Sie erhebt uns zum Gefühl der »Sittsamkeit«, das uns die Achtung anderer aufsuchen läßt und dadurch zum ersten sittlichen Gefühl erweckt.

3. Die dritte Stufe, die die Vernunft erklimmt, besteht im Erwerb des Zeitbewußtseins, durch das uns die Vorstellung einer nicht nur unmittelbaren, sondern auch ein einzelnes Menschenleben überschreitenden Zukunft entsteht: eine für jede teleologische Moralkonzeption zentrale Vorstellung.

4. Schließlich bewährt die Vernunft ihre Überlegenheit darin, daß sie dem Menschen erlaubt, sich als »Zweck der Natur« und die anderen Wesen, die nicht wie er Zwecke an sich sind, als Mittel zu betrachten, über die er zur Verfolgung seiner eigenen Zwecke verfügen darf. Kraft seiner Moralität, und nicht nur durch seine Intelligenz im Verfolg angemessener Mittel für seine Ziele, kann der Mensch als Endzweck der Natur gelten (vgl. die Unterscheidung zwischen »letzter Zweck« und »Endzweck« in den §§ 82-83 der *KU* und unseren Kommentar dazu S. 1322 ff.). Aber diese Überlegenheit über die Tiere verpflichtet den Menschen auch, die anderen Menschenwesen als ebensolche Zwecke an sich anzuerkennen. Kraft dieser teleologischen Reflexion auf die Schöpfung verfügt der Mensch somit über die Fähigkeit zur Unterscheidung einer instrumentellen und einer sittlichen Vernunft. Auf ihr gründet der (für die moralische Reflexion wesentliche) Unterschied der hypothetischen und kategorischen Imperative, von denen zu Beginn der *KpV* die Rede ist.

Im *Mutmaßlichen Anfang* wie in der *Idee* kann man die Doppelung der Bewegung verfolgen, die den Menschen dazu führt, sich selbst als Zweck der Natur zu sehen: Zunächst schwimmt der Mensch auf einer Woge, die aus der Natur selbst fließt und die ihn zum Ausgang aus seinem Tierzustand veranlaßt; dann aber entwickelt der Mensch seine Fähigkeit zur freien Zwecksetzung und zur Verfügung über die Natur als Mittel. So behauptet Kant in der Fußnote von S. 117, »daß die Natur in uns zwei Anlagen zu zwei verschiedenen Zwecken, nämlich der Menschheit als Tiergattung und eben derselben als sittlicher Gattung gegründet habe«. Diese Doppelbewegung manifestiert sich zunächst in einem (Sünden-)Fall, dann in einem Fortschritt, der den Menschen »aus dem Zeitabschnitte der Gemächlichkeit und des Friedens in den der Arbeit und der Zwietracht, als das Vorspiel der Vereinigung in Gesellschaft« (S. 118) führt. Das ist auch das Schema, das der *Idee zu einer allgemeinen Geschichte in weltbürgerlicher Absicht* zugrunde liegt.

Im zweiten Teil des Textes wendet sich Kant von der Betrachtung der Geschichte der Entwicklung des Individuums ab, um eine Skizze der verschiedenen Etappen seines gesellschaftlichen Lebens zu zeichnen: Dem Herdenleben folgt die Seßhaftigkeit, dann, mit der Ausbildung des städtischen Lebens und des Tauschs von Handarbeit, das Aufkommen einer gesellschaftlichen Verfassung. In der Schlußbemerkung findet sich eine These, die Kant schon in *Idee* vertreten hatte und in *Zum ewigen Frieden* (1795) wiederaufgreift, daß der Krieg ein notwendiges – und nicht bloß negatives – Übergangsstadium zum endlich erreichten Friedenszustand bildet: Die Kriegsgefahr allein begrenzt den Despotismus und zwingt die »Oberhäupter der Staaten« zur Rücksicht auf die Belange der Menschheit (l. c., S. 121).

Man kann sich im Blick auf die Tatsache, daß der Schluß des Textes sich so genau mit den Thesen von *Idee* trifft, fragen, warum Kant überhaupt das Bedürfnis zur Abfassung von *Mutmaßlicher Anfang* verspürte. Waren es Herders Einwände, die ihn dazu gebracht haben, oder sollte man eher an eventuelle Unzulänglichkeiten des Texts von 1784 denken? Vielleicht erweckte das ständige Eingreifen einer als Vorsehung gedachten Natur den Verdacht, hier werde eine dogmatische Zweckmäßigkeit in Anschlag gebracht. So gesehen, zeigt der in *Mutmaßlicher Anfang* vollzogene Perspektivenwechsel nicht nur, daß man beim Ausgang von der Freiheit zu denselben Ergebnissen gelangt wie beim Ausgang von der Natur. Er vermeidet vielmehr die Schwierigkeiten, die mit einer genealogischen Erklärung der Freiheit und der Sittlichkeit verbunden sind (vgl. S. 1106 f. dieses Kommentars) – Schwierigkeiten, die Kant so scharf gesehen hat und so glänzend bei Herder kritisieren konnte.

STELLENKOMMENTAR

367,26 ff. *In seiner Schrift ⟨...⟩ seinem gesellschaftlichen Kontrakte*] Die genauen Titel der Werke Rousseaus, auf die Kant anspielt, sind: *Discours sur les sciences et les arts* ⟨...⟩ (Abhandlung/Rede über die Wissenschaften und Künste, ob die Wiederaufrichtung von Wissenschaften und Künsten zur Läuterung der Sitten beigetragen hat), Genf 1750; *Discours sur l'origine et les fondements de l'inégalité parmi les hommes* (Abhandlung/Rede über Ursprung und Gründe der Ungleichheit zwischen den Menschen), Amsterdam 1755; *Emile ou de l'éducation* (Emil, oder über die Erziehung), Den Haag 1762; *Du contrat social, ou, principes du droit politique* (Staatsvertrag oder Grundlagen des politischen Rechts), Amsterdam 1762.

369,12 *Ars longa, vita brevis*] Die Kunst währt lang und kurz das Leben.

ÜBER DEN GEBRAUCH TELEOLOGISCHER PRINZIPIEN IN DER PHILOSOPHIE

(1788)

Erstdruck in: ›Teutscher Merkur‹, hg. von Christoph Martin Wieland, Jena 1788, erstes Vierteljahr, Nr. 1, S. 36-52 und Nr. 2, S. 107-136. Weitere Druckfassungen zu Kants Lebzeiten: *I. Kants kleine Schriften*, Neuwied 1793, S. 139-199; *I. Kants zerstreute Aufsätze*, Frankfurt und Leipzig 1793, S. 148-193; *I. Kants sämmtliche kleine Schriften*, Königsberg und Leipzig (Vogt, Jena) 1797 f., Bd. 3, S. 337-384; *I. Kants vermischte Schriften,* Bd. 3, Halle 1799 (Tieftrunk), S. 99-144. Unser Text beruht, wie die anderen kleinen Abhandlungen zur Rassentheorie und Geschichtsphilosophie, auf dem von Heinrich Maier herausgegebenen Text der AA VIII, Berlin und Leipzig 1923, S. 157-184.

Adickes verweist darauf (AA VIII, S. 489-490), daß von dem Aufsatz ein Manuskript erhalten ist, das sich im Besitz der Berliner Königlichen Bibliothek befindet. Es umfaßt acht Quartbogen von je zwei auf beiden Seiten beschriebenen Blättern (mit Ausnahme des letzten Bogens, dessen 4. Seite leer ist). Der größere Teil (AA VIII, S. 159-165 und teilweise S. 168-177) ist von einem Abschreiber geschrieben, von Kant durchkorrigiert und da und dort durch neu beigefügte Noten ergänzt. Der Rest (S. 165-168 und 177-184) ist von Kants Hand.

ENTSTEHUNG

Wie Kant selbst es in seinem Brief an Karl Leonhard Reinhold (1758-1823) vom 28. 12. 1787 erklärt, verfolgt die

Schrift ein doppeltes Ziel: Zunächst mußte Kant auf die Einwände antworten, die Georg Forster (Johann Georg Adam Forster, 1754-1794) unter dem Titel *Noch etwas über die Menschenracen. An Herrn Dr. Biester* gemacht hatte. Forsters Artikel war in der Oktober/November-Nummer des ›Teutschen Merkur‹ vom Jahre 1786 (S. 57-86 und 150-166) erschienen. Forster bezieht dort Stellung gegen einige Thesen aus Kants *Bestimmung des Begriffs einer Menschenrace* und *Mutmaßlicher Anfang der Menschengeschichte*. Kants Entgegnung wollte aber nicht nur auf Forsters Einwürfe replizieren, sondern sollte auch seine Dankbarkeit bekunden gegenüber Karl Leonhard Reinhold, dem Schwiegersohn von Christoph Martin Wieland (dem Herausgeber des ›Teutschen Merkur‹) und Autor der *Briefe über die Kantische Philosophie*, die in den Jahren 1786 und 1787 in monatlichen Lieferungen (einsetzend im August 1786) im ›Teutschen Merkur‹ erschienen waren. Erst in seinem Brief an Kant vom 12. 10. 87 (AA X, S. 497-500) tritt Reinhold aus seiner Anonymität heraus. In diesem Brief bittet Reinhold Kant, ihm ein öffentliches Zeugnis darüber auszustellen, daß er Kants Gedanken verstanden habe. Kant rühmte die »mit Gründlichkeit verbundene Anmut« der Briefe als unübertrefflich, nannte sie »schön«, ja »herrlich« (Brief an Reinhold, 28. und 31. 12. 1787, AA X, S. 513); und er hatte auch allen Grund zu dem Lob, da man kaum übertreibt, wenn man urteilt, daß es Reinhold in wenigen Monaten gelang, dem Verständnis der kritischen Philosophie zum Durchbruch zu verhelfen.

Kant übersendet Reinhold (der seit 1785, nach dem Rücktritt Friedrich Justin Bertuchs, Mitherausgeber des ›Teutschen Merkur‹ war) die Abhandlung *Über den Gebrauch teleologischer Prinzipien in der Philosophie*. In dem Begleitbrief vom 28. 12. 1787 liest man:

Allein ein Aufsatz in eben derselben Zeitschrift vom jüngeren Hr. Forster der gegen mich obzwar in einer anderen Materie gerichtet war ließ es nicht wohl zu es auf eine andere Art zu tun als so daß beiderlei Absicht zugleich erreicht würde. Zu der letzteren nämlich meine Hypothese gegen Hr. F. zu erläutern konnte ich nun teils wegen meiner Amtsarbeiten teils der ofteren Unpäßlichkeiten, die dem Alter ankleben immer nicht gelangen und so hat sich die Sache bis jetzt verzögert da ich mir die Freiheit nehme beikommenden Aufsatz zuzusenden mit der Bitte ihm einen Platz im beliebten deutschen Merkur auszuwirken. (AA X, S. 513)

DEUTUNG

Der Aufsatz *Über den Gebrauch teleologischer Prinzipien in der Philosophie* gehört, wie die beiden Texte von 1775 und 1785, in den Zusammenhang von Kants Bemühungen um eine Bestimmung des Begriffs einer Rasse. In den beiden letzteren Texten hatte Kant den Ursprung der verschiedenen Menschenrassen mit dem Bestand spezifischer Keime in Verbindung gebracht, die er für die erblichen Merkmale als verantwortlich ansah. Nun wissen wir schon aus den vorangehenden Kommentarstücken, daß Kant den Zufall oder die bloß mechanische Kausalität für unfähig hält, biologische Merkmale hervorzubringen, die sich durch die Evolution hindurch erhalten und notwendig in den Kreuzungen zwischen den Rassen vererben. Heute erlaubt die Entdeckung der Genetik, in der Vorstellung von »Keimen« Informationen zu deuten, die in den Chromosomen enthalten sind, die das Wachstum des Organismus determinieren. Damit kann die Vorstellung einer natürlichen Teleologie durch die einer Teleonomie ersetzt werden, die Gesetzen strenger Kausalität gehorcht. Kant hatte jedoch nicht die Mittel, die Präsenz unvermeidlich erblicher Eigenschaften sowie die Fähigkeit von Organismen zur Anpassung an ein bestimmtes Klima anders zu interpretieren denn als sichtbares Zeugnis einer »Fürsorge der Natur ⟨...⟩, ihre Geschöpfe durch versteckte innere Vorkehrungen auf allerlei künftige Umstände auszurüsten« (*Von den verschiedenen Racen der Menschen*, AA II, S. 434). Nun war es gerade dieser Rekurs auf die Vorstellung von Keimen und einer Fürsorge, mithin die Idee einer natürlichen Teleologie anstelle einer bloß mechanischen Erklärung, wovon sich Forster schroff absetzt, indem er Kant vorwirft, eine »Wissenschaft für Götter« zu konzipieren. Ihr setzt Forster eine neutrale und objektive »Naturbeschreibung« entgegen. Die lasse sich aufgrund der bloßen, von allem Rückgriff auf ein vorgängiges Prinzip freien Beobachtung liefern:

> In sofern der unbefangene Zuschauer also nur getreu und zuverlässig berichtet, was er wahrgenommen, ohne lang zu ergrübeln, welche Spekulation seine Wahrnehmung begünstige, – und hierzu braucht er nichts von philosophischen Streitigkeiten zu wissen, sondern lediglich dem angenommenen Sprachgebrauch zu folgen – in sofern würde ich zuversichtlicher bei ihm Belehrung suchen, als bei einem Beobachter, den ein fehlerhaftes Princip verführt, den Gegenständen die Farbe seiner Brille zu leihen. (›Teutscher Merkur‹, S. 62)

Einer solchen Kritik gegenüber sieht Kant sich nun also verpflichtet, den Gebrauch des teleologischen Prinzips zu verteidigen. Darum ist dieser Text eine notwendige Voraussetzung für das Verständnis der dritten Kritik.

Wie man sieht, spielt dieser Text erneut auf den Gegensatz zweier Methoden an, nämlich die »Naturbeschreibung« im Gegensatz zur »Naturgeschichte«. Diese Unterscheidung bildet das Herzstück des Streits zwischen Forster und Kant. Wie der Name sagt, sucht die Naturgeschichte, in Kants eigener Formulierung, »den Zusammenhang gewisser jetziger Beschaffenheiten der Naturdinge mit ihren Ursachen in der ältern Zeit nach Wirkungsgesetzen« (AA VIII, S. 161). In der *Physischen Geographie* (Kant hat wahrscheinlich mindestens 48 Mal über physische Geographie als vierstündiges Kolleg gelesen, zuletzt im SS 1796; vgl. den Kommentar in: AA IX, S. 509 ff.) beschreibt Kant die Geschichte der Natur folgendermaßen:

> Die Geschichte der Natur enthält die Mannigfaltigkeit der Geographie, wie es nämlich in verschiednen Zeiten damit

> gewesen ist, nicht aber, wie es jetzt zu gleicher Zeit ist, denn dies wäre ja eben Naturbeschreibung. Trägt man dagegen die Begebenheiten der gesammten Natur so vor, wie sie durch alle Zeiten beschaffen gewesen, so liefert man, und nur erst dann, eine richtig sogenannte Naturgeschichte. Erwägt man z. B., wie die verschiedenen Racen der Hunde aus einem Stamme entsprungen sind, und welche Veränderungen sich mit ihnen vermittelst der Verschiedenheit des Landes, des Klima, der Fortpflanzung u.s.w. durch alle Zeiten zugetragen haben: so wäre das eine Naturgeschichte der Hunde, und eine solche könnte man über jeden einzelnen Teil der Natur liefern ⟨...⟩.
>
> (AA IX, S. 162)

Was vom Standpunkt der Naturgeschichte eine Art wesentlich kennzeichnet, ist der Umstand, daß die Individuen derselben einen einigen und gemeinschaftlichen Stamm ausmachen (vgl. AA VIII, S. 100, 165; AA II, S. 329). Das impliziert, wie Kant schon in dem Text über die Rassen gesagt hatte, daß man nur eine einzige Menschenart annehmen darf, auch wenn man eine Vielfalt von Rassen und Varietäten statuiert. Dagegen ist es vom Standpunkt der »Naturbeschreibung«, da es hier ja nur um eine schlichte systematische Klassifikation geht, durchaus möglich, für einen Artunterschied zu nehmen, was aus der naturgeschichtlichen Perspektive nur ein Rassenunterschied ist (vgl. Erich Adickes, *Kant als Naturforscher*, Bd. 2, Berlin 1925, S. 434). Forster, der die Möglichkeit des Rückgangs auf den Ursprung der Rassen und den Sinn dieses Beginnens bestreitet, verwischt den Unterschied zwischen beiden Methoden:

> Wenn sich aber Unterschiede nicht mehr historisch bis auf ihren Entstehungspunkt nachspüren lassen, so ist es das geringste, was man tun kann, ihren Abstamm für unentschieden zu halten; und jener Unterschied, den Herr K. zwischen den Begriffen des Naturbeschreibers und des Naturgeschichtskundigen machen wollte, muß ganz und gar wegfallen.
>
> (*Noch etwas über die Menschenracen*, l. c., S. 161)

Wann also ist der Gebrauch teleologischer Prinzipien gerechtfertigt (ja sogar unumgänglich), und hinsichtlich welcher Grundthesen differieren die beiden Forscher?

Beginnen wir mit dem zweiten Teil der Frage. Forster ist Anhänger der Theorie der *generatio aequivoca*. Diese Theorie versucht (wie wir schon wissen), den Organismus vom Anorganischen her zu erklären. Kant dagegen vertritt die Theorie der Epigenesis, wie der § 81 der *KU* mit besonderer Ausführlichkeit zeigen wird: Es ist abwegig, sagt er dort, anzunehmen, daß die rohe Materie sich selbst nach bloß mechanischen Gesetzen gebildet haben soll und daß das Leben aus dem Unbelebten habe entspringen können. Die Bildungs- und Reproduktionskraft der Lebewesen vielmehr muß betrachtet werden als *virtualiter* präformiert durch innere zweckmäßige Anlagen des Organismus.

Luft, Sonne und Nahrung können einen thierischen Körper in seinem Wachsthume modificiren, aber diese Veränderung nicht zugleich mit einer zeugenden Kraft versehen, die vermögend wäre, sich selbst auch ohne diese Ursache wieder hervorzubringen; sondern was sich fortpflanzen soll, muß in der Zeugungskraft schon vorher gelegen haben, als vorher bestimmt zu einer gelegentlichen Auswicklung den Umständen gemäß, derein das Geschöpf gerathen kann, und in welchen es sich beständig erhalten soll.

(*Von den verschiedenen Racen der Menschen*, AA II, S. 435)

Die Theorie der Epigenesis versucht jedenfalls nach Kräften die mechanistische mit der teleologischen Theorie zu versöhnen, indem sie ursprüngliche Keime und Anlagen der Organismen annimmt, die sich jedoch hernach durchaus nach mechanischen Gesetzen entwickeln können (zur genauen Unterscheidung zwischen den beiden Kausalitätstypen vgl. in dieser Ausgabe S. 1272[ff.]). Indem er die Entwicklung der Rassen aus einem dem Organismus inneren Prinzip ableitet, nimmt Kant nur ein einziges Prinzip in Anspruch, nämlich die Teleologie, dergemäß das Lebewesen in seiner inneren Struktur die Keime seiner künftigen Entwicklung enthält,

»als ob« es einen Zweck verfolgte, der, obwohl Vollendungspunkt der Entwicklung, gleichzeitig, als seine Ermöglichungsbedingung, am Ursprung des ganzen Prozesses steht. Forster hingegen, der die Möglichkeit der Urzeugung und spontaner Entwicklungen annimmt, müßte sich klarmachen, »daß er sich hierdurch unvermerkt von dem fruchtbaren Boden der Naturforschung in die Wüste der Metaphysik verirre« (AA VIII, S. 180). Wer zeigen kann, wie die Rassen aus einem gemeinschaftlichen Urstamm abstammen, hat damit auch erklärt, wie die Rassen sich an die klimatischen und anderen Bedingungen anpassen. Man darf die Dinge nicht, wie Forster, in verkehrter Ordnung darstellen und etwa glauben, daß der Mensch um eines gewissen Klimas willen geschaffen worden sei (wie etwa der Schwarze um der heißen Landstriche willen). Wäre diese Voraussetzung triftig, meint Kant, so müßte es ebensoviele verschiedene Schöpfungen wie Klimate geben. Dagegen ist für Kant die Ursache der Unterschiede zwischen den Rassen organismusintern und nicht einfach dem Klima zuzuschreiben: Durch seine eigentümliche Anlage erträgt der Schwarze die Hitze, und die »Vorsehung« der Natur hat dafür Sorge getragen, daß von Beginn an im menschlichen Organismus die notwendigen Elemente für die Anpassung an heiße Klimate vorhanden waren.

Ein weiterer Punkt entzweit die beiden Autoren: Wir haben in den Texten von 1775 und 1785 gesehen, daß Kant die Existenz eines einzigen gemeinschaftlichen Stamms der verschiedenen Menschenrassen verteidigt. Forster hält es dagegen für notwendig, auf zwei Urstämme zurückzugehen, einen weißen und einen schwarzen. Diese Hypothese, sagt Kant, entspricht der philosophischen Erklärungsart minder. Denn nun wäre allererst zu zeigen, wie zwei voneinander toto genere unabhängige Stämme sich in der Folge miteinander vermischen können:

> Von der Verschiedenheit des ursprünglichen Stammes kann es keine sicheren Kennzeichen geben, als die Unmöglichkeit durch Vermischung zweier erblich verschiedenen

Menschentheilungen fruchtbare Nachkommenschaft zu gewinnen.
(AA VIII, S. 164f.)

Wann also ist der Rückgriff auf das teleologische Prinzip gerechtfertigt, ja notwendig? Kant bemerkt (l. c., S. 161), daß Forster, wenn er die Starrheit der Befruchtungselemente in den Pflanzen zugibt, doch selbst eine untergründige Ordnung der empirischen Natur voraussetzt, dank deren überhaupt von Arten und Gattungen und mithin von einer systematischen Naturbeschreibung die Rede sein kann. Andererseits, meint er, habe Forster ganz recht, sich zu weigern, eine Naturgeschichte zu betreiben, wenn er darunter die Spekulation über den Ursprung der Lebewesen versteht. Zunächst aber einmal muß er dem Gebrauch sein Recht widerfahren lassen, der in den kritischen Texten von diesem Ausdruck gemacht wurde: Man betreibt Geschichte, sobald man die Ursache der Anlagen erforscht, die man in Tieren oder Pflanzen beobachtet, und somit so weit wie möglich in der Kausalkette zurückgeht (l. c., S. 179). So trifft sich in gewisser Weise die Geschichte mit der Beobachtung, denn wenn man z. B. von Rassen spricht, bezieht man sich nicht nur auf beobachtbare Unterschiede zwischen den Lebewesen, sondern gleichermaßen, Kant zufolge, auf einen ersten gemeinschaftlichen Stamm, dessen Merkmale sich erblich übertragen, und ein solcher Begriff kann nur ein hypothetischer Vernunftbegriff sein. So rekurriert nach Kant auch die systematische Naturbeschreibung auf die Fixheit der Artenmerkmale und mithin auf die Idee ursprünglicher Stämme, die alle Keime für die künftige Entwicklung in sich enthalten.

Die Zweckmäßigkeit der Natur sieht die denkbar größte Varietät zwischen Menschen derselben Rasse vor, um das Anpassungspotential derselben auf die Vielfalt der Klimate zu vergrößern. Die Varietät ist allerdings nicht unbegrenzt, da sie aus Uranlagen fließt, die nicht beliebig plastisch und jeder Rasse eigentümlich sind. Auch ist, wenn die Vermischung der Rassen den Anpassungsgrad der Individuen noch zu steigern erlaubt, ihre zahlenmäßige Begrenztheit notwendig; sonst wäre die Varietät der Merkmale bedroht (l. c., S. 166). Durch die Idee der Notwendigkeit einer begrenzten gleichzeitigen Vervielfältigung und Verschmelzung finden wir die beiden Vernunftprinzipien wieder, das der Spezifikation und das der Gleichartigkeit (Homogenität), die in der *Kritik der reinen Vernunft* als Ursprünge der systematischen Klassifikation ins Auge gefaßt waren (*KrV*, A 653 ff. = B 681 ff. Vgl. ebenfalls S. 1182 dieses Kommentars).

Forster hatte Kant noch einen weiteren Vorwurf über den hinaus gemacht, ein teleologisches Prinzip in Anschlag zu bringen: Kant habe nämlich zugleich die Einheit der Menschenrasse behauptet und parallel dazu angenommen, daß die verschiedenen Rassen sich in Auseinandersetzung mit Klima und Geographie der Länder, in denen sie sich eingerichtet haben, entwickelt haben (vgl. S. 1083 ff. dieses Kommentars). Wir wissen, daß Kant in der Tat annimmt, daß in den Anfängen der Menschheit die verschiedenen Menschenrassen aus einem einigen Urstamm in Auseinandersetzung mit den verschiedenen Klimaten, in denen die Menschen leben mußten, aufgekommen sind. Die Keime einer dominanten Hautfarbe haben sich dann zu Lasten der anderen Keime behauptet, die in der Folge verschwunden sind. Hat sich diese erste Anpassung erst einmal ereignet, so bleiben also die Rassenmerkmale unveränderlich. Warum sollte aber denn nicht, fragt Forster, was am Anfang der Entwicklung möglich war, sich auch in der Folge als möglich bewähren?

Mit anderen Worten: war es in einem Falle möglich, daß in verschiedenen Weltgegenden Menschen einerlei Stammes sich allmählich ganz veränderten und so verschiedene Charaktere annehmen, wie wir jetzt an ihnen kennen, so läßt sich die Unmöglichkeit einer neuen Veränderung nicht nur a priori nicht dartun, sondern auch, wo sie statt findet, macht sie den Schluß auf einen gemeinschaftlichen Ursprung höchst verdächtig.

(*Noch etwas über die Racen*, l. c., S. 156)

Kant räumt die mit dieser Hypothese verbundenen Schwierigkeiten ein, verteidigt sie aber unter Verweis auf die Tatsache, daß sie »den Vorzug der Ersparnis verschiedener Lokalschöpfungen bei sich führt« (AA VIII, S. 169).

Nun wird diese Frage, obwohl sie vom ethischen Standpunkt wesentlich scheint, von Kant nicht als eine wirklich wissenschaftliche Frage betrachtet, »wenn man bedenkt, daß der physische erste Ursprung organischer Wesen uns beiden und überhaupt der Menschenvernunft unergründlich bleibt, eben so wohl als das halbschlächtige Anarten in der Fortpflanzung derselben« (AA VIII, S. 169). Also gibt es zwischen den beiden Autoren keinen so großen Dissens, »daß die Vernunft sich nicht hierüber ebenfalls die Hand böte« (l. c.). Es ist also der regulative Anspruch der Vernunft und nicht ihr konstitutiver Gebrauch, der die Forschung auf ein einiges und den ersten Menschenwesen inhärentes Erklärungsprinzip führt.

Der Schlußteil des Textes entwickelt Überlegungen, die im Zentrum der dritten Kritik stehen werden. Da diese Überlegungen dort ausführlich diskutiert werden, begnügen wir uns hier, sie nur zu benennen. Es handelt sich um a) die Besonderheit der internen Struktur des Organismus (»daß es ein materielles Wesen sei, welches nur durch die Beziehung alles dessen, was in ihm enthalten ist, auf einander als Mittel und Zweck möglich ist« [S. 181]), b) das Unzureichende einer bloß physikalisch-mechanischen Erklärung dieser Struktur und die Notwendigkeit der Inanspruchnahme eines teleologischen Prinzips (l. c.), c) die Vorstellung einer Analogie, wie wir sie sehen zwischen einer solchen Struktur und einer bewußten Absicht oder einer künstlerischen Schöpfung (l. c.), d) die metaphysischen Konsequenzen dieser Ähnlichkeit, also die Hypothese eines höheren Verstandes, der am Ursprung der organisierten Wesen stünde, e) den lediglich regulativen Status der Hypothese einer solchen höheren Vernunft.

Zu bemerken ist noch, daß die zwei vorletzten Seiten des Textes sich auf die sehr komplexe Frage nach der Verträglichkeit der Ansprüche der Moral mit der Realisierbarkeit freier Handlungen in einer determinierten Welt einlassen, anders gesagt, auf die Frage der Einheit der theoretischen (Philosophie der Natur) und der praktischen Philosophie. Das wird der eigentliche Gegenstand der dritten Kritik sein.

STELLENKOMMENTAR

382,20f. *In der gegenwärtigen Zeitschrift sind zwei meiner Versuche]* Die Zeitschrift ist der ›Teutsche Merkur‹. Kant verweist auf die beiden Abhandlungen: *Bestimmung des Begriffs einer Menschenrace* und *Mutmaßlicher Anfang der Menschengeschichte*.

382,24 f. *In einer ⟨...⟩ in der andern]* Kants Text ist hier etwas verworren. Einerseits spielt er an auf Forsters Artikel (der in der Tat Kants beide Versuche kritisiert), andererseits auf Reinholds *Briefe über die Kantische Philosophie*, die nicht spezifisch mit diesen beiden Versuchen, sondern mit Kants Philosophie überhaupt befaßt sind. Kant scheint auf diese Weise die beiden Zwecke seiner Abhandlung von vornherein verbinden zu wollen.

383,16 f. *der Herr Geheimerat Georg Forster]* Johann Georg Adam Forster (1754-1794), Sohn des Naturforschers und Geographen Johann Reinhold Forster (1729-1798), mit er James Cook (1728-1779) auf dessen zweiter Weltumsegelung (1772-75) begleitete. Sein Bericht darüber (*A Voyage Round the World* [Eine Reise um die Welt], 2 Bde., London 1777), den er 1778/80 auch in dt. Sprache herausgab, hatte großen Einfluß auf seine Zeitgenossen, darunter besonders Alexander von Humboldt, mit dem er 1790 die Niederlande, Großbritannien und Frankreich bereiste. 1778 wurde Forster Professor in Kassel, 1784 in Wilna, 1788 Bibliothekar in Mainz.

384,2 *des Linneischen Prinzips]* Carl von Linné (Linnaeus; 1707-1778), schwedischer Naturforscher. Studierte Medizin und Naturwissenschaften. Linné hat die Grundlagen der botanischen Fachsprache geschaffen. Das 1735 veröffentlichte Linnésche Natur-System (*Systema naturae*) war auf Unterschiede in den Geschlechtsorganen der Pflanzen aufgebaut.

386,7 *Sterne*] Laurence Sterne, englischer Schriftsteller (1713-1768). Kant spielt an auf Sternes Hauptwerk, *The Life and Opinions of Tristram Shandy Gentleman* (9 Bde., York und London 1759-67; dt.: *Tristram Shandy's Leben und Meinungen*, erste Übersetzung anonym, Berlin und Stralsund 1769; zweite Übersetzung von Johann Joachim Christoph Bode, Hamburg 1774, 1776 verbessert), hier auf das 4. Buch (in der Erzählung des Slawkenbergius).

390,1 *Lord Shaftsbury*] Anthony Ashley Cooper, 3. Earl of Shaftesbury (1671-1713), englischer Philosoph und Schriftsteller, durch Lockes Philosophie beeinflußt, Autor vor allem der *Characteristicks of Men, Manners, Opinions, Times*, 3 Bde., London 1711; dt.: *Charakteristicks, oder Schilderungen von Menschen, Sitten, Meynungen u. Zeiten*, übersetzt von Christian August Wichmann, Leipzig 1768. Der älteste Text dieser Sammlung von Essays zu Fragen der Ethik, Ästhetik, der Natur- und Religionsphilosophie ist vermutlich die *Inquiry Concerning Virtue and Merit* (Untersuchung über die Tugend, 1699); Kant bezieht sich hier wahrscheinlich auf den Essay *Sensus Communis: An Essay on the Freedom of Wit and Humor* (Sensus Communis: Ein Versuch über die Freiheit des Witzes und des Humors). Auf S. 124 des 1. Bandes der Ausgabe (von Basel 1790) liest man (und diesen Passus scheint Kant im Sinne zu haben): »Now, the variety of nature is such, as to distinguish every thing, by a peculiar original character« (»Nun ist die Varietät der Natur so beschaffen, daß sie jedes Ding nach einem eigentümlichen Ursprungsmerkmal unterscheidet«; vgl. den Kommentar von Adickes in: AA VIII, S. 488). Shaftesburys Einfluß auf die Ästhetik war bedeutend; er erstreckte sich auf Alexander Pope, Denis Diderot, Johann Gottfried Herder, Friedrich Schiller, Johann Wolfgang Goethe, Jean-Jacques Rousseau und Voltaire.

392,13 *Buffon*] Kant bezieht sich hier auf die deutsche Ausgabe der *Allgemeinen Historie der Natur* ⟨...⟩, 11 Bde., anonym, Hamburg und Leipzig 1750-81, hier: Bd. 3, 1, 1756, S. 112.

394,13 *Sömmering*] Samuel Thomas von Sömmering (1755-1830), Professor der Anatomie, Chirurgie (Kassel) und Physiologie (Mainz), dann Arzt (Frankfurt/Main). Sömmering stand unter anderem mit Goethe, Kant, Schelling, Wilhelm und Alexander von Humboldt in Verbindung. Sömmering publizierte u. a. die Schrift *Über die körperliche Verschiedenheit des Negers vom Europäer*, Frankfurt und Mainz 1785. Das Buch ist Georg Forster gewidmet. *Über das Organ der Seele*, Königsberg 1796, wurde Kant gewidmet und von diesem kommentiert (vgl. hier S. 881 ff.).

394,25 *D. Schott*] Der richtige Name ist Johann Peter Schotte (1744-1785). Sömmering sagt in seiner Schrift *Ueber die körperliche Verschiedenheit des Negers vom Europäer*, Frankfurt/Main 1785, S. 41: »Nach Herrn Schotte ⟨...⟩ stinkt der Schweiß der Negern am Senegal entsetzlich, und ihm dünkt die Mohrenhaut geschickter, dem Körper schädliche Materien heraus zu lassen⟨,⟩ weil man auch finde, daß die Mohren weniger, als die Europäer den faulichsten Krankheiten unterworfen wären.« Sömmering zitiert hier aus Schottes Schrift: *Treatise on the Synochus Atrabiliosa which Raged at Senegal* (Abhandlung über die Synochus Atrabiliosa [das ist: die Enge/Angst der schwarzen Galle: die Melancholie], die in Senegal wütete), London 1782.

394,27 *Lind*] James Lind (1716-1794; vgl. Anm. 354,9 f.), englischer Arzt und Seefahrer, dessen Forschungen über den Skorbut (*A Treatise on Scurvy*, Edinburgh 1754, und *An Essay on the Most Effectual Means of Preserving the Health of Seamen in the Royal Navy*, London 1757) zur Ausrottung dieser Krankheit bei den englischen Seeleuten geführt hat. Die Schrift Linds, die Kant hier im Auge hat, ist: *An Essay on Deseases Incidental to Europeans in Hot Climates*, London 1768; dt.: *Versuch über die Krankheiten denen Europäer in heissen Climaten unterworfen sind*, Riga und Leipzig 1773.

400,5 *Hrn. Sprengels Beiträgen*] Kurt Polykarp Joachim Sprengel (1766-1833), deutscher Arzt, Professor an der Universität Halle, Autor zahlreicher Werke über Medizin und Naturwissenschaften. Das Buch, auf das Kant sich bezieht, heißt *Beiträge zur Völkerkunde und Länderkunde* (hg. von Sprengel und Johann Reinhold Forster, Leipzig 1786). Im 5. Teil dieses Buchs (S. 267-292) findet sich eine Kritik von James Ramsays Publikation *Essays on the Treatment and Conversion of African Slaves in the Britisch Sugar Colonies* (Versuche über Behandlung und Konversion afrikanischer Sklaven in den britischen Zuckerkolonien), London 1783.

400,32 *Marsden*] William Marsden (1754-1836), englischer Orientalist und Sprachwissenschaftler. Verbrachte fast 18 Jahre auf Sumatra. Man verdankt ihm eine *History of Sumatra* (Geschichte Sumatras), London 1783, sowie mehrere Schriften über die Sprachen Polynesiens. Der Aufsatz in Sprengels Beiträgen, 6. Teil, Leipzig 1786, S. 193 ff., ist betitelt: *Von den Rejangs auf Sumatra nach Marsdens Geschichte dieser Insel, dritte und letzte Lieferung.*

402,11 *Don Ulloa*] Don Antonio de Ulloa (1716-1795), spanischer Marineoffizier und Wissenschaftler, nahm an mehreren wissenschaftlichen Expeditionen nach Peru, Nordamerika und Europa teil. Verfasser mehrerer Werke über Amerika.

402,15 *einer der neuern Seereisenden*] Woran Kant denkt, konnte nicht identifiziert werden.

404,16 *Capt. Forrester*] Kant bezieht sich auf die *Neue Sammlung von Reisebeschreibungen* (Hamburg 1780-90) von Christoph Daniel Ebeling. Darin findet sich ein Reisebericht des Kapitäns Thomas Forrester über Neu-Guinea.

404,33 *Carterets Nachricht*] Sir George Carteret (Baronet; 1610-1680), englischer Seefahrer, unternahm 1766 und 1769 eine Erkundungsreise in den pazifischen Ozean. In seinem Beitrag für den ›Teutschen Merkur‹, l. c., S. 67, hatte Georg Forster Kant mit Recht vorgeworfen, sich bei seiner Theorie über die Hautfarbe der Insel Fréville übermäßig stark auf Carteret zu verlassen (s. AA VIII, S. 479 und 489).

405,18 *Hr. O. C. R. Büsching*] Anton Friedrich Büsching (1724-1793), Geograph, Oberkonsistorialrat und Gymnasialdirektor in Berlin; war mit seinem Werk *Neue Erdbeschreibung* (Hamburg 1754), in dem er sich auf exakte politisch-statistische Angaben stützte, der einflußreichste Geograph seiner Zeit; gab das *Magazin für die neue Historie und Geographie* (Hamburg, 1767-88) heraus. Die Rezension steht in den von ihm herausgegebenen ›Wöchentlichen Nachrichten‹, 13. Jahrg., 44. Stück, S. 358. Sie bezieht sich auf den Aufsatz: *Bestimmung des Begriffs einer Menschenrace*. Die von Kant herangezogene Stelle lautet: »Übrigens ist und bleibet Herr Kant auch hierin mit sich selbst übereinstimmig, dass ihm die Natur die vernünftige Grundursach ist, welche Zwecke hat, Anlagen zur Erreichung derselben machet, voraussorget u.s.w. Er ist also in einem besonderen Verstande ein Naturalist.« (Vgl. Adickes, AA VIII, S. 489.)

407,25 f. *als vor einem Ungeheuer* ⟨...⟩, *zurückbebte*] Kant greift hier wörtlich Formulierungen aus seiner Polemik gegen Herder wieder auf (vgl. z. B. in AA VIII, S. 57, den Kommentar zu Kants Gebrauch des Ausdrucks »zurückbeben«). Herder wird im Namen der Epigenesis kritisiert als Anhänger der Theorie der kontinuierlichen Stufenleiter der Lebewesen. Vgl. auch Erich Adickes, *Kant als Naturforscher*, Berlin 1925, Bd. 2, S. 439, wo auch die verschiedenen *Reflexionen* abgedruckt sind, die Kant dieser Frage gewidmet hat.

407,28 *Bonnet*] Charles Bonnet (1720-1793), Schweizer Naturforscher und Philosoph (von Beruf Rechtsanwalt), glaubte das Phänomen der Parthenogenese (der Urzeugung, also der Reproduktion ohne vorherige Befruchtung) entdeckt zu haben. In seinen *Considérations sur les corps organisés* (Amsterdam 1762; dt.: *Betrachtungen ueber die organisirten Körper*, Lemgo 1775) vertritt er die These, daß jeder Organismus in sich eine unendliche Reihe präformierter Individuen enthalte, welche die Unsterblichkeit und Unveränderlichkeit der Art garantieren. In seiner *Palingénésie philosophique; ou, Idées sur l'état passé et sur l'état futur des être vivants* (Philosophische Wiedergeburt oder: Einfälle über den vergangenen und künftigen Zustand der Lebewesen), Genf 1769, erklärt er das Aussterben gewisser Arten durch periodisch auftretende

Naturkatastrophen. Berühmt machte ihn aber vor allem seine These über die stetige Abstufung der Lebewesen, demonstriert am Beispiel des Süßwasserpolypen (*Contemplation de la nature*, 2 Bde., Amsterdam 1764-65; dt.: *Betrachtung über die Natur*, Leipzig 1774). Zur Kritik am Bonnetschen Präformationismus vgl. *KrV* A 668 = B 696, wo die Idee einer »*kontinuierlichen Stufenleiter* der Geschöpfe« von Kant kritisiert wird als einem metaphysischen Gebrauch des Prinzips der Stetigkeit verpflichtet.

407,29 *Hrn. Prof. Blumenbach*] Johann Friedrich Blumenbach (1752-1840), deutscher Physiologe, oft als der Vater der physischen Anthropologie und der vergleichenden Anatomie betrachtet. Er lieferte einen der ersten Klassifikationsversuche der Menschheits-Rassen. Verfechter der epigenetischen Theorie, die Kant von ihm übernommen zu haben einräumt (vgl. *Kritik der Urteilskraft*, § 81, S. 378). Die von Kant in dieser Fußnote beschworene Stelle findet sich nicht im Vorwort, sondern in § 7 der ersten Abteilung des *Handbuchs der Naturgeschichte* (Göttingen 1779 f.).

409,15 f. *Zurückstoßungs- und Anziehungskraft Grundkräfte*] Vgl. zur metaphysischen Suche nach der »Grundkraft« die *Kritik der reinen Vernunft*, A 651 = B 679: Die Vernunft verlangt die Aufsuchung einer einigen Grundkraft; doch bleibt diese allemal eine regulative Hypothese.

410,17 f. *wie der sel. Mendelssohn mit andern glaubte*] Vgl. Moses Mendelssohn (1729-1786), *Über die Evidenz in metaphysischen Wissenschaften* (in: *Moses Mendelssohn's gesammelte Schriften*, hg. von Georg Benjamin Mendelssohn, Leipzig, 1843-45), 3. Abschnitt, und *Morgenstunden oder Vorlesungen über das Dasein Gottes*, Berlin 1785, S. XI ff.

412,29 *Leipz. gel. Zeitung ‹...›*] ›Neue Leipziger gelehrte Zeitung‹ auf das Jahr 1787, Leipzig, 94. Stück, S. 1489-1492. Der besprochene Einwand findet sich S. 1491 f.

ERSTE EINLEITUNG IN DIE »KRITIK DER URTEILSKRAFT«

(1789/90)

TEXTGRUNDLAGE UND TEXTÜBERLIEFERUNG

Die erste Einleitung zur *Kritik der Urteilskraft* erschien zuerst in Form von Auszügen, die Kants Schüler und Vertrauter Jakob Sigismund Beck 1794 unter dem Titel *Erläuternder Auszug aus den critischen Schriften des Herrn Prof. Kant auf Anrathen desselben* (Bd. 2, Riga, S. 541-590) ausgewählt und herausgegeben hatte. Dort war sie eher irreführend ausgewiesen als »Anmerkungen zur Einleitung in die Kritik der Urteilskraft«. Beck war von Kant damit betraut worden, wichtige Passagen aus den *Metaphysischen Anfangsgründen der Naturwissenschaft* und der *Kritik der Urteilskraft* in einer geeigneten Auswahl zusammenzustellen. Bergk (so lautete das Pseudonym von Friedrich Christian Starke) übernahm dann 1833 den (fälschlich aufs Jahr seiner Erstveröffentlichung durch Beck datierten) Text (nunmehr unter dem erst recht irreleitenden Titel *Über Philosophie überhaupt und die Kritik der Urteilskraft insbesondere*) in den 2. Band seiner Sammlung von *I. Kants vorzüglichen Kleinen Schriften und Aufsätzen* (Leipzig, S. 223-262). Und in dieser Gestalt zog der Text dann ein in den ersten Band (*Immanuel Kants Schriften zur Philosophie im Allgemeinen und zur Logik*) der von Gustav Hartenstein besorgten *Sämtlichen Werke* (Leipzig 1838, S. 131-172). Durch die fortdauernde Verwechslung von Entstehungs- und Erstveröffentlichungs-Datum wurde die Schrift zunächst als nachträgliche Verbesserung und Erweiterung der zweiten Einleitung in die *KU* rezipiert, bis Benno Erdmanns Edition von 1880 (*Kritik der Urteilskraft, Anhang: J. S. Beck's Auszug aus Kant's ursprünglichem Entwurf der Einleitung in die Kritik der Urteilskraft. 1789, 1794,* Berlin, S. 341-373 [Textversion S. 420ff.]) das wahre Verhältnis der beiden Schriften zurechtrückte. Dennoch herrschte noch lange das Vorurteil, die erste Einleitung sei – wegen ihrer Sorge um die systematische Abrundung der kritischen Philosophie – ein späteres Werk als die *KU*, ja schon deutlicher als diese auf dem Wege zum Nachlaßwerk (so etwa August Stadler, *Kants Teleologie und ihre erkenntnistheoretische Bedeutung*, Berlin 1912, S. 35 und 44). Eine kritische Edition nach der von Kant durchgesehenen, verbesserten und sogar durch einige Anmerkungen ergänzten Handschrift (die nach Becks Tod [1840] an die Rostocker Universitätsbibliothek gelangt war) besorgte dann – im Rahmen von Ernst Cassirers Ausgabe von *Immanuel Kants Werken* – Otto Buek (Berlin 1914, Bd. 2, S. 223-262). Das Manuskript (eine Abschrift) besteht aus 68 schöngeschriebenen Folioseiten (Buek will die Handschrift Johann Gottfried Karl Christian Kiesewetters gesehen haben), eine jede ursprünglich nur zu zwei Dritteln beschrieben, so daß der ausgesparte Raum für Kants eigene Korrekturen und Anmerkungen blieb. Diesen nicht allzu schwer entzifferbaren Text hat Buek dann zum Abdruck gebracht. Freilich hatte er nur unzureichende Erfahrung in der Abgrenzung der Tintenarten. So unterschied er die von Kant in den Text eingetragenen Korrekturen und Zusätze nicht nach den mit brauner Tinte geschriebenen gleichzeitigen (^{g}) und den mit schwarzer Tinte angefügten späteren (^{s}) Ergänzungen. Auch hat er sich bei der Textentzifferung zuweilen versehen (so liest er »Linnäus« in Anm. 22 als »Timäus«). Diese Mängel sind ausgeräumt in der von Gerhard Lehmann 1927 (^{4}1990) in der ›Philosophischen Bibliothek‹ als 2. Band der Kantausgabe von Karl Vorländer (Leipzig, später Hamburg, Bd. 39 b) besorgten kritischen Edition. Gerhard Lehmann ist auch der Bearbeiter des Textes in der Akademie-Ausgabe (Bd. XX = Bd. VII von »Kant's handschriftlichem Nachlaß«, Berlin 1942, ^{2}1947, S. 193-251). Auf ihr beruht die hier zum Abdruck gebrachte Version. Wir haben uns freilich nicht davon überzeugen können, daß auch der abundante Lesarten-Apparat (der selbst Durchstrichenes oder Verworfenes aufführt und Konjekturen ausweist) in unsere Edition eingehen muß. Kants Änderungen sind nirgends von semantischer Signifikanz, geschweige Zeugnisse einer zwischen 1789 und 1794 erfolgten konzeptuellen Veränderung. Es handelt sich fast durchgängig nur um unbedeutende sprachliche Glättungen und Worteinfügungen, um (wenige) Eingriffe in die Interpunktion oder die vom Kontext eindeutig geforderte Ergänzung einer fehlenden Konjunktion.

ZUR ENTSTEHUNG DES MANUSKRIPTS

In einem Brief vom 21. 1. 1790 kündigt Kant seinem Verleger François Théodore de la Garde noch für den selben Tag die Sendung der ersten 40 (von 84) Bögen der *KU* samt 17 Bogen Einleitung an: »denn 84 Bogen, wozu noch 17 Bogen Einleitung (die aber von mir vielleicht noch abgekürzt werden sollen) alles ohngefähr in eben so weitläufiger Schrift als das Überschickte, kommen werden, machen das ganze Werk aus« (AA XI, S. 123). Der Rest folge zuverlässig nach 14 Tagen. Kant fügt als »erste und vornehmste Bedingung« für die Druckkonzession an, »daß es zur rechten Zeit auf der nächsten Leipz. Ostermesse fertig geliefert werde« (S. 124).

Am 9. Februar kündigt Kant seinem Verleger die Sendung weiterer 40 Bogen »als den Rest des Texts« an; es stünden jetzt nur noch 3 Bogen des Haupttextes sowie die »etwa 12 Bogen starke Einleitung« aus, die »über 14 Tage« folgen werde (S. 132). Die Sendung ging wirklich am 9. März auf die Post, aber immer noch fehlen Vorwort und Einleitung:

Die erwähnte Vorrede und Einleitung werde so abschicken, daß Sie ⟨sic!⟩ vor Ende der Passionswoche sicher bei Ihnen eintreffen kann. Ich hoffe, Sie werden nichts dawider haben, daß sie nicht früher abgeht: sonst Sie mir es nur mit der umgehenden Post melden dürfen; da ich

dann die Zeit, wiewohl ungerne, abkürzen würde, weil ich gerne den kurzen Begriff vom Inhalte des Werks bündig abfassen wollte, welches Mühe macht, indem die schon fertig liegende Einleitung, die zu weitläuftig ausgefallen ist, abgekürzt werden muß.
(S. 143)

Die Einleitung geht endlich am 22. März auf die Post; aber dabei handelt sich's nicht mehr um die erste, sondern um die zweite Fassung, die fortan in allen Editionen der *KU* mit der Vorrede den Anfang bildet. Ein Textvergleich macht es schwierig, hier noch von Umarbeitung oder Kürzung zu sprechen. Kant hat die neue Einleitung, gewiß in Anlehnung an die alte, ganz neu verfaßt, und zwar, wie es scheint, in der ganz erstaunlich kurzen Zeit von kaum 14 Tagen. Kuno Fischer hat vermutlich richtig geraten, wenn er sagt, daß die »ursprüngliche Einleitung das Erste, und die gegenwärtige Einleitung das Letzte war, was in der Ausarbeitung jenes Werkes ⟨sc.: der *KU*⟩ niedergeschrieben wurde«, *Immanuel Kant und seine Lehre*, 2. Teil, Heidelberg ⁴1899, S. 424f.).

Die Gründe für die Kürzung oder vielmehr Neubearbeitung der Einleitung sind viel umrätselt und mit Vermutungen über bedeutende konzeptuelle Veränderungen beladen worden. Der Brief an den Verleger läßt zunächst daran denken, daß Kant den first draft einfach zu lang fand. Dies scheint aber kein Ärgernis für de la Garde bedeutet zu haben, der im Gegenteil durch die Umarbeitung einen zeitlichen Engpaß im Blick auf Kants Bedingung befürchtet, das Werk bis zur Ostermesse auszuliefern. Am 29. Januar schreibt er an Kant:

Ich habe hierüber mit dem Buchdrucker solche Verabredung genommen, vermöge welcher ich Ihnen die vollkommene Versicherung geben kann, daß das Werk wenn es auch über 30 Bogen stark werden sollte, dennoch zur künftigen OsterMesse gewiß fertig werden soll. Diese Gewißheit, an welcher mich ⟨sic!⟩ selbst so viel gelegen, wäre vielleicht nicht so ganz außer Zweifel gewesen, als sie es jetzt ist, wenn ich das Mscrt 14 Tage später erhalten

hätte. Daher meine ängstliche Besorgnis die ich nochmal
bitte mich ⟨sic!⟩ gütigst zu verzeihen.
(S. 128)
Von möglichen Sachmotiven für die Umarbeitung wird später die Rede sein.

Was aber ist aus der ersten Fassung nach Ablieferung des definitiven Druckmanuskripts geworden? Mit einem Begleitbrief vom 18. 8. 1793 hat Kant das Manuskript (oder vielmehr eine von ihm durchgesehene Abschrift fremder Hand) an den Magister Jakob Sigismund Beck geliefert (der in Königsberg bei Kant studiert, 1791 in Halle promoviert hatte und später Kant von der damals vieldiskutierten Notwendigkeit eines anderen Verfahrens bei der Deduktion der Kategorien zu überzeugen versuchte). Beck solle »nach ⟨seinem⟩ Gutbefinden, Eines oder das Andere daraus, für ⟨seinen⟩ konzentrierten Auszug aus jenem Buche ⟨sc.: der *KU*⟩ ⟨...⟩ benutzen« (S. 441). Der Titel des Werks ist oben genannt. Beck schreibt in seinem Vorwort:

Während der Ausarbeitung ⟨dieses zweiten Bandes⟩ hatte Herr Prof. Kant die Güte, mir ein Manuskript zuzuschicken, welches eine Einleitung in die Kritik der U. K. enthielt, die er ehedem zu seinem Werke bestimmt und nur ihrer Stärke wegen verworfen hatte. Er überließ es mir, in meiner Schrift davon Gebrauch zu machen. Da ich nun besorgte, daß der Leser es nicht billigen würde, wenn ich meine Erläuterungen mit einer Arbeit des großen Mannes, die dem Publikum nicht mitgeteilt worden, vermischte, so enthielt ich mich alles Gebrauchs davon in meinem Aufsatze. ⟨...⟩ Nachdem ich damit ganz fertig war, habe ich einen wörtlichen Auszug aus dem Manuskript gemacht, und dasjenige ausgehoben, was ich Eigentümliches darin fand.

Beck hat den Auszug stilistisch leicht überarbeitet. Mit der These, der Druck der ersten Einleitung sei nur aus Umfangsgründen verworfen worden, konnte er sich auf Kants eigene Erklärung berufen, der ihm am 4. 12. 1792 versichert hatte:

Zum Behufe Ihres künftigen Auszugs aus der Kritik der

U. Kr. werde Ihnen nächstens ein Pack des Manuskripts von meiner ehedem abgefaßten *Einleitung* in dieselbe, die ich aber bloß wegen ihrer für den Text unproportionierten Weitläuftigkeit verwarf, die mir aber noch Manches zur vollständigeren Einsicht des Begriffs der Zweckmäßigkeit der Natur beitragendes zu enthalten scheint, mit der fahrenden Post zu beliebigem Gebrauche zuschicken.
(AA XI, S. 396)

Die Sendung ließ auf sich warten (am 30. 4. 1793 mahnt Beck nach ⟨S. 426⟩; erst am 18. August geht sie auf die Post, begleitet von einem Schreiben, das gleich noch einen Abstract der Hauptgedanken mitliefert (S. 441):

Ich übersende Ihnen, wertester Mann! hiemit, meinem Versprechen gemäß, die vordem zur Vorrede für die Kritik der U. Kr. bestimmte, nachher aber ihrer Weitläufigkeit wegen verworfene Abhandlung, um nach Ihrem Gutbefinden, Eines oder das Andere daraus, für Ihren konzentrierten Auszug aus jenem Buche zu benutzen – zusamt dem mir von dem Hofprediger Schultz zugestellten Probestück desselben.

Das Wesentliche jener Vorrede (welches etwa bis zur Hälfte des Mspts ⟨sic!⟩ reichen möchte) geht auf die besondere und seltsame Voraussetzung unserer Vernunft; daß die Natur in der Mannigfaltigkeit ihrer Produkte, eine Akkomodation zu den Schranken unserer Urteilskraft, durch Einfalt und spürbare Einheit ihrer Gesetze, und Darstellung der unendlichen Verschiedenheit ihrer Arten (species), nach einem gewissen Gesetz der Stetigkeit, welches uns die Verknüpfung derselben unter wenig Gattungsbegriffe möglich macht, gleichsam willkürlich und als Zweck für unsere Fassungskraft beliebt habe, nicht weil wir diese Zweckmäßigkeit, als an sich notwendig erkennen, sondern ihrer bedürftig, und so auch a priori anzunehmen und zu gebrauchen berechtigt sind, so weit wir damit auslangen können. – Mich werden Sie freundschaftlich entschuldigen, wenn ich bei meinem Alter, und manchen sich durchkreuzenden vielen Beschäftigungen, auf das mir mitgeteilte Probestück die Aufmerksamkeit nicht habe wenden können, die nötig gewesen wäre, um ein gegründetes Urteil darüber zu fällen. Ich kann aber hierüber Ihrem eigenen Prüfungsgeist schon vertrauen – Übrigens verbleibe ich in allen Fällen, wo ich Ihren guten Wünschen mein ganzes Vermögen leihen kann,

Ihr
dienstwilligster
I. Kant

DEUTUNGSASPEKTE

Vergleich mit der zweiten Einleitung

Die erste Einleitung ist (mit 56 gegen 27 Seiten in der Akademie-Ausgabe) gut doppelt so umfänglich wie die zweite. Die 12 Kapitel der ersten sind auf 9 der zweiten zusammengezogen und architektonisch sinnvoller gegliedert: Die ersten drei Kapitel messen das Gebiet des durch die beiden ersten Kritiken abgesteckten Feldes der Philosophie aus und bestimmen die (reflektierende) Urteilskraft als die systembeschließende Brücke zwischen beiden; die folgenden drei Kapitel führen die Urteilskraft als a priori gesetzgebend ein und beziehen sie einerseits auf die Annahme einer formalen Zweckmäßigkeit der Natur, andererseits auf das subjektive Gefühl der Lust und Unlust (Geschmack); und die letzten drei Kapitel lassen die ästhetische und die naturteleologische Perspektive in der alles überwölbenden, Theorie und Praxis, Natur und Freiheit zusammenbindenden Zweckhaftigkeit des Weltsystems aufgehen.

Trotz dieser Gliederungsvorzüge der zweiten Einleitung wird man »das Wesentliche jener Vorrede«, so wie Kant es Beck gegenüber zusammenfaßt, in der zweiten Fassung nicht minder gut als in der ersten ausgedrückt finden; doch viele faßlichere und gelungenere Erklärungen vermißt man ungern in der kondensierteren und schwerer verständlichen zweiten. So stellt sich die Frage: Hatte Kant einen (von den Umfangserwägungen unabhängigen) Sachgrund, die erste Einleitung zu verwerfen, sie jedenfalls nicht sogleich ans Publikum zu befördern und vor allem nicht an den Anfang der *KU* zu stellen? Darüber gehen die Ansichten weit auseinander. Gerhard Lehmann meint, daß der im Brief an Beck entwickelte Grundgedanke tatsächlich in der zweiten Einleitung klarer entwickelt ist, insofern gleich im 2. Kapitel die *Entsprechung* des der Natur und der Freiheit zu Grunde liegenden Übersinnlichen als die Idee der ›Einheit des Übersinnlichen‹ auftritt, und hieraus dann alles Weitere abgeleitet wird. Demgegenüber ist die ›erste Einleitung‹, obzwar sie gleichfalls mit der Gegenüberstellung von theoretischer und praktischer Philosophie, von Natur und Freiheit, einsetzt, nicht nur langatmiger und umwegiger, sondern sie gelangt auch noch gar nicht zu dieser prinzipiellen, für die nachkantische Metaphysik richtunggebenden Formulierung: daß die Urteilskraft dem übersinnlichen Substrat *in uns und außer uns* Bestimmbarkeit durch das intellektuelle Vermögen gibt. So wird sich also sagen lassen, daß die erste Einleitung von Kant nicht nur »ihrer Weitläufigkeit wegen« verworfen worden ist, sondern daß sie im ganzen einen Durchgangspunkt in der Entwicklung des Kantischen Denkens darstellt: was ihre Kenntnis natürlich nur um so notwendiger macht.

(Immanuel Kant, *Erste Einleitung in die Kritik der Urteilskraft*. Nach der Handschrift hg. von Gerhard Lehmann, ²1990, S. XI)

Vittorio Mathieu (*Kants Opus postumum*, Frankfurt/Main 1989, S. 242 ff.) geht noch weiter als Lehmann und nennt einige Thesen der ersten Einleitung unverträglich mit Kants transzendentalphilosophischem Ansatz. Die »Technik der Natur«, von der Kant dauernd spricht, erscheine dort nicht nur als heuristisches Prinzip, sondern als »Bedingung der Möglichkeit der Dinge selbst«. So gerate die streng regulative Rolle der Urteilskraft in Gefahr und verwandle sich von einer Annahme (›als ob‹) in ein reales Gestaltungsprinzip der

Natur, die damit nicht nur in Analogie zur, sondern geradezu in Identität mit der Zwecke entwerfenden, dann realisierenden Kunst verfahre. So höre die Urteilskraft auf, ein transzendentales Prinzip zu sein, und werde zu einem ontologischen (die Weltdinge, nicht nur unsere Erkenntnis derselben erklärenden) Prinzip.

>Die 1. Einleitung, die noch vor der Analytik der teleologischen Urteilskraft geschrieben worden war, ist in dieser Hinsicht allerdings nicht vorsichtig genug, weil die Form der Darstellung die von Kant nicht erlaubte Interpretation der Technik der Natur als reales Verbindungsprinzip begünstigt hätte. Darum mußte Kant sie ersetzen.

(L. c., S. 243)

Tatsächlich begegnet der Ausdruck ›Technik der Natur‹ in der zweiten Einleitung nur ein einziges Mal (im VIII. Abschnitt, B XLIX; vgl. aber in I die Unterscheidung des Technisch-Praktischen vom Moralisch-Praktischen, B XIII), kommt dafür aber umso häufiger und emphatischer zumal im zweiten (naturteleologischen) Teil des Werks vor (§ 17 [B 56], § 23 [B 77], § 61 [B 270], § 72 [B 321 f.], § 73 [B 325], § 74 [dort sogar in der Überschrift: B 329 ff.], § 76 [B 343], § 78 [dort erneut in der Überschrift: B 354 ff.], § 80 [B 369]) – dies kann also der konzeptuelle Unterscheidungspunkt nicht sein. Der Eindruck verdichtet sich, wenn man in der ersten Einleitung nachliest, was Kant unter ›Naturtechnik‹ eigentlich versteht: nämlich durchaus kein dogmatisch-ontologisches Prinzip, sondern sehr wohl ein kritisch-transzendentalphilosophisch restringiertes, eben ein bloß regulatives Prinzip der Naturerklärung (worunter Kant versteht: eines, das nur unser Denken über die empirische Natur in ihrer Vielfalt anleitet, nicht deren ontische Struktur selbst konstituiert):

>In unserer Urteilskraft nehmen wir die Zweckmäßigkeit wahr, so fern sie über ein gegebenes Objekt bloß reflektiert, es sei über die empirische Anschauung desselben, um sie auf irgendeinen Begriff (unbestimmt welchen) zu bringen, oder über den Erfahrungsbegriff selbst, um die Ge-

setze, die er enthält, auf gemeinschaftliche Prinzipien zu bringen. Also ist die *Urteilskraft* eigentlich technisch; die Natur wird nur als technisch vorgestellt, so fern sie zu jenem Verfahren derselben zusammenstimmt und es notwendig macht.
(VII. Abschnitt, AA XX, S. 220)

Solch vorsichtigen Formulierungen gegenüber ist in der *KU* am Beispiel des Organismus die Zweckmäßigkeit durchaus zuweilen als innere, als bildende (nicht bloß bewegende) Kraft des Naturprodukts an ihm selbst ausgewiesen (§ 65), und nicht nur als eine Weise, über seine Struktur zu reflektieren. Gewiß durchqueren auch die naturteleologischen Passagen der *KU* vorsichtige Restriktionen: Es ist die *Vorstellung* eines Ganzen, die der Organisation der Teile als vorgängig *gedacht* werden muß, nicht dieses Ganze als ein bewußtseinsunabhängig bestehendes Seiendes. Wir bleiben also im Bereich des bloß Subjektiven. Das Erklärungsprinzip des Organismus ist eine »bloße Idee«. Dennoch hat die Rede von einer Zweckmäßigkeit des Organismus andere, objektivere Gründe, als die es sind, die eine Zweckmäßigkeit unseres Urteilsvermögens im ästhetischen Vergnügen annehmen lassen: Denn dort wird, wie wir wissen, eine gewisse Konfiguration unserer Gemütskräfte vom ›Gefühl‹ als lustvoll beurteilt, mithin als für es ›zweckmäßig‹ proportioniert; keiner käme auf den Gedanken, daraus das objektive Bestehen eines Zwecks zu folgern. Welchen Sinn hätte auch die Unterscheidung einer bloß subjektiven und formellen (ästhetischen) von einer objektiven und materiellen Zweckmäßigkeit (der Organismen)? Und was sollte ›materiell‹ und ›objektiv‹ hier heißen, wenn damit nicht eine an der Struktur des Gegenstandes selbst aufweisbare ›Technik‹ gemeint wäre?

Die *physische* Basis ist auch im Blick, wenn Kant in der ersten Einleitung von einer absoluten Zweckmäßigkeit spricht: »Ich verstehe ⟨...⟩ unter einer *absoluten Zweckmäßigkeit* der Naturformen diejenige äußere Gestalt, oder auch den innern Bau derselben, die so beschaffen sind, daß ihrer Möglichkeit eine Idee von denselben in unserer Urteilskraft zum Grunde gelegt werden muß« (VI. Abschnitt). Die Formulierung ist übrigens etwas unglücklich, legt sie doch nahe, die äußere Gestalt und der innere Bau seien selbst zweckmäßig. Dies Abgleiten in eine objektivistische Sicht der Zweckmäßigkeit könnte Mathieus Bedenken einigermaßen nachvollziehbar machen. Als eine Tendenz muß man es vielleicht auch nicht ganz leugnen. So fragt sich Kant wenig später, ob wir von der Hypothese einer Zweckmäßigkeit der Natur überhaupt übergehen dürfen zur Annahme von ihrem Bestehen in der erfahrbaren Wirklichkeit (einer »sich in der Erfahrung vorfindende⟨n⟩ Zweckmäßigkeit«), und antwortet, wir seien dazu berechtigt, »wenn uns die Erfahrung zweckmäßige Formen an ihren Produkten zeigt« (S. 218). Wenn Zweckmäßigkeit indes eine bloße Idee unserer naturerklärenden Vernunft (und nur dies) ist, kann sie nicht zugleich Objekt einer Erfahrung sein (denn dann müßte Zweckmäßigkeit eine Verstandeskategorie sein, die nicht regulative, sondern deskriptive Sätze über die Erfahrungswelt möglich macht). Die Rede von einer objektiven, in Erfahrung fundierten Wirklichkeit der Zweckmäßigkeit ist aber in der ersten Einleitung nirgends mehr als eine Tendenz; und sie ist, wie gesagt, auch in der publizierten Fassung der *KU* nicht gebannt. Im Nachlaßwerk (mit seiner Suche nach einem »System« der bewegenden Kräfte für einen Menschen, der selbst ein psychophysisches System bildet) hat Kant sie eher wieder verstärkt oder rehabilitiert und so der romantischen Naturphilosophie vorgearbeitet, die die transzendentalphilosophische ›Als-ob‹-Restriktion kühn fallen lassen wird (vgl. dazu den Kommentar zur *KU*).

Rein äußerlich erbringt ein Vergleich der beiden Einleitungen, daß die Abschnitte inhaltlich kaum, und die Formulierungen selten wörtlich sich entsprechen (das letztere kommt freilich gelegentlich vor: So kehrt die große Fußnote innerhalb der Anm. zum Abschnitt VIII der ersten ungefähr gleich wieder als Fußnote zu Abschnitt III der zweiten). Der Text ist also tatsächlich nicht einfach gekürzt, sondern neu verfaßt.

Gleich im ersten Abschnitt der ersten Einleitung steht der Gedanke des ›realen Systems der Philosophie‹ auffälliger im Vordergrund als in dem ihm entsprechenden der zweiten. In der zweiten lautet die Frage eher: Wie können Natur und Freiheit, wie können theoretische und praktische Vernunft trotz der Entgegensetzung ihrer Gesetzgebungen einer unauflöslichen Antinomie entgehen? Und die Antwort wird (im III. und IV. Abschnitt) gesucht unter Verweis auf jenes »Mittelglied« (»Vorrede«), nämlich die reflektierende Urteilskraft, die »eine Brücke ⟨...⟩ hinüberschlagen« soll über jene »unübersehbare Kluft zwischen dem Gebiet des Naturbegriffs, als dem Sinnlichen, und dem Gebiete des Freiheitsbegriffs, als dem Übersinnlichen« (Abschnitt II und IX). Die erste Einleitung fragt etwas anders: Wie können Theorie und Praxis Teile *einer* kohärenten philosophischen Konzeption sein, wie fügen sie sich zu einem in sich durchgängig konsistenten »System«? Dabei steht der Akzent auf der Unvollständigkeit einer bloß aus Theorie gegebenen Weltdeutung, die nicht ihrerseits sich durchs Licht praktisch-technischer Zielsetzungen ergänzen läßt (durch Frage: ›wozu?‹). Kant denkt sich die Systematik derjenigen besonderen oder empirischen Naturgesetze, die vom zu groben (weil universell gültigen) Raster der reinen Verstandeskategorien nicht mehr erfaßt werden, als nur aus einer Vernunftidee (der des Zwecks) gebbar; und das Verhältnis zwischen beiden Bereichen denkt er wiederum in Analogie zur »Technik ⟨...⟩, wo Gegenstände der Natur ⟨...⟩ so *beurteilt* werden, *als ob* ihre Möglichkeit sich auf Kunst gründe« (Ende des I. Abschnitts, vgl. VII-IX). So denken wir individuelle Naturphänomene und ihre Gesetzmäßigkeiten, um sie – nach Art von Carl von Linnés ›Systema naturae‹ (vgl. die letzte Fußnote zu Abschnitt V) – unter immer höheren Art- und Gattungsbegriffen klassifizieren zu können: gleichsam als von einem obersten Willen zweckmäßig geordnet. Diese Ordnung nennt Kant ›Organisation‹; und wenn ich die Natur als auf diesen Zweck hin arbeitend denke, so denke ich sie als ›technisch‹. Alles spielt sich unter dieser heuristischen Perspektive so ab, als liege die Deutung der empirischen Welt (mit ihrer von keinem Verstandesbegriff erschöpften Konkretion) in der übersinnlichen Welt (der Ideen: »Wir legen, sagt man, Endursachen in die Dinge hinein und heben sie nicht gleichsam aus ihrer Wahrnehmung heraus«: Fußnote zu Abschnitt VII). Und diese Deutung der Theorie aus den Ressourcen der Praxis ist das Werk der reflektierenden Urteilskraft. Sie ist reflektierend (oder, wie Kant übersetzt, ›überlegend‹: Abschnitt V), weil sie sich von einem erfahrenen Konkretum aus auf ein Allgemeines als auf den Begriff zurückbeugt, aus dem es als notwendige Implikation folgen würde. (Den Begriff des ›Reflektierens‹ übernimmt Kant aus der empiristischen und aus der Wolffschen Tradition: Vgl. die Reflexionen Nr. 2876 und 2878, wo der Ausdruck meint: »sich nach und nach der Vorstellungen bewußt werden, d. i. sie mit einem Bewußtsein zusammen halten«: oder: darauf aufmerken, »wie sie sich zu einander in einem Bewußtsein verhalten«. Begriffe, die durch Reflexion auf gegenstandsbezogene Vorstellungen [Wahrnehmungen] entspringen, sind selbst keine Wahrnehmungen: Es handelt sich um Formbegriffe wie »Einerleiheit und Verschiedenheit« [*Refl.* Nr. 460], also um Vorstellungen zweiten Grades, die sich auf Vorstellungen ersten Grades ›reflectendo‹ rückbeziehen. Durch Reflexion auf empirische Vorstellungen käme also eine Vorstellung zustande, die selbst nicht mehr empirisch ist und das aufweist, was ihnen allen gemein ist: ihr Begriff. Natürlich kann die Reflexion nur indirekt wahrnehmungsbezogene Begriffe bilden, keine Kategorien: Diese letzteren sind ja nicht durch Komparation, Reflexion und Abstraktion gebildet, sondern wohnen dem Verstand als Grundprädikate von Gegenständen überhaupt a priori ein.) Ist ein solcher Begriff einmal induktiv (oder wie Kant mit der Tradition sagt: durch Reflexion) erschlossen, ergibt sich die Ableitung des Konkretum aus ihm notwendig. Aber die reflexiv freigelegte Allgemeinheit (Regel, Begriff) bleibt immer eine »bloße Idee«: etwas bloß hypothetisch Angenommenes. Unentschieden bleibt, ob die Natur wirklich nach Zwecken gegliedert *ist* oder ob wir dies nach einer subjektiven Einrichtung der Urteilskraft nur annehmen müssen. Um den bloß hypothetischen Charakter des Zweckbegriffs (als der obersten richtungsweisenden Idee, die die Natur insgesamt zu einem System organisiert) zu unterstreichen, betont Kant abermals den reflexiven Charakter seiner Gewinnung: Zwecke werden nicht wahrgenommen (denn die Wahrnehmungen liegen umgekehrt in seinem Skopus): »In unserer Urteilskraft nehmen wir die Zweckmäßigkeit wahr, sofern sie über ein gegebenes Objekt *bloß reflektiert.* ⟨...⟩ Wir legen, sagt man, Endursachen in die Dinge hinein und heben sie nicht gleichsam aus der Wahrnehmung heraus« (2. Absatz [und Fußnote] des VII. Abschnitts der ersten Einleitung. Kursivierung von uns).

Mit diesem Gesichtspunkt (Suche nach Kriterien für die Klassifizierung der empirischen Natur über dasjenige hinaus, was von ihr a priori – also auch mit universeller Geltung und apodiktischer Gewißheit – bekannt ist) setzt die zweite Einleitung nicht ein, sondern eben mit der Exposition des Antagonismus der Verstandes- und der Vernunft-Perspektive auf die eine und selbe Welt. Von hier kommen aber beide Einleitungen sogleich auf den Ort der Urteilskraft im »System der oberen Erkenntnisvermögen«, ihren Vermittlungs-Auftrag zwischen dem Erkenntnis- und dem Begehrungsvermögen, den Unterschied zwischen bestimmender und reflektierender Urteilskraft sowie deren doppelte Ausprägung als (ästhetisches) Gefühl der Lust und Unlust einerseits und als (teleologisches) Urteilsvermögen andererseits (Abschnitt II-V der ersten, III-V der zweiten: beiden wird später ein je eigener Begriff von ›Zweckmäßigkeit‹ zugeordnet: eine formale, »sonst auch subjektiv genannt«, und eine reale oder objektive: erste Einleitung IX, zweite Einleitung VIII und IX). Die ästhetische Seite kommt in der ersten Einleitung – auf den Gesamtumfang gerechnet (VII und VIII) – noch knapper weg als in der zweiten, wo sie im VI. Abschnitt ziemlich unvermittelt (übers Gefühl der Lust, das wir über die ›zufällige‹ Übereinstimmung der empirischen Natur mit unseren subjektiven Gliederungs- oder Harmoniebedürfnissen empfinden) mit dem teleologischen Aspekt verknüpft, dann aber ausführlicher besprochen wird (VII und VIII). In der ersten Einleitung ist die ästhetische Perspektive über die Kunstähnlichkeit der Naturtechnik organischer, aber minder exponiert ästhetisch (im heutigen Wortsinne) eingeführt. Zwar zeichnet Kant in der »Vorrede« zur zweiten Fassung nach wie vor eher die Naturteleologie mit der Funktion des Brückenschlags zwischen theoretischer und praktischer Vernunft vor der ästhetischen aus (vgl. Jacques Derrida, *La vérité en peinture*, Paris 1978, S. 49 f.). Aber kaum hat er's getan, versichert er uns, die große Verlegenheit der Aufweisung eines objektiven Prinzips der reflektierenden Urteilskraft finde sich eher »in denjenigen Beurteilungen, die man ästhetisch nennt« (*KU* B, S. VII f.). Die vergleichende Lektüre der ersten Einleitung (wenn sie denn, wie Kuno Fischer annimmt, Kants früheste Niederschrift zur *KU* war) legt dann die Vermutung nahe, daß in Kants Denken der naturteleologische und systembeschließende Charakter der Urteilskraft zunächst das Interesse beherrschte. Erst die sukzessive Einarbeitung der Ästhetik als einer (angeblich) weiteren Manifestation des subjektiven Zweckmäßigkeits-Prinzips hätte den Akzent dann so verschoben, daß Kant von dieser als ›dem wichtigsten Stück‹ der dritten Kritik sprechen konnte (genauer ist die Rede von der »kritische⟨n⟩ Untersuchung eines Prinzips der Urteilskraft in den denselben ⟨sc.: den Beurteilungen, die man ästhetisch nennt⟩« [A² VI f.]).

Aber solche Äußerungen wirken deutlich disproportioniert, wenn man sich das Gewicht vor Augen führt, das auch in der zweiten Einleitung auf dem Systemgedanken (dem Interesse an »eine⟨r⟩ ⟨...⟩ systematische⟨n⟩ Einheit unter bloß empirischen Gesetzen« [A² XXXIV]) und der Naturteleologie sowie auf dem einheitlichen ›übersinnlichen Grunde‹ liegt, von welchem Natur und Freiheit nur gleichursprüngliche und also auch miteinander verträgliche Äußerungen wären (vgl. außer dem Schluß der »Vorrede« [S. VIII unten], besonders die Abschnitte I gegen Ende; II, besonders gegen Ende; IX). Denn auch hier kommt das Problem der »Spezifikation der Natur in ihren Gattungen«, das Gerhard Lehmann ganz treffend die »Systematik des Besonderen« nennt (in seiner Einleitung zur zweiten Auflage, S. XVI f.), bald und mit Nachdruck in den Blick (vor allem im V. und VI. Abschnitt, wo Kants Darstellungseifer sogar den versprochenen Aufweis »der Verbindung« des Begriffs der Zweckmäßigkeit mit dem »Gefühl der Lust« zurückdrängt).

Ein Vergleich des Verfahrens der Vernunftschlüsse (nach der KrV) mit dem der reflektierenden Urteilskraft (in der KU)

Selten ist in den Kommentaren zur *KU* auf die Parallele zwischen dem Verfahren der reflektierenden Urteilskraft und dem Verfahren der Vernunft-Schlüsse in der *KrV* hingewiesen worden (A 298 ff. = B 355 ff. [II. Abschnitt der Einleitung und Erstes Buch der transzendentalen Dialektik]; vgl. dazu Rudolf Zocher, *Kants Grundlehre*, Erlangen 1959, bes. S. 86 ff. und Max Liedtke, *Der Begriff der reflektierenden Urteilskraft in Kants Kritik der reinen Vernunft*, Diss. Hamburg 1964, bes. S. 109-137). Damals hatte Kant die »Funktion ⟨oder das Verfahren⟩ der Vernunft bei ihren Schlüssen« (A 321 = B 378) noch eben der Vernunft selbst, nicht einem Mittelvermögen, eben der (reflektierenden) Urteilskraft, zugewiesen.

Das Verfahren der Vernunft, im Rückgang von Schlüssen zu Prämissen aufzusteigen, aus denen diese Schlüsse vermittels eines Untersatzes zwingend folgen, ist schon darum bedeutsam, weil es eine erste Aufklärung über die Semantik des in der *KU* so wichtigen (aber nirgends definierten) Begriffs ›Idee‹ mit sich führt. Die Idee ist ein Vernunftbegriff, und ihre Leistung – ähnlich der des Verstandesbegriffs – besteht in der Vereinigung von Mannigfaltigem. Während aber der Verstandesbegriff dem sinnlich Mannigfaltigen Einheit verleiht und es zu einem Objekt macht, verleiht der Vernunftbegriff – oder die Idee – diesen Objekten (und den sie interpretierenden Begriffen) eine übergeordnete Einheit. Man könnte sagen: Die Idee verhält sich zur Kategorie wie die Kategorie zur Anschauung (vgl. *KrV* A 320 = B 376 f.).

Erinnern wir uns, was ein reiner Verstandesbegriff oder eine Kategorie ist: nämlich eine Urteilsform, zusammengedrängt in den Begriff eines Typus von Synthesis verschiedener Vorstellungen. Die Kategorien – oder sagen wir: die in Kategorien zusammengezogenen Urteilsformen – bilden universelle Prädikate, die aufgrund ihrer Universalität jedem Objekt als Objekt zukommen (daß es die oder die Größe hat, möglich oder wirklich, rechts von... oder links von... ist, usw.). Sie lenken mithin unseren Verstand auf die Erfahrungswelt. Eine ähnliche Umbildungsoperation kann sich zwischen Kategorien und Idee(n) abspielen. Kant sagt dazu:

> Ebenso können wir erwarten, daß die Form der Vernunftschlüsse ⟨in Parallele zu den Urteilsformen oder Verstandesschlüssen⟩, wenn man sie auf die synthetische Einheit der Anschauungen, nach Maßgebung der Kategorien, anwendet, den Ursprung besonderer Begriffe a priori enthalten werde, welche wir reine Vernunftbegriffe, oder *transzendentale Ideen* nennen können, und die den Verstandesgebrauch im Ganzen der gesamten Erfahrung nach Prinzipien bestimmen werden.
>
> (*KrV* A 321 = B 378)

Ein reiner Vernunftbegriff ist also wieder eine Urteilsform (nur nicht des Verstandes, sondern eben der Vernunft), und sie ist wieder zusammengezogen in einen reinen Begriff (ebenfalls nicht des Verstandes, sondern der Vernunft), – aber in einen Begriff, der sich nicht mehr direkt auf Gegenstände der Sinnenwelt bezieht. Worauf denn dann? Auf Kategorien selbst, also auf Einheitsbegriffe niederer Ordnung. Während die Anwendung der Kategorien auf das sinnlich Mannigfaltige den konkreten Begriff eines Objekts – als synthetischer Einheit verschiedener Anschauungen – hervorbringt (z. B. den eines braunen Kätzchens), bilde ich durch Anwendung einer Idee auf alle Objekte einen Einheitsbegriff, aus dem sie alle abgeleitet werden können: z. B. den eines Schöpfergottes, der auch das Kätzchen erschaffen hat. (Die umständliche Wendung Kants »wenn man sie auf die synthetische Einheit der Anschauungen, nach Maßgabe der

Kategorien, anwendet« meint einfach nur: »wenn man sie auf Objekte anwendet«. Denn ein Objekt ist nichts anderes als eben eine solche, unter kategoriale Einheitskriterien gebrachte Mannigfaltigkeit sinnlicher Eindrücke.) Was passiert aber denn, wenn solche vernünftigen Einheitsgesichtspunkte auf die Objekte angewandt werden? Offenbar mehr und anderes, als wenn die Objekte nur durch die Kategorien hindurch betrachtet werden: Denn damit sind sie nur als Gegenstände-überhaupt, nicht speziell als Kätzchen spezifiziert. Um den notwendigen und universellen Verstandesgesetzen Genüge zu tun, muß es keine Katzen geben; aus der Verstandesansicht erscheint ihre Existenz vielmehr zufällig, unnötig. Tatsächlich hätte sich die allgemeine Synthesis (die ihren Grund im Selbstbewußtsein hat), auf millionenfach andere Weise in die Sinnenwelt einschreiben können; statt katzenartigen Raubtieren hätte sie schwer vorstellbare phantastische Wesen erschaffen können, die aber alle pünktlich unter Prädikate wie Quantität, Qualität, Relation und Modalität fallen würden. Vom Vernunftstandpunkt dagegen ist die Existenz unseres braunen Kätzchens völlig begründet, denn Gott – die Zweckidee der Naturproduktivität – hat es so gewollt. (Er hat ein ökologisches System von der Art gewollt, daß, wie Kant sagen würde, seine Freiheit sich auf die Bedingungen eingeschränkt hat, unter denen [die konkreten Naturgesetze] durchgängig mit sich selbst zusammenstimmen [A 301 = B 358] – das meint: nach Prinzipien, die den Geschöpfen das Miteinanderdasein in einer zweckmäßigen – ideebezogenen – Welt ermöglicht, deren Teile zusammenstimmen und ein kohärentes Ganzes bilden.)

Welches ist also die Funktion der Vernunft in ihren Schlüssen (eine Funktion, die in ihrer vom Besonderen zum Allgemeineren aufsteigenden Bewegung dann auf die reflektierende Urteilskraft übergeht)? Diese: Bedingungen in der Erscheinungswelt herzustellen, »unter denen sie durchgängig mit sich selbst zusammenstimmt« (A 301 = B 358). Kant sagt auch: »In der Tat ist Mannigfaltigkeit der Regeln ⟨des Verstandes, also der Kategorien⟩ und Einheit der Prinzipien eine Forderung der Vernunft, um den Verstand mit sich selbst in durchgängigen Zusammenhang zu bringen, so wie der Verstand ⟨seinerseits⟩ das Mannigfaltige der Anschauung unter Begriffe und dadurch jene in Verknüpfung bringt« (A 305 = B 362). Die Erklärung, die Kant für diese Operation liefert, ist nicht besonders durchsichtig. Ihr Verständnis bleibt dem aber nicht erspart, der Kants kühne Konstruktion ernst nehmen will, wonach das Gesamt der Natur, materialiter betrachtet, auf eine Begründung aus Vernunftideen aus sei.

Das Verhältnis von Verstandes- und Vernunftoperationen ist bestimmt im Ersten Buch der transzendentalen Dialektik – leider auf nicht sehr zugängliche Weise. Am Verständnis dieser Überlegungen hängt die Einsichtigkeit der argumentativen Grundoperation der Kritik der Naturteleologie. Sie ist im Text der *KU* mehr vorausgesetzt als entwickelt; ohne sie ganz zu überblicken, kann man nicht hoffen, das Werk und seinen Anspruch auf systembeschließende Funktion der kritischen Arbeit Kants zu fassen.

Kant hat die Ideen – als reine Vernunftbegriffe – in Analogie zu den Begriffen des Verstandes ›deduziert‹. Dabei legt er besonderes Gewicht auf die Unterscheidung der inhaltsindifferenten allgemeinen und der sogenannten transzendentalen Logik, die ihre (inhaltlich bestimmten) Begriffe reinen Vorstellungssynthesen (Anschauungs-Komplexionen) einprägt und sie so als Objekte überhaupt konstituiert. Denn auch die Begriffe der Metaphysik (die Ideen) sind unerachtet ihrer Apriorität nicht leer oder formal, sondern gegenstandsbezogen. Ihre Quelle ist aber nicht der reine Verstand, sondern die reine Vernunft, die freilich nur eine bestimmte isolierte Funktion oder Gebrauchsweise des ersteren ist (eine andere ist die Urteilskraft; vgl. § 3 der *Anthropologie*). Diese Funktion entwickelt Kant aus den drei Unterkategorien der Modalität; danach wären Urteile des Verstandes problematisch, solche der Urteilskraft assertorisch und die der Vernunft apodiktisch. Um apodiktisch zu sein, müssen sie als notwendige Konklusionen aus syllogistisch aufgebauten Urteilen hervorgehen, einem Obersatz (oder einer allgemeinen Inferenzregel) und einem Untersatz, dessen ›Bedingung unter die angegebene (oder umgekehrt: erschlossene) allgemeine Regel (eben den Obersatz) subsumiert wird‹ (vgl. *Logik* Jäsche [AA IX, S. 120]; auch *Refl.* Nr. 5552 [AA XVIII, S. 223]: »Ein jeder Vernunftschluß ist nichts anders als ein Urteil vermittelst der subsumtion seiner Bedingung unter einer allgemeinen Regel, welche also die Bedingung von der Bedingung des Schlußsatzes ist.«). Vernunftschlüsse sind darin von Verstandesschlüssen unterschieden, daß der Untersatz ein Argument enthält, das nicht »unmittelbar« (analytisch) aus dem Obersatz fließt. So schließt der Obersatz »Katzen haben ein Fell« $[(x) (xA \rightarrow xF)]$ nicht logisch ein den anderen »F. ist ein Kätzchen«, in dem ein konkreter (»besonderer«) Gegenstand – »eine Erkenntnis«, sagt Kant – unter eben das Prädikat subsumiert wird, das im Obersatz in Subjektstellung sich befand. Im Schluß (»F. hat ein Fell«) bestimmt man also, in Kants Worten, das Subjekt der Minor (»F.«) durch das Prädikat der Inferenz-Regel, die im Obersatz aufgestellt war (›ein-Fell-haben‹), oder: Man bestimmt das Besondere durch das Allgemeine (*KrV* A 304); und dieser Schluß ist *notwendig*, wie immer es um die Wahrheitswerte der Major und der Minor bestellt sein mag.

Wie indes die Urteilsformen des Verstandes eines reinen und eines ›inhaltsbezogenen‹ Gebrauchs fähig sind (als Kategorien nämlich), so auch die Formen der Vernunftschlüsse. So wie ersterer die transzendentale Logik, so ergibt letzterer die Metaphysik (*KrV* A 299); deren »Grundsätze« sind nicht schematisierte (angewandte) Kategorien, sondern »Ideen«. Zu Ideen gelangt die Vernunft durch wiederholt – rückläufig – angewandte Schlüsse desselben Musters wie eben angegeben. Der Obersatz eines Vernunftschlusses kann seinerseits als Schluß eines höheren Syllogismus (»Prosyllogismus«) interpretiert werden, dessen Obersatz abermals als Schluß eines ihm übergeordneten Syllogismus aufgefaßt wird usw., bis einmal ein Prädikat erreicht wird, unter das sich alle Objekte (»Erkenntnisse«) als ihre »Bedingung« subsumieren lassen. Diese zu immer umfassenderen Prädikaten aufsteigende Schlußfolge ist klarer in einer Reflexion (Nr. 5553 [AA XVIII, S. 221 f.]) beschrieben:

> So wie sich die Sinne verhalten zum Verstande, so der Verstand zur Vernunft. Die Erscheinungen der ersteren bekommen in dem zweiten Verstandeseinheit durch Begriffe und Begriffe in dem dritten Vermögen Vernunfteinheit durch Ideen (durch prosyllogismen wird immer ein hoheres subjekt gefunden, bis endlich kein anderes mehr gefunden werden kann, wovon das vorige praedikat wäre; eben so bei bedingten schlüssen, da aber beweiset der prosyllogism die minorem).

Da die vollständige Reihe der Bedingungen nicht ihrerseits in die Reihe fallen kann, muß dieses basale Prädikat un-bedingt heißen (*KrV* A 307 f.; *Refl.* Nr. 5552, [l. c., S. 222]: »die Vernunft steigert dieses Verhaltnis nur bis zur Bedingung, die selbst unbedingt ist«). Ein Un-Bedingtes könnte der am Leitfaden der Kausalität im Unendlichen sich verlaufende Verstand niemals erfassen, »und doch verlangt die Vernunft dasselbe als die Totalität der Bedingungen, weil sie das objekt selbst machen will« (*Refl.* Nr. 5552 [l. c., S. 221, Z. 4 ff.]). Dies höchste Prinzip der ganzen Reihe ist somit nicht analytisch zu gewinnen (Bedingtes führt immer nur zu Bedingungen, nie zu einem Un-Bedingten), sondern könnte nur synthetisch verfaßt sein (*KrV* A 308). Hier bricht der rein logische Vernunftgebrauch ab und verwandelt sich in einen ›realen‹, der sich freilich in transzendenten Sätzen ausdrückt, die zwar empirische Regeln der objektiven Welt aus Prinzipien zu deuten beanspruchen, selbst aber nicht mehr in Erkenntnisse aufgelöst werden können. Im Falle des Begriffs des Unbedingten wird sogar beansprucht, die Totalität (das ist die wieder in Einheit befaßte, synthetische Mannigfaltigkeit) des Bedingten zu deduzieren – eine Démarche, mit der die Philosophie zu »schwärmen« anfängt oder die sie nur als »eine bloße Petition oder ein Postulat«, ja »als eine Vorschrift, die Vollstandigkeit aller Verstandeserkenntnis in der subordination zu suchen« gelten lassen darf (*Refl.* Nr. 5552 [AA XVIII, S. 222 f. und S. 226]).

Die Begriffe der reinen Vernunft – sozusagen ihre Kategorien – werden ebenso wie die des Verstandes aus Urteilsformen abgeleitet. Dabei scheiden die Kategorien der Quantität (die Obersätze von Vernunftschlüssen sind immer Allsätze) und der Qualität aus (Verneintheit oder Bejahtheit des Schlusses sind gleichgültig) – ebenso die Modalität, denn diese Kategorie diente ja schon zur Abgrenzung der Vernunftfunktion von der des Verstandes und der Urteilskraft. Vernunftschlüsse sind prinzipiell apodiktisch. Die Deduktion der drei Vernunftideen am einzigen Leitfaden der Relation hat in der Tat etwas Künstliches. So präsentiert sich das Unbedingte erstens als kategorische Synthesis in einem Subjekt, zweitens als hypothetische Synthesis der Glieder einer Reihe und drittens als disjunktive Synthesis der Teile eines Systems (*KrV* A 323).

Dem entsprechen die Ideen der unbedingten Einheit des Subjekts (Freiheit, Psychologie), der Allheit der Erscheinungen in der Welt als bezogen auf eine unbedingte Einheit (Kosmologie, Teleologie der Natur) und die absolute Einheit der Bedingung aller Gegenstände überhaupt (Gott, Theologie). Man kann sich fragen (und das ist in der Kant-Literatur zuweilen geschehen), ob Ideen – als Vorstellungen von Bedingungs-Totalitäten – per definitionem noch Begriffe heißen dürfen oder, wie das *Opus postumum* erwägt, ihrer Singularität halber als Anschauungen gelten müssen. Das könnte Anlaß sein zu einer Diskussion des Sonderstatus von Totalitäten, die ja keine Universalia, sondern wieder in Einheit umgewendete Allgemeinheiten sind. Eine Totalität von Bedingungen könnte tatsächlich nur ein anschauender Verstand überblicken; der unsrige, diskursiv, muß am Leitfaden der Kategorien das Erfahrungsmaterial durchgehen und kann die teleologische Ausrichtung der Natur sinnvoll nur postulieren (*KU*, § 77).

Nach diesen komplizierten, aber unerläßlichen Vorüberlegungen können wir jetzt die Grundfrage der *Kritik der Urteilskraft* in anderer Formulierung wiederholen: Wie gelangt man an Prinzipien für die Einheit der Natur als eines

Systems der (schon durch Kategorien bearbeiteten) Erfahrung? Ein solches Prinzip war im theoretischen Rahmen der ersten Kritik grundsätzlich gar nicht zu entfalten, da deren ›höchster Punkt‹ nur die Verstandeseinheit (das Selbstbewußtsein) war; aus dieser fließen zwar die reinen Grundsätze aller Naturerkenntnis; als synthetische Sätze a priori kommen sie aber prinzipiell gar nicht in Frage zur Erklärung der besonderen, der empirischen Gesetze der Natur:

> Auf mehrere Gesetze aber, als die, auf denen eine *Natur überhaupt*, als Gesetzmäßigkeit der Erscheinungen in Raum und Zeit, beruht, reicht auch das reine Verstandesvermögen nicht zu, durch bloße Kategorien den Erscheinungen a priori Gesetze vorzuschreiben. Besondere Gesetze, weil sie empirisch bestimmte Erscheinungen betreffen, können davon *nicht vollständig abgeleitet* werden, ob sie gleich alle insgesamt unter jenen stehen. Es muß Erfahrung dazu kommen, um die letzteren *überhaupt* kennen zu lernen; von Erfahrung aber überhaupt, und dem, was als ein Gegenstand derselben erkannt werden kann, geben allein jene Gesetze a priori die Belehrung.
> (*KrV* B 165)

Mithin bedarf es eines höheren Prinzips, noch *über* den Grundsätzen des reinen Verstandes – und dieses konnte letztlich nur als Idee – als Vernunftzweck – der material betrachteten Natur bestimmt werden. Er ist das Um-willen der Naturevolution, das »Richtmaß ⟨. . . für⟩ das Unverstümmelte Seyn« der Dinge (*Refl.* Nr. 5553 [AA XVIII, S. 224 f.]). Die Frage, wie denn aus den (zu) allgemeinen Gesetzen des Verstandes die besonderen Naturgesetze sich spezifizieren lassen, stand schon am Ursprung der *Metaphysischen Anfangsgründe der Naturwissenschaft*, wo Kant gehofft hatte, durch eine Kombination der Verstandesgrundsätze mit mathematischen Prinzipien etwas weiter in die Besonderheit des Systems der Naturgesetze einzudringen. Aber erst mit dem Gedanken eines idealen Endzwecks der Naturevolution glaubte er, sich des heuristischen Prinzips versichern zu können, aus dem die empirische Natur (›materialiter considerata‹) als das System einsichtig gemacht werden kann, als das unsere Vernunft sich getrieben sieht, sie vorzustellen. Die drei transzendentalen Ideen (nämlich 1. die unbedingte subjektive Bedingung des Denkens, 2. die unbedingte objektive Bedingung der Erscheinungen und 3. die unbedingte objektive Bedingung aller Gegenstände überhaupt), sagt Kant einmal, hängen ihrerseits »durch einen Vernunftschluß zusammen. Nämlich: Alle Gegenstände der Sinne sind zuletzt auf ein (⁸existierend) Noumenon gegründet« (*Refl.* Nr. 5553 [AA XVIII, S. 226, Z. 6 ff. und S. 225, Z. 3 ff.]). Was durch die Idee eines einigen Endzwecks (als des selbst existierenden Realgrundes der empirischen Natur) finalisiert wird, das ist ja damit auch untereinander ›durchgängig verknüpft‹, mithin Element eines logisch kohärenten Systems (l. c., S. 226, Z. 23 f.). Insofern ist die Analyse der Struktur des Organismus, die im Zentrum der »Kritik der teleologischen Urteilskraft« steht, von einem gegenüber der Frage nach der Einheit der Natur als eines Systems der Erfahrung untergeordneten Interesse. ›Zweckmäßig‹ bedeutet dann, was sich beziehen läßt auf die ›Idee‹ als ›übersinnlichen Einheitsgrund der Natur und Freiheit‹ (wie die leitmotivisch wiederkehrende Formulierung der *KU* lautet); diese Idee einer Zweckmäßigkeit der Natur läßt sich, wie der VII. Abschnitt der »Einleitung« formuliert, ästhetisch, und er läßt sich, wie's der VIII. Abschnitt besagt, logisch repräsentieren. Im ersten Falle haben wir mit einer Kritik des Geschmacks (einer gleichsam subjektiven), im zweiten mit einer Kritik der teleologischen Urteilskraft (einer gleichsam objektiven Naturteleologie) zu tun.

Noch bedarf es des Nachweises, daß das Verfahren der aufsteigenden Vernunftschlüsse der Sache nach wirklich demjenigen entspricht, das Kant seit der ersten Einleitung in die *KU* als Verfahren der reflektierenden (teleologischen) Urteilskraft bestimmt. Im »Anhang zur transzendentalen Dialektik« (*KrV* A 642 ff. = B 670 ff.) war in der Tat eine Reihe von Regeln schon vorweggenommen, die Kant besonders im IV. und V. Abschnitt der ersten Einleitung zur

KU als »notwendige transzendentale *Voraussetzung⟨en⟩*« für die Arbeit des Naturforschers annimmt: Dazu gehört das »Gesetz der Spezifikation«, welches besagt, daß man die Artenvielfalt nicht ohne Not vergrößern, sondern unter dem allgemeinsten Gattungsbegriff versammeln solle (*KrV* A 656 ff. = B 684 ff.), daß man als Regeln annehmen möge, daß die Natur den kürzesten Weg nimmt, daß sie nichts umsonst tut, daß sie keine Sprünge in der Mannigfaltigkeit der Formen macht, daß sie reich an Arten und doch sparsam an Gattungen ist (Schluß des IV. Abschnitts der ersten Einleitung in die *KU*) usw. Bei solchen Regeln, die nicht aus Erfahrung bewiesen und auch nicht aus Verstandesbegriffen unmittelbar eingesehen werden können, handelt es sich um »*Maximen* der Vernunft« (*KrV* A 666 = B 694), die unsere Naturbeschreibung nur regulieren (»regulative Grundsätze«), ohne »objektive Prinzipien« darzustellen. Kant spricht auch vom hypothetischen Gebrauch der Vernunftschlüsse, die auf drei oberste Vernunftbegriffe (oder Ideen) führen (auf drei nach dem Schema der Relations-Kategorie: *KrV* A 333 ff. = B 390 ff.). Und im Lichte dieser drei obersten Ideen lassen sich drei Grundsätze über die Erfahrungswelt formulieren: 1. daß alles Mannigfaltige (nicht der Anschauung, sondern der schon konstituierten Objekte) sich in einer gewissen Gleichartigkeit (Homogeneität) zeigt, die die Subsumtion des Vielartigen unter höhere Gattungen ermöglicht; 2. daß das Mannigfaltige umgekehrt eine stets größere Spezifizierung der höheren Gattungen zuläßt; 3. daß alle Begriffe miteinander verwandt sind, da sie dem Prinzip der Gleichartigkeit entspringen und nach dem Grundsatz der fortschreitenden Variation Übergänge ›ohne Sprung‹ vom einen zum anderen erlauben (Gesetz der Affinität oder der Kontinuität) (*KrV* A 658 f. = B 685 f. und A 660 = B 688).

Während nun in der zweiten Einleitung zur *KU* die Anknüpfung an dieses Theorem aus der *KrV* zurücktritt, enthält die erste Einleitung klar erkennbare Erinnerungen daran. So zieht sie ein rotes Band vom Kapitel über die transzendentalen Ideen und ihr Resultieren aus Vernunftschlüssen (aus der *KrV*) zum klassifizierenden bzw. spezifizierenden Verfahren der Urteilskraft (in der *KU*). Im V. Abschnitt der ersten Einleitung vergleicht Kant den fürs Verfahren der reflektierenden Urteilskraft so zentralen Aufstieg vom Besonderen zum Allgemeinen implizit mit dem Verfahren der Vernunft bei der Klassifikation der empirischen Naturprodukte. Es besteht im (induktiven) Aufsuchen von Prämissen, aus denen ein empirischer Sachverhalt als notwendige Folge sich einsehen läßt. Das umgekehrte Ableiten untergeordneter (empirischer) Begriffe aus Klassen heißt dann entsprechend Spezifikation. In beiden Richtungen sind größere Ausdifferenzierungen möglich: Die Spezies können weiter in kleinere Gruppen, Familien, Rassen usw. bis hinab zu den Individuen unterteilt, die Klassen zu Gruppen von größerem Umfang erweitert werden: So wird der Vergleich mehrerer Klassen auf Gattungen führen, deren Vergleich wird auf »die oberste Gattung« führen, die ein so allgemeines Prädikat angibt, daß etwas nicht zugleich ein empirisches Naturprodukt sein und doch nicht unter dieses Prädikat fallen kann. Eine Implikation dieses spezifizierenden und klassifizierenden Verfahrens ist, daß die Natur in allen ihren Erscheinungen als logisch kohärent (Kant sagt gerne: als durchgängig mit sich zusammenstimmend) gedacht wird. Und eine solche Auffassung von der empirischen Natur als einem System heißt wiederum: sie als zweckmäßig auffassen. Diese Zweckmäßigkeit wäre ›absolut‹ (VI. Abschnitt), wenn ›äußere Gestalt‹ und ›innerer Bau‹ der Naturformen gar nicht anders als unter Zugrundelegung einer höchsten Idee begreiflich gemacht werden könnten. Sie wäre der Endzweck der Naturevolution, und wir müssen sie uns vorstellen unter dem Symbol der Kunst: des intentional Entworfenen und nach diesem Entwurf Verwirklichten (vorletzter Abschnitt von V).

Die Vieldeutigkeit von ›zweckmäßig‹

Eine große, wenn auch wenig durchsichtige Rolle spielen in der ersten Einleitung die verschiedenen Verwendungen des Ausdrucks ›zweckmäßig‹. Es gibt die subjektive und die objektive, die reale (oder materielle) und die formale, schließlich die innere und die äußere (oder relative) Zweckmäßigkeit; sie alle treten noch zusätzlich in wechselnde Konstellationen zueinander. Es scheint, als habe Kant diese Untergliederung zunächst in der ersten Einleitung entworfen, um ihr schließlich zu Beginn der »Analytik der teleologischen Urteilskraft« (§§ 62 und 63) ihren definitiven Ort zuzuweisen.

Wir wissen aus dem Kommentar zu den ästhetischen Texten, daß Kant das ästhetische Wohlgefallen zwar als ein Urteil beschreibt, aber als ein solches, in dem das Prädikat »gar kein Begriff von einem Objekt *sein kann*, indem es gar nicht zum Erkenntnisvermögen gehört«. Im ästhetischen Urteil ist der Bestimmungsgrund zwar nicht Empfindung (die liefert ja sehr wohl den Stoff zu objektiven Erkenntnissen), sondern das bloß subjektive Gefühl der Lust und Unlust. Reflektiert wird also im Geschmacksurteil auf die Zweckmäßigkeit einer bestimmten Konfiguration von Einbildungskraft und Verstand für das ›Gefühl‹, und diese Zweckmäßigkeit ist nicht nur immateriell (da sie vom empfundenen Stoff gerade absieht), sondern auch subjektiv, da sie keinen Beitrag liefert zur (objektiven) Erkenntnis des beurteilten Gegenstandes. Ebenfalls keinen Beitrag zur objektiven Erkenntnis des Gegenstandes liefert »das ästhetische Sinnenurteil«, in dem das Prädikat eine Beziehung der Empfindung »unmittelbar auf das Gefühl der Lust und nicht aufs Erkenntnisvermögen ausdrückt« (wie wenn ich Wein koste). Aber hier wird nicht auf die Zweckmäßigkeit einer Empfindungskonstellation fürs Gefühl *reflektiert*, sondern diese wird unmittelbar als angenehm oder unangenehm empfunden. Anders gesagt: Hier bestimmt die Empfindung ohne weiteres das Urteil, während im Geschmacksurteil »die Reflexion über eine gegebene Vorstellung vor dem Gefühle der Lust (als Bestimmungsgrunde des Urteils) vorhergeht« (das Gefühl läßt sich nicht unmittelbar vom Stoff der Empfindung determinieren, sondern von einer zunächst vorgenommenen Reflexion auf die Zweckmäßigkeit der Vorstellungskonstellation fürs fühlende Subjekt). So gilt: »Das ästhetische Sinnesurteil enthält materiale, das ästhetische Reflexionsurteil aber formale Zweckmäßigkeit« (3.-5. Absatz des VIII. Abschnitts der ersten Einleitung, VII. Abschnitt der zweiten).

So stellt man sich jetzt auf die Auskunft ein, das Urteil über die Zweckmäßigkeit der Natur werde demgegenüber objektiv heißen; und so liest man es gleich zu Beginn des VIII. Abschnitts der zweiten Einleitung. Das Urteil ist ›logisch‹ (auf ›Verstand und Vernunft‹ beruhend: im Gegensatz zum ›ästhetischen‹ Urteil); aber außerdem ist es ›objektiv‹ in dem Sinne, daß in ihm nicht nur die Übereinstimmung »seiner Form« mit seiner subjektiven Auffassung beurteilt wird, sondern »mit der Möglichkeit des Dinges selbst, nach einem Begriffe von ihm, der vorhergeht und den Grund dieser Form enthält«. Läßt sich dieser Gegensatz aber konsistent durchführen? Wie weiß ich denn, daß ein Begriff der reflektierenden Urteilskraft (Zweckmäßigkeit) ein empirisches Naturprodukt bestimmt? Doch nur an der (subjektiven) Befriedigung, die ich fühle, wenn die Natur mit meinem Systematisierungsbedürfnis in Einklang steht. So gilt: »Die Urteilskraft hat also auch ein Prinzip a priori für die Möglichkeit der Natur, aber nur in subjektiver Hinsicht, in sich« (letzter Absatz des V. Abschnitts der zweiten Einleitung). Dies Prinzip ist darum nur subjektiv, weil es ja nicht die Natur bestimmt, wie sie an ihr selber bzw. als vom Verstande determinierte Erscheinungswelt ist. Beurteilt wird vielmehr eine durch »Reflexion über jene« hypothetisch erschlossene Gesetzmäßigkeit. Und wollte ich diese nicht subjektiv nennen, so könnte ich sie von der objektiven Naturbestimmung, die durch die Kategorien des Verstandes geschieht, gar nicht mehr trennscharf abgrenzen (also z. B. auch nicht als ›bloß regulative Idee« bezeichnen). Dazu stimmt die zu Beginn des VI. Abschnitts (der zweiten Einleitung) betonte Lust, die sich einstellt, wenn die Natur »mit unserer, aber nur auf Erkenntnis gerichteten, Absicht übereinstimmt« (noch deutlicher: mit unserem »Verstandesbedürfnis«, was wohl heißt: mit unserem Verständnisbedürfnis). Diese Lust ist nicht minder subjektiv als die ästhetische (und der hier eingesetzte Begriff der Lust soll ja schließlich den Übergang einsichtig machen zwischen den auseinanderstrebenden Themen der Naturteleologie und der Ästhetik). Gewiß wird die Lust, von der hier die Rede ist, empfunden über die Harmonie unserer *kognitiven* Systematisierungsbedürfnisse mit der »Natur in der Mannigfaltigkeit ihrer besonderen Gesetze«, nicht über die stimmige Proportion frei schwebender Vorstellungen mit unserem ästhetischen Sinn. Wollte ich indes sagen, daß im einen Fall nur eine von aller Existenz absehende Vorstellungskonfiguration, im anderen aber die real existierende Natur mit meinem Gefühl verglichen werde, so verwickelte ich mich in einen schnell durchschaubaren Zirkel: Was an der Natur ›real existiert‹, ist genau das, was der Verstand an ihr erkennt; *die* Natur aber, deren ›objektive‹ Zweckmäßigkeit die Urteilskraft durch Reflexion ans Licht bringt, ist das Objekt einer regulativen Idee – und wenn ich die regulative Sicht von ihr wegziehe, verschwindet das Objekt als ein real existierendes. So überlebt es nicht die subjektive Perspektive, die die Urteilskraft auf es richtet. Und vergessen wir im übrigen nicht, daß auch das ästhetische Gefühl nicht in *dem* Sinn ›bloß subjektiv‹ ist, wie es das Gefühl der Annehmlichkeit einer Empfindung ist: Schließlich macht es auf intersubjektive Zustimmung Anspruch und unterstellt also (als regulative Idee) eine gültige Regel des guten Geschmacks. So spricht Kant in beiden Einleitungen von der »Heautonomie« (Selbstgesetzgebung) der Urteilskraft, womit er sagen will, daß die Urteilskraft weder wie der Verstand der Natur noch wie die praktische Vernunft der Freiheit, »sondern lediglich ihr selbst das Gesetz gibt« (5. Absatz des VIII. Abschnitts der ersten Einleitung; vgl. letzter Absatz des V. Abschnitts der zweiten). ›Lediglich ihr selbst‹ meint: nicht den Objekten der Natur, wie sie ›real existieren‹. Also ist sie auch in ihrem vergleichsweise natur- (und nicht nur gefühls-) bezogenen Gebrauch fundamental subjektiv (»weil nämlich die Regel selbst nur subjektiv ist« [6. Absatz des V. Abschnitts der ersten Einleitung]).

Nun behauptet Kant in der großen Anmerkung zum VIII. Abschnitt der ersten Einleitung, »der Begriff der Vollkommenheit als objektiver Zweckmäßigkeit ⟨habe⟩ mit dem Gefühl der Lust und diese mit jenem gar nichts zu tun«. Das ist auf den ersten Blick ein direkter Widerspruch zu der eben zitierten Behauptung. Die Naturteleologie handelte demnach von einer »objektive⟨n⟩ Zweckmäßigkeit«, die wir »an Dingen der Natur beobachte⟨n⟩ (vornehmlich an organisierten Wesen)« – und die sei nicht nur formell, sondern auch materiell. Sie sei auch nicht wie die ästhetische begrifflos, sondern führe sehr wohl »den Begriff eines Zwecks der Natur (eines wirklichen oder angedichteten) bei sich, in Beziehung auf welchen wir den Dingen auch Vollkommenheit beilegen, darüber das Urteil teleologisch heißt und gar kein Gefühl der Lust bei sich führt«.

Wie ist dieser Widerspruch aufzulösen? Wir haben bei genauem Hinsehen in der ersten Einleitung gar keinen Gegensatz zwischen ästhetischer und Natur-Betrachtung; denn *beide* gehen auf die »Beurteilung der Naturformen« (IX, 4. Absatz), und *beide* stellen die »Natur selbst als technisch, d. i. als zweckmäßig in ihren Produkten betrachtet«, vor (XII, 3. Absatz). Nur tut es die ästhetische Vorstellung angeblich subjektiv, die teleologische angeblich objektiv. Wie erklärt sich dieser Unterschied, da wir doch wissen, daß beide auf einem lediglich subjektiven Prinzip beruhen?

Manchmal spricht Kant von der formalen und subjektiven Zweckmäßigkeit als von einem »*Zustand* des Gemüts, in welchem eine Vorstellung ⟨lediglich⟩ mit sich selbst zusammenstimmt« (letzter Absatz von VIII). Solch ein Zustand der Proportion eines Gefühls nur mit sich läßt sich – man möchte sagen: analytisch – als subjektiv einsehen. Aber die Formulierung ist irreführend und widerspricht der anderen, wonach das Geschmacksurteil die Proportion nicht einer Vorstellung zu sich, sondern die Proportion von Einbildungskraft und Verstand durch Reflexion darauf *für das Gefühl* beurteilt. Und eben eine solche Proportion, allerdings zum Systematisierungsbedürfnis der Vernunft, wird beurteilt, wenn ich ein Naturprodukt formal und objektiv zweckmäßig nenne.

Nun macht Kant eine Unterscheidung zwischen ›formaler Technik der Natur‹ als ›Zweckmäßigkeit in der Anschauung‹ und ebenderselben als ›Zweckmäßigkeit nach Begriffen‹ (1. Absatz von IX). Im subjektiven Geschmacksurteil erscheine demnach etwas meiner *Anschauung* (so heißt eine nicht durch Begriffe vermittelte, also unmittelbare Vorstellung) als zweckmäßig, im objektiven teleologischen Urteil erscheine es meinem *Verstande* (dem Vermögen der Begriffe) als zweckmäßig. Nach dieser Sprachregelung könnte ich das Geschmacksurteil auch passend *ästhetisch* und das teleologische Urteil passend *logisch* nennen (3. Absatz von XII). Aber überzeugt diese Auskunft?

Auf eine Weise ja: Schließlich beziehe ich mich nur aufs Subjekt, wenn ich Naturgegenstände darum zweckmäßig nenne, weil sie ein ästhetisch wohlgefälliges Verhältnis zu meinem Gefühl unterhalten. Wenn ich dagegen einen Naturgegenstand als solchen zweckmäßig nenne, so meine ich, über ein Objekt geurteilt zu haben; *ihm selbst* lege ich den Zweck bei, nicht nur seinem Bezug auf mein subjektives Gefühl.

Was aber tue ich in einem solchen vorgeblich objektiven Urteil? Ich betrachte ein Naturobjekt als »Darstellung eines Begriffes« (2. Absatz von IX). Welches Begriffs? Desjenigen eines Zweckes, und als Zweck definiert Kant eine antizipierte Vorstellung, die als Ursache der Wirklichkeit (also als Realgrund) des ihm entsprechenden Objekts angenommen wird. Nehme ich also an, ein Ding sei *in seiner Objektivität* nur vorstellbar als Verwirklichung eines Zwecks, so betrachte ich es als nur möglich unter Voraussetzung einer ihm vorausgehenden Verwirklichungs-›Absicht‹ – und die ist als Absicht praktisch, nicht theoretisch.

Anders als so kann man den 3. Absatz von IX kaum lesen. Urteile ich über Zweckmäßigkeit an Dingen der Natur, heißt es dort, so halte ich Natur als eine *Verstand*-Einbildungskraft-Synthese nicht nur (wie im Geschmacksurteil) an mein Gefühl der Lust und Unlust. Ich muß sie »auch mit der *Vernunft*« übereinstimmend denken. Warum? Offenbar, weil nur die Vernunft handeln (praktisch sein) kann, d. h. über den Begriff von einem Zwecke (als der Repräsentation von einer ihre Verwirklichung antizipierenden Absicht) verfügt. Denke ich diese Beabsichtigung als real, so überschreite ich das ›Feld der Urteilskraft‹. Ich reflektiere dann nicht mehr über ein Gefühl der Zusammenstimmung, sondern betrachte die Natur als faktisch vorentworfen und nach dem Entwurf erschaffen von einem höchsten Willen. – Andererseits: Denke ich sie *nicht* als real (objektiv), wie kann ich das Urteil über die Naturgegenstände als zweckmäßige Einrichtungen vom bloß subjektiven Zweckmäßigkeitsurteil unterscheiden? Auch in ihm wird ja nicht etwa bloß sinnlich, sondern sehr wohl nach Begriffen geurteilt. Nur sind diese nicht objektiv aufweisbar (wären sie nicht wenigstens unterstellt, so verlöre das Urteil seine intersubjektive Verbindlichkeit und seine Notwendigkeit und fiele mit dem Annehmlichkeits-Urteil zusammen [vgl. den 4. und 5. Absatz von X]). Wenn also ästhetische Urteile auch nicht durch vorab bekannte Begriffe abgestützt werden, so sind dennoch, sagt Kant, »Prinzipien a priori in der notwendigen Idee einer Erfahrung, als System, gegeben, welche den Begriff einer formalen Zweckmäßigkeit der Natur für unsere Urteilskraft enthalten«. Die Wirksamkeit dieser Prinzipien stelle ich aber nicht durch objektive Erfahrung fest; ich erlebe sie nur als Befriedigung eines Systematisierungs-Bedürfnisses unserer Vernunft in der Urteilskraft, also als etwas durchaus Subjektives (und mit Lust Verbundenes).

Wäre das nicht so, so könnte uns Kants Verweis auf die Vernunft (statt den Verstand) dazu verführen, uns ohne weiteres der handlichen Systematisierung anzuschließen, die Friedrich Schiller zwei Jahre später in den *Kallias-Briefen* vorschlägt: Danach wäre auszugehen von zwei Formen der Vernunft (wobei ›Formen‹ meint: Arten und Weisen zu verbinden), und zweierlei Materie (sinnlichen Vorstellungen und Wollungen). Wenn die Vernunft Vorstellungen untereinander zu Erkenntnissen verbindet, spricht man von Formen der theoretischen Vernunft (Verstandesbegriffen, Kategorien); verknüpft sie Vorstellungen mit dem Willen zu einer Handlung, so hat man mit der Form der praktischen Vernunft (Vernunftbegriffen, Ideen) zu tun. In beiden Fällen findet indes eine »Übereinstimmung« statt zwischen der Vernunft (sie sei theoretisch oder praktisch) einerseits und den Vorstellungen bzw. den Wollungen andererseits. Diese Übereinstimmung zwischen Vernunftform und Vorstellungs- bzw. Willenssynthesis kann nun entweder notwendig oder zufällig sein. Sie ist notwendig, wenn der Begriff (des Verstandes oder der Vernunft) der (anschauungsmäßigen oder volitiven) Materie gebieterisch sein Gesetz aufprägt. Es kann sich aber fügen, daß sich die Vernunft einfach »überrascht« findet durch die Tatsache, daß die Materie (der Vorstellungen oder Volitionen) sich *freiwillig* in die Form schickt, die Verstand oder Vernunft für sie vorsehen. Schiller erwägt nun, entsprechend der Vierfalt von Kombinationsmöglichkeiten, vier Vereinigungsweisen von Materie und Form der Vernunft. Zunächst die der theoretischen Vernunft, die Vorstellungen mit Vorstellungen verknüpft. Geschieht diese Vereinigung mit Notwendigkeit, d. h. auf Geheiß eines Begriffs a priori, der den Stoff der Vorstellungen seiner Form (den Kategorien) unterwirft, so ergibt sich eine (objektive) *Erkenntnis*. Wenn sich dagegen die Vorstellungen gleichsam freiwillig unter den Begriff fügen, heißt das resultierende Urteil *teleologisch* (es sagt aus, die Anschauungen seien in einer Anordnung, *als ob* sie von einem reinen Begriff normiert worden wären). Auf seiten der praktischen Vernunft gibt es drittens Verknüpfungen nicht zwischen Vorstellungen und Vorstellungen, sondern zwischen Vorstellungen und Willen:

Daraus ergibt sich nicht Erkenntnis, sondern *Handlung*. Nun kann die Handlung wieder entweder notwendig sein (das ist der Fall, wenn die Synthesis sich bildet auf Geheiß des Sittengesetzes) oder zufällig, und dann entsteht *Schönheit*. Kants Rede vom Schönen als Symbol oder Analogon des Sittlich-Guten (*KU*, § 59, ähnlich erste Einleitung, vorletzter Absatz von XI) findet also bei Schiller eine faßliche Erklärung. Freilich müssen wir sein Schema im Blick auf Kant korrigieren: Es wäre das objektive teleologische Urteil, in dem sich eine Vorstellung-Wille-Synthesis freiwillig den Anforderungen der praktischen *Vernunft* zu fügen scheint (›als ob‹). Schillers Klassifikation träfe freilich besser Kants Rede vom ›logischen‹ Charakter des teleologischen Urteils.

Diese Überlegungen müssen uns dazu führen, in Kants Text je zwei von ihm selbst nicht unterschiedene Verwendungen von ›objektiv‹ und von ›subjektiv‹ zu differenzieren. Die subjektive und die objektive (formelle) Zweckmäßigkeit sind in dem Sinne beide subjektiv, als ihre Zuerkennung zu Naturprodukten nicht durch einen objektiven Begriff (des Verstandes oder der Vernunft) determiniert, sondern durch eine Reflexion der Urteilskraft vermittelt ist. Dennoch macht es einen Unterschied, ob ich die Form des Gegenstandes nur auf mein subjektives Bewertungsgefühl oder ob ich sie auf einen Begriff beziehe, den ich als ›Grund seiner Form‹ denke. Das letztere geschieht z. B. in der Deutung eines Lebewesens als Organismus. Hier beobachte ich tatsächlich und erfahrungsgeleitet gewisse Strukturzüge (Selbstreproduktion des Gegenstandes sowohl als Individuum wie als Gattungswesen, Restitution von Teilen nach einem Bauplan usw.), die ich nicht anders verstehen kann, als indem ich annehme, daß hier »das Ganze die Ursache der Möglichkeit der Kausalität der Teile sei« (drittletzter Absatz von IX der ersten Einleitung). Mechanisch hieße dagegen die (am Leitfaden der Kausalkategorie arbeitende) umgekehrte Erklärung des Ganzen aus den Wirkungen der Teile. Kann ich die Wirkungen, deren Gesamt ein belebtes Naturwesen erzeugt, mir nur vorstellen als ihrerseits bewirkt durch die vorschwebende Idee eines Ganzen als ihre wahre Ursache, so denke ich mir das Wesen als zweckorientiert. Anders gesagt: Das teleologische Urteil »setzt einen Begriff vom Objekte voraus«, den ich aber – anders als beim Geschmacksurteil – nicht umhin kann, für die Realmöglichkeit des entsprechenden Gegenstandes zu halten.

Diese Deutung erzeugt indes Inkonsistenzen in Kants Text. Wir sahen zum ersten: Die wirkliche Auslegung von Naturzwecken als Realgründen müßte »den Verstand mit der Vernunft (die zur Erfahrung überhaupt nicht notwendig ist) in ein Verhältnis setzen« (IX, 3. Absatz) – wohl darum, weil der Begriff eines Zwecks ein Vernunft-, kein Verstandesbegriffs ist (ebd., 7. Absatz). Dann dürfte das Zweckurteil aber nicht logisch, es müßte praktisch heißen. Außerdem nennt Kant eine solche praktische Deutung der Naturzweckmäßigkeit ›überschwenglich‹, also transzendent. Aber nur wenn ich gewisse Begriffe (wie den der Wirkung des Ganzen auf seine Teile) als Realmöglichkeiten *denke*, kann ich teleologische Urteile real und objektiv nennen. – Zweitens schwindet bei näherem Hinsehen der Unterschied zwischen subjektiven Geschmacks- und objektiven Zweckurteilen auch hinsichtlich der Begriffskomponente. Denn es ist ja gar nicht so, daß das Urteil über Naturzwecke Begriffe als Realmöglichkeiten des Gegenstandes annähme, während das Geschmacksurteil in kriterienloser Subjektivität sich gehenließe. Kant besteht vielmehr darauf, daß auch die »ästhetischen Reflexionsurteile ⟨...⟩ ein Prinzip a priori für sich haben« (X, 4. Absatz). Hätten sie's nicht, sie hätten keinen Grund für ihren Anspruch auf intersubjektive Geltung und Notwendigkeit. Und insbesondere: Wie könnte das Geschmacksurteil einen Gegenstand als Symbol des Sittlich-Guten qualifizieren, wenn das Sittlich-Gute (ein Begriff mithin) nicht finalisierend dem Urteil sein Maß gäbe? – Drittens endlich: Kant sagt bald, daß das objektive Zweckurteil nur regulative, keine objektkonstitutive Geltung habe, also nicht durch Erfahrung gestützt werden könne; bald sagt er (wie besonders im drittletzten Abschnitt von IX), es sei die Erfahrung selbst, die uns bei gewissen Naturprodukten zur Unterstellung eines Zweckbegriffs als Erklärungsprinzip zwinge (2. Satz; vgl. auch die Rede von der »objektive⟨n⟩ Realität« zweckmäßig eingerichteter Naturwesen im letzten Absatz des § 65 der *KU*). Kann Erfahrung uns über die Notwendigkeit der Annahme von Zwecken belehren, so sind – wie bei Schiller oder in Schellings Naturphilosophie – Zwecke allerdings objektive Seiende und in dem Sinne ›logisch‹, als ihre Auffassung das Werk des Verstandes (bzw. der Erkenntnis) ist. Beschränke ich dagegen (wie der erste Satz es tut) Erfahrung auf Kausalerklärung »nach bloßen mechanischen Gesetzen« (das ist der Erfahrungsbegriff der *KrV* und der *MAN*), so kann sie nicht aufgerufen werden, um mir die Objektivität der Zwecke zu bestätigen.

Versuch einer Klassifikation der verschiedenen Bedeutungen von ›Zweckmäßigkeit‹

Beide Einleitungen schließen mit einem weitgehend identischen »Abriß der systematischen Verbindung« zwischen den verschiedenen »Gemütskräfte⟨n⟩«, der sie leitenden »Prinzipien a priori« und ihrer »Produkte« bzw. Anwendungsbereiche (Abschnitt XI der ersten, IX der zweiten Einleitung). Obwohl in beiden ›Tafeln‹ der erkenntnistheoretische Ort des teleologischen Urteils auffällig ausgespart ist, wäre gerade eine Auskunft über den Zusammenhang der verschiedenen Bedeutungen von ›zweckmäßig‹ die größte Erleichterung für die folgende Lektüre gewesen. Umso schätzbarer sind die gründlichen und begrifflich klaren *Vier Studien zu Kants Kritik der Urteilskraft*, in denen Konrad Marc-Wogau (Uppsala ²1938) so etwas nachzuliefern versucht hat.

Marc-Wogau glaubt, 10 Verwendungen des Ausdrucks unterscheiden zu können. Auf S. 71 gibt er folgende beiden Schemata:

Schema A.

Zweckmäßigkeit
- formal
  - subj.
    - logische — 1. *der Spezifikation der Natur*
    - ästhet.
      - innere — 2. *des Schönen*
      - äußere — 3. *des Erhabenen*
  - obj.
    - intellektuale — 4. *gewisser geometr. Fig. bzw. der Zahlen*
- materiale (reale)
  - subj.
    - ästhetische
      - innere (moral.) — 5. *des Angenehmen*
    - absichtl. (prakt.)
      - innere (moral.) — 6. *des sittl. Guten*
      - äußere (techn.) — 7. *des relativ Guten bzw. der Kunstproduktion*
  - obj.
    - unabsichtl. (teleolog.)
      - innere
        - ohne Beziehung auf Kausalität — 8. *der anhängenden Schönheit*
        - in Beziehung auf Kausalität — 9. *der Naturzwecke*
      - äußere — 10. *des Nützlichen in der Natur*

Schema B.

Zweckmäßigkeit
- subjektive (formale)
  - innere ..... des Schönen ⎫ Ästhetik
  - äußere ..... des Erhabenen ⎭
- objektive (reale)
  - innere ..... der Organismen (d. Vollk.) ⎫ Teleologie
  - äußere ..... des Nützlichen ⎭

Schema B. erläutert – gestützt auf eine von uns bisher übersprungene zusätzliche Unterteilung (die von innerer und äußerer bzw. relativer Zweckmäßigkeit) – grosso modo die Untergliederung, die Kant im XII. Abschnitt der ersten und im § 63 der *KU* gibt. Innerlich heißt Zweckmäßigkeit, wenn sie auf einem Begriff beruht, der als Realgrund des Naturobjekts selbst angesehen werden muß (wie das Von-sich-selbst-zugleich-Ursache-und-Wirkung-Sein des Organismus). Äußerlich (oder relativ) nennt Kant eine Zweckhaftigkeit, die sich erst im Bezug zwischen zwei Gegenständen entfaltet, deren keines in sich selbst als zweckmäßig angesehen würde unabhängig von dieser Relation-auf-anderes (darum ›relativ‹). Daraus folgt eine Vierfalt von Kombinationen. Die ersten beiden sind ästhetisch: Etwas kann schon für sich selbst in der Reflexion auf die bloße begrifflose Anschauung als zweckmäßig aufgefaßt werden (das Schöne). Oder aber (zweiter Fall) die Reflexion auf die Anschauung läßt an ihr selbst nicht die mindeste Zweckmäßigkeit, sie läßt im Gegenteil eine Disproportioniertheit des Gegenstandes zu unserem Gefühl erscheinen. Dann bedarf es einer gewissen (begriffsvermittelten) Anstrengung, um von dieser Vorstellung dennoch einen zweckmäßigen Gebrauch zu machen, wie das beim Gefühl der Erhabenheit der Fall ist. Die beiden anderen Kombinationen sind teleologisch: Ich kann durch Reflexion über einen Naturgegenstand einen Begriff erschließen, den ich mir nicht anders denn als Realgrund der Produktion des Gegenstands selbst vorstellen kann: Dann denke ich ein Naturprodukt »nach einem Zwecke, der in ihm selbst liegt«: einen Organismus. Oder ich denke mir ein Naturprodukt als dienlich in Relation auf ein anderes: Dann stelle ich mir dieses als Mittel und jenes als Zweck vor: die Nützlichkeits-Beziehung, die etwas Äußerliches und Zufälliges hat.

Schema A. Gehen wir vom Zentrum (dem Begriff der Zweckmäßigkeit überhaupt) zu seinen Verästelungen. Zweckmäßig heißt ein Ding, wenn es der Erreichung eines Zwecks (eines beabsichtigten Weltzustands) als Mittel dient (dieser Sinn liegt offen zutage in der Bedeutung von ›Zweckmäßigkeit‹ als Nützlichkeit oder Dienlichkeit: vgl. Schema B.).

Aber das Mittel kann auch an ihm selbst auf seine Eignung zur Herbeiführung eines Zwecks hin geprüft werden: Wie es der Fall ist bei gewissen geometrischen Figuren, von denen Kant im § 62 der *KU* handelt (siehe 4. im Schema).

In Kants Rede von Zweckmäßigkeit überwiegt indes die Auffassung, daß das Mittel nicht nur äußerlich oder zufällig zweckmäßig ist im Blick auf die Herbeiführung eines Ziels, sondern daß es selbst durch dieses Ziel bestimmt ist. So ist die Funktionsweise eines Organismus (die Menge der Mittel-Zweck-Beziehungen) ihrerseits bestimmt durch einen Begriff vom Ganzen, der jede Einzelfunktion übergreift und im vorhinein orientiert.

›Zweckmäßigkeit‹ meint bei Kant ferner die Wirkungsweise (Kausalität) eines Begriffs auf seinen Gegenstand. Die Vorstellung (der Begriff) ist hier als selbst wirksam gedacht: Sie/er produziert das Ziel. Alsdann meint ›Zweckmäßigkeit‹ eine kausale Beziehung zwischen dem Begriff eines Gegenstandes und der Existenz des Gegenstandes selbst (so lautet die allgemeinste Definition, die Kant von ›Zweckmäßigkeit‹ zu geben pflegt, z. B. im § 10 der *KU*, und die wir schon gelegentlich angetroffen haben).

Drei Elemente sind in dieser Definition herauszuheben: 1. der Zweck als durch den Gegenstand charakterisiert, 2. die Zweckmäßigkeit als Kausalbeziehung zwischen dem Begriff dieses Gegenstandes und diesem selbst (so, daß der Gegenstand erst kraft dieser Beziehung *existiert*), 3. die begriffliche Vorstellung des Gegenstandes als des Bestimmungsgrundes seiner Verursachung. Danach ist es die Vorstellung der Wirkung (des Beabsichtigten), und nicht die Wirkung (als Objekt) selbst, die den Prozeß auslöst. (Ich entwerfe in der Phantasie eine Gestalt und zeichne sie dann realiter aufs Papier: Das Phantasiebild ist Zweckursache der zeichnerischen Ausführung, aber natürlich ist diese Wirkursache der Existenz der vollendeten Zeichnung.)

Marc-Wogau (l. c., S. 56) hat zeigen können, daß Kant diese Restriktion des Zwecks auf die Vorstellung nicht immer beachtet. Manchmal scheint er den Zweck geradehin als den Gegenstand selbst zu bestimmen. So etwa im § 77 der *KU*, wo im Zusammenhang mit der selbstregulativen Struktur des Organismus gesagt wird, daß hier Zweck »das Produkt ⟨...⟩ einer Ursache ⟨sei⟩, deren Bestimmungsgrund bloß die Vorstellung ihrer Wirkung ist« (A² 350). In der zweiten Einleitung dagegen hieß ein Zweck »der Begriff von einem Objekt, sofern er zugleich den Grund der Wirklichkeit dieses Objekts enthält« (vorletzter Absatz von IV). In unserem Beispiel wären dann alternativ die vollendete Zeichnung und ihre Phantasievorstellung der Zweck. Im § 65 führt Kant darüber keine Entscheidung herbei.

Ist der Zweck der Gegenstand selbst (die vollendete Wirkung), so wären drei Elemente zu unterscheiden: der Zweck (der Gegenstand), der Bestimmungsgrund (die Idee) und die von der Idee ausgelöste Kausalbeziehung zwischen ihr (der Idee als Bestimmungsgrund) und dem Gegenstand. Wird dagegen der Zweck charakterisiert als begriffliche Vorstellung des Gegenstandes, so hätten wir nur zwei Elemente: die Vorstellung und das Mittel ihrer Verwirklichung; dies Mittel wäre hinsichtlich der Vorstellung zweckmäßig, ob diese nun wirklich (gegenständlich) existiert oder nicht. Diese Unentschiedenheit in Kants Definition des Zwecks wird bei der Analyse des Organismus durchschlagen; denn es ist nicht gleichgültig, ob das Ganze, das hier auf den Mechanismus der Teile einwirkt, ein bestehendes Objekt oder nur seine Vorstellung ist. Ist es das Ganze selbst, das den Mechanismus der Organisation bewirkt, so haben wir hier das Ganze als Realgrund gedacht. Dann fällt aber die (von Kant so oft betonte) Analogie mit der Kunstproduktion weg. Denn im Kunstprozeß ist es nicht das Objekt, das seine Realisation bewirkt, sondern eine antizipierte Vorstellung des vollendeten Ganzen: ein bedeutender Unterschied.

In beiden Fällen aber haben wir mit dem zu tun, was Kant *objektive und materielle* Zweckmäßigkeit nennt, einfach darum, weil der beabsichtigte Effekt ein objektiv, nicht nur subjektiv Seiendes ist (die vollendete Zeichnung) und weil er von einem wohlbestimmten Begriff ausgelöst wird. Davon unterschieden wäre die *subjektive und formelle* Zweckmäßigkeit, die von keinem Objekt oder Begriff in Gang gebracht wird und auch auf keines aus ist (wie die zwecklose Zweckmäßigkeit des Schönen, über die ich urteile, nicht indem ich ein Objekt gemäß einem Begriff erkenne, sondern eine zweckmäßige Konfiguration meiner Erkenntniskräfte fühle [vgl. Beginn des Abschnitts VIII der zweiten Einleitung]).

So sind wir auf ein Quadrupel von Gegensätzen gestoßen, deren Terme zunächst einzeln zu charakterisieren sind. Der erste Gegensatz ist zwischen *objektiv* und *subjektiv*. Objektiv heißt eine Zweckmäßigkeit, wenn das beabsichtigte Ziel ein Objekt ist. Gewisse geometrische Figuren heißen nach diesem Sprachgebrauch objektiv, sofern sie zur Herstellung gewisser Objekte dienlich sind (z. B. Lineal und Lot zum Straßenbau). Dagegen heißt subjektiv eine Zweckmäßigkeit, wenn sie dem Subjekt innerlich bleibt: wie etwa eine Vorstellungskonstellation, die nicht durch Begriffe aufs Objekt, sondern nur aufs fühlende Subjekt selbst bezogen wird (*KU*, § 3). Das Schöne und das Angenehme sind von der Art.

Das zweite Gegensatzpaar ist das von *real* (bzw. *material*) und *formal*. Eine Zweckmäßigkeit heißt real bzw. material, wenn sie die Kausalbeziehung zwischen einem Begriff und seinem Objekt ausdrückt, so, daß der Begriff hier der Bestimmungsgrund der Verursachung des Objekts ist (§ 63, A² 279). Mit ›Materie‹ ist gemeint sowohl der Inhalt des Begriffs wie der Stoff der Empfindung, das, was von ihr gegeben wird; unter ›Form‹ ist demgegenüber nicht an so etwas wie seine Außenansicht oder Gestalt zu denken, sondern an die Weise seiner Gegebenheit unter Absehen sowohl vom Inhalt wie von der Existenz des Gegebenen. Urteile ich nur über die Form eines Gegenstandes, so lasse ich seine begriffliche Bestimmtheit (die wäre Sache der Erkenntnis) ebenso außer acht wie seine Existenz; ich versammle die Vorstellungen nicht zu einem Begriff, sondern lasse sie frei spielen. Darum verschlägt es einer als schön beurteilten Vorstellungs-Konfiguration nichts, wenn sie nur imaginär genannt wird. Ich urteile hier über die schöne Erscheinung und nenne zweckmäßig die Harmonie, die ihre Form (die glückliche Proportion zwischen Einbildungskraft und Verstand) zu meinem Gefühl unterhält (vgl. AA XXIV, 1, S. 348). – Auch Empfindungen (die auf den Stoff gehen) können als lust- oder unlustbereitend beurteilt werden: Aber dann bewerte ich nicht ihre Schönheit, sondern ihre Annehmlichkeit. Der Unterschied besteht darin, daß bei der Annehmlichkeit eine direkte Wirkung des Stoffs aufs Gefühl erfolgt; sie ist nicht durch eine *Reflexion* über die (Form der) Empfindung vermittelt.

So sind ›objektiv‹ und ›material‹ nicht einfach identisch: Empfindungsurteile (übers Angenehme) sind sehr wohl material, aber gar nicht objektiv. Dagegen sind gewisse geometrische Figuren, die zur Lösung vieler Probleme aus einem Prinzip geschickt sind, zwar objektiv (es handelt sich um Synthesen a priori), haben aber keine Materie (vgl. die erste Fußnote zur großen Anmerkung von I der ersten Einleitung; ebenso den § 62 der *KU*). Daraus wird schon sichtbar, daß auch ›formal‹ und ›subjektiv‹ keine Äquivalenz bilden: Lineal, Zirkel und Winkeldreieck, die mir zum Bau dienen, sind objektiv und formal zweckmäßig. Und wir sahen eben, daß eine Empfindung material zweckmäßig (im Sinne von ›angenehm‹) sein kann, ohne daß dabei über die Form reflektiert wird (vgl. den VIII. Abschnitt der ersten Einleitung: »Das ästhetische Sinnesurteil enthält materiale, das ästhetische Reflexionsurteil aber formale Zweckmäßigkeit«).

Mit welcher Konstellation haben wir nun bei der Naturzweckmäßigkeit zu tun? Hier wird eine Beziehung angenommen zwischen den besonderen empirischen Gesetzen (in ihrer Kontinuität und Affinität untereinander) und der Idee einer systematischen Einheit. Wie kann die Idee des systematischen Ganzen als Zweck betrachtet werden, da sie doch weder ein wohlbestimmter Begriff noch gar eine gegenständliche Wirkung ist?

Hier haben wir es, sagt der schon zitierte Beginn des VIII. Abschnitts der zweiten Einleitung, mit einer subjektiven und formalen Zweckmäßigkeit zu tun (wie beim ästhetischen Urteil). Formal ist sie, weil die Idee des Systems kein Begriff mit einem bestimmten und erfahrungsgestützten Inhalt (Stoff) ist; subjektiv, weil die Beziehung zwischen der Besonderheit der Formen und Regeln und dem Allgemeinen nur im Blick auf die Befriedigung eines (subjektiven) Ordnungs-Bedürfnisses unserer Vernunft unterstellt wird. So nehmen wir an, a) ein höherer Verstand hätte Einheit in die besonderen Naturgesetze gebracht »zum Behuf unserer Erkenntnisvermögen, um ein System der Erfahrung nach besonderen Naturgesetzen möglich zu machen« (IV. Abschnitt der zweiten Einleitung, A² XXVII). Und b): daß unser Verstand die Natur in ihren besonderen Gesetzen denken muß »nach einem *Prinzip der Zweckmäßigkeit* für unser Erkenntnisvermögen« (ebd., V. Abschnitt, A² XXXIV). Die beiden Zitate unterscheiden sich darin, daß a) direkt auf einen höheren Verstand Bezug nimmt, b) aber nicht. In beiden Fällen haben wir mit einer Art Leibnizscher ›prästabilierter Harmonie‹ zu tun.

Die vierte und letzte Kombination ist zugleich die naturphilosophisch brisanteste: die objektive und materiale Zweckmäßigkeit des Organismus. Sie ist material (oder reell), weil sie die Kausalverbindung der Teile untereinander und zwischen dem Ganzen und den Teilen betrifft. Anders gesagt: wir denken im Falle des Organismus die Ursache-Wirkung-Beziehung, die die bewegenden Kräfte der anorganischen Natur durchherrscht, als ihrerseits in Gang gebracht entweder von der Idee des Ganzen (erste Möglichkeit) oder von dem Ganzen selbst (zweite, realistischere Möglichkeit), das (wie alle Ursachen) physisch, also material sein muß. Der Zweck ist die Bedingung der Möglichkeit der Existenz und Organisation der Teile. Und die ist objektiv, weil der Zweck ein begrifflich wohlbestimmtes Objekt ist (z. B. ein Baum oder eine Katze). (Er ist außerdem intern, da der Organismus *selbst* es ist, der die bewegenden Kräfte, die ihn aufbauen, auslöst und ihnen Richtung gibt. Nicht die Vorstellung eines Ganzen, sondern dieses Ganze selbst wird gedacht als kausal die Interaktion der Teile bewirkend und steuernd. Der Organismus ist, wie Kant auch sagt, *von sich selbst* zugleich Ursache und Wirkung. Also ist der Zweck der Arbeit der ihn mechanisch bewegenden Kräfte immanent. Wie dies genauer vorzustellen ist, darüber wird im Kommentar zu den §§ 63 ff. der *KU* die Rede sein [hier S. 1270 ff.].)

Schon früher war uns eine grundlegende Zweideutigkeit in der Verwendung von ›objektiv‹ und ›subjektiv‹ aufgefallen. Das erste dient als Prädikat für eine Kausalbeziehung zwischen einer objektiven Wirkung und einer ebenso objektiven Zweckursache (oder ihrem Begriff), das zweite als Prädikat für die Beziehung zwischen einer (begrifflos apprehendierten) Erscheinung und dem durch Reflexion darauf sich einstellenden (subjektiven) Gefühl. Andererseits hat auch die Rede von der Zweckmäßigkeit der Natur einen subjektiven Einschlag, beruht sie doch auf einem subjektiven Ordnungs-Befürfnis unserer Vernunft, dessen Befriedigung sogar als lustvoll ausgezeichnet wird (2. Absatz von VI der zweiten Einleitung). Das gleiche gilt für die Vorstellung der Naturproduktivität ›in Analogie zur Kunst‹. Der drittletzte Absatz des IV. Abschnitts der zweiten Einleitung unterstreicht, daß mit der Systematisierung der besonderen Naturgesetze die reflektierende Urteilskraft »sich ⟨...⟩ nur selbst und nicht der Natur ein Gesetz« gibt. Ließen wir diese subjektiven Restriktionen fallen, so liefen wir umgekehrt Gefahr, die Naturzweckmäßigkeit zu ontologisieren, d. h. sie als eine (von subjektiver Auffassung unabhängige) Eigenschaft des Naturganzen selbst zu charakterisieren (vgl. etwa *KrV* A 651 = B 679).

Quer zu dieser Unterscheidung steht eine andere: Hier heißen ›objektiv‹ Urteile, durch deren Anwendung auf Sinnliches Objekte ›konstituiert‹ werden, und ›subjektiv‹ solche, die unsere Reflexion über Empirisches nur ›regulieren‹, ohne selbst und als solche in die Objekte einzugehen. In diesem Sinne bleibt die Zweckmäßigkeit der Natur eine nie objektivierbare Hypothese, eine zwar (zum Zwecke der Erkenntnis) notwendige, aber nichtsdestoweniger subjektive Annahme: kurz, eine ›regulative Idee‹ (darauf insistieren nahezu alle Abschnitte der ersten Einleitung, vgl. auch und vor allem den V. Abschnitt der zweiten). Der Ausdruck ›objektiv‹ wird umgekehrt den vom Verstand vorgeschriebenen Gesetzen (und aus anderen Gründen dem Sittengesetz) vorbehalten.

Unter Beachtung dieser Restriktion dürfte die Naturzweckmäßigkeit eigentlich nur formell und subjektiv heißen. Dagegen wird sie oft auch – in Abgrenzung zur ästhetischen Zweckmäßigkeit – objektiv-materiell genannt (2. Absatz von VIII der zweiten Einleitung). Wir wissen, warum: Im teleologischen Urteil ist das Subjekt nicht in einem narzißtischen Selbstgenuß befangen; es bildet einen Begriff als Grund der Möglichkeit des entsprechenden Objekts (ebd., 1. Absatz). Wäre es damit freilich erfolgreich, so dürfte die Rede von der Kunstanalogie zusamt der vom ›Als-ob‹-Charakter teleologischer Urteile wegfallen, und Kant dürfte mit Schelling von der empirischen Realität des Organismus (oder der Natur insgesamt) sprechen. (Schelling gründet den Organismus – als ein Seiendes, das von sich selbst zugleich Ursache und Wirkung ist – auf die Kategorie der Wechselwirkung, also auf einen konstitutiven Verstandes-, nicht auf einen regulativen Vernunftbegriff [vgl. etwa *SW* I/2, 40, I/3, S. 490 ff.].)

Will man die Schellingsche Wende zu einer neuen Metaphysik der Natur nicht mitmachen, so kommt man zu dem Schluß, daß bei Kant die Dichotomie von ›subjektiv‹ und ›objektiv‹ selbst eine Unterabteilung von Eigenschaften der Zweckmäßigkeit ist, die als solche regulatives Prinzip, also durchaus subjektiv ist. Andererseits kann die transzendentalphilosophische Vorsicht nicht so weit gehen, die Beschreibung organischer Strukturen, die doch Erfahrbares auf ihrer Seite hat, auf eine Stufe mit dem Selbstgenuß des ästhetischen Subjekts zu stellen. Übrigens sind nach Kants Bescheid die organisierten Wesen »die einzigen in der Natur«, die ich nur als zweckmäßig denken *kann*, ohne dabei einen praktischen Sinn von ›Zweck‹ ins Spiel zu bringen und ohne sie äußerlich auf andere Wesen zu beziehen, *für die* sie zweckmäßig wären. Insofern haben sie (an ihnen selbst) »objektive Realität« und liefern »der Naturwissenschaft den Grund zu einer Teleologie« (Schluß des § 65 der *KU*). Damit scheint die kritizistische Schwelle überschritten, und man versteht, warum Kants Nachlaßwerk noch einmal einen ›Brückenschlag‹ für notwendig befand: den von der Metaphysik der Natur zur wirklichen (empirischen) Physik (vgl. AA XXI, S. 526; XXII, S. 244).

STELLENKOMMENTAR

420,25 *Hier ist der Ort*] Kant meint den 2. Abschnitt der *Grundlegung der Metaphysik der Sitten* (AA IV, S. 414 ff.), in dem sich die beanstandete Formulierung aber nicht findet. Vielmehr sagt Kant dort wie in der ersten Einleitung, man könne die Imperative der Geschicklichkeit »technisch (zur Kunst gehörig) nennen« (S. 415, Z. 13).

423,2 f. *so fern sich diese nach unserer Urteilskraft richtet*] Vgl. die Reflexion Nr. 994 (aus der Zeit von 1796-98 oder schon 1792-94): »Ein Princip der Urteilskraft ist dasjenige, was zum Grunde legt, daß die Natur sich unserer Fassungskraft bequeme, dadurch wir also sie in dem, was in der Natur zufällig ist, doch Gesetzen, aber nur den subjektiven des Bedürfnisses unseres Erkenntnisvermögens gemäß anzunehmen sei (zum Behuf der Urteilskraft).« (AA XV, 1, S. 439)

436,29 *Konnte wohl Linnäus hoffen ⟨...⟩*] Das berühmte *Systema Naturae* des schwedischen Arztes, Botanikers und Zoologen Carl von Linné (1707-1778) schuf die erste durchschlagend erfolgreiche, noch heute gebräuchliche Klassifikation der Naturwesen nach einem binären System (Einteilung nach Gattungen und Arten).

438,17 *Kristallbildungen*] Vgl. dazu die ausführlicheren Bemerkungen im § 58 der »Dialektik der ästhetischen Urteilskraft«.

446,36 f. *in der Abhandlung selbst]* Kant denkt an die §§ 6-9 und an den § 22 der *KU*.

452,16 f. *so wie wir ehedem in der Krit. d. prakt. V.]* Im III. Hauptstück der *KpV* (AA V, S. 71 ff.).

453,11 f. *Krit. d. p. V., Vorrede Seite 16]* Entspricht AA V, S. 9, Z. 21 f.

457,6 f. *Diese Technik ⟨...⟩ plastisch nennen]* Vgl. die Rede von der ›bildenden Kraft‹ des Organismus im § 65 der *KU*. Den Ausdruck »plastic nature« hat der Philosoph Ralph Cudworth (1617-1688) eingeführt. Sein Hauptwerk *The True Intellectual System of the Universe* (Das wahre Intellektualsystem des Weltalls) erschien 1678 in London.

462,12 f. *Burke in seiner Schrift]* Edmund Burke, *A Philosophical Inquiry into the Origin of our Ideas of the Sublime and Beautiful*, 1757 (dt. von Christian Garve 1773). Vgl. den Kommentar zur *KU*, S. 1246.

470,4 f. *System aller Gemütskräfte]* Vgl. Kants Brief an Carl Leonhard Reinhold vom 28. 12. 1787 und den Kommentar zur Einleitung in die *KU*.

477,12 *Kritik des Geistesgefühls]* Vgl. die Parallelstelle in der zweiten Einleitung (Schlußabsatz des VI. Abschnitts).

KRITIK DER URTEILSKRAFT

(1790)

TEXTGRUNDLAGE UND TEXTÜBERLIEFERUNG

Erstdruck: *Critik der Urtheilskraft* von Immanuel Kant. Berlin und Liebau, bey Lagarde und Friederich, 1790 (zit.: *KU* A¹).

Zweyte Auflage. Berlin, bey F⟨rançois⟩ T⟨héodore⟩ de la Garde ⟨manchmal auch: Lagarde⟩, 1793 (zit.: *KU* A²).

Dritte Auflage. Berlin, bey F. T. Lagarde, 1799; 2 Drucke (zit.: *KU* A³).

Es erschienen zu Kants Lebzeiten außerdem noch drei Nachdrucke: Frankfurt und Leipzig 1792; Neueste Auflage. Frankfurt und Leipzig 1794; Neueste, mit einem Register vermehrte Auflage, 2 Bde., Grätz 1797.

Nach Kants Tod erscheint die *KU* im 4. Band der Gesamtausgabe von Karl Rosenkranz und Friedrich Wilhelm Schubert (1838), im 7. Band der ersten (Gustav) Hartensteinschen (1839) und im 5. Bande der zweiten Hartensteinschen Ausgabe (1867).

1869 kam die von Julius Hermann von Kirchmann besorgte Ausgabe im 9. Band der alten ›Philosophischen Bibliothek‹ heraus, 1878 die wesentlich sorgfältigere Edition von Karl Kehrbach bei Reclam in Leipzig (›Universal-Bibliothek‹), die 1930 von Raymund Schmidt in etwas veränderter Fassung neuaufgelegt wurde. 1963 folgte ihr die (seither mehrfach neuaufgelegte) von Gerhard Lehmann mustergültig besorgte Reclam-Studienausgabe, die der A²-Ausgabe folgt und ihren Text nicht nur mit den Drucken A¹ und A³, sondern auch dem der AA vergleicht. Die Ausgabe der ›Philosophischen Bibliothek‹ wurde 1902 von Karl

Vorländer neu bearbeitet und fand ihren Platz als deren Pionierband in der Neuausgabe der kantischen Schriften bei Felix Meiner (Leipzig), wo sie 1924 in 6., verbesserter Auflage erschien und seither mehrfach wiederabgedruckt wurde. In Ernst Cassirers Edition der *Werke* Kants (Berlin 1912-22) nimmt die *KU*, hg. von Otto Buek, zusammen mit der Ersten Einleitung den V. Band ein (1914). Die einzige nennenswerte Einzelausgabe des Werks im 19. Jahrhundert ist die von Benno Erdmann (Berlin 1880, 2. Aufl. 1884); ihr war ein umfangreicher textkritischer Apparat und auch der Becksche »Auszug« aus der Ersten Einleitung (s. Kommentar S. 1158) beigefügt.

Der vorliegenden Edition liegt zugrunde der Text der zweiten Auflage von 1793 (*KU* A^2) mit gewissen Verbesserungen aus der dritten Auflage (*KU* A^3), so wie er von Wilhelm Windelband für den 5. Band der Akademie-Ausgabe hergestellt wurde (*Kant's gesammelte Schriften*, hg. von der Königlich Preußischen Akademie der Wissenschaften. Bd. V. Erste Abtheilung: Werke. Fünfter Bd. *Kant's Werke*, Bd. V: *Kritik der praktischen Vernunft. Kritik der Urtheilskraft*, Berlin. Druck und Verlag von Georg Reimer, 1913). Die in der Kant-Literatur editionsunabhängig zitierten Seitenzahlen des Original-Drucks (von *KU* A^2, mit *KU* A^3 übrigens seitenidentisch) sind, wie üblich, am Rande – jeweils gegenüber dem Zeilenzähler – mit angegeben. Eingeklammerte Seitenzahlen im Kommentar zur *KU* verweisen, wenn nichts anderes angegeben ist, grundsätzlich auf diese Randziffern der A^2-A^3-Ausgabe.

Die Wahl der Edition A^2 als Textgrundlage kann sich auf Kants eigene Verfügung berufen. Das von seinem Schüler (und späteren Professor der Philosophie an der Peinière) Johann Gottfried Karl Christian Kiesewetter (1766-1819) für die Satzeinrichtung betreute Manuskript der Erstauflage wimmelte von sinnentstellenden Schreibfehlern (Brief Kiesewetters vom 3. 3. 1790), die trotz der Arbeit des fleißigen Korrektors (den freilich eine Krankheit an der kontinuierlichen Durchsicht hinderte) dann auch auf die Druckfassung durchgeschlagen haben. Kant, der der Erstauflage ein (recht unvollständiges) Druckfehlerverzeichnis beizufügen sich gezwungen sah, harrte denn auch ungeduldig der Zweitauflage, die der Meßkatalog vom Herbst 1792 als »zweite verbesserte Auflage« angekündigt hatte (AA XI, S. 369), was Kant freilich nicht behagte: »Auf den Titel den Ausdruck: zweite *Verbesserte* Ausgabe zu setzen, halte ich nicht für schicklich, weil es nicht ganz ehrlich ist; denn die Verbesserungen sind doch nicht wichtig genug, um sie zum besonderen Bewegungsgrunde des Ankaufs zu machen: deshalb ich jenen Ausdruck auch verbitte« (AA XI, S. 359). Indessen war die Ankündigung im Meßkatalog schon gedruckt, womit Kant sich rückwirkend einverstanden erklärt: »Unwahr ist es wenigstens nicht, wenn es mir gleich ein wenig prahlend zu sein schien« (Brief an François Théodore de la Garde vom 2. 11. 1792 [AA XI, S. 383]). Auf dem Buchtitel ist der Zusatz »verbesserte« dann doch weggefallen. Unentscheidbar bleibt, inwieweit die Verbesserungen auf Kants eigene Korrekturarbeit, und nicht vielmehr auf die seines Korrektors zurückgehen (es war diesmal wie auch bei der dritten Auflage wohl kein geringerer als Friedrich von Gentz [1764-1832], der Übersetzer von Edmund Burkes *Reflections on the Revolution in France* [1793] und nachmals konservativ-legitimistische Metternich-Mitarbeiter an der Seite Friedrich Schlegels). Sicher ist nur, daß Kant diese Korrekturen gebilligt hat. Darum kann Otto Buek, der Editor der *KU* in der Cassirer-Ausgabe, die A²-Auflage mit Recht »die letzte ⟨nennen⟩, die nachweislich von Kant veranstaltet worden ist, und deren Drucklegung unter seiner Aufsicht stattgefunden hat«. Über die Drittauflage schweigt Kants Briefwechsel weitgehend; sie stimmt aber in Seitenzahl und Seitenabteilung mit der zweiten überein, enthält freilich eine Reihe (sinnvoller) sprachlicher und hin und wieder auch sachlicher Abweichungen, die von Wilhelm Windelband teils in den Text der AA aufgenommen, teils im Lesarten-Apparat dokumentiert wurden. Man hat in diesen Verbesserungen wiederum die stilkundige Hand Friedrichs von Gentz erblicken wollen und vermutet, daß Kant ihm dazu plein pouvoir erteilt hat. Kein Beleg berechtigt uns dagegen zu der These, daß Kant selbst auf die Änderungen der dritten Auflage Einfluß genommen hat. – Das Verhältnis der drei Fassungen der *KU* ist minutiös untersucht und belegt in der schon erwähnten Einzelausgabe der *KU* von Benno Erdmann (1880).

Die Abweichungen des hier zum Abdruck gebrachten Textes von der Erst- und Drittauflage sind im Lesartenapparat dokumentiert. Berücksichtigt sind auch Konjekturen und Lesarten früherer Editionen, soweit sie semantische Relevanz haben. Was Orthographie und Interpunktion betrifft, so besitzen wir Kants Handschrift nicht mehr zum Vergleich, müssen aber hier wie in anderen Druckschriften vermuten, daß Kant sich weitestgehend auf den Korrektor verließ und ihm bei der Satzeinrichtung freie Hand ließ.

ENTSTEHUNG

Mit der *Kritik der Urteilskraft* hoffte Kant, sein »ganzes kritisches Geschäft ⟨zu endigen⟩« (Ende der Vorrede). Die in der Einleitung wiederkehrende Metapher vom Brückenschlag zwischen der theoretischen und der praktischen Philosophie/Vernunft bildet das Leitmotiv des Unternehmens. Daß es auch noch die Ästhetik mit der Naturteleologie zusammenbinden und beide auf den gemeinsamen Nenner der Zweckmäßigkeit verpflichten würde, ist weniger evident und hat denn auch in der Wirkungsgeschichte Widerspruch hervorgebracht. So schreibt Arthur Schopenhauer gegen Schluß seiner »Kritik der Kantischen Philosophie« (dem Anhang der Erstauflage seines Hauptwerks *Die Welt als Wille und Vorstellung* von 1819):

In Hinsicht auf die Form seines ganzen Buches ist zu bemerken, daß sie aus dem Einfall entsprungen ist, im Begriff der *Zweckmäßigkeit* den Schlüssel zum Problem des Schönen zu finden. Der Einfall wird deduziert, was überall nicht schwer ist, wie wir aus den Nachfolgern Kants gelernt haben. So entsteht nun die barocke Vereinigung der Erkenntnis des Schönen mit der des Zweckmäßigen der natürlichen Körper, *Urteilskraft* genannt, und die Abhandlung beider heterogenen Gegenstände in einem Buch. Mit diesen drei Erkenntniskräften, Vernunft, Urteilskraft und Verstand, werden nachher mancherlei symmetrisch-architektonische Belustigungen vorgenommen, die Liebhaberei zu welchen überhaupt in diesem Buche sich vielfältig zeigt, schon in dem, dem Ganzen gewaltsam angepaßten Zuschnitt der Kritik der reinen Vernunft, ganz besonders aber in der bei den Haaren herbeigezogenen Antinomie der ästhetischen Urteilskraft.

Die Engführung von Ästhetik und Naturteleologie läßt sich in der Tat aus Kants publizierten Schriften und aus den Reflexionen kaum antizipieren, obwohl, wie der Kommentar zu den »Reflexionen zur Ästhetik« und zum Auszug »Über ästhetische und logische Vollkommenheit« gezeigt hat, Kants Beschäftigung mit ästhetischen Fragen schon auf die früheste Phase seines Denkens zurückgeht. Auch der Gedanke einer durchgängigen inneren Zweckmäßigkeit der Natur findet sich – weniger ausgeführt – schon früh in Kants Werk. So bietet zu der berühmten Formulierung vom ›Newton des Grashalms‹ (letzter Abschnitt des § 75 der *KU*) bereits eine ähnliche aus der 1755 erschienenen *Allgemeinen Naturgeschichte und Theorie des Himmels* das Vorbild. Kant hatte dort erklärt, »daß eher die Bildung aller Himmelskörper, die Ursache ihrer Bewegungen, kurz, der Ursprung der ganzen gegenwärtigen Verfassung des Weltbaues werde können eingesehen werden, ehe die Erzeugung eines einzigen Krauts oder einer Raupe aus mechanischen Gründen deutlich und vollständig kund werden wird« (AA I, S. 230). Im »Anhang der transzendentalen Dialektik« der *KrV* (A 642 ff. = B 670 ff.) ist der teleologische Gesichtspunkt (als sei es bei der Produktivität der Natur auf die Verwirklichung eines Vernunftzwecks abgesehen) dann als ein solcher zugestanden, der das Unzureichende der mechanischen Naturerklärung sinnvoll ergänze, ohne selbst den Status einer objektiven Erkenntnis zu erwerben (vgl. vor allem A 686 ff. = B 715 ff.). Und in den kleinen Schriften (in diesem Band S. 201 ff.) der 80er Jahre tritt dann der Gedanke eines Naturzwecks immer deutlicher in den Vordergrund, explizit in der Verteidigung auf den Angriff Georg Forsters in der Abhandlung *Über den Gebrauch teleologischer Prinzipien in der Philosophie* (S. 381 ff.). Hier ist im großen und ganzen die theoretische Basis schon gelegt, auf die die entsprechenden Passagen der *KU* aufbauen.

Noch früher, nämlich erkennbar seit etwa 1770 (siehe Kommentar S. 917 ff.), hat sich Kant seines ästhetischen Grundgedankens versichert und ihn in Vorlesungen über die Logik und die Anthropologie (sowie den dahin gehörigen Reflexionen) weitgehend auch schon so ausgefaltet, wie ihn dann der erste Teil der *KU*, die »Kritik der ästhetischen Urteilskraft«, aufnimmt. Das gilt nicht für die *Beobachtungen über das Gefühl des Schönen und Erhabenen* von 1764 (AA II, S. 205-256) und die aus dem handschriftlichen Nachlaß edierten sehr umfangreichen *Bemerkungen zu den Beobachtungen über das Gefühl des Schönen und Erhabenen* (AA XX, S. 1-192). Sie beweisen nicht mehr als Kants frühes und lebhaftes Interesse an ästhetischen Gegenständen; doch ist sein Ansatz hier noch ganz vorkritisch-psychologistisch und zumal an Edmund Burke (1729-1797) angelehnt, der 1756 *A philosophical Enquiry into the Origin of our Ideas of the Sublime and Beautiful* veröffentlicht hatte (2., erweiterte Auflage 1757). Burkes Schrift hat Kant vielfach angeregt; doch waren es mehr materielle Informationen und zentrale begriffliche Unterscheidungen (wie die von Unendlichkeit und Riesigkeit als Quellen des Erhabenen [vgl. Burkes *Inquiry*, Kap. IV, Nr. 13] – in der *KU* aufgenommen als Unterschied des Mathematisch- vom Dynamisch-Erhabenen), die Kant beeinflußten, als die empiristische erkenntnistheoretische Basis, zu der er sich kritisch äußert in der »Allgemeinen Anmerkung zur Exposition der ästhetischen reflektierenden Urteile« (*KU* A^2 128 ff.):

Man kann mit der jetzt durchgeführten transzendentalen Exposition der ästhetischen Urteile nun auch die physiologische, wie sie ein *Burke* und viele scharfsinnige Männer unter uns bearbeitet haben, vergleichen, um zu sehen, wohin eine bloß empirische Exposition des Erhabenen und Schönen führe. *Burke*, der in dieser Art der Behandlung als der vornehmste Verfasser genannt zu werden verdient, bringt auf diesem Wege ⟨...⟩ heraus: »daß das Gefühl des Erhabenen sich auf dem Triebe zur Selbsterhaltung und auf *Furcht*, d. i. einem Schmerze, gründe ⟨...⟩.« Das Schöne, welches er auf Liebe gründet ⟨...⟩, führt er ⟨...⟩ »auf die Nachlassung, Losspannung und Erschlaffung der Fibern des Körpers, mithin eine Erweichung, Auflösung, Ermattung, ein Hinsinken, Hinsterben, Wegschmelzen vor Vergnügen, hinaus«. ⟨...⟩ Als psychologische Bemerkungen sind diese Zergliederungen der Phänomene unseres Gemüts überaus schön, und geben reichen Stoff zu den beliebtesten Nachforschungen der empirischen Anthropologie. ⟨...⟩

Setzt man aber das Wohlgefallen am Gegenstande ganz und gar darin, daß dieser durch Reiz oder durch Rührung vergnügt: so muß man auch keinem *andern* zumuten, zu dem ästhetischen Urteile, was *wir* fällen, beizustimmen; denn darüber befragt ein jeder mit Recht nur seinen Privatsinn.

Diese Kritik trifft Kants eigene frühe *Beobachtungen* gleich mit; und man darf wohl insgesamt der launig-spöttischen Lagebeschreibung der vor-kritischen Ästhetik in Deutschland zustimmen, die Schelling (1775-1854) in seinen Jenaer und Würzburger Vorlesungen über *Philosophie der Kunst* (1802/03 und 1804/05) gegeben hat:

Vor Kant war alle Kunstlehre in Deutschland bloßer Abkömmling der Baumgartenschen Ästhetik – denn dieser Ausdruck wurde zuerst von Baumgarten gebraucht. Zur Beurteilung derselben reicht es hin zu erwähnen, daß sie selbst ein Sprößling der Wolffschen Philosophie war. In der Periode unmittelbar vor Kant, wo seichte Popularität und Empirismus in der Philosophie das Herrschende waren, wurden die bekannten Theorien der schönen Künste und Wissenschaften aufgestellt, deren Principien die

psychologischen Grundsätze der Engländer und Franzosen waren. Man suchte das Schöne aus der empirischen Psychologie zu erklären, und behandelte überhaupt die Wunder der Kunst ohngefähr ebenso aufklärend und wegerklärend wie zu derselben Zeit die Gespenstergeschichten und andern Aberglauben. Bruchstücke dieses Empirismus trifft man selbst noch in späteren, zum Teil nach einer besseren Ansicht gedachten Schriften an.
Andere Ästhetiken sind gewissermaßen Recepte oder Kochbücher, wo das Recept zur Tragödie so lautet: Viel Schrecken, doch nicht allzuviel; so viel Mitleid als möglich und Tränen ohne Zahl.
(Friedrich Wilhelm Joseph Schellings *sämmtliche Schriften*, hg. von K⟨arl⟩ F⟨riedrich⟩ A⟨ugust⟩ Schelling, Stuttgart 1856-61, I/5, S. 361 f.)
Der Kommentar zu den »Reflexionen zur Ästhetik« und zum Vorlesungsauszug »Über ästhetische und logische Vollkommenheit« belegt Kants Abwendung sowohl von der empiristischen als auch von der rationalistischen Ästhetik und seine Hinwendung zu einer transzendentalphilosophischen Grundlegung unserer Geschmacksurteile. Sie geht einher mit der schon *KrV* A 21 erwähnten Bedeutungsverschiebung des Wortes ›Ästhetik‹ von einer Theorie der Sinnlichkeit zu einer solchen des Geschmacks.
Die erste Ankündigung einer *Grundlegung zur Critik des Geschmacks* findet sich dann im Leipziger Meßkatalog 1787 (vgl. Kants Brief an den Marburger Philosophie-Professor und Kant-Anhänger Johann Bering [1748-1825] vom 28. 5. 1787 [AA X, S. 487-489]). Ein zweites Zeugnis stellt Kants Brief an Christian Gottfried Schütz (1747-1832), Professor der Beredsamkeit und Dichtung in Jena, vom 25. 6. 1787 dar (AA X, S. 489 f.), in dem davon die Rede ist, es werde nächstens die *Kritik der praktischen Vernunft* an den Verleger gehen und ihr alsbald eine *Grundlage der Kritik des Geschmacks* folgen (der Titel läßt vermuten, daß Kant noch nicht sogleich den Gedanken gefaßt hatte, die Ästhetik mit der Naturteleologie in einem Werk – d. h. unter einem Gesichts-

punkt – zu vereinen). Jedenfalls scheint das Jahr 1787 Kants Entscheidung zur *KU* und auch zur Vereinigung des ästhetischen und des naturteleologischen Parts mit sich gebracht zu haben. Ein Brief an den Autor der *Briefe über die Kantische Philosophie* (1786 ff., Buchausgabe 1790-92) und Begründer der ›Elementarphilosophie‹ in Jena, Carl Leonhard Reinhold (1758-1823), vom 28. und 31. 12. 1787 begründet das Interesse an der Geschmacks-Kritik mit dem »Systematische⟨n⟩, das die Zergliederung der vorher betrachteten Vermögen mir im menschlichen Gemüte hatten ⟨sic!⟩ entdecken lassen, und welches zu bewundern und wo möglich zu ergründen, mir noch Stoff gnug für den Überrest ⟨sic!⟩ meines Lebens an die Hand geben wird« (l. c., S. 514). Der Brief präzisiert ferner, es sei ihm, Kant, inzwischen gelungen, auf einem Gebiete »Aufschlüsse zu bekommen, deren ich nicht gewärtig war. So beschäftige ich mich jetzt mit der Kritik des Geschmacks bei welcher Gelegenheit eine neue Art von Principien a priori entdeckt wird« (l. c.). Es findet sich auch schon jene Skizze der Gesamtarchitektonik der kritischen Philosophie, wie sie dann in die erste und zweite Einleitung zur *KU* Eingang gefunden hat:

> Denn der Vermögen des Gemüts sind drei: Erkenntnisvermögen⟨,⟩ Gefühl der Lust und Unlust und Begehrungsvermögen. Für das erste habe ich in der Kritik der reinen (theoretischen), für das dritte in der Kritik der praktischen Vernunft Principien a priori gefunden. Ich suchte sie auch für das zweite ⟨...⟩.
>
> (L. c.)

So fiele der dritten Kritik, der des Geschmacks, das Auffinden apriorischer Prinzipien für das Gefühl der Lust und Unlust zu. Diesen Teil seiner Philosophie nennt Kant im gleichen Brief auch schon »Teleologie«. Sie habe mittlere Stellung zwischen theoretischer und praktischer Philosophie (l. c., S. 515, Z. 1-2).

Zur Engführung des Geschmacks mit der (Natur-)Teleologie kommt es durch einen Analogie-Schluß: So wie subjektiv eine Harmonie zwischen Vorstellungs-Konfigurationen und unserem Gefühl der Lust und Unlust (dem Geschmack) als zweckmäßig erlebt (und als anderen Subjekten mitteilbar postuliert) wird, so objektiv eine Einrichtung natürlicher Gegenstände mit den höchsten Forderungen der (praktischen) Vernunft (vgl. eine Passage in der *KpV* A² 285 f. = AA V, S. 160). In der Sprache der »Einleitung«: An einem in der Erfahrung gegebenen Gegenstande kann Zweckmäßigkeit entweder *subjektiv* vorgestellt werden als Übereinstimmung oder Harmonie seiner Form in der Auffassung (apprehensio) desselben vor allem Begriff mit dem Erkenntnisvermögen oder *objektiv* als Übereinstimmung/Harmonie seiner Form mit der Möglichkeit des Dinges selbst, nach einem Begriffe von ihm, der vorhergeht und den Grund dieser Form enthält (also nach einer Zweck-Idee). Wenn wir der Natur in Analogie mit einem (praktisch entworfenen) Zweck eine Hinsicht auf unser Erkenntnisvermögen unterstellen, können wir ihre Schönheit als (symbolische) Darstellung des Begriffs der formalen oder bloß subjektiven Zweckmäßigkeit ansehen, die Naturzwecke aber als Darstellung des Begriffs einer materialen und objektiven Zweckmäßigkeit. Das erste Urteil heißt *ästhetisch* (sein Autor ist der Geschmack, das Gefühl der Lust und Unlust), das zweite *logisch* (sein Autor blickt auf Vernunftbegriffe hin). Solche Übereinstimmung mit dem (theoretischen) Erkenntnisvermögen einerseits, der (praktischen) Vernunft andererseits beweist zwar nicht die Tatsache, motiviert aber unser Gefühl einer mehr als nur individuellen Geltung ästhetischer und teleologischer Urteile (sie fließen nicht aus singulären Wahrnehmungen oder singulären Triebimpulsen; mithin ist es wenigstens möglich, ihnen eine mehr als nur individuelle Geltungssphäre zu vindizieren, auch wenn dies nur Postulat bleiben muß).

Der zitierte Brief an Reinhold vom Jahresende 1787 vollzieht die Engführung zwischen Geschmacks- und teleologischem Urteil noch nicht unter Bezugnahme auf das, was die *KU* dann ›reflektierende Urteilskraft‹ nennen wird. Wilhelm Windelband vermutet in seiner Kommentar-Einleitung, dies sei der eigentliche Grund für die Verzögerung und Neugestaltung des Plans einer ›Grundlegung der Kritik des Geschmacks‹ gewesen (AA V, S. 518). Tatsächlich taucht die Rede von einer »Kritik der Urteilskraft (von der die Kritik des Geschmacks ein Teil ist)« erst am Schluß des langen Briefs an Reinhold vom 12. 5. 1789 auf und wird ein Werk dieses Titels für die nächste Michaelismesse in Aussicht gestellt (AA XI, S. 39 unten).

›Urteilskraft‹ hat in diesem Titel offenbar einen anderen Sinn, als mit dem ein Leser der *KrV* vertraut sein konnte. In der »Analytik der Grundsätze« der ersten Kritik war eine »transzendentale Urteilskraft« (A 132 ff. = B 171 ff.) eingeführt worden und hatte das Vermögen bezeichnet, ein Besonderes als enthalten zu denken unter einer allgemeinen Regel (einem Begriff zum Beispiel). Reflektierend verhalte sich die Urteilskraft dagegen, so erläutern die beiden Einleitungen zur *KU*, wenn sie zu einem gegebenen Besonderen die Regel erst suchen. Sei dieses Allgemeine (die Regel) nicht einfach gegeben, so sei die reflektierende Urteilskraft ästhetisch oder teleologisch (ein solches Prinzip nur postulierend zur Rechtfertigung ihrer mehr als nur individuellen Geltungsansprüche): Im ästhetischen Gebrauch sucht sie (vergeblich) einen Begriff, als dessen Bestimmung sich die Vorstellungsharmonie verstehen ließe; im teleologischen Gebrauch wendet sie sich von empirischen Naturgesetzen, wie sie etwa die Physik oder die Biologie aufstellen, auf Prinzipien größeren Umfangs zurück, als deren Spezifikation sich diese Naturgesetze verstehen und in einem System der Naturerklärung überhaupt kohärent verknüpfen ließen. (Das meint: Zwischen verschiedenen Naturgesetzen muß es schlüssige Übergänge geben können; Gesetze der empirisch zugänglichen Natur dürfen einander nicht logisch widersprechen.) ›Reflektierend‹ heißt die Urteilskraft in diesem Gebrauch, weil sie sich vom Sinnlichen aufs Übersinnliche ›zurückbeugt‹: »Hinaufsteigen vom Sinnlichen der Anschauung durch Reflexionsbegriffe (des Zwecks) zum Übersinnlichen« (*Refl.* Nr. 6361 [AA XVIII, S. 690]; zur Bedeutung des

Prädikators ›reflektierend‹ vgl. den Kommentar zur ersten Einleitung, hier S. 1170). Es ist nun klar, daß solche Prinzipien nicht, wie die Kategorien, ihr Objekt notwendig bestimmen, wenn sie gleich auch a priori (in der Vernunft) aufgefunden werden und eine nur problematische Geltung (›als ob‹) besitzen. Begriffe, die ihren Gegenstand notwendig in seinem Wie-Sein bestimmen, nennt Kant konstitutiv; solche, die ich nur zum Zweck ihrer Erklärung aus höheren Einheitsprinzipien anrufe (ohne zeigen zu können, daß sie ihren Gegenstand notwendig bestimmen), heißen regulativ. Die reflektierende Urteilskraft vermag also nur den Aufstieg zu einem regulativen Prinzip zu leisten. Es hat den Status einer »nur *projektierte*⟨n⟩ Einheit, die man an sich nicht als gegeben, sondern nur als Problem ansehen muß; welche aber dazu dient, zu dem Mannigfaltigen und besonderen Verstandesgebrauche ein Principium zu finden, und diesen dadurch auch über die Fälle, die nicht gegeben sind, zu leiten und zusammenhängend zu machen« (*KrV* A 647 = B 675).

Immer noch mag man die Verknüpfung der ästhetisch mit der teleologisch reflektierenden Urteilskraft als recht äußerlich empfinden; und so sah es ja auch Schopenhauer. Vor allem aber bildet sich ein Mißverhältnis zwischen der höheren Schätzung der Geschmackskritik (Kant nennt sie in der Vorrede »das wichtigste Stück« [*KU* A² VIII]) und der systematisch für Kant offenbar viel dringlicheren Frage nach der Möglichkeit eines Systems der Natur; dies Problem nimmt denn auch in der Einleitung größeren Raum ein als die der Ästhetik gewidmeten Passagen. Wie der berühmte Brief an Marcus Herz vom 26. 5. 1789 zeigt (AA XI, S. 49), geht es Kant im zweiten Teil der *KU* gar nicht nur oder vordringlich um den Nachweis der Zweckmäßigkeit von Lebewesen (sog. Organismen), sondern um das Problem der Einheit der Natur als eines Systems der Erfahrung – wie es nur gefunden werden könnte, wenn die Totalität der empirischen Naturgesetze sich als Spezifikation einer einigen Vernunftidee (letztlich der der Freiheit) verständlich machen ließe. Dies ist Kants Hauptanliegen. Wilhelm Windelband bemerkt dazu treffend:

In demselben Sinne gliedert sich für die Einleitung der *Kritik der Urteilskraft* das Prinzip der »formalen Zweckmäßigkeit der Natur« mit den Abschnitten VII und VIII in die »ästhetische Vorstellung von der Zweckmäßigkeit der Natur« und die *logische* Vorstellung von der Zweckmäßigkeit der Natur«. Offenbar liegt dabei das aus der *Kritik der reinen Vernunft* bekannte Einteilungsschema von Ästhetik und Logik zu Grunde und wird, wie dort auf die Erkenntnisse a priori, so hier auf die apriorische Betrachtung der reflektierenden Urteilskraft bezogen. Aber das Gemeinsame für beide Teile bleibt die Vernunftnotwendigkeit einer formalen Zweckmäßigkeit der Natur. Dies war der neue Grenzbegriff, den Kant in der Durchführung der kritischen Metaphysik auf dem Boden der *Kritik der reinen Vernunft* entdeckte, und so mußten die ästhetische und die teleologische Problemreihe miteinander auf das Prinzip der reflektierenden Urteilskraft konvergieren.

(AA V, S. 521)

War dies Prinzip als Grund der Einheit des Systems der gesamten Philosophie einmal ins Auge gefaßt, konnte Kants Niederschrift der dritten Kritik (für dessen ästhetischen Teil alle wesentlichen Keimgedanken gleichsam abrufbar vorlagen, dessen teleologischer Part wenigstens konzipiert war) relativ rasch fortschreiten. Zum Leidwesen des Sohns seines alten (1789 verstorbenen) Verlegers Johann Friedrich Hartknoch (1768-1819) in Riga hatte Kant diesmal den Verlag seines Buchs mit dem Berliner Buchhändler François Théodore de la Garde (manchmal auch: Lagarde [1756-?]) abgeschlossen, wohl darum, weil er von dem Berliner Verlagshaus rascheren und leistungsfähigeren Satz und Vertrieb erhoffte. Daß es Kant wirklich eilig mit der Erscheinen des Werks war, zeigt auch ein Brief an seinen Freund und Schüler Kiesewetter (Kant hatte ihn de la Garde als Korrektor empfohlen [Brief vom 15. 10. 1789]) vom 21. 1. 1790 (dem Tag der Ablieferung des ersten Teils des Manuskripts), in dem er Kiesewetter anweist, mit einem anderen Verleger (Christian Friedrich Himburg) Verhandlungen aufzunehmen, falls de la

Garde den Verlag nicht bis zur Ostermesse 1790 schaffe (AA XI, S. 125). Ähnlich drängt das Schreiben, das der Manuskriptsendung an de la Garde beilag (Brief an denselben vom 21. 1. 1798 [AA XI, S. 123-125]). Der Briefwechsel mit Verleger und Korrektor zeigt dann, daß man Kants Wünsche eifrigst zu erfüllen suchte. Am 9. Februar folgte die zweite Manuskriptsendung; der Briefwechsel zeigt eine fast unverständliche Gleichgültigkeit Kants hinsichtlich der persönlichen Einsicht in die Korrektur, was den armen Kiesewetter in manche Verlegenheit stürzte: »es sind nämlich Stellen im Manuskript, die offenbare den Sinn entstellende Schreibfehler enthalten, und wo ich mich genötigt gesehen habe zu ändern« (Kiesewetter an Kant, 3. 3. 1790 [AA XI, S. 138]). Im selben Brief ist auch die Rede davon, »daß ich bei der Correktur vom 2ten bis 6ten Bogen krank war, und also ein anderer ⟨vermutlich Friedrich von Gentz⟩, der dem Manuskripte treulich folgte, die Korrektur übernahm«, so daß »zu meinem größten Ärger ⟨...⟩ 2 den Sinn entstellende Fehler stehen geblieben sind, die ich aber als Errata hinten anhängen werde« (l. c., S. 139). Am 9. März hat dann Kant (vgl. Brief an de la Garde [AA XI, S. 143 f.]) den Rest des Textes im Manuskript auf den Weg gebracht und Vorrede und Einleitung (siehe dazu den Kommentar zur *Ersten Einleitung in die Kritik der Urteilskraft* [S. 1158 ff.]) für das Ende der Passionswoche in Aussicht gestellt. Sie ging am 22. März auf die Post (vgl. Brief an de la Garde vom 25. 3. 1790 [AA XI, S. 145-147], in dem auch Kants Wünsche für Dedikations-Sendungen des Buchs aufgelistet sind, darunter an Carl Leonhard Reinhold in Jena, Friedrich Heinrich Jacobi [1743-1819] in Düsseldorf – Kant besaß u. a. dessen Spinoza-Büchlein von 1785 [eine stark veränderte Zweitauflage erschien 1789], die philosophische Arbeit *David Hume über den Glauben* [1787] und den Roman *Aus Eduard Allwills Briefsammlung* [1792] – und an den für seine Organismus-Theorie so bedeutsamen Anatomen und Zoologen Johann Friedrich Blumenbach [1752-1840] in Göttingen [Kant besaß die Schrift *Über den Bildungstrieb* von 1781 sowie den ersten Band der *Beiträge zur*

Naturgeschichte von 1790]). Inzwischen hatte Kant einen Teil der Umbruch-Exemplare durchgesehen, äußert sich aber zur Anmutung, die sinnlosen Passagen und die Druckfehler zu überarbeiten, wie folgt:

HE. Delagarde hatte den 10⟨.⟩ März ein Pack Probebogen, die bis N reichten, von Berlin an mich abgehen lassen, welches dann nach etwa 10 Tagen an mich gelangete. Ich fing an sie durchzugehen, (wegen der Druckfehler) aber es war mir nachgerade verdrießlich, und schob es also auf, bis ich mehr derselben bekommen haben würde, um es auf einmal abzumachen.

(Brief an Kiesewetter vom 20. 4. 1790 [AA XI, S. 153])
Kant hat dann die gefundenen Fehler mitgeteilt (sie sind dem Werk im Anhang beigefügt worden), scheint aber weitere Korrekturarbeit vermieden zu haben. Wie fehlerhaft die erste Auflage war und wie sehr Kant auf die zweite verbesserte hoffte, ist oben berichtet worden (S. 1207 ff.).

Der Absatz des Buches war sehr zufriedenstellend, wie Kiesewetter schon im Mai 1790 an Kant berichtete (AA XI, S. 164), so daß der Verleger bereits fürs nächste Jahr die verbesserte Neuauflage plante. Aber Kant konnte der Bitte, seine Korrekturen und Verbesserungen bis Ende Oktober an den Verleger zu schicken, wieder nicht nachkommen, »da ⟨...⟩ ich notwendig meine ganze Zeit ununterbrochen dem Durchdenken der hier abgehandelten sachen widmen muß, welche ich aber im vergangenen Sommer bis in den Oktober hinein, durch ungewohnte Amtsgeschäfte und auch manche litterärische unvermeidliche Zerstreuungen abgehalten, nicht habe gewinnen können« (Brief an de la Garde vom 28. 10. 1791 [AA XI, S. 301]). So ging es dann freilich von einer herausgeschobenen Abgabefrist zur nächsten, bis Kant endlich am 30. 3. 1792 dem Verleger mitteilt, er werde das korrigierte Exemplar der gesamten Erstauflage bald nach Ostern »zu überschicken bedacht sein, wobei ich doch glaube: daß, wenn mich unvermeidliche Störungen in der Durchsicht und Nachfeilung derselben aufhalten sollten, es, wenn es nur vor Pfingsten in Berlin ankommt, nicht zu spät eintreffen werde« (AA XI, S. 330). Die Sendung für den Textteil kam wirklich am 10. Juni auf den Weg, die der Einleitung am 2. Oktober, so daß die Neuauflage erst im kommenden Jahr auf den Markt kommen konnte. Kants Verbesserungen waren aber, wie die verzweifelte Arbeit des Berliner Korrektors beweist, immer noch höchst unbefriedigend; auch darf man annehmen, daß Kant wenig Einfluß übte auf den Korrekturvorgang und vom Prinzip Vertrauen reichen Gebrauch machte. Kiesewetter, auf den Kant damals kurzfristig verärgert war, scheint wenigstens nicht mehr der alleinige Korrektor gewesen zu sein; am wahrscheinlichsten ist, wie oben angedeutet, daß der glänzende Stilist Friedrich von Gentz diese undankbare Aufgabe übernommen hat. – Über die dritte Auflage schweigt der Briefwechsel weitgehend, auch hatte Kant den Kontakt mit de la Garde, offenbar in einer Anwandlung seiner altersbedingten Hypochondrie, abgebrochen. Der Verleger schreibt dem (außer mit Kant auch mit Theodor Gottlieb Hippel [1741-1796] und Johann Georg Hamann [1730-1788] befreundeten) Kriegs- und Domänenrat Johann Georg Scheffner (1736-1820) am 30. 12. 1798:

Was Sie mir von K.⟨ant⟩ sagen, erklärt freilich in etwas sein sonderbares Benehmen gegen mich. Gleich nach meiner Rückkunft aus Paris schickte ich ihm das Honorarium der *dritten* Aufl.⟨age⟩ s⟨eine⟩r Kritik u. dankte bei der Gelegenheit für die freundschaftl. Äußerungen gegen ⟨Hans Friedrich⟩ V⟨iewe⟩g ⟨1761-1835⟩ ferner noch Geschäfte mit mir machen zu wollen. Als ich nach zwei Monat keine Antwort von ihm erhielt, bat ich ihn, mir wenigstens der Ordnung wegen den Empfang des Geldes anzuzeigen, allein hierauf hat er bis jetzt mit keiner Sylbe geantwortet. Er scheint zu glauben, daß mein Dank eine Aufforderung enthält, von seinem jetzigen Verleger abzugehen. Dadurch würde er nun wohl freilich sein Versprechen erfüllen, allein mich nicht so sehr beglücken, da ich mehr Verlagsprojekte habe als meine Kräfte es erlauben in 3 Jahren zu bestreiten.

(AA XIII, S. 493 und AA V, S. 526)

ZUR DEUTUNG DES WERKS

Das Grundproblem – systematische und begriffliche Voraussetzungen

Die ästhetisch-teleologische Zweigleisigkeit der dritten kantischen Kritik macht die Rede von ihrem einen Grundproblem schwierig. Dennoch ist deutlich, daß, wenn Kant mit diesem Werk ›sein ganzes kritisches Geschäft zu endigen‹ behauptet, der *Kritik der Urteilskraft* eine systembeschließende Funktion zugedacht gewesen sein muß. Der reflektierenden Urteilskraft fällt, wie Vorrede und Einleitung an verschiedenen Stellen formulieren, die Aufgabe zu, eine Brücke zu schlagen zwischen den Gegenständen der beiden früheren Kritiken oder zwischen Theorie und Praxis (*KU* A², S. IX, LIII-LIV). ›Theorie‹ meint hier den Bereich dessen, worüber wir in deskriptiven Sätzen, ›Praxis‹ die Sphäre, über die wir in normativen Sätzen sprechen. Beide haben ein verschiedenes Prinzip: jene das reine Selbstbewußtsein, diese die Freiheit. Sollte vermieden werden, daß die Vernunft sich in diese beiden Prinzipien spaltet und mit sich selbst vereinigt, so mußte in der (reflektierenden) Urteilskraft eine Kandidatin zur Rettung der Einheit des kritischen Gesamtunternehmens aufgeboten werden. Und damit ist das Grundproblem der *KU* vorerst grob bezeichnet.

Man kann sich die Notwendigkeit einer Konvergenz zwischen Theorie und Praxis (an deren Herstellung die dritte Kritik arbeitet) auch durch folgende einfache Überlegung klarmachen: Das Prinzip, der »oberste Grundsatz« der theoretischen Vernunft, ist das Selbstbewußtsein (*KrV* B 134 f.). Es verleiht unseren Vorstellungen Einheit vermittels der Kategorien, die seine Geschöpfe sind. Eben darum steht es selbst nicht unter den Kategorien, sondern ist nichts als eine lautere Spontaneität: die der Handlung ›ich verbinde‹. Was – vom Ich gebunden – unter Kategorien steht, ist das Reich des Mechanismus. Insofern steht schon das Prinzip der theoretischen Philosophie nicht unter dem Gesetz des Mechanismus. – Das gilt nun erst recht für die Freiheit, die ebenso Realgrund des Sittengesetzes ist, wie das ›Ich denke‹ Realgrund der Denkgesetze ist. Wären die Prinzipien der Theorie und der Praxis durch Abgründe getrennt, so wäre das Subjekt eines Gedankens ein anderes als das Subjekt einer Handlung – ein unakzeptabler Notstand, an dessen Beilegung die *KU* arbeitet (vgl. zur Diskussion des Problems Manfred Frank, Nachwort zu: *Selbstbewußtseinstheorien von Fichte bis Sartre*, Frankfurt/Main 1991, bes. S. 416-432). Wollen wir auf die Einheit der Prinzipien zwischen theoretischem und praktischem Vernunftgebrauch nicht verzichten, müssen wir annehmen, daß es einen ›übersinnlichen Einheitsgrund der Natur und der Freiheit gibt‹ – wobei in dieser Formulierung ›Natur‹ den Gegenstand der vom Selbstbewußtsein unter Kategorien gebrachten Sinnlichkeit meint (das, was in der *KU* meist schlicht ›Mechanismus‹ heißt).

Der dritten *Kritik* fällt eben die Aufgabe zu, eine Brücke über diesen Abgrund zu schlagen, wie Kant das mit einem berühmt gewordenen Gleichnis im IX. Kapitel der *Einleitung* zu diesem Werk sagt (S. LIII-LIV). Kant sucht nun das Gelingen des Brückenschlags zwischen Natur und Vernunft an zwei Typen von Beispielen aufzuzeigen: am sogenannten Geschmacksurteil und am teleologischen Urteil (welches der Natur eine Zweckmäßigkeit unterstellt). In beiden Fällen – die nur auf den ersten Blick weit auseinander zu liegen scheinen – ist uns etwas Empirisches gegeben (ein Kunstwerk, z. B. das Gäßchen von Jan Vermeer, oder ein Naturobjekt, z. B. diese rote Rose); beide Objekte situieren sich auf der Ebene von Entitäten, die dem empirischen Erkennen zugänglich sind, also dem auf Anschauung angewandten Verstand. Nichts an der Realität des Gemäldes oder der Rose entgeht den Synthesen, welche das Prinzip der theoretischen Vernunft zwischen dem Empirischen und dem Begrifflichen knüpft. Die einzige Hinsicht, die dem rein theoretischen Blick entgeht, ist, daß das Gemälde schön und daß die Rose ein Organismus ist, d. h. ein Seiendes von der Art, daß sein physischer Mechanismus auf eine Zweckidee ausgerichtet ist, welche seine Struktur nur indirekt durchscheinen läßt. Kurz: Kant interpretiert dasjenige, was in unseren Beispielen dem rein theoretischen Zugriff entgleitet, als Eigentümlichkeit unserer Gegenstände, die an Ideen appellieren, mithin an den Bereich praktischer Vernunft und in letzter Instanz an die Freiheit als die alleinige Quelle aller »reinen Vernunftbegriffe«, deren Verein die Bestimmung des menschlichen Daseins ausmacht.

Die *Kritik der Urteilskraft* ist in zwei Teile untergliedert; der erste heißt ›Kritik der ästhetischen Urteilskraft‹, der zweite ›Kritik der teleologischen Urteilskraft‹.

Das sind, wie wir aus der ersten Einleitung wissen, die zwei Anwendungsbereiche der reflektierenden Urteilskraft: der subjektive und der objektive (oder der ästhetische und der logische). Als ästhetische reflektiert die Urteilskraft über ein Sinnliches, dessen Begriff sich nicht finden läßt, das aber dem subjektiven Gefühl begrifflos gefällt; als teleologische bezieht sie ein empirisches Objekt oder empirische Regeln auf eine hypothetisch angenommene Einheit, als deren Folge sie verständlich wären. *Allgemein* (und in beiden Anwendungen) ist die Urteilskraft das Vermögen, das Besondere als enthalten unter dem Allgemeinen zu betrachten (*KU*, S. XXV). Das läßt sich auf zweierlei Weise verstehen: Entweder geht die Urteilskraft von einem allgemeinen Begriff aus und sucht nach einem Einzelfall, der darunter fällt, und dann heißt sie bestimmend; oder sie geht von einem konkreten Seienden aus und sucht einen ihn interpretierenden allgemeinen Begriff, und alsdann – in dieser Bewegung des suchenden Sich-auf-sich-Zurückbiegens – ist sie reflektierend (*KU*, S. XXVI).

Man könnte fragen: Da, wie Heraklit sagt, der Weg hinauf und der Weg hinab derselbe Weg sind, wie kann dann diese Disparität zwischen den Funktionen der Urteilskraft entstehen? Muß man einer anderen Regel folgen beim Abstieg von einem Begriff zum darunter begriffenen Einzelfall, als die es ist, der man folgt beim Aufstieg vom Einzelfall zum Allgemeinen? Nein, antwortet Kant, solange jedenfalls der

Begriff (das Gesetz, das Allgemeine) ein Begriff *a priori* ist, z. B. eine Kategorie. In dem Falle schließt der Begriff *notwendig* seinen Inhalt ein, denn der Inhalt – die verschiedenen Aspekte der ›Objektivität überhaupt‹ bilden ebensoviele, gleichfalls a priori repräsentierbare, Spezifikationen dieser Begriffe (Kant nennt sie Schemata). Anders gesagt: Diese Spezifikationen sind beim rein transzendentalen Gebrauch der Urteilskraft ebenso allgemein wie der Begriff selbst, den sie spezifizieren (*KrV* A 132 ff. = B 171 ff.).

Das ist aber eben nicht der Fall bei einem empirischen Begriff, nehmen wir den einer Katze. Sie konstituiert, würde Kant sagen, ein Objekt, sofern die vier Kategorien ordnungsgemäß auf das anschauungsmäßig Gegebene angewendet worden sind, so, daß die vom Verstand vorgenommene Synthese das empirische Schema (oder das Bild) eines Kätzchens liefert (vgl. *KrV* A 137 ff. = B 176 ff., bes. A 140 f. = B 179 ff.). Nun existieren Katzen nicht im Singular, es gibt viele Individuen und vielerlei Rassen; manche sind getigert, andere brunett, falb, rötlich, schwarz oder gescheckt usw. Manche haben, besonders wenn sie jung sind, blaue Augen, andere sind braun- oder grünäugig, manche lieben das nächtliche Umherstreifen im Quartier, andere sind eher seßhaft und ziehen den Platz hinterm Ofen vor, manche sind zahm und zärtlich, andere scheu und wild – kurz: Das Anwendungsspektrum des Allgemeinbegriffs ›Katze‹ ist grenzenlos weit und verschwommen; träte nicht die Urteilskraft ins Mittel, wir kämen niemals dazu, auch nur eine einzige Katze zu identifizieren.

Das Problem entfaltet noch eine größere Mächtigkeit, wenn man von der Beziehung zwischen dem Gegenstand einer besonderen Anschauung und einem empirischen Begriff übergeht zu derjenigen, die besteht zwischen den empirisch beobachteten Regelmäßigkeiten zwischen verschiedenen Naturgegenständen und dem Prinzip, das sie alle befaßt. Hier gehen wir aus von empirischen Gesetzen (z. B. solchen, die einigen Katzen eigentümliche Verhaltensweisen oder den Mechanismus des Schnurrens festhalten) – Gesetzen, die nach *unserer* Verstandesansicht zufällig sind (wobei ›zufällig‹ meint: ohne logischen Widerspruch auch anders denkbar), die darum aber nicht minder, sollen sie als echte Naturgesetze ernstgenommen werden, eine Rückführung auf Prinzipien der Einheit des Mannigfaltigen verlangen – Einheitsprinzipien, die wir noch nicht kennen, die wir aber unterstellen müssen, um die konkreten Naturgesetze ihrer Kontingenz für den Verstand unerachtet als *notwendig* (und d. h. als zwingend aus den angenommenen empirischen Hypothesen folgend) ansehen zu können (*KU*, S. XXVI).

Das muß erläutert werden – denn wir stoßen hier auf einen Kernpunkt der Kritik der teleologischen Urteilskraft, ohne dessen genaueres Verständnis wir nicht vom Fleck kommen. In der Deduktion der Kategorien hatte Kant zwischen Regeln und Gesetzen unterschieden. Der zweite Begriff ist strenger. Man spricht von Gesetzen nur mit Bezug auf objektive Regeln, die, sagt Kant, »der Erkenntnis des Gegenstandes notwendig anhängen« (*KrV* A 126). Das heißt, daß die Formulierung eines Gesetzes sich abstützen läßt auf eine Garantie von seiten apriorischer Einsehbarkeit: wir wissen, es könnte nicht anders sein. Das ist der Fall aller reinen Anschauungen, sofern sie durch den Verstand vermittels der Kategorien bestimmt sind. Nun nennt Kant ›Natur‹ – ›formaliter spectata‹ – das Gesamt der Anschauungen (oder der Erscheinungen), insofern sie kategorial bestimmt sind; und ein ›Naturgesetz‹ (im strengen Sinn des Wortes) könnte nur ein solches sein, an dem zu zweifeln schlechterdings unmöglich ist (z. B. die Sätze, »daß in allen Veränderungen der körperlichen Welt die Quantität der Materie unverändert bleibe, oder daß, in aller Mitteilung der Bewegung, Wirkung und Gegenwirkung jederzeit einander gleich sein müssen« [*KrV* B 17]). Kant erläutert: »An beiden ist nicht allein die Notwendigkeit, mithin ihr Ursprung a priori, sondern auch, daß sie synthetische Sätze sind, klar« (B 17 f.). Ein anderes Beispiel für ein reines Naturgesetz (im Bereich der Geometrie) wäre z. B., »daß die gerade Linie zwischen zwei Punkten die kürzeste sei« (B 16). Diese Gesetze sind a priori in dem genauen Sinn, daß unser Verstand sie nicht aus der Natur schöpft, sondern sie ihr vorschreibt, wie es eine berühmte Formulierung aus den *Prolegomena* sagt: »Der Verstand schöpft seine Gesetze (a priori) nicht aus der Natur, sondern schreibt sie dieser vor« (A 113, § 36; vgl. auch *KrV* A 125, A 216 = B 236 sowie den Kommentar zu den *MAN*, hier S. 1031 ff.).

Von diesem Gesetzesbegriff unterscheidet Kant den weniger strengen der Regel. Eine Regel ist nicht a priori und ermangelt mithin der verbürgten Notwendigkeit und Universalität. Alle Regularitäten, die empirische Naturgegenstände verknüpfen – das Gravitationsgesetz, die Unschärferelation, die spezielle Relativitätstheorie oder einfach die Regeln, welche die nächtlichen Streifzüge eines Kätzchens bestimmen – sind Regeln in diesem Sinne. Sie hängen natürlich von der Gültigkeit von Gesetzen (oder Prinzipien a priori) unseres Verstandes als von einer conditio sine qua non ab, in dem selbstverständlichen Sinne, daß keine naturkundliche Regel ein solches Gesetz übertreten könnte. Indessen sind die empirischen Regeln, die die konkrete Natur konstituieren, so wie sie sich den Augen des Wissenschaftlers darbietet, durch ihre Übereinkunft mit universellen Verstandesgesetzen noch nicht ausreichend spezifiziert. Es besteht nicht die mindeste Notwendigkeit für einen Gegenstand überhaupt, in der Weise eines brunetten Kätzchens zu existieren. Kategorien oder – wie Kant auch sagt – allgemeine Verstandesbegriffe spezifizieren ja nur universelle Prädikate, die *allen* Objekten zukommen; sie spezifizieren an Anschauungen nur deren Objektivität-im-allgemeinen. Darum ist die Totalität der spezifischen Gesetze der empirischen Natur (also der Regeln, wie Kant sagen müßte) nicht im allermindesten in ihrer spezifischen Individualität bestimmt durch die schematisierten Kategorien (oder Grundsätze) des reinen Verstandes. Hier stellt sich also ein Vermittlungsproblem. Es wird nötig, auf die Urteilskraft zu rekurrieren, deren Aufgabe es ja ist, zwischen Allgemeinem und Einzelnem zu vermitteln. Obwohl empirische Naturregeln relativ allgemein sind verglichen mit dem, was sie konkret unter sich befassen, sind sie doch verhältnismäßig partikulär im Vergleich mit der unbeschränkten Universalität der Verstandesgesetze (wobei der Verstand in diesem Sinne ganz passend definiert werden kann als das Vermögen der Gesetze (*KrV* A 126).

Den Unterschied zwischen der Verstandes-Ansicht der Natur und der hypothetischen Deutung, die die reflektierende Urteilskraft vorschlägt, konvergiert grosso modo mit derjenigen, die wir im Kommentar zu den *MAN* als die Differenz der ›formal‹ und der ›material betrachteten Natur‹ aufgewiesen hatten (vgl. hier S. 1025 ff.). Die Natur formal betrachten, heißt: ihr Sinnliches nur durch die Brille der Formen von Anschauung und Verstand anvisieren. Sie auch material betrachten, heißt: ihr stoffliches Dasein (in der Mannigfaltigkeit seiner kontingenten empirischen Ausprägungen) ins Spektrum der Theorie einbeziehen. Und das entgleitet aus Gründen, die im Kommentar zu den *MAN* ausgebreitet sind, teilweise der Verstandesansicht. Will man auch denjenigen Teil der Natur, der nach der Verstandesansicht unerklärt bleibt, aus Prinzipien (hypothetisch angenommenen Gesetzmäßigkeiten) verständlich machen, so muß man sich nach einem Vermögen umsehen, das diese Deutungsleistungen bewerkstelligen könnte. Bevor sich Kant – gegen das Jahr 1787 – zur Annahme ›teleologischer Prinzipien‹ (und zu der damit verbundenen einer ›reflektierenden Urteilskraft‹) getrieben sah, wies er diese Aufgabe der Vernunft zu. Anders als der Verstand (der das »Vermögen der Gesetze« ist) heißt die Vernunft das »Vermögen der Ideen«. Ideen werden aufgeboten, um die Kluft zwischen der Universalität der rein theoretischen Gesetzgebung und der nur komparativen Allgemeinheit der empirischen Naturregularitäten zu schließen. Vom Verstandesstandpunkt erscheinen die letzteren als ein Bereich des Kontingenten, als ›zufällig‹. Die Natur, »als bloßer Mechanism betrachtet, ⟨hätte sich⟩ auf tausendfache Art ⟨...⟩ anders bilden können«, als sie's wirklich getan hat (§ 61, S. 269). Die Vernunft muß es als einen Mangel ansehen, daß der Verstand durch seine gesetzgeberische Funktion dennoch nicht garantieren kann, daß sich die besonderen Naturgesetze (Regeln) in umfassendere systematische Einheitszusammenhänge einfügen, deren Notwendigkeit sich einsehen läßt. Denn das heißt ja, daß der Verstand die Einheit der Natur – in der zweiten, materiellen Wortbedeutung – nicht garantieren kann. Vom Standpunkt der Gesetzgebung, wie er den universellen Verstandesgesetzen eignet, muß diese Einheit – auf deren Suche sich die reflektierende Urteilskraft macht – mithin als zufällig, als auch anders sein könnend, erscheinen. Nun ist es ein wesentliches Bedürfnis der Vernunft, diese Kontingenz zugunsten einer systematischen Einheit aufheben zu wollen, aus der die empirischen Naturgesetze als notwendige Schlüsse folgten. Da diese Einheit aber selbst nicht notwendig einsichtig und auch empirisch nicht aufgewiesen ist (das Empirische ist unterstruktiert und gibt von sich aus nicht schon den Gesichtspunkt an, unter dem seine Einheit begriffen werden könnte) und doch auch nicht einfach dogmatisch dekretiert oder abgeleitet werden kann, bietet Kant der Philosophie folgenden Ausweg an: Man muß, empfiehlt er uns, die Natur vom Standpunkt der Urteilskraft so betrachten, »als ob« sie ein organisches System bilde. Unter einem System versteht er die Versammlung aller Objekte unter der Einheit einer zentralen Hinsichtnahme. Da diese Hinsichtnahme, wie wir sahen, kein reiner Verstandesbegriff sein kann und neben Verstandesbegriffen nur noch Vernunftbegriffe, Ideen, für diese Vereinigungsleistung in Frage kommen, muß die Urteilskraft die Totalität der vom Verstand konstituierten Objekte auf die Idee der Vernunft beziehen. Von da aus ließe sich eine Naturkonzeption ins Auge fassen, nach der die Natur gleichsam spontan oder freiwillig dem Bedürfnis entgegenkäme, welches die Vernunft an systematischer Einheit hat (vgl. *KrV* B 860 ff.).

Weitere (technischere) Informationen zur Einleitung der *KU* und besonders zu den vielwendigen Verwendungen des Ausdrucks ›zweckmäßig‹ finden sich im Kommentar zur *Ersten Einleitung in die Kritik der Urteilskraft* (hier S. 1193 ff.).

Aufbau und Gliederung des Werks

Kants Werke spiegeln den Formwillen eines großen Architektonikers – und dieser Zug hat zuweilen den Spott selbst seiner Bewunderer auf sich gezogen. Tatsächlich gliedert Kant nicht nur jedes Werk peinlich genau, sondern er schlägt seine drei Kritiken alle über den Leisten derselben Architektonik. In der *KU* tritt dies Gliederungsschema, gemäß der Zweiteiligkeit des Werks, gleich zweimal auf, wenn auch – aus inneren Gründen – weniger sklavisch in der Naturteleologie. Das ist darum nicht überzeugend, weil die Materie der drei Kritiken viel zu verschieden ist, um sich sinnvollerweise stets ins selbe Raster zu fügen; und so nimmt es nicht wunder, daß die Bedeutungen der Begriffe sich biegen und drehen lassen mußten, um überhaupt gleichbleibend an den entsprechenden Stellen in Überschriften wiederaufzutauchen.

Das zuerst in der *KrV* angewandte Schema ist das einer fundamentalen Zweiteilung in »Transzendentale Elementarlehre« und »Transzendentale Methodenlehre« (vgl. A 13 ff. und B. 27 ff.). Im ersten wird gleichsam das Gebäude der theoretischen Vernunft betrachtet und das zu seiner Konstruktion erforderte »Bauzeug überschlagen und bestimmt« (*KrV* A 707 = B 735). Die Methodenlehre sucht dagegen, den Ort anzugeben, den eine bestimmte Disziplin im enzyklopädischen Gesamt der Vernunftwissenschaften einnimmt, und bildet so gleichsam den architektonischen Plan »eines vollständigen Systems der reinen Vernunft« mit ihren mancherlei Unterabteilungen (A 708 = B 736). – Die Elementarlehre – der essentielle Teil aller drei Kritiken – zergliedert sich nun wieder in eine transzendentale Ästhetik (die in der *KpV* wegfällt) und eine transzendentale Logik. Jene untersucht das Vermögen und die Prinzipien a priori der Sinnlichkeit, dieses das Vermögen und die apriorischen Prinzipien des Verstandes (in jenem weiten Sinne, demzufolge auch die Vernunft eine Teilklasse des Verstandes ist). Die Zweigliederung entspricht einer der tiefsten Überzeugungen

Kants, daß wir nämlich in unserer Erkenntnis mit zwei ganz verschiedenen Stämmen zu tun haben, »die vielleicht aus einer gemeinschaftlichen, aber uns unbekannten Wurzel entspringen, nämlich *Sinnlichkeit* und *Verstand*, durch deren ersteren uns Gegenstände gegeben, durch den zweiten aber gedacht werden« (A 15 = B 29). »Transzendental« heißen beide, weil so eine Untersuchung genannt wird, die »sich nicht sowohl mit Gegenständen, sondern mit unserer Erkenntnisart von Gegenständen, insofern diese a priori möglich sein soll, überhaupt beschäftigt« (*KrV* B 25, vgl. auch A 56 = B80). Die Logik wiederum ist untergliedert in die (jeweils transzendentale) Analytik und Dialektik. In jener werden die Prinzipien freigelegt, die, im Verstande entspringend, die Wahrnehmungsmannigfaltigkeit synthetisieren, um objektiv gültige Erkenntnisse herzustellen; in dieser geht es um die Aufdeckung der Gründe, die bei empirisch unkontrolliertem Gebrauch der reinen Vernunft zu Schein-Urteilen führen, deren Gesamt das ausmacht, was Kant die (dogmatische, die herkömmliche) Metaphysik von Platon bis Wolff nennt. ›Dialektik‹ meint hier also: eine Logik des Scheins. Der scheinhafte oder trügerische Gebrauch der Vernunft jenseits der Grenzen des aus Erfahrung Sicherbaren führt auf das, was Kant ›Paralogismus‹ nennt; am Leitfaden der Kategorie der Relation sich entlang bewegend, kann er dreifache Gestalt annehmen (als psychologischer, kosmologischer und theologischer). Die Kosmologie ihrerseits führt auf ›Antinomien‹, deren beide einander widersprechende Glieder (z. B. es gibt einen Anfang der Welt – die Welt ist ewig; oder: die physischen Erscheinungen sind durch einen durchgängigen Determinismus bestimmt – es gibt eine Kausalität aus Freiheit) sich indirekt beide erweisen lassen, wenn die empirische Realität der apriorischen Anschauungsformen (Zeit und Raum) sowie die der Kategorien vorausgesetzt wird, aber mit Aufhebung dieser falschen Voraussetzung wegfallen.

Die *Kritik der Urteilskraft* folgt in ihren beiden Hauptteilen dem gleichen architektonischen Schema. Sie ist aus leicht einsehbaren Sachgründen, die in der Doppelnatur der reflektierenden Urteilskraft als ästhetischer und teleologischer liegen, allerdings zweimal diesem Schema unterworfen. Der Terminus ›Ästhetik‹ ist diesmal schon vergeben für eine Theorie des Geschmacks und läßt sich nicht mehr der ›Analytik‹ so entgegensetzen wie die Theorie der Prinzipien des Sinnlichen derjenigen der Prinzipien des Intellektuellen. (Der alte Gegensatz von ›sinnlich‹ und ›intellektuell‹ ist in der *KU* abgelöst durch den einer bloß ästhetisch-formal-subjektiven und einer material-objektiven Teleologie.) Die Analytik der ästhetischen Urteilskraft ist noch in sich unterteilt in eine solche des Schönen und eine des Erhabenen (in dieser Unterscheidung leben Edmund Burkes Anregung und Kants eigene frühe Arbeiten zum Thema fort). Ihr folgt (als Ersten Teiles Zweiter Abschnitt) die »Dialektik der ästhetischen Urteilskraft«, die ein schon früher behandeltes und im Grunde gelöstes Problem – der Widerstreit zwischen den Thesen, das Geschmacksurteil gründe bzw. gründe nicht in Begriffen – noch einmal unter den Titel einer ›Antinomie des Geschmacks‹ bringt und breit traktiert. Interessanter ist Kants dem Ersten Abschnitt des Ersten Teils angehängte (wieder in genauer architektonischer Parallele zur ›Transzendentalen Logik‹ der *KrV* nachgebildete) »Deduktion der reinen ästhetischen Urteile« (*KU* B 131 ff.; diese mehrere Paragraphen übergreifende Überschrift war übrigens im Druckfehlerverzeichnis von A gestrichen). Reich sowohl an wichtigen Gedanken als auch inhaltlichen Details, entwickelt doch auch sie nur einen schon früher gelieferten Beweis, nämlich daß ein ästhetisches Urteil, sofern es nur auf die reine *Form* des Gegenstandes geht, auf allgemeine Gültigkeit plädieren darf, ohne diese objektiv beweisen zu können. Die »Methodenlehre des Geschmacks« füllt nur einen kurzen Paragraph (§ 60) – er begründet eigentlich nur seine Unmöglichkeit; denn in der Theorie des Geschmacks, die ja eben nicht die Form einer objektiven Wissenschaft annehmen könne, könne auch keine Methodenlehre vor einer solchen vorhergehen. – Der zweite (der Naturteleologie gewidmete)

Teil der *KU* gliedert, wie die *KrV*, nach Analytik (Erste Abteilung), Dialektik (Zweite Abteilung) und Methodenlehre (Anhang) der teleologischen Urteilskraft (letztere ist hier sogar besonders umfangreich; denn in Bezug aufs teleologische Urteil stellt sich die Frage seiner Einordnung ins enzyklopädische System der Philosophie, zumal seiner Zugehörigkeit zur Kosmologie oder zur Theologie).

Ein ganz formaler Vergleich der beiden Analytiken des Werks bringt zutage, daß Kant die Analytik des Schönen streng und die des Erhabenen weniger rigide nach dem Leitfaden der Kategorien gliedert. Kategorien sind vom Verstand entworfene Interpretations-Raster, mit denen anschaulich Gegebenes (es sei im übrigen rein oder empirisch) gedeutet wird. Objektive Geltung können die Kategorien natürlich nur erwerben, wenn sie das Gegebene auch wirklich in seiner Objektivität bestimmen. Bei der reflektierenden Urteilskraft erfolgt erstens die gerade umgekehrte Bewegung vom Gegebenen zu seiner Deutung; zweitens handelt sich's in aller Regel um schon konstituierte Objekte, denen nicht eine Kategorie, sondern eine Deutung zugedacht wird, die die Möglichkeit des Verstandesbegriffs überschreitet. Daraus folgt freilich nicht, daß das Urteil, als eine verständige Operation, an seine eigene Struktur nicht immer wesenhaft die Gesichtspunkte herantragen müßte, die ihm a priori einwohnen – eben die Kategorien; »denn ⟨sagt Kant⟩ im Geschmacksurteile ist immer noch eine Beziehung auf den Verstand enthalten« (*KU*, S. 4, Anm.). Durch sie wird also keineswegs das Gegebene des ästhetischen Urteils, sondern dessen jedesmaliger begrifflicher Skopus selbst bestimmt.

In der Analytik des teleologischen Urteils fehlt dies Gliederungsraster durch die Kategorien, und zwar ohne explizite Begründung. Man kann eine solche aber leicht erraten, wenn man sich klarmacht, wie zentral die Relations-Kategorie für die Bestimmung einer objektiven und materialen Zweckmäßigkeit wird – während Qualität (Uninteressiertheit), Quantität (intersubjektive, wiewohl begrifflose Geltung) und Modalität (Notwendigkeit) des Urteils als belanglose Aspekte des Urteils zurücktreten. Man könnte überspitzt sagen: Während in der Ästhetik die Kategorie des Zwecks überhaupt nur ins Spiel kam, um die Analogie mit dem teleologischen Urteil (und mithin die gemeinsame Zugehörigkeit zum Programm *einer* Kritik der Urteilskraft) anzuzeigen, sonst aber keine theoriekonstitutive Rolle in der Analytik des Schönen und Erhabenen spielt, ist die Natur für die Betrachtung der reflektierenden Urteilskraft *überhaupt nur* als ideebezogene, d. h. zweckmäßige, Thema und Belang. Im übrigen ist die Zweckmäßigkeit, die das reflektierende Urteil der Natur unterstellt, nichts bloß Formal-Subjektives, sondern will sich objektiv und material (es denkt die empirische Natur, so wie sie sich uns konkret als Universum darstellt, in Analogie zum intentionalen Projekt eines höchsten Wesens, welches deren materiale, wiewohl intelligible Ursache wäre).

Die Analytik des Schönen

Der Text systematisiert und verfeinert im wesentlichen Gedanken, deren Grundzüge schon seit 1769/70 in den »Reflexionen zur Ästhetik« und im Vorlesungs-Auszug »Über ästhetische und logische Vollkommenheit« (von 1772) vorgestellt waren. Auf den Kommentar zu diesen Texten kann daher hier verwiesen werden.

Nicht wirklich neu gegenüber den genannten Texten zur Ästhetik ist auch die Gliederung nach Kategorien, die hier nur systematisch-streng durchgeführt ist. Seiner Qualität nach ist das Geschmacksurteil begrifflos (nicht aufs Objekt, sondern aufs ästhetisch fühlende Subjekt wird die Vorstellung bezogen) und interesselos (nicht durch ein privates, auch nicht durch ein universalisierbares, z. B. sittliches, Interesse ist es motiviert). Als wichtigster Zug des Ersten Buchs der *KU* erweist sich, was jetzt die Quantität des Geschmacksurteils genannt wird: seine ›subjektive Allgemeinheit‹, also die Tatsache (sie ist nun fast in syllogistischer Form präsentiert), daß, wenn 1. alle sinnlichen (materiell oder aus dem »unteren Begehren« determinierten) Urteile bloß subjektiv und einzeln sind, 2. Geschmacksurteile interesselos (nicht vom Begehren an der Existenz eines Gegenstandes oder eines Zustandes determiniert) sind, dann 3. Geschmacksurteile also nicht unter die Einzelnheit-Beschränkung sinnlich-subjektiver Urteile fallen. Positiv: Es besteht Grund, ihre Geltung allen anderen Geschmacks-Wesen ›anzusinnen‹, sie für ›allgemein mitteilbar‹ zu halten. Die Quantität des Geschmacksurteils bildet später auch den Nerv der sogenannten Antinomie des Geschmacksurteils; schon im § 9 wird hier »der Schlüssel zur Kritik des Geschmacks« geortet. – Aus der Perspektive der Relation-Kategorie erweist sich die Form des Geschmacksurteils als die einer »Zweckmäßigkeit ohne Zweck«. Zwar gab es auch dazu schon Hindeutungen in früheren Vorlesungen und ästhetischen Reflexionen; dennoch liegt in diesem Aspekt, wenn irgendwo, ein Novum in Kants ästhetischem Selbstverständnis. Die berühmte Wendung, die so stark auf die Ästhetik des *L'art pour l'art* und eine als autonom sich verstehende Kunstübung gewirkt hat, hat ihr Motiv wohl wesentlich in einer Verlegenheit der kantischen Systematik. Wie oben angedeutet, war die Ästhetik mit der Naturteleologie zu harmonisieren; und da die Analogie beider über den Begriff der Zweckmäßigkeit verläuft, mußte derselbe auch in der Ästhetik seinen markanten Ort finden. ›Zweckmäßigkeit ohne Zweck‹ meint dann: eine Anordnung von Vorstellungen so, ›als ob‹ eine vernünftige Praxis sie in eine zweckmäßige Rücksicht auf unser Gefühl – das ›freie Spiel der Erkenntniskräfte‹ oder der ›Einbildungskraft‹ (die sie vermittelt) – gebracht hätte. Wir stehen vor Kunstwerken in der Haltung eines, der dem präsentierten Objekt eine (vernünftige) Botschaft entnehmen will, die es doch nicht eindeutig uns gibt: etwa so, wie Siegfried vor dem »süßen Stammeln« des Waldvögleins, das ihm scheint ›etwas sagen zu wollen‹. Dieser an Begriffe appellierende, aber durch keinen erschöpfbare Gehalt ist später – im § 49 – als »ästhetische Idee« weiterbestimmt. Und von ihr heißt es, sie sei das genaue Pendant zu einem Vernunftbegriff, dem gerade umgekehrt keine Anschauung adäquat sein könne (*KU* B, S. 192 f.). In der Anmerkung I zum § 57 wird dann der Gedanke nahegelegt, daß der *anschaulich undarstellbare* (»indemonstrable«) Vernunftzweck sich von einer ästhetischen Idee (als einer *begrifflich unausschöpflichen* [»inexponiblen«] Vorstellung) gleichsam repräsentieren läßt. Da der Zweck aller Zwecke das Reich der Freiheit ist und indirekte Repräsentationen von (indemonstrablen) Vernunft-Ideen durch die Anschauung »Symbole« heißen, kann so der Gedanke nahegelegt werden, mit dem der ganze Erste Teil der *KU* schließt, daß nämlich das Schöne als »Symbol der Sittlichkeit« gedeutet werden könne und müsse (§ 59). Sie wäre der unerweisliche, aber von der unausschöpfbaren Sinnfülle des Schönen angemutete ›Zweck‹, den die Betrachtung des Geschmacksurteils nach der dritten Kategorie etwa so einführt: 1. Ein »subjektiver (materialer) Zweck«, der sich zum Bewegungsgrund eines Wohlgefallens an der Existenz einer Anschauung macht, ist an ein Interesse gebunden. Das gleiche gilt für einen »objektiven Zweck« (z. B. den Imperativ »Handle gut!«), der nicht interesselos wahrgenommen werden dürfte. 2. All das ist nicht der Fall beim Geschmacksurteil (da es durch kein Interesse motiviert ist). 3. Also sind Geschmacksurteile »zweckfrei«. 4. Nun sind Geschmacksurteile subjektiv allgemein, d. h. sie streben (vergeblich) nach objektiver Universalgeltung. 5. Urteile von subjektiver Allgemeinheit beruhen nicht auf sinnlicher Empfindung, die wesentlich einzeln ist. Sie haben ihren Bestimmungsgrund nicht im Angenehmen (oder im Reizenden). 6. Ebensowenig ist ihr Bestimmungsgrund der Begriff des Guten (denn sonst wäre ihre Allgemeinheit nicht subjektiv, sondern a priori objektiv). 7. Schluß: Die ästhetischen Urteile, als motiviert weder durch subjektive noch objektive Zwecke, haben also die Zweckmäßigkeit als reine Formbestimmung; sie haben, wie Kant sich ausdrückt, »die bloße Form der Zweckmäßigkeit in der Vorstellung« (§ 11, *KU* B, S. 35). – An diese Grundbestimmungen heften sich einige Korrolarien, unter denen die Freisprechung der lauteren Form des Schönen von aller äußeren Zweckbindung (z. B. als Zierrat oder Ornament an Gebrauchsgegenständen) besondere Popularität erwerben und erneut mächtig auf die Ästhetik des autonomen Kunstwerks wirken konnte. – Die vierte Kategorie, die Modalität, artikuliert abschließend den Parcours durch die kategoriale Betrachtung des Geschmacksurteils unter dem Aspekt der Notwendigkeit: »Vom *Schönen* denkt man sich ⟨anders als vom Reizenden⟩, daß es eine notwendige Beziehung auf das Wohlgefallen habe« (*KU*, § 18, S. 62). Diese Notwendigkeit ist, in Parallele zu den vorangehenden Kategorien, von besonderer Art. Sie ist nicht theoretisch und also nicht objektiv, und schließt mithin nicht a priori ein, daß ein jeder eine Vorstellung schön finden wird, weil er *muß*. Sie ist auch nicht praktisch-ethisch, so daß sich das Wohlgefallen notwendig einstellte im Gefolge von Begriffen eines reinen Vernunftwillens, der freihandelnden Wesen zur Regel dient »und nichts anderes bedeutet, als daß man schlechterdings (ohne weitere Absicht) auf gewisse Weise handeln solle« (l. c.). Nein, die dem Geschmacksurteil eigene Notwendigkeit kann »nur *exemplarisch* genannt werden« (l. c.). ›Exemplarisch‹ meint hier: daß man anderen die Beistimmung ansinnt zu einem Urteil, das sich wie ein Beispiel, ein Exempel, ausnimmt für eine universelle Regel, die man gleichwohl nicht anzugeben vermöchte. (Erst im § 59 erklärt sich Kant deutlicher über den Typ von Exemplifizierung, mit dem bei der anschaulichen Darstellung von Vernunftzwecken zu rechnen ist: ›Symbolen‹ nämlich.) In diesen Zusammenhang fällt auch die Anleihe bei einem traditionsreichen Theorem, der Idee eines Gemeinsinns oder *sensus communis* (§ 20 ff., § 40). Den deutet Kant, wie wir's im Kommentar zu den »Reflexionen zur Ästhetik« gezeigt haben, als die intersubjektive Beipflichtungschance, auf die ein Geschmacksurteil rechnen darf, und deutet diese – ziemlich rationalistisch – daraus, daß bei beistimmungsfähigen Geschmacksurteilen die vom Verstand geforderte Synthesis (»synthesis intellectualis«) sich gleichsam zufällig (Schiller wird sagen: »freiwillig«) in eben einer solchen Stellung zur Synthesis der Einbildungskraft (›figürliche‹ oder »synthesis speciosa«) befinde, wie sie auch fürs Erkenntnisurteil erfordert werde, welches ja a priori und mithin notwendig auf universelle Beipflichtung rechnen kann (*KrV* B 151). Da diese zufällige Fügung (Harmonie zwischen Verstand und Vorstellungs-Synthesis) indes kein Bestimmungsgrund unseres Geschmacksurteils ist, bleibt die Notwendigkeit des Urteils über seine Fundiertheit eine Notwendigkeit-*als-ob*. Der Bestimmungsgrund des ästhetischen Urteils (der Gemeinsinn als Wirkung aus dem freien Spiel der Einbildungskraft in zufälliger Harmonie mit dem Verstand) bleibt eine idealische Norm, unter deren Voraussetzung sich ein mit ihr harmonierendes Urteil mit Recht zur Regel machen läßt, weil das Prinzip zwar nur subjektiv, aber subjektiv allgemein, mithin eine intersubjektiv notwendige Idee ist.

Im § 34 führt Kant übrigens einen charakteristischen Seitenhieb gegen David Hume. Der hatte es, unerachtet der »great variety of taste«, »natürlich« gefunden, nach einer »Norm des Geschmacks« zu fragen, von welcher das einzeln gefällte Geschmacksurteil eine ebenso notwendige Konsequenz wäre, wie Kant es am Mechanismus des Vernunftschlusses aufgewiesen hat. Humes Position ist ganz widersprüchlich: Obwohl er, wie Kant, den Grund des Geschmacksurteils in unser subjektives Gefühl legt, kontrolliert er dies doch an objektiven Beschaffenheiten der gefühlten Gegenstände (man belacht die beiden Onkel von Sancho Pansa nur so lange, bis sich herausstellt, daß der Wein, der so stark nach Eisen schmeckt, aus einem Faß gezapft wurde, auf dessen Grund sich wirklich ein eiserner Schlüssel befindet). Da es zum subjektiven Herausspüren der ›objektiven‹ Eigenschaften einer Sache einer großen Feinheit des Geschmacks bedarf, delegiert Hume das Aufstellen der Geschmacksnorm an die Gemeinschaft der Kenner und Experten. So fehlt er gleich gegen beide von Kant aufgestellten distinktiven Merkmale des Geschmacksurteils, die es prinzipiell unterscheiden vom sinnlichen Geschmack, der das Angenehme und Reizende beurteilt, und vom statistischen oder kanonischen Urteil. (Vgl. David Hume, *Über die Regel des Geschmacks*, in: Jens Kulenkampff [Hg.], *Materialien zu Kants ›Kritik der Urteilskraft‹*, Frankfurt/Main 1974, S. 43-63; vgl. auch die Einleitung des Hgs., S. 14-16; die Quelle in: David Hume, *The Philosophical Works*, hg. von Thomas Hill Green und Thomas Hodge Grose, Bd. 3, London 1882 [Reprint Aalen 1964].)

Analytik des Erhabenen

Kam das Urteil übers Schöne *ohne* ein sinnliches Interesse zuwege, so muß das Erhabene geradezu *gegen* das private Sinneninteresse geschätzt werden (das ist die ihm eigene ›Qualität‹). Die von ihm erzeugte Lust, als unserer sinnlichen Natur geradezu feindlich, muß negativ genannt werden. Darin ist sie der Analogie nach mit dem sittlichen Gefühl der Achtung verwandt, welche, obzwar ein Gefühl (und mithin sinnlich), als einziges auf einen übersinnlichen Gegenstand sich bezieht. Da das eigentlich Erhabene in keiner sinnlichen Form enthalten sein, sondern nur in Vernunftideen sich verkörpern kann, können die Naturgegenstände, die wir erhaben nennen, nur als Symbole des Sittlichen auftreten. Als Symbol des Sittlichen (vgl. § 59) und Andeutung einer auf Freiheit zielenden Zweckmäßigkeit der Natur lebt das Erhabene geradezu aus der Unangemessenheit der Darstellungsmittel an das (an sich undarstellbare, weil intelligible) Darzustellende, welches Kant bald als das ›intelligible Substrat der Erscheinungen‹, bald als den ›übersinnlichen Einheitsgrund der Natur und der Freiheit‹ auszeichnet. Solche erhabenen Symbole des Idealen, zumal des Sittlichen, sieht Kant – einer reichen, durch Edmund Burke nur krönend resümierten Tradition (Platon, Pseudo-Longin, Silvain, [Luc de Clapiers, Marquis de] Vauvenargues, Jean-Baptiste Abbé Dubos, Joseph Addison, William Browne, Robert

Lowth, Johann Jakob Bodmer und Johann Jakob Breitinger, Moses Mendelssohn usw.) folgend – in Bildern des stürmisch empörten Ozeans oder der niederreißenden Gewalt stürzender Gebirgswasser, so wie er sie aus entsprechenden Darstellungen des 18. Jahrhunderts kennen mochte, wo sie ein ikonographisches Mode-Genre bildeten. (Vgl. dazu Samuel H. Monk, *The Sublime. A Study of Critical Theories*, in: *XVIII-Century England*, Ann Arbor/Mich., 1960, S. 38-41.)

Hier ist auch die einzig nennenswerte Nahtstelle zwischen seinen *Beobachtungen über das Gefühl des Schönen und Erhabenen* (von 1764) und der *KU*. Die frühe Schrift, die – wie auch die aus dem Nachlaß edierten *Bemerkungen* dazu – argumentiert auf einer empiristisch-psychologistischen Basis, in der verbreitete Vorurteile über geschlechtsspezifische Einstellungen mit solchen über die Nationalcharaktere wetteifern. Einige beliebige Proben: »Wenn die Weiber sich zanken oder schlagen so lachen die Männer darüber aber nicht umgekehrt« (AA XX, S. 13); »Das Landleben entzückt einen jeden vornehmlich das schäferleben u. doch verzehrt den Gesitteten darin die Langeweile« (l. c., S. 14); »Die coquette ist eine vortreffliche Maîtresse aber gar keine Frau außer vor einen Franzosen« (l. c., S. 72); »Die Frauen sind alle geizig ausgenommen wo die Eitelkeit stärker ist⟨;⟩ sie sind alle devot u. den Geistlichen ergeben« (l. c., S. 86); »Eine Frau verenget das Herz eines Mannes u. gemeiniglich verliert man einen Freund wenn er heiratet« (l. c., S. 99).

Der Geschmack wird von Kant schon früh – in der üblichen Nachfolge der Briten (›pleasure/delight and displeasure/pain‹), aber auch der Wolff-Schule (›voluptas et taedium‹, ›placet‹ versus ›displicet‹) – mit dem ›Gefühl der Lust und Unlust‹ bezeichnet (AA II, S. 207); es wird, ganz ohne Ansprüche auf eine apriorische Dimension, aus der Feinheit und zarten Reizbarkeit einer Seelendisposition erklärt, die »länger ohne Sättigung und Erschöpfung genießen kann« und so »zugleich zu tugendhaften Neigungen geschickt« ist (l. c., S. 208). Über den Gegensatz des Erhabenen und Schönen gibt Kant folgendes an:

Das feinere Gefühl, was wir nun erwägen wollen, ist vornehmlich zwiefacher Art: das Gefühl des *Erhabenen* und des *Schönen*. Die Rührung von beiden ist angenehm, aber auf sehr verschiedene Weise. Der Anblick eines Gebirges, dessen beschneite Gipfel sich über Wolken erheben, die Beschreibung eines rasenden Sturms, oder die Schilderung des höllischen Reichs von *Milton* erregen Wohlgefallen, aber mit Grausen; dagegen die Aussicht auf blumenreiche Wiesen, Täler mit schlängelnden Bächen, bedeckt von weidenden Heerden, die Beschreibung des Elysium, oder *Homers* Schilderung von dem Gürtel der Venus veranlassen auch eine angenehme Empfindung, die aber fröhlich und lächelnd ist. Damit jener Eindruck auf uns in gehöriger Stärke geschehen könne, so müssen wir ein *Gefühl* des *Erhabenen* und, um die letztere recht zu genießen, ein *Gefühl* für das *Schöne* haben. Hohe Eichen und einsame Schatten in heiligen Hainen sind *erhaben*, Blumenbetten, niedrige Hecken und in Figuren geschnittene Bäume sind *schön*. Die Nacht ist *erhaben*, der Tag ist *schön*. Gemütsarten, die ein Gefühl für das Erhabene besitzen, werden durch die ruhige Stille eines Sommerabends, wenn das zitternde Licht der Sterne durch die braune Schatten der Nacht hindurch bricht und der einsame Mond im Gesichtskreise steht, allmählig in hohe Empfindungen gezogen, von Freundschaft, von Verachtung der Welt, von Ewigkeit. Der glänzende Tag flößt geschäftigen Eifer und ein Gefühl von Lustigkeit ein. Dagegen kündigt sich die lebhafte Empfindung des Schönen durch glänzende Heiterkeit in den Augen, durch Züge des Lächelns und oft durch laute Lustigkeit an. Das Erhabene ist wiederum verschiedener Art. Das Gefühl desselben ist bisweilen mit einigem Grausen oder auch Schwermut, in einigen Fällen bloß mit ruhiger Bewunderung und in noch andern mit einer über einen erhabenen Plan verbreiteten Schönheit begleitet. Das erstere will ich das *Schreckhaft-Erhabene*, das zweite das *Edle* und das dritte das *Prächtige* nennen. Tiefe Einsamkeit ist erhaben, aber auf eine schreckhafte

Art ⟨folgt in Anm. als Illustration für edles Grausen die Beschreibung gänzlicher Einsamkeit, wie sie sich findet in einer morgenländischen Erzählung namens *Carazans Traum. Eine morgenländische Erzählung* im ›Bremischen Magazin zur Ausbreitung der Wissenschaften, Künste und Tugend ⟨...⟩‹, Bremen und Leipzig, Bd. 4, 1761, S. 539-546⟩. Daher große, weitgestreckte Einöden, wie die ungeheure Wüste Schamo in der Tartarei, jederzeit Anlaß gegeben haben⟨,⟩ fürchterliche Schatten, Kobolde und Gespensterlarven dahin zu versetzen.

Das Erhabene ist jederzeit groß, das Schöne kann auch klein sein. Das Erhabene muß einfältig, das Schöne kann geputzt und geziert sein. Eine große Höhe ist eben so wohl erhaben als eine große Tiefe; allein diese ist mit der Empfindung des Schauderns begleitet, jene mit der Bewunderung; daher diese Empfindung schreckhaft erhaben und jene edel sein kann. Der Anblick einer ägyptischen Pyramiden rührt, wie ⟨Friedrich⟩ *Hasselquist* ⟨in seiner *Reise nach Palästina in den Jahren 1749-1752*, Rostock 1762, vgl. S. 82-94, bes. S. 85⟩ berichtet, weit mehr, als man sich aus aller Beschreibung es vorstellen kann, aber ihr Bau ist einfältig und edel. Die Peterskirche in Rom ist prächtig. Weil auf diesen Entwurf, der groß und einfältig ist, Schönheit, z. E. Gold, mosaische Arbeit etc. etc. so verbreitet ist, daß die Empfindung des Erhabenen doch am meisten hindurch wirkt, so heißt der Gegenstand prächtig. Ein Arsenal muß edel und einfältig, ein Residenzschloß prächtig und ein Lustpalast schön und geziert sein.

Eine lange Dauer ist erhaben. Ist sie von vergangener Zeit, so ist sie edel; wird sie in einer unabsehlichen Zukunft voraus gesehen, so hat sie etwas vom Schreckhaften an sich. Ein Gebäude aus dem entferntesten Altertum ist ehrwürdig. *Hallers* Beschreibung von der künftigen Ewigkeit flößt ein sanftes Grausen und von der vergangenen starre Bewunderung ein.

(AA II, S. 208 ff.)

Soviel zu Kants früher Deskription des Themas; schon der

folgende Abschnitt verläßt die Phänomen-Beschreibung und wendet sich zu »den Eigenschaften des Erhabenen und Schönen am Menschen überhaupt« (l. c., S. 211 ff.); der dritte diskutiert den Unterschied beider »in dem Gegenverhältnis beider Geschlechter« (l. c., S. 228 ff.), der vierte und letzte gar aus der Perspektive der »Nationalcharakter« (l. c., S. 243 ff.). Die ganze erkenntnistheoretische Basis, auf der der Unterschied des Schönen und des Erhabenen in der *KU* diskutiert wird, ist in der frühen Abhandlung auch von ferne nicht in Sicht.

Zum Naturschönen, meint Kant weiter in der »Analytik des Erhabenen«, müssen wir einen Grund außer uns suchen, zum Erhabenen aber finden wir den Grund in uns bzw. in der Haltung, die unser Gemüt durch den Analogieschluß auf die Achtung vor dem Sittengesetz in die Betrachtung immenser Naturgewalt hineinbringt. Im übrigen gelten alle Kategorien des ästhetischen Urteils ebenso für dasjenige übers Erhabene.

Hier ist Gelegenheit zu einer Anmerkung übers Verhältnis des Schönen zum Erhabenen. In der Analytik des letzteren neigt Kant dazu, es vom Schönen dadurch abzusetzen, daß das Schöne gleichsam den Verstand, das Erhabene aber die Vernunft symbolisiere (vgl. z. B. *KU*, § 27, S. 99). Denn obwohl Kant das Geschmacksurteil durchgängig scharf vom Erkenntnisurteil absetzt, bringt es die Erinnerung an die Tradition des Gemeinsinns doch in eine überraschende Ähnlichkeitsbeziehung zu ihm. Die beiden kommen darin überein, daß in ihnen die Einbildungskraft in einem »wohl proportionierten Verhältnis« sich befindet zum Verstand; nur mache sich die Einbildungskraft im Fall der Erkenntnis zum Ausführungsorgan des Gesetzes, das ihr vom Verstand aufgeprägt wird, während im ästhetischen Urteil die Einbildungskraft es ist, die dem Verstand ihre »freie Gesetzmäßigkeit« vorschreibt. Im Grunde, sagt Kant, handelt sich's in beiden Fällen um eine und dieselbe Beziehung, nur einmal betrachtet unterm Gesichtspunkt ihrer Stimmigkeit zum Begriff, das andere Mal derjenigen zum Gefühl. In einem Begriff ist die Einbildungskraft gleichsam gefesselt, fixiert; sie ist freier im Betrachten oder Schaffen des Schönen. Aber noch diesen Überschuß an Freiheit, der die Einbildungskraft im Geschmacksurteil von ihrer Einbindung in den Begriff auszeichnet, beutet Kant zur Feststellung einer weiteren Analogie aus. Gerade durch ihre Freiheit kann die Schau des Schönen zum Analogon des sittlichen Urteils werden, wie das besonders ausführlich der § 59 zeigt. Wenn das Geschmacksurteil auch nicht vom Sittengesetz bestimmt wird, so ist es ihm doch in einem bestimmten Sinne formal ähnlich, ist's doch im einen wie im anderen Falle die Freiheit, die unsere Vorstellungen imperativisch manipuliert. Allerdings drängt sich die sittliche Freiheit unseren Vorstellungen auf eine objektiv zwingende Weise auf, während die ästhetische Freiheit ein objektives Prinzip nur kontrafaktisch unterstellt, dessen faktische Existenz sie indes nicht dartun kann (genau genommen kann die praktische Vernunft die Realität der Freiheit als ihres Prinzips auch nicht objektiv dartun, so daß ästhetische Symbole das Höchste bilden, was uns zur Repräsentation der Idee überhaupt gegeben wird). Beide Verhältnistypen (Bezug aufs Erkennen, Bezug aufs Sittengesetz) können indessen das Rätsel des Schönen nicht lösen. Weder Erkenntnisse noch sittliche Taten zeigen uns das Rätselgesicht eines prinzipiell unausschöpfbaren Sinnreichtums. Dennoch erklärt die Analogie mit dem Sittlichen – wenn denn schon eine solche metaphysische Hintergrundsannahme gemacht werden muß – das Rätselgesicht des Schönen besser als die mit dem Verstandesbegriff. Während nämlich Verstandesbegriffe durch sogenannte Schemata vollkommen sinnlich dargestellt werden können, sind Vernunftbegriffe (Ideen), wie wir eben sahen, ›inexponibel‹. Der Sinnreichtum der ästhetischen Idee macht sich, *ordine inverso*, zum Symbol der Indemonstrabilität der sittlichen. Insofern ist das ästhetische Phänomen in der Analogie mit dem Sittlichen tiefer angesetzt und wird aus ihr besser verstanden – und das ist ja dann auch der Weg, den Friedrich Schiller und die Frühromantiker beschreiten werden (Schönheit als sinnlich erscheinende Freiheit). Ist das der Fall, bricht freilich die schroffe Opposition zusammen, die Kant zwischen der Analytik des Schönen und der des Erhabenen ansetzt: *Beide* sind Darstellungen von Ideen (nicht von Verstandesbegriffen) und nur darum Elemente einer Teleologie; und beide, nicht nur das Erhabene, entfalten ihren Sinnreichtum aus der wesenhaften Unangemessenheit des Vernunftbegriffs (oder Zwecks) an die sinnlichen Darstellungsmittel.

Kant unterscheidet zwei Klassen des Erhabenen, das mathematisch und das dynamisch Erhabene. Ersteres wird durch Komparation und Größenschätzung beurteilt, das zweite erwächst aus Kräftevergleichung. Erweitern wir z. B. kontinuierlich den Maßstab unserer Größenvergleichung, indem wir vom Menschenmaß über die Höhe der Alpengipfel zum Erdumfang und von dort zur Milchstraße schreiten, so erscheint uns alles Große in der Natur immer wieder als (komparativ) klein; erhaben nennen wir aber nicht die an einem Richtmaß gemessene, sondern die schlechthinnige Größe, an der jeder Maßstab versagt; und eine solche wird uns nur als ästhetische Idee der Urteilskraft präsentiert, an deren Grenzenlosigkeit die sinnliche Natur scheitert, wodurch sie zum Symbol der Vernunft werden kann. Das Gefühl des mathematisch Erhabenen ist somit gemischt: Es ist von Unlust begleitet, weil die Einbildungskraft ihre Unangemessenheit in der ästhetischen Größenschätzung fühlt, gleichzeitig aber ästhetisch lustvoll, weil der Geist seine Flügel aufspannt, die Sinnenwelt insgesamt überfliegt und dabei eine eigene innere Unermeßlichkeit (als Unangemessenheit an jede quantifizierbare Größe) genießt. Dynamisch erhaben ist die Natur im Geschmacksurteil als Macht, die über uns keine Gewalt hat, indem sie uns als empirische Wesen zwar niederdrückt, aber als Geister (Ideenwesen) wieder auferstehen läßt. So ist das Gefühl für das Erhabene der Natur seiner Stimmung nach dem moralischen (der Achtung) ähnlich (S. 116); und so wird dem Gemüt seine Überlegenheit – als Agent der übersinnlichen Freiheit – über die Natur symbolisch anschaulich (S. 104 f.), damit indirekt auch seine sittliche Bestimmung, die auf den gleichen übersinnlichen Ort hinstrebt wie die Natur in ihrer teleologisch gerichteten Evolution.

Die Unterscheidung des mathematisch und des dynamisch Erhabenen geht der Sache nach zurück auf Edmund Burkes (1728-1797) *A Philosophical Enquiry into the Origin of Our Ideas of the Sublime and the Beautiful* (1756, ²1757). Eine deutsche Übersetzung, von Christian Garve besorgt, war 1773 erschienen und bei Kants altem Verleger Johann Friedrich Hartknoch in Riga erschienen (Kant zitiert sie in der »Allgemeinen Anmerkung«, *KU*, S. 128 f.). Burke hatte dort das Vergnügen, das aus der Betrachtung des Erhabenen fließt, als »delight« bezeichnet; es ist dem »pleasure« entgegengesetzt, das wir bei der Betrachtung des Schönen empfinden. »Delight« entspringt aus der Distanzierung des Schmerzes – darin könnte man einen Vorboten von Kants ›Interesselosigkeit‹ sehen; aber die Theorie, wonach »Was im Leben uns verdrießt,/ Man im Bilde gern genießt« (Goethe, Motto zu *Parabolisch*), findet sich schon in der *Poetik* des Aristoteles (1448b 10 ff.: »Denn von Dingen, die wir in der Wirklichkeit nur ungern erblicken, sehen wir mit Freude möglichst getreue Abbildungen, z. B. Darstellungen von äußerst unansehnlichen Tieren und von Leichen«). Das Erhabene erschreckt durch die von ihm ausgehenden Vorstellungen des Immensen und Gefährlichen für unseren Selbsterhaltungstrieb; »delight« entsteht dann in der Überwindung dieser widrigen Anschauungen durchs Bewußtsein unserer Sicherheit. Ungeheuerlichkeit (»Riesigkeit«, »Größe der Dimension«) »ist eine andre mächtige Quelle des Erhabenen« (Zweiter Teil, Nr. 7); Schönes dagegen muß, um Liebe hervorzurufen, klein sein (Dritter Teil, Nr. 1 und 13). Von der Riesigkeit ist die »Unendlichkeit« des Erhabenen unterschieden, die alles quantifizierbare Maß übersteigt und als ›Größe überhaupt‹ gefürchtet wird (Vierter Teil, Nr. 13). Auch findet sich bei Burke schon eine Deskription des zwiespältigen Gefühls, den der Eindruck des Erhabenen macht: als Wechsel von Krampf und Lösung (IV, 3), der in einer kathartischen Erschütterung sein Ende findet (IV, 7). Kant äußert sich dazu (kritisch, da er das physiologische Erklärungsmodell Burkes ablehnt) in der *KU*, S. 128 f. (vgl. sonst S. 75, 80 ff. und S. 102 ff.). Auch durch folgenden Zug ist Burke (freilich im Verein mit der Wolff-Schule) Kants Anreger gewesen: durch die Betonung des geselligen Charakters der Schönheit. Sie ist, sagt er, eine gesellschaftliche Gemütsbewegung, weil uns der schöne Gegenstand zur Verbindung anreizt, weil wir ihn gern in unserer Nähe haben, gleichsam in Gesellschaft mit ihm leben wollen und diesen geselligen Genuß teils gern mit anderen teilen, teils an fremdem Urteil überprüfen.

Deduktion der ästhetischen Urteile

Die Überschrift dieser die §§ 30-54 befassenden ›Rechtfertigung der Gültigkeit eines ästhetischen Urteils‹ war im Druckfehlerverzeichnis der A-Auflage getilgt, erschien aber, offenbar mit Kants Billigung, in den nachfolgenden Auflagen wieder. ›Transzendentale Deduktion‹ meint hier, wie in der *KrV* das entsprechende Stück (»Deduktion der reinen Verstandesbegriffe«), nicht ›Ableitung aus obersten Prinzipien‹, sondern »die Erklärung der Art, wie sich Begriffe a priori auf Gegenstände beziehen können« (*KrV* A 85 = B 117). ›Transzendental‹ heißt die Deduktion, weil sie die »Rechtmäßigkeit« des Anspruchs der Geltung apriorischer Begriffe für das Gesamt aller Anschauungen dartut, während ›empirisch‹ eine Deduktion heißen müßte, »welche die Art anzeigt, wie ein Begriff durch Erfahrung und Reflexion über dieselbe erworben worden, und daher nicht die Rechtmäßigkeit, sondern das ⟨psychologische⟩ Faktum betrifft, wodurch der Besitz entsprungen« (l. c.).

Eine solche Deduktion (im Sinne von Rechtfertigung eines universellen Geltungsanspruchs) war in der *KrV* nötig, weil Sinnlichkeit und Verstand ja als zwei ganz verschiedene Erkenntnisstämme ausgewiesen waren; dann aber versteht sich nicht von selbst, daß apriorische Verstandesbegriffe für *alle* (aus der Sinnlichkeit entspringenden) Anschauungen gelten. Dies zu zeigen, ist das Beweisprogramm der ›transzendentalen Deduktion‹ der ersten Kritik. Es wird erfüllt, indem gezeigt wird, daß es Repräsentationen von Zeit und Raum (sogenannte ›formale Anschauungen‹) gibt, die als solche Gegenstand reiner Verstandesbegriffe werden können; ist das der Fall, so folgt, daß (da in Raum und Zeit *alle* Anschauungen ihrer Form nach enthalten sind), alle sinnlichen Anschauungen, sie seien rein oder empirisch, unter den Kategorien stehen. (Vgl. dazu Dieter Henrich, *The Proof-Structure of Kant's Transcendental Deduction*, in: ›Review of Metaphysics‹, Bd. 22 [1969], S. 640-659; ders.: *Die Identität des Subjekts in der transzendentalen Deduktion*, in: *Kant. Analysen – Probleme – Kritik*, hg. von Hariolf Oberer und Gerhard Seel, Frankfurt/Main 1988, S. 39-70.)

In der dritten Kritik nimmt das entsprechende Beweisprogramm, wie zu erwarten, folgende Form an: Urteile über die (lautere) Form von Objekten bedürfen zu ihrer Rechtfertigung eines Prinzips a priori (*KU*, § 30, S. 131), auch und gerade dann, wenn das Beurteilte die subjektiv gefühlte Angemessenheit der Vorstellungskomplexion ans Gemüt, und nicht die objektiv beurteilte Synthesis derselben im Verstand ist. Da das Geschmacksurteil (als ein nicht-begriffliches) einzeln ist, dennoch aber auf allgemeine Gültigkeit prätendiert, bedarf dieser Anspruch der Rechtfertigung; das gilt auch für seine Notwendigkeit, die abermals nicht aus Beweisgründen a priori abgeleitet ist (§ 31, S. 13).

Diese Deduktion ist nicht nur, wie die »Anmerkung« zum § 38 betont, »darum so leicht, weil sie keine objektive Realität eines Begriffs zu rechtfertigen nötig hat« (S. 152), sondern weil ihre Grundzüge schon in der »Analytik des Schönen« geliefert waren. Der merkwürdig begrifflose Konsensus, den wir notwendig (und als blickten wir auf einen objektiv begründeten Vernunft-Zweck) in Geschmacksdingen beanspruchen, ergibt sich – wie wir sahen – einfach daraus, daß die Einzelnheits-Restriktion sinnlicher Erfahrungen für ästhetische Urteile wegfällt. Darum sind sie zwar nicht als objektiv-universelle fundiert (denn es gibt ja eben, womit Kant der Regelpoetik eines Batteux oder Lessing widerspricht, keine Beweise oder Regeln a priori, deren Befolgung Produktion oder Rezeption von Kunstwerken unter ein sicheres Maß brächte); wohl aber ist gezeigt, woraus ihr Rechtsanspruch a priori auf überindividuelle (auch nicht durch Tradition, Kanon-Bildung, statistische Kriterien, Meinung der Mehrheit oder andere ›heteronome‹ Beeinflussung fremdgesteuerte) Geltung fließt (§ 32 f.) – *quod erat demonstrandum*.

Die eigentliche Deduktion wird geführt aus dem Gedanken, den wir zu wiederholten Malen als eine rationalistische Rest-Anhänglichkeit der kantischen Ästhetik beobachten konnten: daß nämlich im Geschmacksurteil die »Einbildungskraft in ihrer *Freiheit*« harmoniert mit dem ›Verstand in seiner *Gesetzmäßigkeit*‹ (§ 35). Diese Harmonie wird zwar nicht logisch, sondern ästhetisch beurteilt – ihr Bestand beweist aber für Kant die Verträglichkeit des Geschmacksurteils mit dem logischen, das ja – a priori einsichtig – universell gilt; und also ist die Verstandes*förmigkeit* des Geschmacksurteils ein indirekter Beleg für seine Quasi-Universalität. Hierin liegt der ›Rechtsgrund für eine Deduktion der Geschmacksurteile‹ (l. c.). Zu zeigen war: Warum das empirische (und also einzelne) Prädikat ›ist schön‹, wenn es zu einer Anschauungskomplexion hinzutritt, dennoch »die geforderte Beistimmung *von jedermann betrifft*« (§ 36, S. 149): »Es ist ein empirisches Urteil: daß ich einen Gegenstand mit Lust wahrnehme und beurteile. Es ist aber ein Urteil a priori: daß ich ihn schön finde, d. i. jenes Wohlgefallen jedermann als notwendig ansinnen darf« (§ 37, S. 150). Da nun das Geschmacksurteil erstens nur die Harmonie einer Konfiguration der Einbildungskraft mit ›einem Erkenntnis überhaupt‹ beurteilt und zweitens bloß aus der Form (nicht aus Begriffs-, auch nicht aus Empfindungsqualitäten des Beurteilten) sich motivieren läßt, gibt es keinen Grund, ihm den Allgemeinheitsanspruch zu verwehren (§ 38, S. 151, Fußnote). Auch noch diese Formel zeigt, daß beim Geschmacksurteil nicht, wie die liberalere Lesart gern möchte, das ›freie Spiel der Einbildungskraft‹ als solches beurteilt wird, sondern seine Kompatibilität mit der Struktur des Erkenntnisurteils. Ist sie gesichert, so ist auch die »Mitteilbarkeit« des Geschmacksurteils (§ 39) und seine Verwandtschaft mit dem »Gemeinsinn« oder »sensus communis« einsichtig (§ 40).

Hier nimmt Kant traditionelle Themen der Popularphilosophie auf, zu denen auch die Eignung des Kunstschönen zur Beförderung der »Geselligkeit«, ja der »Humanität« gehört, die schon bei Burke eine große Rolle spielten. Wenn das Geschmacksurteil auch nicht aus einem ›empirischen Interesse‹ hervorging (Interesse war nicht sein Bestimmungsgrund), so hindert doch nichts, daß es nachträglich ein solches auf sich zieht (vgl. S. 7, Fußnote, und § 41); von der Art ist aber das Interesse an der Existenz des Schönen im Blick auf seine Eignung zur Beförderung der Humanität, ist doch, sagt Kant (und da umreißt er in nuce bereits Schillers Programm einer ästhetischen Erziehung des Menschen), im Geschmack der »Übergang unseres Beurteilungsvermögens von dem Sinnengenuß zum Sittengefühl« gegeben (B 164). Auf diesen Zug des Geschmacksurteils richtet sich dann geradezu das ›intellektuelle Interesse am Schönen‹ (§ 42), sofern es ein solches der Natur (nicht der Kunst) ist. Hier sei das Interesse »der Verwandtschaft nach moralisch« (B 170), das »*unmittelbare Interesse* an der Schönheit der *Natur* ⟨...⟩ jederzeit Kennzeichen einer guten Seele« und, wo es habituell geworden, sogar Anzeige »einer⟨r⟩ dem moralischen Gefühl günstige⟨n⟩ Gemütsstimmung« (B 166). Das gilt fürs Kunstschöne nicht; denn wenn dieses von allem Interesse am Dasein des Beurteilten zu abstrahieren hat, gefällt das Schöne der Natur, gerade weil nicht nur die Form, »sondern auch das Dasein desselben« geschätzt wird, auch wenn nach wie vor weder Sinnenreiz noch Nützlichkeit das Urteil motiviert (167). Naturprodukte haben eben »objektive Realität«; mithin beruht das Wohlgefallen, mit dem wir reagieren, auf einer nicht artifiziell hervorgebrachten, sondern auf einer von der Natur selbst vorgesehenen wohlproportionierten

Stimmung unserer Gemütskräfte; und mit Verstimmung reagieren wir, wenn (wie der Müllerbursche, der den Gesang der verstorbenen Nachtigall mit Schilf oder Rohr nachahmt [172 f.]) das Natürliche als künstlich sich herausstellt: »Es muß Natur sein, oder von uns dafür gehalten werden, damit wir an dem Schönen als einem solchen ein unmittelbares *Interesse* nehmen können« (l. c.). »Eine Naturschönheit ist ein *schönes Ding*; die Kunstschönheit ist eine *schöne Vorstellung* von einem Dinge« (188). So scheint Naturschönheit eine Anzeige zu liefern auf den übersinnlichen Grund ihrer und der Freiheit, für den ja nach Kant das Schöne allgemein Symbol, hier aber von der Natur selbst geschaffenes Symbol ist, die damit gleichsam das Reich der Freiheit antizipiert. An diese Reflexion schließt sich die berühmte, auch von Novalis, Hölderlin und Schelling so gern aufgegriffene Wendung an, diese »Deutung ästhetischer Urteile auf Verwandtschaft mit dem moralischen Gefühl« sei die »wahre Auslegung der Chiffreschrift ⟨...⟩, wodurch die Natur in ihren schönen Formen figürlich zu uns spricht« (170). An keiner Stelle seines Werks schließt Kants Ästhetik so eng an den Gedanken der Teleologie der Natur (171, Ende erster Abschnitt).

Die Wirkungsgeschichte von Kants Preis der Naturschönheit war gewaltig. Die Idealisten Schelling und Hegel widersprachen heftig. So meint Schelling, im schönen Naturprodukt sei der Widerstreit der freien und der notwendigen Tätigkeit des Geistes selbst nur objektiv, nicht auch im Bewußtsein gelöst; das durchgeistete Schöne müsse darum, weit entfernt, am Naturschönen sein Maß zu haben, umgekehrt »Prinzip und Norm für die Beurteilung der Naturschönheit« sein (*SW* I/3, S. 622). Theodor W. Adorno hat umgekehrt in seiner *Ästhetischen Theorie* (Frankfurt/Main 1970, S. 97 ff.) die Position Kants rehabilitiert aus der Parteinahme fürs ›Nicht-Identische‹, das von der Zurichtung durch den instrumentalen Geist noch frei sei (vgl. dazu Günter Figal, *Th. W. Adorno. Das Naturschöne als spekulative Gedankenfigur*, Bonn 1977).

Es folgen, nur mühsam mit dem Programm einer ›Deduktion der ästhetischen Urteile‹ assoziiert, Kants gleichwohl wirkungsmächtige Äußerungen über die Kunst überhaupt, die schöne Kunst und die Vielfalt der schönen Künste sowie das Vermögen, schöne Kunstwerke – nicht aber (darin weicht Kant z. B. von der angelsächsischen Tradition ab) wissenschaftliche Werke – hervorzubringen: das Genie im Unterschied zum Talent. Das Wort ›Genie‹, in dem lateinisch ›genius‹ und ›ingenium‹ semantisch zusammenfallen, ist erst seit dem 16. Jahrhundert in der Bedeutung belegt, an die Kant anknüpft und die eine reiche Tradition der Sturm-und-Drang-Ästhetik schon hinter sich hatte. Sie ist so vielfältig, daß sie hier nicht dokumentiert werden kann, zumal sie ausgezeichnet referiert wird im Artikel *Genie* von Joachim Ritters *Historischem Wörterbuch der Philosophie*, Bd. 3, Basel und Darmstadt 1974, S. 279-310, sowie in der ebenso gründlichen wie breitangelegten Studie von Jochen Schmidt, *Die Geschichte des Genie-Gedankens in der deutschen Literatur, Philosophie und Politik 1750-1945*, 2 Bde., Darmstadt 1985. Der für Kants Rezeption dieser Tradition entscheidende Grundgedanke findet sich in aller Klarheit schon bei Christian Fürchtegott Gellert (1715-1769), dem Fabeldichter, seit 1751 Professor »der Beredsamkeit und Moral« in Leipzig. Er hatte das Genie älter als die Regeln des von ihm geschaffenen Kunstwerks genannt (*Von dem Einflusse der schönen Wissenschaften auf das Herz und die Sitten*, in: *Sämtliche Schriften*, 10 Bde., 1769-74, Bd. 5, S. 156). Damit war gemeint: daß das Genie »original« schafft und daß die Regularitäten des von ihm Geschaffenen immer erst *ex post* analysierbar sind, dem Schaffensakt aber nicht vorherbestehen. So entspricht seine Produktion exakt dem Charakter des Schönen, von dem ja ebenfalls keine Wissenschaft vorab die Regel anzugeben wüßte. Johann Gottfried Herder und Johann Georg Hamann steigern den Affekt gegen die Regel-Poetik bis zur Mythisierung des Genies als »der Vorsehung wirkender Bote« (Herder, *Kalligone*, in: *Sämtliche Werke*, hg. von Bernhard Suphan, 33 Bde., 1877-1913, Bd. 22, S. 205) und deuten Homers Genie aus seiner »Unwissenheit« der Regeln (J. G. Hamann, *Hauptschriften*, hg. und erklärt von Fritz Blanke, Karlfried Gründer, Lothar Schreiner u. a., 7 Bde., Bd. 2, 1959, S. 150). Herder nennt Shakespeare, das Genie par excellence, »Schöpfer, Dichter, dramatische⟨n⟩ Gott«, dem, frei von allen Regeln der Einheit des Raumes und der Zeit, »keine Uhr auf Turm und Tempel schlägt«. Das Genie ist »Dolmetscher der Natur«, »Vertrauter Einer Gottheit«, Deuter der »Sprachen aller Alter«, »Sterblicher mit Götterkraft« usw. (Herder, *Shakespeare*, l. c., Bd. 5, S. 227 und 219). ›Original‹ ist das Genie, weil aus analytisch einsehbaren Gründen die Innovation eines bestehenden Regel-Systems von diesem her nicht antizipierbar ist – was nicht heißt, daß man nicht nachträglich die Regeln durch Analyse und Abstraktion freilegen könnte. Kant fügt hinzu: Regeln, die immer nur *ex post* bekannt und prinzipiell nicht vor dem Schöpfungsakt angegeben werden können, sind gerade das, was auf der Produktionsseite dem Rezeptionsphänomen des begrifflich nicht meisterbaren Geschmacksurteils entspricht (§ 48). Indem er die Genialität selbst zur Naturtätigkeit dazuzählt (§ 46), durch dessen schöpferische Intervention diese selbst sich die Regel gebe, knüpft Kant bei Gelegenheit dieses Theorems erneut ein Band zwischen der Ästhetik und der Naturteleologie: »Die Natur wird nicht mehr beurteilt, wie sie als Kunst erscheint, sondern sofern sie wirklich ⟨...⟩ *ist*; und das teleologische Urteil dient dem ästhetischen zur Grundlage und Bedingung, worauf dieses Rücksicht nehmen muß«; in einem schönen Produkt ›stellt die Natur ihre leitenden Zwecke schön vor‹ (188). Ein leitender Zweck der Naturtätigkeit ist eine Idee. Ästhetisch vorgestellt, erscheint er als begrifflich unausschöpflich sinnreiche Vorstellung (»ästhetische Idee« [B 192 f., 195, 238 ff.]; vgl. dazu in diesem Band S. 937, 979 u. 1244 f.), die »ein unabsehliches Feld verwandter Vorstellungen« evoziert (195). Ihre Erfindung ist wesentlich das Vermögen der Dichtkunst (194, 215). Ästhetisch heißt eine Idee, wenn sie begrifflich unausschöpfbar (»inexponibel«) ist, wenn ihr also niemals ein Begriff »adäquat« sein könnte; um eine Vernunftidee handelt sich's, wenn sie umgekehrt anschaulich undarstellbar (»indemonstrabel«) ist. Durch einen symbolischen Chiasmus kann nun die ästhetische Idee eine Vernunftidee indirekt darstellen, indem der Mangel-an-Anschauung einen Mangel-an-Begriff supplementiert (Anmerkung I zum § 57 und § 59).

Über Kants Parcours durch die einzelnen Künste und die nachfolgende Bewertung nach ihrem komparativen Rang (§§ 51 ff.) hat Schopenhauer im Schlußteil seiner »Kritik der Kantischen Philosophie« geurteilt, es sei, als kenne er, worüber er spreche,

> ganz und gar nur vom Hörensagen, nicht unmittelbar ⟨...⟩. Fast eben so könnte ein höchst verständiger Blinder, aus genauen Aussagen, die er über die Farben hörte, eine Theorie derselben kombinieren. Und wirklich dürfen wir Kants Philosopheme über das Schöne beinahe nur in solchem Verhältnis betrachten. Dann werden wir finden, daß seine Theorie sehr sinnreich ist, ja, daß hin und wieder treffende und wahre allgemeine Bemerkungen gemacht sind: aber seine eigentliche Auflösung des Problems ist ⟨...⟩ sehr unstatthaft, bleibt ⟨...⟩ tief unter der Würde des Gegenstandes ⟨...⟩.
>
> (*Werke* in 10 Bdn., hg. von Arthur Hübscher u. a. = Zürcher Ausgabe, Zürich 1977, Bd. 2, S. 646 f.)

Schopenhauer spricht hier zwar von Kants Ästhetik im allgemeinen, nicht speziell von Kants Äußerungen zu den ›schönen Künsten‹ im besonderen (§§ 51-53), für die das Urteil gerechter wäre. Aber selbst dieser Teil der Kantschen Ästhetik hat mit seiner Einteilung in redende und bildende Künste als Richtmaß noch auf die Gliederung der großen idealistischen Ästhetiken, zunächst und vor allem der Schellingschen Vorlesungen über *Philosophie der Kunst* (von 1802/03), gewirkt. Auch einzelne Werturteile (wie etwa die Vorrangstellung der Poesie, und nach ihr der Musik, vor allen anderen Kunstformen) und der Morgenschimmer der Schellingschen und frühromantischen Idee der Oper als Gesamtkunstwerk (§ 52), in der alle anderen Künste ›in einem und demselben Produkte verbunden‹ wären, haben in Kant ihren Ahnherrn. Freilich eröffnet Kant selbst noch eine dritte Rubrik, »die Kunst des schönen Spiels der Empfindungen« (*KU*, S. 211), worunter er vor allem die Musik aufführt, die bei Schelling als erste in der Reihe der bildenden Künste erscheint. Schellings Musiktheorie beruft sich u. a. auf Jean-Jacques Rousseaus *Dictionnaire de Musique* (Wörterbuch der Musik, zuerst 1767 erschienen) und nennt es »noch immer das gedachteste Werk über diese Kunst« (*SW* I/5, S. 325), während Kants Theorie der Musik eher beeinflußt ist durch Jean-Philippe Rameau (1683-1764), dessen *Nouveau Système de Musique théorique* (Neues System der theoretischen Musik) 1726 erschienen war. Rameau verteidigt dort und in zahlreichen späteren Abhandlungen seine Auffassung, wonach die Harmonie Grundlage der ganzen Musik sei, daß die Melodie erst aus ihr entspringe und daß auch die ästhetischen Wirkungen der Musik viel mehr der Harmonie als der Melodie verdanken, besonders gegen die Angriffe Jean-Jacques Rousseaus, der in verschiedenen Artikeln der *Encyclopédie* und im (sie teilweise neu versammelnden) musiktheoretischen Hauptwerk die Melodie, die zum Herzen spricht, stark macht gegen die Kunst der Proportion, der harmonischen Beziehungen, die bloß zum Verstande spreche und ›das Herz kalt lasse‹. (Rameaus Einfluß auf Kants Musik-Theorie und sein Streit mit Rousseau, Jean le Rond d'Alembert u. a. ist von Erich Adickes überreich dokumentiert in einer Fußnote zur Reflexion Nr. 639 [AA XV, 1, S. 277 ff.], in welcher Kant sagt: »Der formelle Reiz ist entweder unmittelbar, wie rameau ⟨sic!⟩ glaubt, daß es in der Musik sei, oder mittelbar, wie Lachen und Weinen; dieser letztere ist der idealische Reiz«.)

Die Deduktion der ästhetischen Urteile schließt mit einer Anmerkung (§ 54), in der Kant seine berühmte Erklärung des Lachens vorträgt. Den Kontext bildet eine resümierende Reflexion über den Unterschied des ästhetisch (im reflektierenden Urteil) Geschätzten vom bloß in der Empfindung Gefallenden (dem Vergnüglichen als einem dem Lebensgefühl förderlichen Affekt). Musik (nach ihrer reizenden Seite hin) sowie Scherz und Witz finden (wenigstens teilweise) ihren Ort in der Sphäre des Angenehmen und Vergnüglichen; darum glaubt Kant, von ihnen nur eine psychologisch-physiologische Erklärung (im Stile Burkes und Humes) geben zu können. Das Lachen ist ihm ein Affekt, der entsteht »*aus der plötzlichen Verwandlung einer gespannten Erwartung in nichts*« (*KU*, S. 225). Diese Verwandlung mag für den Verstand enttäuschend sein, körperlich wird sie erlebt als eine (wie Freud es nennen wird) Energieeinsparung oder -abfuhr, die erleichtert und entspannt. Kant belegt seine These mit treffenden Beispielen, denen die breite Diskussion um die Ursachen des Lachens (von den antiken Autoren über Jean Paul bis Henri Bergson und Sigmund Freud) nicht im Positiven widersprochen hat, sondern in dem, was von ihr nicht erklärt wird. (Vgl. Manfred Frank, *Vom Lachen. Über Komik, Witz und Ironie. Überlegungen im Ausgang von der Frühromantik*, in: Thomas Vogel [Hg.], *Vom Lachen. Einem Phänomen auf der Spur*, Tübingen 1992, S. 211–231.)

Das Lächerliche (γελοῖον – der Gegenstand bzw. Grund des Gelächters – ist von Platon und Aristoteles als »ein Mangel oder etwas Schimpfliches« (*Poetik* 1449 a 33 f.) – freilich harmloser Natur – behandelt worden. In der rhetorischen Tradition zählt es wesentlich unter strategischen Gesichtspunkten (es gilt, den Gegner dem Gelächter auszusetzen). Erst seit dem 17. und 18. Jahrhundert gibt es so etwas für eine Analyse des Phänomens – unabhängig von den Gefühlen, die es in uns auslöst; und von Jean de la Bruyère bis Hegel und später verständigt man sich auf den Aspekt der ›Inkongruenz‹ zwischen Sein und Anmaßung einer Person. »Ein lächerliches Objekt ist ein solches, was uns die Vorstellung einer unbeträchtlichen, uninteressanten und nicht allzu gewöhnlichen Ungereimtheit darbietet« (Friedrich Justus Riedel, *Theorie der schönen Künste und Wissenschaften*, ²1774, S. 105). »Les objets nous paroient ridicules toutes les fois que nous apercevons dans eux de l'incongruité« (Die Dinge erscheinen uns jedesmal lächerlich, wenn wir Inkongruenz in ihnen entdecken) (Alexander Gerard, *Essai sur le goût*, Paris und

Dijon 1766, S. 82). »Das Lächerliche entspringt aus einem sittlichen Kontrast, der auf eine unschädliche Weise für die Sinne in Verbindung gebracht wird« (Johann Wolfgang Goethe, *Die Wahlverwandtschaften*, Teil 2, Kap. 4). »Lächerlich kann jeder Kontrast des Wesentlichen und seiner Erscheinung, des Zwecks und der Mittel werden, ein Widerspruch, durch den sich die Erscheinung in sich selbst aufhebt, und der Zweck in seiner Realisation sich selbst um sein Ziel bringt« (Georg Wilhelm Friedrich Hegel, *Ästhetik*, hg. von Friedrich Bassenge, Berlin 1955, S. 552).

Dieser Einigkeit in der Phänomendeskription entspricht nicht eine ebensolche in der Erklärung des Affekts, der sich im Lachen ausspricht. Während viele Erklärer das Lachhafte für einen Zug der Sache selbst halten, hat zumal die mit Thomas Hobbes (1588-1679) einsetzende britische Tradition (z. B. Francis Hutcheson und James Beattie) das Lächerliche in die Auffassungsweise des betrachtenden Subjekts verlegt. Diese Subjektivierung, in die sich auch Kants Definition des Lachens einfügt, ist in Jean Pauls *Vorschule der Ästhetik* (1, 6. Programm, »Über das Lächerliche«) für das ganze 19. Jahrhundert folgenreich auf den Punkt gebracht worden. Da das Lächerliche nicht aus einem Mangel des Herzens, sondern des Verstandes entspringt (La Bruyère), kann man es geradehin »das Unverständige« nennen. Es weist drei »Bestandteile« auf: den »sinnlichen Kontrast«, der anschaulich wird in einer Handlung oder Situation; den »objektiven« Kontrast als »Widerspruch, worin das Bestreben und das Sein des lächerlichen Wesens mit dem sinnlich angeschaueten Verhältnis steht«; endlich den »subjektiven« Kontrast, der den objektiven allererst erzeugt, weil nichts an ihm selber lächerlich ist: erst unsere »Ansicht und Einsicht« tragen diesen Zug in die Sache hinein. Vor Jean Paul hatte schon Ludwig Tieck – in den unvollendeten Entwürfen seines *Buchs über Shakespeare* – die Subjektivierung des Lächerlichen ins Extrem getrieben: Es sei die innere Transzendenz des Subjekts, die alle Weltgegenstände überschreite und so einen Abstand zwischen ihnen selbst und dem auftue, als was sie im subjektiven Entwurf erscheinen. Dieser Abstand zwischen Sein und Entwurf kann eins von beiden unter Umständen lächerlich erscheinen lassen (vgl. Manfred Frank, *Das Problem ›Zeit‹ in der deutschen Romantik*, München 1972, 2., erweiterte Neuauflage München, Paderborn und Wien 1990, S. 300 ff.).

So weit geht Kant offenbar nicht. Innerhalb der Tradition, die das Phänomen subjektiviert, schließt er sich wiederum denen an, die es weniger »moraliter« als »physice« betrachten und erklären (nach der Unterscheidung des Artikels *Lachen* in Johann Georg Walchs *Philosophischem Lexicon*, Leipzig 1775, S. 2204). Auch diese Tradition hat in Thomas Hobbes ihren Ahnherrn; in *Human Nature, or the Fundamental Elements of Policy* (*The English Works*, hg. von Sir William Molesworth, Bd. 4, London 1840, S. 46) erklärt er es aus einer das Lebensgefühl steigernden Superiorität des Lachenden über den Verlachten. Auch Kant sieht das Lachen als Ausdruck einer »Positivität des Lebensgefühls« (Joachim Ritter, *Über das Lachen*, in: ›Blätter für deutsche Philosophie‹ 14 [1950], S. 15) und sucht hinsichtlich seiner nur nach subjektiven, aber nicht transzendentalen, sondern psychologischen Ursachen. (Vgl. auch in Walchs Lexikon, l. c., S. 2205, die Bemerkungen über die freude- und lebensluststeigernde Wirkung des Affekts, der sich im Lachen entlädt.)

Es ist freilich merkwürdig, daß Kant auf die allgemeine Zustimmungsfähigkeit des Witzes setzt, wenn er seine Wirkung nur physiologisch glaubt erklären zu können, es sei denn, er setzte darauf, die empirische Humanpsychologie werde die Physiologie des Lachens eines Tages deskriptiv in den Griff bringen; hier ist freilich eine der Stellen seines Systems berührt, in welchen der behauptete oder beobachtete Zusammenklang organischer Körperempfindungen mit Leistungen der Urteilskraft (z. B. mit »Begriffe⟨n⟩, welche ästhetische Ideen erwecken« [*KU*, S. 228]) tieferes Eindringen in das Leib-Seele-Verhältnis erfordert hätten, als es auf der Grundlage des kantischen Dualismus möglich war.

Die Dialektik der ästhetischen Urteilskraft

Eine solche findet eigentlich gar nicht statt; denn Geschmacksurteile erheben keinen Anspruch auf objektive Universalgeltung; ebensowenig gibt es begründeten Streit zwischen individuellen Geschmacksurteilen, weil keiner der Streitenden sein Urteil zu einem allgemeinen Gesetz erheben kann. Darum, sagt Kant, könnte allenfalls von einer »Dialektik der Kritik des Geschmacks (nicht des Geschmacks selbst)« (*KU*, S. 232) die Rede sein. – Wie die ›Deduktion‹ erscheint also auch die ›Dialektik der ästhetischen Urteilskraft‹ eher aus Gründen architektonischer Symmetrie, als weil ihr Prinzip oder ihr Gegenstand weiterer Erörterung bedürften. Und wie die ›Deduktion‹ lohnt die ›Dialektik‹ die Lektüre weniger um ihres im Titel ausgestellten Themas als wegen der wichtigen Korollarien und Anmerkungen, die sie relativ willkürlich an diesem Ort zusammenstellt.

Die Antinomie der Geschmacks-Kritik wird aus dem Gemeinplatz ›de gustibus non est disputandum‹ (über den Geschmack läßt sich nicht streiten) entwickelt. Den kann man auf zweierlei Weise verstehen, deren Alternativen freilich kontradiktorische Gegensätze darzustellen scheinen: 1. Es gibt keinen Begriff, der das Geschmacksurteil bestimmte, so hat jeder seinen eigenen Geschmack; 2. Geschmacksurteile entspringen aus Begriffen (sonst ließe sich nicht einmal darüber streiten [Antithesis]). Aufgelöst wird die Antinomie durch Aufweis ihrer Scheinnatur: Beide Glieder sind wahr und im Grunde auch gar nicht kontradiktorisch: Geschmacksurteile gründen sich nicht auf bestimmt spezifizierbare Begriffe, wohl aber auf subjektiv unterstellte Ideen (unbestimmte Begriffe »vom übersinnlichen Substrat der Erscheinungen« [237]).

Die Gründe für die Unterstellung jenes übersinnlichen Einheitsgrundes, in welchem Sinnlichkeit und Vernünftigkeit »einstimmig« sich zeigten (239), wurden schon früher aufgewiesen. Kant hält aber die Eigentümlichkeit dessen, was er ästhetische (im Gegensatz zu Vernunft-) Ideen nennt, einer ausführlichen Anmerkung für bedürftig. Wir haben sie weiter oben (S. 1173 ff.) schon vorweggenommen und auch Kants Gedanken der wechselseitigen Kompensation beider skizziert: Mit ihrer (»inexponiblen«, d. h. in Begriffe nicht auflösbaren) Vieldeutigkeit *symbolisiert* oder supplementiert die Einbildungskraft den Mangel an Anschaulichkeit (»Indemonstrabilität«) der Vernunftideen – allen voran der Idee »vom übersinnlichen Substrat aller Erscheinungen überhaupt« (241). (Wie eine solche Symbolisierung genauer aussieht, wird im § 59 in extenso vorgeführt.) – Eine zweite Anmerkung räsonniert im Rückblick auf die Gründe für die Triplizität der Antinomien (aus der Dreiheit der Erkenntnisvermögen), wie sie in der *KrV* aufgetreten waren, in welcher freilich die Urteilskraft noch nicht die systembeschließende Funktion neben Verstand und Vernunft innegehabt hatte. Rückblickend nimmt Kant jetzt die Urteilskraft in ihrem reflektierenden Gebrauch zur Erklärung der zweiten Antinomie in Anspruch (»eine Antinomie der Vernunft in Ansehung des ästhetischen Gebrauchs der Urteilskraft *für das Gefühl der Lust und Unlust*«) und deutet so dies Lehrstück der *KrV* in Funktion zur Trias der Erkenntnisvermögen erheblich um (244). Jede von ihnen erweise sich einer eigenen Idee verpflichtet: die theoretische Vernunft der des übersinnlichen Substrats der Natur, die Urteilskraft der »der subjektiven Zweckmäßigkeit der Natur für unser Erkenntnisvermögen« und die praktische Vernunft der Freiheit als Garantin der Sittlichkeit (245).

Die Schönheit und »Zierlichkeit« der Natur, ihr Formenreichtum, ihre nur in Analogie zur ›Freiheit‹ beschreibbare Bildungskraft (249, 253), wie sie vor allem im Phänomen der Kristallisation zutage tritt, kurz: ihre gleichsam »ohne Zweck, von selbst und zufälligerweise sich hervortuende zweckmäßige Übereinstimmung zu dem Bedürfnis der Urteilskraft« (247), dürfen nicht ›realistisch‹, sondern müssen ›idealistisch‹ gedeutet werden: als ihren Grund beziehend nicht aus einer Tatsache in der Welt oder einer faktischen

Freiheit in ihrer Organisation, sondern lediglich aus einer (regulativen) Idee unserer Vernunft (§ 58). Dennoch ist gerade die Naturschönheit – als Charakter eines real Existierenden – für Kant so etwas wie ein Vorschein derjenigen Zweckmäßigkeit, die er ›objektiv‹ nennt, obwohl auch sie nur unserer Urteilskraft so erscheinen will. – Daß Schönheit gleichsam sinnliches Erscheinen der Idee aller Ideen, der Sittlichkeit, sei, zeigt der § 59. Anders als Schiller (und die Frühromantiker), die solche Formulierungen wörtlich nehmen, nennt Kant die Schönheit jedoch nur das »Symbol« der Sittlichkeit. Wir sahen früher schon, daß der symbolische Ausdruck eine indemonstrable Vernunftidee sinnlich (und mithin unangemessen, durch eine ästhetische Idee) darzustellen sucht. Da das geradehin unmöglich sein würde, kann er es nur nach einer Analogie tun; diese kann nicht zwischen den verglichenen Gegenständen selbst bestehen (zwischen denen herrscht ja Inkommensurabilität), sondern nur in »der Übertragung der Reflexion über einen Gegenstand der Anschauung auf einen ganz andern Begriff, dem vielleicht nie eine Anschauung direkt korrespondieren kann« (l. c., B 257).

Die symbolische ist eine von drei Weisen der Versinnlichung von Begriffen, wie sie Kant unter dem Titel der ›Hypotypose‹ vereinigt (von griechisch ›hypotyposis‹: »Entwurf«, »Umriß«: schon bei Quintilian meint der Ausdruck »Illustration«, »Veranschaulichung eines rahmenmäßigen Gesamtgegenstandes«). Alle haben gemein, auf Anschauungen zu rekurrieren. Sind diese empirisch, so haben wir mit *Beispielen* zu tun. Handelt sich's um reine Verstandesbegriffe (also Kategorien), so wird die darstellende Anschauung *Schema* heißen. (Da Kategorien a priori für jede Anschauung gelten, kann die korrespondierende Anschauung nicht individuell sein; sie kann nur der Regel entspringen, nach der die Einbildungskraft zu verfahren hat, um einen nach Kategorien bestimmten Gegenstand a priori hervorzubringen.) Wenn sich das Schema indes immer letztlich auf einen wirklichen oder hervorzubringenden Gegenstand-überhaupt bezieht, ist das *Symbol*, als Versinnlichung von Ideen (reinen

Vernunftbegriffen wie Schönheit, Ewigkeit usw.), in der Wirklichkeit nur indirekt darstellbar. »Indirekt« heißt: auf dem Umweg über eine Analogie. Dabei geht die Urteilskraft in zwei Etappen vor: Sie wendet zunächst den Begriff ihres Gegenstandes auf eine sinnliche Anschauung an, um »dann zweitens die bloße Regel der Reflexion über jene Anschauung auf einen ganz anderen Gegenstand, von dem der erste nur das Symbol ist, anzuwenden« (256).

Kant gibt eine Reihe von Beispielen (z. B. das politisch stark überdeterminierte vom absolutistischen Staat als einem Räderwerk [einer Handmühle]), die eine reiche Diskussion sowohl im politischen Diskurs wie in der Symbol- und Metapherntheorie von Goethezeit und Romantik ausgelöst haben. Staat und Handmühle – das sind Begriffe, die sich vor allem im Umfang unterscheiden; und der Übergang vom einen zum andern läßt sich in der Tat am Leitfaden einer Reflexion auf die Form leisten, die zwischen den beiden Verhältnissen stattfindet: erstens dem zwischen dem Begriff ›Mühle‹ und der ihr entsprechenden Anschauung, zweitens zwischen dem Begriff der Despotie und der ihm direkt entzogenen Anschauung. Durchs Symbol tritt die indirekte Anschauung, die normalerweise dem Begriff ›Mühle‹ entspricht, an die Stelle der Anschauung, die dem Begriff ›despotischer Staat‹ unmittelbar fehlt. So stellt sich die Figur eines Chiasmus her, der dem vierten fehlenden Term (hier: der fehlenden Anschauung eines indemonstrablen Begriffs) den zweiten verfügbaren Term substituiert (hier: die Anschauung eines demonstrierbaren Begriffs). Alles spielt sich so ab wie im Dreisatz: a : b wie c : x, wobei man nur x ausrechnen muß. (So war von Aristoteles bis hin zu Ferdinand de Saussure der Mechanismus der metaphorischen Sinn-Neuschöpfung erklärt worden.) Wie aber, wenn x für einen völlig unsinnlichen Begriff steht?

Kant antwortet: Symbole können auch für reine Vernunftbegriffe stehen, etwa für den der Freiheit; und eben das ist's, was das Kunstwerk leistet, wenn es mehr ist als eine Allegorie. Die Analogiebeziehung stellt sich alsdann her über eine Reflexion auf die Rolle, welche die Freiheit hier im wohlproportionierten Spiel der Einbildungskraft (oder der Erkenntnisvermögen), dort als Gebieterin über unser Begehrungsvermögen einnimmt. Beide Male begegnen wir im Subjekt einer Instanz, die mehr ist als bloß subjektiv, die weder Natur noch Freiheit, »doch aber mit dem Grunde der letzteren, nämlich dem Übersinnlichen, verknüpft ist« und vermittelst welcher »das theoretische Vermögen mit dem praktischen auf gemeinschaftliche und unbekannte Art, zur Einheit verbunden wird« (259).

So versteht sich aus dem Mechanismus der Symbolisierung auch die Analogie zwischen der ästhetischen und der sittlichen Idee: Das Schöne gefällt unmittelbar wie das Sittliche (aber bloß ästhetisch, nicht begrifflich); es gefällt, ohne daß die Sinne oder das empirische (»untere«) Begehrungsvermögen daran Anteil nähmen; die Freiheit der Einbildungskraft symbolisiert die des reinen Willens; und die subjektive Allgemeinheit des Geschmacksurteils ist der universellen Gültigkeit des sittlichen Gebots ähnlich (259). So kann Kant – die vorsichtige Restriktion durchs ›als ob‹ fallenlassend – gelegentlich vom Geschmack als dem Vermögen »der Versinnlichung sittlicher Ideen (vermittelst einer gewissen Analogie der Reflexion über beide)« sprechen (263). So mache »der Geschmack ⟨...⟩ gleichsam den Übergang vom Sinnenreiz zum habituellen moralischen Interesse, ohne einen zu gewaltsamen Sprung, möglich, indem er die Einbildungskraft auch in ihrer Freiheit als zweckmäßig für den Verstand bestimmbar vorstellt und sogar an Gegenständen der Sinne auch ohne Sinnenreiz ein freies Wohlgefallen finden lehrt« (260). Eben darin gründet die Brückenschlag-Funktion der reflektierenden Urteilskraft in ihrem ästhetischen Gebrauch.

Damit ist der Übergang vorbereitet zum Zweiten Teil der *KU*, der »Kritik der teleologischen Urteilskraft«. In ihr wird die Zweckmäßigkeit als objektiv vorgestellt (§ 61), wenn diese auf die Dinge der Natur selbst projizierte Eigenschaft auch bloß aus Gründen unserer Reflexion über sie *notwendig* erscheint. Das Prinzip der teleologischen Naturbetrachtung ist nicht konstitutiv (es bildet nicht das objektive Sein der Naturprodukte), sondern bloß regulativ (entspringend aus unserer Weise, sie zu beurteilen).

Analytik der teleologischen Urteilskraft

Der Blick auf Kants Theorie der Vernunftschlüsse (vgl. den Kommentar zur ersten Einleitung der *KU*, hier S. 1173 ff.) hatte verständlich gemacht, was »Zweck« in objektiver Hinsicht heißen soll: die Vorstellung (›Idee‹) von einem (selbst un-bedingten) Gesamt von Bedingungen, die den konkret-empirischen Naturgesetzen systematische Einheit und durchgängigen Zusammenhang verleihen. Freilich sind Schlüsse der Vernunft aus dem (als Antezedens im Syllogismus schon angenommenen) Zweck gleichsam von oben herab abgeleitet; das Verfahren, vom Schluß – im Sinne von *conclusio* – aufzusteigen zum Antezedens, ist das gerade umgekehrte. In ihm biegt sich, wie wir wissen, die Urteilskraft gleichsam auf sich selbst zurück: Sie sucht zu einem empirischen Satz das Naturgesetz, aus dem er als notwendiger Schluß einsichtig würde. Das sind die sogenannte ›Schlüsse der Urteilskraft‹ (vgl. die §§ 81 ff. der Logik Jäsche [AA IX, S. 132 f.]). Bei ihnen handelt sich's um Analogieschlüsse: Geschlossen wird, sagt Kant, »von *vielen* Bestimmungen und Eigenschaften, worin Dinge von einerlei Art zusammenstimmen, *auf die übrigen, sofern sie zu demselben Prinzip gehören*« (l. c., S. 132). Mit diesem Schluß-Typus haben wir in der Kritik der teleologischen Urteilskraft zu tun; denn da beurteilen wir ja die besonderen Naturgesetze so, *als ob* sie Wirkungen eines zielgerichteten Wollens wären, welches ihnen (als ihr gemeinsames Prinzip) Einheit verleiht. Um einen Analogieschluß handelt sich's, weil zwischen der blinden Zweckmäßigkeit der Naturorganismen und der Absichtlichkeit menschlichen intentionalen Handelns allenfalls eine Ähnlichkeit, aber keine Identität besteht (*KU*, S. XXVIII und S. 293 [= § 65]). Wer sich (wie die spekulative idealistische Naturphilosophie) über die kritizistische Beschränkung auf den Als-ob-Charakter teleologischer Annahmen über das Gesamt des Naturprozesses kühn hinwegsetzt, hätte in Kants Augen die Analogie als eine Identitäts-Anzeige verkannt (wozu Kant freilich selbst einlädt durch seine Rede vom ›Symbol‹-Charakter des teleologisch Beurteilten für den ›übersinnlichen Einheitsgrund der Natur und der Freiheit‹ – eine Rede, die die Analogie als symbolischen Vorschein einer unerweislichen gründenden Identität zu deuten sucht).

Obwohl Kant in der »Vorrede« zur *KU* die ästhetischen Partien seines Werks als dessen »wichtigstes Stück« auszuzeichnen scheint, tritt deren Bedeutung in beiden Einleitungen stark zurück hinter den naturteleologischen und systembeschließenden Überlegungen. Ihnen gilt offensichtlich zwischen 1787 und 1790 Kants eigentliches Interesse, wie es sich in den naturphilosophischen Aufzeichnungen des Nachlaßwerkes fast einseitig fortsetzt. Mit dieser Beobachtung ist nicht der besondere Reichtum und die Wirkungsmächtigkeit von Kants ästhetischer Revolution geleugnet. Aber wie wir aus den Kommentaren zu den ersten drei Textstücken dieser Ausgabe wissen, war ihm der Durchbruch zu seiner definitiven Auffassung über das Geschmacksurteil schon in den 70er Jahren gelungen, so daß er hier fast durchgängig an Ausgearbeites anschließen konnte. Dagegen scheint ihm der Sinn der gedanklichen Grundoperation, mit dem er sein philosophisches System (durch den Brückenschlag zwischen Theorie und Praxis) abzuschließen hoffte, wesentlich am Leitfaden seiner naturteleologischen Einsichten aufgegangen zu sein. So erklärt sich, daß der Kommentar zu den beiden Einleitungen der *KU* schon die Essenz des ganzen Zweiten Teils des Werks, also der »Kritik der teleologischen Urteilskraft«, vorweggenommen hat. Es ist ja auch wahrscheinlich, daß Kant bei der späten Umarbeitung der ersten zur zweiten Einleitung an profilierte Formulierungen anknüpft, deren Vorstufen sich besonders in den §§ 61-64 wiederfinden. Die Klassifikation der verschiedenen Typen von

Zweckmäßigkeit (subjektiver-objektiver, innerer-äußerer oder auch: absoluter-relativer, materialer-formaler, logischer-ästhetischer, absichtlicher-unabsichtlicher usw.), mit der Kant die »Analytik der teleologischen Urteilskraft« anhebt, wurde schon im Kommentar zur ersten Einleitung besprochen (vgl. hier S. 1193 ff.). Dadurch wissen wir auch, inwiefern das teleologische Urteil das Pendant des ästhetischen heißen darf und warum die Zweckmäßigkeit dieses subjektiv und formal, die jenes objektiv (und bald intellektuell, bald material) genannt wird. Im Zentrum der Analytik steht die berühmte Organismus-Theorie. Im Organismus, dessen Struktur die §§ 64 ff. erläutern, haben wir mit einer objektiven und materialen, obendrein aber noch mit einer inneren (oder, wie die erste Einleitung sagt: absoluten) Zweckmäßigkeit zu tun. Während Kant sonst streng darauf achtet, den bloß hypothetischen Charakter teleologischer Urteile zu unterstreichen, nennt er die organische Struktur gelegentlich (so am Ende des § 65) eine »objektive Realität«, ja ein durch empirische Befunde Abgestütztes. Das macht das Verständnis der Eigentümlichkeit des Organischen zu einer vorrangig wichtigen Angelegenheit.

Zunächst wollen wir in Erinnerung bringen, nach welchem Kriterium Kant seine Rede von einer inneren Zweckmäßigkeit ausrichtet. ›Zweckmäßigkeit‹ meint ja überhaupt die innere Beschaffenheit der Dinge, wenn sie nur nach Zwecken möglich ist. Als eine Eigentümlichkeit eines solchen Naturzwecks kennen wir seine Zufälligkeit: So hätte die Natur beim Bau eines Vogels neben den Démarchen, die sie effektiv befolgt hat, »auf tausendfache Art ⟨...⟩ anders« verfahren können; denn die Bildung keines einzigen Naturorganismus ist »a priori« vorgegeben (268 f.).

Auf dies Attribut des Naturzwecks, seine vollkommene Kontingenz (Zufälligkeit), kommt Kant zu Beginn des § 64 zurück und erklärt sie dort folgendermaßen: Da die Natur, in ihrer Produktivität am Leitfaden der mechanischen Kausalität, ihre Ergebnisse auf tausenderlei verschiedene Weise hätte erreichen (und selbst ganz andere Geschöpfe schaffen) können, stößt man hier auf eine unbezwingliche Zufälligkeit. Diese *Zufälligkeit* der Form des Gegenstandes bei allen empirischen und besonderen Naturgesetzen ist selbst ein Motiv dafür, auf ein Prinzip zurückzugehen, von dem her das Gerade-so-und-nicht-anders-Sein dieses Naturgegenstandes als Wirkung oder als dessen Ursache dieses Prinzip verstanden werden kann. Da es sich dabei nicht um den Verstand handeln kann (der ist für die Bestimmung empirischer Naturgegenstände unzureichend und determiniert nur den Naturmechanismus im allgemeinen), kann dies Prinzip nur die Vernunft sein. Geht man auf sie zurück, verwandelt sich die tatsächliche Zufälligkeit des betrachteten Gegenstandes in Ordnung und Zusammenhang und präsentiert sich in einem Lichte, daß wir dazu neigen, seine Beschaffenheit so zu betrachten, *als ob* sie nur durch eine »Entscheidung« der Vernunft (als Zweck also) möglich wäre. Ist doch die Vernunft das Vermögen, nach Zwecken zu handeln (intentional zu wollen), und der Gegenstand, der nur durch dies Vermögen als möglich vorgestellt wird, könnte nur als Zweck möglich vorgestellt werden (284f.).

Die Vernunft greift hier also ein, um einem Notfall der Theorie zuvorzukommen: Der menschliche Geist ist so veranlagt, daß es ihm, sozusagen instinktiv, versagt ist, sich mit einem Zustand von Unordnung und Zufälligkeit zufrieden zu geben. Zufällig aber ist ein Wesen, dessen Nichtsein oder Anderssein widerspruchsfrei denkbar ist (*KrV* B 290). Nun sind die Naturwesen, obwohl sie konkreten Gesetzen folgen, zufällig in dem genauen Sinne, daß ohne den leisesten Widerspruch und ohne daß die Kategorien des Verstandes im mindesten verletzt würden, ihre Beschaffenheit auf tausenderlei verschiedene Weise denkbar wäre. Da sich die Vernunft mit dieser Zufälligkeit nicht bescheiden läßt, entwirft sie ein Einheitsprinzip – eben die Idee eines Zwecks –, um sich hypothetisch die Ordnung und die Zusammenstimmung aller Teile untereinander von Naturprodukten und den sie regierenden Gesetzen zu erklären. Denn, sagt Kant, »diese *Zufälligkeit* seiner Form bei allen empirischen Naturgesetzen in Beziehung auf die Vernunft, da die Vernunft, welche an einer jeden Form eines Naturprodukts auch die Notwendigkeit derselben erkennen muß, wenn sie auch nur die mit seiner Erzeugung verknüpften Bedingungen einsehen will, gleichwohl aber an jener gegebenen Form diese Notwendigkeit nicht annehmen kann, ist selbst ein Grund, die Kausalität desselben so anzunehmen, als ob sie eben darum nur durch Vernunft möglich sei« (285). Die Vernunft ist das Vermögen der Ideen, darunter auch des Endzwecks der Natur, einer übersinnlichen Entität, die weit über die Natur (als eine Totalität von Objekten) (299) hinausliegt.

Um zusammenzufassen: Die Idee eines inneren Zwecks eines Naturprodukts kompensiert einen Mangel an Einsichtigkeit, wie er der zufälligen, aber dennoch geordneten Beschaffenheit der Naturprodukte eignet.

Kant führt allerdings noch ein anderes Kriterium an, um seine Konzeption des inneren Zwecks eines Naturproduktes zu legitimieren, nämlich »daß seine Form nicht nach bloßen ⟨d. h. mechanischen⟩ Naturgesetzen möglich sei, ⟨...⟩ sondern daß selbst ihr empirisches Erkenntnis, ihrer Ursache und Wirkung nach, Begriffe der Vernunft voraussetze« (284f.). Die Begründung dieses Satzes deckt sich zum Teil mit der Widerlegung der Annahme einer Zufälligkeit der Naturprodukte; zum anderen macht sie selbst die *empirische* Erkennbarkeit des Naturproduktes von seiner Rückführbarkeit auf ein angenommenes Vernunftgesetz als Antezedens abhängig. Man *muß* hier, schlägt Kant vor, auf eine Art Kausalitätsform rekurrieren, nicht die effektive, sondern die finale, so, daß alles sich abzuspielen scheint, »als ob sie ⟨die mechanische Kausalität⟩ eben darum nur durch Vernunft möglich sei; diese aber ist alsdann das Vermögen, nach Zwecken zu handeln (ein Wille)« (285).

Die beiden Argumente ergänzen sich: Um eine Notlage für die ganze Naturtheorie (nämlich den Rekurs auf so etwas wie Zufall) auszuschalten, muß man ein Einheitsprinzip annehmen, das sich zu den konkreten Gegenständen und den gesetzmäßigen Beziehungen, die sie miteinander unterhalten, so verhält wie der Verstand (mit dem Selbstbewußtsein als Prinzip) zum Mannigfaltigen der Sinne. Dieser Bezug kann äußerlich oder innerlich sein. Äußerlich wäre er, wenn das bezogene Relat so, wie es ist, bestünde, auch unabhängig von der Beziehung, die ihm nur nachträglich eine Zweckmäßigkeit für anderes andient. Er wäre innerlich, wenn die Struktur des Bezogenen selbst nur aus dieser Beziehung lebte, wenn der Zweck ihr eigener wäre. So wäre intern die Zweckmäßigkeit, deren mechanische Aspekte überhaupt nur vorstellbar wären als bestehend um eines ihnen inhärenten Zwecks willen. Ist aber diese Struktur einmal überhaupt etabliert, gibt es keinerlei Grund mehr, die Natur nicht *insgesamt* »auf einen übersinnlichen Bestimmungsgrund über den blinden Mechanism der Natur hinaus ⟨zu⟩ beziehen«. Die Natur bestünde dann nicht nur unter anderem aus Organismen, sie wäre selbst »im *Ganzen*« als ein solcher zu betrachten. Und was an einem Organismus allenfalls auch »nach bloß mechanischen Gesetzen begriffen werden« kann (Knochen und Haare, Wasser und Blutkreislauf usw.), erwiese sich seinerseits übergriffen von einem verursachenden Zweck, dem es »wiederum Organ ⟨also: dienendes Werkzeug⟩ ist« (Ende des § 66, S. 297 f.). Diese Idee von der Natur als Gesamtorganismus findet sich gelegentlich wieder im Nachlaßwerk, z. B. AA XXII, S. 59, Z. 12: »Die Welt in so fern sie nicht ein sparsim ⟨versprengtermaßen⟩ verbundenes Ganze sondern Organisches Ganze z. B. der Pflanzen für die Tiere und selbst zum Menschen ist.«

Paul Bommersheim hat in einem kleinen Aufsatz mit dem Titel *Der vierfache Sinn der Zweckmäßigkeit in Kants Philosophie des Organischen* (in: ›Kantstudien‹ 32 [1927], S. 290-309, hier: 294 ff.) vorgeschlagen, vier verwandte, aber nicht identische Bedeutungen des Terms ›innere Zweckmäßigkeit‹ der Natur zu unterscheiden: In der ersten Form bildet sie ein Prinzip der Urteilskraft, welches nichts über das konkrete Naturobjekt aussagt. Zweitens bezeichnet sie ein Prinzip der Einheit des Besonderen, dem analog, das in der *Kritik der reinen Vernunft* das sinnlich Mannigfaltige begrifflich vereinigt. Drittens dient die interne Zweckmäßigkeit als heuristisches Prinzip, zum Beispiel in Form des Postulats, nichts an einem Geschöpf als zwecklos zu unterstellen (*KU*, S. 296); schließlich (viertens) stellt sie ein besonderes Prinzip von Kausalität, der nach Zwecken, vor. Diese Vierfalt von Aspekten prägt die verschiedenen Definitionen, die Kant vom Organismus gibt, wobei ›Organismus‹ ein Ding als Naturzweck heißt (§§ 64 und 65).

Innere und äußere Zweckmäßigkeit: Kants Theorie der belebten Natur und der Natur als Gesamtorganismus

Die Organismus-Theorie bildet, wie gesagt, das Herzstück der »Analytik der teleologischen Urteilskraft«; und wenn Kant diesen Begriff einführt, gibt er der romantischen Naturphilosophie gleichsam die Losung. Zunächst scheint freilich nichts Aufregendes zu passieren, denn mit dem Auftritt des Worts »Organismus« scheint nur ein terminus technicus für eine unter dem Titel ›zweckmäßiges Naturprodukt‹ schon bekannte Sache gewählt zu sein (Überschrift des § 65, l. c., S. 289). Zweierlei ist indes an der Struktur des Organismus zu zeigen: 1. wie sich in ihm die beiden Kausationstypen (der mechanische und der finale) durchdringen; 2. wie sich an ihm der vierfache Sinn von ›innere Zweckmäßigkeit‹ entfaltet.

Mit dem Organismus glaubt Kant denjenigen Gegenstand aufgefunden zu haben, der dem Begriff des Zwecks »objektive Realität« verleiht (§ 65, S. 295). Die innere Zweckmäßigkeit des Organismus macht die Bedeutung und die Radikalität des Gegensatzes zwischen den Prinzipien der mechanischen und der teleologischen Naturerklärung greifbar. Gleichzeitig muß dieser Aufweis den Leser verwirren. Denn Kant setzt das teleologische Prinzip ein zur Erklärung von so verschiedenfältigen Phänomenen wie der Kohärenz der empirischen Gesetze, der wechselseitigen Abhängigkeit der Naturprodukte (ob lebendig oder nicht: Sache der äußeren

Zweckmäßigkeit), des Wachstums, der Reproduktion und Anpassung von Lebewesen, und schließlich gar des Sich-Herausbildens von Freiheits-Bewußtsein aus dem Naturdeterminismus. Man kann annehmen, daß Kant den Status dieses Prinzips nach Maßgabe der jedesmaligen Erklärungsziele verschiebt. Aber ist der Rückgang auf es ebenso unabdingbar zur Begründung unserer Erkenntnishaltung gegenüber empirischen Gesetzen wie zur Erklärung des Lebendigen? Und meint ›Teleologie‹ dasselbe, wenn es um die Erklärung der Beziehung zwischen den Teilen eines Organismus untereinander oder die mehrerer Lebewesen in einem Biotop geht? Kant gibt selbst zu, daß »ein Ding, seiner innern Form halber, als Naturzweck beurteilen, ⟨...⟩ ganz etwas anderes ⟨ist⟩, als die Existenz dieses Dinges für Zweck der Natur halten« (§ 65, S. 299).

Die Logik, in der sich Kants Argumentation entfaltet, geht von der Analyse der Struktur von Organismen zu ihrer äußeren Beziehung und von dort zur Ausweitung der teleologischen Erklärung auf Evolution und Geschichte der Menschheit (wie sie im Kommentar zu den geschichtsteleologischen Aufsätzen erläutert wurde [s. hier S. 1080 ff.]). Wie nicht anders zu erwarten, verändert der Begriff ›Teleologie‹ bei diesen Übergängen seinen Sinn. So muß zunächst zwischen ›innerer‹ und ›äußerer‹ Zweckmäßigkeit unterschieden werden. Wenn sich der Rückgriff aufs teleologische Prinzip im Falle der inneren Zweckmäßigkeit (der Organismen) ziemlich plausibel ausnimmt, so verliert er dagegen seine Triftigkeit bei der Erklärung der Beziehung der Naturwesen untereinander. Im letzteren Falle muß Kant, will er die Notwendigkeit des Prinzips bewähren, entweder ein strikt methodologisches oder ein theologisches Argument anführen. Beide aber sind nicht zwingend. Dagegen gibt es wirklich wenigstens ein Merkmal des Organismus, das von einer mechanischen Erklärung nicht erfaßt wird. Insofern hat Kant Grund zu seiner These, die belebte Natur lasse sich nicht auf eine Erklärung reduzieren, die nur physisch-chemische Gesetze gelten läßt.

Zunächst muß in diesem Zusammenhang Kants Unterscheidung zwischen mechanischer und teleologischer Kausalität aufgegriffen und erläutert werden. Die erstere wird vom Verstand als eine fortschreitende Verkettung von Wirkursachen und Wirkungen gedacht (Kant sagt, in einer anderen Perspektive, »aufwärts« gehend), so, daß jede Wirkung wieder Ursache einer neuen Wirkung wird usw. Dagegen ist der Begriff der Zweckursache kein Verstandes-, sondern ein Vernunftbegriff. Er verweist auf eine zugleich fortschreitende und rückwirkende Ursache (»aufwärts« und »abwärts« gehend, sagt Kant). In solch einer Reihe können die aufwärts gehenden Wirkungen Ursache ihrer Ursache sein, wobei die eine Ursache ideal, die andere real ist. Kant gibt im § 65 ein erhellendes Beispiel für diese doppelte Kausalität: Das Haus ist die Ursache für die eingenommenen Mieten. Diese Wirkursächlichkeit ist mechanisch in dem Sinne, daß die Wirkung in der Ursache nicht enthalten, sondern von ihr hervorgebracht ist. In der aufsteigenden Richtung aber geht die Vorstellung des Gegenstandes seiner Existenz voraus und liefert den Beweggrund zu seiner Herstellung: Um die erhofften Mieten zu erzielen, hat der Eigentümer das Haus überhaupt erst gebaut. Und nun ist die Wirkung in der Ursache als Vorstellung oder Idee »enthalten«, die, zunächst idealiter antizipiert, auf ihre nachherige Verwirklichung aus ist. Darum nennt Kant diese Art von Kausalität »ideell«; sie beruht auf der Vorwegnahme einer Idee, nach deren Maßgabe der projizierte Gegenstand hernach in die Wirklichkeit überführt (also verursacht) wird. In diesem Sinne ist die Vorstellung der einzuziehenden Mieten der Beweggrund des Haus-Baus.

»Eine Idee soll der Möglichkeit des Naturprodukts zum Grunde liegen« (§ 66, S. 297). Handelt sich's hier um eine Idee im Sinne des Vernunftbegriffs eines Ganzen, oder meint der Ausdruck nur eine intellektuelle Vorstellung? Den Unterschied kann man grob so verdeutlichen: Die Vorstellung eines Gegenstands erfolgt über einen bestimmten Begriff desselben: den des zu errichtenden Hauses z. B. oder den der einzuziehenden Mieten. Die verfügbaren Mittel zur Verwirklichung dieses Zwecks sind vielfältig. In diesem Sinn bestimmt der Zweck zwar die Mittel, aber die Mittel sind vom avisierten Zweck nicht notwendig bestimmt. Dagegen sind die Ideen der Vernunft als Projektionen einer formellen Einheit oder eines nur denkbaren Maximums unbestimmte, nicht durch Erfahrung abstützbare Begriffe. Nun hieß es von ihnen, daß sie unbeschadet ihrer Unbestimmtheit und Transzendenz a priori den Platz jedes in ihre Sphäre fallenden Elements bestimmen (*KrV* A 832 = B 860). Also muß ›Idee‹ in diesem zweiten, allumfassenden Sinn verstanden sein: Die Zweckidee erstreckt sich auf den ganzen Organismus, so wie die Idee systematischer Organisation der empirischen Gesetze idealiter jedes Einzelereignis in einem Regelgesamt befassen mußte. Während jedoch die Idee der formalen Einheit unserer Erkenntnis eine unbestimmte Vernunftvorstellung ist, ist die Idee eines organischen ganzen real/material und objektiv. Die Parallele zwischen der systematischen Vernunftidee und derjenigen Idee, von der es heißt, sie liege dem Organismus zu Grunde, hat zur Folge, daß man, sobald ein Naturprodukt zweckmäßig organisiert ist, schließen darf, daß nichts an ihm unnütz oder zufällig zustande gekommen ist (*KU* 296). Dieser Schluß hat weitreichende Konsequenzen.

Kant gibt zwei Bedingungen für die Rede von Organismus an. Die eine besagt,

⟨erstens,⟩ daß die Teile (ihrem Dasein und der Form nach) nur durch ihre Beziehung auf das Ganze möglich sind
(§ 65, S. 290),

die andere

⟨zweitens,⟩ daß die Teile desselben sich dadurch zur Einheit eines Ganzen verbinden, daß sie von einander wechselseitig Ursache und Wirkung ihrer Form sind.
(291)

Nun charakterisiert nur die zweite Bedingung spezifisch einen Naturzweck, da die erste auch auf die Produktion einer künstlerischen oder technischen Absicht zutrifft. Die zweite

Bedingung allein macht ein sich selbst organisierendes und hervorbringendes Produkt verständlich, dem ein »Bildungstrieb« und nicht nur eine (für die unorganische Materie insgesamt charakteristische) bewegende Kraft innewohnt (l. c.). Während man sich mit der Vorstellung der Zweckmäßigkeit der empirischen Gesetze auf die Idee eines höheren Verstandes, d. h. auf eine äußere Ursache des organischen Ganzen bezog, müssen wir im Organismus ein Verhältnis des Ganzen und der Teile solcherart denken, daß die Idee des Ganzen in jedem Teil schon enthalten ist (und umgekehrt): Jeder Teil existiert nur durch und für die anderen sowie durch und für das Ganze (l. c.). Wir werden noch sehen, welche erkenntnistheoretischen Probleme diese Hypothese aufwirft und wie der Begriff des ›Ganzen‹ zu denken ist.

Seine komplexe Doppel-Definition des Organismus illustriert Kant am Beispiel eines Baumes durch drei Überlegungen:

a) Die Tatsache, daß ein Baum sich selbst der *Gattung* nach erzeugt (286 f.) – in Übereinstimmung mit der Grundthese des Aristoteles (die dann durch die darwinistische Evolutionstheorie in Frage gestellt wurde: »Ἄνθρωπος ἄνθρωπον γεννᾶ« (Der Mensch erzeugt einen Menschen). In Kants Augen ist die Selbsterzeugung des Baums nach der Art (Kant nennt, was wir heute Art nennen, damaligem Sprachgebrauch entsprechend noch Gattung) kann aufgrund der reinen Wirkursachen nicht erklärt werden: Die Idee der Art muß vielmehr als Vorbild dienen, welches die Erzeugung gleichsam vorbedenkt und finalisiert.

b) Aber der Baum erzeugt sich nicht nur als selbst in seiner Art, sondern auch als *Individuum*: Seinem Wachstum ist ein Bauplan eingefügt, nach dem alles von außen an Rohstoffen Zugeeignete eigentümlich assimiliert und dem eigenen Wachstum kompatibel gemacht wird (287).

c) Die dritte Illustration der Eigentümlichkeit des Funktionierens von Organismen – und wohl die überzeugendste – ist ihrerseits in vier Einzelbeispiele unterteilt: α) dasjenige vom »Auge an einem Baumblatt, dem Zweige eines andern eingeimpft, ⟨welcher⟩ an einem fremdartigen Stocke ein Gewächs von seiner eignen Art hervor⟨bringt⟩, und ebenso das Pfropfreis auf einem andern Stamme. Daher kann man auch an demselben Baume jeden Zweig oder Blatt als bloß auf diesem gepfropft oder okuliert, mithin als einen für sich selbst bestehenden Baum, der sich nur an einen andern anhängt und parasitisch nährt, ansehen« (288). Kants Ansicht ist also, daß selbst der *Teil* eines Baumes die Information über die Struktur des Ganzen besitzt und sich in Konformität zu dem Gesetz, welches der Bildung des Ganzen vorsteht, reproduzieren kann. Im Unterschied zu einem Mechanismus, von welchem kein einzelner Teil über die Information über das Ganze verfügt, schließen die kleinsten Komponenten eines Organismus schon in ihnen selbst – wie eine Leibnizsche Monade – alle Eigenschaften ein, deren Gesamt den vollständigen Organismus bildet. Wir müssen auf diese höchst bedeutsame Beobachtung noch zurückkommen.

Kant fährt indessen damit fort, daß er uns darauf aufmerksam macht – β) –, daß die Blätter – als seine Teile – zwar Produkte des Baumes sind, ihn aber doch auch gegenseitig erhalten: »denn die wiederholte Entblätterung würde ihn töten, und sein Wachstum hängt von ihrer Wirkung auf den Stamm ab« (l. c.). Das, was Kant sich damit begnügt, »hier nur im Vorbeigehen ⟨zu⟩ erwähnen«, ist vielleicht sein stärkstes Argument für die Wechselwirkung zwischen dem Ganzen und seinen Teilen: zunächst – γ) – das Reproduktionsvermögen verstümmelter Organe (z. B. der Schwanz bei der Eidechse oder ganzer Glieder bei den Molchen) oder verletzter Organe (z. B. die »Selbsthilfe« der Haut bei Schürfungen), »wo der Mangel eines Teils, der zur Erhaltung der benachbarten gehörte, von den übrigen ergänzt wird« (l. c.); oder schließlich – δ) – »⟨die⟩ Mißgeburten oder Mißgestalten im Wachstum, da gewisse Teile, wegen vorkommender Mängel oder Hindernisse, sich auf ganz neue Art formen, um das, was da ist, zu erhalten, und ein anomalisches Geschöpf hervorzubringen« (l. c.). Diese vier von Kant vorgebrachten

Argumente bilden gewiß ernste Probleme für eine schlicht mechanistische Konzeption des Organismus. Sie sind alle ausersehen zu zeigen, daß nicht nur ein Individuum sein Wachstum nach einem Bildungsplan organisiert, sondern »daß die Erhaltung des einen von der Erhaltung der andern wechselsweise abhängt« (l. c.) – dies zur Stützung dafür, daß die erste Definition des Organismus als Ursache und Wirkung von sich selbst wohlbegründet war.

Kant kündigt diese erste Definition des Organismus als lediglich »vorläufig« an. Er sieht für sie eine gründlichere Ableitung aus einem genauer bestimmten Begriff vor. Das ist vor allem angezeigt hinsichtlich der schwierigen Formulierung »von sich selbst zugleich Ursache und Wirkung«. Um der größeren Klarheit willen erinnert uns Kant an die beiden Verursachungstypen, welche die Philosophiegeschichte unter den Titeln der Wirkungsursache und der Zweckursache unterschieden hat (l. c., 289 f.). Wirkungsursachen – oder Realgründe – verlaufen eindimensional: so, daß jede Ursache ihrerseits Wirkung einer vorangehenden Ursachen ist und so *ad infinitum* (289).

Hier erscheint also aufs neue die schwierige Wendung ›von sich selbst, wenn auch in doppeltem Sinne, Ursache und Wirkung sein‹. Das lichtvolle Beispiel vom Haus, das zugleich (Real-)Ursache der Mieten und deren Wirkung ist (um des Eingangs der Mietbeträge willen – dies der Idealgrund seiner Existenz – hat der Besitzer es bauen lassen) macht es leicht, die beiden Verursachungstypen zu entflechten und aufeinander zu beziehen (290).

Stellt man sich jetzt dieses Ineinander von Real- und Idealgründen in einem und demselben Ding vor, so hat man vor Augen, was Kant einen *Organismus* nennt. Während der Erwerbswille des Hausbesitzers von der Vorstellung des Hauses abstrahiert werden kann (er ist ihr äußerlich), ist die Zweckmäßigkeit des Ganzen im Bereich des Organismus konstitutiv für die Anordnung seiner Teile (sie ist ihr innerlich): Kein fremder oder äußerer Wille handelt hier, sondern ihr eigener. Darum kann Kant sagen, daß in einem Organismus »die Verknüpfung der *wirkenden Ursachen* zugleich als *Wirkung durch Endursachen* beurteilt werden könnte« (291).

Man kann also das Spezifikum des Organismus resümierend so charakterisieren: Wir haben mit einem nach einer Zweckidee organisierten Wesen zu tun, wenn folgendes gilt: Es sei gegeben ein Teil x und ein Ganzes y, 1. x ist ein Teil von y, 2. x ist die Ursache von y, 3. y bestimmt x (vgl. Clark Zumbach, *The Transcendent Science. Kant's Conception of Biological Methodology*, The Hague, Boston und Lancaster 1984, S. 106).

Nach Kant muß die organische Zweckmäßigkeit als real/material, objektiv und intern gedacht werden (*KU*, S. 295). Sie ist real/material, weil sie die kausale Verbindung der Teile untereinander und die des Zwecks zu den Teilen charakterisiert: Der Zweck ist hier die Bedingung der Möglichkeit der Existenz und der Organisation der Teile. Sie ist objektiv, weil der Zweck bestimmt ist und dem Objekt selbst innewohnen soll. Sie ist schließlich intern, insofern der Organismus selbst der Zweck des Verhältnisses zwischen den Teilen, also ein der Organisation der Teile untereinander immanenter Zweck ist.

Um das Revolutionäre der Aufstellung dieses Prinzips besser zu fassen, tut man gut daran, die eben gegebene Definition des Organismus mit einer charakteristischen Beschreibung seines Gegenteils zu kontrastieren, nämlich dem Funktionieren einer Maschine.

Kant wählt in einer reichen Tradition, die sich dieses Gegensatzpaars organisch – mechanisch schon metaphorisch bedient hatte (vgl. Manfred Frank, *Der kommende Gott*, Frankfurt/Main 1982, 6. Vorlesung), das Beispiel einer Uhr (*KU*, S. 292 f.). In einem Uhrwerk finden die verschiedenen Teile ihr Einheitsband nur außer ihnen selbst, z. B. in der Idee desjenigen, der es erbaut hat, um sich seiner zu dem oder dem Zweck zu bedienen, der wiederum der Maschine völlig äußerlich bleibt. Ferner, die Feder in einem Uhrwerk ist natürlich auf die Erreichung dieser oder jener Wirkung hin finalisiert – aber diese Verbindung bildet sich erneut nur im

Geist ihres Konstrukteurs oder Benutzers, und nicht auf der Ebene des Räderwerks und seiner Federn. Die Teile eines Räderwerks sind eins dem anderen vollkommen äußerlich, und nichts wäre absurder, als anzunehmen, sie könnten sich selbst reparieren, oder eine »Verletzung«, die einem anderen Teil widerfährt, heilen, so wie das die Organe eines belebten Körpers tun können. (Gewiß, inzwischen versucht man einen Kantianer durch die Vorstellung zu beeindrucken, die modernen Computer seien komplexer und wirksamer als alle Maschinen zur Zeit der braven deutschen Aufklärung. Das Wesentliche hat sich jedoch nicht verändert, nämlich daß, welches auch die Leistung der Maschine sein möge, sie dieselbe nicht sich selbst, sondern dem Geist seines/ihres Konstrukteurs verdankt, der ihr äußerlich bleibt. In einem Organismus dagegen ist die Information über das Ganze gleichsam intrazellulär in seinen kleinsten Teilchen enthalten: das Ganze ist nicht außerhalb der Teile, es gibt das Ganze nur in den Teilen selbst.

Das Uhr- und Staats-Beispiel wird nur kontrastiv als Beispiel einer externen Zweckmäßigkeit angeführt. Ihm steht gegenüber die selbstreflexive, mithin in Analogie zu einem sich selbst bestimmenden Willen, konzipierte Auffassung des Organismus als einem Wesen, in dem »alles voneinander wechselseitig Mittel und Zweck ist« (eine Formulierung, die übrigens von Voltaire herrührt; Kant kann also nicht für ihren Erfinder gelten [vgl. *Le Philosophe ignorant*, Question XIX, in: *Œuvres Complètes*, Paris 1879, Bd. 26, S. 61; vgl. ferner Rousseau im *Vicaire Savoyard*, den Kant gut kannte und sehr schätzte, Edition de la Pléiade, Bd. 4, S. 580: »Il n'y a pas un être dans l'univers qu'on ne puisse, à quelque égard, regarder comme le centre commun de tous les autres autour duquel ils sont tous ordonnés, en sorte qu'ils sont tous réciproquement fins et moyens les uns relativement aux autres.«: »Es gibt im Universum kein Wesen, das man, wie auch immer, betrachten könnte als gemeinsames Zentrum aller anderen, um das herum sie angeordnet sind, so daß sie wechselseitig voneinander Ursache und Wirkung wären.«]).

Reinhard Löw zählt in seiner *Philosophie des Lebendigen* (Frankfurt/Main 1980) noch zwei weitere Definitionen des Organismus auf, die sich im Nachlaßwerk Kants und in einigen separat aufgezeichneten Reflexionen aus seinen letzten Lebensjahren finden. Kant sucht da, auf eine stets anregende, aber oft recht dunkle Weise (er beklagt sich schmerzlich über den altersbedingten Verfall seiner intellektuellen Kräfte ...), unter anderem das folgende Problem anzugehen: Können Organismen für Objekte der *Erfahrung* gelten? Kant bejaht das (z. B. AA, XXII, S. 499: »Also ist ein organischer Körper ein solcher, der nicht anders als allein durch die Erfahrung denkbar ist«). Aber um das tun zu können, mußte er zuvor die kritische Bedeutung des Erfahrungsbegriffes modifizieren, der in der *Kritik der reinen Vernunft* zusammenfiel mit dem, was uns die fünf Sinne liefern, bevor der Verstand seine Kategorien darüberstülpt. In den *Prolegomena* ist ›Erfahrung‹ der ›Wahrnehmung‹ entgegengesetzt und fällt terminologisch mit ›Erkenntnis‹ zusammen (sinnliche Erfahrung nach dem Durchgang durch die Arbeit der Kategorien). Man überzeugt sich indes rasch, daß keine dieser Definitionen sich auf den Organismus anwenden läßt; denn was einen Organismus definiert, ist, daß er sich im Lichte einer *Idee* bildet, und die verweigert sich nicht nur der sinnlichen Wahrnehmung, sondern selbst dem Verstand und seinen Erkenntnissen. Und dennoch, sagt uns Kant in seinen späten Skizzen, *existieren* Organismen. Wenn das jedoch der Fall ist: Wie kann man dann den Widerspruch vermeiden, der sich in diese Definitionen einzuschleichen droht (und Gegenstand der Antinomie der teleologischen Urteilskraft sein wird)? Um ihn zu vermeiden, gibt Kant im *Opus postumum* noch zwei andere Definitionsvorschläge des Organismus, die freilich noch deutlicher hervortreten lassen, daß es sich bei ihm um eine ideelle Entität handelt:

⟨Drittens: Der organische Körper⟩ ist ein Körper an welchem die innere Form des Ganzen vor dem Begriffe der Composition aller seiner Theile ⟨...⟩ in Ansehung ihrer gesamten bewegenden Kräfte vorhergeht⟨.⟩
(AA XXI, S. 210)

Und später:
> Ein organischer Körper ist der an welchem die Idee des ganzen vor der Möglichkeit seiner Teile in Ansehung ihrer bewegenden Kräfte hervorgeht⟨.⟩
>
> (L. c., S. 69)

In den beiden ersten Definitionen war vor allem die Rede von der Beziehung von Wirkung und Gegenwirkung, von der Wechselwirkung zwischen Teilen und Ganzem. Jetzt ist die Idee des Einheitsprinzips, des Ganzen, in den Vordergrund gerückt – wie schon in der aristotelischen Entelechie (vgl. Reinhard Löw, *Philosophie des Lebendigen*, l. c., S. 148). Kant scheint aber noch immer unzufrieden über einen Aspekt dieser Definition: Der der Idee (dem übersinnlichen Einheitsprinzip) zugebilligte Vorrang setzt immer noch eine äußere und mithin nicht integrierte Wirkursache voraus; der Organismus »wäre nicht rein physisch« (AA XXI, S. 210). Darum versucht Kant noch eine letzte Definition:

> ⟨Viertens:⟩ Organischer Körper ist der, dessen jeder Teil absolute Einheit der Existenz aller übrigen seines Ganzen ist⟨.⟩
>
> (L. c.)

In dieser Definition begegnen wir einer Vorstellung, die schon in einem der Unterbeispiele der allerersten Definition gegenwärtig war (dem des Teils eines Birnreises, der, auf einen Apfelbaum gepropft, Birnen hervorbringt, denn dieser Teil enthält in sich alle Informationen über sein Ganzes). Diese Vorstellung ist hier nun einfach ins Extrem getrieben: Jeder Teil, selbst der kleinste, stellt, in seiner vollständigen Beziehung zu allen anderen, selbst den kleinsten, wieder den gesamten Organismus dar, zu dem er gehört. Er *ist* seine Einheit als faktisch existierendes Glied. Kant würde diese Eigenschaft des Organismus herzlich gerne empirisch nennen, und die Zellular-Biologie würde gewiß nicht zögern, das zuzugeben. Löw lenkt die Aufmerksamkeit seiner Leser(innen) auf die äußerste Nähe, die dieser Gedanke – weniger mit der mikro-zellulären Biologie, sondern mit der *Monadologie* des Leibniz unterhält (l. c., S. 149); diese Parallele verdiente eine eigene Aufklärung. Wichtig ist für unsere Zwecke nur, daß in Kants Augen diese letzte und vierte Definition des Organismus die »physischste« (d. h. die am wenigsten metaphysisch-übernatürliche) ist. Was freilich nicht ausschließt, daß sie ganz und gar nicht mit dem übereinkommt, was die Naturwissenschaftler unter ›physisch‹ oder ›empirisch‹ verstehen. Schließlich bleibt es dabei, daß für Kant der Organismus auf eine *Idee* verweist (die überempirisch ist und bleibt), wenn sie auch ganz und gar in einen physischen Körper *inkarniert* zu sein scheint. Die Idee des Organismus wird noch in der idealistischen Philosophie, nicht nur der der Natur, sondern selbst ihrer Metaphysik, Epoche machen. Schelling, der übrigens expressis verbis auf Leibniz verweist (*Sämmtliche Werke*, hg. von K.⟨arl⟩ F.⟨riedrich⟩ A.⟨ugust⟩ Schelling, Stuttgart 1856-64, I/6, S. 108; I/1, S. 443 und I/2, S. 37), wird die *Idee* als die Einbildung des Unendlichen ins Endliche definieren, so, daß das Endliche in seiner (von den Einheiten aller anderen Individuen demarkierten) Einheit gleichwohl das All selbst darstellt: Dieses ist ins Endliche aufgenommen, so daß es unendlich im Endlichen existiert. Dieses Zusammenfallen wird Schelling absolute Identität nennen; sie ist der Nachfolge-Begriff für Kants übersinnlichen Einheitsgrund von Natur und Freiheit.

Die »Dialektik der teleologischen Urteilskraft« entspringt aus einer Spannung, deren Spuren wir zunächst in Kants Text selbst als solche hervorheben wollen. Einerseits wissen wir, daß das Intentionalmodell unangemessen ist, um die »Bildungskraft« des Lebendigen zu erklären. Sie ist aus zwei Gründen unangemessen: erstens weil die Bildungskraft intern und mithin nicht identisch ist mit dem Verhältnis zwischen einer Absicht und ihrer Verwirklichung; zweitens: Dächte man Zweckursächlichkeit des Organismus nach dem Modell der Intentionalität, so müßte man entweder das Dasein eines bei jeder organischen Hervorbringung intervenierenden Schöpfers unterstellen oder annehmen, der Organismus werde von Begehrungen und selbstgesetzten Zielen beseelt – eine Vorstellung, die nach Kant nur auf den Menschen paßt, nicht aber zu dem, was wir von Pflanzen wissen.

So nimmt es nicht wunder, daß Kant das Intentionalmodell mehrfach als Explanans für den Organismus verwirft. Die Kausalität heißt zweckmäßig nur *nach der Analogie* mit der intentionalen Zweckmäßigkeit (§ 61, S. 307; § 68, S. 309).

Andererseits können wir uns aufgrund der Beschaffenheit unseres Verstandes einen dergleichen zweckmäßigen Prozeß überhaupt nur nach dem Intentionalmodell vorstellen (§ 75, S. 334). Und da wir eine Zweckverbindung in der Natur nicht auf Erfahrungsbefunde stützen können, so müssen wir »den obersten Grund dazu in einem ursprünglichen Verstande als Welturache ⟨...⟩ suchen« (§ 77, Schlußsatz; vgl. § 78, S. 360).

Die Einsicht in die Unangemessenheit des Intentionalmodells zur Erklärung der Selbstproduktivität und Selbstregulation des Organismus erlaubt uns also zugleich nicht, uns seiner zu entschlagen. Damit ist die theologische Deutung nahegelegt, und sie wäre nur zu umgehen, wenn die im Organismus waltende Kausalität anders denn als intentional verstanden werden könnte. Im ersten Fall wäre die erste Ursache als Ermöglichungsbedingung des Organismus gedacht, und dann wäre die innere Zweckmäßigkeit des Organismus nicht mehr unterschieden von der äußeren Zweckmäßigkeit der Gesamtnatur (ihrer Ausrichtung auf einen ihr selbst externen Endzweck). In dieser Perspektive ist es nicht verwunderlich, daß die Existenz von Organismen notwendig auf den Gedanken von der Natur als einem Gesamtorganismus führt (ein Gedanke, den Schelling entschieden bejahen wird). Die Analyse der äußeren Zweckmäßigkeit wird dies Hinübergleiten vom einen zum anderen bestätigen.

Kommen wir jedoch auf die Interpretation der scheinbar widersprüchlichen Formel zurück, wonach das Ganze die Teile bestimmen soll. Sie wirft ernste erkenntnistheoretische Probleme auf. Muß man den Begriff des Ganzen als Idealgrund oder als Realgrund verstehen?

Konrad Marc-Wogau hat diese Schwierigkeit sehr klar

bezeichnet (*Vier Studien zu Kants Kritik der Urteilskraft*, Uppsala und Leipzig 1938, S. 204 ff.): Denkt man den Organismus so, als sei die Vorstellung des Zwecks der Bestimmungsgrund seiner Organisation, so hat man mit folgender Beziehung zu tun: Vb → a → b. Zwischen a und b herrscht mechanische Kausalität (*nexus effectivus*) und zwischen Vb (der Vorstellung von b) und b teleologische Kausalität (*nexus finalis*). Denkt man den Organismus dagegen als von sich selbst zugleich Ursache und Wirkung, hat man mit folgender Beziehung zu tun: b → a → b, was vom Standpunkt der mechanischen Kausalität völlig widersprüchlich ist, da der Zustand einer Sache nicht zugleich Antecedens und Consequens eines anderen Zustands der Sache sein kann. Diese Version ist also mit dem mechanischen Modell unverträglich.

Andererseits war die Beziehung b → a → b so gedeutet worden, daß hier der Organismus (b) Ursache und Wirkung seiner selbst sei. Wie läßt sich das verstehen? Ist der ganze Organismus Ursache und Wirkung seiner selbst (in diesem Fall hätten wir wirklich mit einem logischen Paradox zu tun), oder muß man vielmehr sagen, der Organismus sei das Produkt seiner Teile, die aber wiederum bestimmt sind von der (sagen wir einfachheitshalber: genetischen) Information des Ganzen? Selbst in diesem Falle hätten wir nach Kant immer noch mit einer Wechselwirkung von Teilen und Ganzen zu tun (§ 65), so, daß die Existenz der Wirkung die der Ursache voraussetzt (und umgekehrt). Daraus ergibt sich nach Marc-Wogau folgendes Paradox: Bevor a existiert, mußte b existieren, und umgekehrt.

In Wahrheit setzt die Rede vom Organismus als Produkt seiner Teile nicht das Zugeständnis voraus, daß hier eine Identität zwischen den beiden b gegeben ist: Das Produzierende ist mit dem Produzierten weder identisch noch gleichzeitig. Wenn es stimmt, daß der Baum sich als Individuum hervorbringt, so trifft doch nicht zu, daß derselbe Baum Urheber beider Verursachungstypen ist. Der Ausdruck ›Ursache und Wirkung von sich selbst‹ kann also nicht buchstäblich genommen werden. Trotzdem muß der Organismus im kantischen Schema als einer inneren Zweckmäßigkeit folgend angesehen werden, insofern er zugleich sein eigenes Mittel und sein eigener Zweck ist, d. h. insofern er seine Organisation nicht einer ihm äußerlichen Intention verdankt.

Wird also gesagt, das Ganze bestimme die Teile und sei in ihnen enthalten, so meint das, das Ganze sei analytisch in den Teilen so enthalten, daß eine Analyse der Teile die Präsenz des Ganzen enthüllt. Diese Idee findet ihre schlagendste Illustration im Wesen von Zellen, die ein Organ bilden: Die Analyse der Zellen enthält die Information darüber, um welches Organ es sich handelt, da jede Zelle durch die Funktion, der das Ganze dient, bestimmt ist. So spezifizieren sich die ersten Zellen, obwohl identisch und zu jeder beliebigen Funktion geschickt, rasch und werden durch die Funktion bestimmt, der sie innerhalb ihres Organs zu dienen haben. In diesem Sinn läßt sich die Hypothese verstehen, nach der es allerdings das Ganze selbst, und nicht bloß seine Vorstellung, sei, welche(s) die es bildenden Teile bestimmt. Man versteht sogar die Formel, wonach das Ganze in den Teilen enthalten sei, jedenfalls dann, wenn man das Ganze nicht als den Organismus selbst versteht (die Leber ist nicht buchstäblich in den Zellen enthalten, wohl aber als genetische Information – eine Vorstellung, die freilich noch jenseits des kantischen Horizonts lag, allerdings durch Johann Friedrich Blumenbachs epigenetische Theorie nahegelegt wurde [vgl. *KU*, S. 376]).

Mit dieser Interpretation haben wir uns aber für die Deutung entschieden, nach der es das Ganze und nicht seine Vorstellung ist, die im Organismus für die zweckmäßige Anordnung der Teile einsteht. Wie reimt sich dies aber zu Kants Versicherung, ›eine Idee müsse der Möglichkeit des Naturprodukts zugrunde liegen‹?

Wir müssen also die ontologische von der erkenntnistheoretischen Dimension unterscheiden: Die eine betrifft die Bedingungen der Hervorbringung des Gegenstandes selbst, die andere diejenigen seiner Verständlichkeit. Eine Idee ist notwendig nicht für die Konstitution des Organismus (der sonst als Kunstwerk, als Produkt einer äußeren Vernunft gedacht würde), sondern lediglich für die Vorstellung, die wir uns von ihm machen. Die Idee des Ganzen ist hier also nicht Ursache der Verbindung der Teile, sondern »Erkenntnisgrund ⟨derselben...⟩ für den, der es beurteilt« (§ 65, S. 291).

Die Formulierung, wonach das Ganze die Teile bestimme, birgt gleichwohl für Kants kritizistische Einstellung die Gefahr einer Ontologisierung des Zweckbegriffs. Nur in einer ontologischen Einstellung könnte nämlich vom Organismus gesagt werden, er verleihe dem Zweckbegriff »objektive Realität« (§ 65, S. 295).

Der zweite herauszuhebende Gesichtspunkt betrifft die Natur der Kausalität. Wenn es stimmt, daß im Organismus das Ganze die Teile bestimmt und in ihnen enthalten ist, so wäre daraus zu schließen, daß wir gleichzeitig mit mechanischer – die Teile sind Ursache und Wirkung voneinander und in ihrem Verein Ursache der Produktion des Ganzen – und mit finaler Kausalität zu tun haben: Das Ganze ist Bestimmungsgrund des Arrangements der Teile (vgl. Konrad Marc-Wogau, l. c., S. 194 und 214 ff.). Diese Doppelkausalität illustriert das Doppelverhältnis von Ganzem und Teilen, je nachdem, ob das Ganze als Produkt oder als Ermöglichungsbedingung der Teile gedacht wird. Als Naturprodukt müssen wir uns den Organismus *auch* als nach mechanischen Gesetzen möglich denken, also als Effekt der Wirkung der Teile (*KU*, § 81, S. 375). Mechanische und finale Verursachung sind also nicht per se antinomisch verfaßt, sondern können sich ergänzen. Wenn ferner die Zweck-Kausalität als eine zielgerichtete mechanische Kausalität beschrieben werden kann, so muß man auch sagen, daß es keine antinomische Opposition zwischen dem Naturdeterminismus (der sich aus der Anwendung der mechanischen Kausalität auf die Natur ergibt) und der Teleologie gibt. So gesehen, kann der Entwicklungsprozeß eines Organismus sehr wohl vollständig determiniert sein. Die Entflechtung dieser beiden Sichtweisen wird ein Hauptaugenmerk der »Dialektik der teleologischen Urteilskraft« sein.

Dialektik der teleologischen Urteilskraft

Noch sind der kritische und der gnoseologische Aspekt näher zu untersuchen, so wie sie Kant entwickelt und diskutiert in seiner »Dialektik der teleologischen Urteilskraft« (= §§ 69-79 der *KU*). Das Argumentationsziel dieser Paragraphen ist, den scheinbaren Widerspruch zu beheben, der sich zwischen der mechanistischen und der teleologischen Auffassung der Natur eröffnet. Diese »Antinomie« findet jedoch – so scheint es wenigstens (vgl. den Schlußabschnitt des § 71, S. 318 f.) – nie ganz statt, weil die mechanistische Erklärung am Leitfaden der aufs sinnliche Mannigfaltige angewandten Kausalkategorie zu objektiven Erkenntnissen gelangt (die nicht im mindesten zweifelhaft sind), während die reflektierende Urteilskraft ein »rein subjektives Prinzip« darstellt, dazu bestimmt, nicht die Objektivität der Naturprodukte zu konstituieren, sondern auf sie nur zu reflektieren. Diese Reflexion geschieht im Blick auf die Verträglichkeit der Struktur dieser Naturprodukte mit der Vernunft als Bestimmungsprinzip ihrer organischen Einheit (§ 69, S. 312). Zwischen konstitutiven und bloß regulativen Prinzipien der Erklärung eines und desselben Naturphänomens kann aber ein kontradiktorischer Gegensatz (eine echte Antinomie) nicht wirklich auftreten. Darum hat es nicht wenige Kommentatoren verwirrt, daß Kant mit einigen Formulierungen die These nahelegt, es gebe hier überhaupt eine Antinomie und sie bestehe zwischen zwei widersprüchlichen Maximen der reflektierenden Urteilskraft selbst, nämlich zwischen den Sätzen, alle materiellen Dinge müßten ›als nach bloß mechanischen Gesetzen möglich beurteilt werden‹, und: einige solche Dinge können nicht so beurteilt werden (314). Der ›Gegensatz‹ besteht, genauer betrachtet, aus zwei Sätzen; er enthält nämlich den Zusatz, ihre Beurteilung erfordere ein anderes Gesetz als die Kausalität, nämlich »das Gesetz ⟨...⟩ der Endursachen«. Diese Maximen beruhen auf regulativen Prinzipien. Würde man sie (sagt Kant in einer hypothetischen Formulierung) in konstitutive verwandeln, so müßten sie so lauten: »*Satz*: Alle Erzeugung materieller Dinge ist nach bloß mechanischen Gesetzen möglich. | *Gegensatz*: Einige Erzeugung derselben ist nach bloß mechanischen Gesetzen nicht möglich« (314f.). Nur das erste Gegensatzpaar darf für eine Antinomie der (reflektierenden) Urteilskraft gelten, das zuletzt formulierte würde einen »Widerstreit in der Gesetzgebung der Vernunft« ausdrücken (315). Man dürfe, betont Kant, beide Gegensatzpaare nicht verwechseln. Auch fällt auf, daß das erste Gegensatzpaar eine echte Antinomie nur erzeugt, wenn man die widersprüchlichen Sätze als Aussagen über den Mechanismus selbst versteht: als Konflikt zwischen der *allgemeinen* Notwendigkeit (›alle müssen‹, sagt der Verstand) und der *einzelnen* Unmöglichkeit der bloß mechanizistischen Erklärung (›einige können nicht‹, wirft die Vernunft ein unter Berufung auf die »Erfahrung«). Bringt man (wie der zweite Satz des Gegen-Satzes zwischen den regulativen Maximen es tut) die teleologische Erklärung ins Spiel, verschwindet der (logische) Widerspruch. Die Struktur der von Kant aufgestellten Antinomie wird durchsichtiger, wenn man sich klarmacht, daß es sich eigentlich um zwei Gegensatzpaare und drei Behauptungen handelt: zwei über mechanische Gesetze und eine über Endursachen. Nur die beiden ersten, sofern sie beide wahr sind, widersprechen einander. (Vgl. zur komplizierten Struktur dieses Typs von Antinomie Peter McLaughlin, *Kants Kritik der teleologischen Urteilskraft*, Bonn 1989, S. 122ff. – eine Arbeit, die zugleich die Rezeptionsgeschichte zusammenfaßt – und Véronique Zanetti, *Die Antinomie der teleologischen Urteilskraft*, in: ›Kantstudien‹ 83 [1993], S. 341-355: In diesem Aufsatz wird die Antinomie der teleologischen Urteilskraft besonders mit der Freiheit-Determiniertheit-Antinomie aus der *KrV* verglichen und gezeigt, daß nur die erstere im strengen Sinn als Antinomie gelten darf.)

Die meisten Interpreten erblicken die Antinomie im Gegensatz teleologischer und kausalmechanistischer Erklärungen; und da beide Erklärungen auf verschiedenen Niveaus arbeiten (Verstand versus Vernunft), scheint ihnen damit auch die Auflösung – als Harmonie unterschiedener, sich ergänzender Erklärungsmethoden – schon gegeben (z. B. Ernst Cassirer, *Kants Leben und Lehre*, Berlin 1921, S. 369; Erich Adickes, *Kant als Naturforscher*, 2 Bde., Berlin 1924/5, Bd. 2, S. 473 f.; Peter Baumanns, *Das Problem der organischen Zweckmäßigkeit*, Bonn 1965, S. 109; Reinhard Löw, *Philosophie des Lebendigen*, l. c., S. 212 und andere). Andere wenden ein, Kant selbst habe die Antinomie nicht zwischen Verstand und Vernunft, sondern innerhalb der reflektierenden Urteilskraft selbst verortet (Regeln, die notwendig aus dem Verstande fließen, heißen bei Kant nicht ›Maximen‹). Alsdann haben sie aber nicht den Charakter verschiedener, einander bloß ergänzender Démarchen, sondern einer echten Kontradiktion; nur eine solche Konstellation würde überhaupt dazu berechtigen, in diesem Zusammenhang von einer ›Antinomie‹ zu sprechen. Und auch Kants Aussagen über ein angebliches Nicht-Stattfinden des Widerspruchs können an dieser Sachlage nichts ändern. (Vgl. Georg Wilhelm Friedrich Hegel, *Wissenschaft der Logik*, Theorie-Werkausgabe, hg. von Karl Markus Michel und Eva Moldenhauer, Bde. 5 und 6, Frankfurt/Main 1969, Bd. 6, S. 442 f. und Lazarus Bendavid, *Vorlesungen über die Critik der Urtheilskraft*, Wien 1796 [Nachdruck Bruxelles: Aetas Kantiana 1968], S. 147-152). – Eine andere Kritik, die in der Rezeptionsgeschichte hervorgetreten ist, macht geltend, bei der (vorgeblichen) Maxime, alles mechanistisch zu beurteilen, handle es sich um ein konstitutives Prinzip des Verstandes, nicht um ein regulatives Prinzip der reflektierenden Urteilskraft. So falle die Antinomie also nicht, wie Kant behauptet, in den Rahmen der teleologischen Urteilskraft. (Vgl. z. B. Heinrich Walter Cassirer, *A Commentary on Kant's Critique of Judgment* [1938], New York 1970, S. 345; Kuno Fischer, *Geschichte der neueren Philosophie*, Bd. 5, Heidelberg 1899, S. 492; Bruno

Bauch, *Immanuel Kant*, Berlin 1917, S. 442, 445.) So könnte eine Antinomie nur aufzutauchen *scheinen*, wenn wir nämlich entweder die teleologische Betrachtung für konstitutiv oder die Verstandesansicht der Natur für regulativ verkennen. Alfred Cyril Ewing (*Kant's Treatment of Causality*, London 1924 [Reprint: Archon Books 1969], S. 228) schlägt unter diesen Umständen vor, das konstitutive Prinzip der Kausalität von der mechanizistischen Erklärungsweise zu unterscheiden, die eine Démarche der Naturerklärung neben anderen, also regulativ, sei (vgl. dagegen Konrad Marc-Wogau, *Vier Studien zu Kants Kritik der Urteilskraft*, Uppsala ²1938, S. 214f.). Diese terminologische Differenzierung scheint Kants Meinung am nächsten zu kommen. Die Neovitalisten (z. B. Wilhelm Ernst, *Der Zweckbegriff bei Kant und sein Verhältnis zu den Kategorien*, Straßburg 1909 [›Kant-Studien‹, Ergänzungsheft 14], S. 64-68) gehen so weit, von einer Ablösung der konstitutiven Interpretation des Kausalitätsbegriffs durch eine regulative zu sprechen. Dieser Prozeß, meint Reinhard Löw, sei im *Opus postumum* dann ans Ziel gekommen (Löw, *Philosophie des Lebendigen*, l. c., S. 12, 138).

Um eine ernsthafte Auflösung der Antinomie – mit der Prämisse, es gäbe überhaupt eine solche innerhalb der teleologischen Urteilskraft – hat sich Peter McLaughlin bemüht (*Kants Kritik der teleologischen Urteilskraft*, l. c., S. 137 ff.). Er geht auf die im § 70 gegebene Formulierung der Antinomie zurück und fragt 1., worin die mechanizistische Erklärungsart, 2. worin die behauptete Notwendigkeit der beiden regulativen Maximen nach Kant genau besteht und warum 3. die beiden konstitutiven Prinzipien (die ja keine Antinomie der Urteilskraft ausmachen) der Formulierung angefügt sind.

Ad 1. ›Mechanistisch‹ meint für Kant nicht einfach jede beliebige Kausalerklärung, sondern eine solche, in der »ein reales Ganze der Natur nur als Wirkung der konkurrierenden bewegenden Kräfte der Teile ⟨angesehen wird⟩« (*KU*, § 77, S. 349; vgl. S. 351). Das ist der reduktionistische Standpunkt der Biologie, z. B. des Präformationismus (dazu siehe weiter unten, S. 1309 ff., bes. S. 1317 ff. und schon S. 1085), wo andere Teil-Ganzes-Verhältnisse als solche, die von den Teilen ihren Ausgang nehmen, gar nicht erst in den Blick kommen. Im Mechanismus bedingen die Teile und ihre ›bewegenden Kräfte‹ das Ganze – im Unterschied zum Organismus, wo die Bewegungen der Teil-Kräfte als im Dienste einer Idee (einer Totalität) arbeitend vorgestellt werden. Überhaupt bringt die teleologische Kausalität – als Wirkung des Ganzen auf die Teile – keine neue Art von Kausalität ins Spiel; sie ist nur eine nicht-mechanizistische Anwendung derselben Kausal-Kategorie, die auch mechanische Prozesse erklärt. Nicht daß im einen Kausalität herrschte, im anderen nicht, macht also den Unterschied von Mechanismus und Organismus aus. In der Phase der *KrV* hatte Kant andere Teil-Ganzes-Verhältnisse als diejenigen, die er in der *KU* mechanisch nennt, noch gar nicht ins Auge gefaßt (vgl. XXVII-XXX). Und auch in der *KpV* sagt Kant durchgehend »Mechanismus« oder »Naturmechanismus«, wenn er Naturkausalität meint. Erst die Entflechtung von »kausal« und »mechanisch« in der Phase der *KU* bringt ans Licht, daß letzteres im ersten nicht analytisch enthalten ist.

Ad 2. Die These der Gleich-*Notwendigkeit* der konkurrierenden Maximen der Naturerklärung betrifft nur ihre regulative Notwendigkeit für unser Erklären der Natur, nicht für diese selbst. An mehreren Stellen aber betont Kant klar, »eigentliche Naturerkenntnis« sei per se mechanistisch (*KU*, S. 315, 312, 354, 368). Schwerer zu begründen ist die Notwendigkeit der teleologischen Erklärung, zumal dann, wenn sie auf die Erfahrung sich beruft, die gewissen Naturgebilden eine bloß mechanistische Erklärbarkeit bestreitet. Hier könnte ein Erklärungszirkel vorliegen. Denn als organisch sehe ich etwas nur an, wenn ich es auf eine Idee beziehe; die konstituiert aber keine Erfahrungs-Gegebenheit. Behaupte ich, die Struktur der Erfahrung leite mich notwendig auf die Annahme teleologischer Struktur, so vergesse ich, daß etwas in der Erfahrungswelt nur dann Organismus ist, wenn ich es im Licht von Finalideen so interpretiere. Nehme ich indes an, organisch seien Strukturen, in denen das Ganze die Teile bestimmt, so kann ich mir aus pragmatischen Gründen klarmachen, wie hoffnungslos ich mit dem Auftrag überfordert wäre, dies Ganze aus der Wirkung aller empirischen Ursachen aller Teile aufzuklären (337 f.).

Ad 3. Wenn die Antinomie der teleologischen Urteilskraft nur zwischen regulativen Prinzipien besteht – warum hat Kant dann zusätzlich einen Widerstreit zwischen konstitutiven Prinzipien formuliert? Peter McLaughlin vermutet, Kant habe durch diese zugefügte Parallelformulierung keine eigene Ansicht, sondern die Position anderer »Systeme ⟨...⟩ über Zweckmäßigkeit der Natur« (§§ 72 und 74) verständlich machen wollen. Diese Systeme, die alle rein mechanistische Erklärungsversuche darstellen, scheitern nach Kants Auffassung allesamt, weil sie noch nicht die kritizistische Wende der Transzendentalphilosophie mitvollzogen haben, wonach regulative Prinzipien eben nicht objektkonstitutiv sind. So verwickeln sie sich in die Antinomie zwischen konstitutiven Prinzipien. Kant befaßt die vier Systeme unter zwei Klassen: idealistischen und realistischen. Erstere (Kausalität [Epikur] und Fatalität [Spinoza]) halten die Zweckmäßigkeit der Natur für nicht-intentional; der Realismus (Hylozoismus und Theismus) erklärt sie für absichtlich. Die hier auftretende Antinomie ist barer Schein, da über die anstehende Frage aufgrund konstitutiver Prinzipien gar nicht entschieden werden kann (Zwecke *gibt* es gar nicht in Objekten [321 f.]).

Die Auflösung der Antinomie sieht McLaughlin in einer ›eigentümlichen Beschaffenheit unseres Verstandes‹, die Kant im § 77 näher entfaltet. Danach hat das Hemmnis, Organismen selbst kausal-mechanisch zu erklären, einen Grund in der Ausstattung unseres Verstandes, nicht im Erfahrungs-Befund.

Unser subjektives Unvermögen, anders als mechanistisch zu erklären, und unsere Unfähigkeit, bestimmte Dinge mechanistisch zu erklären, stehen miteinander im Widerspruch nur unter der Voraussetzung, daß wir alles erklären können *müssen*. Wenn es einen Unterschied zwischen Kau-

salität und reduktionistischem Mechanismus gibt, so daß Kausalität konstitutiv für die Gegenstände der Erfahrung ist und Mechanismus bloß regulativ, weil er sich auf eine subjektive Eigentümlichkeit unseres mechanistischen Verstandes stützt, / dann ist es mindestens möglich, daß es Gegenstände der Erfahrung gibt, die für uns nicht erklärbar sind. Entfällt die Voraussetzung, daß alles (alle Gegenstände der Erfahrung) für unseren mechanistisch-reduktionistischen Verstand erklärbar sein muß, dann löst sich die Antinomie auf, und beide Maximen können wahr sein. Kants Auflösung der Antinomie besteht wesentlich in der Feststellung einer reduktionistischen Eigentümlichkeit unseres menschlichen Verstandes, die *nicht konstitutiv* für die Gegenstände der Erfahrung ist. Diese müssen sich nicht reduzieren lassen.
(Peter McLaughlin, *Kants Kritik der teleologischen Urteilskraft*, l. c., S. 146 f.)
So muß die Einsichtigkeit der Auflösung der Antinomie der teleologischen Urteilskraft die Analyse der Beschaffenheit unseres Verstandes als eines diskursiven in Abgrenzung vom anschauenden abwarten, wie sie in den §§ 77 und 78 geleistet wird.

Ein Teil der Paragraphen, aus denen die gedruckte Fassung der »Dialektik der teleologischen Urteilskraft« besteht, geht, wie schon die Studie von Friedrich Delekat (*Immanuel Kant*, Heidelberg ³1969, S. 463) gezeigt hat, zurück auf einen früheren Entwurf; es handelt sich um die §§ 76-78; die §§ 69-75 sind von Kant diesem Kapitel später hinzugefügt worden. Zwischen diesen beiden Entwürfen hat Reinhard Löw eine gewisse Spannung entdeckt. Sie betrifft die Einschätzung der Bedeutung, die jeweils diesen beiden Erklärungsprinzipien (dem mechanistischen bzw. dem teleologischen) zuerkannt wird. (Vgl. Reinhard Löw, *Philosophie des Lebendigen*, S. 206 ff.)

Ob das richtig ist, mag offen bleiben. Von Interesse scheint vor allem eine Denkfigur, die inmitten des ersten Entwurfs auftaucht und sehr charakteristisch für Kants Denken insgesamt ist. Ausgehend von der schon vertrauten Definition des Organismus als eines Naturprodukts, als eines Gegenstandes, der von sich selbst, obgleich in zweifachem Sinne, Ursache und Wirkung ist, stellt sich Kant ohne Umschweife der Möglichkeit einer scheinbaren Antinomie zwischen beiden Aspekten. Diese Antinomie besteht mithin zwischen einem regulativen und einem konstitutiven Prinzip. Wir wissen, daß der Verstand die Wahrnehmung zu Objekten *konstituiert*, er ist also konstitutiv. Diese Konstitution erfolgt – u. a., aber in diesem Zusammenhang wesentlich – am Leitfaden der Kausalitätskategorie; also ist sie mechanisch. Die reflektierende Urteilskraft bezieht dagegen Objekte – ungenügend bestimmt, wie sie durch die Kategorien sind – auf ein Einheitsprinzip der reinen Vernunft, das aber, da es ihre Objektivität nicht konstituieren kann, lediglich regulativ bleibt (*KU*, § 76, S. 339). Der Widerspruch zwischen diesen beiden liegt in der Beschaffenheit unseres Geistes, präzisiert Kant, und nicht an der seiner Objekte (eine Überlegung, die unsere über Organismen angestellten Beobachtungen erneut erkenntnistheoretisch durchleuchtet, indem sie nach den »Ermöglichungsbedingungen« fragt, unter denen allein ein Körper als von sich selbst zugleich Ursache und Wirkung seiend erscheinen kann).

Die Beschaffenheit unseres Geistes zeigt die wechselseitige Irreduzibilität (Selbständigkeit) von wenigstens drei Erkenntnisquellen: Sinnlichkeit, Verstand und Vernunft. Diese Irreduzibilität definiert unseren Geist als *endlich*. ›Endlich‹ will hier sagen: uneins, sich unterteilend in verschiedene nicht ineinander überführbare Vermögen. Schon diese Tatsache gibt Anlaß zu einer Erwartung: Wenn das Prinzip der Kausalerklärung aus dem Verstand entspringt und der Verstand mit der Vernunft (als Quelle der Zwecke) nicht zusammenfällt, versteht sich von selbst, daß die Zweiheit der Erklärungsprinzipien einfach den Zwiespalt zwischen Verstand und Vernunft zum Ausdruck bringt.

Nun gehört es zur internen Beschaffenheit der menschlichen Vernunft, daß sie sich mit dieser Trennung nicht als einer letzten und unüberschreitbaren Gegebenheit zufriedengeben kann. Sie ist durch ihre Natur getrieben, die beiden Erklärungsgründe auf ein einiges und selbst unbedingtes Prinzip (»den Urgrund«) zurückzuführen (341), worin die Kluft geschlossen wäre.

Nun artikuliert sich die Uneinigkeit des endlichen Menschengeistes hier in zweierlei Form. Zunächst als Trennung zwischen Möglichem und Wirklichem, sodann als Kluft zwischen Anschauung und Begriff. Die beiden Oppositionspaare überschneiden sich teilweise, denn nach Kant besteht Wirklichkeit wesentlich im Wahrgenommenwerden (in einem Modus der Anschauung, *KrV* B 272 f.). Die Endlichkeit unseres Geistes besteht darin, daß ein leeres Denken ebenso möglich ist wie ein blindes (d. h. nicht vom Verstand geleitetes) Anschauen (*KrV* A 90 = B 122 und A 345 f., vgl. A 355).

Kant sagt nun, unser Vermögen, zwischen Möglich und Wirklich zu unterscheiden, hänge an der Endlichkeit unseres Verstandes (*KU*, S. 340). Und etwas später (sinngemäß): ›Ich muß für jedes erkennende Wesen das Denken und die Anschauung, als zwei verschiedene Bedingungen der Ausübung seiner Erkenntnisvermögen, mithin der Möglichkeit und Wirklichkeit der Dinge, voraussetzen‹ (341). Und um deutlicher zu machen, woran er denkt, führt Kant kontrastiv die Komplementäridee eines Verstandes ein, »bei dem dieser Unterschied nicht einträte« (l. c.), was heißt, daß alle von ihm gedachten Gegenstände kraft dieses Denkens auch tatsächlich *existieren*. Es handelt sich hier um die kontrafaktische Annahme eines anschauenden Verstandes, der im Denken eines Gegenstandes auch dessen sinnliche Natur mitschaffte und der seine möglichen Begriffe als wirkliche Entitäten gewahrte.

Die Unterscheidung zwischen Möglich und Wirklich tritt noch einmal auf, diesmal innerhalb der praktischen Vernunft, und zwar als Unterschied von Wirklichsein und Seinsollen (342 f.). Fiele dieser Gegensatz dahin, so müßte uns die Natur, so wie sie für unser theoretisches Vermögen wirklich ist, mit dem zusammenfallen, was das moralische Gesetz hinsichtlich ihrer (Um-)Gestaltung fordert. Kants komplexe Folgerung für »unsern vorhabenden Fall« versteht sich nun leichter: Die Dualität der Ursachen – als effizienter (»Naturmechanismus«) und finaler (»Technik der Natur«) –, deren Artikulation die Struktur des Organismus definiert, erklärt sich allein aus der Endlichkeit unseres Gemüts, das nicht in der Einheit eines und desselben Aktes anschauen und das Angeschaute unter Begriffe fassen und ebensowenig gleichzeitig ein Objekt (nach der Kausalkategorie) konstituieren und es als seinerseits von der Vernunft im Blick auf einen Endzweck gesetzt auffassen kann. Nur ein anschauender Verstand (Kant sagt: ein *intellectus archetypus*) könnte die beiden Leistungen vereinigen – aber er entspräche keiner menschlichen Möglichkeit, denn Menschen sind endliche Wesen (343 f.).

Die Eigentümlichkeit unseres menschlichen Verstandes als eines endlichen legt die Kontrastierung mit einem irrealen, aber denkbaren unendlichen Verstand nahe, den man dann nicht diskursiv, sondern anschauend nennen müßte (vgl. vor allem 345 f. und 347). Diese Kontrastierung ist Gegenstand des berühmten und wirkungsmächtigen § 77. Leider ist dieser Passus von einer in der Forschung oft beklagten Dunkelheit und hat kaum je eine ganz überzeugende Auslegung erfahren, was nicht ausschließt, daß ein Leser wie Johann Wolfgang Goethe die Idee einer »anschauenden Urteilskraft« als Anhalt und willkommene Ermutigung auf dem Wege seiner eigenen Suche nach einer archetypischen Vorstellung der Naturproduktionen begrüßte (*Sämtliche Werke,* hg. von Ernst Beutler [= Artemis-Gedenkausgabe] Zürich 1949, Neudruck 1977, Naturwissenschaftliche Schriften, Bd. 16, S. 873-879, hier S. 878 f.).

Rekonstruieren wir zunächst den Kontext der kantischen Unterscheidung. Endlich heißt unser Verstand im Unterschied zu einem anderen, der nicht der unsrige ist, der aber widerspruchsfrei denkbar ist und den Kant intuitiv oder anschauend nennt. Unser Verstand ist endlich, insofern ihm, soll er sich ins Werk setzen, etwas Anschauliches von außen gegeben werden muß; und die Anschauung entspringt einem anderen Vermögen als dem der Begriffe. Dagegen wäre der Verstand anschauend, wenn er durch sein Denken spontan den Stoff der Anschauungen *erschüfe*, anders gesagt, wenn er in einer *intellektuellen Anschauung* bestünde (die Kant in der *KrV*, besonders in der zweiten Auflage, durchgängig verwirft, vgl. B 68, B 148, B 152 f., B 159 und passim): »Der gottliche Verstand heißt der höchste und reine Verstand, der die Dinge erkennt schlechthin, wie sie an sich selbst sind. Er ist nicht sinnlich bedingt. Es ist keine rezeptivität, sondern absolute spontaneität. 〈...〉 Seine Erkenntnisse sind Anschauungen, nicht begriffe, aber nicht sinnliche Anschauung, sondern ideen, die nicht die Dinge voraussetzen, sondern sie moglich machen. intellectus archetypus. Nicht Denken. Nicht Vernunft im Umweg«: also nicht diskursive Vernunft (*Refl.* Nr. 6041 [AA XVIII, S. 431]).

Unser endlicher Verstand *erschafft* also nicht seine Anschauungen, sondern beschränkt sich darauf, ihnen (deren Stoff gleichsam vom Ding an sich geliefert wird) das Siegel der Kategorien aufzudrücken; die so entstandene Objektivität-überhaupt kann sich zudem auf tausenderlei verschiedene Weise verkörpern und zu allerlei möglichen Geschöpfen Anlaß geben, deren Zusammenbestehen untereinander abermals ein Erklärungsprinzip nötig macht. Würde der Verstand (hier als Gattungsname für die Intellektualvermögen, worunter sowohl der Verstand im engeren Sinne als auch die Vernunft gehören) nun nicht nur die Anschauungen selbst in Begriffsform (gleichsam in Fleisch und Bein) erschaffen, sondern sie gleich auch noch mit Zweckbegriffen durchdringen und zu einem Gesamt kohärenter Naturobjekte verknüpfen, so wäre er intuitiv.

Das ist ungefähr der Gehalt von *KU*, S. 345 f. Kant setzt dort zunächst unserem endlichen Verstand die kontra-faktische Idee eines unendlichen Verstandes entgegen. Sodann erinnert er uns an den Parallelismus zwischen dieser Idee und derjenigen (schon in der *Kritik der reinen Vernunft* beschworenen) einer *intellektuellen Anschauung* (also eines Verstandes, der seine Anschauungen erschüfe). Schließlich versetzt er diese Idee in den Kontext einer Naturphilosophie, indem er sie in folgende Formulierung kleidet: Unser Verstand muß sich zur Folge seiner Beschaffenheit den gesetzmäßigen Zusammenhang der Naturprodukte untereinander als die Wirkung eines vernünftigen Wollens vorstellen. Da dieser Wille sozusagen in umgekehrter Richtung zur mechanischen Verkettung der Ursachen und Wirkungen verläuft, stellt sich die Wirkung dieses Willens unserem endlichen Verstand als Ergebnis einer anderen Kausalität als seiner eigenen dar: nämlich als Kausalität einer Freiheit, welche direkt die Konfiguration der Natur bestimmte. Eine solche andere Bestimmung befinde sich in Antinomie mit der mechanischen Kausalität nur für unseren endlichen Verstand, welcher sich durch die Unterbestimmtheit der von ihm selbst unter Begriffe gebrachten Vorstellungen getrieben sieht, eine fernere und zweite Bestimmung anzunehmen, die aber nicht mehr ins Sein, sondern ins Ressort der praktischen Vernunft fiele. Alles spielt sich dann so ab, *als ob* der Mechanismus des Verstandes seinerseits gewollt und in Dienst genommen wäre durch eine vorbedachte Intention der Vernunft. Ein höherer Verstand als der unsere, schließt Kant, könnte darum nicht widerstehen, den Mechanismus der Natur als Produzent auch der organischen Produkte vorzustellen.

Auch der schwierige Passus *KU*, S. 347 erschließt sich im Lichte dieser Überlegung. Er kommt noch einmal zurück auf die scheinbare Zufälligkeit der Naturprodukte, wobei ja »Zufälligkeit« nur dies sagen will: Mangel an Notwendigkeit, aus der heraus sich die kategoriale Bestimmung nun gerade so und nicht anders verkörpert hat (die Natur hätte sich, unbeschadet ihrer Kategoriegemäßheit, auf tausend verschiedene Weisen ausformen können). Nach der Verstandesansicht besteht überhaupt kein Bedürfnis, daß das Besondere der Naturprodukte eben gerade so sein solle. Nun *ist* es aber so, und um jene Lücke an Einsichtigkeit in ihrem Inneren zu stopfen, flüchtet sich unsere spekulative Einbildung hinter die Idee einer intellektuellen Spontaneität, die nicht nur die Kategorien ins sinnlich Gegebene eingraviert, sondern dieses selbst gleichsam mit Stumpf und Stiel hervorbringt. Das wäre die Idee eines nicht diskursiven, sondern anschauenden Verstandes. Diskursiv wäre ein Verstand (wie der unsrige), der vom Allgemeinen zum Besonderen (›umwegig‹: über Begriffe) schritte (345 f., 349) und der so bestimmend wäre. Anschauend wäre dagegen ein Verstand, der nicht nur die Objektivität-überhaupt der Naturprodukte bestimmte, sondern zugleich ihr individuelles Aussehen in vollkommener Übereinstimmung mit seinem Einheitsprinzip erschüfe. Dies individuelle Aussehen – das Empirische der Natur, so wie sie sich unserem Sinn darbietet – entwände sich so dem Verdacht seiner Zufälligkeit und fügte sich als vernunftgewollt, mithin als notwendig, dem Gesichtspunkt einer vorbedachten und dann ins Werk gesetzten Intention.

Kant erklärt diesen Unterschied zwischen dem endlichen Verstand und dem *intellectus archetypus* auch noch auf folgende Weise: Unser Verstand ist das Vermögen der Begriffe. Ein Begriff ist ein einiges Merkmal, das mehrere Dinge gemein haben, und wir isolieren es durch die Arbeit der Analyse auf Kosten anderer Merkmale (*KrV* A 68 f. = B 93 f., vgl. B 377). Im Falle der Kategorien handelt es sich um Begriffe, die alle Objekte qua Objekte teilen. Eine begriffliche Vorstellung, sagt Kant, ist eine mittelbare Vorstellung. Sie repräsentiert die Sache nicht unmittelbar (wie in der Anschauung), sondern vermittelst eines Merkmals, hinsichtlich dessen mehrere Dinge übereinkommen. Mithin ist unser Verstand *analytisch* (*KU*, S. 348 unten); er geht von einem allgemeinen, mehreren Dingen gemeinsamen Merkmal – einem Begriff – zum Besonderen (einer gegebenen Anschauung, um sie als gegebenenfalls unter diesen oder jenen Begriff fallend zu bestimmen). Durch diese Bestimmung ist aber »in Ansehung der Mannigfaltigkeit des letzten nichts bestimmt« (zu ergänzen: der gegebenen Anschauung). Um diese reichere Bestimmung zu vollbringen, muß auf die reflektierende Urteilskraft zurückgegangen werden, die von einer gegebenen Anschauung in ihrer Konkretheit ausgeht, um ihr den Begriff aufzusuchen, unter den sie fällt, wobei letzterer, wie wir wissen, nur eine Vernunftidee sein kann. »Nun können wir uns aber auch«, fährt Kant fort, »einen Verstand denken, der, weil er nicht wie der unsrige diskursiv, sondern intuitiv ist, vom *Synthetisch-Allgemeinen* (der Anschauung eines Ganzen, als eines solchen) zum Besonderen geht, d⟨as⟩ i⟨st⟩ vom Ganzen zu den Teilen« (349).

Hier ruft Kant beiläufig eine der Definitionen auf, die zur Bestimmung der Struktur des Organismus gedient hatten: Ein Organismus ist ein Naturprodukt, in welchem jedes Teil durch das Ganze bestimmt wird (übrigens in der Weise, daß jedes Teil schon in ihm selbst die Idee des Ganzen einschließt). Eine Mannigfaltigkeit von Teilen, die vorgestellt wird als in ihrem Zusammenspiel ein Ganzes bewirkend, wird vorgestellt als Mechanismus. Dagegen gilt: »Idee ist die Vorstellung des Ganzen, in so fern sie notwendig vor der Bestimmung der Teile vorhergeht. Sie kann niemals empirisch vorgestellt werden, weil in der Erfahrung man von den Teilen durch successive synthesis zum Ganzen geht« (*Refl.* Nr. 5248 [AA XVIII, S. 130f.]).

Während es also keinen Sinn macht, einen auf analytische Weise allgemeinen Begriff ein totum zu nennen (daß viele Gegenstände unter ihn fallen, macht ihn nicht zu einer individuellen Ganzheit), ist ›das Ganze‹ ein synthetisch Allgemeines. Es wird nicht durch Subsumtion vieler Merkmale unter eines erworben, sondern als Individuum angeschaut, wobei nach Kant das Individuum das ›durchgängig bestimmte Seiende‹ ist. »Ein Ganzes« heißt ein solches Universale, das sich einem Objekt nicht nur wie eine Eigenschaft neben zahlreichen anderen zuschreiben läßt, sondern alle wesentlichen Eigenschaften dieses Objekts in sich enthält, so daß es die volle Bestimmtheit desselben garantiert. Insofern ist es ein numerisch Einiges, was von einem Begriff zu sagen unsinnig wäre (nur Anschauungen gehen auf »einzelne Dinge«, vgl. z. B. *Refl.* Nr. 3138 [AA XVI, S. 674]). Mehr noch: Nur *das* Gesamt von Eigenschaften eines Gegenstandes heißt ein Ganzes, das gleichzeitig ihre Ordnung, also den gesetzmäßigen Zusammenhang erklärt, die diese Eigenschaften untereinander im Inneren dieses Objekts miteinander unterhalten. Anschauend wäre dann ein Verstand, der nicht nur von außen (analytisch) einen Begriff auf eine Anschauung legt, sondern auch noch bestimmt, um welche Anschauung es sich hier handeln muß und in welcher durchgängigen Zusammenstimmung sie sich in geregelter Weise mit allen anderen befinden muß. Nun ist dies genau die Struktur des Organismus, dessen Aufklärung uns folglich auf die Idee eines anschauenden Verstandes verweist.

Die Unterscheidung intuitiver und diskursiver Allgemeinheiten findet sich schon in Georg Friedrich Meiers *Logik* und in Alexander Gottlieb Baumgartens *Metaphysik*, mithin reichlich auch in Kants Vorlesungs-Notizen. Sie bestätigen unsere Deutung: Intuitive Allgemeinheiten – notiert Kant – enthalten die Gegenstände, die zu ihr gehören (wie Raum und Zeit) *in* sich, während Gegenstände diskursiver Allgemeinheiten *unter* Begriffe fallen (*Refl.* Nr. 6178 [AA XVIII, S. 481]; vgl. *KrV* B 40). Als Ganzheit (totalitas) definiert Kant eine Mannigfaltigkeit, die wieder in Einheit befaßt ist (*Refl.* Nr. 5840 [AA XVIII, S. 366]). Sie ist von der extensiven Allheit (»ohne Ausnahme *ein jedes*«) dadurch unterschieden, daß sie die Vielheit als abgeschlossen (completa), als ein Eines versteht (*Refl.* Nr. 5992 [AA XVIII, S. 417]). »Die Allheit ist ein kollektiver Begriff«: Sie entsteht nicht durch »sukzessive addition« (*Refl.* Nr. 5892 [AA XVIII, S. 377]), nicht durch »Zusammensetzung« (compositio) (*Refl.* Nr. 5843 und 5849 [l. c., S. 367 f.]). Da unser Verstand diskursiv ist (er geht, geleitet von den Kategorien als ebenso vielen Übergangsregeln, von einer Vorstellung zur anderen: *discurrit*), könnte er die Idee eines Ganzen nur als Effekt einer (mechanischen) Zusammenwirkung der Bewegungskräfte der Teile sich vorstellen. Dabei muß er sich aber, wie wir sahen, an der Zufälligkeit stoßen, welche die eigentümliche Beschaffenheit von Naturprodukten ausmacht, insofern diese noch viel stärker bestimmt und spezifiziert sind als allein durch die mechanischen Kausalgesetze. Diese zweite Bestimmung (die, wie alle Bestimmung, ebenfalls eine Art Verursachung ist) kann sich unser Verstand nur mit Hilfe einer spekulativen Konstruktion verständlich machen: Er denkt sie sich in Analogie zu einem freien Willen, welcher die mechanische Verkettung der Teile im Blick auf die Idee eines Ganzen als Zwecke der ganzen Reihe vorbedacht und vorgeplant habe. Eine solche Bestimmung vermittels Antizipation und folgender Realisation werde von einem Ganzen ausgehen, welches in sich die Möglichkeit der Verknüpfung seiner Teile enthalte. Dies Ganze ist uns natürlich nur in und durch eine *Vorstellung* enthüllt, präzisiert Kant (und besinnt sich damit der kritizistischen Restriktion seines Philosophierens); das hindert freilich nicht, daß diese antizipative Vorstellung eines Ganzen der Definition genügt, die wir von einem Zweck kennen: Denn Zweck ist ja eben die *Vorstellung* eines Ganzen, wenn sie als *Ursache* der Wirklichkeit ihres Gegenstandes gedacht wird (350). Das in der Vorstellung (zum Zweck der Erklärung der Natur in ihrer tatsächlichen, mehr als nur kategorialen Bestimmtheit) vorweggenommene Ganze wird für die Ursache der realen Zusammenstimmung der Teile der wirklichen Natur gehalten (immer noch nach dem Schema des Kunstprodukts, dessen Ausführung mit Pinsel und Leinwand sich von der phantasiemäßigen Antizipation des Ganzen leiten läßt). Kant betont, daß die Einführung einer anderen als der nur mechanischen Kausalität nur aus der Beschaffenheit unseres Verstandes begründet ist, der sich eben aus eigenen Mitteln den Reichtum der konkreten Natur und ihrer Gesetze nicht erklären kann und darum zu einer Hilfskonstruktion greifen muß, die er sich gleichwohl hüten muß, auf die Dinge an ihnen selber zu projizieren. Jedenfalls ist diese Konstruktion (einer Zweckursache) auch nicht im Widerspruch zur mechanistischen Erklärungsart. Letztere allein kann uns Zugang zur Objektivität der Naturgegenstände verschaffen; nur ist dieser Zugang mit einer solchen Lückenhaftigkeit und Verarmung erkauft, daß eine andere Erklärungsart – die unter

Rückgriff auf die reflektierende Urteilskraft – zum Stopfen der Lücke aufgerufen werden muß. Nun widerspricht das Vermögen der reflektierenden Urteilskraft nicht dem Vermögen der bestimmenden Urteilskraft (also der Arbeit des Verstandes), und so findet die Antinomie zwischen mechanischer und teleologischer Erklärung nicht wirklich statt – *quod erat demonstrandum*.

Freilich gilt das nur unter der Voraussetzung, daß Organismen nicht wirklich *existieren*, und unter der weiteren Voraussetzung, daß die Zweckmäßigkeit so gedacht ist, daß der Zweck die *Vorstellung* des Ganzen ist, und nicht das Ganze selbst, wie es die Interpretation des Organismus nahegelegt hatte (vgl. hier S. 1270ff.). In diesem letzten Fall wäre die Antinomie nicht gelöst, weil der Gegensatz zwischen Mechanismus (›das Ganze ist Produkt der Teile‹) und Organismus (›das Ganze bestimmt die Teile und ist in ihnen enthalten‹) ein ontologischer wäre.

Im § 77 interpretiert Kant den Mechanismus-Organismus-Gegensatz aber offenbar als erkenntnistheoretischen. Danach wären Organismen Konstrukte des teleologischen Denkens. Andererseits sagt Kant in der Tat, daß das Naturprodukt (der Organismus) »doch in der Natur gegeben ⟨ist⟩« (345). Wie kann er dann nicht unter die Kategorie des *Objekts* fallen? Nur ein Objekt kann in der Welt gegeben werden, und Objekt heißt nur ein solches sinnliches Mannigfaltiges, das durch die vier Urteilsformen hindurch bestimmt ist. Dagegen soll der Organismus seine Einheit nicht einer Kategorie, sondern der Idee verdanken, und Idee heißt nur ein solcher Begriff, »dem angemessen kein Gegenstand in der Erfahrung gegeben werden kann« (344f.). Sagt man nun von ihm, er sei gleichwohl gegeben, verwechselt man dann nicht ein regulatives mit einem konstitutiven Prinzip?

Wir hatten schon gesehen, daß diese Unentschiedenheit – die freilich gravierend ist und behoben werden muß – einer der stärksten Unruhe- oder vielmehr Anregungsmomente für Kants Alterswerk gewesen ist. Die Idee einer *objektiven Existenz* der Organismen macht nicht nur den Rekurs auf das

Vermögen der reflektierenden Urteilskraft (als eines neben anderen Stämmen unseres Gemüts) nötig; diese Idee fände vielmehr nur Halt in einer ›intellektuellen Anschauung‹, wobei die letztere nicht mehr nur als Idealgrund (also: als Bestimmungsgrund für unser Erkennen), sondern geradezu als Realgrund des Organismus gedacht werden müßte: also als Bestimmungsgrund seiner Wirklichkeit. Eine fast verzweifelte Formulierung (352) zeigt, wie sehr Kant selbst unter der Versuchung leidet, diese kühne spekulative Konsequenz zu ziehen, die freilich die kritizistische Grundhaltung seines Philosophierens zum Einsturz brächte. Man beobachtet in ihr eine gegenläufige Bestrebung. Zunächst nennt Kant die Möglichkeit widerspruchlos, den Organismus (denn an ihn denkt er natürlich) aus einer realen übersinnlichen Ursache (einem »für uns unerkennbare⟨n⟩, übersinnliche⟨n⟩ Realgrund für die Natur ⟨...⟩, zu der wir selbst mitgehören«), mithin einer Idee, abzuleiten. Und in diese Spekulation sucht er dann in einem zweiten Anlauf die kritizistische Restriktion einzubauen: Sie spricht aus, daß die Objektivität der Welt die mechanistische Erklärungsart verlangt, ohne daß darum der Vernunft das Privileg aberkannt werden muß, den Naturmechanismus abermals in einer Idee zu übergreifen, die von der Einheit des faktischen Natursystems Rechenschaft ablegt.

Kant hat den §§ 77 und 78 (über den intuitiven Verstand und die Auflösung der Antinomie zwischen kausalmechanischer und teleologischer Naturerklärung) einen jüngeren Lösungsversuch des Problems einer Antinomie zwischen mechanischem und teleologischem Erklärungsversuch vorausgeschickt: Er findet sich in den §§ 69-75. Während in den §§ 77 und 78 der Schein entstehen kann, nur die mechanische Erklärung sei die eigentlich wissenschaftliche (ohne das »Prinzip des Mechanismus der Natur ⟨... kann⟩ es überhaupt keine Naturwissenschaft geben« [368]), während die reflektierende Urteilskraft nur als Lückenbüßerin ohne eigenen Objektivitätsanspruch auftrete, situiert Kant in seinem späteren Entwurf Mechanismus und Teleologie paritätisch im Schoß der Einen Urteilskraft. Diese wäre mithin an ihr selber zwiefältiger Natur: Ein Naturprodukt kann ebensowohl mechanisch wie teleologisch erklärt werden; keiner Erklärungsart kommt der absolute Vorrang zu, und beide stellen unabhängige und irreduzible Erkenntnisvermögen innerhalb der reflektierenden Urteilskraft dar. Dem entspricht die spekulative (›transzendente‹) Hypothese, es gebe ein »gemeinschaftliche⟨s⟩ Prinzip der mechanischen einerseits und teleologischen Ableitung andrerseits«, nämlich »das *Übersinnliche*, welches wir der Natur als Phänomen unterlegen« (358f.).

Dieser Lösungsvorschlag ist aber wohl noch unbefriedigender als der zuerst referierte. Hatte der erstere Mühe, die Rede von der *Objektivität* des Organismus zu rechtfertigen (denn eine Bestimmung aus der Idee erreicht nie das Niveau der Objektivität), so ist der zweite so relativistisch, daß er mechanische Objektivität *und* teleologische Organizität auf die beiden Aspekte einer und derselben subjektiven Erkenntnisquelle (der reflektierenden Urteilskraft) reduziert. Wenn das eigentliche Problem für Kant darin besteht, das eine und »gemeinschaftliche Prinzip der mechanischen einerseits und der teleologischen Ableitung andrerseits« aufzufinden, dies Prinzip aber nur »das *Übersinnliche* ⟨sein könnte⟩, welches wir der Natur als Phänomen unterlegen müssen« (358), dann könnte die Existenz des Organismus nur bewiesen werden, indem man die *Existenz* auch des Prinzips demonstriert, aus dem er abgeleitet wird: also die *Existenz der Idee*.

Dieser Aporie entkommt Kants Philosophie nicht, und an ihr droht sie auch zu scheitern. Aus anderem Zusammenhang ist deutlich, daß für Kant die Idee der Ideen die der *Freiheit* ist. Nun könnte man sich auf die Verbindlichkeit von deren Imperativen nur berufen, wenn man ihr selbst Wirklichkeit unterstellt – und davon spricht Kant (z. B. in der Vorrede zur *KpV*) ja auch als von der Aufgabe, die Realität der Freiheit aufzuzeigen. Da aber der Endzweck der Natur die Freiheit ist (oder genauer: die universelle Realisierung des Gesetzes, durch das sie uns faßlich wird), so muß Freiheit *existieren*, und dann muß auch der Organismus existieren, der sein Dasein dem Ausblick auf Freiheit verdankt.

Derjenige, der diese Konsequenz in aller Radikalität gezogen hat, war *Schelling*. Um den ›Naturprodukten‹ Existenz und Objektivität zuzusichern, muß man die kritizistische Restriktion des ›*Als ob*‹ in der Kritik der teleologischen Urteilskraft streichen. Die unmittelbare Konsequenz dieser Operation wäre, daß Mechanismus und Teleologie gleichursprünglich aus der Idee quöllen, nämlich der Idee der absoluten Identität der Natur und des Geistes. Diese absolute Identität fulguriert, wie Leibniz sagt, d. h. strahlt aus in jede Produktion der Natur wie des Geistes, und *so begegnen wir auf anderem Niveau der kantischen Definition des Organismus wieder* (einer Definition, die für ihn rein heuristisch blieb) – der nämlich, wonach in einer organischen Struktur die Hinsichtnahme aufs Ganze in allen ihren Teilen gespeichert ist. Tatsächlich definiert Schelling die Idee als vollendete Identität des Besonderen und des Allgemeinen so, daß das Besondere (nehmen wir diesen individuellen Organismus, das braune Kätzchen), unerachtet seiner Beschränktheit in Raum und Zeit, doch wieder das ganze Absolute in sich enthält (Würzburger System von 1804, *SW* I/6, § 33, S. 184; eine andere Definition mit gleicher Stoßrichtung besagt: »Die besonderen Dinge, sofern sie in ihrer Besonderheit absolut, sofern sie als Besondere zugleich Universal sind, heißen *Ideen*« [*SW* I/5, § 27, S. 30 = *Philosophie der Kunst*]).

So treibt Schelling die kantische Organismusdefinition ins Extrem, nämlich in den Rang eines Prinzips. Nicht nur das: *Schelling nimmt ebenso die kantische Idee eines anschauenden Verstandes wieder auf* (in der Absicht nämlich, dem Prinzip Einsichtigkeit zu verschaffen). Aus Gründen, die genauer zu prüfen wären, ist Schelling davon überzeugt, daß der dreifache Dualismus der kantischen Philosophie (nämlich die Abgründe 1. zwischen dem Ding an sich und der Sinnlichkeit, 2. zwischen Sinnlichkeit und Verstand, 3. zwischen theoretischem Verstand und praktischer Vernunft) widersprüchlich, folglich unhaltbar ist und daß, um dem theoretischen wie dem praktischen Selbst *Existenz* zuzusichern, auf die Anschauung zurückgegangen werden muß (die allein nach Kant einem Phänomen *Existenz* verbürgen kann). Diese Anschauung wäre jedoch hier die des Intellekts selbst, folglich eine intellektuelle Anschauung. Da alles Anschauen *unmittelbar* ist (im Unterschied zur begrifflichen und mittelbaren Zugangsart zu den Dingen), muß die Beziehung zwischen Anschauung (Bereich der Natur) und Intellekt (Bereich des Geistes) innerhalb des Absoluten die Form von Identität annehmen, denn die *Identität* ist unmittelbar und gestattet zugleich doch (soll sie nicht trivial sein) die *Möglichkeit* von Differenz. Schließlich: Die Identität (wie schon das *cogito* und die *Freiheit* bei Kant) ist ein *synthetisches* Prinzip, das alle Wunden der dualistischen, in viele Vermögen zerrissenen kantischen Philosophie heilen kann. Nur sie kann die Bedrohung eines analytischen Denkens bestehen, welches Natur für mechanisch und zersetzbar in atomare Urelemente ohne apriorisch synthetische Verknüpfung untereinander hält. Von dieser, vor allem im Frankreich und England des 18. Jahrhunderts vertretenen Position, hatte sich Kant schon mit großem gedanklichen Aufwand abzugrenzen versucht, freilich nur mit partiellem Erfolg, da seine dualistischen Prämissen das Erbe des analytischen Gesetzes antreten. (Vgl. dazu Manfred Frank, *Aufklärung als analytische und synthetische Vernunft. Vom französischen Materialismus über Kant zur Frühromantik*, in: Jochen Schmidt [Hg.], *Aufklärung und Gegenaufklärung in der europäischen Literatur, Philosophie und Politik von der Antike bis zur Gegenwart*, Darmstadt 1989, S. 377-403.)

Methodenlehre der teleologischen Urteilskraft

Die Methodenlehre fällt bei der teleologischen Urteilskraft ungleich umfangreicher und gehaltvoller aus als bei der ästhetischen (die ja eigentlich keine kennt, da Prinzipien des Geschmacks unnachweisbar sind und eine Wissenschaft vom

Schönen mithin nicht existiert). Hier aber stellt sich die Frage ernsthaft, welchen Ort die Teleologie der Natur im enzyklopädischen Gesamt aller Wissenschaften einnehme. Gesetzt, sie sei überhaupt Teil der theoretischen Philosophie, so kann sie innerhalb der Architektonik des philosophischen Systems nur entweder Teil der Natur- oder der Gotteslehre sein (§ 79). Erstere umfaßt – nach dem Gesamtplan des kantischen Gesamtsystems – die Körperlehre, die Psychologie und die Kosmologie, diese die (metaphysische) Theorie vom »Urgrunde der Welt als Inbegriff der Gegenstände der Erfahrung« (364). Kant hat den Gesamtplan seines philosophischen Systems immer wieder neu façonniert, vor allem in den Reflexionen zur Metaphysik (vgl. z. B. *Refl.* Nr. 4851 [AA XVIII, S. 9]). Dies ist im Kommentar zu den *MAN* ausführlich dargestellt und wird hier vorausgesetzt (S. 997 ff.).

Mit dem Schema der Reflexion Nr. 4851 scheint die Frage nach der Architektonik alles spekulativen Wissens (wie sie Thema einer Methodenlehre ist) grundsätzlich beantwortet. ›Spekulativ‹ im engeren Wortgebrauch meint bei Kant die Theorie übersinnlicher (transzendenter) Begriffe oder Gegenstände (*KrV* A 634). Ein solcher ist die Zweckidee. Eine enzyklopädische Gesamtorganisation setzt dergleichen voraus, sonst bliebe die Philosophie ein Aggregat von Kenntnissen. Und diese Finalidee – die die Philosophie zu einem selbstregulativen System macht – ist die moralische Bestimmung des Menschen, wie sie im Gedanken der Freiheit impliziert ist. Nun ist die Kritik – nach der kantischen Architektonik – selbst nur Propädeutik des Systems (vgl. vor allem *KrV* A 841; B 27; A 833 f. und A 839). Das System wäre die positive Wissenschaft, zu welcher die kritische Prüfung der Tragweite der Geltung der reinen Vernunfturteile nur Präliminarien liefert. Unter einem System aber versteht Kant die Versammlung der Fülle des Mannigfaltigen unter der Einheit einer zentralen Vernunftperspektive, eben des Endzwecks der Naturevolution. Die Idee aller Ideen aber ist die Freiheit. Sie bildet – nach der Formulierung der Vorrede der

KpV – den »*Schlußstein* von dem ganzen Gebäude eines Systems der reinen, selbst der spekulativen Vernunft« (S. 4). In der dritten *Kritik* – erst recht im Nachlaßwerk, das den Titel tragen sollte *Übergang von den Metaphysischen Anfangsgründen der Physik zur Physik* – wird dies Prinzip höherverlegt. Die Metapher der »Brücke«, die vom Gebiet der deskriptiv wahren zu dem der normativ richtigen Sätze hinübergeschlagen wird, ist nur Vorschein und Garantin für den »übersinnlichen Einheitsgrund der Natur und der Freiheit« (*KU*, S. XX, § 59, S. 258 f.; § 67, S. 304, 352, 258 und passim). Bei ihm haben wir mit einem metaphysischen Prinzip in einem Sinne zu tun, der alle Teildefinitionen des Terms befriedigt, den problematische Formulierungen des *Opus postumum* aber nicht mehr bereit sind, als bloß ›regulatives Prinzip‹ zu behandeln. Da das System den metaphysischen Gedanken einer Totalität von Bedingungen impliziert, wäre Metaphysik im engeren Sinn definiert als das vollendete System der spekulativen Vernunft. Dessen Ramifikationen innerhalb der Architektonik macht dann die Rede von Regional-Metaphysiken (der Sitten z. B.) verständlich.

Nun fragt sich also: »Welche Stelle gebührt der Teleologie« im enzyklopädischen Gesamt der spekulativen Wissenschaften (*KU*, S. 364)? Da nur zwei Kandidaten antreten (ein dritter auch nicht gefunden werden könnte), heißt die Frage spezifischer: Gehört sie zur Naturwissenschaft im engeren Sinn oder zur Theologie (und das heißt nach unserem Schema auch: zum immanenten oder zum transzendenten Vernunftgebrauch)? Für die Zuordnung zur Naturwissenschaft spricht ihr Gegenstand: die Naturprodukte; für die Zuweisung zur Theologie aber die Beziehung der natürlichen Evolution auf einen Endzweck (einen freien göttlichen Urheber). Indes bedarf die theoretische Naturwissenschaft um der Objektivität ihrer Resultate willen bestimmender und nicht bloß reflektierender Prinzipien (365); aus dem gleichen Grunde fällt sie nicht in die Theologie, die den Weltschöpfer nicht bloß als regulatives Prinzip zur Erklärung von Ordnung und Zusammenhang der belebten Welt gelten lassen würde. So gehört die Naturteleologie »also zu gar keiner Doktrin, sondern nur zur Kritik, und zwar eines besonderen Erkenntnisvermögens, nämlich der Urteilskraft« (l. c., B 366). Dennoch hat sie einen Ort in der Methodenlehre; denn wenn ihre Prinzipien auch bloß regulativ sind, so gibt es doch ebensolche, und ihr Einfluß auf die Naturerklärung ist, ›wenigstens negativ‹, klar gegeben. Das gleiche gilt für ihr Verhältnis zur Theologie; denn teleologische Erklärungen empirischer Naturgesetzlichkeiten sind ja solche aus Endursachen (Zwecken), deren Definition mit derjenigen Gottes zusammenhängt.

Zwar entscheidet sich Kant für die Empfehlung, die mechanische Kausalerklärung bei der Erforschung von Naturphänomenen so weit wie möglich anzuwenden. Das hindert ihn freilich nicht, ihre universelle Tauglichkeit zur Aufklärung der Struktur gewisser Naturprodukte, ja des Naturprozesses insgesamt, zu bezweifeln: Ein Newton (also ein mechanischer Erklärer) des Grashalms, sagt er an einer berühmten Stelle, sei noch nicht gefunden (337 f.). Ist die regulative Idee einer ›Technik der Natur‹ unabweisbar zu diesem Zweck, so sieht sich die Naturerklärung auf theologische Annahmen getrieben. Ist Natur insgesamt nur unter Voraussetzung eines Zwecks einsichtig, so scheint die Zufälligkeit der Welt bewiesen und mit ihr die Berechtigung der Voraussetzung eines außerhalb ihrer existierenden verständigen Schöpfers. So findet die Teleologie Halt erst in der Theologie – oder besser: in der hypothetischen Unterstellung eines zweckvoll planenden Schöpfergottes, dessen objektive Existenz dadurch natürlich noch nicht demonstriert ist (vgl. besonders 336, 1. Abschnitt).

Kants Stellung zur Biologie seiner Zeit

Von dieser gedanklichen Konstruktion aus beginnt Kant, etwas unvermittelt, seinen Parcours durch verschiedene kosmologisch-biologische Theorien des Naturprozesses. Er gibt

Anlaß zu einer Besinnung auf Kants Stellung zur Biologie seiner Epoche, insbesondere zum Phänomen des Organismus. Auch wenn man gewöhnlich Kant als den Helden im Kampf gegen reduktionistisch-mechanistische Konzepte der Naturerklärung und als Bahnbrecher der organizistischen Auffassung (die in der Romantik und im 19. Jahrhundert sich durchsetzen wird) zitiert, muß man sehen, daß seit den 50er Jahren des 18. Jahrhunderts die sogenannte Präformationstheorie, die mechanistische Erklärungsweise des Organismus, im Rückzug sich befindet und eine – später im Vitalismus gipfelnde – Auffassung der irreduziblen Eigentümlichkeit organischer Systeme sich durchsetzt. Auf diesen Paradigmen-Wandel reflektiert und reagiert Kants späte Naturphilosophie, und man findet die Etappen dieser kritischen Rezeption niedergelegt zumal in den ersten Paragraphen der »Methodenlehre«.

Ein vieldiskutiertes Thema der Zeit war die Analogie der Formen der verschiedenen Klassen von Organismen. Deutet sie auf eine ›wirkliche Verwandtschaft der Abstammung nach‹ (oder, wie Kant sagt, »in der Erzeugung von einer gemeinsamen Urmutter« [368 f.])? Das nahmen mit unterschiedlichen Erklärungsgründen an Lamarck (eigentlich Jean-Baptiste de Monet [1744-1829], Autor u. a. von *La Flore française* [Die französische Pflanzenwelt, 1778], des *Système des animaux sans vertèbres* [System der wirbellosen Tiere, 1801], der *Philosophie zoologique* [1809] und der *Histoire naturelle des animaux sans vertèbres* [Naturgeschichte der wirbellosen Tiere, 1815-33]) und Charles Darwin (1809-1882, Autor u. a. von *On the Origin of Species by Means of Natural Selection* [Der Ursprung der Arten durch natürliche Zuchtwahl, 1859] und *The Descent of Man and Selection in Relation to Sex* [Die Abstammung des Menschen und die geschlechtliche Zuchtwahl, 2 Bde., 1871]). Darwins Großvater Erasmus (1731-1802) hatte in seiner *Zoonomia or the Laws of Organic Life* [Zoonomie oder die Gesetze des organischen Lebens], London 1794-1801, Kant zitiert sie AA XXII, S. 375, 407) bereits eine wichtige Weichenstellung in der Geschichte der Deszendenztheorie vorgenommen, auf die schon Goethe reagiert und die dann vor allem durch Schellings Schüler Lorenz Oken (1779-1851, Autor eines dreiteiligen *Lehrbuchs des Systems der Naturphilosophie* [1808-11] und eines *Lehrbuchs der Naturgeschichte*, 3 Bde., 1813-27) ans 19. Jahrhundert weitervermittelt wurde. (Vgl. Ernst Krause, *Erasmus Darwin und seine Stellung in der Geschichte der Descendenztheorie, mit einem Lebens- und Charakterbilde von Charles Darwin*, Leipzig 1880, und Friedrich Albert Lange, *Geschichte des Materialismus*, Leipzig 1866.) Kant nennt die These der Deszendenz, wie ihn der ›Archäologe der Natur‹ erwäge, »ein gewagtes Abenteuer der Vernunft« (*KU*, S. 370, Anm.), war doch seit Aristoteles behauptet worden, die »generatio heteronyma« (also die Erzeugung von verschiedenen natürlichen Arten aus einander oder gar die ›Urzeugung‹ von Organischem aus Anorganischem) sei ausgeschlossen. »Ungereimt« sei der Gedanke aber doch auch nicht, »und es mögen wenige, selbst von den scharfsinnigsten Naturforschern sein, denen er nicht bisweilen durch den Kopf gegangen wäre« (l. c.). Kant selbst erwägt im Nachlaßwerk gelegentlich »Revolutionen der Natur‹,‹ die neue Species‹,‹ wozu der Mensch gehört‹,‹ hervorbrachten« (AA XXII, S. 241, Z. 26 f.). Ein schwacher Hoffnungsstrahl beleuchte mithin die Annahme, es sei mit rein mechanischen Erklärungsgründen zu erhärten, daß spezifisch verschiedene Wesen aus einander hervorgegangen seien, z. B. (wie Oken annahm) aus Wassertieren Sumpftiere, aus diesen nach mehrfachen Zeugungen Landtiere usw. Auch wurde die Entwicklung der Arten aus einander im 18. Jahrhundert nicht selten erwogen, z. B. von John Ray, von Carl von Linné (auf den Kant in AA VIII, S. 163 verweist), von Peter Simon Pallas (1741-1811), ja von Leibniz selbst, der den Gedanken des kontinuierlichen Übergangs zwischen allen Naturwesen (die »échelle des êtres vivants«) zuerst formuliert und an John Turberville Needham (1713-1781), an Charles Bonnet (1720-1793), an Pierre Moreau de Maupertuis (1698-1759) und viele andere weitervermittelte, die damit der Darwinschen Deszendenzlehre kräftig vorgearbeitet haben. Kant, der diese

Möglichkeit, wie gesagt, nicht völlig ausschließt, hebt doch hervor, daß auch bei einer solchen Erklärung die Zweckform der Produkte des Tier- und Pflanzenreichs ihrer Möglichkeit nach so zu denken sei, daß der gemeinsamen Mutter aller dieser Organismen »eine auf alle diese Geschöpfe zweckmäßig gestellte Organisation bei⟨ge⟩leg⟨t werde⟩«; der Erklärungsgrund sei mithin »nur weiter aufgeschoben«, die Erzeugung des Pflanzen- und Tierreichs aber nicht »von der Bedingung der Endursachen unabhängig gemacht« (l. c., S. 370f.). (Vgl. zum Problem Julius Victor Carus, *Geschichte der Zoologie bis auf Johannes Müller und Charles Darwin*, München 1872; Johann Brock, *Die Stellung Kants zur Descendenztheorie*, in: ›Biologische Central-Bibliothek‹ 21 [1889], S. 641-648; Emil Rádl, *Geschichte der biologischen Theorien seit dem Ende des 17. Jahrhunderts*, Teil 1, Leipzig 1905; Friedrich Dannemann, *Die Naturwissenschaften in ihrer Entwicklung und in ihrem Zusammenhange*, Bd. 3, Leipzig 1911, S. 99 ff.; Paul Menzer, *Kants Lehre von der Entwicklung in Natur und Geschichte*, Berlin 1911; Karl Roretz, *Zur Analyse von Kants Philosophie des Organischen*, Wien 1922, bes. S. 75 ff.; Erich Adickes, *Kant als Naturforscher*, Berlin 1925, Bd. 2, S. 406 ff.; Reinhard Löw, *Philosophie des Lebendigen*, l. c.; Peter McLaughlin, *Kants Kritik der teleologischen Urteilskraft*, Bonn 1969, vor allem Kap. 1.)

Die vorkantianische Biologie läßt sich insgesamt darstellen als Austragungsstätte des Grundsatzstreites zwischen Erklärungen von Naturwesen auf rein physisch-physiologischer Basis und solchen, die ein zusätzliches Erklärungsprinzip für unumgänglich halten. Die ersten heißen Mechanisten oder Reduktionisten, die zweiten Animisten, Hylozoisten oder Vitalisten. Die Frage nach der Sonderstellung organischer Gebilde wurde schon in den mechanistischen Systemen des 17. Jahrhunderts aufgeworfen und zugunsten der Einheitlichkeit rein reduktionistischer Erklärung meistens zurückgestellt. Immer wieder aber machten sich zwei Problemkomplexe bei der Subsumtion der Theorie der Lebewesen unter die allgemeine Maxime durchgängig mechanischer Naturerklärung als Störfaktoren geltend – und Kant macht sie nur explizit: nämlich die schwer abweisbare Zweckmäßigkeit der Lebensprozesse und die intuitive Unwahrscheinlichkeit, selbstregulative Systeme (wie es Organismen sind) als Agglomerationen unabhängiger Teile oder Elemente verständlich machen zu können. Kant entfaltet die Opposition dieser Erklärungsweisen zur Antinomie der teleologischen Urteilskraft, die ja eigentlich nicht stattfindet, weil die beiden Erklärungsarten sich nicht ausschließen, sondern eine die Mängel der anderen durch Rekurs auf ein regulatives Prinzip kompensiert. (Zur Information über die biologische Diskussion der zweiten Hälfte des 18. Jahrhunderts vgl. Emil Rádl, *Geschichte der biologischen Theorien in der Neuzeit*, 2 Bde., Berlin 1925, repr. Nachdruck Hildesheim 1970; Jacques Roger, *Les sciences de la vie dans la pensée française du xiiie siècle*, Paris 1959; François Jacob, *La logique du vivant*, Paris 1970; vgl. auch Marie-Luise Heuser-Keßler, *Die Produktivität der Natur. Schellings Naturphilosophie und das neue Paradigma der Selbstorganisation in den Naturwissenschaften*, Berlin 1986, und Wolfgang Krohn, Günter Küppers [Hgg.], *Selbstorganisation. Aspekte einer wissenschaftlichen Revolution*, Braunschweig und Wiesbaden 1990.)

Einen mechanistischen Erklärungsversuch organischer Strukturen, mit dem Kant sich ausführlich auseinandersetzt, unternahm die sogenannte Präformationstheorie: die Lehre von den präexistierenden Keimen, die sich in einem mechanischen Gebilde evolutiv (wie aus einem oder mehreren Samenkörnern nacheinander) entfalten. Kant erwägt sie gelegentlich selbst im Nachlaßwerk: »Die organisierte Geschöpfe machen auf der Erde ein Ganzes nach Zwecken aus, welches⟨,⟩ a priori aus aus Einem Keim (gleichsam bebrüteten Ei) entsprossen⟨,⟩ wechselseitig einander bedürfend⟨,⟩ seine und seiner Geburten Species erhält« (AA XXII, S. 241, Z. 22-25). René Descartes (1596-1650) ist ein charakteristischer Vertreter dieser Auffassung (vgl. *Traité de l'homme* ⟨Abhandlung über den Menschen⟩, in: *Œuvres*, hg. von Charles Adam und Paul Tannery, 12 Bde., 1 Indexband [Bd.

11], Paris 1897-1913, S. 277). Er beantwortet freilich nicht die Frage, wie nach rein mechanischen Gesetzen die Partikel es anstellen mögen, ein so komplexes (und dazu noch selbstregulatives) Gebilde hervorzubringen, sondern setzt dies einfach voraus. Andere, wie Newtons idealistischer Zeitgenosse Samuel Clarke (1675-1729), bestreiten die Einsichtigkeit von Organismen, z. B. eines Kükens, und seiner Entstehung »by the Power of any Mechanical Motions ⟨...⟩ out of the unorganized Matter of an Egg« ⟨aufgrund mechanischer Bewegungen ⟨...⟩ aus der unorganisierten Ei-Materie⟩ (*The Works*, 3 Bde., London 1738 [Reprint: New York and London 1978], Bd. 3, S. 789). Insgesamt herrscht die auch bei Kant durchschlagende Überzeugung, daß Organismen Systeme (von der Art des Weltalls, gleichsam kondensierte Universen) sind, die mithin ein Prinzip voraussetzen. Dies Prinzip, als aus mechanischen Erklärungsgründen unableitbar, wird schon von Newton in Gott oder den göttlichen Uhrmacher verlegt. Seine Schöpfungstat bleibt indes eine einmalige Intervention, die fortan den Ablauf der Weltmaschine nicht mehr stört; auch sind alle natürlichen Arten durch sie ›präformiert‹, Unerwartetes kann (aus den seminal völlig gestalteten und fertigen Keimen) nicht emergieren. Erklärungen der Bauformen von Arten bestehen fortan nur in der Rückführung auf die Zusammensetzung der Keime, deren keiner phylogenetische Übergänge zu einem anderen kennt. Die Keime waren seit Gottes Welterschaffung versammelt und haben in eben der Form existiert, in der sie sich dann entfaltet haben. Über die Art ihrer Konservierung seit der Weltschöpfung gab es drei Theorien: Panspermie und zwei Arten von Einschachtelung (›emboîtement‹): Ovismus und Animalkulismus. Ersterer nimmt an, die Keime schwebten frei im Luftraum, bis sie einen ihrer Entfaltung günstigen Nährboden finden, über den sie auf dem Atemwege oder mit der Nahrungskette bis ins Ovum eines Lebewesens dringen (Claude Perrault, 1613-1688, Autor einer *Mécanique des animaux* [Mechanik der Lebewesen, 1666]). Verbreiteter war die Einschachtelungstheorie, die Nicolas Malebranche (1638-

1715) zuerst 1674 (in der *Recherche de la vérité* [Erforschung der Wahrheit]) formulierte (vgl. auch den *Traité de la nature et de la grâce* [Abhandlung über die Natur und die Gnade] von 1675, deren Thesen von Jacques-Bénigne Bossuet [1627-1704], [François de Salignac de la Mothe] Fénélon [1651-1715] und Antoine Arnauld [1612-1694] kritisiert wurden). Danach wäre jeder Keim ein Organismus im kleinen (beim Menschen »homunculus« genannt), der auf rein mechanischem Wege durch Ernährung nur vergrößert wird. Aber der Vorrat der Keime ist begrenzt: sie waren alle in den Propagationsorganen des Ahnherrn (Animalkulismus) oder der Urmutter (Ovismus) schon vorhanden und werden auf dem Wege der Zeugung nur weitergegeben, so daß im Sperma des Urindividuums einer Art die Keime der Vertreter aller zukünftigen Generationen gleichsam ›eingeschachtelt‹ waren. Kant spricht von einer ›Involutionstheorie‹ (*KU*, S. 376). Leibniz (1646-1716) hat sich ihr (mit einer Option für den Animalkulismus) angeschlossen:

> Die Bewegungen der Himmelskörper, ja auch die Bildung der Pflanzen und Tiere enthalten, abgesehen von ihrem Anfang ⟨in Gottes Schöpfung⟩ nichts, das einem Wunder ähnlich wäre. Der Organismus der Tiere ist ein Mechanismus, der eine göttliche Präformation voraussetzt: was aus ihr folgt, ist rein natürlich und gänzlich mechanisch.
> (5. Brief an Samuel Clarke, § 115)

So werden mechanische und teleologische Erklärungsarten enggeführt: Einmal geschaffen, unterliegt die Welt streng mechanischen Gesetzen (vgl. Descartes, *Principia philosophiae*, Teil 1, § 28); innerhalb des von ihnen abgesteckten Bereichs ist alles notwendig so, wie es ist, und d. h.: kausal durchgängig aus dem Keim determiniert. Zweckursachen werden ausdrücklich aus dem System der Philosophie verbannt, auch wenn sie – als Spuren der göttlichen Schöpfungstat – in Gestalt von Formursachen (Bauplänen natürlicher Arten) indirekt wieder auftauchen. Dennoch hätte Gott auch ganz andere Arten präformieren (und die Urelemente ganz anders kombinieren) können, als wir es in der Natur vorfinden; so bleiben, wie bei Kant, die empirischen Naturgestalten durch rein mechanische Gesetze theoretisch unterbestimmt; ihre Objektivität ist nicht frei von Kontingenz.

Nicht erst durch Kant, sondern vor allem durch einen Paradigma-Wechsel der Biologie um die Mitte des 18. Jahrhunderts kam der Präformationismus in starke Bedrängnis: Organismen sind nicht quantitativ (nach Graden der Komplexität), sondern qualitativ von Mechanismen verschieden. Diese Überzeugung schien durch Abraham Trembleys (1710-1784) Entdeckung (vgl. die *Mémoires pour servir à l'histoire de polypes d'eau douce à bras en forme de cornes* ⟨Erinnerungen zum Behuf einer Geschichte der Süßwasserpolypen mit hornförmigen Armen⟩ [1774]) und (René Antoine Ferchault de) Réaumurs (1683-1757) Beschreibung der Regenerationsleistungen des Süßwasserpolypen (um 1740) fundiert, die man sich auch bei Kants Typologie des Organismus als bewegendes Ereignis vorstellen muß. Freilich bedurfte der Wandel des Paradigmas zusätzlicher epistemologischer Rahmenbedingungen, ohne den die experimentelle Darstellung präformationstheoretisch unerklärbarer Eigentümlichkeiten von Organismen in einem paradigmatischen Vakuum gearbeitet hätte. Peter McLaughlin nennt vier Gründe für die Anbahnung des Wandels: 1. neue paläontologische Befunde, 2. die Entwicklung eines spezifisch biologischen Art-Kriteriums, 3. die Durchsetzung des philosophischen Atomismus in Natur- und Gesellschafts-Theorie (›l'esprit de l'analyse‹) und 4. Einsichten in die selbstregulative (auto-poetische) Struktur organischer Systeme (McLaughlin, l. c., S. 16 ff.).

1. Kosmologisch-geologische Einsichten in die Entstehung der Erde und des Sonnensystems insgesamt bereiteten der Einschachtelungs-Theorie schwierige Zeiten. Wenn die Erde selbst in der Zeit entstanden ist (etwa, wie Buffon annahm, als Auswurf der Sonne), dann konnten die nur auf ihr nachgewiesenen Keime schwerlich so alt wie das Universum sein.

2. Seit John Ray (oder Wray, 1627-1705, seine *Methodus plantarum nova* [Neue Methode der Pflanzen] erschien 1682)

und (Georges Louis Leclerc, Comte de) Buffon (1707-1788, Autor der berühmten *Histoire naturelle* ⟨...⟩ [Allgemeine Naturgeschichte, 1744-88] und der *Epoques de la nature* [Epochen der Natur, 1779]), also etwa seit 1750, wird eine biologische Spezies letztinstanzlich nicht aus Ähnlichkeit der Form (die ja etwa auch für Mineralien gelten würde), sondern aus gemeinsamer genealogischer Abstammung definiert. Das Kriterium der Zugehörigkeit zu einer gemeinsamen Art wird in der Fortpflanzungsfähigkeit zweier Individuen und der Fähigkeit zur Zeugung ihrerseits fruchtbarer Nachkommen gesehen. Dem letzten Kriterium entspricht z. B. nicht das Maultier (oder ein anderer Art-Bastard), dessen Lebensfähigkeit die Präformationstheorie dennoch vor Probleme stellt; denn diese setzt ja voraus, daß die Keime zukünftiger Lebewesen bei nur einem Elternteil gelagert gewesen sein müssen. Gäbe es chemische Synthesen zwischen Halb-Keimen (oder verschiedenen Keimen), so bräuchte man die Einschachtelungs-Hypothese gar nicht mehr. Wachsende Erfahrungen mit Züchtungen zwischen Art-Verschiedenen machten letztere unplausibel.

3. Die Präformationstheorie nahm an, alle Substanzen seien ins Unendliche teilbar, während der analytische Atomismus des 18. Jahrhunderts unteilbare Kleinstpartikeln postulierte. Unter dieser Prämisse müßte die Präformationstheorie eine endliche Zahl von Keimen in den Propagationsorganen des Ureltern-Teils und mithin die Endlichkeit der Generationskette unterstellen.

4. Der für Kant wichtigste Grund für den Glaubwürdigkeitsverlust des Präformismus hängt mit der Entdeckung der Regenerationsfähigkeit des Polypen zusammen. In einer Maschine ist jedes Teil unabhängig vom anderen; höchstens bezieht sie den äußere Wille des Ingenieurs aufeineinander. Im Organismus scheint aber jeder Teil, gleichsam intrazellulär, Informationen über die Zwecke des Ganzen eingeschrieben zu tragen; damit ist eine Form von Reflexivität gegeben, die allen mechanistischen Erklärungsversuchen Kopfzerbrechen bereiten mußte.

Der Selbstreproduktionsfähigkeit organischer Wesen hat Buffon im zweiten Band seiner *Histoire naturelle* ein ganzes Kapitel eingeräumt, in dem die Regenerationsfähigkeit des Süßwasserpolypen den Paradigmenwandel einläutet. Vorbereitet war er durch John Locke (1632-1704), der im 6. Paragraphen des 27. Kapitels des zweiten Buches der Zweitauflage seines *Essay Concerning Human Understanding* (Versuch über den menschlichen Verstand, 1694) im Zusammenhang der Frage nach der Identität der Person *over time* auf den Unterschied hingewiesen hatte, der zwischen Atomen eines Aggregats und Teil-Ganzes-Verhältnissen in Organismen besteht (wo Teile durchaus ausgewechselt werden können ohne Identitätsverlust des Individuums oder der Art). Kants Ideen der potenzierten Organisation (ein Organismus hat schon Organisiertes zu seinen Teilen) und der Selbstregulativität organischer Systeme ist bei Locke schon klar ausgesprochen, wurde aber erst fünf Jahrzehnte später ernsthaft diskutiert. Locke schreibt im erwähnten Paragraphen seines Hauptwerks:

Wir müssen darum überlegen, worin eine Eiche von einem Aggregat ⟨a mass⟩ von Materie unterschieden ist. Mir scheint der Unterschied darin zu liegen, daß das eine bloß ein irgendwie verbundener Zusammenhang ⟨cohesion⟩ von Materie-Teilen, das andere dagegen eine derartige Veranlagung ⟨disposition⟩ derselben ist, daß die Teile gerade solche einer Eiche sind; und zwar sind die Teile hier gerade so organisiert, wie es nötig ist ⟨as is fit to⟩ zur Aufnahme und Verteilung der Nahrung, zu Aufbau und Bildung von Holz, Rinde, Blättern usw. einer Eiche, worin eben das vegetabilische Leben besteht. Indem sie mithin eine einige Pflanze ist, die eine solche Organisation ihrer Teile in einem zusammenhängenden Leib und in Zugehörigkeit zu einem gemeinsamen Leben hat, bleibt sie beständig dieselbe Pflanze, solange nur ihre Teile zum selben Lebenszusammenhang gehören, möge auch dies Leben durch neue, der lebendigen Pflanze vital zugeeignete und zu ihr verknüpfte Materie-Teilchen vermittelt ⟨communicated⟩ sein, in einer eben dieser Pflanzenart spezifisch eigentümlichen und sich durchhaltenden Organisation.

Die Präformationstheorie, die Interventionen Gottes nach der Schöpfung ausschloß, konnte durchgängige Selbstreproduktion organischer Systeme erst recht nicht verstehen (der eingeschachtelte Keim kann wachsen, sich oder Teile seiner selbst aber nicht nach einem eingeschriebenen Bauplan reproduzieren). Alternative Theorien, die bald auf den Plan traten und auch Phänomene der (generisch) identischen oder der erweiterten Reproduktion organischer Systeme berücksichtigten, wurden damals (auch von Kant [*KU*, S. 376]) solche der »Epigenesis« genannt. Ihnen bereitete die sogenannte Pangenesis-Theorie den Weg, deren Hauptvertreter (Pierre Moreau de) Maupertuis (1898-1759, Hauptwerk: *Essai de cosmologie* [Versuch einer Kosmologie, 1759]) und (George Louis Leclerc Graf von) Buffon (1707-1788) sich auf atomistische Theorien des 17. Jahrhunderts (Pierre Gassendi [1592-1655], Nathaniel Highmore [*The History of Generation*, London 1651], Walter Charleton [1619-1707]) und antike Autoren (wie Hippokrates und Lukrez) stützten, freilich unter Anerkennung von Attraktionskräften der Atome und der Organizität gewisser Moleküle. Nunmehr wird angenommen, Fortpflanzung und Vererbung seien Tatsachen chemischer Verbindungen zwischen den Samenanteilen beider Eltern; und auch die später durch die Zelltheorie Rudolf Virchows (1821-1902, *Die Cellularpathologie* erschien 1858) bestätigte und experimentell nachgewiesene Annahme findet sich in der Pangenesis schon, wonach der Same aus organischen Molekülen aller Organe eines Körpers beschickt wird, deren Erbinformationen sich beim neugezeugten Individuum ihrerseits mischen. So konnten Phänomene wie Art-Bastarde und nach der Weltschöpfung neu entstehende Arten leicht erklärt werden. Und auch die Selbstregulativität von Organismen, so wie sie Kant im § 64 der *KU* beschreibt, war spätestens seit Buffon und besonders seit dem von Kant oft zitierten Zoologen Johann Friedrich Blumenbach (1752-

1840, sein *Handbuch der Naturgeschichte* erschien 1780 und erlebte bis 1830 zwölf Auflagen; später [1803] erschien *De generis humani varietate nativa* ⟨Die angeborene Vielfalt der Menschengattung⟩) prinzipiell begriffen. Ernährung, Wachstum und Fortpflanzung sind danach drei Arten von Reproduktion und beruhen auf Prinzipien der Assimilation von Außenweltlichem an den Organismus oder umgekehrt solchen der Adaptation des organischen Systems an die Außen- oder Umwelt. Buffon nahm freilich an, daß den Atomen ein natürlicher Hang einwohne, sich zu gewissen Organismen zu kombinieren, und daß die Natur, bei einer kontingenten Vernichtung aller Lebewesen, dieselben (unter geeigneten geologisch-klimatologischen Rahmenbedingungen) spontan restituieren würde. Demnach sind Keime nicht im Ahnherrn oder in der Urmutter »emboîtées« (eingeschachtelt), sondern durch Eigenschaften und Kräfte der organischen Moleküle determiniert – nach Bauplänen, die prinzipiell beim Anschießen des Kristalls oder bei der Blattform-Bildung der Bäume nicht anders funktionieren als beim Tier.

So konnte Buffon plausibel machen, warum die Erde gerade die Organismen hervorbringen mußte, die wir kennen. Dagegen blieb er die Antwort schuldig auf die Frage nach den Ursachen der Anpassungs- und Regenerationsleistungen organischer Systeme, soweit sie nicht im Bauplan aufgehen. Das ist aber evidentermaßen der Fall bei der Regeneration fehlender Organe (z. B. der Extremitäten bei gewissen Lurchen oder der verletzten Haut) – eine Leistung, die aus Wirkungen der Moleküle oder der Teile nicht erklärt werden könnte (diese Teile fehlen ja gerade). Wollte man teleologische Erklärungen ausschließen und der Maxime treu bleiben, nur mechanistische Erklärungen seien wissenschaftlich, so bot sich der Ausweg, der Materie, wenigstens in ihren sogenannten organischen Produktionen, eine neue Eigenschaft zuzuschreiben: die Lebenskraft. Diese vitalistische Hypothese »wurde im 18. Jahrhundert fast immer mit Berufung auf eine Analogie zur Newtonschen Gravitation eingeführt. Mit dieser Analogie führt Buffon sein⟨en⟩ ›moule intérieur‹ ‹seine innere Prägeform› ein, von Haller seine ›Irritabilität‹, Blumenbach seinen ›Bildungstrieb‹; ähnliche Argumentationen sind auch bei Bordeu, Barthez, Hunter und Needham zu finden« (Peter McLaughlin, l. c., S. 21 f. unter Verweis auf Thomas S. Hall, *On Biological Analogues of Newtonian Paradigms*, in: ›Philosophy of Science‹ 35 [1968], S. 227).

Trotz der Newtonschen Parallele ist die Grundthese des Vitalismus aber anti-mechanizistisch. Ihr steht die (von Kant übernommene) Überzeugung zur Seite, daß organische Strukturen mechanisch prinzipiell nicht (vollständig) aufzuklären sind. Organismen werden nicht aus Bildungskräften der Partikel aufgebaut; wie aus dem Beispiel der Organ-Reproduktion empirisch dargetan scheint, müssen die Teile des Organismus vielmehr als Leibnizsche Monaden gedacht werden, deren jede, gleichsam als Mikrokosmos oder in intrazellulärer Einschreibung, die Informationen über das Ganze enthält (Blumenbach verortet den von ihm so genannten und mit der Lebenskraft identifizierten Bildungstrieb tatsächlich im »Zellengewebe«). Den Vorwurf, die Lebenskraft sei eine dunkle Eigenschaft (»qualitas occulta«), pflegte Blumenbach den Mechanisten zurückzugeben, indem er auf den ebenso ungeklärten Status der Schwerkraft im Newtonschen System hinwies (*Über den Bildungstrieb*, Göttingen 1789, S. 25 f.). Die Schwere ist nämlich bei Isaak Newton (1643-1727, sein Hauptwerk, die *Naturalis philosophiae principia mathematica* [Mathematische Prinzipien der Naturphilosophie] erschien 1687) keine sogenannte ›wesentliche Eigenschaft (inherent quality)‹ der Körper (bzw. der Atome), d. h. keine solche, die jedem einzelnen auch unabhängig von allen anderen zukommen würde (wie Ausdehnung, Undurchdringlichkeit oder Trägheit). Als reziprokes Geschehen setzt Gravitation ein Körpersystem (von mehr als einem Element) voraus. Unnachweisbar in ihrem Ursprung, sei die Schwere doch aus ihren Wirkungen bekannt, meint Newton in Abweisung des Leibnizschen Vorwurfs, er schmuggle mit der Schwerkraft die irrationale (scholastische) »qualitas occulta«

wieder in die Wissenschaft ein (Isaac Newton, Brief an Antonio Schinella Conti vom 26. 2. 1716; vgl. Gideon Freudenthal, *Atom und Individuum im Zeitalter Newtons. Zur Genese der mechanistischen Natur- und Sozialphilosophie*, Frankfurt/Main 1982, Kap. 1 und 13). Freilich schloß Newton nicht aus, die Schwere möchte eine immaterielle Kraft sein; und so auch Blumenbach im Blick auf den Bildungstrieb, der ebenfalls nur aus den Wirkungen bekannt ist und diese nur zeitigt, wenn eine systematische Konstellation mehrerer Faktoren sich einstellt.

Diese neue Kraft ist kein Resultat der »texture or composition« des Körpers ⟨wie Samuel Clarke in einem Brief an Mr. Dodwell von der Gravitation gesagt hatte⟩; sie wird von der Organisation nicht verursacht, sondern ⟨nur⟩ *veranlaßt*, und zwar nicht von der Organisation des ⟨Gesamt-⟩Organismus, sondern von der Organisation seiner schon organischen Teile. Der Bildungstrieb Blumenbachs z. B. wird in einem bestimmt strukturierten »Zellengewebe« erst einmal »rege« und dann »lebenslang tätig«; der Trieb selbst ist relativ unabhängig von der Organisationsform ⟨der Bildungs*kraft*⟩ des Organismus.

An solchen Theorien knüpften Kants Überlegungen über den Organismus und die Struktur biologischer Erklärung an. In der vorkritischen Zeit orientiert er sich bei der Suche nach dem »Newton des Grashalms« vor allem an Buffon; später, in der *KU*⟨,⟩ bezieht er sich explizit auf Blumenbach ⟨*KU*, 378 f.⟩.
(Peter McLaughlin, l. c., S. 24)

Die Lehre vom letzten Zweck und vom Endzweck der Natur

Sie krönt und beschließt die Methodenlehre der *KU*. Sofern sie spezifisch moraltheologische Fragen verhandelt (Gottesbeweise z. B.), nimmt sie Probleme wieder auf, die schon in der *KpV* eine große Rolle gespielt haben.

Der Gegensatz von letztem und End-Zweck entfaltet sich

über dem der äußeren und der inneren Zweckmäßigkeit. Im Rückblick auf den Kommentar zu den geschichtsteleologischen Schriften Kants und der schon darin berührten Frage nach einem Endzweck der ganzen Natur muß der Intern-extern-Gegensatz hier noch von einem anderen Gesichtspunkt aus in Erinnerung gebracht werden.

Dieser Gesichtspunkt wird durch die Grundfrage der *KU* geliefert. Das Werk sollte ja eine Verbindung zwischen theoretischer und praktischer Vernunft aufweisen. Als Bindeglied sollte eine Naturauffassung firmieren, die der Moral objektive Realität verschafft, so daß die Zwecke, die jene vorschreibt, im physischen Universum auch verwirklicht werden können (vgl. *Über den Gebrauch teleologischer Prinzipien in der Philosophie* [AA VIII, S. 183]). Nun ist es gerade die äußere Zweckmäßigkeit, auf der die Überlegung gründet, die Natur und Moral versöhnen wird, indem sie aus dem höchsten Gut den Endzweck macht, nach dem die Schöpfung strebt.

Seit dem § 63 hatte Kant vor einer Ungenauigkeit gewarnt, die man oft begeht, wenn man von Zweckmäßigkeit spricht. Diese Ungenauigkeit rührt daher, daß man der Verbindung, die zwischen bestimmten Sachen besteht, und der Verbindung zwischen den Teilen eines selben Organismus denselben Status zuweist: In beiden Fällen soll es sich um eine Zweckverbindung handeln. Wenn man nun aber über die Zweckmäßigkeit eines lebenden Wesens urteilt, so sagt man, daß sie eine innere ist. Denn man stellt fest, daß dessen Teile *durch* und *für* die anderen bestehen sowie *durch* und *für* das Ganze. Hingegen ist eine Zweckverbindung, die mehrere Elemente der Natur, ob organisch oder nicht, miteinander verknüpft, eine äußere Verbindung, die auf der empirischen Feststellung beruht, die wir über die »Zuträglichkeit« (282 unten) gewisser Dinge für andere treffen können: eine Zuträglichkeit, die man mit den Begriffen einer Mittel-Zweck-Beziehung beschreiben kann: Das Gras ist gut für das Vieh und stellt sich in der natürlichen Kette als ein Mittel dar, das für dessen Überleben zweckmäßig ist. Dieser Verbindungstyp enthält jedoch in sich selbst nichts, das es erlauben würde, daraus auf eine notwendige Kausalität zu schließen (vgl. § 67, S. 299).

Wenn man den Begriff der äußeren Zweckmäßigkeit einführt, führt man eine Kausalkette ein, in der die Rechtfertigung der Existenz eines jeden Gliedes auf der Rechtfertigung der Existenz des jeweils unmittelbar vorangehenden Gliedes beruht, und das bis ins Unendliche. Die logische Form dieser Verbindung ist hypothetisch, d. h. sie kann folgendermaßen formuliert werden: Wenn x existieren muß, dann muß y ebenfalls existieren, da nur y die Existenz von x ermöglicht. Damit der Regreß abgebrochen wird, muß das letzte Glied der Kette den Grund seiner Existenz in sich selbst tragen. Man kann also nur dann von einer Zweckverbindung unter den Dingen sprechen, wenn das Wesen, *für das diese Dinge zweckmäßig sein sollen, selbst ein Zweck der Natur ist*, d. h. wenn seine Existenz für den Zweck der Natur überhaupt notwendig ist.

Die These von der notwendigen Ausdehnung des Zweckmäßigkeits-Prinzips auf die Gesamtnatur (auch die anorganische) ruht auf zwei Stützen:

1. theoretischen Argumenten, die einerseits (a) mit dem Idee-Begriff, andererseits (b) mit dem Rückgriff auf einen höheren Verstand zusammenhängen;

2. praktischen Gründen, denen Kant sogar größeres Gewicht zuerkennt. Sie hängen einerseits zusammen (a) mit dem Begriff des Endzwecks, andererseits (b) mit dem Beweis der Existenz Gottes.

Ad 1. a) Im Kommentar zu beiden Einleitungen war gezeigt, daß die Vernunft ähnlich wie der Verstand eines rein logischen und eines realen (transzendentalen, objektkonstitutiven) Gebrauchs fähig ist. Denke ich die reinen Urteilsformen auf sinnliche Vorstellungskonstellationen angewandt, so denke ich sie als Objekte. Und denke ich die übergeordnete Systematisierungsleistung des logischen Vernunftgebrauchs angewandt auf Konfigurationen nicht von Begriffen, sondern von Objekten, so denke ich sie mir als zweckmäßig (nicht als unverbundene Aggregate, sondern als Systemteile (vgl. *KrV* A 321 = B 378 ff. und A 644 = B 672 ff.). Da die Vernunftperspektive die gesamte Sinnenwelt systematisiert (und von der Zufälligkeit der Verstandesansicht befreit), muß die Natur insgesamt als zweckmäßig (jedenfalls für unser Erkenntnisvermögen) erscheinen.

Das zweite theoretische Argument (1. b) geht parallel zum ersten. Denken wir die empirische Natur als systematisch organisiert, so denken wir sie als Niederschlag eines höheren Verstandes (der sich zu unserem endlichen und diskursiven Verstand verhält wie dieser zu den apriorischen Naturgesetzen). Ist dieser Gedanke einmal auf ein *notwendiges* Ordnungsbedürfnis unserer Vernunft fundiert und gilt ferner, daß die Vernunft bei ihren Schlüssen *notwendig* verfährt, dann muß auch alles für notwendig angesehen werden, was unter ihrer Voraussetzung nach der Ableitung in der conclusio steht. Also muß die empirische Natur insgesamt notwendig (und nicht bloß zufällig, wie aus der Verstandesansicht) als Werk eines letzt-ordnenden Verstandes angesehen werden. Das meint Kant, wenn er sagt, die transzendentale »Einheit des übersinnlichen Prinzips« müsse »nicht bloß für gewisse Spezies der Naturwesen, sondern für das Naturganze, als System, auf dieselbe Art als gültig betrachtet werden« (Ende des § 67, S. 304).

Ad 2. a) Das erste Teilargument des praktischen Zugs beruht auf dem Begriff des ›Endzwecks‹. Wir sahen: Die Kette der äußeren Mittel-Zweck-Relation verliert ihre Zufälligkeit erst dadurch, daß sie auf ein Wesen zuläuft, das selbst notwendig zweckmäßig (selbstzweckhaft) heißen muß. Anders verlöre sie sich im Unendlichen, jeder vorläufige Zweck verwandelte sich erneut in Mittel für einen höheren Zweck usf. (§ 63, S. 281). Aus dem Kommentar zur zweiten Einleitung kennen wir das Vernunftbedürfnis nach Abschluß der Kette in einem Letzten, selbst nicht mehr von höheren Bedingungen Abhängigen. Dieses wäre der ›letzte Zweck‹ der Natur. Für Kant ist es der Mensch als empirisches Subjekt, das einzige Naturwesen, das sich Zwecke vorstellen und nach Zwecken handeln kann (§ 82). Aber der letzte Zweck gehört noch zur Serie der Bedingungen mit dazu. Hat er den Vorzug, als Zielpunkt des Naturprozesses angesehen werden zu können, so ist er doch noch nicht das schlechthin *Un*bedingte selbst. Das empirische Subjekt, so wie die Naturevolution es als Endglied hervorgebracht hat, kann nur endlich und (von der Natur) bedingt heißen. Dagegen definiert sich der »*Endzweck* ⟨eben als⟩ derjenige Zweck, der keines anderen als Bedingung seiner Möglichkeit bedarf« (Beginn § 84, S. 396). Ein dergleichen unbedingter (oder absoluter: von allen Bedingtheiten unberührter) Zweck könnte in der Reihe der empirischen Naturerscheinungen sinnvoll nicht gesucht werden und dürfte darum auch nicht als Zweck derselben ausgegeben werden. Ist vom Endzweck die Rede, so ist also überhaupt der Rahmen der theoretischen Erkenntnis überschritten, und wir sind im Bereich der Praxis. Da der Endzweck der Natur – wie auch das Nachlaßwerk immer wieder beteuert – ein Übersinnliches ist, kann nur das Subjekt der Freiheit, als Bewohner der Geisterwelt, darauf Anspruch machen; ja er fällt in einigen Formulierungen mit der Freiheit zusammen (vgl. z. B. AA XXI, S. 74; auch S. 156, 556).

Im § 83 bringt Kant den letzten Zweck der Natur mit dem Kulturalisierungsprozeß zusammen, wie er im Zusammenhang der kleineren geschichtsteleologischen Schriften schon besprochen worden ist (vgl. hier S. 1093 ff., 1109 f.). Kant unterteilt die Kultur wiederum in eine solche der Geschicklichkeit und der Zucht. Die erste ist ganz zweckrational gedacht als Fähigkeit, die Zwecke zu erreichen, die man sich gesetzt hat (sie seien moralisch oder nicht); während die Kultur der Zucht erworben wird aus der Unabhängigkeit von sinnlichen Bestimmungsgründen. Die erstere ist es noch nicht, die den Menschen als Endzweck anzusehen berechtigt; hinsichtlich ihrer ist er noch dem Naturmechanismus unterworfen und hat damit das, was ihn als Endzweck der Natur zu denken erlaubt, noch nicht erreicht. Die letzte aber bildet das Mittelglied zwischen der Auffassung vom Menschen als letztem Zweck und als Endzweck. Der Endzweck kann sich nicht an Privatzwecken orientieren, er könnte sich nur in einem Ziel verwirklichen, das der Menschengattung vorgeschrieben ist. Bliebe es bei Individualmotivationen der Akteure, würde es ewig bei ›Ungleichheit der Stände‹ – also bei der Klassengesellschaft – bleiben. Ihre Charakteristika sind Gewalttätigkeit auf der einen, Luxus auf der anderen Seite. Wie schon in der *Idee zu einer Geschichte in weltbürgerlicher Absicht* glaubt Kant indes, daß die aus Privatmotiven (wie Hab- und Ehrsucht) entsprungenen Gewalttätigkeiten (etwa der Krieg), die eigentlich der Kultur der Zucht diametral entgegengesetzt sind, dennoch von der Finalität des Endzwecks eingeholt und ihrerseits instrumentalisiert werden und durch eine List der Vernunft die Menschengattung der moralischen Kultur näherbringen. So haben wir Grund, auch hier hinter der Naturmechanik eine Art providentiell agierenden übersinnlichen Substrats zu vermuten, in Analogie zur Reflexion über organisierte Körper, aber auch über unsere eigene sittliche Natur. Den Beziehungspunkt zwischen beiden hatte uns der § 59 schon als die symbolische Vorstellungsart zu denken gelehrt.

Warum aber soll denn die Natur in ihrer schrittweisen Entfaltung insgesamt als *notwendig* auf den praktischen Endzweck ausgerichtet gedacht werden? Kant scheint anzunehmen, daß dies ein Korollar des Gedankens ist, wonach die relative und die äußerliche Zweckmäßigkeit des Naturprozesses ihr Seinskriterium in der Selbstzweckhaftigkeit des Organismus haben. Solange der Organismus als Endglied der Kette der Naturproduktion betrachtet wird (das er ja einerseits ist), kommt er nur als letzter Zweck in Anschlag. Aber *ein* Organismus unter anderen, der menschliche, ist nicht nur empirisches, sondern auch intelligibles Subjekt. Als intelligibles ist es durch Freiheit (durch Autonomie) ausgezeichnet; und das bedeutet, daß es (als freies) sich selbst (als empirisches) sein Gesetz gibt. Die Freiheit aber ist ein Unbedingtes, das aus einer höheren Ursache gar nicht abgeleitet gedacht werden könnte, ohne sich aufzulösen. So trifft die

Definition des Organismus als von sich selbst zugleich mechanische und Zweck-Ursache im emphatischen Sinne auf die Selbstbestimmung durch Freiheit zu. Da (nach Kant) frei nur handelt, wer sich vom Sittengesetz motivieren läßt, folgt nun, daß, wenn der Mensch letzter Zweck der Natur ist, es auch und erst recht das Sittengesetz ist, durch das er sich selbst-bestimmt. Wäre der Naturlauf nun nicht verträglich mit den Forderungen des Sittengesetzes, so käme das Naturwesen Mensch bei der Erfüllung des kategorischen Imperativs in einen Widerspruch mit sich selbst. Kant formuliert ihn in der »Anmerkung« zum § 88 als den »Widerspruch« zwischen dem »als Pflicht aufgegebenen Endzweck« in den Menschen und »eine⟨r⟩ Natur ohne allen Endzweck, außer ihnen, in welcher gleichwohl jener Zweck wirklich werden soll« (439).

In der Logik dieser Überlegung liegt es dann für die praktische Vernunft, Wesen anzunehmen, die nicht nur ›von sich selbst zugleich Ursache und Wirkung‹ sind, sondern auch ein solches, das den Grund seines Daseins in sich selbst trägt. Da eine kontinuierlich fortschreitende Mittel-Zweck-Kette nur in ihm – als einem *un*bedingten Zweck (oder Endzweck) – fundiert sein könnte, heißt das, daß man die Natur insgesamt als auf den Endzweck zulaufend annehmen muß.

Diese Überlegung bleibt aber unvollständig ohne eine vierte, die die Existenz Gottes ins Spiel bringt (2. b). Der Endzweck der Natur – als nicht mit dem *inner*natürlichen letzten Zweck zusammenfallend – liegt notwendig *außerhalb* derselben (§ 66, S. 297 unten und § 86, S. 412 f.). Aber er ist doch das Umwillen ihrer eigenen Existenz, also der ›letzte Zweck der Schöpfung‹. Betrachte ich die Naturevolution insgesamt aus der Perspektive des Schöpfers, so nehme ich eine verständige Weltursache (einen Gott) an, dessen Zweckvorgabe allerdings Finalursache ihrer gesamten Hervorbringung war, so wie sie ist. So kann Kant – obwohl ihn die Naturteleologie letztlich wirklich in die Theologie führt – den Beweis Gottes aus der Zweckmäßigkeit der Natur als solcher (den physikotheologischen Beweis) ablehnen (§ 85), den ethikotheologischen aber unterschreiben (§ 86). Denn nicht, insofern er selbst Naturglied ist, sondern insofern er sich von der Natur als unabhängig (also moralisch) denkt, kann sich der Mensch in einer Beziehung auf den Endzweck der Weltgeschichte denken. So leitet die an organisierten Naturwesen aufgezeigte Zweckmäßigkeit seine Reflexion zur Erkundung dessen an, was als Endzweck der Schöpfung angesehen werden könnte. Sie macht ihn auf ein Substrat der Natur aufmerksam, das nur als moralisches übersinnlich sein könnte. Wer es auf theoretischem Wege zu fassen glaubt, betreibt Physikotheologie, die nur eine mißverstandene physische Teleologie ist. Dagegen gründet sich die Ethikotheologie auf das Bewußtsein sittlich guter Erscheinungen.

> In diesem Bewußtsein betrachtet der sittlich gutgesinnte Mensch sich selbst als Endzweck, und er sinnet der Natur es an, hiermit zusammenzustimmen. Zu diesem Behuf bezieht er die gesamte Natur auf ein Substrat der Natur, und gibt dadurch dem Gedanken Raum, daß die Natur in ihrem Fortschritt zum Ganzen dem sittlichen Wert der Menschen entsprechen werde, wenn gleich diese Zusammenstimmung in ihren Teilen nicht gefunden wird.
> (Jakob Sigismund Beck, *Grundriß der critischen Philosophie*, 1796, S. 296)

Man kann, ja man muß sich abschließend fragen, inwiefern in solchen Formulierungen das Programm erfüllt ist, für das das Bild vom Brückenschlag zwischen Theorie (Natur) und Praxis (Freiheit) in der Einleitung stand. Eine deutliche Spannung – um im Gleichnis zu bleiben: »eine unübersehbare Kluft« (*KU*, S. XIX) – tut sich erneut auf: die zwischen der Freiheit als ›Schlußstein von dem ganzen, auch theoretischen Teil der Philosophie‹ (die Formulierung aus der Vorrede zur *KpV*) einerseits und dem übersinnlichen Einheitsgrund (dem Substrat) der Natur und der Freiheit andererseits. Das Ende der *KU* mit der Privilegierung der Sittlichkeit vor der Natur scheint einfach zur Formel der *KpV* zurückzukehren; die Einheitsleistung wird einseitig der Praxis anvertraut, und die theoretische Natur ist nur die vereinigte. Dagegen hätte nur die Ausfüllung der Formel vom einigen Grund sowohl der Freiheit als auch der Natur das Systemprogramm der dritten Kritik wirklich befriedigt. Dazu hätte Kant aber tatsächlich mit seinen dualistischen Prämissen brechen müssen, wie seine unmittelbaren Schüler (Carl Leonhard Reinhold, Salomon Maimon, auch Jakob Sigismund Beck) und die Frühidealistischen (Johann Gottlieb Fichte, Friedrich Hölderlin, Friedrich Wilhelm Joseph Schelling, Friedrich von Hardenberg [Novalis]) es dann tun werden. Tatsächlich benutzt die Rede ›von sich selbst zugleich Ursache und Wirkung‹ ein Reflexiv-Pronomen in herausgehobener Stellung. Es steht nicht nur für die Selbstregulierungs-Leistung des Organismus, sondern auch für eine ontologische Einheit »in zwiefacher Beziehung«. Sie verlangt, daß in der Einheit eines Gedankens nicht nur von der Funktionen-Teilung zweier Kausalitätsformen Rechenschaft abgegeben werden kann. Gezeigt muß eben auch werden, daß eine letztlich als praktisch interpretierte Kausalität eine und dieselbe mit einer theoretischen ist. Dabei hätte sich Kant von seiner Einsicht leiten lassen können, daß die Teile organischer Verhältnisse selbst Totalitäten (also selbst wieder irgendwie das ungeteilte Ganze) sind. Die Analyse der darin eingeschlossenen Begriffsverhältnisse hätte ihn auf den Gedanken einer inneren *Selbst*differenzierung führen müssen, die Teilung als die Entfaltung eines ursprünglich Einigen denkt. Das werden dann (nach einem mißlungenen Zwischenschritt, wie ihn Friedrich Schiller versucht hat) die Tübinger Freunde Hölderlin und besonders Schelling tun, dessen reife Identitäts-Konzeption ganz und gar aus der Freilegung der Begriffskomponenten des kantischen Organismus-Gedankens verstanden werden kann (vgl. Manfred Frank, *Identität und Subjektivität*, in: *Selbstbewußtsein und Selbsterkenntnis*, Stuttgart 1991, S. 79-157, bes. 98-115).

STELLENKOMMENTAR

482,13 *in sicheren alleinigen Besitz]* Dies ist eine Konjektur der AA. Im überlieferten Text steht: aber einigen Besitz.

494,37 *O mihi praeteritos, etc.]* »O brächte mir Jupiter doch meine verflossenen Jahre zurück!« (Vergil, *Aeneis* VIII 560).

500,6 *lex parsimoniae]* Das Gesetz der Sparsamkeit.

500,8 f. *lex continui in natura]* Das Gesetz der Stetigkeit in der Natur. Zur Definition der Stetigkeit/Kontinuität vgl. *KrV* A 168 f. = B 209-211: Eine in einem Bereich irgendwelcher Wertverbindungen erklärte Funktion heißt stetig, wenn der Wert der Differenz je zweier in dem Bereich vorkommender Werte bei abnehmender Größe derselben gegen Null konvergiert. Kant spricht von einem Zusammenhang Verbundener, »deren Unterschied voneinander immer kleiner ist, als der Unterschied ⟨...⟩ de⟨s⟩ gegebenen und dem Zero, oder der gänzlichen Negation«.

500,11 f. *principia ⟨...⟩ multiplicanda]* William Occams (vor 1300-1349/50?) berühmtes Ökonomie-Prinzip, genannt ›Occams Rasiermesser‹: Die Grundsätze sind nicht übers nötige Maß hinaus zu vervielfältigen (man sollte nur soviel Grundsätze annehmen, wie unbedingt nötig).

523,12 *Irokesische Sachem]* Eine Art (Friedens-)Häuptling des Indianerstamms der Irokesen. Kant scheint sich auf folgende Stelle in des Jesuitenpaters und Erforschers François-Xavier Charlevoix' (1682-1761) Werk *Histoire et Description générale de la Nouvelle-France* (Geschichte und allgemeine Beschreibung Neu-Frankreichs), Paris 1744, Bd. 3, S. 322 zu stützen: »Irokesen, die 1666 nach Paris gingen und denen man alle königlichen Häuser und alle Schönheiten dieser großen Stadt zeigte, bewunderten nichts davon und hätten die Dörfer der Hauptstadt des blühenden Königreichs Europas vorgezogen, wenn sie nicht die Rue de la Huchette gesehen hätten, wo ihnen die Grillbuden, die sie allezeit mit jederlei Fleischstücken garniert fanden, ausnehmend gefielen.«

548,34 *woran ich doch gar nicht zweifle]* Lesart nach A³; A¹ und A² lasen »woran ich doch gar sehr zweifle«. Die Verbesserung ist sinnvoll, da Kant an mehreren Stellen seines Werks der Undulationstheorie des Lichts, wie der Schweizer Mathematiker und Physiker Leonhard Euler (1707-1783) sie entwickelt hatte, wirklich zugestimmt hat; so in der Promotionsschrift *De igne* (Übers Feuer; AA I, S. 378), in den *MAN* (S. 266) oder in der *Anthropologie* (AA VII, S. 156). Selbst in der *KU* hat Kant Licht und Schall in Bezug auf die ›höheren Sinne‹ durchgängig parallel behandelt (vgl. §§ 42 und 51).

562,26 *schwebende Bild*] Über das Schweben der Einbildungskraft zwischen dem Endlichen und dem Unendlichen vgl. die Bemerkungen Johann Gottlieb Fichtes in der *Grundlage der gesamten Wissenschaftslehre* von 1794 (*Sämmtliche Werke*, hg. von Immanuel Hermann Fichte, 8 Bde., Berlin 1845-46, Bd. 1, S. 216 f.).

562,33 *Polyklets berühmten Doryphorus*] Der Speerträger, eine der bekanntesten Bronze-Plastiken des Polyklet (eines griechischen Künstlers aus der zweiten Hälfte des 5. vorchristlichen Jahrhunderts), galt allgemein für die praktische Ausführung der theoretischen Schrift *Der Kanon*. Polyklet habe in seiner Plastik die vollkommene Harmonie in den Proportionen des menschlichen Körpers getroffen.

563,1 *Myrons Kuh*] Myron war ebenfalls griechischer Bildhauer und lebte im zweiten Viertel des 5. vorchristlichen Jahrhunderts. Er galt als perfekter Tier-Bildner. Seine *Kuh* wurde in vielen antiken Epigrammen als Muster ihrer Art gepriesen.

573,13 *Marsden*] William Marsden (1754-1836), irischer Orientalist und Erforscher der malayisischen Völker, Verfasser einer *History of Sumatra*, London 1783, die Kant auch im § 40 der *Metaphysischen Anfangsgründe der Rechtslehre* zitiert.

584,29 *Savary*] Nicolas Savary (1750-1788), Orientalist, Ägyptologe und Koran-Übersetzer.

587,7 f. *nur bis vier (in der Tetraktik)*] Anspielung auf die Pythagoräer, die die Zahl 4 als heilige Einheit ansahen, aus der man durch Kombination ihrer Bestandteile (4 + 3 + 2 + 1

= 10, 4 + 1 = 5 usw.) leicht das Dezimalsystem ableiten kann.
– Aus einer von Johann Gottfried Herder nachgeschriebenen Mathematik-Vorlesung erhellt, daß Kant (AA XXIX, S. 56, Z. 27 ff.) den Gedanken der Tetraktik aus dem Werk des bekannten Mystikers und Sektierer Valentin Weigel (1533-1588) bezogen hat. Zu seinen Anhängern gehört der Leipziger Mathematiker Paul Nagel. Vgl. den Eintrag »Arithmetica tetractica« (Sp. 180) im *Mathematischen Lexikon* des Christian Freiherrn von Wolff, Halle 1716.

587,15 f. *einen Fuß oder Rute, oder ob sie eine deutsche Meile*] Ein Fuß entspricht 0,32 m; eine Rute umfaßt, je nach Region und Epoche, zwischen 3,8 und 7 m; die alte preußische Meile betrug 2000 Ruten, das sind 7532 m (sie wurde im Rahmen einer metrologischen Reform 1804 gekürzt. Vgl. Hans-Joachim von Alberti, *Maß und Gewicht. Geschichtliche und tabellarische Darstellungen von den Anfängen bis zur Gegenwart*, Berlin 1957, S. 77 f.).

602,3 f. *wie Hr. v. Saussure erzählt*] Horace-Bénédict de Saussure (1740-1799), Genfer Geologe, Meteorologe und Physiker, im Volksmund berühmt durch seine mit dem Bergführer Jacques Balmat durchgeführte zweite Montblanc-Besteigung im Jahre 1787 (vgl. die Abbildung auf dem Schweizer 20-Franken-Schein), erforschte die Geographie zahlreicher europäischer Länder, besonders das Juramassiv, die Vogesen und die Alpen. Er erfand mehrere Geräte, so den Haarhygrometer (hygromètre à cheveu) und das Diaphanometer (zum Studium von Farbe und Transparenz des Himmels in verschiedenen Höhen). Verfasser der *Voyages dans les Alpes, précédés d'un essai sur l'histoire naturelle des environs de Genève*, 4 Bde., Neuchatel 1779-96 (dt. Übersetzung durch Jakob Samuel Wyttenbach: *Reisen durch die Alpen*, 1781), worauf Kant sich hier bezieht, und der Abhandlung *Sur l'hygronomie* (Von der Feuchtigkeitsmessung, 1783).

611,10 f. *Apatheia, Phlegma in significatu bono*] Unempfindlichkeit, Gelassenheit gegen Leid (ἀπάθεια) war das Ideal der Stoiker. – Lat.: Phlegma (von gr. φλέγμα: Schleim[fluß], träges Temperament) im guten Sinn des Wortes.

613,30 *im Gesetzesbuche der Juden*] Kant zitiert unvollständig aus dem Gedächtnis 2. Mose 20,4.

617,6 *Burke*] Edmund Burke (1729-1797), englischer Politiker, machte sich in seiner Jugend einen Namen durch eine Abhandlung über das Schöne und Erhabene (*A Philosophical Enquiry into the Origin of Our Ideas of the Sublime and the Beautiful*, London 1757, 2., erw. Aufl. 1759), die außer auf Kant stark auf Lessing, Mendelssohn und Schiller wirkte. Die Übersetzung (*Philosophische Untersuchung über den Ursprung unserer Vorstellungen vom Erhabenen und Schönen*) wurde von dem Popularphilosophen Christian Garve (1742-1798) 1773 besorgt. Vgl. hier S. 1246.

619,18 *enthält zuvörderst die*] Fehlt in A¹. Dagegen war die nachfolgende »Deduktion« »Dritte Abteilung der Analytik der Urteilskraft« überschrieben. Johann Gottfried Karl Christian Kiesewetter hat den neuen Titel eingefügt (vgl. seinen Brief an Kant vom 3. 3. 1790). In seiner Antwort vom 20. 4. 1790 bestand Kant indes auf der Streichung des Titels, und die gewünschte Korrektur wurde beibehalten.

626,32 *den Batteux oder Lessing*] Charles Batteux (1713-1780), französischer Ästhetiker und Philosoph, Mitglied der Académie française und der Académie des inscriptions et belles lettres. Seine Schrift *Les Beaux-arts réduits à un même principe* (Die schönen Künste, aus einem einigen Prinzip erklärt) erschien 1747. – Gotthold Ephraim Lessing (1729-1781), u. a. Verfasser der *Hamburgischen Dramaturgie* (1761-1769) und des *Laokoon* (1766).

658,28 *kein Homer aber oder Wieland*] Homer, gr. Ὅμηρος, lebte in der zweiten Hälfte des 8. vorchristlichen Jahrhunderts im ionischen Kleinasien, Dichter der *Ilias* (Ἰλιάς) und der *Odyssee* (Ὀδύσσεια) – Christoph Martin Wieland (1733-1813), Hauptvertreter des aufgeklärten Sensualismus und der Weimarer Klassik, Freund Goethes. (Charakteristisch für Kants Geschmack ist die Nebeneinanderstellung dieser in jeder Hinsicht ungleichen Namen.)

667,6 ff. *Wenn der große König ⟨. . .⟩*] Gemeint ist Friedrich der Große (der II.) von Preußen. Die im Original französischen Alexandriner-Verse finden sich in den *Œuvres de Frédéric le Grand*, 1846 ff., Bd. 10, S. 203. Sie bilden den Schluß der Epitre XVIII, *Au Maréchal Keith, Imitation du troisième livre de Lucrèce:* »*Sur les vaines terreurs de la mort et les frayeurs d'une autre vie*« (Dem Marschall Keith, Nachahmung des dritten Buchs von Lukrez: »Über die eitlen Schrecken des Zögerns und die Schauder eines anderen Lebens«), in den *Poésies diverses*, Berlin 1762, Bd. 2, S. 447.

667,26 f. »*Die Sonne* ⟨...⟩ *quillt.*«] Aus den *Akademischen Gedichten* des Assessors, dann Professors der Medizin (in Duisburg und Bergsteinfurt), später Professors der Geschichte, Beredsamkeit und Moral am akademischen Gymnasium Hamm und zuletzt an der Universität Duisburg Johann Philipp Lorenz Withof (1725-1789). Sie finden sich im 3. Gesang der *Sinnlichen Ergötzungen*, Leipzig 1782, 1, S. 70. Richtig heißt der Vers: »Die Sonne quoll hervor, wie Ruh' aus Güte quillt.«

668,28 *Segner*] Johann Andreas Segner (1704-1777), Mathematiker und Philosoph in Jena, Göttingen und Halle, von Kant auch zu Beginn der *KrV* (B 15) zitiert.

672,25 *Hume gibt in seiner Geschichte*] David Humes (1711-1776) *History of England* erschien in 6 Bdn. in London 1763. Dt. Übersetzung durch Johann Jacob Dusch, *Geschichte von England von dem Einfalle des Julius Cäsar bis auf die Thronbesteigung Heinrich des VII.*, 6 Bde., Breslau und Leipzig 1767-71.

683,36 *vir bonus dicendi peritus*] »Ein guter Mann, der Sprache mächtig«. Der Ausspruch ist nicht von Cicero, sondern vom älteren Cato. Vgl. *Catonis Fragmenta*, hg. von Heinrich Jordan, Leipzig 1860, S. 80. Zitiert auch in Quintilians *Institutio oratoria* XII, cap. 1,1.

692,3 ff. *Voltaire sagte* ⟨...⟩ *und den Schlaf*] In: *Henriade*, chant VII: »L'un est le doux sommeil et l'autre l'espérance.«

709,4 *des würflichten Bleiglanzes, des Rotgüldenerzes*] Bleiglanz (Galenit) hat die Formel PbS und kristallisiert kubisch (mit Oktaedern); der Roteisenstein (auch Eisenglanz, Hämatit) ist trigonal und kubisch und hat die Formel Fe_2O_3.

712,12 f. *Hypotypose (Darstellung, subiectio sub aspec-*

tum)] Aus dem neutestamentlichen Griechisch: ὑποτύπωσις, Entwurf, Vorbild. Das lateinische Pendant bedeutet ›Versinnlichung, Veranschaulichung‹. Kant erläutert (in der Tradition der aristotelischen Metaphern-Theorie), daß die von der Hypotypose geleistete Versinnlichung eines unsinnlichen Begriffs nur nach einer Analogie in der Produktionsregel möglich ist.

714,30 f. *der vorige Paragraph]* Bezieht sich Kant auf den Nebensatz »die aus einem übersinnlichen Grunde für notwendig und allgemeingültig erklärt werden soll« in § 58 (S. 711,5 ff.)? Einleuchtender ist die Vermutung, daß Kant sich auf den vorvorigen § 57 bezieht, in dem das »übersinnliche Substrat« als der »einzige Schlüssel der Enträtselung« des ästhetischen Urteils dargestellt wird.

720,25 *nexus effectivus]* Der Zusammenhang der Wirkursachen.

720,26 f. *nexus finalis]* Der Zusammenhang der Zweckursachen (Kant sagt auch: der Endursachen).

733,7 *vestigium hominis video]* Ich sehe die Spur des Menschen.

734,4 *Edukt]* Physiologischer Fachterminus, heute synonym mit ›Blastom‹ (Geschwulst) oder ›Exsudat‹ (Auswuchs). Blastome sind Stoffe, die das Entstehen neuer anatomischer Elemente veranlassen. Im § 88 des ersten Teils der *Théodicée* hatte Leibniz den Ausdruck zur Bezeichnung des Herausbildens der Formen aus der Potenz der Materie gebraucht (so wie ein Statue sich durch Ausscheiden des überflüssigen Marmors bildet) und hinzugefügt, daß das Modell der »éduction« zur Erklärung des Entstehens der Seele nicht zureicht. Kant gebraucht den Ausdruck erneut im § 88 im Zusammenhang mit der Prästabilisationslehre (der zufolge die Weltursache in ihre ersten Produkte eine Uranlage gesenkt hätte, die die Fortzeugung und Erhaltung der Art sichert). Die ›Eduktion‹ bietet ein theoretisches Alternativ-Modell dazu, neben der ›Produktion‹. Diese beruht auf Epigenese (artenmäßiger Präformation), während diese auf individueller Präformation beruht.

770,20 ff. *§ 76.]* Über diesen Paragraphen urteilte Schelling im Frühjahr 1795, in einer Fußnote am Ende (des § 16) der Schrift *Vom Ich als Princip der Philosophie oder über das Unbedingte im menschlichen Wissen*: »Vielleicht aber sind nie auf so wenigen Blättern so tiefe Gedanken zusammengedrängt worden, als in der Kritik der teleologischen Urteilskraft § 76 geschehen.«

799,35 *Herr Hofr. Blumenbach]* Johann Friedrich Blumenbach (1752-1840), Bahnbrecher der Theorie des Organischen, lehrte als Anatom und vergleichender Zoologe von 1776 bis 1835 an der Universität Göttingen. Sein *Handbuch der Naturgeschichte* erschien ebenda 1779. Kant denkt hier eher an die Schrift *Über den Bildungstrieb und das Zeugungsgeschäfte*, Göttingen 1781, Neuauflage mit dem abgekürzten Titel *Über den Bildungstrieb*, ebenda 1789.

803,4 *mit dem Ritter Linné]* Des berühmten schwedischen Naturforschers Carl von Linné (1707-1778) Hauptwerk *Systema Naturae*, Holmiae (Stockholm) 1766, Bd. 1, S. 17, enthält dazu folgendes: »Die Verfassung der Natur ⟨politia naturae⟩ zeigt sich in den drei Naturreichen zugleich: Wie nämlich die Völker nicht um der Herrschenden willen geboren werden, sondern diese eingesetzt sind, um über die Ordnung ihrer Untertanen zu wachen, so übt eines übers andere, um grimmen Lohnes willen ⟨saeva mercede conducta⟩, seine Tyrannei: um der Pflanzen willen die pflanzenfressenden Tiere, wegen der Pflanzenfresser die Fleischfresser, und unter diesen wieder die größeren um der kleineren willen, der Mensch (als Tier) vornehmlich wegen der größten und einzelnen. Alles dient nur dazu, daß das Gleichgewicht ⟨proportio⟩ mit der Schönheit ⟨cum nitore⟩ des Naturstaates fortbesteht.«

805,7 *Camper]* Petrus Camper (1722-1789), holländischer Anatom und Pionier der Schädellehre, versuchte, Zusammenhänge zwischen dem Grad des Gesichtswinkels (»Camperscher Winkel«) und der Intelligenz herzustellen. Sein Hauptwerk *Demonstrationes anatomico-pathologicae* erschien in 2 Bdn. 1760-62 in Amsterdam.

869,4f. *Reimarus in seinem noch nicht übertroffenen Werke*] Gemeint ist Hermann Samuel Reimarus' (1694-1765) Schrift *Die vornehmsten Wahrheiten der natürlichen Religion in zehn Abhandlungen auf eine begreifliche Art erklärt und gerettet*, Hamburg 1754. Reimarus war einer der ersten, die eine historische Kritik der Evangelien geliefert, die Offenbarung und die Göttlichkeit Christi in Frage gestellt und eine rationalistische Konzeption der Religion versucht haben. Seine *Apologie oder Schutzschrift für die vernünftigen Verehrer Gottes* wurde 1744 verfaßt, von Reimarus aber zu Lebzeiten aus Vorsicht nicht veröffentlicht. Über die Erben gelangte es an Gotthold Ephraim Lessing, der daraus anonym (1774-78) einige Auszüge publizierte.

ÜBER DAS ORGAN DER SEELE

(1796)

TEXTGRUNDLAGE UND TEXTÜBERLIEFERUNG

Zuerst gedruckt als Anhang zu Samuel Thomas Sömmering, *Über das Organ der Seele*, Königsberg 1796, S. 81-86.

Weitere Drucke in Immanuel Kant's *sämmtlichen Werken*, hg. von Karl Rosenkranz und Friedrich Wilhelm Schubert, 12 Bde., Leipzig (Voss) 1838-1842, Bd. 7, 1, S. 117-122, und in Immanuel Kant's *Werken*, in chronologischer Reihenfolge hg. von Gustav Hartenstein, Leipzig 1867f., Bd. 6, S. 457-461.

Der hier abgedruckte Text ist entnommen dem Band XII der Akademie-Ausgabe (= Bd. III von Kant's Briefwechsel, hg. von Rudolf Reicke [gest. 1905], Rose Burger, Johannes Reicke und Paul Menzer, Berlin und Leipzig ²1922, zweiter photomechanischer Nachdruck 1969), S. 31-35.

ZUR ENTSTEHUNG DES MANUSKRIPTS

Samuel Thomas Sömmering (manchmal auch: Soemmering) (1755-1830) war ein zu seiner Zeit geachteter und bekannter Anatom und Physiologe, zunächst Anatomie- und Chirurgie-Professor in Kassel, später Physiologie-Professor in Mainz, schließlich Arzt in Frankfurt, Mitglied der Akademie der Wissenschaften, außer mit Kant auch in Kontakt mit Goethe, Schelling und Alexander von Humboldt (vgl. Rudolf Wagner, *S. Th. v. Sömmerings Leben und Verkehr mit seinen Zeitgenossen*, Leipzig 1844). Kant bezieht sich verschiedentlich auf seine Werke, so in der Abhandlung *Über den Gebrauch teleologischer Prinzipien in der Philosophie* (1788) auf Sömmerings (Georg Forster gewidmetes) Buch *Über die körperliche Verschiedenheit des Negers vom Europäer*, Frankfurt und Mainz 1785 (AA VIII, S. 169, Z. 25 ff.). Werke Sömmerings, die in der Korrespondenz erwähnt und/oder diskutiert werden, sind der *Auszug* ⟨d. h. die Rezension⟩ *von J*⟨oachim⟩ *D*⟨ietrich⟩ *Brandis' Versuch über die Lebenskraft*, in: ›Göttingische Anzeigen von gelehrten Sachen‹ unter Aufsicht der Königl. Gesellschaft der Wissenschaften, Bd. 1, 103. Stück, Göttingen 1795, S. 1025-1032 (vgl. Brief Sömmerings an Kant vom 22. 8. 1795 [AA XII, S. 40]; Brandis' Werk war 1795 in Hannover erschienen), die *Rezension von Erasmus Darwins Zoonomia* ⟨Or, the Laws of Organic Life⟩, 2 Bde., London 1794-96, in: ›Göttingische Anzeigen von gelehrten Sachen‹ (s. o.), Bd. 2, 1795, 1, S. 1025-1032 und 1795, 2, S. 1105-1123 (vgl. AA XII, S. 40), die *Icones embryonarum humanorum* (Abbildungen menschlicher Embryonen, 1798), *Tabula baseos encephali* (Tafel der Hirnbasis, 1799), *Vom Baue des menschlichen Körpers,* 5 Teile, deren letzter 2 Abteilungen hat, Frankfurt/Main 1791-96, ²1800 (die letzten drei alle in AA XII, 318 f., 320 f.). Dicht vor oder nach Kants Tod erschienen die *Abbildungen der menschlichen Sinnesorgane* (1801/09) und *Über einen elektrischen Telegraphen* (1809).

Am 14. 10. 1790 berichtet der Mediziner Johann Benjamin Jachmann (1765-1843) – seit 1783 Schüler Kants, Bruder von Kants Biographen Reinhold Bernhard Jachmann (1767-1843) – seinem Lehrer in einem langen Brief (AA XI, S. 215-227) umständlich über eine Reise, die ihn durchs revolutionäre Frankreich und Westdeutschland geführt hatte. In verschiedenen Städten war er durch Empfehlungsschreiben, die Kant ihm auf den Weg gegeben hatte, bei Gelehrten und Naturwissenschaftlern freundlich aufgenommen worden, so auch in Frankfurt bei Sömmering, der – schreibt Jachmann – »sich Ihnen auch bestens empfehlen ⟨läßt⟩« (S. 221, Z. 1 f.).

Fünf Jahre nach diesem Gruß hat Sömmering Kant das abgeschlossene Manuskript seiner Abhandlung *Über das Organ der Seele* mit der Zueignung »Unserm Kant gewidmet«

zugestellt, und Kant hat die Geste offenbar als Einladung zu einer Stellungnahme zu Sömmerings Entwurf verstanden. Dazu paßt, daß Kant im ersten handschriftlichen Entwurf »nicht verhehlen ⟨will⟩, daß ich durch einen starken Hang versucht werde⟨,⟩ einen Überschritt von der Seelenlehre zur Physiologie (zur Natur belebter Materie) zu wagen« (AA XIII, S. 398) – womit erstmals der Titel von Kants unvollendetem Alterswerk anklingt, das ja, wie Kant in Briefen an Christian Garve (21. 9. 1798) und an Johann Gottfried Karl Christian Kiesewetter (19. 10. 1798) mitteilt, »Übergang von den metaphys. Anf. Gr. d. N. W. zur Physik« heißen sollte. – Die hier abgedruckte Abhandlung liefert das von Sömmering Erbetene. Ihr geht folgender Brief Kants an Sömmering (vom 10. 8. 1795 [AA XII, S. 30]) voraus:

Sie haben⟨,⟩ teuerster Mann, als der erste philosophische Zergliederer des Sichtbaren am Menschen, mir, der ich mit der Zergliederung des Unsichtbaren an demselben beschäftigt bin, die Ehre der Zueignung Ihrer vortrefflichen Abhandlung, vermutlich als Aufforderung zur Vereinigung beider Geschäfte zum gemeinsamen Zwecke, bewiesen.

Mit dem herzlichen Danke für dieses Ihr Zutrauen lege ich den Entwurf, von der Vereinbarkeit einerseits und der Unvereinbarkeit beider Absichten andererseits, hiermit bei; mit der Erklärung, davon nach Ihrem Gutbefinden allen beliebigen, allenfalls öffentlichen, Gebrauch zu machen.

Bei Ihrem Talent und blühender Kraft, Ihren noch nicht weit vorgeschrittenen Jahren, hat die Wissenschaft von Ihnen noch große Erweiterung zu hoffen; als wozu ich Gesundheit und Gemächlichkeit von Herzen wünsche, indessen daß der Ablauf der meinigen von mir nur wenig mehr erwarten läßt, als die Belehrung Anderer noch so viel als möglich zu benutzen.

Königsberg, d. 10. Aug. 1795.   Ihr

                               Verehrer und ergebenster Diener
                                               I. Kant.

So durfte sich Sömmering berechtigt glauben, Kants Stellungnahme als Anhang zu seiner Abhandlung mitabzudrucken. Er führt sie mit folgenden Worten ein:

> Der Stolz unseres Zeitalters, *Kant*, hatte die Gefälligkeit, der Idee, die in vorstehender Abhandlung herrscht, nicht nur seinen Beifall zu schenken, sondern dieselbe sogar noch zu erweitern und zu verfeinern und so zu vervollkommnen.
>
> Seine gütige Erlaubnis gestattet mir, meine Arbeit mit seinen eigenen Worten zu krönen.

Auf Kants Brief und Sendung hat Sömmering am 22. 8. 1795 begeistert reagiert (AA XII, S. 38-40):

> Ich kann Ihnen⟨,⟩ Mein Verehrungswürdigster Gönner⟨,⟩ meine tiefe Erkenntlichkeit und mein innigstes Dankgefühl nicht genug bezeugen über die Würdigung, die Sie meiner kleinen Schrift widerfahren ließen.
>
> Mit dem größten Jubelgefühl mache ich von Ihrer zuvorkommenden freundschaftlichen Erlaubnis Gebrauch und rücke Ihr Urteil ganz unverändert ein, indem ich es aufs vollkommenste beherzige.

Es folgen ein paar Erklärungen zu einigen Punkten, auf die wir in den Deutungsaspekten eingehen. Kant hat seinerseits repliziert im Schreiben vom 17. 9. 1795 (AA XII, S. 41 f.).

Wie stark Sömmerings Gedanken Kant inspiriert haben, zeigt sich an der Existenz dreier handschriftlicher Entwürfe, die Arthur Warda im Königlichen Staatsarchiv Königsberg gefunden hat. Sie fanden sich im Nachlaß von Kants Freund, des Kriegs- und Domänenrats Johann Georg Scheffner (1736-1820), und zwar in einem Konvolut mit dem Titel »Kantsche Reliquien«. Die ersten beiden wurden zuerst in der ›Altpreußischen Monatsschrift‹ 40 (1903), S. 84-120, die dritte von Rudolf Reicke unter den *Losen Blättern*, Bd. 3, 1898, S. 73 f. abgedruckt. In der Akademie-Ausgabe sind alle drei im Kommentarband zu den Briefen (AA XIII, S. 398-412) wiedergegeben. Ein Vergleich mit der endgültig abgeschickten Version (der hier abgedruckten) zeigt, neben zahlreichen wörtlichen Übernahmen, daß Kant die knappste und für Sömmering schonendste Formulierung ausgewählt hat (mit dem Erfolg, daß dieser die darin enthaltene Kritik an der Vorstellung, die Seele sei materiell und also »als lokal ⟨zu⟩ denken« [AA XIII, S. 399, Z. 6 ff.], gar nicht recht wahrgenommen hat). Die Trennung von ›Lebenskraft‹ und ›Seele‹ fällt in den Entwürfen deutlicher aus. Und deutlicher wird auch die »erste Schwierigkeit« diskutiert, wie nämlich das anorganische Wasser (in den Hirnhöhlen) Vermittler organischer Prozesse sein könne (399 f., 408 f.). Das Unterfangen, die einfache und substanzlose »Einheit des Bewußtseins«, das »ohne Raumesbedingungen tätig« ist, im Raum zu lokalisieren und gar als aus Materie entsprungen zu denken, nennt Kant barsch ›unmöglich‹ und »sich selbst widersprechend« (401 f.).

DEUTUNGSASPEKTE

Das Leib-Seele-Problem, das in der neueren analytischen Philosophy of Mind wieder lebhaft diskutiert wird, hat eine altehrwürdige Tradition. Ihr sachliches Motiv ist uns allen intuitiv vertraut: Wir unterscheiden mit der größten Selbstverständlichkeit körperliche von seelischen Zuständen. Zu den ersteren zählen wir etwa Herz- und Lungentätigkeit, Muskeltonus, die zahlreichen Stoffwechselvorgänge, Nervenfaser-Reizungen usw., zu den zweiten Empfindungen wie Sinneseindrücke, Schmerzen oder Schwindel, Gefühle wie Verliebtheit oder Traurigkeit, Gedanken, Wünsche und Absichten, Befürchtungen und Hoffnungen, Träume, Erinnerungen usw. Die seelischen Vorgänge können wir von den körperlichen leicht dadurch unterscheiden, daß sie uns unmittelbar bekannt sind, während das für die körperlichen nicht gilt: Die sind uns nur mittelbar, nämlich über Wahrnehmungen, Begriffsbildungen und Schlußfolgerungen bekannt. Darum konnte René Descartes in der Überschrift der zweiten Meditation (und im 11. § der *Principia philosophiae*) sagen, die Seele sei uns ›besser bekannter‹ (notior) als der

Körper. Wir müssen, um verliebt zu sein, nichts wissen über die physiologischen Vorgänge in Teilen unseres Körpers; wir müssen unsere Überzeugung auf keinerlei Wahrnehmungsbefund stützen (die Rede ›ich fühle Schmerz‹ ist ein Pleonasmus, denn Schmerz *ist* schon ein Gefühl); und wir müssen nicht einmal den Körper unter den vielen seinesgleichen physisch identifizieren, dem wir das Gefühl der Verliebtheit zuschreiben. Auch wenn wir – in einem Gedankenexperiment – alle somatischen Informationen über unseren Leib ausschalten könnten, wüßten wir gegebenenfalls immer noch, daß je wir es sind, denen wir das Gefühl zuschreiben müssen. Dieser Einsichtigkeits-Vorsprung des Psychischen vor dem Physischen war das Grundmotiv des erkenntnistheoretischen Idealismus, der das Körperliche in Abhängigkeit zu bringen sucht von dem Bewußtsein, das wir von ihm haben. Auch Kant steht in dieser Tradition, wie vor allem Formulierungen aus der A-Auflage der *KrV* zeigen: »Alle Anschauungen sind für uns nichts, und gehen uns nicht im mindesten etwas an, wenn sie nicht ins Bewußtsein aufgenommen werden können« (A 116). »Ohne das Verhältnis zu einem, wenigstens möglichen Bewußtsein, würde Erscheinung für uns niemals ein Gegenstand der Erkenntnis werden können, und also für uns nichts sein, und weil sie an sich selbst keine objektive Realität hat, und nur im Erkenntnisse existiert, überall nichts sein« (A 120). »So wird vielmehr klar gezeigt: daß, wenn ich das denkende Subjekt wegnähme, die ganze Körperwelt wegfallen muß, als die nichts ist, als die Erscheinung in der Sinnlichkeit unseres Subjekts und eine Art Vorstellungen desselben« (A 383, vgl. auch A 111, 126 f., 374 f., Anm.).

Andererseits beobachten wir Wechselwirkungen zwischen physischen und psychischen Phänomenen in beiden Richtungen: zwischen unserem Erschrecken und dem Blaßwerden oder zwischen unserer Verliebtheit und unserem Herzklopfen, aber ebenso zwischen dem Stich und unserem Schmerz oder der Einnahme eines Analgetikums und dem Nachlassen desselben. Diese Wirkungen in beide Richtungen verlangen nach einem tertium quid als der den Austausch vermittelnden Instanz; und damit ist das Leib-Seele-Problem geboren.

Es entsteht dadurch, daß ich mir zwar physische Begleiterscheinungen psychischer Zustände (den Adrenalinstoß, der mit meiner Zornanwandlung einhergeht) wahrnehmungsmäßig repräsentieren kann (evtl. mit Hilfe von Instrumenten und/oder Experimenten), nicht aber das, was sie mit meinen psychischen Erlebnissen gemein haben. Das tertium quid ist mir also erkenntnismäßig verstellt – ein Phänomen, das Colin McGinn »cognitive closure« genannt hat (*Can We Solve the Mind-Body Problem?*, in: *The Problem of Consciousness*, Oxford 1991, S. 1-22): »Bewußtseins-Zustände sind einfach nicht, *qua* bewußte Zustände, mögliche Gegenstände von Wahrnehmung: sie hängen vom Hirn ab, können aber nicht durch Richtung unserer Sinne aufs Gehirn beobachtet werden. Du kannst keinen Hirn-Zustand *als* einen Bewußtseins-Zustand sehen. In andern Worten, Bewußtsein ist noumenal im Vergleich zur Wahrnehmung des Hirns« (l. c., S. 11).

Ein heute vieldiskutierter Lösungsversuch ist der Funktionalismus. Er sucht das tertium quid in der ›kausalen Rolle‹, die vom psychischen wie vom physischen Zustand gleichermaßen erfüllt wird (aber auch sie steht natürlich unter der ›cognitive closure‹). Frühere Stellungnahmen waren der cartesianische Dualismus (der aus der ›cognitive closure‹ dramatische Konsequenzen für eine unvermittelte Zwei-Welten-Lehre des Psychischen und des Physischen zieht) und die Leibnizsche Lehre der prästabilierten Harmonie (Geist und Körper haben kein tertium quid, aber sie werden vom gemeinsamen Schöpfer beider wie zwei Uhren gleich eingerichtet und in ihren Abläufen genau synchronisiert). Diese ›Lösungen‹, so ratlos sie scheinen, legen immerhin den Finger auf ein Problem, das Spiritualisten und Materialisten gleichermaßen übersehen. Das Problem entsteht, sagt Colin McGinn, »weil wir gerade aufgrund unserer kognitiven Konstitution daran gehindert sind, eine Konzeption derjenigen natürlichen Eigenschaft unseres Hirns (oder unseres Bewußtseins) zu erlangen, die das psycho-physische Band erklärt. Das ist ein Kausalbezug, von dessen Verständnis wir unter den Bedingungen, unter denen wir allein unsere Begriffe bilden und unsere Theorien entwickeln können, für immer abgeschnitten sind. Kein Wunder, daß wir das Problem so schwierig finden!« (L. c., S. 2 f.)

Daß unser Bewußtsein zu unserer Körperwahrnehmung als ›Noumenon‹ sich verhält, ist auch Kants Bescheid gegenüber Sömmerings Unternehmen, dem Bewußtsein (der »Seele«) einen Ort im physischen Universum zuzuweisen. Bewußtsein ist noumenal (d. h. etwas rein Intelligibles, ein bloßes Gedankending) darum, weil es zwar Urheber der Kategorien, selbst aber nicht durch die Brille einer Kategorie (und auch nicht durch die der Anschauungsformen Raum und Zeit hindurch) in den Blick gebracht werden kann. Raum und Zeit sind die Behältnisse, in denen uns alles Sinnliche erscheint; darum kann das Ich nichts Sinnliches sein (abgesehen davon, daß ihm kein Sinnenreiz, keine Empfindung entspricht: als denkendes Wesen ›spüre‹ ich mich nicht; von daher Kants heftige Kritik an der Vorstellung, Denken sei durch ein Gefühl im Hirn zu lokalisieren). Und Kategorien sind Begriffe von Gegenständen-überhaupt, mithin kann das Ich nicht auf der Seite der Gegenstände gesucht werden. Das kann man so ausdrücken, »daß ich dasjenige, was ich voraussetzen muß, um überhaupt ein Objekt zu erkennen, nicht selbst als Objekt erkennen könne« (*KrV* A 402; vgl. den ganzen Kontext: 401 f., 406 f., 411 f., 420 ff.). Daraus folgt dann auch, daß die Einheit des Ich nicht die einer beharrlichen (womöglich unsterblichen) Substanz sein kann – denn ›Substanz‹ ist eine Kategorie, mithin ein Begriff, der für eine essentielle Eigenschaft von Gegenständen steht. Das Ich aber ist eine »für sich selbst an Inhalt gänzlich leere Vorstellung« (A 345 f. = B 404; vgl. A 356 und 366), mithin gar nichts Inhaltliches und erst recht nichts Gegenständliches:

Ich denke, ist also der alleinige Text der rationalen Psychologie, aus welchem sie ihre ganze Weisheit auswickeln soll. Man sieht leicht, daß dieser Gedanke, wenn er auf einen Gegenstand (mich selbst) bezogen werden soll, nichts an-

deres, als transzendentale Prädikate desselben, enthalten könne; weil das mindeste empirische Prädikat die rationale Reinigkeit und Unabhängigkeit der Wissenschaft von aller Erfahrung, verderben würde.
(*KrV* A 343 = B 401)
Dabei bleibt Kant auch in seiner Stellungnahme zu Sömmering, ohne freilich zu leugnen, daß die psycho-physische Wechselwirkung wenigstens in den empirischen Bereichen unseres Seelenlebens (nach Kant sind Empfindungen empirisch) eine Erklärung verlangt und durch den Nachweis der Übersinnlichkeit und Präkategorialität des Ich nicht erledigt ist. An zwei Stellen der »Paralogismen« erwägt Kant sogar den Gedanken, daß unser reines Selbstbewußtsein im übersinnlichen Substrat der Materie, »als Noumenon (oder besser, als transzendentaler Gegenstand) betrachtet«, seinen Ursprung haben könnte (A 358, vgl. B 417f., Anm.). Den Gedanken, daß ein sinnliches Material Ursprung des Ich sein könnte, weist er dagegen ab.

Damit wendet er sich von einer langen Tradition ab, die den ›Sitz der Seele‹ unterschiedlich lokalisiert hat. Homer siedelt die Gemütsbewegungen im Zwerchfell, Aristoteles den Geist insgesamt im Herzen an. Später wurden die Ventrikel und ihre Flüssigkeit oder auch die Zirbeldrüse als Kandidaten ins Auge gefaßt. Auch wenn man sich jetzt, da die Mikrostruktur des Gehirns durch verfeinerte histologische Techniken, besonders die Silberfärbungen und die Elektromikroskopie besser bekannt ist, leichter vorstellen kann, daß das Gehirn tatsächlich eine Struktur hat, die es zum materiellen Substrat aller bewußten Leistungen und Erlebnisse befähigt, besteht die ›cognitive closure‹ fort. Es bleibt noch immer ein Rätsel, daß elektrochemische Abläufe in den Neuronenbahnen in einem intrinsischen Bezug zu dem stehen sollen, was wir subjektives Erleben nennen.

Sömmerings Abhandlung ihrerseits steht noch ganz in der cartesianischen Tradition. In seiner systematischen Hauptschrift, den *Principia philosophiae* (1644), hatte René Descartes (1596-1650) eine völlig mechanistische Erklärung der Leib-

Seele-Beziehungen unternommen, z. B. aus Ideenassoziationen zwischen materiellen beharrlichen Veränderungen, die das Gehirn bei der Affektion der Sinne erleide, und aus der Bedingtheit der darauf aufbauenden Vorstellungsbildung durch diese Veränderungen (auf sie spielt Kant an, wenn er AA XII, S. 32, Z. 14 f. von den »*materiellen Ideen* (des Cartes)« spricht). Als Dualist nimmt er an, daß die denkende und die ausgedehnte Substanz durch kein tertium quid ineinander übergehen. Dennoch gibt er Verbindungen zu, allerdings ganz äußerliche (es wird im Mechanismus des Körpers nichts verändert, wenn Seelisches hinzutritt). Als unausgedehntes Wesen kann die Seele sich mit dem Leibe nur in einem Punkt berühren, und zwar im Gehirn (l. c., §§ 189, 196 f.), genauer: in der Zirbeldrüse oder Epiphyse (glans pinealis) (vgl. *Passiones animae*, I, Art. 31 ff.). Zur Begründung führt Descartes an, dies Organ sei inmitten des Hirns nur einfach, nicht wie die meisten Organe doppelt vorhanden; so können sich die durch die zwei Ohren oder die beiden Augen eintretenden Reize zur Einheit einer Vorstellung verdichten: »Und man kann sich leicht vorstellen, daß die Bilder oder anderen Eindrücke sich in dieser Drüse vermittels von Geistern vereinigen, die die Hohlräume des Hirns erfüllen, gibt es doch keinen anderen Ort im Körper, wo sie so vereinigt werden könnten, wenn sie es mithin nicht eben in dieser Drüse werden« (Art. 32). Die Einwirkung der Seele auf den Leib und umgekehrt setze Gottes beständige Beihilfe (concursus oder assistentia) voraus: Bei Gelegenheit von Körperbewegungen läßt Gott in der Seele eine entsprechende Vorstellung aufkommen (von hier die Lehre des Okkasionalismus, der Gelegenheits-Intervention Gottes: eine Theorie, die als reine Verlegenheitslösung nur den Bestand eines ernsten Problems signalisiert).

Descartes macht übrigens – anders als Sömmering – einen großen Unterschied zwischen dem Prinzip des Denkens und der Lebenskraft. Das Denken ist (neben dem Wollen) ein Modus des Geistes (wie Gestalt und Bewegung die parallelen Modi der Materie sind). Die Lebenskraft hat nun direkt mit der Seele nichts zu tun, sondern ist eine Eigenschaft tierischer Automaten. Deren Fähigkeit zum Stoffwechsel, zur Reproduktion, zur Bewegung und Reizbarkeit verlangt kein zusätzliches spirituelles Lebensprinzip, sondern ergibt sich mechanisch aus dem Zusammenspiel der zweckmäßig angeordneten Einzelteile. Die sogenannten Lebensgeister (spiritus animales) dürfen darum so wenig für geistig (im Sinne von ›ideal‹ oder ›immateriell‹) gehalten werden, wie wir das vom Weingeist (oder Spiritus) sagen würden. Sie bestehen aus den feinsten Teilchen der Materie (materia subtilis) und gelangen nach Ausfilterung der gröberen Partikel des Bluts durch die Halsschlagader ins Gehirn und schließlich an die ›sedes animae‹, die Zirbeldrüse im mittleren Hirnventrikel. Die ›esprits animaux‹ strömen so reichlich zu, daß die Epiphyse sie über Löcher in den Gehirnventrikel ablassen muß. Vermöge dieses Durchgangs erfüllen sie nun den zweiten Kreislauf, das Nervensystem, und übernehmen dort allerlei dunkle Steuerungsfunktionen, z. B. die Verarbeitung sinnlicher Informationen und die Auslösung motorischer Leistungen (*Passiones animae*, bes. Art. 34-37). Diejenige Substanz jedoch, die die ›sinnlichen Ideen‹, die sich mechanisch z. B. auf dem Augenhintergrund abzeichnen, abliest oder versteht, ist (durch Gottes Intervention) das denkende Ich: eine völlig unkörperliche, immaterielle Substanz, die nicht einmal als ›lebend‹ angesprochen werden kann.

Sömmerings Abhandlung macht diesen Unterschied (zwischen Seelensitz und Sitz der Lebenskraft) nicht. Es ist vielmehr Kant, der den zweiten Ausdruck nach dem ersten Abschnitt stillschweigend durch den ersten ersetzt. Nicht das Lebensprinzip, sondern der oberste Grundsatz des Denkens stellt prinzipielle Fragen an eine somatische Erklärung. Darauf deutet Kant in seiner ersten Anmerkung, die den mit erschlichener Empirie ausgestatteten substantiellen Seele-Begriff der Metaphysik von dem reinen Subjekt des (substanzlosen) Selbstbewußtseins – dem ›obersten Grundsatz‹ der Transzendentalphilosophie – absondert. Natürlich kennt auch die Psychologie so etwas wie eine Seele als ihren Gegenstandsbereich. Dann ist aber, wie Kant sagt, nicht das ›Ich der Apperzeption‹, sondern das ›Ich der Apprehension‹ angesprochen. ›Apprehension‹ meint Wahrnehmung, hier: Erfahrung der objektivierbaren psychischen Vorgänge durch den sogenannten inneren Sinn. Was der innere Sinn erfaßt, ist nicht minder »eine Sache« wie die Gegenstände des äußeren Sinns. In der Preisschrift *Über die Fortschritte der Metaphysik* sagt Kant: die Psychologie sei derjenige Teil der Anthropologie, deren Objektbereich auf die Gegebenheiten des inneren Sinns eingeschränkt sei. Der Mensch »ist sich selbst aber auch als Gegenstand seiner äußern Sinne bewußt, d. h. er hat einen Körper, mit dem der Gegenstand des innern Sinnes verbunden ⟨ist⟩, der die Seele des Menschen heißt« (AA XX, S. 270, 308). Die empirische Seele kann theoretisch als Idee gedacht werden und fällt dann zusammen mit dem, was Kant den Grund der Tierheit oder des Lebens überhaupt nennt (vgl. auch den 2. handschriftlichen Entwurf, AA XIII, S. 407, Z. 32 ff.). Man sieht leicht, daß Kant ihn nicht mit dem Grund des Selbstbewußtseins identifiziert: »Man sucht nicht die absolute Einheit des Objekts in der Materie⟨,⟩ sondern des Bewußtseins in der Zusammensetzung derselben ⟨...⟩. Bis auf dieses Princip muß man in der Physiologie nicht hinausgehen« (l. c., 407 f.).

Dennoch kann der Metaphysiker – wie es schon Descartes getan hat – dem Physiologen eine Wegstrecke weit folgen, wenn es um die Lokalisierung und sogar um die Funktionsbeschreibung des *»unmittelbare⟨n⟩* Sinnenwerkzeug⟨s⟩ (πρῶτον αἰσθητήριον)« zu tun ist. Dieses Werkzeugs Sitz sei das »sensorium commune« (der Gemeinsinn, der »gemeinsame Empfindungsplatz«, wie Kant sagt) als die Hirnregion, in welcher die Wahrnehmungen der verschiedenen Sinne gebündelt und vereinigt werden. Aber selbst wenn die Physiologie dieses Organs vollständig bekannt und seine Lokalisierung im Gehirnwasser bzw. in den Hirnhöhlen unstrittig wäre, hätte man das Rätsel des Bewußtseins nicht gelüftet. Kant sagt uns, daß es ein völlig sinnloses Unterfangen wäre, seine Lüftung von einer empirisch arbeitenden

Wissenschaft überhaupt zu erwarten. So wie man die Kausalkategorie mißbraucht, wenn man sie, statt zur Erklärung der Beziehungen zwischen physischen Phänomenen, zur Erklärung des Bezugs zwischen Noumena und Phainomena heranzieht (*KrV* A 379 f.), so geschieht auch Mißbrauch der Physik, wenn man, statt nach dem Kausalverhältnis »einer Materie zu der anderen«, »nach dem Verhältnis der Materie zum Immateriellen« fragt (1. handschriftlicher Entwurf, AA XIII, S. 402).

Nach dieser – freilich fundamentalen Richtigstellung – macht Kant dann selbst noch einen eigenen Vorschlag zur physiologischen Lokalisierung des »gemeinsame⟨n⟩ Organ⟨s⟩« der Sinne im Gehirnwasser: Nachdem die Elektrolyse gezeigt habe, daß Wasser kein Element, sondern in Gase dissoziierbar ist, die sich »vielleicht« noch in weitere Urstoffe (Wärme-, Licht- und andere Stoffe) zersetzen lassen, dürfe man die Annahme einer Entsprechung zwischen der Spezifität dieser Urstoffe und derjenigen der im Gehirnwasser endenden Nerven erwägen. Ein lebenslanger chemischer Prozeß vermöchte, »durch Entbindung des einen oder andern derselben ⟨sc.: Urstoffe⟩, verschiedene Empfindungen spielen zu lassen«. – Aber davon abgesehen, daß dieser rein materialistische Vorschlag ganz ebenso wie der Sömmeringsche gegen die Unüberbrückbarkeit des Abgrunds zwischen Intelligiblem und Phänomenalem verstößt (»die verlangte Auflösung ⟨...⟩ der Aufgabe ⟨...⟩ führt auf eine unmögliche Größe [$\sqrt{-2}$]«), ist er zusätzlich auch völlig phantastisch. Kant meint freilich im ersten der drei handschriftlichen Entwürfe,

es ⟨könne⟩ dem Metaphysiker wohl einmal gut tun⟨,⟩ sich aus dem beschränkten Raum seiner streng erweislichen Sätze und hinaus in das offene Feld der Meinung zu wagen und sollte er auch wie ein Doktor Akakia (dem Voltaire) gegen Maupertuis in seinen Briefen zu einer kleinen Spötterei Stoff verschaffen ⟨Kant spielt auf die satirische Schrift an, die Voltaire unter dem Titel *Diatribe du docteur Akakia, médecin du Pape*, 1752 gegen Maupertuis'

Lettres, genauer: gegen die im XVII. Stück vertretene Theorie der »Erzeugung der Tiere«, gerichtet hatte〉; denn wer wird so karg sein〈,〉 immer auf baren Erwerb auszugehen und nicht noch etwas übrig zu haben〈,〉 was er dem Spiel des Glücks zur guten oder schlechten Aufnahme Preis geben könne.

(AA XIII, S. 400; vgl. fast ebenso S. 411, Z. 15-21)

Sömmerings enthusiastische Antwort vom 22. 8. 1795 rückt nur ein paar belanglose Punkte zurecht (etwa »die äußerst alberne Idee oder eigentlich wahren Unsinn〈,〉 daß einige das denken im Kopf zu fühlen glauben«) oder gibt die Bedenklichkeit der Rede vom »πρωτ. αισθητ. oder sensorium commune« zu (AA XII, S. 39). Den Gedanken von der weiteren Zerlegung des Wassers und der daraus folgenden Aufschlüsse für die vielfältige Stimulation der Sinnesnerven habe er nur nicht zu fassen gewagt (S. 40). In der Hauptsache aber beweist Sömmering völliges Unverständnis:

So wie über den Satz: *Das Hirn ist* das *Organ der sogenannten Seelenkräfte* Physiker (Physiologen) und Metaphysiker meines wissens vollkommen einig sind, so dächte ich〈,〉 wäre es nicht unmöglich, daß sie sich über ein andern Satz weiter〈,〉 der jenen nun noch ein wenig genauer bestimmte, dergleichen nämlich als ich in dieser Lehre aufgestellt zu haben glaube〈,〉 vereinigen. Sie suchen beiderseits ja nur eine Wahrheit, und der Metaphysiker läßt sich gern mitunter vom Physiker vorarbeiten; so sehr sich übrigens auch ihre Gebiete entfernen.

(S. 39)

Kant reagiert noch einmal (am 17. 9. 1795) und erläutert erneut die Motive seiner Hypothese über den Zusammenhang der vielfältigen Wasserspaltung mit dem Erfordernis der Vereinigung des sinnlich Mannigfaltigen im Gemüt:

In der Aufgabe vom gemeinen Sinnenwerkzeug ists darum hauptsächlich zu tun, Einheit des Aggregats in das unendlich Mannigfaltige aller sinnlichen Vorstellungen des Gemüts zu bringen, oder vielmehr jene durch die Gehirnstruktur begreiflich zu machen, welches nur dadurch

geschehen kann, daß ein Mittel da ist, selbst *heterogene*, aber der Zeit nach aneinander gereihte Eindrückte zu assoziieren, z. b: die Gesichtsvorstellung mit einem Garten, mit der Gehörvorstellung von einer Musik in demselben, dem Geschmack einer da genossenen Mahlzeit u.s.w., welche sich verwirren würden, wenn die Nervenbündel sich durch wechselseitige Berührung einander affizierten. So aber kann das *Wasser* der Gehirnhöhlen den Einfluß des einen Nerven auf den andern zu vermitteln und, durch Rückwirkung des letzteren, die Vorstellung, die diesem korrespondiert, in ein Bewußtsein zu verknüpfen dienen, ohne daß sich diese Eindrücke vermischen, so wenig wie die Töne in einem vielstimmigen Konzert vermischt durch die *Luft* fortgepflanzt werden.
(AA XII, S. 41 f.)

Kant drückt sich vorsichtig aus: Die somatischen Befunde »dienen« nur der Bildung eines Bewußtseins, so wie alles, was die Physiologie feststellt, nur »Organ«, nur »Mittel« ist zur Erklärung von Bewußtsein: conditio sine qua non, nicht auch positive causa per quam. –

Die Korrespondenz fand keine Fortsetzung. Als Kant am 27. 2. 1796 ein Druckexemplar von Sömmerings um seinen Beitrag erweiterten Schrift erhielt, antwortete er nicht. Erst am 4. 8. 1800 entwarf Kant ein leicht verwirrtes Dankschreiben an den »Geliebte⟨n⟩ und hochgeschätzte⟨n⟩ Freund«, der ihm das Buch über die Abbildungen der menschlichen Embryonen hatte zukommen lassen, und entschuldigt seine »unverzeihliche Nachlässigkeit« mit der »Last einer den Gebrauch meines *Kopfs* zwar nicht *schwächenden* aber im hohen Grad *hemmenden* Unpäßlichkeit« (AA XII, S. 310 f.). Doch scheint Kant diesen Brief weder vollendet noch abgeschickt zu haben.

STELLENKOMMENTAR

882,7 πρῶτον αἰσθητήριον] Im zweiten handschriftlichen Entwurf weist Kant selbst auf Ernst Platner (1744-1818) hin, der sich seinerseits an einer Stelle seiner *Opuscula academica*, Berlin 1824, S. 600, auf den niederländischen Arzt und Biologen Hermann Boerhaave (1668-1738) beruft. Der habe dem Hippokrates den Terminus Αἰσθητήριον καθολικόν, τὸ πρῶτον Αἰσθητήριον zugeschrieben und ihm das lateinische »sensorium commune« als Synonym zugeordnet. Kant selbst schreibt den Terminus »sensorium commune« dem »Cartesius« zu (AA XIII, S. 408, Z. 26).

882,32 *Streit der Fakultäten*] Die erste Konzeption des Titels von Kants 1798 erschienener Schrift. Vgl. auch die handschriftlichen Entwürfe AA XIII, S. 399, Z. 6; S. 404, Z. 20 ff.; S. 405, Z. 9.

883,23 f. *materiellen Ideen (des Cartes)*] Vgl. *Passiones animae*, Art. 23 ff., 35, 42. Den Ausdruck verwendet auch Christian Wolff, z. B. in der *Psychologia rationalis*, § 102 ff. – In den Parallelformulierungen der handschriftlichen Entwürfe ist Kant ausführlicher: »Eine andere Bewandtnis hat es mit der physiologischen Frage: Welche Materie⟨,⟩ welcher Teil des Gehirns ist der unmittelbare Gegenstand und ⟨das⟩ Organ unserer äußeren Sinnesvorstellungen und das Organ derselben insgesamt im Gehirn das erste Materielle⟨,⟩ was unsere Vorstellungskraft affiziert und wiederum durch diese affiziert wird, der Ort wie ⟨wo?⟩ die Spuren der Vorstellungen anzutreffen⟨,⟩ die zum wiedererwecken im Gehirn aufbehalten werden (ideae materiales Cartesii) und welche zugleich das nächste Werkzeug der willkürlichen (vielleicht selbst der Lebensbewegungen)⟨,⟩ der Bewegkraft des menschlichen Gemüts (facultas locomotiva)« (AA XIII, S. 402; vgl. S. 400, 408).

884,35 *Euler*] Der Baseler Mathematiker Leonhard Euler (1707-1783) begründet diese terminologische Unterscheidung in seiner *Mechanica sive motus scientia analytice exposita*

(Mechanik oder Bewegungs-Wissenschaft, analytisch erklärt), Bd. 1, Petersburg 1736, § 36; ebenso in der *Theoria motus corporum solidorum sei rigidorum*, editio nova, Greifswald 1790, § 260.

886,12 *die eigentliche Aufgabe ⟨...⟩ nach Haller'n]* Im § 59 seiner Abhandlung zitiert Sömmering folgende Sätze des Berner Naturforschers und Dichters Albrecht von Haller (1708-1777) aus dem 4. Band von dessen (8bändigen) *Elementa physiologiae corporis humanae* (Elemente der Physiologie des menschlichen Körpers), Lausanne 1757-65, hier: 1762, S. 395 f.: »Wir machen die Beobachtung, daß ins Weltall kein engerer Seelensitz gesetzt werden ⟨poni⟩ muß, als es der vereinigte Ursprung aller Nerven ist; und daß kein Teilchen für diesen Sitz ausgegeben werden darf als der, zu dem hin wir alle Nerven verfolgen können. Es ist nämlich leicht einzusehen, daß an dem Gemeinsinn ⟨sensorio communi⟩ kein Sinn irgendeines beseelten Körperteilchen fehlen und daß zu ihm auch kein Nerv, der von einem Körperteilchen einen Eindruck äußerer Gegenstände empfängt, nicht hinführen darf, da die Empfindung eines solchen Nervs, würde sie gegeben, der Seele nicht vorgestellt würde ⟨animae non repraesentaretur⟩. Das entsprechende gilt für die bewegenden Nerven; wenn nämlich alle aus dem Gemeinsinn ⟨a sensorio communi⟩ entspringen müssen, um ihre Bewegungsursache daraus zu schöpfen.«

887,1 f. *nihilo ⟨...⟩ insanias]* Zitat aus Terenz' Komödie *Eunuchus* I 1,17 f.: »Nicht mehr wirst du dabei herausbekommen, als wenn du dich abmühst, mit Vernunft rasend zu sein.«

ZEITTAFEL

Aus: Arsenij Gulyga, *Immanuel Kant*, aus dem Russischen übertragen von Sigrun Bielfeld, Frankfurt/Main 1985, S. 390 ff.

1724	22. April. Immanuel Kant in Königsberg geboren.
1730	Eintritt in die Grundschule.
1732	Eintritt ins Gymnasium.
1737	Tod seiner Mutter.
1740	24. September. Immatrikulation an der Königsberger Universität.
1746	Tod seines Vaters. Druckbeginn der ersten Schrift *Gedanken von der wahren Schätzung der lebendigen Kräfte*. Endgültiges Erscheinen 1749.
1747	Kant ist Hauslehrer in der Familie des Predigers Andersch (Judtschen bei Gumbinnen).
1750	In der Familie des Majors von Hülsen (Arnsdorf bei Osterode).
1753	In der Familie des Grafen von Keyserling (Rautenberg, Kreis Tilsit).
1754	Rückkehr nach Königsberg. Juni. *Ob die Erde in ihrer Umdrehung usw. einige Veränderung erlitten habe.* August. *Die Frage, ob die Erde veralte, physikalisch erwogen.*
1755	März. *Allgemeine Naturgeschichte und Theorie des Himmels.* 17. April. Einreichen der Magisterarbeit *De igne*. 13. Mai. Magisterexamen. 12. Juni. Feierliche Promotion. 27. September. Habilitation mit der Schrift *Principiorum cognitionis metyphysicae nova dilucidatio*.
1756	Januar – April. Zwei Abhandlungen und ein Buch über das Erdbeben von Lissabon.

	10. April. Kants Disputation über seine Schrift *Monadologia physica*.
1757	Frühling. *Entwurf und Ankündigung eines collegii der physischen Geographie*.
1758	Januar (bis Juli 1762). Kant ist Untertan der russischen Zarenkrone.
	Frühling. *Neuer Lehrbegriff der Bewegung und Ruhe*.
	Dezember. Erfolglose Bewerbung um die Professur Kypkes.
	14. Dezember. Bittschrift an die Zarin Elisabeth.
1759	Oktober. *Versuch einiger Betrachtungen über den Optimismus*.
1760	Juni. *Gedanken bei dem frühzeitigen Ableben des Herrn Johann Friedrich von Funk*.
1762	*Die falsche Spitzfindigkeit der vier syllogistischen Figuren erwiesen*. Herder hört Kant (bis 1764).
	Dezember. *Der einzig mögliche Beweisgrund zu einer Demonstration des Daseins Gottes*.
1763	*Versuch den Begriff der negativen Größen in die Weltweisheit einzuführen*.
1764	*Beobachtungen über das Gefühl des Schönen und Erhabenen*.
	Versuch über die Krankheiten des Kopfes.
	Untersuchungen über die Deutlichkeit der Grundsätze der natürlichen Theologie und der Moral.
1765	*Nachricht von der Einrichtung seiner Vorlesung in dem Winterhalbjahre 1765/66*.
1766	*Träume eines Geistersehers, erläutert durch Träume der Metaphysik*.
	Februar. Kant wird Hilfsbibliothekar im königlichen Schloß.
1768	*Von dem ersten Grunde des Unterschiedes der Gegenden im Raume*.
1769	Ruf nach Erlangen.
1770	Januar. Ruf nach Jena.
	31. März. Ernennung Kants zum ordentlichen Professor der Logik und Metaphysik in Königsberg.

	21. August. Verteidigung der Inauguraldissertation *De mundi sensibilis atque intelligibilis forma et principiis.*
1771	Rezension der Schrift Moscatis.
1772	21. Februar. Brief an M. Herz mit einem ersten Hinweis auf den Grundgedanken der *Kritik der reinen Vernunft.* Mai. Kant gibt den Bibliothekarsposten auf.
1775	*Von den verschiedenen Rassen der Menschen.*
1776/77	Zwei Aufsätze, betreffend das *Philanthropin.*
1778	Minister Zedlitz will Kant überreden, nach Halle zu wechseln. Kant wird Mitglied des Senats der Königsberger Universität.
1781	Mai. Erscheinen der *Kritik der reinen Vernunft.*
1783	*Prolegomena zu einer jeden künftigen Metaphysik, die als Wissenschaft wird auftreten können.* Rezension von Schulz' *Anleitung zur Sittenlehre.* Kant kauft sich ein eigenes Haus.
1784	November. *Idee zu einer allgemeinen Geschichte in weltbürgerlicher Absicht.* Dezember. *Beantwortung der Frage: Was ist Aufklärung?*
1785	Januar und November. Rezension von Herders *Ideen.* März. *Über die Vulkane im Monde.* April. *Grundlegung zur Metaphysik der Sitten.* November. *Über die Bestimmung des Begriffs einer Menschenrasse.*
1786	*Mutmaßlicher Anfang der Menschengeschichte.* Frühling. *Metaphysische Anfangsgründe der Naturwissenschaft.* Sommer. Kant wird zum Rektor gewählt. Oktober. *Was heißt: »Sich im Denken orientieren?«* 7. Dezember. Kant wird zum auswärtigen Mitglied der Berliner Akademie der Wissenschaften gewählt.
1787	Zweite Auflage der *Kritik der reinen Vernunft.* 31. Dezember. Brief an Reinhold über den dreiteiligen Aufbau des philosophischen Systems.

1788	Januar. *Über den Gebrauch teleologischer Prinzipien in der Philosophie.*
	Frühling. *Kritik der praktischen Vernunft.*
	Sommer. Kants zweites Rektorat.
1789	Karamzin besucht Kant.
1790	*Kritik der Urteilskraft.*
	3. Auflage der *Kritik der reinen Vernunft.*
1791	August. Fichte reist nach Königsberg, um Kant kennenzulernen.
	September. *Über das Mißlingen aller philosophischen Versuche in der Theodicee.*
1792	April. *Vom radikalen Bösen.*
1793	Frühling. *Religion innerhalb der Grenzen der bloßen Vernunft.*
	September. *Über den Gemeinspruch: Das mag in der Theorie richtig sein, stimmt aber nicht für die Praxis.*
1794	Mai. *Etwas vom Einfluß des Mondes auf die Witterung.*
	Juni. *Das Ende aller Dinge.*
	28. Juli. Wahl in die Petersburger Akademie der Wissenschaften.
	12. Oktober. Kant wird durch die Kgl. Kabinettsorder gemaßregelt.
1795	*Zum Ewigen Frieden.*
1796	Anhang zu Sömmerings Schrift: *Über das Organ der Seele.*
	23. Juni. Kants letzte Vorlesung.
1797	*Metaphysik der Sitten.*
	Juli. *Verkündigung des nahen Abschlusses eines Traktats zum ewigen Frieden in der Philosophie.*
	September. *Über ein vermeintes Recht, aus Menschenliebe zu lügen.*
1798	4. April. Kant wird zum Mitglied der Sieneser Akademie der Wissenschaften gewählt.
	Herbst. *Der Streit der Fakultäten, Anthropologie in pragmatischer Hinsicht.*
1799	August. Erklärung gegen Fichte.
1800	Letzte selbständig publizierte Arbeit Kants – Nach-

schrift zum litauisch-deutsch-litauischen Wörterbuch.

September. Jäsche gibt die *Logik* Kants heraus.

1801 14. November. Kants Bitte um Entbindung von den Pflichten eines Senatsmitglieds.

1802 Rink gibt Kants *Physische Geographie* heraus.

1803 *Über Pädagogik*, herausgegeben von Rink.

15. Dezember. Letzte Eintragung ins Tagebuch.

1804 12. Februar. Kants Tod.

28. Februar. Begräbnis.

Mai. Rink gibt Kants Preisschrift heraus: *Über die Fortschritte der Metaphysik seit Leibniz und Wolf*.

BIBLIOGRAPHIE

(Nur Forschungs-, keine Primärliteratur ist berücksichtigt)

Erich Adickes, *Kant als Naturforscher*, 2 Bde., Berlin 1924f.
Henry E. Allison, *Kant's Theory of Freedom*, Cambridge Univ. Press 1990
Henry E. Allison, *Kant's Antinomy of Teleological Judgment*, in: Southern Journal of Philosophy, Supplement Bd. 30 (1991), S. 25–42
Karl Ameriks, *Kant's Theory of Mind*, Oxford 1982
Karl Ameriks, *How to Save Kant's Deduction of Taste*, in: Journal of Value Inquiry 16 (1982), S. 295-302
Karl Ameriks, *Kant and the Objectivity of Taste*, in: British Journal of Aesthetics 23 (1983), S. 2-17
Wolfgang Bartuschat, *Zum systematischen Ort von Kants Kritik der Urteilskraft*, Frankfurt/Main 1972
Alfred Baeumler, *Das Irrationalitätsproblem in der Ästhetik und Logik des 18. Jahrhunderts bis zur Kritik der Urteilskraft*, reprographischer Nachdruck der 2., durchgesehenen Auflage 1967, Darmstadt 1975
Bruno Bauch, *Immanuel Kant*, Berlin 1917
Peter Baumanns, *Das Problem der organischen Zweckmäßigkeit*, Bonn 1965
Lewis White Beck, *Five Concepts of Freedom in Kant*, in: Philosophical Analysis and Reconstruction, a Festschrift to Stephan Körner, hg. von J. T. J. Srzednicki, Marinus Nijhoff 1987, S. 35-51
Wolfgang Becker, *Selbstbewußtsein und Erfahrung. Zu Kants transzendentaler Deduktion und ihrer argumentativen Rekonstruktion*, Freiburg und München 1984
Lazarus Bendavid, *Vorlesungen über die Critik der Urtheilskraft*, Wien 1796 (Nachdruck Bruxelles: Aetas Kantiana 1968)

Walter Biemel, *Die Bedeutung von Kants Begründung der Ästhetik für die Philosophie der Kunst*, Köln 1959 (Kantstudien, Ergänzungsheft 77)

Paul Bommersheim, *Der vierfache Sinn der Zweckmäßigkeit in Kants Philosophie des Organischen*, in: Kantstudien 32 (1927), S. 290-309

Williams James Booth, *Reason and History: Kant's Other Copernican Revolution*, in: Kantstudien 74 (1983), S. 56-71

Walter Bröcker, *Kants Lehre von der äußeren Affektion*, in: *Forschungen und Fortschritte*, Bd. 20, 1944

Walter Bruggen, *Kant und das höchste Gut*, in: Zeitschrift für Philosophische Forschung 18 (1964), S. 50-61

Gerd Buchdahl, *Der Begriff der Gesetzmäßigkeit in Kants Philosophie der Naturwissenschaft*, in: *Zur Kantforschung der Gegenwart*, hg. von P. Heintel und L. Nagl, Darmstadt 1981 (Wege der Forschung, Bd. 281)

Robert E. Butts, *Teleology and Scientific Method in Kant's Critique of Judgment*, in: Noûs 24 (1990), S. 1-16

Robert E. Butts (Hg.), *Kant's Philosophy on Physical Science. Metaphysische Anfangsgründe der Naturwissenschaft 1786-1986*, Dordrecht, Boston, Lancaster und Tokyo 1986

Julius Victor Carus, *Geschichte der Zoologie bis auf Johannes Müller und Charles Darwin*, reprographischer Nachdruck der Ausgabe München 1872, Meisenheim 1965

Ernst Cassirer, *Kants Leben und Lehre*, Berlin 1921

Heinrich Walter Cassirer, *A Commentary on Kant's Critique of Judgment* (1938), New York ²1970

Ted Cohen und Paul Guyer (Hgg.), *Essays in Kant's Aesthetics*, Chicago und London 1982

Konrad Cramer, *Nicht-reine synthetische Urteile a priori. Ein Problem der Transzendentalphilosophie Immanuel Kants*, Heidelberg 1985

Donald W. Crawford, *Kant's Aesthetic Theory*, Wisconsin 1974

Friedrich Dannemann, *Die Naturwissenschaften in ihrer Entwicklung und in ihrem Zusammenhange*, Bd. 3, Leipzig 1911

Friedrich Delekat, *Immanuel Kant*, Heidelberg ³1969

Jacques Derrida, *La vérité en peinture*, Paris 1978

Michel Despland, *Kant on History and Religion*, Montreal und London 1973

Felix Duque (Hg.), *Immanuel Kant, Transición de los principios metafísicos de ciencia natural a la física (opus postumum)*, Madrid 1983, ²1991

Klaus Düsing, *Die Teleologie in Kants Weltbegriff*, Diss. Bonn 1968 (Kantstudien, Ergänzungsheft 96)

Klaus Düsing, *Das Problem des höchsten Gutes in Kants praktischer Philosophie*, Kantstudien 62 (1971), S. 5-42.

Wilhelm Ernst, *Der Zweckbegriff bei Kant und sein Verhältnis zu den Kategorien*, Straßburg 1909 (Kantstudien, Ergänzungsheft 14)

Alfred Cyril Ewing, *Kant's Treatment of Causality*, London 1924, Neudruck Archon Books 1969

Emil L. Fackenheim, *Kant's Concept of History*, in: Kantstudien 48 (1957), S. 381-398

Kuno Fischer, *Immanuel Kant und seine Lehre*, Heidelberg ⁴1899

Kuno Fischer, *Geschichte der neueren Philosophie*, Bd. 5, Heidelberg 1899

Jean Claude Fraisse, *Téléologie et théologie selon Kant d'après la »Dissertation« de 1770 et la »Critique du jugement«*, in: Revue de Métaphysique et de Morale 78 (1974), S. 487-495

Manfred Frank, *Das Problem ›Zeit‹ in der deutschen Romantik*, München 1972, 2. erweiterte Neuauflage München, Paderborn und Wien 1990

Manfred Frank, *Der kommende Gott. Vorlesungen über die ›Neue Mythologie‹*, 1. Teil, Frankfurt/Main 1982

Manfred Frank, *Eine Einführung in die frühromantische Ästhetik*, Frankfurt/Main 1989

Manfred Frank, *Aufklärung als analytische und synthetische Vernunft. Vom französischen Materialismus über Kant zur Frühromantik*, in: *Aufklärung und Gegenaufklärung in der europäischen Literatur, Philosophie und Politik von der Antike bis zur Gegenwart*, hg. von Jochen Schmidt, Darmstadt 1989, S. 377-403; wiederabgedruckt in: Manfred Frank, *conditio moderna*, Leipzig 1993, S. 51-78

Manfred Frank, *Les »Réflexions sur l'Esthétique« de Kant. A propos de l'élaboration de la »Critique du jugement esthétique«*, in: Manfred Frank, Jean-Paul Larthomas, Alexis Philonenko: *Sur la Troisième Critique, textes rassemblés et présentés par Dominique Janicaud*, Combas: 1994, S. 13-47.

Gideon Freudenthal, *Atom und Individuum im Zeitalter Newtons. Zur Genese der mechanistischen Natur-und Sozialphilosophie*, Frankfurt/Main 1982

Léo Freuler, *Kant et la réflexion sur la métaphysique spéculative*, Paris 1992

Christel Fricke, *Explaining the Inexplicable. The Hypotheses of the Faculty of Reflective Judgement in Kant's Third Critique*, in: Noûs 24 (1990), S. 45-62

Christel Fricke, *Kants Theorie des reinen Geschmacksurteils*, Berlin und New York 1990

William Galston, *Kant and the Problem of History*, Chicago 1975

Amihud Gilead, *Teleological Time: A Variation on a Kantian Theme*, in: Review of Metaphysics 38, Nr. 3 (1985), S. 529-562

Karen Gloy, *Die Kantische Theorie der Naturwissenschaft. Eine Strukturanalyse ihrer Möglichkeit, ihres Umfangs und ihrer Grenzen*, Berlin und New York 1976

Lucien Goldmann, *La Communauté humaine et l'univers chez Kant*, Paris 1948

Michael K. Green, *Using Nature to Typify Freedom: the Application of the Categorical Imperative*, in: International Studies in Philosophy 14 (1982) S. 17-26

Felix Gross (Hg.), *Immanuel Kant. Sein Leben in Darstellungen von Zeitgenossen. Die Biographien von L. E. Borowski, R. B. Jachmann und A. Ch. Wasianski*, Neudruck Darmstadt 1993 (Deutsche Bibliothek, Bd. 8)

Paul Guyer, *Kant and the Claim of Taste*, Cambridge, Massachusetts und London 1979

Paul Guyer, *Kant and the Claims of Knowledge*, Cambridge 1987

Paul Guyer, *Nature, Art and Autonomy: A Copernican Revolution in Kant's Aesthetics*, in: *Theorie der Subjektivität*, hg.

von Konrad Cramer, Hans Friedrich Fulda, Rolf Peter Horstmann und Ulrich Pothast, Frankfurt/Main 1987, S. 299-343

Paul Guyer, *Reason and Reflective Judgment: Kant on the Significance of Systematicity*, in: Noûs 24 (1990), S. 17-43

Paul Guyer, *Kant's Conception of Empirical Law*, in: Proceedings of the Aristotelian Society, Supplement Bd. 64 (1990), S. 221–242

Thomas S. Hall, *On Biological Analogs of Newtonian Paradigms*, in: Philosophy of Science 35 (1968), S. 2-27

Stuart Hampshire, *The Social Spirit of Mankind*, in: *Kant's Transcendental Deductions. The Three ›Critiques‹ and the ›Opus postumum‹*, hg. von Eckart Förster, Stanford 1989

Martin Heidegger, *Die Grundprobleme der Phänomenologie*, Marburger Vorlesung Sommersemester 1927, hg. von Friedrich-Wilhelm von Herrmann, Frankfurt/Main 1975

Wolfahrt Henckmann, *Das Problem der ästhetischen Wahrnehmung in Kants Ästhetik*, in: Philosophisches Jahrbuch der Görres-Gesellschaft 78 (1971), S. 323-359

Wolfahrt Henckmann, *Über das Moment der Allgemeingültigkeit des ästhetischen Vrteils in Kants ›Kritik der Urteilskraft‹*, in: *Proceedings of the Third International Kant Congress*, hg. von Lewis White Beck, Dordrecht 1972, S. 295-306

Dieter Henrich, *The Proof-Structure of Kant's Transcendental Deduction*, in: The Review of Metaphysics, Bd. 22 (1969), S. 640-659

Dieter Henrich, *Die Identität des Subjekts in der transzendentalen Deduktion*, in: *Kant. Analysen – Probleme – Kritik*, hg. von Hariolf Oberer und Gerhard Seel, Frankfurt/Main 1988, S. 39-70

Marie-Luise Heuser-Keßler, *Die Produktivität der Natur. Schellings Naturphilosophie und das neue Paradigma der Selbstorganisation in den Naturwissenschaften*, Berlin 1986

Norbert Hinske, *Kants Begriff der Antinomie und die Etappen seiner Ausarbeitung*, in: Kantstudien 56 (1965), S. 485-496

W. Michael Hoffmann, *An Interpretation of Kant's Solution to the Third Antinomy*, in: The Southern Journal of Philosophy 13 (1975), S. 173-185

Wolfram Hogrebe, *Prädikation und Genesis. Metaphysik als Fundamentalheuristik im Ausgang von Schellings »Die Weltalter«*, Frankfurt/Main 1989

Hansgeorg Hoppe, *Kants Theorie der Physik. Eine Untersuchung über das Opus postumum von Kant*, Frankfurt/Main 1969

Max Horkheimer, *Über Kants Kritik der Urteilskraft als Bindeglied zwischen theoretischer und praktischer Philosophie*, Frankfurt/Main 1925

Rolf-Peter Horstmann, *Why Must There be a Transcendental Deduction in Kant's Critique of Judgment?*, in: *Kant's Transcendental Deductions. The Three ›Critiques‹ and the ›Opus postumum‹*, hg. von Eckart Förster, Stanford 1989

Kurt Hübner, *Das transzendentale Subjekt als Teil der Natur. Eine Untersuchung über das Opus postumum Kants*, Diss. Kiel 1951

Hermann Istvan, *Kants Teleologie*, Budapest 1972

François Jacob, *La logique du vivant*, Paris 1970

Friedrich Kaulbach, *Der Zusammenhang zwischen Naturphilosophie und Geschichtsphilosophie bei Kant*, in: Kantstudien 56 (1965), S. 430-451

Friedrich Kaulbach, *Welchen Nutzen gibt Kant der Geschichtsphilosophie?*, in: Kantstudien 66 (1975), S. 65-84

Georg Kohler, *Geschmacksurteil und ästhetische Erfahrung. Beiträge zur Auslegung von Kants »Kritik der ästhetischen Urteilskraft«*, Berlin und New York 1980 (Kantstudien, Ergänzungsheft 111)

Eric Russert Kraemer, *Teleology and the Organism-Body Problem*, in: Metaphilosophy 15 (1984), S. 45-54

Gerhard Krämling, *Die systembildende Rolle von Ästhetik und Kulturphilosophie bei Kant*, Freiburg und München 1985

Gerhard Krämling, *Das höchste Gut als mögliche Welt. Zum Zusammenhang von Kulturphilosophie und systematischer Architektonik bei I. Kant*, in: Kantstudien 77 (1986), S. 273-288

Michael Kraft, *Kant's Theory of Teleology*, in: International Philosophical Quaterly 22 (1982), S. 41-49

Ernst Krause, *Erasmus Darwin und seine Stellung in der Geschichte der Descendenztheorie, mit einem Lebens- und Charakterbilde von Charles Darwin*, Leipzig 1880

Wolfgang Krohn, Günter Küppers (Hgg.), *Selbstorganisation. Aspekte einer wissenschaftlichen Revolution*, Braunschweig und Wiesbaden 1990

Jens Kulenkampff, *Kants Logik des ästhetischen Urteils*, Frankfurt/Main 1978

Ludwig Landgrebe, *Die Geschichte im Denken Kants*, in: Studium Generale, Jg. 7, H. 9 (1954), S. 533-545

Friedrich Albert Lange, *Geschichte des Materialismus*, Leipzig 1866

Gérard Lebrun, *Kant et la fin de la métaphysique. Essai sur la »Critique de la faculté de juger«*, Paris 1970

Dietmar Lenfers, *Kants Weg von der Teleologie zur Theologie. Interpretationen zu Kants Kritik der Urteilskraft*, Diss. Köln 1965

Max Liedtke, *Der Begriff der reflektierenden Urteilskraft in Kants Kritik der reinen Vernunft*, Diss. Hamburg 1964

Reinhard Löw, *Philosophie des Lebendigen. Der Begriff des Organischen bei Kant, sein Grund und seine Aktualität*, Frankfurt/Main 1980

Rudolf A. Makkreel, *Imagination and Interpretation in Kant. The Hermeneutical Import of the Critique of Judgment*, Chicago und London 1990

Konrad Marc-Wogau, *Vier Studien zu Kants Kritik der Urteilskraft*, Uppsala ²1938

Konrad Marc-Wogau, *Die Bedeutung der mechanischen und der teleologischen Verknüpfung*, in: *Materialien zu Kants Kritik der Urteilskraft*, hg. von Jens Kulenkampff, Frankfurt/Main 1974, S. 328-336

François Marty (Hg.), *Emmanuel Kant, Opus postumum. Passage des principes métaphysiques de la science de la nature à la physique*, Paris 1986

Vittorio Mathieu, *Kants Opus postumum*, Frankfurt/Main 1989

John D. McFarland, *Kant's Concept of Teleology*, Edinburgh 1970

Colin McGinn, *Can We Solve the Mind-Body Problem?*, in: *The Problem of Consciousness*, Oxford 1991

Peter McLaughlin, *Kants Kritik der teleologischen Urteilskraft*, Bonn 1989

Paul Menzer, *Kants Lehre von der Entwicklung in Natur und Geschichte*, Berlin 1911

Helga Mertens, *Kommentar zur ersten Einleitung in Kants Kritik der Urteilskraft*, Diss. München 1975

Vilem Murdroch, *Kants Theorie der physikalischen Gesetze*, Berlin und New York 1987 (Kantstudien, Ergänzungsheft 119)

Ernest Nagel, *Teleology Revisited. Goal-directed Processes in Biology*, in: Journal of Philosophy 74 (1977), S. 261-301

Ernest Nagel, *The Structure of Science. Problems in the Logic of Scientific Explanation*, London 1961

Hariolf Oberer, Gerhard Seel (Hg.), *Kant. Analysen – Probleme – Kritik*, Frankfurt/Main 1988

Ernst Oldemeyer, *Kant's Solution of the Antinomy of Freedom. Proposal for a Change of Interpretation*, in: *Proceedings of the Third International Kant Congress*, March 30 – April 4, 1970, hg. von Lewis White Beck, Dordrecht 1972

Alexis Philonenko, *Kant und die Ordnungen des Reellen*, in: Kantstudien 61 (1970), S. 307-27

Alexis Philonenko, *L'antinomie du jugement téléologique chez Kant*, in: Revue de Métaphysique et de Morale 82 (1977), S. 13-37

Alexis Philonenko, *Kant et la philosophie biologique*, in: *L'héritage de Kant*, Paris 1982, S. 63-79 (Mélanges philosophiques offerts au P. Marcel Régnier, Directeur des Archives de Philosophie)

Alexis Philonenko, *La théorie kantienne de l'histoire*, Paris 1986

Harald Pilot, *Kant's Theory of the Autonomy of Reflective Judgment as an Ethics of Experiential Thinking*, in: Noûs 24 (1990), S. 111-135

Peter Plaas, *Kants Theorie der Naturwissenschaft. Eine Untersuchung zur Vorrede von Kants ›Metaphysischen Anfangsgründen der Naturwissenschaft‹*, Göttingen 1965

Emil Rádl, *Geschichte der biologischen Theorien in der Neuzeit*, 2 Bde., reprographischer Nachdruck der Ausgabe Berlin 1925, Hildesheim 1970

Klaus Reich, *Rousseau und Kant*, Tübingen 1936

Klaus Reich, *Die Vollständigkeit der kantischen Urteilstafeln*, Berlin ²1948

Nicholas Rescher, *Noumenal Causality*, in: *Proceedings of the Third International Kant Congress*, hg. von Lewis White Beck, Dordrecht 1972, S. 462-470

Albert Riemann, *Die Ästhetik Alexander Gottlieb Baumgartens*, Halle 1928

Wolfgang Röd, *Kants Annahme einer Kausalität aus Freiheit und die Idee einer transzendentalen Ethik*, in: Dialectica 35 (1981), S. 223-241

Heinz Röttges, *Kants Auflösung der Freiheitsantinomie*, in: Kantstudien 65 (1974), S. 33-49

Jacques Roger, *Les sciences de la vie dans la pensée française du xiiiᵉ siècle*, Paris 1959

Karl Roretz, *Zur Analyse von Kants Philosophie des Organischen*, Wien 1922

Lothar Schäffer, *Kants Metaphysik der Natur*, Berlin 1966

Lothar Schäffer, *Zur ›regulativen Funktion‹ der kantischen Antinomien*, in: Synthese 23 (1971), S. 96-120

Eva Schaper, *Free and Dependent Beauty*, in: Kantstudien 65 (Sonderheft 1974), S. 247-262

Eva Schaper, *Studies in Kant's Aesthetics*, Edinburgh 1979

Friedrich Wilhelm Joseph Schelling, *Historisch-kritische Ausgabe*, im Auftrag der Schelling-Kommission der Bayerischen Akademie der Wissenschaften, hg. von Hans Michael Baumgartner, Wilhelm G. Jacobs und Hermann Krings, Ergänzungsbd. zu Bd. 5-9, *Wissenschaftshistorischer Bericht zu Schellings naturphilosophischen Schriften*, Stuttgart 1994

Jochen Schmidt, *Die Geschichte des Genie-Gedankens in der deutschen Literatur, Philosophie und Politik 1750-1945*, 2 Bde., Darmstadt 1985

Georges Schrader, *The Status of Teleological Judgment in the Critical Philosophy*, in: Kantstudien 45 (1953 f.), S. 204-235

Gerhard Seel, *Über den Grund der Lust an schönen Gegenständen. Kritische Fragen an die Ästhetik Kants*, In: *Kant. Analysen – Probleme – Kritik*, hg. von Hariolf Oberer und Gerhard Seel, Frankfurt/Main 1988, S. 317-356

Donald J. Sievert, *Kant's Dialectic of Teleological Judgment*, in: *Akten des IVten Internationalen Kant-Kongresses*, Mainz 6.–10. April 1974, hg. von Gerhard Funke, Teil 2, 1, Berlin und New York 1974, S. 452-460

Joseph Simon, *Teleologisches Reflektieren und kausales Bestimmen*, in: Zeitschrift für philosophische Forschung 30 (1976), S. 369-388

Alex Sutter, *Kant und die ›Wilden‹. Zum impliziten Rassismus in der Kantischen Geschichtsphilosophie*, in: Prima Philosophia, Bd. 2, H. 2 (1989), S. 241-265

Bernard Thöle, *Kant und das Problem der Gesetzmäßigkeit der Natur*, Berlin und New York 1991

Ernst Tugendhat, Ursula Wolf, *Logisch-semantische Propädeutik*, Stuttgart 1983

Burkhard Tuschling, *Kants ›Metaphysische Anfangsgründe der Naturwissenschaften‹ und das Opus postumum*, in: *Kant. Zur Deutung seiner Theorie von Erkennen und Handeln*, hg. von H. Prauss, Köln 1973

Frederick P. Van de Pitte, *Is Kant's Distinction between Reflective and Determinant Judgment Valid?*, in: *Akten des IVten Internationalen Kant-Kongresses*, Mainz 6.–10. April 1974, hg. von Gerhard Funke, Teil 2, 1, Berlin und New York 1974, S. 445-451

Frederick P. Van de Pitte, *The Role of Teleology in Kant's Work*, in: *Reflections on Kant's Philosophy*, hg. von W. Werkmeister, Gainesville 1975, S. 135-147

W. H. Walsh, *The structure of Kant's Antinomies*, in: *Proceedings of the Ottawa Congress on Kant in the Anglo-American and Continental Traditions*, Oct. 10-14, 1974, hg. von Pierre Laberge, François Duchesneau u. a., Ottawa 1976, S. 77-93

Arthur Warda, *Immanuel Kants Bücher*, Berlin 1922

Eric Weil u. a., *La Philosophie politique de Kant*, Paris 1962 (Annales de philosophie politique, Bd. 4)

Kurt Weyand, *Kants Geschichtsphilosophie*, Köln 1963 (Kantstudien, Ergänzungsheft 85)
Burleigh Taylor Wilkins, *Teleology in Kant's Philosophy of History*, in: History and Theory, Bd. 5, Middletown und Connecticut 1966, S. 172-185
Howard Williams, *Kant's Political Philosophy*, Oxford 1983
Edgar Wind, *Das Experiment und die Metaphysik. Zur Auflösung der kosmologischen Antinomien*, Tübingen 1934
Allen W. Wood (Hg.), *Self and Nature in Kant's Philosophy*, Ithaca und London 1984
Yirmiahu Yovel, *Kant and the Philosophy of History*, Princeton 1980
John H. Zamnito, *The Genesis of Kant's Critique of Judgment*, Chicago und London 1992
Véronique Zanetti, *La théorie kantienne du vivant*, in: Filozofski Vestnik (1992/2) Ljubljana 1992, S. 205-219
Véronique Zanetti, *Die Antinomie der teleologischen Urteilskraft*, in: Kantstudien 83 (1993), S. 341-355
Véronique Zanetti, *La nature a-t-elle une fin? Le problème de la téléologie chez Kant*, Bruxelles 1994
Véronique Zanetti, *Teleology and the Freedom of the Self*, in: *The Modern Subject. Conceptions of the self in Classical German Philosophy*, hg. von Karl Ameriks und Dieter Sturma, Albany/New York 1995
Rudolf Zocher, *Kants Grundlehre*, Erlangen 1959
Clark Zumbach, *The Transcendent Science. Kant's Conception of Biological Methodology*, The Hague, Boston und Lancaster 1984

INHALTSVERZEICHNIS

TEXTE

Reflexionen zur Ästhetik (1755-1797)	9
⟨a⟩ Reflexionen zur Ästhetik, als Randbemerkungen zu G. Fr. Meiers *Logik*⟩	11
Inhaltsübersicht der Vorlesung	11
⟨Logische und ästhetische Vollkommenheit der Erkenntnis.⟩	15
⟨Unvollkommenheiten der Erkenntnis.⟩ . . .	48
⟨Klare, deutliche und dunkle Erkenntnis.⟩ . .	50
⟨Lebhaftigkeit der Erkenntnis.⟩	53
⟨Grade der Deutlichkeit.⟩	55
⟨b⟩ Reflexionen zur Ästhetik, als Randbemerkungen zu A. G. Baumgartens *Psychologia empirica*⟩ . . .	57
Inhaltsübersicht	57
⟨Von dem Beobachten seiner selbst.⟩	59
⟨Von den Vorstellungen, die wir haben, ohne uns ihrer bewußt zu sein.⟩	60
⟨Von der Deutlichkeit und Undeutlichkeit im Bewußtsein seiner Vorstellungen.⟩	63
⟨Von der Sinnlichkeit im Gegensatz mit dem Verstande.⟩	67
⟨Apologie für die Sinnlichkeit. Von dem künstlichen Spiel mit dem Sinnenschein⟩	73
⟨Von den fünf Sinnen.⟩	75
⟨Von der Einbildungskraft⟩	77
⟨Das Gefühl der Lust und Unlust⟩	80
⟨Von der sinnlichen Lust. A. Vom Gefühl für das Angenehme oder der sinnlichen Lust in der Empfindung eines Gegenstandes.⟩	88

⟨B. Vom Gefühl für das Schöne, d. i. der teils sinnlichen, teils intellektuellen Lust in der reflektierten Anschauung, oder dem Geschmack.⟩ . . 89
Geschmack 134
Schöne und Erhabene 136
Geschmack des Umgangs. Frauenzimmer . . . 137
Über ästhetische und logische Vollkommenheit, aus: Vorlesungen über die Logik (1772) 139
  ⟨Von der gelehrten Erkenntnis überhaupt⟩
  ⟨...⟩
  § 22 139
  Vom Guten in Begriffen 154
  Von der Vollkommenheit § 22 156
  Von der Unvollkommenheit § 23 161
  Vollkommenheiten der Erkenntnis 164
  § 29 164
  § 30 166
Das Gefühl der Lust und Unlust, aus: Anthropologie in pragmatischer Hinsicht (1798) 171
  Einteilung 171
  Von der sinnlichen Lust 171
    A. Vom Gefühl für das Angenehme oder der sinnlichen Lust in der Empfindung eines Gegenstandes 171
      Erläuterung durch Beispiele 173
      Von der langen Weile und dem Kurzweil . . 175
    B. Vom Gefühl für das Schöne, d. i. der teils sinnlichen teils intellektuellen Lust in der reflektierten Anschauung, oder dem Geschmack 184
      Der Geschmack enthält eine Tendenz zur äußeren Beförderung der Moralität 190
  Anthropologische Bemerkungen über den Geschmack 191
    A. Vom Modegeschmack 191
    B. Vom Kunstgeschmack 193
    Von der Üppigkeit 198

Metaphysische Anfangsgründe der Naturwissenschaft (1786)	201
Vorrede	203
Erstes Haupstück. Metaphysische Anfangsgründe der Phoronomie	218
Erklärung 1	218
Erklärung 2	220
Erklärung 3	223
Erklärung 4	226
Grundsatz	226
Erklärung 5	228
Lehrsatz	230
Zweites Hauptstück. Metaphysische Anfangsgründe der Dynamik	238
Erklärung 1	238
Lehrsatz 1	239
Erklärung 2	240
Lehrsatz 2	241
Erklärung 3	243
Lehrsatz 3	243
Erklärung 4	244
Erklärung 5	245
Lehrsatz 4	246
Lehrsatz 5	252
Lehrsatz 6	255
Erklärung 6	256
Lehrsatz 7	257
Erklärung 7	261
Lehrsatz 8	262
Allgemeiner Zusatz zur Dynamik	270
Allgemeiner Anmerkung zur Dynamik	270
Drittes Hauptstück. Metaphysische Anfangsgründe der Mechanik	286
Erklärung 1	286
Erklärung 2	287
Lehrsatz 1	287
Lehrsatz 2	292

Lehrsatz 3	294
Lehrsatz 4	296
Allgemeine Anmerkung zur Mechanik	304
Viertes Hauptstück. Metaphysische Anfangsgründe der Phänomenologie	307
Erklärung	307
Lehrsatz 1	308
Lehrsatz 2	310
Lehrsatz 3	311
Allgemeine Anmerkung zur Phänomenologie	312
Idee zu einer allgemeinen Geschichte in weltbürgerlicher Absicht (1784)	321
Erster Satz	323
Zweiter Satz	323
Dritter Satz	324
Vierter Satz	325
Fünfter Satz	327
Sechster Satz	328
Siebenter Satz	329
Achter Satz	333
Neunter Satz	336
Bestimmung des Begriffs einer Menschenrace (1785)	339
I. Nur das, was in einer Tiergattung anerbt, kann zu einem Klassen-Unterschiede in derselben berechtigen	340
II. Man kann in Ansehung der Hautfarbe vier Klassenunterschiede der Menschen annehmen	341
III. In der Klasse der Weißen ist außer dem, was zur Menschengattung überhaupt gehört, keine andere charakteristische Eigenschaft notwendig erblich; und so auch in den übrigen	343
IV. In der Vermischung jener genannten vier Klassen mit einander artet der Charakter einer jeden unausbleiblich an	344
V. Betrachtung über das Gesetz der notwendig halbschlächtigen Zeugung	345

VI. Nur das, was in dem Klassenunterschiede der Menschengattung unausbleiblich anerbt, kann zu der Benennung einer besondern Menschenrace berechtigen	349
Anmerkung	352
Mutmaßlicher Anfang der Menschengeschichte (1786)	359
Anmerkung	366
Beschluß der Geschichte	370
Schluß-Anmerkung	373
Vorarbeit zu »Über den Gebrauch teleologischer Prinzipien in der Philosophie«	377
Über den Gebrauch teleologischer Prinzipien in der Philosophie (1788)	381
Erste Einleitung in die »Kritik der Urteilskraft« (1789/90)	415
I. Von der Philosophie als einem System	415
II. Von dem System der obern Erkenntnisvermögen, das der Philosophie zum Grunde liegt	422
III. Von dem System aller Vermögen des menschlichen Gemüts	425
IV. Von der Erfahrung als einem System für die Urteilskraft	428
V. Von der reflektierenden Urteilskraft	431
VI. Von der Zweckmäßigkeit der Naturformen als so viel besonderer Systeme	437
VII. Von der Technik der Urteilskraft als dem Grunde der Idee einer Technik der Natur	439
VIII. Von der Ästhetik des Beurteilungsvermögens	442
IX. Von der teleologischen Beurteilung	454
X. Von der Nachsuchung eines Prinzips der technischen Urteilskraft	460
XI. Enzyklopädische Introduktion der Kritik der Urteilskraft in das System der Kritik der reinen Vernunft	466
XII. Einteilung der Kritik der Urteilskraft	473

Kritik der Urteilskraft (1790) 479
  Vorrede zur ersten Auflage, 1790 481
  Einleitung 486
    I. Von der Einteilung der Philosophie . . . 486
    II. Vom Gebiete der Philosophie überhaupt . 489
    III. Von der Kritik der Urteilskraft, als einem Verbindungsmittel der zwei Teile der Philosophie zu einem Ganzen 492
    IV. Von der Urteilskraft, als einem a priori gesetzgebenden Vermögen 496
    V. Das Prinzip der formalen Zweckmäßigkeit der Natur ist ein transzendentales Prinzip der Urteilskraft 498
    VI. Von der Verbindung des Gefühls der Lust mit dem Begriffe der Zweckmäßigkeit der Natur 505
    VII. Von der ästhetischen Vorstellung der Zweckmäßigkeit der Natur 508
    VIII. Von der logischen Vorstellung der Zweckmäßigkeit der Natur 512
    IX. Von der Verknüpfung der Gesetzgebungen des Verstandes und der Vernunft durch die Urteilskraft 515
  Einteilung des ganzen Werks 520
  Erster Teil. Kritik der ästhetischen Urteilskraft . 521
  Erster Abschnitt. Analytik der ästhetischen Urteilskraft 521
  Erstes Buch. Analytik des Schönen 521
  Erstes Moment des Geschmacksurteils der Qualität nach 521
    § 1. Das Geschmacksurteil ist ästhetisch . . . 521
    § 2. Das Wohlgefallen, welches das Geschmacksurteil bestimmt, ist ohne alles Interesse . . 522
    § 3. Das Wohlgefallen am Angenehmen ist mit Interesse verbunden 524
    § 4. Das Wohlgefallen am Guten ist mit Interesse verbunden 526
    § 5. Vergleichung der drei spezifisch verschiedenen Arten des Wohlgefallens 529

Zweites Moment des Geschmacksurteils, nämlich
seiner Quantität nach   531
  § 6. Das Schöne ist das, was ohne Begriff als
       Objekt eines allgemeinen Wohlgefallens
       vorgestellt wird   531
  § 7. Vergleichung des Schönen mit dem Ange-
       nehmen und Guten durch obiges Merkmal   532
  § 8. Die Allgemeinheit des Wohlgefallens wird
       in einem Geschmacksurteile nur als subjek-
       tiv vorgestellt   534
  § 9. Untersuchung der Frage: ob im Ge-
       schmacksurteile das Gefühl der Lust vor der
       Beurteilung des Gegenstandes, oder diese
       vor jener vorhergehe   539
Drittes Moment der Geschmacksurteile nach der
Relation der Zwecke, welche in ihnen in Betrachtung gezogen wird   542
  § 10. Von der Zweckmäßigkeit überhaupt . . .   542
  § 11. Das Geschmacksurteil hat nichts als die
       Form der Zweckmäßigkeit eines Gegen-
       standes (oder der Vorstellungsart dessel-
       ben) zum Grunde   544
  § 12. Das Geschmacksurteil beruht auf Gründen
       a priori   545
  § 13. Das reine Geschmacksurteil ist von Reiz
       und Rührung unabhängig   546
  § 14. Erläuterung durch Beispiele   547
  § 15. Das Geschmacksurteil ist von dem Begriffe
       der Vollkommenheit gänzlich unabhängig   551
  § 16. Das Geschmacksurteil, wodurch ein Gegen-
       stand unter der Bedingung eines bestimm-
       ten Begriffs für schön erklärt wird, ist nicht
       rein   555
  § 17. Vom Ideale der Schönheit   558
Viertes Moment des Geschmacksurteils nach der
Modalität des Wohlgefallens an dem Gegenstande   565
  § 18. Was die Modalität eines Geschmacksurteils
       sei   565

§ 19. Die subjektive Notwendigkeit, die wir dem Geschmacksurteile beilegen, ist bedingt . . 566
§ 20. Die Bedingung der Notwendigkeit, die ein Geschmacksurteil vorgibt, ist die Idee eines Gemeinsinnes 566
§ 21. Ob man mit Grunde einen Gemeinsinn voraussetzen könne 567
§ 22. Die Notwendigkeit der allgemeinen Beistimmung, die in einem Geschmacksurteil gedacht wird, ist eine subjektive Notwendigkeit, die unter der Voraussetzung eines Gemeinsinns als objektiv vorgestellt wird 568

Aus dem vierten Moment gefolgerte Erklärung vom Schönen 570
Allgemeine Anmerkung zum ersten Abschnitte der Analytik 570
Zweites Buch. Analytik des Erhabenen 574
§ 23. Übergang von dem Beurteilungsvermögen des Schönen zu dem des Erhabenen . . . 574
§ 24. Von der Einteilung einer Untersuchung des Gefühls des Erhabenen 578
A. Vom Mathematisch-Erhabenen 579
§ 25. Namenerklärung des Erhabenen 579
§ 26. Von der Größenschätzung der Naturdinge, die zur Idee des Erhabenen erforderlich ist 583
§ 27. Von der Qualität des Wohlgefallens in der Beurteilung des Erhabenen 591
B. Vom Dynamisch-Erhabenen der Natur . . . 595
§ 28. Von der Natur als einer Macht 595
§ 29. Von der Modalität des Urteils über das Erhabene der Natur 601
Allgemeine Anmerkung zur Exposition der ästhetischen reflektierenden Urteile 603
Deduktion der reinen ästhetischen Urteile . . . 619
§ 30. Die Deduktion der ästhetischen Urteile über die Gegenstände der Natur darf nicht

	auf das, was wir in dieser erhaben nennen, sondern nur auf das Schöne gerichtet werden	619
§ 31.	Von der Methode der Deduktion der Geschmacksurteile	621
§ 32.	Erste Eigentümlichkeit des Geschmacksurteils	623
§ 33.	Zweite Eigentümlichkeit des Geschmacksurteils	626
§ 34.	Es ist kein objektives Prinzip des Geschmacks möglich	628
§ 35.	Das Prinzip des Geschmacks ist das subjektive Prinzip der Urteilskraft überhaupt . .	629
§ 36.	Von der Aufgabe einer Deduktion der Geschmacksurteile	631
§ 37.	Was wird eigentlich in einem Geschmacksurteile von einem Gegenstande a priori behauptet?	632
§ 38.	Deduktion der Geschmacksurteile . . .	633
§ 39.	Von der Mitteilbarkeit einer Empfindung .	636
§ 40.	Vom Geschmacke als einer Art von sensus communis	638
§ 41.	Vom empirischen Interesse am Schönen	642
§ 42.	Vom intellektuellen Interesse am Schönen	644
§ 43.	Von der Kunst überhaupt	651
§ 44.	Von der schönen Kunst	653
§ 45.	Schöne Kunst ist eine Kunst, sofern sie zugleich Natur zu sein scheint	655
§ 46.	Schöne Kunst ist Kunst des Genies . .	656
§ 47.	Erläuterung und Bestätigung obiger Erklärung vom Genie	658
§ 48.	Vom Verhältnisse des Genies zum Geschmack	661
§ 49.	Von den Vermögen des Gemüts, welche das Genie ausmachen	664
§ 50.	Von der Verbindung des Geschmacks mit Genie in Produkten der schönen Kunst .	671

§ 51. Von der Einteilung der schönen Künste . 673
§ 52. Von der Verbindung der schönen Künste in einem und demselben Produkte 680
§ 53. Vergleichung des ästhetischen Werts der schönen Künste untereinander 681
§ 54. Anmerkung 686

Zweiter Abschnitt. Die Dialektik der ästhetischen Urteilskraft 694
§ 55. 694
§ 56. Vorstellung der Antinomie des Geschmacks 695
§ 57. Auflösung der Antinomie des Geschmacks 696
§ 58. Vom Idealismus der Zweckmäßigkeit der Natur sowohl als Kunst, als dem alleinigen Prinzip der ästhetischen Urteilskraft . . . 706
§ 59. Von der Schönheit als Symbol der Sittlichkeit 712
§ 60. Anhang. Von der Methodenlehre des Geschmacks 716

Zweiter Teil. Kritik der teleologischen Urteilskraft 719
§ 61. Von der objektiven Zweckmäßigkeit der Natur 719

Erste Abteilung. Analytik der teleologischen Urteilskraft 722
§ 62. Von der objektiven Zweckmäßigkeit, die bloß formal ist, zum Unterschiede von der materialen 722
§ 63. Von der relativen Zweckmäßigkeit der Natur zum Unterschiede von der innern . . 727
§ 64. Von dem eigentümlichen Charakter der Dinge als Naturzwecke 731
§ 65. Dinge als Naturzwecke sind organisierte Wesen 735
§ 66. Vom Prinzip der Beurteilung der innern Zweckmäßigkeit in organisierten Wesen . 740
§ 67. Vom Prinzip der teleologischen Beurteilung der Natur überhaupt als System der Zwecke 742

§ 68. Von dem Prinzip der Teleologie als innerem Prinzip der Naturwissenschaft 746
Zweite Abteilung. Dialektik der teleologischen Urteilskraft 750
§ 69. Was eine Antinomie der Urteilskraft sei . 750
§ 70. Vorstellung dieser Antinomie 752
§ 71. Vorbereitung zur Auflösung obiger Antinomie 754
§ 72. Von den mancherlei Systemen über die Zweckmäßigkeit der Natur 756
§ 73. Keines der obigen Systeme leistet das, was es vorgibt 760
§ 74. Die Ursache der Unmöglichkeit, den Begriff einer Technik der Natur dogmatisch zu behandeln, ist die Unerklärlichkeit eines Naturzwecks 763
§ 75. Der Begriff einer objektiven Zweckmäßigkeit der Natur ist ein kritisches Prinzip der Vernunft für die reflektierende Urteilskraft 766
§ 76. Anmerkung 770
§ 77. Von der Eigentümlichkeit des menschlichen Verstandes, wodurch uns der Begriff eines Naturzwecks möglich wird 775
§ 78. Von der Vereinigung des Prinzips des allgemeinen Mechanismus der Materie mit dem teleologischen in der Technik der Natur 782
Anhang. Methodenlehre der teleologischen Urteilskraft 789
§ 79. Ob die Teleologie als zur Naturlehre gehörend abgehandelt werden müsse 789
§ 80. Von der notwendigen Unterordnung des Prinzips des Mechanismus unter dem teleologischen in Erklärung eines Dinges als Naturzwecks 791
§ 81. Von der Beigesellung des Mechanismus zum teleologischen Prinzip in der Erklärung eines Naturzwecks als Naturprodukts 796

§ 82. Von dem teleologischen System in den äußern Verhältnissen organisierter Wesen	800
§ 83. Von dem letzten Zwecke der Natur als eines teleologischen Systems	806
§ 84. Von dem Endzwecke des Daseins einer Welt, d. i. der Schöpfung selbst	813
§ 85. Von der Physikotheologie	816
§ 86. Von der Ethikotheologie	823
§ 87. Von dem moralischen Beweise des Daseins Gottes	830
§ 88. Beschränkung der Gültigkeit des moralischen Beweises	837
§ 89. Von dem Nutzen des moralischen Arguments	845
§ 90. Von der Art des Fürwahrhaltens in einem teleologischen Beweise des Daseins Gottes	848
§ 91. Von der Art des Fürwahrhaltens durch einen praktischen Glauben	856
Allgemeine Anmerkung zur Teleologie	866
Über das Organ der Seele (1796)	881

KOMMENTAR

Allgemeine Einleitung	891
Reflexionen zur Ästhetik. Aus: a) Kants Handexemplar von Georg Friedrich Meiers *Auszug aus der Vernunftlehre* (1752) und b) Kants Handexemplar von Alexander Gottlieb Baumgartens *Psychologia Empirica* (1757)	900
Entstehung und Beschaffenheit des Manuskripts (Reflexionen)	901
Zur Datierung der ästhetischen Reflexionen	909
Die Anordnung der Reflexionen	911
Zur Textgestalt der ästhetischen Reflexionen	912
Der philosophiegeschichtliche Kontext. Deutungsaspekte	917

Stellenkommentar zu a) Reflexionen zur Ästhetik, als Randbemerkungen z. G. Fr. Meiers ›Logik‹ (nach Reflexions-Nummern gegliedert) 950
Stellenkommentar zu b) Reflexionen zur Ästhetik, als Randbemerkungen zu A. G. Baumgartens ›Psychologia Empirica‹. 951
Über Ästhetische und Logische Vollkommenheit. Aus: Vorlesungen über Logik 954
 Textüberlieferung 954
 Entstehung und Charakter des Textes 955
 Deutungsaspekte 967
  Vom schönen Erkenntnis 968
Das Gefühl der Lust und Unlust. Aus: Anthropologie in pragmatischer Hinsicht (1798) 983
 Textüberlieferung 983
 Entstehung 984
 Deutungsaspekte 986
 Stellenkommentar 986
Metaphysische Anfangsgründe der Naturwissenschaft (1786) 989
 Textgrundlage und Textüberlieferung 989
 Zur Entstehung des Werks 990
 Zur Deutung des Werks 997
  Metaphysik und System 997
  Mathematische und metaphysische Prinzipien der Naturwissenschaft: Das Problem der Erfahrungs-Abhängigkeit der Naturwissenschaft . 1001
  Existenz von Einzelwesen, durchgängige Bestimmtheit und das transzendentale Ideal der Vernunft 1007
  Der Gegenstand der Metaphysik – ihr Ort in der Architektonik der Philosophie 1012
  Metaphysik der Natur als Programm einer reinen Naturwissenschaft 1016
  Natur in formeller und in materieller Bedeutung 1025
  Notwendig-zufällig, allgemein-beschränkt, objektiv-subjektiv 1031

Von der Möglichkeit unreiner synthetischer Sätze a priori: Bewegung als Prädikabile	1036
Zur Gliederung der Schrift	1060
Stellenkommentar	1066
Allgemeine Einleitung zu Kants Philosophie der Geschichte und Naturgeschichte	1080
Naturgeschichte	1082
Geschichtsphilosophie	1088
Der Status des teleologischen Prinzips	1090
Die praktische Funktion des teleologischen Prinzips	1093
Idee zu einer allgemeinen Geschichte in weltbürgerlicher Absicht (1784)	1099
Entstehung	1099
Deutung	1101
Stellenkommentar	1115
Bestimmung des Begriffs einer Menschenrace (1785)	1117
Kants Quellen und frühere Versuche einer Rasseneinteilung	1117
Deutung	1125
Stellenkommentar	1127
Mutmaßlicher Anfang der Menschengeschichte (1786)	1130
Entstehung	1130
Deutung	1132
Stellenkommentar	1141
Über den Gebrauch teleologischer Prinzipien in der Philosophie (1788)	1142
Entstehung	1142
Deutung	1144
Stellenkommentar	1152
Erste Einleitung in die »Kritik der Urteilskraft« (1789/90)	1158
Textgrundlage und Textüberlieferung	1158
Zur Entstehung des Manuskripts	1160
Deutungsaspekte	1164
Vergleich mit der zweiten Einleitung	1164

    Ein Vergleich des Verfahrens der Vernunftschlüsse (nach der *KrV*) mit dem der reflektierenden Urteilskraft (in der *KU*) 1173
    Die Vieldeutigkeit von ›zweckmäßig‹ 1184
    Versuch einer Klassifikation der verschiedenen Bedeutungen von ›Zweckmäßigkeit‹ 1193
  Stellenkommentar 1204
Kritik der Urteilskraft (1790) 1206
  Textgrundlage und Textüberlieferung 1206
  Entstehung 1209
  Zur Deutung des Werks 1222
    Das Grundproblem – systematische und begriffliche Voraussetzungen 1222
    Aufbau und Gliederung des Werks 1230
    Die Analytik des Schönen 1234
    Analytik des Erhabenen 1239
    Deduktion der ästhetischen Urteile 1247
    Die Dialektik der ästhetischen Urteilskraft . . 1259
    Analytik der teleologischen Urteilskraft . . . 1264
    Innere und äußere Zweckmäßigkeit: Kants Theorie der belebten Natur und der Natur als Gesamtorganismus 1270
    Dialektik der teleologischen Urteilskraft . . . 1286
    Methodenlehre der teleologischen Urteilskraft . 1306
    Kants Stellung zur Biologie seiner Zeit 1309
    Die Lehre vom letzten Zweck und vom Endzweck der Natur 1322
  Stellenkommentar 1331
Über das Organ der Seele (1796) 1339
  Textgrundlage und Textüberlieferung 1339
  Zur Entstehung des Manuskripts 1339
  Deutungsaspekte 1343
  Stellenkommentar 1354

Zeittafel 1356
Bibliographie 1361

Philosophie und Ästhetik
um 1800
Eine Auswahl

Gernot Böhme. Kants ›Kritik der Urteilskraft‹ in neuer Sicht
stw 1420. 160 Seiten

Gernot Böhme. Philosophieren mit Kant. Zur Rekonstruktion
der Kantischen Erkenntnis- und Wissenschaftstheorie.
stw 642. 253 Seiten

Gernot Böhme/Hartmut Böhme. Das Andere der Vernunft.
Zur Entwicklung von Realitätsstrukturen am Beispiel Kants.
stw 542. 516 Seiten

Forum für Philosophie Bad Homburg (Hg.). Die Ideen von
1789 in der deutschen Rezeption. stw 798. 262 Seiten

Forum für Philosophie Bad Homburg (Hg.). Kants transzendentale Deduktion und die Möglichkeit von Transzendentalphilosophie. stw 723. 326 Seiten

Manfred Frank. Eine Einführung in Schellings Philosophie.
stw 520. 132 Seiten

Manfred Frank. »Unendliche Annäherung«. Die Anfänge der
philosophischen Frühromantik. stw 1328. 960 Seiten

Manfred Frank (Hg.). Zur Theorie des Selbstbewußtseins
von Fichte bis Sartre. stw 964. 599 Seiten

Otfried Höffe. Ethik und Politik. Grundmodelle und -probleme der praktischen Philosophie. stw 266. 489 Seiten

Otfried Höffe. Politische Gerechtigkeit. Grundlegung einer kritischen Philosophie von Recht und Staat. stw 800. 512 Seiten

Franz Koppe (Hg.). Perspektiven der Kunstphilosophie. Texte und Diskussionen. stw 951. 412 Seiten

Christoph Menke. Die Souveränität der Kunst. Ästhetische Erfahrung nach Adorno und Derrida. stw 958. 311 Seiten

Christoph Menke. Tragödie im Sittlichen. Gerechtigkeit und Freiheit nach Hegel. 334 Seiten. Gebunden

Reinhard Merkel/Roland Wittmann (Hg.). »Zum ewigen Frieden«. Grundlagen, Aktualität und Aussichten einer Idee von Immanuel Kant. stw 1227. 255 Seiten

Friedrich Wilhelm Joseph von Schelling. Ausgewählte Schriften. Band I - VI. Sechs Bände in Kassette. stw 521-526. 4180 Seiten. Auch einzeln lieferbar

Gerhard Schönrich. Kategorien und transzendentale Argumentation. Kant und die Idee einer transzendentalen Semiotik. 384 Seiten. Kartoniert

Gerhard Schönrich/Yasushi Kato (Hg.). Kant in der Diskussion der Moderne. stw 1223. 590 Seiten

Martin Seel. Eine Ästhetik der Natur. stw 1231. 389 Seiten

Martin Seel. Ethisch-ästhetische Studien. stw 1249. 299 Seiten

Martin Seel. Die Kunst der Entzweiung. Zum Begriff der ästhetischen Rationalität. stw 1337. 373 Seiten